오순절 은사운동 바로 알기

유인 外 지음 / 정동수 옮김

주사 빈야드 토론토 펜사콜라…
음부흥 방언 치유 안수 영성훈련 알파코스 G12까지…
절 은사 운동의 실체를 성경적으로 보여 드립니다

그리스도 예수안에

그리스도예수안에

도서출판 '그리스도예수안에'는 킹제임스 흠정역 성경을 출간하는 성경 전문 출판사로서 하나님의 은혜와 성령님의 인도를 힘입어 주 예수 그리스도의 유일한 복음과 진리가 훼손되지 않고 성경에 기록된 대로 보존되고 전파되는 일에 주력하고 있습니다.

The King James Bible publishing company, 'In Christ Jesus', makes all efforts through the grace of God and the leading of the Holy Ghost to preserve and spread the only gospel and truth of the Lord Jesus Christ as revealed in the New Testament without any defect.

오순절 은사 운동 바로 알기

유인(Wilson Ewin) 외 다수
정동수 편역

1판 1쇄 / 2009년 10월 31일 (1517년 10월 31일을 기념하며)
2판 1쇄/ 2014년 8월 25일
발행처 / 그리스도예수안에
발행인 / 정동수

인천시 남구 학익동 569-7
전화: 032-872-1184
웹사이트: www.KeepBible.com
전자우편: webmaster@KeepBible.com

ISBN 978-89-92485-13-5 03230

정가 : 13,000원

잘못된 책은 바꿔 드립니다

오순절 은사 운동 바로 알기

유인(Wilson Ewin) 외 다수
정동수 편역

The Pied Piper Of
The Pentecostal
Movement

— EWIN —

◆ 일러두기

본서에 있는 성경 구절은 2011년도에 우리말로 출간된 〈킹제임스 흠정역 성경 400주년 기념판〉 (도서출판 그리스도예수안에, www.KeepBible.com)에서 모두 인용했습니다.

목 차

저자 서문 ·· 7
추천의 글 ·· 9
헌 사 ··· 11
역자 서문 ··· 12
일러두기 ·· 17

제1부 오순절 은사 운동의 피리 부는 사나이

제1장 마귀의 지상 왕국 ·· 21
제2장 오순절 운동과 신비주의 ······································ 26
제3장 은사 운동과 천주교의 연합 ································· 35
제4장 은사 운동과 종교통합 ··· 47
제5장 마귀의 거짓 복음 ·· 65
제6장 마귀의 음악 ·· 74
제7장 하나님의 부르심 ··· 88
부 언 ··· 93
참고 문헌 ·· 96

제2부 오순절 표적 부흥의 실체

제8장 은사 운동의 역사 ·· 101
제9장 은사 운동의 오류 역사 ······································ 118
제10장 제3의 오순절 물결: 빈야드 운동 ····················· 143
제11장 빈야드 운동의 원조: 웜버 ································ 150
제12장 환희의 사자: 하워드-브라운 ···························· 162
제13장 왜 '토론토 축복'인가? ····································· 172
제14장 웃음 부흥의 10가지 오류 ································ 183
제15장 펜사콜라 웃음 부흥 ··· 186
제16장 펜사콜라 부흥의 거짓 주장 ····························· 206
제17장 웃음 부흥을 배격하는 이유 ····························· 210
제18장 알파코스 ·· 224
제19장 은사 운동에 대한 총결론 ································ 240

제3부 은사주의의 오류

부록 1 G12란 무엇인가? ··· 249
부록 2 신(新) 사도 운동 ··· 254
부록 3 열린 예배 ··· 262
부록 4 입 신 ·· 266

부록 5 이교도들의 종교 내에서의 웃음 ·· 269
부록 6 방언과 표적 ··· 273
부록 7 축사, 어떻게 하는가? ··· 297
부록 8 관상 기도 ·· 303
부록 9 싱가포르 웃음 예배 현장 ··· 314
부록 10 한국 목사의 빈야드 체험 ·· 316
부록 11 프란시스 맥너트 신부 ··· 323
부록 12 엉터리 베니 힌 ·· 324
부록 13 웰빙 목사의 혼동의 세계 ·· 329

제4부 성경과 역사의 가르침

부록 14 은사에 대한 답변 ·· 339
부록 15 예수 유일주의란 무엇인가? ··· 365
부록 16 구원의 영원한 안전 보장 ·· 380
부록 17 기적들을 요구하라 ·· 392
부록 18 약속들을 이용하라 ·· 402
부록 19 성령님의 인도와 마귀의 인도 ··· 412
부록 20 사도행전 바로 이해하기 ··· 417
부록 21 방언 논쟁 ·· 430
부록 22 마가의 다락방에 없었던 것들 ··· 434
부록 23 오순절 운동의 역사적 고찰 ··· 438
부록 24 카톨릭 영성에 중독 된 한국 교회 ······································ 456
역자 추천 참고 도서 ··· 460

저자 서문

이 책은 의무감 때문에 저술되었다. 예전에 예레미야 대언자는 재앙과 파멸이 나타나므로 나팔을 불라는 명령을 이스라엘에게 주었다(렘6:1). 마찬가지로 에스겔은 이스라엘 집의 파수꾼이 되어 나팔소리를 내라는 명령을 받았다(겔33:1).
신약시대의 하나님의 종들은 밤낮 눈물로써 모든 이들을 경계하는 것을 멈추지 않았다(행20:31). 인류에 대한 하나님의 은혜의 날은 이제 끝이 나고 있다. 이미 예언된 대로, '위험한 때'가 지금 우리에게 닥쳐오고 있으며 비관과 슬픔의 구름이 혼돈과 배반이라는 지상의 무대를 덮으려 하고 있다.
그리스도 안에 거하여 성경의 예언에 대해 잘 알고 있는 성도들은 이처럼 '위험한 때'의 두드러진 특징들 중 하나가 바로 지금 전 세계적으로 일어나고 있는 정치/경제/종교적 제국의 형성임을 알고 있다. 간단히 말해 사탄이 '모든 족속과 언어와 국가들'에 대해 권력을 행사하는 것이 허락되는 때에 온 세상은 그의 왕국의 무서운 수렁 속으로 빠지게 될 것이다(계13:7).
성도들에게 있어서 가장 큰 관심사는 이 같은 체제의 종교적 요소일 것이다. 하나님의 말씀은 단일 세계 종교가 정치적 체계와 협력하며 사탄의 힘에 의해 능력을 받게 될 것을 보여 준다. 또 그것을 반대하는 이들을 제거하고 생각해 볼 수도 없을 정도로 놀라운 기적 등을 통해 온 세상을 속일 것을 보여 준다. 사탄의 영적 거미줄은 온 인류를 감싸서 그들을 단일 세계 정부의 노예로 만들 것이고 그때에는 어떤 이도 짐승의 표가 없이는 사거나 팔수가 없게 된다(계13:11-18).
그러나 슬프게도 현재 일어나고 있는 기독교의 배도 장면들을 조정하고 있는 장본인이 바로 사탄 마귀라는 사실을 알리려는 이들이 매우 적다. 이런 상황 속에서, 단일 세계 종교의 형성이 지금 우리 눈앞에서 일어나고 있고 큰 의미를 지닌 종교적 사건들이 사도 요한에게 주어진 예언의 그림들을 완성하는 방향으로 진행되고 있다. 이 같은 일을 주도하는 데 있어서 가장 큰 역할을 하는 것이 바로 '오순절주의' 혹은 '오순절 은사 운동'이라 불리는 움직임 즉 '저 거룩하지 못한 영'(unholy spirit)에 의해 주도되고 있는 운동이다.
「오순절 운동의 피리 부는 사나이」(Pied Piper of the Pentecostal Movement)라는 제목의 이 책은 참으로 중요한 시점에서 저술되었다. 오순절주의의 주장, 영향, 존재는 이제 전 세계적인 것이 되어 버렸다. 이 운동 추종자들의 보고서를 보면, 그 안에 동참하는 자들이 계속해서 늘어나며 성장이 진행되고 있음을 알 수 있다. 한편 오순절 운동의 존재를 반대하는 사람들의 숫자는 점점 감소하고 있고 이들은 이 운동이 이미 자신의 영역에까지 침투해 들어옴에 따라 점점 더 많이 걱정을 하고 있다. 그 결과 여기저기서 도와달라는 요청이 끊임없이 쇄도하고 있다.

불행하게도 오순절 운동에 참가하지 않는 사람들이 지은 대부분의 책들은 단순히 학구적인 차원에서 오순절주의를 조사하는 경우가 대부분이다. 다시 말해 그들은 매우 현실성 없는 이야기들만 하고 있으며 병 고치는 것, 방언을 말하는 것 그리고 오순절주의와 관련된 다른 현상들이 이 시대에도 적용되는지 여부 등의 이야기들만 하고 있다. 물론 이런 것들도 중요하다. 그러나 이 책은 그런 것들과는 전혀 다르다.

이 책은 오순절주의의 영적인 모습을 확실하게 보여 주며 그 결과가 무엇인가를 현실적으로 보여 준다. 또한 이 책에는 이 운동과 관련된 이름들과 그룹들 그리고 사건들이 모든 의심을 제거해 줄 수 있을 정도로 솔직하게 언급되어 있다. 이와 더불어 어느 것이 옳은가에 대해 독자들이 판단할 수 있도록 하나님의 말씀이 명백하게 주어져 있다. 이제는 신비주의, 종교통합주의, 복음성가, 록음악의 네 분야가 실제적인 명확성과 평범한 언어에 의해 재검토되어야만 한다. 우리는 그것들이 옳은가 그른가를 성경적으로 판단해야만 한다.

사실 이런 판단은 검은색과 흰색이 그 중간색인 회색에 의해 대체된 현실에서 그리 쉽지 않으며 매우 특이하다. 사회 전체가 무엇이든지 허용하고 동정하는 입장을 취하고 있고, 절대적인 하나님의 말씀을 거부하며 '사랑', '일치', '긍정적 사고' 등의 깃발 아래 함께 움직여 나가고 있는 시점에서 이런 판단을 내린다는 것은 더욱 어려울 것이다.

나는 이 책을 저술하도록 내게 동기를 주시고 진행 과정 속에서 필요한 지혜를 주신 나의 주님 예수 그리스도께 먼저 감사를 드리고 싶다. 또한 이 책을 읽는 독자들이 얻게 될 도움, 안도감, 용기, 축복 등에 대한 영광과 존귀가 오직 그분께만 드려지길 원한다.

이 글을 위해 수고해 주신 분들이 많이 있다. 특히 이 책의 출간에 있어서 결정적인 역할을 해 준 특별한 사람이 있다. 예수님의 보혈로 구원을 받기 전에는 로마 카톨릭 교도였으나, 많은 이들이 로마 카톨릭 교회라는 미궁 속에서 빠져 나오게 될 때 그들에게 영적 거듭남이 일어나는 것을 직접 눈으로 체험했던 그녀는 이 책이 저술되는 과정 속에서 내게 참으로 귀중한 충고를 해 주었으며 이 일이 끝까지 이루어지도록 기도했다. 그 사람은 바로 내 아내인 트루디이다.

끝으로 역시 예전에 천주교인이었으나 지금은 하나님의 아들이 된 윌튼(Dick Wilton)에게 감사를 드린다. 그는 이 책에 있는 그림들을 만드느라 수없이 많은 시간을 드렸다. 윌튼 형제는 전 인류를 위해 이 책 안에 자신의 모든 것을 쏟아 부었다.

추천의 글

나는 오랫동안 크리스쳔 사역을 하면서 다음과 같은 한 가지 확고한 원리를 깨닫게 되었다.
'결코 마귀의 간계를 과소평가하지 말라.'
지금 종교계에서 일어나고 있는 일들을 보면서 우리는 이 같은 원리가 문자 그대로 적용됨을 깨닫게 된다. 1950년대에 종교 일치 운동이 급속도로 추진되고 있었다. '일치'라는 명목 하에 그 같은 프로그램에 방해가 되는 교리들은 어떤 것이든지 무시되어야만 했다.
그러나 곧 어려움이 생기기 시작했다. 몇몇 교단들은 예상했던 것보다 더 강력한 반대를 보였다. 그로 인해 종교 일치를 위한 열정은 거의 소멸된 지경에 이르렀다. 그 뒤 1960년에 소위 '은사 운동'이라는 것이 탄생되었다. 이 책의 저자인 유인 목사는 사실 이것이 어떤 새로운 운동이 아니고 1900년대 초기에 오순절주의(혹은 운동)를 일으켰던 영(spirit)에 의해 새롭게 탈바꿈한 것이라고 생각한다.
이 운동은 곧장 이 교단에서 저 교단으로 불같이 퍼져나가게 되었다. 여러 교단 혹은 집단 출신의 참가자들은 서로 친척과 같은 친밀감을 느끼게 되었다. 그런데 사실 그것은 교리에 기반을 둔 것이 아니고 서로 간의 공통적 경험 특히 방언을 말하는 것에 기반을 둔 것이었다. 그리고 사실 이것(체험)이 은사 운동의 본질이다.
은사 운동의 한 지도자는 한 때 다음과 같이 말했다. "은사 운동 속에서 우리는 지성이라는 것을 무시한다." 이처럼 체험에 기반을 둔 친밀감은 말 그대로 모든 교파 출신의 사람들을 대거 포함하게 되었다. 이리하여 은사 운동은 종교 일치의 영(ecumenical spirit)을 회생(回生)시켰고 지금은 그 어느 때보다도 더 효과적으로 형식상의 조직적 일치를 이루어 나가고 있다.
유인 목사는 지금 종교계에서 일어나고 있는 양상들을 올바로 분석하고 평가할 수 있는 자격을 갖추고 있다. 그는 로마 교황 비오 12세에 의해 '전 세계에서 가장 카톨릭 주의에 가깝다.'라고 불린 캐나다의 퀘벡 주에서 여러 해 동안 사역을 했다. 그러는 동안 그는 수없이 많은 반대에 부딪혔고 감옥에도 갇혔고 학대를 당했으며 죽인다는 위협도 받았다.
1980년에 그는 지금 거주하고 있는 미국의 뉴햄프셔 주의 내슈아로 옮겨왔고 성경침례교회의 목사가 되었다. 목회와 더불어 유인 목사는 로마 카톨릭 교회에 관한 세미나와 카톨릭 교인들을 주님께 돌아오도록 전도하는 일에 전념하고 있다.

그는 이런 주제에 대해 많은 책을 저술했다. 「당신도 천주교인들을 예수 그리스도께 인도할 수 있다」라는 책의 서문에서 켓참 박사(Dr. R. T. Ketcham)는 "이 책의 저자인 유인 목사는 단지 피상적으로 이 주제를 다루지 않는다. 그는 천주교도들에게 어떻게 효과적으로 전도할 수 있는가를 명확하게 보여 준다."고 말했다.

유인 목사는 오순절 은사 운동에 대해서도 많은 연구와 조사를 진행했다. 그래서 그는 어떤 의견을 단순히 진술하지 않으며 권위 있게 이 문제를 다루고 있다. 영적 전쟁의 노련한 병사로서(현재 70세임) 유인 목사는 현재 일어나고 있는 오순절 은사 운동이 그 어느 것보다도 중대한 이슈라고 믿고 있다.

이 책을 효과적으로 읽으려면 먼저 독자들이 생각을 해야만 한다. 독자들께서 이 책의 모든 구절에 동의할 필요는 없다. 그러나 책 전체를 통해 저자가 무엇을 보여 주려 하는지 통찰력을 갖고 유의하며 읽어야만 할 것이다. 예를 들어 종교통합 정책에서 음악의 역할이 무엇인가에 대해 정확히 지적해 준 사람들이 있었던가?

우리 아버지 하나님께서 이 책을 사용하셔서 성도들의 눈을 뜨게 하시며 그들의 마음에 감동을 일으키셔서 혼동으로 가득한 시대에 영에 대한 분별력을 갖고 주님께 헌신할 수 있도록 해 주실 것을 간구한다.

멀 헐(Merle R. Hull, D.D.)
출판 편집장
미국 정규 침례교회 총회
(General Association of
Regular Baptist Churches)

헌 사

　이 책은 오순절 체험을 갖고 있고 따라서 오순절 은사 운동의 일원이 된 분들을 위해 저술되었다. 지금 이 시간 여러분은 오순절 은사 운동의 모든 점에 대해 동의하지 않을 수도 있으며 또한 그런 것들 중 몇몇에 대해서는 반대할지도 모른다. 그러나 어쨌든 여러분은 오순절적 경험이 성령님의 사역이라고 믿고 있다. 만일 그렇다면, 여러분이 역사적 혹은 전통적 오순절 교단에 속했든지, 최근의 '은사주의' 교회에 속해 있든지 혹은 오순절적 경험을 갖고 있으나 지금은 그런 교회에 다니지 않고 홀로 있든 지간에 저자는 사랑과 동정하는 마음으로 성경에 입각한 사실들만을 이 책에서 보여 주려 한다. 주 예수님의 은혜와 진리가 여러분 모두에게 넘치기를 원한다.

역자 서문

역자는 말세에 마귀가 어떤 계략으로 기독교를 붕괴시키는가를 보여 주기 위해 여러 가지 증거를 담은 이 글을 출간하게 되었다. 지난 20여 년간 기독교 내에서는 참으로 많은 운동과 사상이 출현했다. 특히 눈에 띈 현상은 '단일 세계 종교' 구현을 위한 에큐메니컬 일치 운동이었고 이를 위해 긍정적 사고, 뜨레스디아스, 떼제 공동체, 몬테소리 교육, 로욜라의 영성 훈련 그리고 '약속 이행자'(Promise Keeper, 국내에서는 아버지 학교로 알려짐) 운동, 알파코스, G12, 신(新) 사도 운동 등 여러 가지 운동, 수단, 기법이 개발되어 소개되었다. 그 결과 "교회 성장을 이루며 서로 사랑하자."는 일치 운동가들의 그럴 듯한 구호 아래 많은 크리스천들이 속아 넘어가 무지 속으로 빨려 들어가는 일이 발생했다.

이런 와중에 1994년 3월 29일 미국의 복음주의 지도자들과 카톨릭 교회의 지도자들이 함께 모여 「복음주의자들과 카톨릭 교도들이 함께 한다」(*Evangelicals and Catholics Together*, 이하 ECT)는 문서에 서명함으로써 근본적으로 마르틴 루터의 종교 개혁을 뒤엎으려는 시도를 했다.[1] 여기에는 내로라하는 기독교 지도자들인 CCC의 빌 브라이트, 템플턴 상을 수상한 찰스 콜슨, 700 Club의 팻 로버트슨, 「하나님을 아는 지식」의 저자 제임스 패커 등이 대거 참여했다. 한편 1999년 10월 31일, 천주교와 루터교는 기본적인 교리에서 서로 같음을 온 세상에 천명함으로써 '단일 세계 종교'의 실현이 눈앞에 이르렀음을 실감하게 해 주었다.

또한 오랄 로버츠, 짐 베이커, 지미 스웨가트, 존 윔버, 베니 힌, 존 킬패트릭, 스티브 힐, 니키 검블 등 각종 표적과 이적을 보여 주며 사람들을 현혹시키는 무리가 생겨나기 시작했다. 이들의 관심사 역시 에큐메니컬 종교 일치이나 이들은 좀 더 구체적으로 우리 피부에 와 닿는 기법들을 사용하여 사람들을 유혹한다는 점에서 더 위험하다 할 수 있다. 이들은 대중 최면 등의 기법을 사용하여 일반 사람들의 관심사 즉 병에서, 가난에서, 마귀에게서 해방되는 것 등을 약속했고 그 결과 수많은 성도들과 심지어 목회자들도 이들의 유혹에 빠지게 되었다.

이런 무리들 중 최근에 가장 많이 입에 오르내리는 자들은 바로 빈야드 운동을 하며 소위 '토론토 축복'이라는 이상한 축복을 약속하는 무리들과 펜사콜라 부흥을 외치는 자들 그리고 알파코스를 가르치는 자들이다. 이 같은 축복과 부흥의 골자는 '웃는 것', '소리 지르는 것', '몸을 떠는 것', '넘어지는 것', '비명을 지르는 것', '날카로운

---

1) 여기에 대해서는 「천주교는 기독교와 완전히 다릅니다」(릭 존스 저, 출판사 그리스도예수안에를 참조하기 바란다.

소리로 외치는 것', '씩씩거리는 것', '나귀 소리를 내는 것', '사자처럼 부르짖는 것', '꼬꼬꼬꼬 암탉 소리를 내는 것', '개처럼 짖는 것', '꿀꿀꿀꿀 돼지 소리를 내는 것', '아말감 이빨을 금이빨로 바꾸는 것' 등과 같은 경험이다.

지난 몇 해 동안 국내에서도 이런 현상에 대해 듣게 된 목회자들이 교회 성장을 위해 이런 인위적인 방법이라도 사용하여 사람들을 모아 성공해야겠다는 꿈을 안고 비행기를 타고 캐나다의 토론토와 미국의 펜사콜라까지 다녀왔다. 또한 교계 제1의 잡지 등에서도 이 현상이 매우 성경적인 것처럼 크게 다루었고, 이 운동의 창시자인 윔버(John Wimber)를 매우 동경하며 미국 워싱턴에서 이런 형태의 예배를 주도하는 한인 목사 등을 소개하는 글을 내놓았다. 토론토에 직접 다녀온 어떤 유명한 목사는 그 잡지에 실린 경험 수기에서 이 현상이 과연 하나님의 것인지 혹은 마귀의 것인지 더 두고 봐야 한다는 중도적 입장을 표명했다. 목사가 올바른 말을 해야 할 때 하지 못한다면 과연 하나님의 종이라 할 수 있을까?

이렇게 국내에서 빈야드 운동, 펜사콜라 부흥, 알파코스, G12 운동 등이 확산되는 동안 이것이 비성경적이라는 것을 보여 주는 글은 거의 출간되지 않았다. 엎친 데 덮친 격으로「성령의 권능이 임할 때」라는 책이 한 기독교 출판사에 의해 출간되었다. 이 책의 내용은 한 마디로 '성령에 의해 죽임을 당하는 것'[2]이 좋은 현상이며 그렇게 되면 위에 있는 것처럼 사자처럼 부르짖거나, 개처럼 짖거나 혹은 자제할 수 없이 웃는 것 등이 생긴다는 것이다. 또한 이 모든 것이 성령의 역사이므로 그대로 수용하라는 것이었다.

그런데 우리 크리스천들이 조심해야 할 것은 이 책의 저자인 맥너트가 마치 목사인 것처럼 되어 있으나 실상은 미국 천주교의 도미니칸 파 사제(司祭)라는 점이다. 맥너트는 미국 천주교 은사 운동에 이 같은 기현상을 도입한 장본인이다. 그런데 이런 천주교 사제의 글을 프로테스탄트 신학교의 대학원장이 번역하고 내로라하는 교계의 지도자들이 앞 다투어 책 뒤에 추천서를 써 주는 우스운 ― 그러나 웃을 수도 없는 ― 현상이 생기게 되었다. 이것이야말로 진정한 에큐메니컬 종교 일치가 아니고 무엇이겠는가? 아무것도 모르는 순진한 목회자들과 성도들은 그 지도자들의 이름이 있으므로 안심하고 그 글을 읽지 않겠는가?

마르틴 루터가 목숨을 내놓고 오직 믿음으로 투쟁하던 단체가 로마 카톨릭 체제가 아니던가? 찰스 스펄전이, 요한 웨슬레가, 드와이트 무디, 마틴 로이드 존스가 그렇게 호소하며 되돌아가서는 안 된다고 외치던 집단이 바로 천주교가 아니던가? 화체설과 유아 세례 교리로 수많은 크리스천들을 죽인 단체가 바로 천주교가 아니던가? 지금도 남미나 필리핀에서 예수 그리스도의 복음을 전파할 때 선교사들에게 가장 많은 박해를 가하는 단체가 바로 천주교가 아닌가? 과연 로마 교황이 복음을 전하는 것을 들어 본 적이 있는가?

1960년대의 제2 바티칸 공회 이후 마치 천주교가 변한 것처럼 보이지만 여전히 그들은 사람이 만들어 놓은 행위 중심의 제도를 따라 행하며 성경과는 정반대되는

---

[2] 한국에서는 이것을 입신이라고 한다. 자세한 것은 부록 4를 참조하기 바란다.

구원의 교리를 가르치고 있다. 더욱이 그들은 현재 교회 내에서 문제가 되고 있는 '다원주의'나 '전 세계 종교통합'을 주도해 나가고 있다. 이제 한국 교계에도 미국에서 일어난 사건이 곧 영향을 미칠 것으로 판단된다. 1984년도에 교황이 다녀간 후에 천주교도의 숫자가 2배나 늘어났고 기독교인의 숫자는 오히려 점점 줄어드는 이 시점에서 성경대로 믿는 프로테스탄트들은 경각심을 가져야만 할 것이다.

한편 '토론토 축복 현상'이 점점 더 문제를 일으키며 성도들뿐만 아니라 세속 사람들로부터도 지탄을 받게 되자 이 현상을 일으켰던 윔버의 빈야드 펠로우십 연합회는 문제의 토론토 공항 빈야드 교회를 신속하게 자신들의 연합체에서 추방한다는 선언을 했다 (1995년 12월 10일 「로스앤젤레스타임스」). 다시 말해 그들은 지금까지 자신들이 성령의 운동이라고 확신해서 극구 칭찬하며 대대적으로 선전해 왔던 '토론토 현상'을 추방시킨 것이다.

그렇다면 이것으로 문제가 끝난단 말인가? 결코 아니다! 우리는 과연 이 신비주의 현상에 능력을 부어주었던 '영'(the spirit)이 어떤 영인가 살펴보아야만 한다. 동시에 우리는 토론토에서 역사했던 그 영이 바로 윔버의 빈야드 연합회를 주도해온 영이라는 사실을 잊지 말아야 한다. 비록 그들이 토론토 교회를 축출했다 하더라도 윔버의 교회에서 일어나는 현상은 정도의 차이는 있을지 모르나 '토론토 현상'과 대동소이한 것이다.

아니나 다를까. 빈야드 운동을 지배하던 영(靈)은 이번에 미국 플로리다 주 펜사콜라로 옮겨가서 둥지를 틀었다. 1990년 중반에 '펜사콜라 부흥'은 '토론토 축복'보다 더 큰 위세를 자랑하면서 각종 신비한 현상을 산출해 냈으며 이것이 참된 부흥임을 입증하기 위해 여러 가지 거짓 주장을 내놓아 사람들을 현혹시켰다. 이 기회를 놓칠세라 교회 성장에 눈이 어두운 한국 교회 목사들이 발 빠르게 펜사콜라로 집결하였고, 또 펜사콜라 팀을 초청하여 대규모 집회를 갖기도 했다. 이런 것을 보면서 순진한 성도들은 우르르 거기로 몰려가 부흥의 불길에 휩싸이고자 애를 쓰고 있다.

그 이후로 빈야드 운동을 주도하는 영은 영국 성공회의 니키 검불과 같은 사제들을 동원하여 알파코스라는 이름으로 성경 공부 같은 프로그램을 개발해서 주말마다 사람들을 모아 저질의 성경 공부와 소위 성령 체험이라는 것을 체험하게 하고 있다. 최근 들어 국내에서는 알파코스와 G12 등의 프로그램이 교회 성장을 위한 프로그램으로 인식되어 무차별적으로 진행되고 있고 성령 터널, 아말감 이발이 금이빨로 변하는 소동 등과 더불어 무지한 성도들을 수렁으로 몰아넣고 있다.

이런 혼돈의 시점에서 역자는 무엇인가 올바른 것을 전해야 한다는 생각으로, 부족하지만 이 글을 쓰게 되었다. 진실을 밝히려는 사람이 거의 없기에 공학을 전공하는 한 연구자가 박사 학위 논문을 쓰듯이 서론, 본론, 결론, 참고 문헌, 부록을 갖춘 연구 보고서 형태의 글을 쓰게 되었다. 본서는 반(反) 오순절 은사주의, 반(反) 로마 카톨릭, 반(反) 에큐메니컬 종교통합 운동의 관점에서 저술되었으며 총 주제는 다음의 한 마디로 요약될 수 있을 것이다.

"사람에게 순종하는 것보다 하나님께 순종하는 것이 마땅하지 않은가?"

공학을 하는 사람은 반드시 실제 현상을 관찰해야 하며 교과서에 따라 그것을 분석하고 이것으로부터 결론을 내린다. 따라서 이 책에서는 신실한 것으로 인정받는 성경 신자들이 보고한 사실과 실제 현상만을 기록했고 성경이라는 교과서에 비교해서 얻은 결론만을 제시했다. 또한 객관성을 유지하기 위해 미국 내 오순절 은사주의자들이 편집한 「오순절 은사 운동 백과사전」[3)]에 있는 내용도 필요한 곳에 삽입하거나 부록에 첨가했다.

먼저 한 가지 밝혀 두어야 할 것은 역자가 기독교 내의 어떤 특정 교단이나 교회를 반박하려고 이 글을 출간한 것이 아니라는 점이다. 역사의 진실을 보여 주고 성경으로 되돌아가야만 한다는 점을 강조하려는 것이 이 책의 발행 목적이다. 특히 오순절 교단에 속한 이들을 조롱하거나 반박하려고 이 글을 쓰지 않았다. 그들 역시 이 운동을 주도하는 영(靈)에 의해 큰 피해를 보고 있는 당사자이다. 많은 경우 오순절 은사주의자들의 열심은 참으로 따라가기 어렵다. 우리는 참으로 그들의 열정과 동기를 존중한다. 다만 이스라엘 백성과 같이 하나님을 아는 지식에서 떠나 사람의 말과 표적에 의지하려는 것이 틀렸음을 지적하고자 한다.

형제들아, 이스라엘을 위한 내 마음의 소원과 하나님을 향한 기도는 곧 그들이 구원을 받는 것이니라. 내가 그들에 대해 증언하노니 그들이 하나님께 대한 열심은 있으나 지식에 따른 것이 아니니라. 그들이 하나님의 의를 알지 못하여 자기 자신의 의를 세우려고 다니면서 하나님의 의에 복종하지 아니하였느니라. 그리스도께서는 믿는 모든 자에게 의가 되시기 위하여 율법의 끝마침이 되시느니라(롬10:1-4).

지금은 한두 교회나 한두 지도자의 잘잘못을 가릴 때가 아니며 믿는 모든 자가 눈물로 회개하고 하나님의 말씀으로 되돌아가야 할 때이다. 부디 독자들께서 "내 백성이 지식이 없어서 망한다."고 외쳤던 호세아 대언자의 눈물어린 호소가 바로 이 글의 출간에 관련된 모든 이들의 외침임을 기억해 주기 바란다.

끝으로 이 책은 역자가 1994년에 번역/출간한 「은사 운동 이대로 좋은가」(도서출판 예향), 1995년에 번역/출간한 「피리 부는 사나이」(도서출판 예향)와 1996년에 번역/출간한 「빈야드 운동의 실체」(도서출판 생명의 샘) 그리고 1999년에 번역/출간한 「오순절 표적 부흥의 실체」(도서출판 두루마리)라는 책들을 다시 정리하고 그 이후에 벌어진 알파코스에 대한 내용과 오순절 은사주의 역사와 오류에 대한 내용을 추가하여 새로이 만든 책이다.

앞으로도 짐승 웃음과 마룻바닥에 사람들을 쓰러뜨리며 사람의 육신을 만족시켜 주는 각종 기괴한 일들을 동반하는 오순절주의의 현상들은 계속해서 전 세계적으로

---

3) 「Dictionary of Pentecostal and Charismatic Movements, S. M. Burgess, G. B. MeGee 저, 1988, Zondervan 출판사」, 이 책은 제목이 의도한 대로 오순절 은사주의에 관한 모든 것을 담고 있다. 최근에 이 책은 다음의 책으로 갱신되었다. 「New International Dictionary of Pentecostal and Charismatic Movements」, S. M. Burgess, E. M. van der Maas, Ed van der Maas 저, 2002, 2003년, Zondervan 출판사.

최근에는 사이넌이 지은 책도 나왔다. 「Century Of The Holy Spirit 100 Years Of Pentecostal And Charismatic Renewal, 1901-2001」, V. Synan.

이곳저곳에서 발생할 것이다. 특히 21세기에는 이런 현상들이 온 세계에 만연하게 될 것이다. 이것은 역자의 예언이 아니라 성경이 말하는 바이다. 부디 성경을 믿기 바란다.

형제들아, 우리 주 예수 그리스도의 오심과 우리가 그분께로 함께 모이는 것으로 말미암아 이제 우리가 너희에게 간청하노니 너희는 영으로나 말로나 혹은 우리에게서 왔다는 편지로나 그리스도의 날이 가까이 이르렀다 해서 쉽게 마음이 흔들리거나 불안해하지 말라. 아무도 어떤 방법으로든 너희를 속이지 못하게 하라. 먼저 떨어져 나가는 일이 일어나고 저 죄의 사람 곧 멸망의 아들이 드러나지 아니하면 그 날이 이르지 아니하리라. 그는 대적하는 자요, 또 하나님이라 불리거나 혹은 경배 받는 모든 것 위로 자기를 높이는 자로서 하나님처럼 하나님의 성전에 앉아 자기가 하나님인 것을 스스로 보이느니라.

그가 오는 것은 사탄의 활동을 따라 모든 권능과 표적들과 거짓 이적들과 불의의 모든 속임수와 함께 멸망하는 자들에게로 오는 것이니 이는 그들이 진리의 사랑을 받아들이지 아니하여 구원을 받지 못하였기 때문이라. 이런 까닭에 하나님께서 그들에게 강한 미혹을 보내사 그들이 거짓말을 믿게 하시리니 이것은 진리를 믿지 아니하고 불의를 기뻐한 그들이 다 정죄를 받게 하려 하심이라(살후2:1-4, 9-12).

앞으로 이런 형태의 부흥이 어떤 형태로, 어디에서 이루어지든지 우리 성도들이 분명히 알아야 할 것은, 그것을 주도하는 영(靈)이 '아주사 거리'에서 오순절 부흥을 일으킨 영이며, '토론토 축복'을 일으킨 영이요, '펜사콜라 부흥'을 일으킨 오류의 영이며, 알파코스를 지도하는 영이요, 천주교회와의 종교 일치 통합을 추구하는 부정한 영이라는 점이다. 오순절 은사 운동과 더불어 천주교의 실상을 아는 일이 대단히 중요하다.[4]

우리 믿는 이들의 창조주, 구원자, 재림주 되시는 주 예수 그리스도께서 거친 세상 속에서도 꿋꿋이 믿음을 지키고 있는 적은 수의 형제, 자매들에게 평강과 강건함을 주실 것을 기도드리며, 모든 영광을 오직 그분 한 분께만 드린다.

2009년 10월
인천에서
정동수

---

[4] 이를 위해 「마틴 로이드 존스의 천주교 사상 평가」, 「천주교는 기독교와 완전히 다릅니다」, 「천주교의 유래」(도서출판 그리스도 예수안에)를 참조하기 바란다. 성경 문제, 천주교, 은사주의, 창조와 진화, 뉴에이지 등에 대해 알기를 원하는 독자는 다음의 웹사이트를 이용하기 바란다(http://www.KeepBible.com).

일러두기

　본서의 제1부(1-7장)는 윌슨 유인(Wilson Ewin) 목사가 지은 「오순절 운동의 피리 부는 사나이」(*The Pied Piper of the Pentecostal Movement*, 1986, 미국 뉴햄프셔 주 내슈아 소재 성경침례교회 출판사)를 완역한 것이다.
　1923년에 태어난 유인 목사는 전 세계에서 가장 카톨릭적인 캐나다의 퀘벡 주에서 천주교인들을 대상으로 목회를 하다 죽음의 위기까지 맛보았고 미국의 성경침례교회에서 시무하다가 하나님의 부르심을 받았다. 유인 목사는 오순절 은사운동이 현재 전 세계적으로 일어나고 있는 종교 일치 통합 운동과 어떤 관계가 있으며 특히 오순절 운동에서의 천주교의 역할이 무엇인지를 명확하게 보여 준다.
　제2부의 8, 9장, 16, 17장은 클라우드(David Cloud)가 지은 「웃음 부흥: 아주사에서 펜사콜라까지」(*The Laughing Revival: From Azusa To Pensacola*, 1998, 미국 Way of Life 출판사)에서 번역했다. 그의 사이트 '생명의 길' (www.WayofLife.org)은 성경적인 자료의 보고이다.
　제2부의 10장은 유인 목사의 소책자를 번역한 것이다.
　제2부의 12, 13장은 토마스(Larry Thomas)가 지은 「결코 웃을 일이 아니다」(*No Laughing Matter*, 미국 Double Crown 출판사)에서 번역했고 11, 14장은 영국에서 발행되는 「Sword & Trowel」잡지(1994, 1995년도)를 중심으로 번역했다. 15장의 경우 전반부는 미국에서 발행되는 「Foundation」에서 발행한 글을 옮긴 것이다.
　제2부의 후반부 18장은 알파코스를 다루는데 여기의 많은 부분은 이름을 밝히기를 원치 않는 한 신실한 성도의 글에서 인용하였다.
　제3부와 4부의 부록들은 각각 그 안에 출처를 밝혔으며 각주가 필요한 곳에는 따로 문헌 번호를 넣었다. 이 외에도 몇몇 사람들의 단편적인 분석이나 글도 번역하여 실었음을 알린다.
　캐나다의 구영재 선교사님께서 많은 자료를 제공해 주셨다. 또한 구미의 한 목사님께서 자신의 빈야드 체험 수기를 실어도 좋다는 허가를 해 주셨다. 끝으로 이권우 형제가 부록에 있는 '예수유일주의'와 「Foundation」에 실린 펜사콜라 기사를 초역해 주었다.

제1부

오순절 은사 운동의 피리 부는 사나이

"사랑하는 자들아, 영을 다 믿지 말고 오직 그 영들이 하나님께 속하였는지 그것들을 시험하라. 이는 많은 거짓 대언자들이 나와서 세상에 들어왔기 때문이라."(요일4:1)

"Beloved, believe not every spirit, but try the spirits whether they are of God: because many false prophets are gone out into the world."(1 John 4:1)

1장

마귀의 지상 왕국

사격개시!

1942년 7월 3일 오후 5시 54분, 이 무서운 명령이 영국 전함 '레졸루션', '후드' 그리고 '밸리언트'의 포격 대원들에게 내려졌다. 그때로부터 정확히 12분이 지난 뒤 프랑스 전함 '브레타그'가 폭파되었고 '던커크'는 치명적인 상처를 입었으며 '프로벤스'는 급속도로 침몰하기 시작했다.

이같이 무서운 명령을 내리면서 영국 해군의 소머빌 제독은 몇 시간 전에 영국 수상 윈스턴 처칠이 자기에게 말했던 것을 실제로 수행했다. 제2차 세계대전 당시 영국의 수상이던 처칠은 "당신은 지금 영국 해군 제독이 직면해 왔던 것 중 가장 힘들며 논쟁거리가 될 임무를 눈앞에 두고 있소."라고 소머빌 제독에게 말했다(「그들의 전성기」(*Their Finest Hour*), 윈스턴 처칠, p.235).

그 당시 프랑스는 나치 독일의 점령 하에 있었고 배신한 비시 정부는 프랑스 해군의 대부분을 독일에게 넘겨주었다. 영국은 이처럼 치명적인 위기 상황을 그대로 두지 않았고 처칠 수상은 역사적이며 매우 논란이 될 만한 결단을 내렸다. 그리하여 매우 역설적으로 오란(Oran)에 주둔하던 위협적인 프랑스 군함들이 같은 연합국 군대인 영국군에 의해 완전히 폭파되어야만 했다.

오늘날 그리스도 안에 있는 신자들도 이와 유사한 상황을 맞고 있다. 성경적 기독교 군대는 점점 미약해지고 있고 그 안의 많은 부분들이 적군의 손에 들어가고 있다. 이처럼 감소 추세에 있는 크리스쳔 군단들은 이제 별로 유쾌하지 않은 결정을 내려야만 할 처지에 놓여 있다. 그들은 전에 그리스도를 따르던 군사들 중 많은 수가 현재는 적군들과 연합하고 있다는 사실을 간단히 무시해 버릴 수 있다. 물론 그들은 새로이 도래하고 있는 위험들에 대해 적군과 연합하지 않고 믿음을 지키는 예수 그리스도의 군인들에게 경고를 해 주어야만 한다. 끝으로, 그들은 아직도 자신들의 손에 남아 있는 것들을 보존하기 위해 예전에 자신들과 한 편이었던 이들을 권고하여 되돌아서게 해야만 한다. 그리스도의 군대에 속한 많은 이들이 아직도 결단을 내리지 못한 채 방황하고 있다.

한편 적그리스도의 군대들은 전 세계를 장악하기 위한 '대살육'을 이루기 위해 전력투구하고 있으며 치밀한 작전계획을 짜고 있다. 단일 세계 정부 및 종교 체제의 맨 위에는 한 인물이 존재한다. 이 글에서 우리는 그를 '피리 부는 사나이'(The Pied

Piper)라고 부를 것이다.[1]

이미 그의 계획은 상당히 진행되었다. '약속의 복음'이라 불리는 마르크스주의는 지금까지 세계 여러 국가들에 의해서 수용되었고 그것을 수용한 국민들은 거의 노예 상태로 지내고 있다. 반면에 자유주의 국가들은 무관심과 도덕성의 타락 등으로 인해 붕괴되고 있다. 이런 것들 외에도 유물론 철학 혹은 세속적 인본주의 등이 극도로 기승을 부리고 있고 사람들로 하여금 무언가 새로운 것을 추구하도록 만들고 있다. 그런데 불행하게도 '그 새로운 무엇'은 '국제주의' 혹은 '사회적 공산주의'이다.

'피리 부는 사나이'는 이제 자신이 승리하고 있음을 느낄 수 있을 것이다. 그런데 그에게는 여전히 한 가지 문제가 남아 있다. 그것은 다름 아닌 종교이다. 어떻게 그가 초자연적인 것을 믿으려 하는 전 세계의 많은 대중을 통제할 것인가? 그의 단일 세계 정부 체제 하에서 반드시 존재해야만 하는 조화와 일치를 이루기 위해 가장 필요한 것은 바로 종교를 통제하는 것이다.

피리 부는 사나이의 해결책

'피리 부는 사나이'는 이 문제에 대한 해결책도 이미 발견한 것처럼 보인다. 그는 이미 자신이 걸치고 있었던 정치적 망토를 벗어 버렸고 이제는 종교적 권위자의 모습을 취하기 시작했다. 이 같은 계략은 결코 새로운 것이 못된다. 그 이유는 사람이 창조된 이래로 그가 종교라는 분야에서 늘 이 방법으로 성공해 왔기 때문이다.

그러나 이번의 수행 과제는 지금까지의 것들과는 좀 다르다. 그 이유는 이번에는 반드시 그리스도 안에 있는 참 성도들 안으로 침투해 들어가야만 하기 때문이다. '피리 부는 사나이'는 1820년대에 영국에서 '신비주의'를 시작했다. 이런 신비주의를 추종하던 자들 중 얼마가 미국으로 이주해 갔고 그곳에서 새로운 초자연적 경험주의의 뿌리를 내렸다. 그것이 바로 '20세기 초반의 오순절주의'(Pentecostalism)이다.

'피리 부는 사나이'는 미국 캔자스 주의 토페카와 텍사스 주의 휴스턴에 기지를 설립했다. 이곳들로부터 1906년부터 1909년 사이의 소위 '아주사 거리 부흥'(Azusa Street Revival)이 나오게 되었다. '오순절 운동'은 이곳에서부터 미국 전역으로 폭발적으로 퍼져 나갔고 그 뒤 전 세계적으로 파급되었다. 그전까지만 해도 오순절 운동은 자신의 교파 내부에서만 존재했지 다른 교파들에게 아무런 영향도 주지 못했다.

그러나 1960년대가 시작되면서 오순절 운동은 급작스럽게 방향을 전환하였다. 그 운동은 자신의 교파 경계선을 넘어서 비오순절 교단들에게까지 침투해 들어가기 시작했다. 그 결과 거의 모든 개신교회들 내에 오순절 조직들이 생겨나기 시작했다.

1967년도에 오순절 운동은 급기야 로마 카톨릭 교회 내부에까지도 침투해 들어갔다. 그 뒤 오순절 운동의 영(spirit)은 그리스 정교회와 빌리 그래함 연합체 같은 복음주의의 방어벽마저도 무너뜨렸다. 마침내 오순절 운동은 세계 교회 협의회(World Council

---

[1] '피리 부는 사나이'는 독일 전설에 나오는 가상의 인물로서 하멜른 마을의 쥐를 퇴치하였으나 약속한 보수를 받지 못하자 마을 어린이들을 피리소리로 꾀어내 산 속에 숨겨 버렸다고 한다. 이 글에서는 교인들을 무지로 이끌며 자신을 따르도록 만드는 그 인물 즉 마귀를 비유적으로 '피리 부는 사나이'라고 부르고 있다.

of Churches, WCC)를 완전히 정복해 버렸다.

이제 오순절주의는 자신의 병력들을 현대화시켰고 고도의 무기들과 장비들을 확립해 놓았다. 그 군단은 말썽 많았던 짐 베이커의 피티엘(PTL)로부터 예수 축제(Jesus Festivals)에 이르기까지 그리고 역사적인 오순절 교파로부터 순복음 실업인 협회에 이르기까지 다양하다.

오순절주의를 선전하는 TV와 라디오 방송 프로그램들은 지방 방송국과 위성중계를 통해 24시간 내내 이루어지고 있다. 피티엘(PTL), 씨엔비(CNB), 크리스천 록 뮤직 방송(Rock Christian Network), 삼위일체 방송 등의 강력한 방송매체에 의해 제공되는 프로그램들은 실로 전 세계의 수많은 사람들에 의해 시청되고 있다.

비록 오순절 운동 안에 있는 그룹들과 이름들은 수없이 많지만 그들은 모두 똑같은 모습을 하고 있다. 방언을 말하고, 기적들을 갈구하며, 영 안에서 그리고 예언 안에서 죽임을 당하는 것(소위 입신이라 불리는 현상) 등. 더욱이 다양한 배경을 갖고 있는 오순절주의자들은 모두 로스앤젤레스에 있는 '아주사 거리'가 자신들의 공통적이며 영적인 메카(즉 종교의 발생지)라고 부른다. 「아주사 거리」(*Azusa Street*)라는 책의 저자이며 멜로디레인 크리스천 센터의 목사인 윌커슨(Ralph Wilkerson)은 그 책의 서문에서 다음과 같이 말했다.

> 이 책의 독자들을 위해 생생하게 기록된 '아주사 부흥'이라는 역사적 사실은 현 시대 은사 운동의 매우 심오하며 비슷한 성격들을 위한 기반을 확립해 주었다.…이제 전통적 그룹들과 은사주의 그룹들의 많은 지도자들이 '아주사 부흥'의 현장을 종교적 역사 유물로 지정해야 한다는 데 동의하고 있다.

물론 오순절적 경험을 주장하는 그룹들 중 어느 그룹도 자신들이 '아주사 경험'을 만들어 냈던 그 영(spirit)과 아무런 관계가 없다고 한 적은 단 한 번도 없다. 역사적, 전통적, 은사주의 그룹들 혹은 어떤 형태를 띤 오늘날의 오순절 그룹들 중 어느 그룹도 다른 그룹들이 하나님으로부터 나오지 않았다고 확실히 말하지는 않는다. 물론 그들이 내부적으로 서로 싸운다는 것은 사실이다. 그러나 어느 누구도 겉으로 전쟁포고를 하지는 않는다. 오늘날 오순절 그룹에 속한 모든 이들은 1906년 아주사 거리에 분명히 있었던 '능력의 집'(Power house)이 역사적 사실이며 자신들이 그때에 있었던 '동일한 영'(spirit)을 존경하며 숭배한다고 주장한다.

'피리 부는 사나이'를 경건하게 대항하는 일은 반드시 계속되어야만 한다. 우리는 먼저 이런 것들을 구별해 줄 수 있는 중요한 요소들을 살펴보아야만 하며 이 책의 나머지 부분은 전적으로 그 같은 것을 다루게 될 것이다. 처칠 수상은 그 같은 일을 '영국 정부의 첩보 사역'이라고 불렀다. 반면에 하나님의 말씀은 그 같은 것을 '분별'이라고 부른다. 솔로몬 왕은 다음과 같이 기록하였다.

> 그러므로 주의 백성을 재판하도록 주의 종에게 깨닫는 마음을 주사 내가 좋은 것과 나쁜 것을 분별하게 하옵소서. 이같이 큰 주의 백성을 누가 능히 재판하리이까? 하니라. 솔로몬이 이것을 구하매 주께서 그 말을 기쁘게 여기시니라(왕상3:9-10).

짐머맨 목사는 제14회 오순절 세계대회에서 주연사로 강연했다. 1977년에 그는 수에넨스(Suenens) 추기경과 함께 연합과 일치를 보여주기 위해 캔자스시티 대회에서 50,000명의 오순절 주의자들 앞에 섰다.

분리하는 문제

참으로 놀라운 것은 오늘날 많은 성도들이 오순절 운동을 전혀 분별하지 못하고 그것에 대항하지도 않는다는 사실이다. 원래 하나님의 백성들은 정확하며 공적인 언어로 그것에 대항했다. 그러나 오늘날 그 같은 입장은 온유, 수용, 중립 심지어 완전동화 등을 이유로 점차 퇴색되어 가고 있다.

오늘날의 신학적/강해적 비평에서 발견되는 이 같은 변화를 목격하면서 사이넌(Vinson Synan)은 1983년에 다음과 같이 썼다.

> 전체 기독교가 성경의 근거 위에서 오순절주의의 주장들을 합당한 이슈로 다루려는 시도는 1960년 후에 소위 '신 오순절 운동'이라는 것이 대두되면서 시작되었다. 이것은 오순절 운동의 비평학적 연구에 있어서 가장 최근의 경향이며 따라서 신학적으로 다가오는 시대를 표현해 준다(「마지막 날들에」(In The Latter Days), p.81).

역사학자인 사이넌은 이미 오래전에 그 같은 경향을 예의 주시하며 관찰해 왔다. 1975년에 그는 다음과 같이 말했다.

> 반 오순절 운동의 논쟁에 있어서 새로운 시대가 열리게 되었다. 많은 경우에 어떤 책이나 문서들이 오순절주의에 대해 반대하고 있는지 알아내는 것조차도 어렵다. 이 같은 새로운 태도는 '신 오순절주의'가 얻게 된 어떤 새로운 존경심 혹은 모든 이상한 사상들에 대한 온건주의로부터 나오게 되었다(「오순절 은사 운동의 기원에 대해」(Aspects of Pentecostal-Charismatic Origins), p. 111).

'분별' 그 자체만으로는 아무것도 할 수 없으며 결국 패배할 수밖에 없다. 그것은 반드시 '분리'라는 것에 연결되어야만 힘을 발휘할 수 있다.

1942년, 오란에 주둔하고 있었던 프랑스 해군 함정들이 폭파되기에 앞서 영국과 프랑스 장군들 사이에 수많은 논의가 진행되었다. 그러나 진정한 문제는 프랑스 해군을 나치 독일군들로부터 분리시키는 것이었다. 프랑스의 젠소울 장군은 독일의 명령 하에서 점령된 프랑스 함대를 담당하고 있었다. 그는 분리에 대해 논의하는 것을 거부했다. 그때에 처칠 수상으로부터 소머빌 제독에게 강력한 전갈이 왔다.

프랑스 전함들은 반드시 우리 뜻을 따라야 합니다. 그렇지 않으면 당신이 해 지기 전에 그것들을 침몰시켜야 합니다(「그들의 전성기」*Their Finest Hour*, p.236).

분리에 대한 하나님의 말씀은 처칠의 명령보다 훨씬 더 명백하다. 그분께서는 아브라함을 그의 본토 친척으로부터 분리시켰고 후에는 이스라엘을 이집트로부터 분리시켰다. 약속의 땅인 가나안에서 살게 된 이스라엘 민족의 분리는 이미 그곳에서 살고 있던 다른 민족들을 제거하는 것을 의미했다.

이스라엘의 왕정 시대에는 13번의 비극적인 징벌이 이스라엘 위에 내렸다. 그때마다 문제가 되었던 것은 이스라엘이 악 즉 악의 모양, 악의 도구, 사악한 무리와 국가들로부터 분리되는 것이었다. 신약성경도 성도들이 세상으로부터 분리되어야만 함을 명백하게 가르친다. '비극적 교회'였던 고린도교회를 가리키며 사도 바울은 다음과 같이 썼다.

너희는 믿지 않는 자들과 더불어 공평하지 않게 멍에를 같이 메지 말라. 의가 불의와 무슨 사귐을 갖겠느냐? 빛이 어둠과 무슨 친교를 나누겠느냐? 그리스도가 벨리알과 무슨 일치를 보겠느냐? 혹은 믿는 자가 믿지 않는 자와 무슨 몫을 나누겠느냐? 하나님의 성전이 우상들과 무슨 조화를 이루겠느냐? 너희는 살아 계신 하나님의 성전이니라. 하나님께서 이르시되, 내가 그들 가운데 거하고 그들 가운데 거닐며 나는 그들의 하나님이 되고 그들은 내 백성이 되리라. 주가 말하노라. 그러므로 너희는 그들 가운데서 나와 분리하고 부정한 것을 만지지 말라. 그리하면 내가 너희를 받아들여 너희에게 아버지가 되고 너희는 내 아들딸이 되리라. 전능자 주가 말하노라, 하셨느니라(고후6:14-18).

오순절 운동이 계속해서 모습을 드러내면서 '피리 부는 사나이'는 기독교인들의 '분리'라는 드라마를 예의주시하고 있다. 성도들은 이미 필요한 정보들을 많이 가지고 있으므로 신속히 결단을 내려야만 한다. 아합 왕 시절의 긴장감 도는 순간에 대언자[2] 엘리야가 이스라엘에게 물었던 그 질문이 지금 이 순간에도 참으로 적합한 것 같다.

엘리야가 온 백성에게 나아가 이르되, 너희가 어느 때까지 두 의견 사이에서 머뭇거리려느냐? 만일 주께서 하나님이면 그분을 따르려니와 만일 바알이 하나님이면 그를 따를지니라, 하니 백성이 그에게 한 말도 응답하지 아니하매(왕상18:21)

---

[2] 원래 'Prophecy' 혹은 'Prophet'은 남의 말을 받아 대신 전한다는 뜻의 '대언하다', '대언자'로 번역되어야 한다. 그러나 개역성경은 이 단어들을 대개 '예언하다', '선지자'로 번역하여 이것들이 마치 앞날을 예측하는 것을 뜻하는 것으로 만들어 은사주의를 부추긴 측면이 있다. 그러나 이것들은 반드시 '대언하다', '대언자'로 번역되고 그렇게 이해되어야 한다.

2장
오순절 운동과 신비주의

음란한 세대

　기적들! 그들은 신비한 어떤 것으로부터 무엇인가를 원했다. "선생님, 우리에게 표적 보여 주시기를 원하나이다."(마12:38). 이처럼 우리 귀에 익숙한 요구가 우리 구원자 예수님의 귀에까지 들렸던 것이다. 지난 수천 년 동안 그분께서는 사람의 가슴속에 깊이 존재하고 있는 그런 욕망들을 보고 계셨다.
　신비한 초능력을 보려는 욕망은 언제나 사람들을 마술로 이끌었다. 야곱의 후손들은 이집트에 그런 신비한 일들이 매우 많음을 보고 현혹되었다. 이집트 왕 파라오(바로)의 마술사들이 놀라운 기적을 일으키는 능력은, 특히 이런 것들이 이집트의 신들(gods)로 인해 이루어지게 되었을 때, 유대인들의 가슴속에 깊은 감명을 주었다.
　그러나 이런 신비주의를 추구해 보려는 그들의 욕망은 결국 이집트 탈출 뒤 시내 산에서 큰 재난을 불러 일으켰다. 그들은 아론에게 이집트 신의 보이는 형상을 만들어 줄 것을 요구했다. 이방 신들이 보여 주는 신비한 능력과 그들의 임재를 바라는 깊은 갈망은 결코 그들을 떠나지 않았다. 약속의 땅 가나안에서의 삶이 시작된 지 채 200년이 못 되어 그들은 또다시 과거 자기들의 조상들이 갈망해 오던 것의 희생물이 되고 말았다. 초자연적 능력을 보려는 욕망은 결국 이스라엘 국가의 몰락을 가져오고 말았다. 그들은 그 같은 사악함 속에 푹 빠져들게 되었고 결국 하나님은 그들을 우상 숭배로 가득한 바빌론으로 추방시켜 버렸다.
　그때로부터 약 500여 년의 세월이 흘러갔고 마침내 예수 그리스도께서 인류를 구속하실 때가 되었다. 바로 그때에 고대로부터 그들이 갈망해 오던 욕구가 갑자기 되살아났다. 다시 말해 그들은 어떤 신비하며 알려지지 않은 비밀이 임재하기를 고대했던 것이다. 또한 그 같은 신비는 그들의 육신의 오감(五感)을 통해서 드러나야만 했다. 확실히 그 신비는 손으로 만져지며 보이는 형태를 통해 인지될 수 있어야만 했다.
　이 같이 정당화된 요구에 대해 우리 주님께서는 다음과 같이 단호하게 말씀하셨다.

　　그분께서 그들에게 응답하여 이르시되, 악하고 음란한 세대가 표적을 구하나 대언자 요나의 표적 외에는 아무 표적도 그 세대에게 주지 아니하리라. 요나가 밤낮으로 사흘 동안 고래 배 속에 있었던 것 같이 사람의 아들도 밤낮으로 사흘 동안 땅의 심장부에 있으리라(마12:39-40).

이 구절에서 우리 예수님께서 '표적'이란 단어를 사용하신 것은 참으로 의미심장하다. 그것은 그리스어 '세메이온'(Semeion)을 번역한 것으로 '표시' 혹은 '드러남' 등을 의미한다. 바인 박사(Dr. W. E. Vine)는 신약성경 단어 강해 사전에서 단어를 다음과 같이 설명한다.

이 단어는 신성의 권세나 권능의 표시로서 일어난 기적적인 일들의 표적, 마크, 드러남, 표시 등을 의미한다. 예들 들어 고린도전서 1장 22절에 보면 "유대인들은 표적을 구한다."라는 구절이 있는데, 그 구절은 사도들 역시 예수님처럼 유대인들로부터 똑같은 요구를 받았음을 보여 준다.

비록 예수님께서 자신의 교회의 초기 사역 기간에 기적들을 일으킬 수 있는 능력을 주셨지만 이 같은 것들은 곧바로 없어지기 시작했다. 그 이유는 '믿음'과 '보는 것'이 공존하는 것이 비생산적이라는 사실이 드러났기 때문이다. '믿음이 없이는 하나님을 기쁘게 할 수 없기 때문에' 그분은 보지 않고 믿는 믿음을 원하셨다(히11:6). 성경은 믿음이 눈에 보이는 초자연적인 능력과 함께 병행되었을 때 항상 쉽게 시들게 되고 부패하게 됨을 보여 준다. 사도 바울이 "믿음은 바라는 것들의 실체요, 보이지 않는 것들의 증거니라."(히11:1)라고 말씀해 주었듯이 믿음은 반드시 홀로 서야만 한다.

그런데 또 다른 일이 벌어졌다. 사탄이 초자연적이며 신비한 생산품으로 가득한 자신의 시장바구니를 갖고 되돌아 온 것이다. 그래서 고대로부터 이슈가 되어 왔던 욕망 즉 눈에 보이는 초능력에 대한 인류의 욕망이 되살아났다. 그것은 먼저 고린도에 있었던 '불행한 교회' 안에서 생겨났고 사도 바울은 그들에게 "유대인들은 표적을 원한다."고 경고해야만 함을 느꼈다(고전1:22). 사실 이때 사도 바울은 초능력의 증거를 요구하는 인류의 욕망에 관한 불행한 역사를 회고했던 것이다.

자석과 같은 신비주의

고린도에서는 이상한 형태의 무아지경에 이르는 현상이 유행하기 시작했다. 복음 전파를 돕기 위해 예수님의 승천 이후 첫째 오순절에 주어졌던 원래의 방언 즉 분명히 알아들을 수 있었던 타지방의 말은 이미 사라져 버렸다. 그것 대신에 알아들을 수도 없고 유익을 주지 못했던 이상한 모조품 방언이 들어서게 되었다. 사도 바울의 의심은 또 다른 사실로 인해 더 증폭되었다. 정상적으로 성경을 가르치던 것이 이상하고 알지 못하는 방언으로 대치되었기 때문이다. 결과적으로 건전한 교리는 무시되었고 오류들이 기승을 부리며 경건한 질서가 없어지게 되었다.

신비주의가 고린도 교회에서 득세하게 되었고 이에 대해 사도 바울은 다음과 같이 경고했다.

대언자들의 영은 대언자들에게 통제를 받나니 성도들의 모든 교회에서처럼 하나님은 혼란의 창시자가 아니요, 화평의 창시자시니라(고전14:32-33).

여기에서 문제가 되고 있는 '혼란'(confusion)은 말 그대로 '소용돌이' 혹은 '확고히 서지 못한 상태'를 의미한다. 이 같은 혼란이 생긴 까닭은 고린도 교회의 어떤 성도들이 '알지 못하는 방언'(unknown tongue)을 하는 동안 이상한 영(spirit)의 지배하에 있었기 때문이었다. 다시 말해 그들의 영은 그들의 지배하에 있지 않았고 결론적으로 그들은 어떤 누군가에 의해 조절을 당했다. 사도 바울이 경고했듯이, 그것은 예수님의 방법이 아니었다. 명백하게도 이교도들의 신비주의가 고린도 교회를 침투했던 것이다.

실제적으로 볼 때 고린도 교회의 문제는 사람들의 피동성으로 인해 생기게 되었다.[1] 그곳 성도들 가운데 일부는 분명히 명상 등을 통해 자신들을 전적으로 무기력한 상태에 빠지도록 만들었다. 웹스터의 「신 20세기 영어 사전」은 피동적인 상태를 다음과 같이 묘사한다.

> 신비주의자들 중에는 혼 혹은 다른 지적 기관들의 활동을 중지하도록 하는 사람들이 있다.

창조 이후로 인류를 기만해 온 '인간 영혼의 원수'인 마귀는 고린도 교회 성도들 중 얼마에게 아무런 저항 없이 들어갈 수 있었다. 왜냐하면 그들이 신비주의라는 소용돌이를 스스로 택했기 때문이었다.

「웹스터 사전」에서 신비주의는 '인간의 어떤 이성을 통하지 않고 명상과 사랑을 통해 신과의 접촉을 이룰 수 있다고 믿는 믿음'으로 정의되어 있다. 사도 바울은 이미 고린도 교인들에게 다음과 같이 경고했다.

> 그러면 어찌하리요? 내가 영과 함께 기도하고 또 이해하면서 기도하며 내가 영과 함께 노래하고 또 이해하면서 노래하리라(고전14:15).

이러한 경고에도 불구하고 불쌍한 신자들은 신비주의의 길을 선택했고 그 결과 대언자들의 영이 더 이상 대언자들에 의해 통제를 받지 못했다.

고린도전서 1장은 신비주의의 토대를 잘 보여 준다. 신비주의는 주 예수 그리스도께서 더 이상 홀로 영광을 받지 못하는 곳에서 즉 "나는 바울에게 속한다.", "나는 아볼로에게 속한다.", "나는 게바에게 속한다."고 말하는 이들이 있는 곳에서 싹튼다.

어느 누구도 "내가 예수 그리스도와 십자가에 달리신 그분을 제외하고는 너희 가운데서 어떤 것도 알려 하지 않기로 결심했다."는 바울 사도의 가르침에 귀를 기울이지 않았다. 심지어 그들은 "아무도 이미 놓은 기초 즉 예수 그리스도 이외의 다른 기초를 놓을 수 없다."는 사도의 권면도 무시하고 말았다. 왜 그랬을까? 고린도 교회 교인들은 신비주의라는 또 다른 기초 위에 자신들의 집을 짓고 있었기 때문이다.

고린도 교회의 교인들은 자신들의 초자연적인 능력에 대해 자랑스러워했고 사도 바울을 경멸했다. 그때에 사도 바울은 더욱더 강력한 말로 그들에게 경고했다.

> 그러한 자들은 거짓 사도요 속이는 일꾼이며 자기를 그리스도의 사도로 가장하는 자들이니라. 그것은 결코 놀랄 일이 아니니 사탄도 자기를 빛의 천사로 가장하느니라. 그러므로 그의 사역자들 또한 의의 사역자로 가장한다 하여도 그것은 결코 큰일이 아니니라. 그들의 마지막은 그들의 행위대로 되리라(고후11:13-15).

---

1) 입신, 방언과 표적, 축사, 관상 기도 등의 신비주의는 항상 사람의 피동성을 이용한다. 이에 대해서는 부록에서 자세히 설명되어 있다.

사탄이 교회에 침투하다

사탄의 손으로부터 고린도 교회를 구해 내려는 노력의 마지막 일환으로, 사도 바울은 자신의 권위를 재확립시키려 했다. 이를 위해 그는 자신이 보았던 이상과 계시들을 자신의 적들의 것과 비교했다. 물론 이렇게 함으로써 사도 바울은 스스로 자신을 영화롭게 하는 것이 좋지 못함을 인정했다. 그리고 나서 그는 "내가 자랑함으로 어리석은 자가 되었거니와 너희가 억지로 나를 시켰느니라.…그러나 너희들이 강제로 내가 그렇게 하도록 했노라."(고후12:2, 11)고 고백했다.

사도 바울은 '뱀이 자신의 속임수로 이브를 속인 것처럼'이라고 말함으로써 자신이 두려워하는 바가 무엇인가를 확증했다. 고린도 교회의 교인들은 뱀에 의한 '다른 예수'와 '다른 영' 그리고 '다른 복음'을 받아들이고 있었다. 이를 분별한 사도 바울은 그 영이 하나님께 속하였는가를 시험해 보았다(요일4:1). 그는 눈으로 초능력을 확인해 보려는 고대로부터의 인류의 욕망이 바로 '신비주의'이며 그것이 고린도 교회에 파급되고 있음을 발견했다. 그리고 그는 그 광경 뒤의 희미한 그림자 속에 사탄이라는 존재가 우뚝 서 있음을 보게 되었다.

드디어 '사람의 영혼의 원수'는 교회 속으로 침투해 들어왔다. 주후 2세기경에는 '새로운 예수'와 '새로운 영'을 따르는 이들이 많이 생겨났다. 역사학자 콸벤(Lars P. Qualben)은 「기독교회의 역사」에서 다음과 같이 말한다.

> 그들은 새로운 형태의 예언을 도입했다. 유세비우스는 그것이 전통적으로 지속되어 왔던 교회의 규례들과 상치되며, 황홀경 속의 이상이나 시벨레(Cybele) 제사장들의 광적인 행태들과 비슷하다고 말한다. 예언자들은 하나님이 자신들을 완전히 사로잡아 자신들을 통해 말하게 될 때 무아지경에 빠져 들어가 의식이 사라지고 마음은 완전히 피동적이 된다고 주장했다. 유세비우스는 이 같은 황홀경 속에서 어떤 몬타니스트 예언자들이 '중얼중얼거리며 이상한 소리들을 내기 시작했다.'고 말한다. 사실 이런 것들은 19세기의 어빙주의자들과 그 뒤 유사한 형태의 회중들이 행하던 '쏼라쏼라…' 혹은 '랄라라라…'와 비슷했다.

그때로부터 수세기가 지났고 로마 카톨릭 교회가 전 세계의 종교를 장악하기 시작했다. 천주교의 수녀원들과 수도원들은 자신들의 초자연적 경험들을 기록하느라 일생의 대부분을 보낸 사람들로 가득 차게 되었다. 그들은 이상을 보았고 이상한 말들을 했으며 수없이 많은 계시를 받았다. 그들은 다름 아닌 신비주의자들로서 명상을 통해서 자신들이 남들보다 우월한 '영성'(spirituality)을 갖고 있다고 주장했다.[2]

카톨릭 신비주의에 깊이 빠진 사람들 중 유명한 사람들로는 기적 메달의 가타리나 라브레, 리지외의 성녀 테레사, 아시시의 프란시스, 끌레르보의 베르나르, 예수회의 창시자로서 「영성 훈련」(Spiritual excercise) 교재를 만든 이냐시오(이그나티우스) 로욜라, 프란시스 사비에르, 노리치의 수녀 줄리안 등이 있다. 알퐁소 드 리구오리는 그가 기록한 계시들로 인해 바티칸으로부터 '교회의 박사'란 칭호를 받게 되었다. 그가 지은 「마리아의 영광」이란 책만큼 반(反)기독교 책은 이 세상에 없을 것이다.[3]

---

[2] 요즘 국내에 소개되고 있는 많은 경건 서적들이 실제로 카톨릭 작품이다. 부록에 실린 '카톨릭 영성에 중독 된 한국 교회'를 참조하기 바란다.

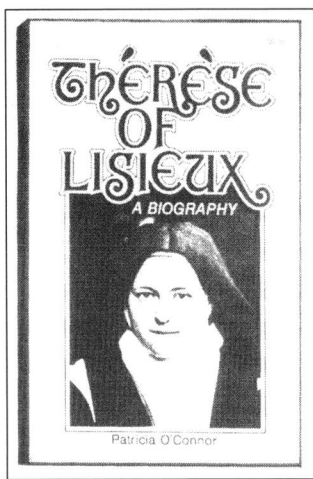

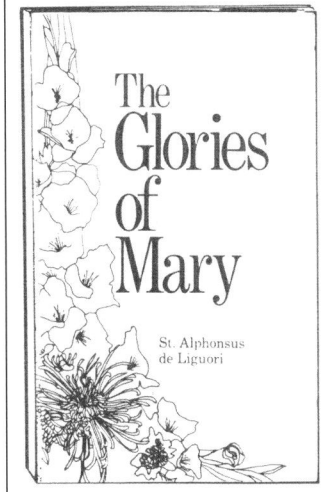

로마 카톨릭 신비주의 책들
<리지외의 테레사>, <가타리나 라브레>
<마리아의 영광>, <아시시의 프란시스>

---

3) 「마틴 로이드 존스의 천주교 사상 평가」, 「천주교의 유래」(도서출판 그리스도 예수안에)를 참조하기 바란다.

경건치 못하며 초자연적인 현상들을 갈구하는 것이 고대로부터 늘 사람들 사이에 있어 왔지만, 이런 것을 추구하는 운동의 현대적 기원은 1819년 영국에서 일어났던 에드워드 어빙(Edward Irving)의 목회라고 말할 수 있을 것이다. 스코틀랜드 장로교인이며 유능한 설교자였던 어빙은 자신의 성공으로 인해 자만하게 되었다.

로마 카톨릭 신비주의, 오순절주의 책들
<메주고리예의 동정녀 마리아>, <수도원 문화에 대한 연구>
<에드워드 어빙의 생애>, <오순절의 뿌리 아주사 거리>

오순절 운동과 신비주의 *31*

마치 사탄이 타락했던 것처럼 어빙도 개인의 교만이라는 똑같은 멸망의 길에 들어섬으로써 영적 비극을 맛보았다. 1828년 드디어 어빙은 '그 영(spirit)에 의해' 초능력과 초자연적 경험의 영역으로 빠져들어 갔다. 인간의 타락이라는 교리를 거부하면서 그는 황홀경, 이상, 방언, 신비한 일들, 무질서, 감정주의, 계시 그리고 오늘날의 오순절 운동의 이단 교리들을 추구하고 받아들이며 다른 이들에게 가르쳤다.[4]

그때로부터 채 1세기가 지나지 않아서, 미국은 오순절 운동의 대 활극장이 되어 버렸다. 1895년에 일어난 벤자민 어윈의 '불 침례 성결 교회'는 미국 서부에 퍼져 나갔다. 캔자스 주 토페가에 있었던 파르함(Charles Parham)의 성경 학교는 1900년에 '오순절 운동'의 중심지가 되었다. 그리고 이것은 1906년의 '아주사 거리' 현상으로 발전되었고, 그때로부터 오늘날의 전 세계적인 오순절 은사 운동이 나오게 되었다.

두말할 필요도 없이, 성도들을 유혹해 온 '피리 부는 사나이'는 자신의 초능력으로 놀랄 만한 성공을 이루게 되었다. 현재의 오순절 운동의 성장은 말로 표현하기가 어려울 정도이다. 오순절주의에서 가장 존경을 받는 역사학자인 사이넌은 1985년 '오순절 연구 협회' 모임에서 연사로 초청되었고, 그 모임에서「기독교 세계 백과사전」의 저자인 바렛(David Barrett)이 만든 보고서를 인용했다. 그 보고서는 1985년도 현재 오순절 교도들의 숫자가 1억 6천8백만이며 20세기 끝에 가서는 4억 4천만을 넘게 될 것이라고 기록했다.

그러나 그러한 예상이 모두 이루어지고 기쁨이 채 가시기도 전에 오순절 은사주의 지도자들은 무서운 진실 앞에 정면으로 서야만 할 것이다. 바로 그 날은 오순절 운동이 아무리 순수해도 결국 신비주의였다는 사실을 드러낼 것이다. 지금까지 세상은 오랄 로버츠(Oral Roberts)로부터 짐 베이커(Jim Bakker)에 이르기까지, 미주리 주로부터 극동 지방에 이르기까지 오순절주의가 주장하는 이상들, 계시들, 음성들, 기적들 그리고 다른 초자연적 현상들을 동반하는 신비주의의 장면들을 보아 왔다.

이런 것들은 상상에서 나오는 꾸민 이야기가 아니고 실제적인 것들이다. 지금까지 이 책을 읽어 온 독자들은 오순절 운동을 이끌고 가는 '피리 부는 사나이'의 이야기를 계속해서 더 듣게 됨에 따라 신비주의의 참모습이 어떤 것인가를 더 확실히 깨닫게 될 것이다.

---

4) 부록 '오순절 운동의 역사적 고찰'을 보기 바란다.

> ### A VISION
> #### GIVEN BY GOD TO JIMMY SWAGGART
>
> At about 9:15 a.m. on the morning of July 1, 1985, I was praying, and seeking God, asking His guidance and direction.
>
> I had been praying about fifteen minutes when His presence started to envelope me. I sensed greatly the moving of the Holy Spirit, and then I started to see what the Lord was trying to portray to me. I believe it was a *vision* that I saw. I cannot tell what type of vision, but I suppose that's not important at the time. This is what God portrayed to me.
>
> I saw spread out before me, as far as the eye could see in all directions, great fields of cotton. The cotton was ready to be harvested, and I've never seen such an abundant crop. The limbs were literally bending over under the weight of the full-blown balls that had opened completely. It seemed like each stalk was one gigantic ball of cotton.
>
> I stood looking at it, literally transfixed by the sight before my eyes. When I was a boy I had remembered seeing a field of cotton that would probably harvest two to three bales to the acre, but this field would seem to harvest far beyond that.
>
> As I mentioned, I stood surveying this scene, and my attention was directed to my left. And as I turned to look, I saw something that was a fearful sight. The heavens were literally billowing with black angry clouds, right over the horizon. Jagged forks of lightning were playing through the heavens. The clouds were the ugliest and blackest that I've ever seen in all of my life. They seemed to be boiling and rolling, and were heading straight towards the thousands and thousands of acres of

하나님이 스웨가트에게 준 환상

1985년 7월 1일 아침 9시 15분경. 나는 하나님의 인도를 구하며 기도를 드리고 있었다. 약 15분 정도 기도했을 때 나는 하나님의 임재와 성령의 움직임을 느꼈고 어떤 꿈같은 것을 보았다. 그 꿈 속에서 큰 목화밭이 펼쳐졌고 목화들이 무르익어 수확을 기다리고 있었다. 그 광경을 보다가 왼쪽을 보니 시커먼 구름이 하늘을 덮고 있었고 이쪽의 목화밭을 향해 다가오고 있었다.

내가 뒤를 돌아보니 거기에는 한두 개의 목화 따는 기계들만 있었다. 그때 하나님이 말씀하셨다. '빨리 서둘러라. 폭풍우가 다가오니 수확되지 못한 목화들은 모두 상실될 것이다. 콤바인들을 동원해라.'

또 하나님이 말씀하셨다. '나는 마지막 때의 수확을 거두어들이기 위해 다른 어떤 사역도 지정한 적이 없으며 오직 이 사역(즉 자기 사역)만 지정했다. 그러니 너는 반드시 TV를 통해 그것을 해야만 한다. 그것만이 단시일에 수백만의 사람들에게 다가갈 수 있는 길이다.'

'너는 가능한 한 세계 모든 나라에 방송을 해야만 한다.'

그 영은 자신이 이미 자물쇠에 열쇠를 넣고 돌려놓았으니 이제 남은 것은 그(스웨가트)가 문을 여는 것뿐이라고 말했다.

'나는(하나님) 온 세상의 교회들이 그들 주변을 담당하도록 사명을 주었다. 그런데 오직 이(스웨가트) 사역은 전 세계를 상대로 한 것이다. 그리고 TV만이 그것을 성취할 수 있는 유일한 길이다.'

THE BOSTON GLOBE SATURDAY, NOVEMBER 1, 1980

ROBERTS
Evangelist **Oral Roberts'** self-proclaimed encounter with a 900-foot **Jesus** apparently has paid off in a big way. Roberts had sent out a fund-raising letter for his new hospital which told of his meeting the giant Jesus, who assured Roberts that the hospital would be built. A spokesman for Roberts in Tulsa, Okla. said almost $5 million has been raised so far in response to the letter.

Demos Shakarian

Our Vision
Our vision for the Fellowship is based upon a series of prophetic messages given over a period of time and confirmed by a literal vision from God.

In the vision, untold masses of men from every continent and nation, of all races and diverse culture and costume, once spiritually dead, are now alive. Delivered and set free, they are filled with the power of God's Holy Spirit, faces radiant with glory, hands raised and voices lifting their praises to heaven.

We see a vast global movement of laymen comprised of millions of men being used mightily by God to bring this last great harvest through the outpouring of God's Holy Spirit before the return of our Lord Jesus Christ.

Demos Shakarian's vision. He founded the Full Gospel Business Men's Fellowship International in 1950 under the guidance of Oral Roberts. The purpose was to extend Pentecostalism outside of its churches.

자신이 300미터 높이의 거인 예수를 만났다고 주장하는 오랄 로버츠. 그는 자신의 새 병원 건축 기금을 위한 호소 편지에서 그 거인 예수가 병원이 완공될 것을 그에게 확신시켜 주었다고 주장했다. 그의 대변인은 그 편지로 인해 오백만 달러가 모였다고 말하였다.

샤카리안의 꿈: 그는 로버츠의 지도하에 1950년에 순복음 실업인 협회를 창설했다. 그것의 목적은 오순절 교회 안팎의 교회들에게 오순절주의를 파급시키는 것이었다.

3장

은사 운동과 천주교의 연합

교리 면에서 볼 때 오순절 운동은 교리적 편차가 무한대이며 엉망진창이다. 그럼에도 불구하고 지금까지 이 운동은 통일성을 유지해 왔다. 그것이 가능했던 이유는 그 안에 어떤 공통분모가 있었기 때문이었다. 이 운동은 오순절 경험들로 구성되어 있으며, 이런 경험들은 초기의 '성령 침례' 혹은 종종 '성령 안에서 죽임을 당하는 것'[1])으로 불리는 현상을 포함한다. 그리고 이런 경험들은 대개 방언과 함께 생기며 그 안에는 또한 '황홀경에 빠지는 것', '입신하는 것', '이상을 보는 것', '몸을 구르는 것' 등도 있다. 이로 인한 공통분모는 서로 다른 교리로 인한 차이점들을 모두 하나로 만들어 버렸다. 그들은 서로 다른 신앙 혹은 서로 다른 교파를 갖고 있음에도 불구하고 모두 공통성을 띠고 있다.

새로운 이름

오순절주의를 하나의 운동으로 구별시켜 주는 이런 특징들은 지금도 전혀 변하지 않았다. 그것들은 200여 년 전 에드워드 어빙 시대에 시작된 이후로 지금까지 하나도 변하지 않은 채 계속 이어져 오고 있다. 반면에 오순절주의 안에서 사용되는 명칭, 계략, 혹은 행동 방법 등은 놀라울 정도로 많이 변했다.

먼저 새로운 이름이 생겨났다. 1950년까지만 해도 '오순절주의'(Pentecostalism)에 대한 반대가 많았으므로 '은사주의'(Charismatic)라는 단어가 의도적으로 선택되었는데 그것도 '오순절주의'를 쉽게 파급시킬 목적으로 사용되었다. 그 당시 하나님의 성회 감리사였던 짐머맨(Thomas Zimmerman)은 1983년 1월 7일자 「크리스쳐니티투데이」에서 "자신이 '은사주의자'라고 불리는 것에 대해서는 기뻐했지만 '전통적 오순절 은사주의자'라고 불리는 것은 싫어했는데 그 이유는 그것이 너무나 진부했기 때문이다."라고 말했다.

이 같은 속임수로 인해 많은 사람들이 그들의 정체를 알아차리지 못하게 되었고 그 결과 그들은 큰 성공을 거두게 되었으며 전통적 오순절주의는 새로우며 색다른 '은사 운동'과는 별개의 것으로 취급받게 되었다. 이런 악의에 찬 속임수는 지금도 존재하고 있다.

그 뒤 전략상의 큰 변화가 생기기 시작했다. 그때까지만 해도 오순절 운동은 비오순절

---

1) 정신을 잃고 뒤로 넘어지는 현상으로 한국에서는 대개 '입신'이라고도 부른다. 그러나 실제로 이것은 쓰러뜨리는 현상이다. 자세한 것은 부록을 참조하기 바란다.

교도들과의 분리 노선을 취해 왔다. 그런데 1960년대에 들어서면서부터 이 같은 분리 노선은 새로운 국면에 접어들게 되었다. 현재 이 운동은 원래의 오순절주의의 본고장을 훨씬 넘어선 영역으로 침범해 들어오고 있다. 심지어 배도한 로마 카톨릭 교회와 그리스 정교회, 성공회, 루터 교회 등도 오순절 경험들을 공유하고 있다. 물론 자신들의 교리는 전혀 바꾸지 않고 말이다. 화해와 일치와 형제 사랑이라는 달콤한 난류가 오순절 바다에서 이곳저곳 흘러넘치고 있다.

오순절 운동, 천주교에 들어가다

오순절 운동의 천주교 침투와 그 안에서의 성장은 1966년에 시작되었다. 그 이후로 바티칸에 충성을 다하는 신도들이 오순절 책들을 많이 읽고 있다. 윌커슨이 저술한 「십자가와 칼날이 튀어나오는 나이프」(*The Cross and the Switchblade*)라는 책과 쉐릴이 지은 「그들은 다른 방언으로 말한다」(*They Speak With Other Tongues*)라는 책은 전 세계 카톨릭 그룹들에게 지대한 영향을 미쳤다. 그 뒤 많은 천주교인들이 오순절 경험을 구하기 시작했다.

처음에 천주교인들은 자신들 스스로 오순절 운동의 그 영(靈)을 받아 보려고 했지만, 모두 실패했다. 여러 달을 기다린 후에 마침내 그들은 단 하나의 대안으로 남은 것을 선택했다. 경험을 갈구하던 신실한 천주교인들은 마침내 천주교회 밖에서 도움을 구하기로 결심을 했다. 그 도움은 결국 전통적 오순절주의자들로부터 나오게 되었고 오코너 신부는 「오순절 운동」이라는 책에서 그 이야기를 다음과 같이 말해 준다.

오순절주의를 추천하는 천주교 책들
<오순절 카톨릭 교인들>, <카톨릭 오순절주의>, <그들의 눈이 열렸다>

어떤 사람이 은사 경험이 많은 레이 불라드(Ray Bullard)라는 이름의 남자를 알게 되었다. 그는 곧 그에게 전화를 했고, 그다음 주에 그 그룹은 불라드의 집에서 열리는 기도회에 참석해도 좋다는 허가를 받았다. 그 당시 불라드는 순복음 실업인 협회의 사우스 벤드 지부 회장이었다. 그는 또한 사우스 벤드에 있는 하나님의 성회에 속한 갈보리 회막 교회의 집사였고 거기에서 큰 활동을 하고 있었다.···불라드는 자신의 집 지하실에서 주중 기도회를 인도해 오고 있었다.···이 기도회는 1967년 3월 13일 월요일 저녁, 신기한 눈초리로 그의 집에 갔던 9명의 천주교인들에게 놀랄 만한 일을 성취하도록 해 주었다.

불라드 자신도 대학교에 다니는 지성인들을 그런 자리에서 만난다는 사실로 인해 어느 정도 어리둥절하고 있었다. 그들이 일으킬지도 모를 반대를 해결하기 위해 그는 몇몇 유명한 오순절 목사들을 초청했다. 목사들 중 한 명이 성령의 은사들에 대해 말했고 다른 이가 몇몇 질문들에 대해 답변을 했다. 그 뒤 그곳에 있었던 20여 명의 오순절 교도들은 노트르담 그룹 주위로 모여들었고 그들을 위해 기도하기 시작했다. 물론 그들은 방언으로 기도했고 순식간에 하나, 둘, 셋,···, 일곱, 여덟, 노트르담 그룹 사람들도 방언으로 기도를 시작했다.

그 이후로 바티칸의 충성된 교도들 간에 수백만의 카톨릭 오순절주의자들이 생겨나게 되었다. 그들은 오순절 경험뿐만 아니고 로마 카톨릭 교회의 가르침과 교리에 대한 충성심이 매우 뛰어나므로 쉽게 구별된다. 마르틴 루터의 종교 개혁을 타파하기 위하여 만들어진 중세기의 로마 카톨릭 교회의 트렌트 공회에 의해 정의된 중세 천주교가 여전히 그들의 가슴속에 그대로 남아 있다. 제2 바티칸 공회의 4명의 중재자들 중 하나인 수에넨스 추기경은 그 운동을 '새로운 오순절'이라고 부른다.

공통 능력과 종교 일치 통합

이제는 천주교 오순절주의자들이 전통적 오순절주의가 주장하는 능력들을 공유하고 있다. 물론 그들은 성경의 예수 그리스도를 믿지 않으면서도 초능력은 행한다. 또한 천주교 오순절주의자들은 오랄 로버츠, 캐트린 쿨먼, 렉스 험바드, 에이미 맥퍼슨, 두 플레시스 그리고 오순절주의의 다른 슈퍼스타들의 능력을 오히려 능가하고 있다. 그들 간에 존재하는 커다란 교리의 차이에도 불구하고 초교파적인 그룹들은 공통적인 연대감과 영적 능력을 공유한다.

다양한 교파와 무리로 구성된 오순절 교도들 가운데는 놀랄 만한 조화가 존재하고 있다. 순복음 실업인 협회는 극렬한 천주교 사제들을 연사들로 초청하는데 그 이유는 단지 그들이 오순절 경험을 갖고 있기 때문이다. 1981년에 있었던 순복음 실업인 협회 세계 회의에서 브라운 신부는 기조 연설을 했다.

미국에서 나오는 「카리스마」(Charisma)라는 월간 잡지는 천주교인이 아닌 오순절주의자들을 대변한다. 한편 천주교 오순절주의자들을 대변하는 오순절 잡지로는 「뉴코베난트」(New Covenant)가 있다. 그러나 사실 그들 간의 차이는 거의 없다.

Books by fervent Roman Catholic authors.

The Pentecostal Movement as it renews Roman Catholicism — intact and unchanged.

열렬한 카톨릭 저자들의 책들: <새로운 오순절>, <중생한 카톨릭 교도>
오순절 운동은 카톨릭 주의를 새로이 태어나게 하고 있다.
수에넨스 추기경의 <부흥에 대한 에세이>(윗줄 왼쪽), <카톨릭 주의의 거듭남에 대한 프로그램 광고>(윗줄 오른쪽), <오늘날의 카톨릭 오순절주의자들>(아랫줄)

오순절주의가 카톨릭 교회에 침투해 들어왔을 때 바티칸의 에큐메니컬 사역(종교통합운동)의 비서로 일했으며 예수회의 회원인 비(Bea) 추기경은 큰 흥미를 갖고 은사운동의 자취를 연구해 보았다. 그는 곧 오순절주의가 종교를 통합하려는 바티칸의 시도에 새로운 에너지를 불어 넣어 줄 수 있음을 간파했다. 그 뒤 순복음 실업인 협회가 오순절 체험이라는 단 하나의 이유로 인해 철저한 천주교도들을 그리스도 안에 있는 형제로 받아들임에 따라 그의 만족도는 더욱 증가하기 시작했다.

상호 간의 조화와 혼합 작전

대규모 스타디움들은 일치를 외치는 소리로 울렁거리게 되었고 1986년과 1987년에 루이지애나 주 뉴올리언스에서 대규모 집회를 열려는 계획들이 틀을 잡아갔다. 한편, 에큐메니컬 일치를 부르짖는 책들이 전 세계의 여러 교파들에 속한, 열의에 찬 오순절주의자들의 손에 계속해서 쏟아 부어지고 있다.

지난 몇 년 동안 바티칸 실권자들과 오순절주의 지도자들 사이에 여러 차례 모임이 진행되었다. 이 같은 모임에 늘 참석했던 수에넨스 추기경은 1977년 캔자스시티에서 열렸던 회의에서 연설을 했다. 그와 짐머맨(하나님의 성회), 패터슨(그리스도 안의 하나님의 교회), 버넷 주교(성공회)는 수많은 대중 앞에 함께 서서 유례없는 일치 쇼를 보여 주었다.(「위력적인 강과 같이」, *Like a Mighty River*)

1985년 11월 오순절 운동의 지도자들은 매릴랜드 주 게이서스버그에서 사흘간의 집회를 가졌으며 오순절 성결 교회의 부감리사였던 사이넌 박사가 그 만찬 집회의 연사로 초빙되었다. 그 모임의 의장은 캘리포니아 주 애나하임에 있는 멜로디랜드 학교의 총장을 지냈고 지금은 크리스천방송네트워크(CBN) 대학의 교수로 재직하는 윌리엄스 박사였다. 그 모임에서 천주교의 호켄 신부는 오순절 연구 협회의 회장으로 지명되었다. 카톨릭 수도승인 레클럭 신부와 마틴 신부가 그 모임에서 연설을 했다.

종교통합 일치 운동이 전개되는 과정은 흔들흔들 거리면서도 지금도 계속 진행되고 있다. 그리고 교황을 우두머리로 하는 전 세계적인 종교 연합체에 대한 바티칸의 꿈이 실현될 때 오순절주의는 거룩하신 하나님 앞에서 이런 것이 실현될 수 있는 도구로 사용된 것에 대한 책망을 받게 될 것이다.

Roman Catholic miracle-producing priests.

로마 카톨릭 교회에서 기적을 일으키는 신부들
<병 고치는 능력>, <성령으로 불붙이자>
<병 고치는 소명>, <병 고침>

Full Gospel Business Men's Fellowship 1981. Convention with President Demos Shakarian and Roman Catholic priest Braun. Father Braun's feature message 'Mashed Potatoes - Total Unity' was wildly applauded.

Interchange: Old-time Pentecostalist David du Plessis on the front cover of Roman Catholicism's New Covenant magazine. Mother Angelica appears on Charisma, a Pentecostal Movement monthly.

1981년도 순복음 실업인 협회의 모습
의장인 샤카리안과 브라운 신부가 함께 회동했다. 이 모임에서 브라운 신부는 '전적인 일치를 위해 감자를 으깨자'라는 제목의 기조연설을 통해 큰 박수갈채를 받았다.
개신교 은사잡지인 '카리스마'에는 카톨릭 교회의 앤젤리카 수녀가 표지에 실려 있고 로마 카톨릭 은사 잡지인 '뉴코베넌트'에는 오순절주의자인 두 플레시스의 사진이 표지에 실려 있다.

Jesuit Augustin Bea reports on progressing unity between Pentecostalism and Catholicism.

The Full Gospel Business Men's Fellowship claims in the above book these doctrines: purgatory, prayers to saints, sacramental grace, penance, good works for salvation, indulgences, mortal sins and that believing Roman Catholics are born-again.

Our Mission Together

Dr. Vinson Synan believes that Pentecostals and Catholic charismatics and Protestant charismatics are called to stand together.

an interview with Dr. Vinson Synan

It was early June, 1972. In South Bend, Indiana, cars and buses were pouring off the highway as thousands of the oldest Pentecostal denominations.

Dr Synan had learned about the Catholic charismatic renewal several years before and had discussed it briefly in his book *The Holiness-Pentecostal Movement in the United States*, published in 1971. But at heart he couldn't quite believe that Roman Catholics were really experiencing the same Holy Spirit he knew. When he was growing up Catholics had called Pentecostals "holy rollers," and Pentecostals had considered Catholics somewhere in a class with rattlesnakes and Communists. He wasn't quite sure what to expect of people who called themselves "Catholic Pentecostals."

Synan later wrote in his book *Charismatic Bridges*. "I hurried to the building and was flabbergasted to see over 10,000 already gathered for the informal meeting....

"The tongues, prophecies, scriptures, homilies, and choruses came forth with such power and conviction that I was quite literally overwhelmed. They were singing 'our' songs and exercising 'our' gifts. It was more than I could take. A kind of cultural and theological shock sent me running to a rest room, where for about 15 minutes I was unable to do anything more than weep."

From that moment Vinson Synan has been a constant voice of encouragement and support

위 왼쪽 책: 예수회 회원인 비는 오순절주의와 카톨릭 사이의 일치가 진행됨을 보고하였다. 위 오른쪽 책에서 순복음 실업인 협회는 다음과 같은 교리들을 주장한다: 연옥, 성인들에 대한 기도, 성사를 통한 은혜, 선한 행위에 의한 구원, 면죄부, 대죄(즉 구원을 잃어버리는 큰 죄) 등.

우리의 공동 사역: 사이넌 박사는 오순절주의자들과 카톨릭 은사주의자들 그리고 프로테스탄트 은사주의자들이 함께 일하도록 부름을 받았다고 믿는다.

Publications (on this page and next) calling for unity of Catholic and Protestant Pentecostals.

로마 카톨릭 교도들과 오순절 은사주의자들의 일치를 호소하는 선전물
보스턴 근방의 은사주의 카톨릭 교도들이 하나님께서 고쳐 주신다는 믿음을 갖고서 기적을 위해 기도하고 있다.

은사 운동과 천주교의 연합 *43*

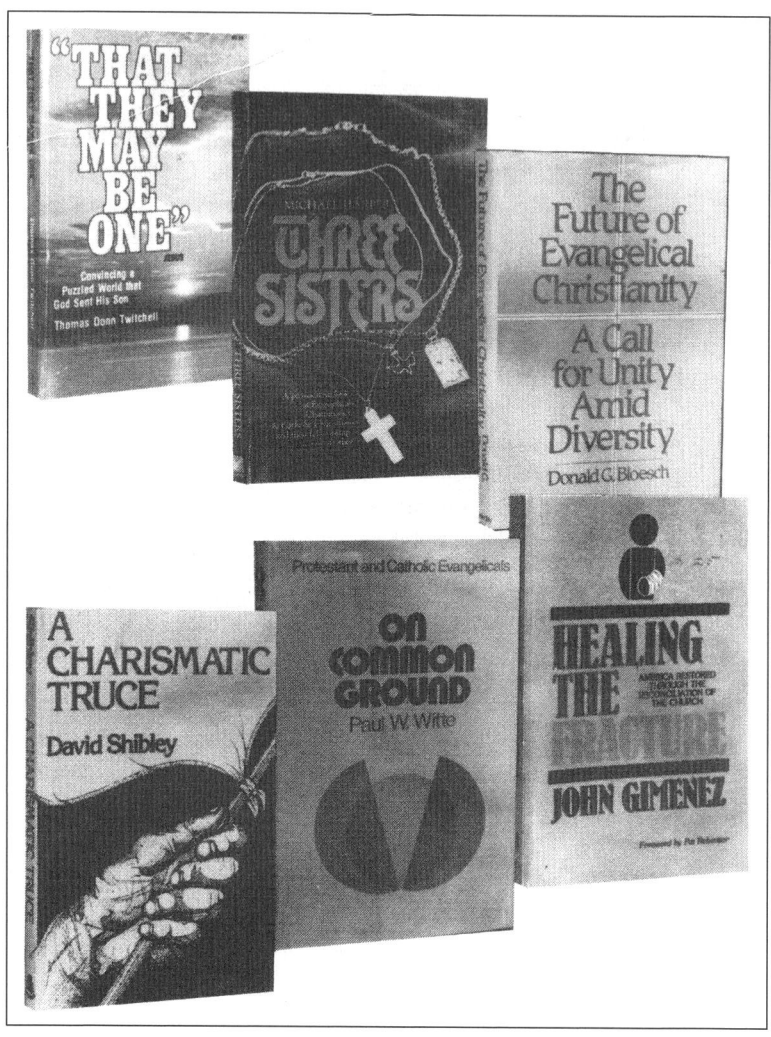

로마 카톨릭 종교 일치 책들
1. <그들이 하나가 되도록>
2. <세 자매>(이반젤리네(복음주의자), 카리스마(오순절주의자), 로마(로마 카톨릭 은사주의자)
3. <복음주의 기독교의 미래>
4. <은사주의적 휴전>
5. <공통분모 위에 있는 프로테스탄트 및 카톨릭 복음주의자들>
6. <금간 것을 치유하며>

Dr. Vinson Synan. At the November, 1985 meeting of the Society For Pentecostal Studies, Synan outlined the coordination of Pentecostals with their Roman Catholic counterparts. He is now Chairman of the 1986 New Orleans Congress. Dr. Kevin Ranaghan, a Catholic, is a member of his committee. Roman Catholic priests John Bertolucci and Tom Forest are featured as speakers with Oral Roberts and Paul Yongii Cho.

Father Peter Hocken and Rodman Williams. The priest from Mother of God Community, Gaithersburg, MD, was named 1986 President of the Society for Pentecostal Studies. Rodman Williams is professor at CBN University, Virginia.

Father Francis Martin addressing the Society for Pentecostal Studies.

Father Jean Leclercq, an authority on the mysticism of medieval monastic culture speaks to the Society for Pentecostal Studies on the topic "Spiritual Experiences."

1985년 11월 오순절 연구회 모임에서 사이넌 박사는 오순절주의자들과 로마 카톨릭 은사주의자들 간의 연합에 대한 개요를 설명했다. 그는 1986년 뉴올리언스 회의의 의장직을 맡았다. 카톨릭 교도인 라나간 박사는 그 위원회의 위원이다. 베르톨루치 신부와 포레스트 신부는 오랄 로버츠 등과 함께 그 모임의 연사로 초빙되었다.

호켄 신부는 매리랜드 주의 게이서스버그에 있는 '하나님의 어머니 공동체'에서 왔으며 1986년에 오순절 연구회의 회장으로 선임되었다. 윌리엄스는 크리스천방송네트워크(CBN) 대학의 교수이다.

아래 왼쪽: 중세 수도승 문화의 신비주의에 대해 정통한 레클럭 신부가 '영성체험'이라는 제목 하에 오순절 연구회에서 강연하고 있다. 아래 오른쪽: 마틴 신부가 오순절 연구회에서 강연을 하고 있다.

For 12 centuries papal Rome has planned and worked to impose church rule over mankind. Pressure has come through navies, armies (including the Nazi regime), torture and the stake. All have failed. Then in 1963, Pope John XXIII put in motion a Vatican II Council device for world religious unity. It was a vital step in a final thrust for success — the strategy of ecumenism. And the Holy See awaits with open arms and complete satisfaction as the Pentecostal Movement hastens that impending hour of disastrous triumph and vicious control.

지난 12세기 동안 로마 카톨릭 교회는 인류에게 로마 교회의 법을 강제로 적용시키려 했다. 이를 위해 히틀러의 나치 정권을 포함한 군사력, 고문, 화형 등을 통한 압력이 사용되었으나 이것들은 모두 실패했다. 그러던 중 1963년에 교황 요한 23세는 세계종교통합을 위해 '제2 바티칸공회'라는 것을 만들어서 에큐메니즘을 주도해 왔다. 오순절 은사운동이, 그들이 오랫동안 갈구해 오던 인류 장악을 촉진시키고 있으므로 교황청은 양손을 벌린 채 만족스러워 하며 그 결과를 기다리고 있다.

4장
은사 운동과 종교통합

이번 회의의 장소로 로마를 택했다는 사실은 여러분이 교황청에 중심을 두며 믿음과 사랑의 카톨릭 연합 안에 뿌리를 둔다는 것의 중요성을 이해하고 있다는 특별한 표시입니다.

교황 요한 바오로 2세는 제4차 은사 운동 지도자들의 국제회의에서 위와 같이 언급했다. 1981년 5월4 일부터 9일 사이에 로마에서 개최된 이 모임에는 전 세계 은사 부흥 운동의 대표자 523명이 참석했다. 그 목적은 무엇이었을까? 다름 아닌 일치 및 통합을 위한 명분과 정의를 얻기 위함이었다.

위의 연설은 바티칸 정원과 소위 루르드 지방의 '복 받은 동정녀'의 유물들이 있는 곳에서 행해졌다. 거기에서 교황은 은사 부흥을 위하여 다음의 방법들을 제시했다.

이 원칙 중의 첫째는 권위 있는 믿음에 관한 교리에 충성을 다하는 것입니다. 이 교리와 모순되는 것은 무엇이든 성령에게서 나온 것이 아닙니다. 둘째로 여러분은 참된 교리라는 빵을 뗌으로써 영적 양분을 위한 단단한 음식물을 제공하는 데 관심을 가져야 합니다. 셋째, 부흥의 지도자로서 여러분은 주교들과 신뢰와 협력의 띠를 매는 일에 솔선수범해야 합니다. 끝으로 여러분이 우리의 분리된 형제자매(기독교인들)도 함께 나누고 있는 성령의 많은 은사를 체험했으므로, 성령이 우리를 이끌고 가는 통합에 대한 욕망 안에서 그리고 에큐메니즘이라는 중대한 과제를 수행하는 과정에서 여러분이 성장하고 있다는 것이 여러분을 위한 특별한 기쁨이 될 것을 나는 확신합니다.

국제 카톨릭 은사 부흥 운동 기구의 미국 협회 회원인 랄프 마틴은 전체 회원을 대표하여 교황의 말에 응답하며 다음과 같이 말했다.

우리 마음에서 가장 중요한 것은 당신과 하나님에 대한 사랑 그리고 하나님이 교회사 속에서 이 시대에 우리를 인도하시기 위해 당신을 보내셨다는 사실에 대한 감사라고 나는 생각합니다. 당신이 우리에게 하신 말씀은 하나님의 말씀이며 그 말씀은 우리에게 생명과 힘을 가져다줄 것입니다.…거룩하신 아버지여[교황에게], 쉬울 때나 어려울 때나 우리에게 하나님의 말씀을 해 주신 당신께 감사드립니다. 우리는 당신이 우리에게 해 주신 말씀이 하나님의 말씀이므로, 그것을 모두 받아들이겠습니다.

여기 모인 모든 사람들과 세계 방방곡곡으로부터 온 부흥사들을 대신해서 나는 당신에 대한 우리의 충성과 사랑을 맹세하기 원하오며 또한 우리 교구 및 교회 내의 기도 집단과 단체들이 당신을 섬기고 있음을 알아주실 것을 부탁드립니다.

이 말을 하고 난 후 마틴은 한 발짝 앞으로 다가가서 거룩한 아버지 교황 앞에 무릎을 꿇었다. 그러나 그가 그렇게 하기 전에 교황은 그의 어깨를 잡고 격렬하게 그를 끌어안았다. 이 일에 대해 포레스트 사제는 이렇게 말했다.

> 그는 실제로 랄프를 강하게 끌어안았으며 심지어 모든 사진기자들과 비디오맨들에게 더 잘 볼 수 있도록 가까이 오라고 손짓했다. 그것은 그가 우리를 지지한다는 몸짓을 하고 싶어 했음을 보여 주는 것이었다. 또한 그는 그것이 제대로 보도되기를 바라는 것 같았다.

그 뒤 마틴은 대표단을 대신하여 전통적인 충성의 표시로서 무릎을 꿇고 교황의 반지에 입을 맞추었다.

일치의 목적

마틴의 행동은 온 세계에 퍼져 있는 로마 카톨릭 은사 운동가들이 종교 일치라는 명분에 헌신하겠다는 것을 상징적으로 보여 준다. 그런데 사실 이것은 로마 카톨릭 교회와의 연합이다. 이것은 케빈 라나간의 말속에도 잘 나타나 있다.

> 은사 부흥 운동은 카톨릭 교회에 속해 있으며 그것은 카톨릭 교회 안에 있는 카톨릭 교회의 운동이다.

라나간은 미국 카톨릭 은사 부흥 운동의 국내 봉사 위원회의 실무 기관 책임자이며 미시간 주 그랜드래피즈의 부주교 요셉 맥킨리가 그 위원회의 의장이다.

카톨릭 은사 운동을 대표하는 「뉴코베난트」(*New Covenant*) 잡지의 1981년 8월호에서 라나간은 그것에 덧붙여 다음과 같이 말했다.

> 교회의 서로 다른 부분들에서 다소 구별되는 은사 부흥 운동이 있다는 사실이 그들 사이에 불일치가 있다는 표시로 간주되어서는 안 된다. 또한 서로 다른 교회에서 은사 운동에 참여하는 사람들이 에큐메니컬 토대 위에서 만난다는 사실로 인해 이 은사 부흥 운동이 교회 밖에 있다고 간주되어서도 안 된다. 우리는 그리스도의 교회가 카톨릭 교회 안에 있으며 카톨릭 교회가 계시와 구원의 방법들을 충분히 지니고 있음을 믿는다. 우리는 성경과 교회의 가르침과 의식과 성례전 그리고 우리의 영적 전통을 위해 헌신하고 있다. 우리는 카톨릭 교회의 수많은 은총의 통로를 통해 교회의 형제자매들이 계속해서 영적 식량을 공급받지 못하게 되면 영이 시들고 말라 버릴 것이라는 사실을 알고 있다. 우리는 바로 이런 관점에서 그리고 마리아와 성인들의 무리 속에서 우리 자신의 개인적 은사 경험을 생각해 보게 된다. 안내자이자 모델인 그 성인들과 함께 우리는 20세기 후반의 안개와 혼돈 속에서 진리와 사랑의 횃불로서 서기를 바란다. 이것이 우리의 믿음 생활의 범위이다. 우리의 믿음 생활이 그것을 다 포함하지 못한다고 말하는 것은 일치의 관점에서나 신학적인 관점에서 불명예스러운 일일 것이다.

흡수 과정

로마 카톨릭 교회의 조직 밖에 있는 은사주의자들은 어떤가? 이전에 그들은 오순절주의자라는 이름을 지녔으나 이제 이 칭호는 단순히 은사주의자라는 말의 동의어가 되고 말았다. 카톨릭 교회와 그 안의 은사주의 지도자들이 정의한 '로마 카톨릭 은사 통합'에 대한 그들의 입장은 무엇인가? 과거 10년 동안의 오순절 은사주의자들과의 동맹 관계는 매우 분명한 대답을 우리에게 제공한다.

지난 10년간 카톨릭과 비카톨릭 오순절 운동가들은 수차의 회합을 통해 서로 연합되었다. 이런 움직임들은 집에서 혹은 지역 운동장과 강당에서의 작은 모임에서부터 시작되었다. 그 뒤 노트르담에서 있었던 '프뉴마 72'와 같은 대중 집회가 시작되었다. 이런 경향은 로마 카톨릭 교회 성직자들인 프랜시스 맥너트, 짐 페리, 존 베르톨루에시, 존 랜돌 등이 비카톨릭계 연사들인 언 백스터, 포트 로더데일에 있는 교회 성장 사역의 밥 멈포드, 데이비드 두 플레시스, 토마스 트위첼, 루스 카터 스테이플튼 여사 등과 함께 팀을 이뤄 애틀랜틱시티에서 개최한 큰 집회 같은 것으로 변하게 되었다.

그 뒤 은사 운동의 제1차 국제 집회가 캔자스시티에서 열렸다. 이 집회에 대해 「크리스천인콰이어러」(*Christian Inquirer*)는 다음과 같이 보도했다.

약 50,000명의 은사주의자들 - 로마 카톨릭, 루터교, 침례교와 성공회와 메노나이트 그리고 장로교와 감리교 또 교파가 없는 기독교인들 - 이 '주 예수의 주 되심 안에서의 일치'라는 주제 하에 1977년 9월에 모임을 가졌다. 준비위원회의 위원장은 로마 카톨릭 교회의 케빈 라나간이었고 핵심 연사는 레온 수에넨스 추기경이었다. 남침례교의 루스 카터 스테이플튼은 '이 운동에서 가장 중요한 것 가운데 하나는 모두가 교파의 장벽을 헐어버리고 있다는 점이다.'라고 말했다(「Cherry Hill Courier-Post」, 1977년 7월 23일).

그 이후에도 일치 운동의 추진력은 계속해서 증가하고 있으며, 1980년 9월 28일에는 30만 명의 카리스마 운동가들이 워싱턴의 '예수 대회'(Jesus Rally)에 참석하기 위해 모여들었다. 그것은 비카톨릭 오순절 운동가들과 카톨릭 카리스마 운동가들의 협력이 낳은 걸작이었다. 팻 로버트슨, 기독교방송네트워크의 랙스 험바드, 내일의 대성당의 로버트 슐러 박사와 PTL의 제임스 로빈슨과 짐 베이커 등과 같은 '전파 교회'(TV교회)의 빛나는 별들은 로마 카톨릭 교회의 사제들인 존 베르톨루에시와 존 랜돌, 마이클 스캔론 등과 함께 연설을 했다. 이 거대한 집회의 공동대표에는 국영 종교 방송국의 최고 책임자인 벤 암스트롱 박사, 연예인 팻 분, 연합 감리교 아워의 니키 크루즈, 쇼 프로 진행자인 허버트 보우도인 박사, 미스터 펜테코스트인 데이비드 두 플레시스, 나사렛교회의 비서실장인 에드거 존슨 박사, 로고스 저널 발행인인 돈 말라쿡, 미국 순복음 실업인 협회의 의장인 데모스 샤카리안, 하나님의 성회 최고 감독인 토마스 짐머맨 박사 그리고 다른 많은 사람들이 포함되어 있었다.

마침내 1981년이 지나갔고 그 해에는 세계 곳곳에서 '81 예수 대회'가 계획되었으며 각 집회는 로마 카톨릭과 비카톨릭 은사 일치의 모델이 되었다. 이러한 사실은 같은 해 6월 5일부터 7일 사이에 독일의 베를린에서 열린 '예수 대회'에서 잘 드러났다. 미국의 뉴욕 주 및 뉴저지 주 지역의 '예수 81 대회' 의장은 천주교 사제인 제임스 페리였다. 펜실베이니아 주 집회에서는 로마 카톨릭 연사인 래리 톰크착과 교부 밥 맥도갈 사제가 나왔다. 그리고 집회 시에는 매일 미사를 드렸으며 31명의 비카톨릭 카리스마주의자들이 연설하고 자신들의 달란트를 나누었다.

로마 카톨릭과의 연합

오순절 카리스마 통합을 주도하는 영(靈)의 정체는 부흥 운동에 가담한 오순절 저술가들에 의해 더욱 확실히 드러나게 되었다. 이 저술가들의 숫자는 매우 많았으며 그들의 작품은 전 세계 대부분의 기독교 서점에 꽉 차있다. 그들이 주장하는 이야기는 언제나 카톨릭과 비카톨릭 은사주의자들의 조화에 관한 것이다. 계속해서 그리고 숨김없이 모임의 옵서버들과 참석자들은 이 결합이 필요할 뿐 아니라 시급하다는 것을 듣게 된다. 비카톨릭 오순절 운동 저술가들은 모두 한 가지 두드러진 특징 즉 '로마 카톨릭 주의와의 결합' 혹은 종종 '로마 교회와의 결합'으로 집중된다.

마이클 하퍼 목사는 이전에 런던에 있는 올 소울즈 랭함 플레이스의 부목사였다. 매우 유명한 성공회 오순절 운동가인 그는 부흥 잡지의 편집자이자 영국 복음주의 교회 협의회의 구성원이며 멜로디랜드 신학교의 평의원이었다. 그리스도의 재림에 대해 그는 다음과 같이 말했다.

> 교회는 먼저 하나가 되어야 한다. 예수가 일치되지 못한 교회를 위해 재림하신다고 생각하는 것은 그가 복음화 되지 못한 세계로 오신다고 생각하는 것만큼이나 있을 수 없는 일이다(「Christian Life」, 1978년 8월).

상점과 잡지와 여러 가지 방송 등을 포함하는 로고스 단체는 하퍼 목사의 신간 서적인 「세 자매」(*The Three Sisters*)를 소개해 주었다. 이 자매들의 이름은 이반젤리네(복음주의자), 카리스마(오순절주의자) 그리고 로마(로마 카톨릭 은사주의자)이다. 이 책의 주요 내용에 대해 저자는 다음과 같이 서술했다.

> 나는 세 자매들이 서로 화해하기를 간절히 바란다고 고백하지 않을 수 없다. 나는 또한 그들이 솔직히 그리스도 및 성령 안에서 결합되어 서로 배우고 겸손히 상대방의 말에 귀를 기울이기를 바란다고 말하지 않을 수 없다(p.11). 우리는 모두 궁극적으로 일치한다. 우리의 다리는 본래대로 유지될 필요가 있고 우리의 접촉은 지속되어야 한다(p.47). 로마 카톨릭 교도들과 프로테스탄트들은 '성령 안에서' 그리고 '예수 그리스도 안에서' 서로를 발견했다. 그들은 강하다는 점에서가 아니라 인간적인 약점을 지녔다는 점에서 서로 만났다. 그들은 의식적인 자유와 기쁨을 함께 나눴다. 함께 노래 부르면서 그들은 다시 분리시키기 어려운 새로운 하나 됨 속으로 녹아 들어갔다.
>
> 그들은 자신들이 무지하다는 점에서도 함께 나눠야 한다는 사실을 깨달았다. 로마 카톨릭 교회도 혹은 프로테스탄트 교회도 은사에 대해 별로 많이 알지 못했을 때에 성령 안에서의 새로운 자유의 은사 체험으로 나아왔다. 그러므로 그들은 20세기의 은사주의 기독교인이 무엇을 의미하는지 함께 배워야만 했다.
>
> 주의 만찬 자리에서는 그들이 함께 하는 것을 주저했다. 심지어 여기에서도 비공식적인 (그리고 때때로는 공식적으로 재가 된) 성찬 예배나 미사가 개최되었다. 로마 카톨릭 교도들과 프로테스탄트 은사 기독교인들 간의 지배적인 분위기는 이처럼 성찬식을 공동 관리하고 그런 집회에서 서로를 헌신적으로 받아들이는 것이 하나님이 보시기에 옳다는 것이었다 (p.104-105).

400년간의 불일치

'로고스 인터내셔널'이라는 출판사는 오순절 일치 운동의 주요한 구성 요소 중의 하나이다. 그들은 주로 책을 출판함으로써 영향력을 행사하며 그들의 책들은 비카톨릭 오순절 은사주의자들의 배가 항해할 방향을 지시하고 결정해 준다. 1979년에 로고스는 「그들이 하나가 되도록」(*That They Maybe One*)이라는 책을 출판했다. 저자인 토마스 트위첼은 연합 장로교 목사였으나 '새 생명 운동 - 오순절 연합'을 시작하기 위해 사표를 냈다. 로마 카톨릭 교회의 사제인 존 랜돌은 머리말에서 다음과 같이 말했다.

> 나는 이 책을 쉽사리 내려놓을 수가 없었다. 나는 성령이 여기에서 강한 메시지를 말씀하고 계시다는 확신을 받았다.…트위첼은 이 시대를 앞서가는 예언자이다.

그러면 그의 예언은 무엇인가? 그것은 로마 카톨릭 교회와의 오순절 - 카리스마적 결합이 곧 실현되리라는 것이다. 트위첼 목사는 "우리 이전에는 지금처럼 그리스도의 몸이 하나가 될 수 있는 잠재력이 존재한 적이 없었다."고 기록했다. 1975년에 애틀랜틱 시티 회의에 참가해서 그는 다음과 같이 말했다.

> 스테이플튼의 연설이 끝나자 베르톨루에시 사제가 교회들의 치유를 간구하는 기도를 계속했다. 프로테스탄트들은 서 있도록 요청을 받았고 그들 옆에 있던 카톨릭 교도들은 프로테스탄트 형제자매들에게 과거 400년 이상 카톨릭 교회가 행한 고통과 해악에 대한 죄들의 용서를 구하라는 요청을 받았다.…이 날 밤은 우리 모두를 위한 밤이었고, 400년 이상 계속된 카톨릭과 프로테스탄트 사이의 불신과 고통과 분열을 주님이 치유해 주기로 결정하신 시간이었다.…그날 밤에 주님은 우리 조상들의 죄를 용서해 주었다. 우리는 성령의 은사로 한 가족이 되었다.
>
> 그다음 날의 미사 행렬은 큰 장관이었다. 300명의 사제들이 '영광의 왕'(The King of Glory)이라는 곳에 들어오자 그 행사는 매우 즐거운 잔치로 변하게 되었다. 십자가를 짊어진 사람은 텅 빈 나무 십자가 - 부활의 십자가 - 를 들고 들어와서는 마치 다음과 같이 말하려는 것 같았다.
>
> 우리는 너희 오순절 형제자매들을 사랑하며 또한 우리는 미사 예식 속에서 너희가 우리 교회의 권위에 순종하고 있음을 너희 스스로 시인하는 것에 대해 감사드린다(p.173-138).

트위첼은 다음과 같은 권고로 끝을 맺었다.

> 우리의 지도자들과 목자들 그리고 우리는 오늘 이 시간에 그리스도의 몸이 하나가 되도록 하기 위해 우리가 할 수 있는 모든 것을 해야만 한다(p.216).

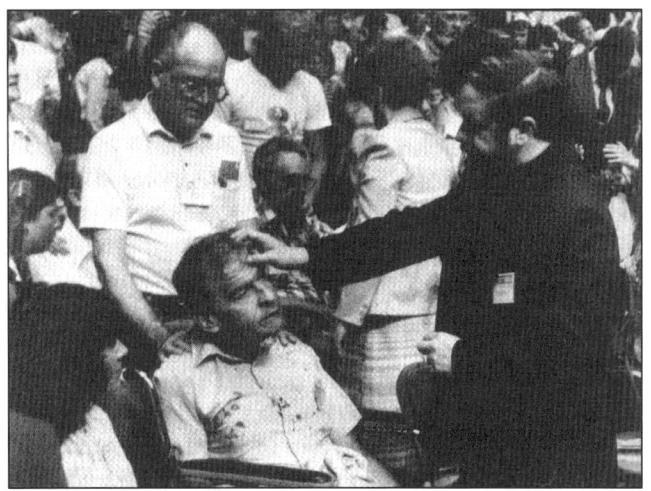

로마 카톨릭 은사 운동

성공회와 루터교의 은사 운동

최고 지도자

오순절/로마 카톨릭 결합에서 가장 두드러진 집단은 미국 순복음 기독교 실업인들의 국제적인 친선모임인 '순복음 실업인 협회'(The Full Gospel Business Men's Fellowship International)이다. 그들의 간행물인 「로고스」(*Logos*)는 다음과 같이 말한다.

1950년 이후 카리스마 운동에서 일어난 것들은 이렇게 저렇게 순복음 실업인 협회의 활동으로 추적될 수 있다. 예를 들어 로고스 인터내셔널 펠로우쉽은 댄 말라쿡이 순복음 실업인들과 함께 활동하던 시기에 생겨났다. 오늘날 유명한 많은 기독교 지도자들은 - 그 중에는 팻 로버트슨, 헤랄드 브레데슨, 짐 베이커, 폴 크로치 그리고 오랄 로버츠, 렉스 험바드, 존 세릴 등 - 순복음 실업인 협회의 지부 회의나 연회에서 일찍이 연설을 맡았었다. 또한 이 조직은 카톨릭 카리스마 운동을 불러일으키는 데에도 관여했다(1981. 3. 14).

지난 30년간 순복음 실업인 협회는 오순절/로마 카톨릭 카리스마 친교와 일치를 위해 일했다. 실제로 지금 일어나고 있는 모든 지역 모임과 대중 집회는 오순절/로마 카톨릭 카리스마 일치를 환호하는 장면을 보여 준다. 이 모든 집회들 중 절정을 이룬 것은 6월 30일부터 7월 4일까지 필라델피아의 시민 센터에서 열린 모임이었다. 그곳에는 2만 명 이상의 오순절 운동가들과 카톨릭 카리스마적 지도자들이 제28차 세계 집회에 참석하려고 모여들었다.

이 집회의 슬로건은 '장벽이 아니라 다리'였다. 순복음 실업인 협회의 공식 간행물인 「보이스」(*Voice*) 9월호에 제시된 대로 분명히 그 집회의 목적은 카톨릭 교회와의 일치를 수립하는 것이었다. 「보이스」는 다음과 같이 말했다.

실업인 협회와 로마 카톨릭 신자들 사이의 길고 의미심장한 관계는 필라델피아의 대주교이자 추기경이 보낸 대표의 인사 속에서, 브라운 사제의 주요 연사로서의 역할 속에서 그리고 필라델피아 지역 카톨릭 평신도들이 인상적으로 많이 참석했다는 점에서 매우 새롭게 표현되었다. 브라운 사제가 카톨릭/프로테스탄트의 분열의 껍질을 벗고 서로 화해하자는 내용의 '짓이긴 감자'에 관해 연설하자 박수갈채가 터져 나왔다.

그 뒤 순복음 실업인 협회의 월간지인 「보이스」의 1981년 11월호가 나왔다. 이 잡지는 「놀라운 교황 요한 바오로 23세」(*Amazing John XXIII*)라는 책에 대한 광고로 가득 찼다. 이 잡지는 교황 요한을 하나님의 참 아들로 묘사하며 저자의 말을 빌려 "틀림없이 요한은 성도 즉 예수 그리스도 안에서 성화된 하나님의 성도이다."라고 말한다(p.9). 교황을 참으로 예수 그리스도의 신자라고 보는 사상이 그 글 전체를 통해 흐르고 있다. 한 곳에는 이렇게 적혀 있다.

영원한 영광에 들어갈 준비를 하고 있는 그는 땅에서의 마지막 순간을 자기가 늘 살아온 방식대로 하나님의 아들의 자유 안에서 살았다(p.108).

순복음 실업인 협회도 이런 확신을 가졌으며 이 기구는 온 세상의 모든 기독교 신자들이 교황에 대해 그와 같은 태도를 갖기를 바라고 있다.

도대체 누가 교황 요한 23세를 가리켜 성도요 하나님의 아들이라고 말했던가? 작가인 라데니우스가 그렇게 말했다. 그러면 라데니우스 박사는 누구인가? 그는 바티칸 출판국의 일원이었으며 교황 요한 23세와 바오로 6세 밑에서 일했던 사람이다. 그는 지금도 로마 카톨릭 교도이며 교황권을 비롯한 카톨릭계 안에서 이리 저리 활보하며 다니는 사람이다. 그런데 놀랍게도 라데니우스 박사는 순복음 실업인 협회의 잡지인 「유럽 보이스」의 편집자이다. 그러므로 이 잡지 「보이스」는 교회의 일치를 위한 바티칸의 생각과 정책을 대변하고 있다. 이 편집자는 교황들 중의 한 사람에 대한 일반적인 카톨릭 교도들의 평가 즉 그가 성인이라는 평가를 내렸을 뿐이다.

물론 사람들은 "요한 23세가 언제 거듭났으며 어떻게 거듭났는가?"하고 물을 것이다. 이 책은 그 점에 대해 아무 대답도 하지 않는다. 그 대신 이 책은 교황이 거쳤던 '어린 아이, 학생, 대학생, 사제 그리고 채플린, 외교가 혹은 주교와 교황의 단계들'에 대해서만 말한다. 이 기간 중에 그는 늘 하나님의 어린이였는데 그 이유는 그가 유아세례를 받았기 때문이었다.

우리는 교황 요한 23세가 바티칸 공회를 소집했다는 사실을 기억해야 한다. 그가 이 공회를 개최한 목적은 온 종교계를 하나의 덮개 즉 로마 카톨릭 교회 아래로 결합시키려는 것이었다. 그가 세운 계획의 상세한 내용들은 「제2 바티칸 공회 문서」에 들어 있다. 요한 23세는 다음과 같이 말했다.

> 에큐메니컬 공회의 가장 큰 관심은 기독교 교리의 거룩한 침전물을 더 효과적으로 보호하고 가르쳐야 한다는 것이다(p.713).

그는 이 공회 기간 중에 죽었으며 자신의 임종 시까지도 전혀 변화되지 않고 그대로 보존된 중세 로마 카톨릭 교회를 글자 그대로 믿고 보존하고 실천하려 했다.

교황 요한의 임종에 대해서는 바티칸 직원들이 매시간 기록을 했다. 그 기록은 폴 드레이푸스의 「요한 23세」라는 책 안에 들어 있다. 프랑스에서 발행된 486쪽의 이 책은 손에 묵주를 들고 마리아와 성인들에게 기도를 하며 그들의 동상에 눈을 맞춘 채 죽어가고 있는 교황의 모습을 보여 준다. 그의 대리 고백자인 카바그나 몬시뇨 역시 성인들에게 죽는 자의 기도를 드렸다. 미사를 드린 뒤 그는 성체(빵조각)를 집어 들면서 대리 고백자에게 말했다 "주님과 함께 내 곁에 서라." 그 뒤 그는 "내가 주교와 교황으로 죽도록 도우소서."라고 외쳤다. 드레이프스는 이 외침이 바로 "교권과 성도들을 세워 주기 위한 것이었다."라고 말했다(p.398).

이제 순복음 실업인 협회는 바티칸의 종교통합주의 즉 로마 카톨릭 교회와의 일치를 위한 협력 도구가 되어 버렸다. 순복인 실업인 협회의 집회와 세계 대회 그리고 전 세계적으로 열리는 오순절 은사 그룹의 모임에서 로마 카톨릭 자료들 및 인물들이 계속해서 인용되고 읽히고 수용됨으로써 필라델피아에서 그들을 승인하며 나왔던 박수갈채는 좀 더 커지게 될 것이다.

공통적인 교황 단일 체제

교황 교회와 하나가 되려는 것이 오순절 운동의 지도자들에 의해 표출되어 왔다. 초특급 영성으로 유명했던 캐트린 쿨만은 1972년 10월 11일 바오로 교황과 면담을 했다. 그녀는 "내가 교황과 만났을 때 거기에는 일치가 있었다. 그에게는 통역자가 있었지만 사실 우리 사이에는 통역자가 필요 없었다."라고 말했다. 렉스 험바드도 역시 교황 요한 바오로 2세를 방문했다. 그는 1980년 3월호 「앤써」(Answer)에서 다음과 같이 말했다.

> 우리가 함께 이야기를 나누게 되자 나는 우리의 사명이 하나라는 것을 점점 더 느끼게 되었다. 즉 그리스도의 몸을 세우는 것, 주 안에서 형제들의 수를 증대시키는 것, 왕국을 위해 온 세상을 얻는 것, 예수께서 나누라고 한 메시지를 나누는 것 등이다.

또한 「로고스」는 다음과 같이 말했다.

> 아마도 지금까지의 은사 부흥 운동 속에서 데이비드 두 플레시스만큼 영적 부흥이 은사주의적이어야 하고 종교통합주의적이어야 함을 확신 시켜 준 사람은 없었을 것이다(1981년 1,2월호).

바로 그 잡지에서 두 플레시스는 오순절-로마 카톨릭 일치에 대해 다음과 같이 말했다.

> 인류의 구원을 위해서 그리고 일치를 위해서 교회는 오순절에 교회에 내렸던 복을 받아야만 한다.

그런데 두 플레시스는 사실 적은 규모의 그런 일치를 경험하게 되었다. 그것은 20,000명의 은사주의자들이 카톨릭 교회 내의 은사 부흥 회의를 위해 1975년에 바티칸에 모였을 때 성 베드로 성당에서 일어났다. 두 플레시스는 그 경험을 이렇게 말한다.

> 바오로 교황이 보좌로 갔고 미사가 진행되는 동안 성령과 함께 하는 찬양이 있었는데 그것은 참으로 부드럽고 존경심을 내포하고 있었으며 참으로 그 자리에 잘 맞는 것이었다. 그것은 참으로 오순절 예배였고 오순절 현상이었으며 명백한 오순절 축복이었다. 우리는 모두 오순절 기적이 일어나게 해 달라고 기도했지만, 아무도 새 오순절이 그렇게 풍부하게 적극적으로 나타나리라고는 기대하지 않았다.
>
> 나는 그 밤에 모든 오순절 운동에서 세 가지 경향이 작용하고 있음을 인식했다. 고전적인 오순절주의자들이 있었고 신 오순절주의자들과 카톨릭 오순절주의자들이 있었다. 그리고 이 경향들은 협력과 친교 속에서 점점 모여지고 있었다. '영광이 있으라!' 나는 내 자신에게 이렇게 중얼거리면서 어둠 속에 대고 크게 외쳤다. 데이비드, 너는 지금 참 초교파적(종교통합주의자)이다!' '그렇다!'고 나는 스스로에게 중얼거렸다. 나는 완벽한 종교통합 - 민족들의 전체 가족을 포함하는 - 만을 인정할 것이다(「A Man Called Mr. Pentecost」, p.238-244).

두 플레시스 자신은 앞에서 요구된 질문에 대답했다. 로마 카톨릭 주의와의 결합에 관한 오순절주의자들의 입장은 무엇인가? 그들의 대변자이자 '미스터 펜테코스트'라는 이름을 지닌 이 사람은 그 질문의 대답이 '완전한 종교통합'이라고 말한다. 그러면

'완전한 종교통합'이란 무엇인가? 당신은 이미 그 대답을 들었다. 그것은 로마 교회의 수장이 제4차 국제회의에 참석한 523명의 카리스마적 대표자들과 만났을 때 이미 말했던 그대로이다. '완전한 종교통합'이란 로마 카톨릭 교회와의 완전한 일치이며 절대적인 의미에서 로마 카톨릭 교회와 하나가 됨을 의미한다.

승인의 침묵

이들과 의견을 달리하는 오순절주의자들의 소리는 도대체 어디에 있는가? 아무 데도 없다! 사실상 그들의 침묵은 오히려 우리의 귀를 멍멍하게 만들고 있다! 집회와 회의와 잡지와 책들은 한결같이 염려의 목소리나 기록 없이 로마 교회와의 전체적이고 절대적인 결합을 축복으로 받아들이고 있다! 세계적인 오순절 운동의 광경은 전체적으로 불길한 고요함 즉 하늘의 천사들조차 죽은 것 같은 침묵이라 일컬을 수 있는 예시적인 고요함만을 보여 준다.

또 다른 무서운 침묵이 있다. 그것은 카톨릭 주의의 카리스마 부흥 운동의 스타디움에서 나온다. 왜 그 안에는 사도적 진리로부터 자신들의 교회가 이탈하는 것에 대해 저항하는 외침이 하나도 없는가? 결국 로마는 여전히 물세례에 의한 죄인의 중생을 고수하고 있다. 구원은 선행과 성례전적인 은총과 개인의 희생과 공적 제도로 말미암는다. 그들에게는 개인적인 영혼에 대한 확신이 없다.

속죄는 금식과 참회와 기도와 면죄부를 통해 이뤄진다. 영혼의 구속은 여전히 연옥의 틀 안에서 완성된다. 동정녀 마리아에게 기도가 드려지고 그녀는 그리스도와 함께 구원하시는 분으로 숭배된다. 마리아는 여전히 로마 교회의 하늘의 여왕이다(렘44장을 보라). 성인들은 중보자라는 칭호를 받는다. 유품과 동상과 성인 숭배가 여전히 인정되고 있다. 산 자와 죽은 자의 죄로 인한 미사에서 그리스도는 매시간 바쳐진다. 성찬의 빵 조각은 하늘의 참 하나님으로 숭배된다. 그리스도와 그의 흘린 피에 의한 구원은 여전히 공식적으로나 개인적으로 거부되고 있다.[2]

그 안에서는 반대나 불일치의 중얼거림 혹은 불만족의 속삭임이 전혀 들리지 않는다. 죽은 것 같은 무언의 동의 속에서 은사주의 지도자들과 수천만의 추종자들은 이 같은 교리들과 공회의 가르침에 집착한다. 이런 가르침들은 초기 교회에서는 알려져 있지도 않았고 그때로부터 수세기가 지난 후에야 비로소 나타났다. 8억 5천만 명의 카톨릭 교도들에게 이런 잘못된 것들을 경고해 주는 경종도 없었고 사람이 만든 이 종교 체제에 대한 경고도 없었다. 그 대신에 비성경적이며 기독교에서 배도한 제도가 아직도 조용히 본래의 모습 그대로 남아 있다.

이 같은 현상은 미래에도 유지될 것이다. 실제로 변화하려는 생각 자체를 제거하려는 것은 카리스마적 회의를 환영하는 자리에서 현 교황에 의해 재확인되었다. 그는 다음과 같이 말했다.

죽을 수밖에 없는 죄로 말미암은 필연성 때문에 트렌트 공회의 가르침은 여전히 효력이 있으며 그것은 카톨릭 교회 안에서 영원히 효력을 발휘하리라는 사실을 명심하라! 초자연적

---

[2] 「천주교는 기독교와 완전히 다릅니다」(그리스도 예수안에)를 참조하기 바란다.

으로 이해된 타인의 면죄를 위한 사랑은 (이 면죄들은 죄와 화해의 성례전에 대한 확신과 함께 내생 특히 연옥에 대한 신앙과 함께 그리고 신비스러운 몸의 공적들이 나타나는 것 즉 '성인들의 통공'과 연결되어 있다. '성인들의 통공'이란 곧 성인들이 카톨릭 교도들을 대신해서 빌어준다는 것이다) 진정한 카톨릭 정신의 포괄적인 신원표이다(「Papal Address to the Holy See's Priest Penitentiaries」, The Catholic Register, 1981년 2월 28일).

마침내 사탄은 비카톨릭 오순절 운동권과 역사적 로마 카톨릭 교회를 결합시키는 데 성공했다. 이 놀라운 위업은 실제적이며 매우 강력한 영에 의해 이루어졌다. 이 영은 사도들이 죽은 뒤 수세기가 지나서 로마 카톨릭 교회라는 혼합체를 태동시킨 영으로 결코 새로운 영이 아니다. 그 뒤 이 영은 이 시간까지도 카톨릭 주의를 교육하고 발전시키고 통제하고 그것에 영감을 주고 나아갈 방향을 지시해 주고 이용했다. 오늘날 이 영은 오순절주의에 도달해서 그 속으로 스며들어갔으며, 지금은 오순절 자녀들을 그들의 본래의 집으로 즉 로마 카톨릭 주의로 데려오고 있다.

거듭남과 어둠

"다시 태어난다."라는 어구는 오순절/은사주의가 늘 외치는 소리이다. 모든 은사 운동은 성경의 용어를 사용하는 것으로 알려져 있다. 그러나 또다시 태어났다는 그들의 주장이 실제로 합법적인가? 바꿔 말하면 은사 체험은 진정인가? 아니면 그것은 거짓 영의 산물인가?

하나님의 말씀은 다음과 같이 말한다.

너희가 다시 태어난 것은 썩을 씨에서 난 것이 아니요 썩지 아니할 씨에서 난 것이니 살아 있고 영원히 거하는 하나님의 말씀으로 된 것이니라(벧전1:23).

거듭난다는 것은 그 자체가 진리이며 인간을 하나님의 말씀과 결합시켜 주는 것이다. 따라서 거듭난 사람은 누구나 다 진리와 결합되었다. 하나님의 영께서는 성도로 하여금 진리를 믿고 진리를 사랑하고 진리를 위해 싸우고 사람들을 진리로 이끌며 진리 즉 하나님의 말씀을 붙잡도록 하신다.

성경에서 말하는 거듭남은 빛과 어둠을 구별하고 어둠과 반대되는 빛을 믿고 어둠에서 나와 어둠을 피하는 사람을 만들어 낸다. 성도는 자신의 주님처럼 어둠을 미워해야 한다(히1:9 참조). 거듭남의 첫 열매 즉 성도의 첫 사랑은 "사악함에 대하여 기뻐하지 않으며 오히려 진리와 함께 기뻐한다."(고전13:6). 거듭난 하나님의 자녀는 온전히 진리 곧 하나님의 말씀에 거하게 된다.

그런데 이상하게도 오순절 은사주의 안에서의 '거듭남'의 경험은 실제로 거의 진리에 관심을 보이지 않는다. 진리를 사랑하고 강조하는 대신에 카리스마 운동은 성경 교리 즉 진리의 가르침을 거부하고 반대한다. 더구나 오순절/은사 집단들은 가장 나쁜 형태의 어둠이며 영적 실수 집단인 로마 카톨릭 주의와 친교를 나눈다.

구원자께서는 이렇게 말씀하셨다.

그러나 그분 곧 진리의 영께서 오시면 너희를 모든 진리 가운데로 인도하시리니 그분은 스스로 말씀하지 아니하시고 무엇이든지 자기가 들을 것만을 말씀하시며 앞으로 일어날 일들을 너희에게 보이시리라(요16:13).

거듭남을 주장하는 영이 진리에 대해 별로 혹은 전혀 관심을 보이지 않는다면 우리는 그것이 하나님의 영이 아니라는 것을 확신할 수 있다. 더구나 이 영이 사람들을 어둠으로 혹은 실수로 이끌 때 그것의 정체에 관한 모든 의심은 제거된다. 이것은 바로 적그리스도의 영이다. 이것은 현시대 오순절 은사주의의 실제적인 이미지이다. 오순절 은사운동이 진리에 대한 사랑을 보이지 않고, 사람들을 오도하여 하나님이 미워하시는 것과 친교를 맺도록 이끌므로 그것은 어둠의 영에 의해 통제되고 있다.

뒤집어진 거룩함

살아 계신 하나님의 영은 '거룩함의 영'이다. 전체 신구약성경은 이런 사실을 여러 면에서 증언해 주고 있다. 이스라엘과 다른 민족들 그리고 많은 사람들은 이런 원리를 보지 못했기 때문에 고통을 당했다. 하나님의 영은 악의 모든 모양으로부터의 절대적인 분리를 요구했고 지금도 그렇게 요구하고 계신다. 그러나 카톨릭 오순절주의자들 사이에서 활약하고 있는 그 영은 그와 정반대의 것을 만들어 내고 있다. 그것은 거룩하신 하나님 앞에서 가증스러운 단체인 로마 카톨릭 주의 안에 속해 있는 것들을 부활시킬 것을 요구한다. 더구나 그 영은 그리스도를 안다고 고백하는 사람들을 영적인 어둠과 친교 하도록 연합시킨다. 분명히 하나님의 말씀은 분리를 요구한다(고후6:14-18 참조). 현재 오순절주의의 영은 우리의 거룩하신 하나님과 싸우고 있다. 모든 형태와 변형과 이름과 연합을 지닌 오순절주의의 배후에 있는 실제 영은 하나님의 영이 아니라 어둠의 영이다.

오순절주의는 거룩함을 수립하고 유지시키려 하지 않는다. 그 이유는 무엇일까? 그 운동을 일으키고 지배하는 영이 거룩함의 영이 아니기 때문이다. 이 영은 결코 "나는 길이요 진리요 생명이니 나를 통하지 않고는 아무도 아버지께로 오지 못하느니라." 라고 말씀하신 성경의 예수 그리스도의 영이 아니다. 오순절주의나 은사주의의 영은 거짓과 사기와 거짓말의 영이다. 그것은 바울 사도가 두려움 속에서 고린도 교회에게 말했던 것처럼 '다른 영'을 지닌 '다른 예수'이며 '다른 복음'이다(고후11:4 참조).

사람들이 은사주의나 오순절주의의 유혹에 넘어가게 될 때 그것은 실로 신비주의와 함께 놀고 있는 것이다. 그들은 매우 세련되며 거짓된 형태로 나타나는 영성주의와 친교를 맺고 있다. 오순절주의 혹은 은사주의 운동은 거의 완벽한 위장 속에서 기독교의 옷을 입고 변장한 마귀의 영성주의이다.

이 세상이 오늘 밤 필요로 하는 것은 표적과 기적과 더 많은 기적이다.

1982년 6월 26일 뉴햄프셔 주 내슈아에서 열린 미국 내 순복음 실업인 모임에서 복음주의자 조 휴즈는 이렇게 말했다. 이 모임에 참석한 군중들은 소위 '성령 안에서 죽는 것'(slain in the Spirit)으로 잘 알려진 표적들을 얻었다. 앞으로 나간 많은 사람들은 그의 손이 자신들을 향해 움직이자 수초 후에 자신들이 무의식 상태로 빠지는 것을 보았다. 이 체험은 신조나 피부색이나 인종에 관계없이 온 세계의 모든 은사주의자들에게 공통된 것이다.

사탄은 사람들이 넘어지는 것을 매우 기뻐한다. 그런데 예수님은 낙담하고 쓰러진 사람들을 일으켜 세우신다. 이처럼 사람들을 뒤로 넘어뜨리고 무지로 이끄는 은사주의 자들을 향해 우리 주님은 다음과 같이 말씀하신다.

그 날에 많은 사람들이 내게 이르기를, 주여, 주여, 우리가 주의 이름으로 대언하지 아니하였나이까? 주의 이름으로 마귀들을 내쫓지 아니하였나이까? 주의 이름으로 많은 놀라운 일을 행하지 아니하였나이까? 하리니 그때에 내가 그들에게 밝히 말하되, 내가 너희를 결코 알지 못하였노라. 불법을 행하는 자들아, 너희는 내게서 떠나라, 하리라(마 7:22-23).

드러나는 세계 교회

오순절 성결 교회의 주교였던 고 허버트 스펜스의 아들이자 한때 오순절 교회의 목사였던 신학박사 탈마지 스펜스는 다음과 같이 말한다.

과거의 모든 에큐메니컬 운동은 그들을 효과적으로 결합시키기 위해 두 가지를 시급히 필요로 했다. 그것들은 바로 영과 교리이다. 우리는 지금 이 일치가 '성령'을 통해 이루어졌으므로(다시 말해 뒤로 넘어지고 '랄랄랄라' 방언을 하므로) 교리의 통일도 이루어질 것이라고 확신할 수 있다. 처음에는 실패가 오고 그다음에는 방법이 오며 마지막에 교리가 온다. 우리는 지금 로마 카톨릭 카리스마 운동을 통해 신 종교통합주의자들이 이루려 하는 단 하나의 종교적 연합으로의 움직임을 보고 있을 뿐 아니라 적그리스도의 최후 종교를 나타내 줄 수 있는 독특한 종교 개념이 함께 오고 있는 것을 보고 있다(「Rome: Crusade or Crucible?」, p.126-127).

매우 능력 있는 영이 오순절 카리스마 부흥의 미궁 속을 헤매고 있다. 그 영은 과거에 에덴동산에서 다음과 같이 말했던 거짓의 영과 똑같다.

너희가 그것을 먹는 날에 너희 눈이 열리고 너희가 신들과 같이 되어 선악을 알 줄을 하나님이 아시느니라(창3:5).

이 영은 우리의 거룩하신 하나님의 적이요, 어둠에서 나온 반역의 영이다. 사도 바울은 이 같은 '다른 영'이 오는 것에 대해 이미 경고했다(고후11:3-4). 그리고 지금 이 영은 요한 계시록이 이루어질 마지막 때에 성도들로 하여금 전 우주적인 종교통합주의와의 일치를 따르도록 촉구하고 있다.

1984년 이후

종교통합의 속도는 점점 빨라진다. 세계 종교 일치를 위한 경주에서 오순절/은사주의의 영은 주요한 조치들을 취했다. 이 조치들은 세 가지 방향 즉 빌리 그래함의 에큐메니컬 복음주의, 세계교회협의회(WCC) 그리고 로마 카톨릭 교회와 새로이 연합한 오순절 운동으로 움직이고 있다.

'암스테르담 83' 회의에는 세계 각처로부터 5,000명의 대표들과 복음주의자들이 모여들었다. 빌리 그래함의 '순회 복음주의자들의 국제 집회'는 그의 다른 집회들과는 매우 달랐다. 이 집회는 빌리 그래함 연합이 오순절 운동에 항복한 것을 의미한다.

비카톨릭 오순절 운동의 기관지인 「카리스마」는 다음과 같이 보도했다.

이 집회는 전 세계의 주도적인 복음주의자인 그래함이 태도나 용어에 있어서 변화하고 있는 것처럼 보이게 해 준 명백한 오순절/은사주의 정취를 지녔다(「카리스마」, 1983년 10월).

'700 클럽'의 의장인 팻 로버트슨은 참석자들에게 손을 잡고 자기와 함께 하자고 말했다. 「카리스마」는 다음과 같이 보도했다.

참석자들의 큰 기도 소리는 거기 모인 청중에게 연설하고 있던 로버트슨을 깜짝 놀라게 했다. 의심의 여지없이 거기에 모인 수많은 사람들은 제3세계 국가의 오순절주의자들이었으며 그들은 이런 방식으로 예배드리는 데 익숙해 있었다. 참석자들 중 몇 명이 오순절주의자들인가를 알아내는 것은 불가능했지만 대략 3분의 1내지 2분의 1이 오순절주의자였다(동일문서).

오순절주의 연사인 데니스 피터슨은 '예배 시간마다 엄청나게 많이 부흥의 노래를 부른 빌리 그래함의 변화'를 유심히 살펴보았다. 또한 세계에서 가장 큰 오순절 교회를 맡고 있는 조용기 박사(Dr. Paul Cho)는 '믿음의 언어'와 '계시의 지식'을 개발해야 한다고 말했다. 그는 또한 꿈과 이상의 필요성을 강조했는데 그 이유는 그것들이 믿음을 만들어 내기 때문이라고 말했다. 로버트 슐러는 이렇게 말했다.

하나님은 당신에게 비전과 꿈을 줄 수 있고 주실 것이다. 당신은 절대로 하나님이 당신 마음에 심어 주는 생각을 낭비해서는 안 된다.

다른 오순절주의 강사로는 루이스 팔라우와 번하드 존슨 등이 포함되어 있었다. 이런 분위기는 빌리 그래함의 추종자요 수석 연락 담당자인 CCC의 빌 브라이트 박사로 하여금 자신의 CCC 요원들이 '방언 하는 것'을 포함한 여러 은사들을 실천하도록 허용하고 있음을 시인하도록 했다.

빌리 그래함 연합의 오순절 운동과의 통합은 이제 적그리스도의 세계 교회의 발전을 가속화시킬 것이다. 이미 그래함의 지도력 아래 많은 복음 주의자들이 로마 카톨릭 교회와 연합하였다. 세계적 종교통합의 어둠은 이제 강력한 사탄의 에너지가 그래함의 혼합주의 즉 에큐메니컬 오순절/은사 일치에 주입됨으로써 더욱 심화될 것이다.

둘째로, 이 영은 하나님의 말씀을 거부하는 기구인 세계교회 협의회(WCC)에 들어가 그것을 활성화시켰다. 로마 교회에 행했던 것처럼, 이 오순절주의의 영은 세계교회협의회의 악한 특성과 가증스러운 행동들을 변화시키기 위한 어떤 일도 하지 않았다. 평소와 같이 WCC의 사업은 진행되고 있으며 단 하나의 예외가 있다면 그것은 오순절 은사주의의 특징인 방언과 입신이 WCC의 모임에서도 나타난다는 것이다.

WCC는 1948년에 어떤 희생을 치르더라도 세계적인 종교의 일치를 이루겠다는 목적 하에 결성되었다. 즉, 불교, 힌두교, 시크교, 회교, 희랍정교회, 배도한 기독교와 유다교 등을 포함하는 일치 즉 신조와는 전혀 관계가 없는 일치 말이다. WCC는 성경의 진리를 조롱하고 부인하는 사람들을 위한 무대일 뿐만 아니라 국제 공산주의의 뻔뻔스러운 대변자이다. 사실상 오늘날의 WCC 구성원들 가운데는 무수히 많은 무신론자들, 불가지론자들 그리고 러시아 정보부(KGB)의 요원들이 포함되어 있다. 세계교회

협의회는 스스로 선포하는 기관이며 이미 입증된 대로 하나님과 인류의 적이다.

그럼에도 불구하고 오순절 은사주의의 영은 1983년 7월 24일 WCC 내에서 아늑한 거처를 차지했다. 캐나다 밴쿠버에서의 제6차 모임에는 세계적인 오순절 운동을 대표하는 다수의 무리들이 참석했다. 오순절 부흥 운동의 새 지도자인 영국의 존 스토트가 운영하는 인터바시티펠로우십과 동아프리카 부흥과 연합한 그웬 캐쉬모어는 카톨릭의 프란시스칸 파의 조앤 플스 수녀와 함께 한 달 전에 도착했다. 그리고 에큐메니컬 기도회와 예배를 위해 큰 천막이 쳐졌다.

WCC는 오순절 운동이다

오순절주의자들은 하루에 세 번씩 밴쿠버에 오는 참석자들의 이름을 부르며 중보 기도를 하기 위한 기도 모임을 조직했다. 이 회합 기간 중에 이 모임을 결속시켜 주고 개인의 요구를 만족시켜 주기 위해 24시간 내내 기도 순번이 행해졌다(「카리스마」, 1983. 10월). 본 회의에서 연설한 두 플레시스는 이 모임에 대한 자기의 열정을 다음과 같은 말로 표현했다.

나는 지금까지 5번에 걸친 모든 회의에 참석했었다. 처음 참석했을 때 나는 가라지외에는 아무 것도 볼 수 없었다. 그런데 이제는 알곡이 가라지를 압도하고 있다!

오순절주의자들은 이 모임을 검토하기 위해 간부 회의를 열었고 스위스의 신학자인 아놀드 비틀링거가 이 모임의 의장이 되었다. 현재 그는 「교회는 은사적이다」(*The Church is Charismatic*)라는 WCC 간행물을 편집하고 있다. 그런데 이런 제목의 간행물은 '전 세계로부터 온 오순절주의자들과 협의한 뒤 나오게 되었다'(동일문서).

하지만 오순절 운동으로부터는 이 같은 새로운 결합에 대한 비난이 나오지 않았다. 그들은 세계에서 가장 가증스러운 종교 단체의 하나와 자신들이 제휴하고 있음을 매우 기쁘게 생각했다. 이것은 오순절 운동 안에 로마 교회를 포함시키는 것에 대한 오순절 운동가들의 또 다른 반응에 지나지 않는다. 로마 교회의 이교도 신앙은 변함없이 계속되며 그것은 오순절 운동을 방해하지 않았다. 마찬가지로 회개하지도 않고 악한 길에서 나오지도 않는 WCC에 대해서도 오순절 운동은 눈에 보이게 슬퍼하지 않는다.

끝으로 로마 카톨릭 교회와의 오순절 운동의 일치를 향한 실제적인 단계들이 강화되었다. 미국의 로마 카톨릭 오순절교회의 기관지인 「뉴코베난트」가 최근에 발간한 놀라운 문서에는 많은 내용이 들어 있었다. 잡지 편집자인 닉 카브너는 오순절 교파 중에서 가장 오래된 교파 가운데 하나인 오순절 성결 교회의 실무 책임자인 빈슨 사이넌 박사를 방문했다.

사이넌 박사는 전 세계의 오순절 교회에서 가장 존경받는 역사가이자 신학자이다. 그와 아버지는 오순절 성결교회의 감독이었다. 사이넌 박사가 저술한 「성결교 오순절 운동」(*The Holiness Pentecostal Movement*)이라는 책은 1971년 출간되자마자 고전이 되었다. 그 뒤 그는 1974년에 「은사주의 다리」(*Charismatic Bridges*)를 출간했다.

1984년 1월의 인터뷰에서 사이넌 박사는 다음과 같이 말했다.

오순절주의자들과 은사주의자들 그리고 오순절 은사주의자들은 함께 서도록 부르심을 받았다.

그는 다년간에 걸친 로마 카톨릭 교회와의 협력의 증거를 보여 주며 자신의 말을 확증했다. 1973년에 그는 바티칸과 오순절 신학자들 사이의 형식적인 에큐메니컬 대회에서 일익을 담당했다. 그는 이 책자에서 기술된 '1977 캔자스시티 집회'를 조직하는 것을 도왔다. 1978까지 그는 수에넨스 추기경과 함께 미국 전역을 다니면서 에큐메니컬 오순절 집회들을 후원하는 일을 함께 진행했다.

이 인터뷰는 이 책자가 지적하고 있는 사실 즉 오순절/은사 일치 운동을 주도하는 영이 진리에 관심이 없다는 것을 강조한다. 카브너는 "우리(카톨릭 교도)는 카톨릭 은사주의자들을 카톨릭 교도로 만드는 일에 더 많은 신경을 썼는데 당신은 이것을 어떻게 보십니까?"라고 물었다. 사이넌 박사는 이렇게 대답했다. "나는 자기 교회를 사랑하는 카톨릭 은사주의자들에 대해 전혀 문제가 없다고 봅니다. 나는 자기 교회를 떠나는 카톨릭 은사주의자들이 많으리라고 생각하지 않습니다. 역사적인 사실은 그가 카톨릭 교도이며 그의 교회에 충실하며 성령으로 세례를 받았다는 것입니다."

하나의 운동 그러나 많은 신념

이 대답 후에 매우 의미심장한 질문이 나왔다. "당신은 이 모든 것이 어디를 향하고 있다고 생각하십니까? 왜 이 두 집단 즉 오순절 교회와 로마 카톨릭 교회의 일치가 그렇게 중요합니까?" 이 질문에 대한 오순절 운동의 세계적인 대변자의 대답은 이 책자에 기록된 모든 것을 확증해 준다. 사이넌 박사는 다음과 같이 말했다.

당신이 역사적 입장을 취한다면 오순절 운동은 20세기 초 성결교회에서 시작되어 많은 새로운 오순절 집단으로 퍼졌고 그 뒤 주요 프로테스탄트 교파들에 있는 은사주의자들에게 퍼졌으며 그 뒤 카톨릭 교회로 퍼져나간 운동이라 말할 수 있습니다. 나는 20세기 말과 21세기에는 기독교 사건들이 점점 더 카톨릭 교회와 오순절 교회의 손안에서 이루어지리라 생각합니다. 그리고 이 두 집단 사이의 유일한 다리는 바로 은사주의자들입니다. 성령의 위력을 강조하는 오순절 은사 운동은 오늘날 기독교에서 가장 무서운 위력입니다. 이것은 기독교를 변화시킬 수 있는 힘이며 이 힘은 오순절주의자들과 카톨릭 은사주의자들이 공동으로 지니고 있는 힘입니다(「뉴코베난트」, 1984년 1월).

사실상 오순절 은사주의의 영이 주도하는 일치 및 통합의 부르짖음은 무서운 힘이며, 배도한 기독교 집단 즉 성경에서 바빌론이요 그리스도의 거짓 신부로 알려진 집단을 결합시킬 힘이다. 그러나 기다려라! 또 다른 목소리가 부르고 있다! 그 호소는 오순절 교회의 체험에 의존하지 않고 분리에 뒤이은 일치에 의존하고 있다. 즉 성경에 정의된 대로 진리와 거룩함에 기준을 두고 있는 일치를 위한 분리 말이다. 하나님의 영께서는 이렇게 말씀하신다.

주가 말하노라. 그러므로 너희는 그들 가운데서 나와 분리하고 부정한 것을 만지지 말라. 그리하면 내가 너희를 받아들여 너희에게 아버지가 되고 너희는 내 아들딸이 되리라. 주 곧 전능자가 말하노라, 하셨느니라(고후6:17-18).

이제 독자는 두 목소리 중에서 어느 것을 따를 것인지 스스로 선택해야만 한다! 미국과 세계의 미래는 이 결정에 달려있다. 현 사회는 사악함에 대한 거룩하신 하나님의 임박한 심판에 직면해 있다. 악으로부터의 분리는 구원을 위한 하나님의 최후통첩이다. 그것은 역사를 통해 늘 그러했다(대하7:14 참조). 그것은 이스라엘이 악과 연합했을 때도 그러했으며 지금 이 시간에도 그렇다. 오순절/은사주의 일치 및 통합의 영이 수천만의 사람들을 로마 카톨릭 교회의 거짓과 잘못과 우상 숭배의 멸망의 길로 이끌고 있다. 카톨릭 체제는 하나님께서 미워하시고 반드시 멸망하겠다고 약속하신 제도이다. 그분께서는 지금도 이렇게 말씀하고 계신다.

또 내가 들으니 하늘로부터 또 다른 음성이 나서 이르되, 내 백성아, 너희는 그녀에게서 나와 그녀의 죄들에 참여하는 자가 되지 말고 그녀가 받을 재앙들을 받지 말라(계18:4).

5장
마귀의 거짓 복음

창녀와의 섹스 스캔들로 큰 물의를 일으켰던 복음성가 가수 지미 스웨가트 목사는 전 세계의 모든 오순절주의자들이 믿고 있는 바를 다음과 같은 말로 표현했다.

사실상 '은혜에 의한 구원', '믿음에 의한 구원' 등과 같은 용어들은 모두 같은 것이며 기본적으로 동일한 것을 의미한다. 그리고 '은혜에 의한 구원'이라는 말에 여러분의 구원이 달려 있다(「전도자」(*The Evangelist*), 1984. 11).

그런데 스웨가트가 속해 있는 오순절 교파인 하나님의 성회는 다음과 같은 말로 '은혜에 의한 구원'을 설명해 오고 있다.

구원이란 하나님께 대한 회개와 주 예수 그리스도에 대한 믿음을 통해 얻을 수 있다. 사람은 믿음을 통해 은혜로 의롭다 하심을 받고 성령님의 새롭게 하심과 중생의 씻음에 의해 영생이라는 소망을 따라 하나님의 *상속자가 되어간다*(「근본 진리 서술」(*Statement of Fundamental Truth*), p.7).

그리스도 안에 있는 성도들은 위의 진술문에 있는 마지막 부분의 말들을 자세히 살펴보아야만 한다. 왜냐하면 바로 이 구절에서 '은혜에 의한 구원'이라는 교리가 오순절주의의 '다른 복음'으로 둔갑해 버렸기 때문이다.

영생에 대한 오순절 소망은 사실상 인간의 능력이라는 거미줄에 기초를 둔 소망이다. 오순절주의자들은 '은혜에 의한 구원'이 반드시 인간의 능력 혹은 책임 등에 유지되어야만 한다고 주장한다. 만일 그렇지 못하면 그 구원은 취소되거나 혹은 잃어버린 것이 되고 만다.

미국 하나님의 성회의 내규(The Bylaw of the Assemblies of God)는 하나님의 성회의 총회는 "한 번 구원받은 사람이 구원을 잃는다는 것이 불가능하다는 것을 주장하는 성도들 즉 성경적 신자들의 '무조건적인 영원한 안전 보장'(Eternal Security)에 대한 입장을 부인한다."고 분명히 말하고 있다(제8조 제1부).

이 같은 입장은 종종 책들에서도 설명되어 있다. 예를 들어 그 교파에서 매주 발간하는 「오순절 복음」(*Pentecostal Evangel*)이라는 신문은 1986년 2월 23일 호에 '휴거 - 누가 받는가?'라는 제목 하에 다음과 같은 내용의 기사를 실었다.

등불이 꺼진 사람은 결코 어린양의 혼인 잔치에 들어갈 수 없다. 많은 이들이 뒤에 처질 것이다.…예수 안에서 하나님의 영에 의한 새로운 탄생은 구원을 시작하는 데 있어서 필수적이다.…그러나 시작은 말 그대로 시작이다. 계속해서 행하는 것이 그 이야기 전체를 말해 주며… 그래서 바울은 '네가 어떻게 사는가에 대해 매우 조심하라'고 지시했다.

이 기사는 거듭난다는 것이 구원을 보장해 주지 않음을 명백히 보여 주고 있다. 동시에 이 기사는 어떤 사람들은 구원받은 후에도 영원토록 불 속에 들어갈 수 있음을 보여 준다. 오순절주의자들이 구원을 위해 '계속해야만 하는 것'이 무엇인가는 하나님의 성회에서 발간된 소책자인 「신도들의 안전」(*The Security of the Believer*)에 다음과 같이 자세히 나와 있다.

미국 하나님의 성회 공식잡지/오순절복음 1986년 2월 23일 판, 제목 누가 휴거되는가?

이 기사에서 구트케는 휴거에 대해 논의하며 하나님의 영에 의한 거듭남이 휴거를 얻기 위한 시작이라고 말한다. 그런데 문제는 그것이 단지 시작에 지나지 않는다는 것이다. 끝에 가서 그는 계속해서 그것을 유지해야만 한다고 말한다. 이 기사는 거듭나는 것이 어떤 사람의 구원을 보장해 주는 것이 아니라고 설명한다. 이것은 또한 거듭남 후에도 영원토록 멸망 받게 될 사람들이 있음을 보여 준다.

순응되는 과정을 통해서 그의 안전이 보장되며 그의 구원 또한 확실하게 된다.…그가 살아 있는 믿음을 유지하는 한… 성도들은 또한 죄에 대해 가벼운 태도를 취하지 않도록 매우 조심해야만 한다.…죄는 믿음을 위협하며 믿음을 잃는 것은 우리의 현재 상태를 잃는 것이다.…잠시 동안 믿었다가 시련이 오면 떨어져 나가는 것이 가능하다.

이 점에 관한 한 오순절주의자인 스웨가트는 심지어 위의 진술보다 더 확실하다. 그는 "이미 중생한 신자가 다시 한 번 중생한 신자가 되는 것은 불가능하지 않다."고 진술했다(「무조건적인 영원한 안전의 교리는 무엇인가?」(*What is The Doctrine Unconditional Eternal Security?*), p.9).

그렇다면 신자가 구원을 잃게 되는 정확한 이유는 무엇인가? 그것은 죄이다. 그 책에는 죄가 구원의 상실을 갖고 올 수 있다는 입장을 구체화하기 위한 인용문들과 진술들이 열거되어 있다.

사도행전 5장 3, 4, 9절을 보면 그들이 하나님과 성령님께 거짓말을 했다고 기록되어 있다. 하나님의 말씀에 따라 거짓말쟁이들의 운명은 어떻게 되는가? 계시록 21장 8절에 보면 거짓말쟁이들은 불 호수로 내던져진다고 되어 있다.…하나님의 말씀대로 아나니아와 삽비라의 운명은 그 라디오 설교자가 말한 것과는 전혀 다르다(그가 언급한 라디오 설교자는 그들이 거짓말을 했음에도 불구하고 구원받았다고 주장했음).

이러한 인용문 뒤에 다음의 구절들이 나온다.

주께서 모세에게 이르시되, 누구든지 내게 죄를 지으면 내가 그를 내 책에서 지워 버리리라 (출32:33).

Jimmy Swaggart explains how the believer can lose his salvation.

The above Assemblies of God publication teaches that a saved person can be lost.

왼쪽 책에서 스웨가트는 어떻게 신자들이 구원을 상실할 수 있는가를 설명한다.

하나님의 성회에서 발간한 <성도들의 안전>이라는 책자는 구원받은 사람도 다시 구원을 상실할 수 있다고 가르친다.

또한 의로운 자가 자기 의에서 돌이켜 불법을 행할 때에는 내가 그 앞에 걸려 넘어지게 하는 것을 두리니 그가 죽으리라. 네가 그에게 경고를 주지 아니하였으므로 그는 자기 죄 가운데서 죽고 그가 행한 그의 의는 기억되지 아니하려니와 그의 피는 내가 네 손에서 요구하리라(겔3:20).

만일 그들이 주 곧 구원자 예수 그리스도를 아는 것을 통해 세상의 오염에서 벗어난 뒤에 다시 그 안에 말려들어 정복되면 마지막 끝이 처음보다 그들에게 더 나쁘니(벧후2:20)

믿음으로 나아왔다가 유혹이 오게 될 때 뒤로 빠져 믿음과 구원을 잃는 것은 가능하다.

그러므로 양자가 된 우리는 죄에 빠져 우리의 유산을 잃어버리고 양자로서의 우리 위치를 빼앗길 수도 있다. 한때 아담은 하나님의 아들이었다. 그러나 죄로 인해 그는 이 같은 위치를 상실했다.

어느 누구도 죄를 짓거나 짓도록 강요되어서는 안 된다.

하나님께 반역하는 삶을 사는 동안에는 구원에 대한 소망이 헛된 것이다. 하나님께 죄를 짓는 삶을 사는 동안에도 구원과 영원한 신분 보장의 약속이 유지되고 가르치는 것은 거짓이며 사탄적이다.

그런데 열변을 토해가며 이 같은 가르침을 부르짖어 왔던 스웨가트 목사가 창녀와 습관적으로 음행을 하는 사실이 사건을 통해 밝혀졌다. 자, 그는 이제 거짓말보다 더 크며 성경에서 가장 금하고 있는 음행 죄를 졌으니 분명히 구원을 잃어버리지 않았는가?

우리는 구원받은 성도라도 육체 안에 살고 있으므로 매일 매일 죄를 짓지 않을 수가 없음을 알고 있다. 즉 옛 본성이 아직도 살아 있다. 그러면 그때마다 우리가 구원을 잃어버리고 다시 회개하며 중생하고 또 잃어버린단 말인가? 그런데 놀랍게도, 천주교도 오순절 교파처럼 똑같은 것을 앵무새처럼 주장하고 있다. 즉 대죄로 인해서는 구원을 잃을 수 있고 중죄는 연옥에 이르게 하며 소죄는 성찬식의 은혜나 사제에게 고백성사를 함으로써 용서된다고 한다. 천주교 신부이며 학자인 오코너(Edward O'Connor)는 「천주교 안의 오순절 운동」이라는 책을 썼다. 1971년에 인쇄된 이 책은 곧장 천주교의 고전으로 인정되었고 바티간과 카톨릭 행동주의자들에 의해 지금까지 보배로 간직되고 있다. 그 책에서 오코너는 다음과 같이 적고 있다.

비록 그들(오순절주의자들)이 프로테스탄트 배경을 갖고 있긴 하지만 오순절 교회들은 그들의 믿음, 태도, 관행에 있어서 그리 프로테스탄트적이지 않다. 많은 역사가들과 오순절 교회 교인들은 자신들이 크리스첸 세계 내에서 프로테스탄트와 천주교 사이에 있는 '제3의 세력'이라고 믿는다(p.23).

오순절 영성을 받아들인 천주교인들은 그것이 자신들의 전통적인 믿음과 생활과 조화를 이룸을 발견했다. 그들은 그것이 어떤 이상하며 익숙하지 못한 종교에서 온 것이 아니고 그들 자신 속에서 자연적으로 이루어진 것으로 받아들인다(p.28).

오순절 운동이 프로테스탄트의 영향을 받아들이는 것을 의미한다고 볼 수는 없다(p.32).

오순절 운동 안에서 성령의 은혜를 입은 사람들의 영적 경험은 천주교회의 전통적인

'영'(spirit)에 관한 신학과 완전한 조화를 이룬다(p.183).

오순절 운동의 경험은 우리의 신뢰할 만한 영적 운동들의 유효함과 적절함을 증명해 주는 듯하다(p.191).

더욱이 오늘날 오순절 교회 내부에서 진행되고 있는 교리는 천주교의 전통적 교리들이 모습을 갖추어가던 중세기 초반에 일어났던 여러 단계들과 비슷한 단계들을 거치고 있는 듯하다(p.193, 194).

오순절 운동이 가르치며 행하고 있는 '구원의 은혜'는 천주교, 그리스 정교회 그리고 우리 인류가 알고 있는 모든 이단 종교들이 가르치는 것과 대동소이하다. 다시 말해 그것은 죄를 지음으로써 상실될 수 있는 은혜이다.

오순절 은사 운동을 하는 이들은 그들이 정통파 오순절 교도든, 천주교도든, 그리스 정교회교도든, 프로테스탄트든 혹은 그 외의 다른 조그만 그룹에 속했는지 상관없이 모두 죄란 은혜의 상실 그리고 궁극적으로는 구원의 상실을 초래하는 중심 매체라고 믿고 있다. 이 같은 거짓 은혜에 강력하게 대응하며 그것으로부터 의롭게 분리되고 거짓 은혜 위에서 승리하는 것은 다름 아닌 성경적인 주 예수 그리스도의 은혜이다.

구원을 위한 이 은혜는 결코 예수 그리스도라는 분과 분리될 수 없다. 그러나 거짓 은혜는 어떤 이를 예수 그리스도로부터 떼어내어 거짓 복음과 거짓 그리스도에게로 인도한다.

Father Edward O'Connor tells how members of the Assemblies of God gave the spirit to Roman Catholics and then how these latter became more fervent in their Catholic faith.

이 책에서 오코너 신부는 어떻게 하나님의 성회 멤버들이 카톨릭 교인들에게 그 영(the spirit)을 주었는가를 설명한다.

Papal / Pentecostal Grace

**A HOLY LIFE —
THE POSSESSION OF
SALVATION**

**A WICKED LIFE —
THE LOSS OF SALVATION**

Loss of salvation — the gambling of one's soul as taught by Catholicism and Pentecostalism. Catholic sacramental grace is lost through any mortal sin. Pentecostalism's saving grace is forfeited by backsliding. Death in either state means no salvation.

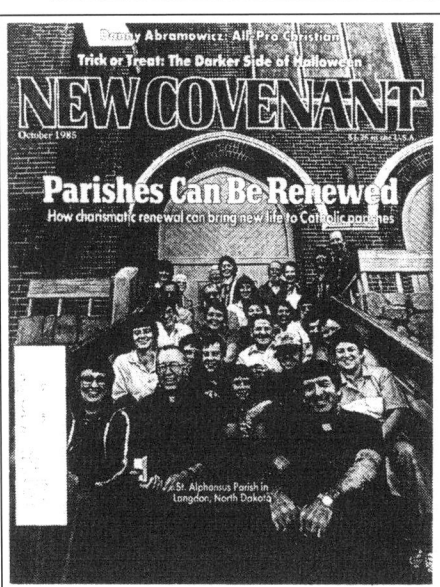

Pastors of Pentecostal denominations transferred the spirit of Pentecostalism to Romanism. The spirit is now restoring, confirming and renewing Catholics throughout the world in their hope of salvation through sacramental grace. No protest came from these historic Pentecostals for the grace they preach is essentially the same as the grace of Catholicism.

　구원의 상실 - 로마 카톨릭 교회와 오순절주의가 가르치는 한 사람의 영혼에 대한 도박 카톨릭 교회의 성례적 은혜는 대죄로 인해 상실되며 오순절주의의 구원의 은혜는 죄를 지음으로 상실된다. 그러므로 만일 구원받은 사람이 그런 상태에서 죽게 되면 그는 구원을 못 받는다.
　오순절주의 목사들은 오순절주의의 영(the spirit)을 카톨릭 교회 안으로 들여왔다. 전 세계적으로 지금 그 영은 성례를 통한 은혜로 구원받기를 소망하는 카톨릭 교인들을 회복시키고 새롭게 만들고 있다. 역사적 오순절주의자들 중 어느 누구도 그 같은 구원(비 성경적 구원)에 대해 반박을 하지 않는데 그 이유는 그들이 가르치는 은혜가 궁극적으로 카톨릭 교회의 은혜와 같기 때문이다.

그래서 사도 바울은 "그리스도의 은혜 안으로 너희를 부르신 분을 너희가 이렇게 속히 떠나 다른 복음으로 옮겨가는 것을 내가 이상히 여기노라."(갈1:6)라고 말했다. 또한 사도 요한은 "율법은 모세를 통해 주셨으되 은혜와 진리는 예수 그리스도를 통해 왔다."(요1:17)고 말했다.

오류와 거짓 은혜는 진리와 하나님의 은혜의 반대로서 오직 '사람의 영혼의 원수'로부터만 올 수 있다. 구원 안에 있는 그리스도의 은혜는 죄인을 그분 자신에게로 그리고 은혜의 왕좌로 인도한다(딤전1:11-17). 사도 바울이 후에 다음과 같이 진술했듯이 이 같은 은혜는 결코 깨어지지 않으며 영원한 것이다.

> 내가 확신하노니 사망이나 생명이나 천사들이나 정사들이나 권능들이나 현재 있는 것들이나 장래 있을 것들이나 높음이나 깊음이나 다른 어떤 창조물이라도 능히 우리를 그리스도 예수 우리 주 안에 있는 하나님의 사랑에서 떼어 놓지 못하리라(롬8:38-39).

구원 안에 있는 구원자의 은혜는 오직 그리스도 안에 있는 믿음에 의해서만 수용된다.

> 모든 사람이 죄를 지어 하나님의 영광에 이르지 못하더니 그리스도 예수님 안에 있는 구속을 통해 하나님의 은혜로 값없이 의롭게 되었느니라. 그분을 하나님께서 그분의 피를 믿는 믿음을 통한 화해 헌물로 제시하셨으니 이것은 하나님께서 참으심을 통해 과거의 죄들을 사면하심으로써 자신의 의를 밝히 드러내려 하심이요(롬3:23-25)

구원의 상실을 가져오려는 죄의 권능은 그리스도의 구원에 의해 파괴된다. 따라서 모든 죄인은 사도 바울이 기록한 대로 죄와 죽음의 법으로부터 자유하다.

> 그러므로 이제 그리스도 예수님 안에 있는 자들에게는 정죄함이 없나니 그들은 육신을 따라 걷지 아니하고 성령을 따라 걷느니라. 이는 그리스도 예수님 안에 있는 생명의 성령의 법이 죄와 사망의 법에서 나를 해방시켰기 때문이라(롬8:1-2).

하나님의 구원 안에 있는 은혜는 모든 죄들 위에서 통치한다. 신자의 구원은 결코 죄를 통해 위협을 당하지 않는다. 사도 바울은 다음과 같이 성도들을 확신시켜 주었다.

> 한 사람의 불순종으로 말미암아 많은 사람이 죄인이 된 것 같이 한 사람의 순종으로 말미암아 많은 사람이 의로운 자가 되리라. 또한 율법이 들어온 것은 범죄가 넘치게 하려 함이거니와 죄가 넘친 곳에 은혜가 더욱더 넘쳤나니 이것은 죄가 군림하여 사망에 이르게 한 것 같이 은혜도 의를 통해 군림하여 예수 그리스도 우리 주로 말미암아 영원한 생명에 이르게 하려 함이라(롬5:19-21).

끝으로 구원 안에 있는 그리스도의 은혜는 그분과 그분의 아버지 사이에 존재하는 순종과 관련되어 있다. 주님께서는 다음과 같이 말씀하셨다.

> 아버지께서 내게 주시는 모든 자는 내게로 올 것이요, 내게 오는 자는 내가 결코 내쫓지 아니하리라. 나는 내 뜻을 행하려고 하늘로부터 내려오지 아니하고 나를 보내신 분의 뜻을 행하려고 내려왔느니라. 나를 보내신 아버지의 뜻은 이것이니 곧 그분께서 내게 주신 모든 것 중에서 내가 하나도 잃지 아니하고 마지막 날에 그것을 다시 일으키는 것이니라(요6:37-39).

은사 운동이 처음 시작되었을 때보다 더 많은 사람들이 오늘날 그것과 연관되어 있다는 것은 참으로 비극적 사실이다. 은사주의자들은 개인이 구원받을 때에 하나님께서 죄를 다루시는 것과 구원 이후에 하나님께서 그 신자가 자신의 삶에서 짓게 되는 죄를 다루시는 것과의 차이를 인식하는 데 실패했다.

후자의 경우에 하나님께서는 어느 정도까지 긍휼을 베푸신다. 그러나 그 이후에는 하나님께서 종종 주권적으로 긍휼을 멈추시고 그 신자가 징벌을 받고 심지어 죽어야만 한다는 결정을 내리신다. 이것에 대한 확실한 예가 아론과 모세의 죽음이다(미 20:22-29; 신32:48-52).

하나님께서 징계하시는 것, 그것은 신자의 삶에서 다양한 형태로 나타나며 심지어 하나님께서 순식간에 신자를 죽이는 것도 신구약 성경을 통해 나타난다. 그러나 그 어느 경우에도 그 같은 징계가 그 신자의 영원한 구원에 영향을 미치지 않았다. 그 이유는 '죄가 풍성한 곳에 은혜는 더욱 더 풍성하기 때문이다'(롬5:20).

왜 병이 생기는가?

일반적으로 오순절 교도들은 하나님은 결코 병을 허락하시지 않으며 따라서 병은 마귀들이 일으키는 것이라고 믿는다. 다시 한 번 오순절주의는 반성경적 모습을 드러내고 있다. 하나님은 분명히 욥과 사도 바울의 삶 속에서 병을 허락하셨다. 또한 복음서를 보면 출생하면서부터 눈이 먼 사람도 있었다. 그 사람에 대해 제자들은 "선생님이여, 누가 죄를 지었기에 그가 눈먼 자로 태어났나이까? 이 사람이니이까, 그의 부모이니이까?"라고 물었다(요9:2). 구원자 예수님의 대답은 이 문제를 완전히 해결한다.

예수님께서 대답하시되, 이 사람이나 그의 부모나 죄를 짓지 아니하였으며 다만 이것은 그에게서 하나님의 일들을 나타내고자 함이니라(요9:3).

병은 종종 '하나님의 일들을 드러내기 위해 생긴다'고 그분께서 말씀하셨듯이 죄는 그의 병과 전혀 상관이 없었다. 물론 나는 죄와 관계된 병도 있음을 인정한다.

이것 외에도 대부분의 병은 현 시대의 걱정 없는 사회 속에서 살아가는 우리들의 생활 형태에 따라 많이 일어난다. 사도 바울은 고통을 받았던 갈라디아 교회들에게 편지를 보냈다. 그 편지에서 그는 갈라디아 교회들의 성도들을 괴롭히고 그리스도의 복음을 왜곡시키는 자들에 대해 경고했다(갈1:7). 이 '거짓 형제들'의 잘못은 과거의 오순절 그룹들이 가르치고 현시대의 그 운동의 추종자들이 유지하고 있는 잘못과 다를 바 없다. 즉 은혜에 의해 구원이 이루어졌지만 그것은 상실될 수도 있고 육체의 연습을 통해서 반드시 유지되어야만 한다고 그들은 주장한다. 바로 이런 연유에서 오늘날의 '영성 운동자'들은 '영성'을 유지하기 위해 하루에도 두세 시간씩 두 손을 들고 큰 소리로 외치며 기도하고 있다.

이에 대해 사도 바울은 "너희가 그렇게 어리석으냐? 너희가 성령 안에서 시작하였다가 이제는 육체로 완전해지고자 하느냐?"(갈3:3)고 반문한다. 그리스도를 신뢰하는 사람의 구원이 그 사람의 행동과 상관있다고 가르친 자들에게 사도 바울은 그 같은 가르침이 '다른 복음'이라고 경고했다(갈1:6).

이 책에서 '피리 부는 사나이'로 묘사되고 있는 '인간 영혼의 원수 마귀'는 그리스도를 찾는 수많은 영혼들을 다시 한 번 그리스도의 복음의 진리로부터 멀어지게 하는 데 성공했다. 이같이 왜곡된 복음을 따르는 것에 대한 두려운 결과에 대해 사도 바울은 다음과 같이 요약하고 있다.

> 그러나 우리나 혹은 하늘로부터 온 천사라도 우리가 너희에게 선포한 복음 외에 어떤 다른 복음을 너희에게 선포하면 그는 저주를 받을지어다. 우리가 전에 말한 것 같이 내가 지금 다시 말하노니 만일 어떤 사람이 너희가 받아들인 것 외에 어떤 다른 복음을 너희에게 선포하면 그는 저주를 받을지어다(갈1:8-9).[1]

---

1) 부록 '구원의 영원한 안전 보장'을 참조하기 바란다.

6장

마귀의 음악

1901년에 시작된 오순절주의는 얼마 되지 않아 이상한 통찰력을 통해 이 운동이 감정적으로 고조된 음악을 통해 성공할 수 있다는 것을 감지했다. 그것의 첫째 현태는 재즈 음악(Jazz music)이었다. 1901년부터 1914년간의 14년 기간에 대해 고스(Howard Goss)는 다음과 같이 말했다.

> 만일 재즈가 없었다면 오순절 은사 운동은 결코 수많은 남녀들의 가슴속으로 파고들지 못했을 것이다. 또한 우리는 결코 지난 50년간의 부흥(오순절)을 경험하지 못했을 것이다(「하나님의 바람」(*The Winds of God*), p.211).

그는 계속해서 다음과 같이 말했다.

> 그것은 일반적으로 그 당시 전통적인 교회 찬송과는 달랐다. 꾸민 데라고는 전혀 없으므로 재즈 성가의 작곡에는 어떤 시(詩)라든지 음악가적인 기법 같은 것이 전혀 필요 없는 것처럼 보였다. 그런데 그 안에는 이런 것들보다 더 효과적인 것이 있었다. 내가 아는 한 우리가 처음으로 복음 성가에 빠른 곡조를 도입시킨 장본인들이다(동일 문서 p.207-208).

Chapter 16 — "Oh what singing" from the Winds of God, describes how jazzed-up music brought 'revival' to early Pentecostalism.

The beginning of Pentecostalism in America.

<하나님의 바람>이라는 책의 6장은 어떻게 재즈 음악이 초기 오순절 운동에 부흥을 가져왔는가를 보여 준다.

미국 내 오순절주의의 시작

그는 오순절 운동의 초창기 멤버들 중 가장 유명한 인물이었으므로 오순절 운동의 지도자라면 누구나 그를 알 정도이다. 또한 그는 1914년 4월 알칸사 주의 핫스프링에서 열린 대규모 오순절 국내 집회를 조직했던 인물이다. 미국 하나님의 성회 모법 서문의 일부가 그 모임에서 만들어졌다.

Books that encourage the Pentecostal Movement's use of rock music.

오순절주의자들이 록음악을 사용하도록 권장하는 책들
<록음악을 재고하자>, <왜 록음악인가?>
크리스천 록음악 광고

THE CHURCH OF GOD OF PROPHECY

MUSIC COMMUNICATES WHEN NOTHING ELSE CAN!

by Elwood Matthews

"That's music to my ears" is a statement that is made for various purposes. One man says that when the hounds are chasing a fox. Another when an automobile is running smoothly. Still another when the tax consultant says that the client will get a refund. And the list could go on. My point is that music communicates, regardless of its type.

The majority of the 29 years of my ministry have been involved directly or indirectly in the work of evangelism. So the effectiveness of music as a means of communication has been very evident to me at times when my wife's singing communicated more effectively the needed inspiration to the listeners than did my preaching. In other services a trumpet solo, a musical combo, a small group of singers or a choir communicated where I as the preacher was unable to make the needed contact.

Recently a young lady confessed to me that she was converted as a result of a song—not the message. Now I don't want to imply that anything can ever take the place of preaching for "it pleased God by the foolishness of preaching to save them that believe" (1 Corinthians 1:21). Yet, it is true that music communicates when nothing else can.

When Saul, King of Israel, disobeyed the Lord, the prophet Samuel told him, "Because thou hast rejected the word of the Lord, he hath also rejected come that your talent and ability will be needed for a specific ministry for the Lord, and it may surprise you as it did a shepherd boy in Israel.

David was brought into the king's house, and when the evil spirit came upon Saul David took up his harp and began to play. The scripture says that when David played that Saul was refreshed, and was well, and the evil spirit departed from him (cf. 1 Samuel 16:23). Let it not be taken lightly—MUSIC COMMUNICATES WHEN NOTHING ELSE CAN.

I know young women who are prone to suffer at times from depression. At such times, I've seen them go to the piano and play—and soon the depression faded away. The music communicated with the human spirit.

Music has long been advantageous in the healing of diseases. In the memoirs of the French Academy of Sciences in 1707 there are accounts of many diseases that the physicians were unable to cure. One of these was a case of a person who was seized with fever, which soon threw him into very violent delirium, accompanied by bitter cries and terror. Soft, serene music was played and the person soon became relaxed, his convulsions ceased and the fever completely left him. The doctors failed, but music communicated with the power to bring about healing.

음악이 하나님의 영을 대신하며 진리가 왜곡된 사악한 시대가 우리 앞에 놓여 있다. 매튜스는 '어떤 것도 전달할 수 없을 때 오직 음악만이 전달할 수 있다.'는 제목의 글을 썼다. 그 글에서 그는 다음과 같이 기록한다. '최근에 어떤 젊은 여인은 자신이 하나님의 말씀이 아니고 노래에 의해서 거듭나게 되었다고 내게 고백했다.'

고스 목사는 1924년의 오순절 목회 연합(Pentecostal Ministrial Alliance)을 조직하는 데 큰 역할을 했으며 또한 오순절 교회 협회의 사무총장으로 선출되었고 1951년까지 연합 오순절 교회의 사무총장으로서 재직했다. 고스는 이같이 말했다.

내가 아는 한 우리가 처음으로 복음 성가에 빠른 곡조를 도입시킨 장본인들이다.… 1901-1914년 당시 대부분의 교회 음악은 느리고 질질 끄는 듯했으며 최소한 마음이 젊은 사람들에게는 지루해 보였다. 그러나 하나님은 그런 것들을 다 바꾸었다.…그들은 종종 재즈식 찬송가라 불렸다.…지금 그 같은 음악은 복음주의적 음악이라는 표현에 의해 어느 정도 위엄을 갖추게 되었다. 만일 재즈가 없었다면 오순절 은사 운동은 결코 수많은 남녀들의 가슴속으로 파고들지 못했을 것이며 우리는 지난 50년간 계속된 오순절 주흥을 경험하지 못했을 것이다(동일 문서 p.208-212).

록음악이 은사 운동 안으로 들어가다

위에 언급된 오순절 은사 운동의 창립자는 자신의 운동이 초기에 성공할 수 있도록 만들어 준 원인을 제대로 지적해 주었다. 비록 고스 목사가 죽은 지 이미 오래 되었지만, 오순절주의의 진정한 능력에 대한 그의 이해는 지나온 어두운 과거로부터의 무시무시한 유령과 같이 떠오른다. 그가 이해했던 것은 오늘날의 현대식 오순절주의의 찬란한 성공이 '음악'을 통해서 이루어질 수 있다는 것이다. 그때에도 음악이었고 지금도 음악이다. 단지 그 양상만이 달라졌을 뿐이다.

거의 50여 년 동안 재즈 음악이 오순절 운동 뒤에서 군림해 왔고 그 뒤 새로운 음악의 천재가 나타났다. 그는 우선 1960년대에 오순절 음악 무대에서 자신의 지휘봉을 휘두르기 시작했다. 그리고 개회식을 알리는 음악과 함께 그 지휘봉이 내려왔을 때 강당을 가득 채웠던 소리는 바로 록음악이었다.

록음악은 '현시대 크리스천 음악'(Comtemporary Christian Music, CCM)이라는 가면을 쓴 채 오순절주의의 담을 넘어 들어갔다. 록음악이 그 운동에 얼마나 심각한 영향을 미쳤는가는 말로 다 설명 할 수 없을 정도이다. 오순절주의를 통해 현재 일어나고 있는 불길의 전형적인 예는 지금 테네시 주 클리블랜드에 본부를 둔 '하나님의 교회들' 교파 안에 있는 많은 회중들 속에서 찾아볼 수 있다. 그 교회는 1918년에 하나님의 헴필 교회로 설립되었으며 그것은 애틀랜타 주에 있는 최초의 오순절 교파였다.

그 교회의 담임목사인 워커는 PTL의 짐 베이커, 순복음 협회, 팻 로버트슨의 700클럽 등과 긴밀한 유대관계를 맺고 있다. 마운트 파람의 하나님의 교회에는 18명의 부목사들 외에도 레페브르라는 이름의 전도 목사가 있는데 그는 그 회중의 24장로 중 하나이다. 그의 삶의 초기에 레페브르는 록음악 그룹인 롤링 스톤즈, 에릭 클래프톤, 리틀 리차드 등과 함께 공연을 했다. 그의 음악은 임페리알스 같은 록음악 그룹에 의해 녹음되었다. 이제 그 록 스타는 예전의 세속적 록 음악가들이었던 자신의 친구들을 모았다. 그들은 '브로큰 허트'(Broken Heart)라는 그룹사운드를 조직했고 그 밴드 부대는 록 음악회를 위해 약 225톤이나 되는 도구들을 마운트 파람 오순절 교회에 보관하고 있다. 그 밴드가 연주하며 레페브르가 노래를 하면 7,000석이나 되는 강당이 꽉 찬다.

오순절 은사 운동의 대변지 <카리스마>의 록음악 선전 기사
레페브르는 록음악을 통해 선교한다는 제목 하에 크리스천 록음악을 찬양한다.

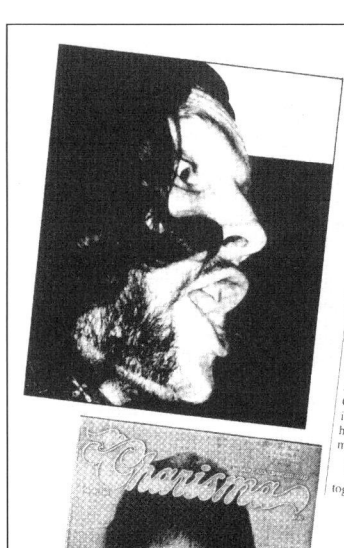

<카리스마>는 1985년 2월호에서 레페브르를 표지 인물로 소개했다. 그는 34년 동안 록 뮤직 등을 전공했으나 이제는 '만세반석'을 찬양한다. 그는 비틀즈의 해리슨의 집에서 기거했었는데 그 집은 한때 수도원이었다. 그는 '나와 엘비스 프레슬리는 함께 마약으로 인해 흥분되곤 했다.'고 말한다.

CHARISMA, FEBRUARY 1985

Issues

Christian Music Renewal

By Richard Lovelace

Why has God given us a revival of praise songs and popular music, instead of another Johann Sebastian Bach? Is it because our awakening is shallower?

No: it is because He wants to make this renewing work of the Spirit as broad as possible. Communism has often travelled into Third World countries in the words of popular songs. A message in this form goes right to the heart of a people.

The Charismatic praise songs have been widely circulated in the church. Christian rock musicians, however, are gifts to the body of Christ which have not been properly appreciated. <u>We ought to be producing Christian "videos" and running Christian rock radio stations in every area where there is a strong concentration of young people.</u>

Why do we fail to do this? Probably because of a severe generation gap. The music that older Christians like to listen to produces an instant desire to switch channels, among young people—and the reverse is just as true.

In the meantime, we are wasting a great resource for youth evangelism and nurture. We need to open up the media channels, and the financial resources, required to take these shining lights out from under bushels, and put them on lampstands. This is one of the goals of the Foundation for Church Renewal with which I have been working.

In 2 Samuel 6:12-14, we read of David bringing the ark of the Lord into Jerusalem, dancing before it while accompanied by musicians. Today God has given us a band of musicians to aid in renewing the church, as He brings home His Word in our hearts through the Spirit. <u>Let us do all that we can to support those Christian artists who are His special gift for this time of renewal!</u>

1985년 2월호 <카리스마>지는 '크리스천 음악 부흥'이라는 제목 하에 크리스천 음악이 이제는 크리스천 록 뮤직에 의해 이루어져야 한다고 주장한다.

'우리는 크리스천 비디오테이프를 만들고 젊은이들이 많이 있는 곳마다 크리스천 록음악 방송국을 세워야만 한다.'

'우리는 이제 등불을 켜서 동경 위에 두어야만 한다. 그것이 바로 현재 내가 소속되어 일하고 있는 '교회 갱신을 위한 토대'라는 모임 즉 크리스천 록 뮤직의 목적이다.'

'우리는 이처럼 교회 갱신이 필요한 때 우리에게 주어진 하나님의 선물인 크리스천 록 뮤직 가수들을 전적으로 지지해야만 한다.'

스트라이퍼 멤버들와 그들의 발언
'하나님이 죄라고 부르는 것을 우리가 직시해 보자. 사실 그것은 참 재밌는 것이다.'
<u>십자가를 걸었다고 해서
크리스천이 아님을 명심하자.</u>

레페브르는 전국을 순회하며 오순절 교회들과 현 시대 음악 페스티발 등에서 연주한다. 오순절주의의 기관지「카리스마」에서 보도되었듯이, 레페브르는 가벼운 크리스천 음악을 연주하지 않으며 아이들을 끌어 모으기 위해 상상력에 의한 전통적인 '록 앤 롤'(Rock and Roll)을 연주한다(1985년 2월호). "나와 엘비스 프레슬리는 함께 마약을 먹고 흥분하곤 했다."고 말하던 그 록 스타는 지금도 여전히 빨간색 바지와 무릎까지 올라오는 하얀색 부츠, 검은 셔츠와 빨간 재킷을 입고 있다.

그는 대히트를 했던 'Without Him'이라는 노래와 똑같은 록음악을 교회 내에서 복음성가란 미명 하에 연주하고 있다. 'Without Him'은 엘비스 프레슬리에 의해 녹음 되었다. 그런데 그 노래에는 엘비스 프레슬리 당시와 다른 것이 하나 있는데 그것은 다름이 아니고 이제는 청중들이 모두 오순절 운동 추종자들이라는 것이다.

우리는 크리스천 비디오테이프를 만들고 젊은이들이 많이 있는 곳마다 크리스천 록음악 방송국을 세워야만 한다.

우리는 이제 등불을 켜서 동경 위에 두어야만 한다. 그것이 바로 현재 내가 소속되어 일하고 있는 '교회 갱신을 위한 토대'라는 모임 즉 크리스천 록 뮤직의 목적이다.

위에 적힌 충고는 오순절주의를 대변하는「카리스마」의 주요 기사에서 발췌한 것이다. 현대식 크리스천 음악은 1985년 2월에 발간되었던 특별호의 주제였다. 그 기사의 저자인 러브레이스 박사는 오순절주의의 목사이며 매사추세츠 주의 하우스 해밀톤에 있는 고든-콘웰 신학교 교회사 담당교수이다. 그는 다음과 같이 썼다.

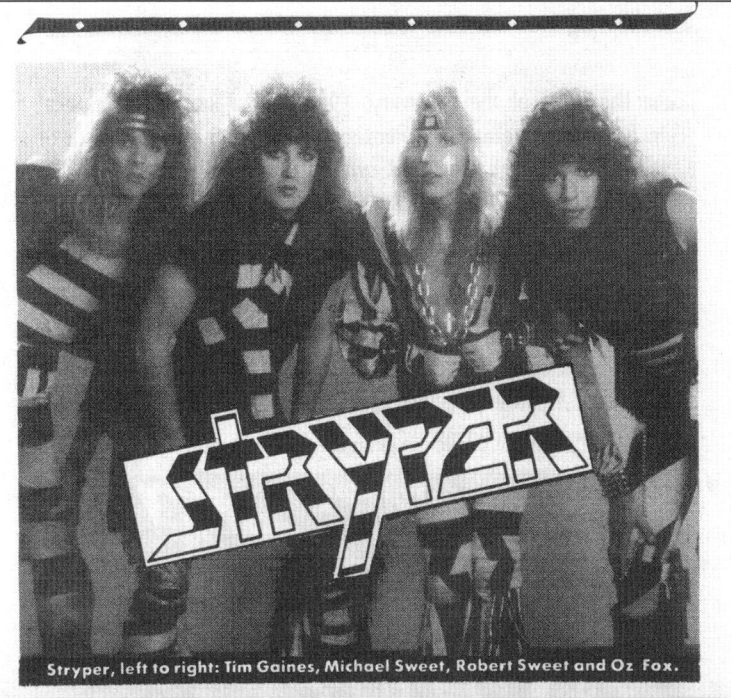

전형적인 헤비메탈 하드록 비디오 잡지에 실린 '스트라이퍼'라는 유명한 크리스천 록 그룹

'하나님이 죄라고 부르는 것을 우리가 직시해 보자. 사실 그것은 참 재밌는 것이다.'

과연 이들은 사탄주의자들인가? 아니면 정상적 크리스천인가? 동성연애자들인가? 아니면 정상적 남자들인가?

크리스천 록 스타들: 과연 이들은 정상적인 크리스천인가?

틴에이저들을 그리스도께 인도하려 했을 때 나는 새로운 록 문화와 접하게 되었다. 밥 딜란, 비틀즈, 사이몬과 가펑클 등의 노래를 들으면서 나는 요한 스트라우스 이후에 가장 인기 있는 음악이 되어버린 그들의 노래의 기법과 창작성 등에 의해 매료되었다.…나는 하나님께 그 분야의 크리스천 지도자들을 주실 것을 기도하기 시작했다. 1960년 후반부터 하나님께서는 그 기도에 응답해 주시는 듯했다.

1958년 7월호「카리스마」는 '제5회 연례음악 여론조사'를 발표했다. 그 잡지는 "여러분 가운데 74%가 그 어떤 음악보다도 현대판 크리스천 음악을 선호한다고 대답했다."고 진술했다. 또한 가장 많은 요청을 받은 분야는 '하드 록' 음악이었다.

CHRISTIANITY TODAY November 8, 1985 NEWS

CROSSOVER
Christian Singer Appeals to Fans of Secular Pop Music
Is Amy Grant sending mixed messages?

> Rock artist Amy Grant's popularity is sweeping Pentecostal and Catholic circles. Friar Jude Winkler of the St. Anthony of Padua Province idolizes her in his Jan. 2/86 Church World article. It is entitled "Rock Music — it can be an instrument of (Catholic) evangelization."

> Sensuous Rock Minstrels are building the Pentecostal Movement. This is Satan's perverted way — integration with the world as opposed to God's call for separation.

NEWSWEEK/AUGUST 19, 1985
RELIGION
The New Christian Minstrels
A bold new band of evangelical musicians is making a joyful noise for Jesus.

New waver Taylor and British rocker Walsh: Sassy-but-saved alternatives to Prince and Madonna

---

록 스타 에이미 그랜트는 오순절주의자들과 카톨릭 교인들 사이에서 큰 인기를 얻고 있다. 현재 그녀는 노래 춤에 사탄주의자들이 즐겨 사용하는 루시퍼 기호 등을 노골적으로 보여 주며 심지어 사탄주의자들의 예복을 입고 노래하고 있다. '예수'나 '그리스도'가 가끔씩 언급된다고 해서 과연 그 노래가 기독교적인가? 카톨릭 관계 잡지도 '록음악은 카톨릭 복음화의 도구가 될 수 있다.'고 말한다.

세상과 짝하는 록 스타들은 현재 오순절 은사 운동을 도와주고 있다. 이것은 사탄의 왜곡된 방법이다. 세상과 분리하라는 하나님의 명령과 정반대되는 것이다.

록음악 양성소

1862년에 미국의 유명한 시인이며 자연주의자였던 헨리 쏘로우(Henry David Thoreau)는 죽기 전에 다음과 같이 기록했다.

> 심지어 음악도 중독증을 일으킬 수 있다. 그처럼 별것 아닌 것들이 그리스와 로마를 몰락시켰으며 영국과 미국을 붕괴시킬 것이다.

사실 그의 말은 이미 실현되고 있는 중이며 다음의 페이지들이 보여 주듯이 미국 및 영국의 몰락에 대한 가장 큰 원인들 중 하나가 바로 록음악을 주무기로 사용하는 오순절주의다.

「마르크스주의 음유시인들: 공산주의자들의 음악변조에 대한 핸드북」이라는 제목의 이미 고전이 된 책의 서문에서 저자인 노에벨은 다음과 같이 썼다.

> 공산주의가 미국 음악의 변개 속으로 파고든 것은 참으로 놀랄 만한 일이다.

그 책의 저자는 미국 철학 협회의 회원이며 종교계의 인물들(Who's Who in Religion)에 수록된 사람이다.

그는 또한 「비틀즈, 마약, 섹스, 혁명에 대한 연구」, 「크리스천 록음악, 교회 속의 새로운 이교주의」, 「리듬 소동과 혁명」 등 우리의 경각심을 불러일으킨 책들을 많이 저술했다. 만일 오순절주의자들이 이런 책들의 내용과 충고를 따른다면 그들의 운동은 곧 끝장나고 말 것이다.

1929년 러시아의 프롤레타리아 음악가 협회는 자신들의 사상을 요약한 문서를 발간했다. 음악에 관한 부분에서 행동주의자들은 "고전음악은 부르주아 계급의 것인 반면에 포크 음악은 착취당하고 억눌린 자들의 음악이다."라고 배웠다(「1900년 이후의 음악」(*Music Since 1900*), 니콜라스 슬로님스키, p.549).

모스크바에 본거지를 둔 국제음악기구는 1933년 「소비에트 음악」이라는 잡지에서 음악가들을 파괴시키기 위한 계획을 발표했다.

Warning of rock music by authorities rejected by the Pentecostal Movement.

전문가들이 록음악에 대해 경고한 것들은 오순절 운동에 의해 배척되었다.
<마르크스주의 음유시인들: 공산주의자들의 음악 변조에 대한 핸드북>
<사탄의 음악을 폭로한다>

그 잡지의 발간인 중 하나인 에이슬러(Hanns Eisler)는 "공산주의 음악은 공산주의 파급을 위한 전쟁에서 중대한 무기가 되었다."고 말했다. 행동주의자인 루빈(Jerry Rubbin)은 1970년의 공산주의 헌장인 「그것을 행하라」(Do It)에서 "록음악이 혁명의 시작이 되었다."고 진술했다.

오순절주의자들은 다음과 같은 아로노위쯔(A. G. Aronowitz)의 말에 귀를 기울여야만 한다.

당국자들이 오늘날 유행하고 있는 그 음악이 무엇을 말하고 있는지 알았다면 - 가사가 아니고 그 음악 자체가 말하는 것 - 그들은 단지 그것에 대해 불만스러워만 하지 않았을 것이다. 그들은 그것을 금지시킬 것이고 모든 레코드판을 부수어 버리고 그 음악을 연주하려는 사람들을 체포했을 것이다(「록음악 시대, 미국 문화혁명의 소리」, p.190).

의미심장하게도, 러시아는 1961년에 록음악을 완전히 금지시켜 버렸다. 그것에 대해 1963년 4월 2일 뉴욕 타임스는 "그것이 소련의 윤리 법규와 잘 맞지 않았다."설명해 주었다. 특히 비틀즈의 노래들은 러시아에서 금지되었다. 여기서 반드시 짚고 넘어가야 할 사실은 가사가 문제가 아니고 템포나 리듬이 록음악의 사탄주의적 성격을 만들어 낸다는 것이다.

유명한 지휘자요 작곡자였던 티옴킨(Dimitri Tiomkin)은 다음과 같은 진술을 통해 이 같은 사실을 강조했다.

록음악의 큰 비트는 청중들을 흥분하게끔 만든다. 록음악에는 거의 멜로디나 가사의 의미는 없고 단지 리듬만이 중요하다(「로스앤젤레스 헤럴드 이그재미너」(Los Angeles Herald Examiner), 1985. 8. 8. p.J-9).

이 같은 사실을 지지하며, 보수적 잡지인 「미국의 수호신」(American Mercury)은 다음과 같이 경고했다.

이런 종류의 음악은 젊은이들의 몸과 정신과 혼에 대한 빛과 어둠 사이의 전쟁에서 매우 위험하며 교활한 무기이다. 그것은 현재 학생들의 부모·교사 협의회와 목사들 그리고 다른 지성 그룹들이 힘을 모아 싸우고 있는 음란한 영화나 잡지 등과 같다(1961년 9월, p.49).

심지어 기독교의 적들도 록음악의 신비하며 위력적 요소가 가사가 아니라 리듬임을 잘 알고 있다. 「노래하라」(Sing Out)의 편집자인 실버(Irwin Silber)는 "록음악의 위력은 비트에 있으며 그것은 비기독교적인 음악으로서 이미 확립된 전통적 가치관에 대한 심각한 위협이다."라고 진술한다.

「록음악의 파괴적 성격」과 「록음악과 타락」이라는 책에서 노에벨 교수(D. Noebel)는 다음과 같이 결론지었다.

지금과 같이 혁명적인 기간에 '헤비 비트 음악'이 서구 문화를 파괴시키고 하나님께 반항하면서 서구 문화를 파괴시키려는 계획을 가진 선동적인 젊은이들을 부추긴 촉진제가 되어 왔다는 것은 부인할 수 없는 사실이다(「마르크스주의 음유시인들 - 공산주의자들의 음악 변조에 대한 핸드북」, p.70).

사탄이 크리스천 음악당 안으로 들어서다

록음악을 통해 하나님을 제거해 버리는 것은 참으로 치밀한 사탄의 계획이다. 한때 록음악을 연주했던 펙(Richard Peck)은 "현시대의 크리스천 음악은 분명한 록음악의 형태이다."라고 말한다(「Rock, Rock, Rock」, p.75). 또한 신비주의에서 현시대 음악의 역할을 밝히면서 그는 "사탄은 경배를 원하며 현재 록음악이라는 매체를 통해 경배를 받고 있다."고 말한다.

현시대 음악의 사탄주의적 성격에 대해 말하면서 그는 "현 시대의 크리스천 음악(CCM)은 종교통합주의 및 은사주의적 영(spirit)에 대해 자랑스럽게 생각한다. 이같은 종교통합주의는 배도한 프로테스탄트 교단들과 로마 카톨릭 교회 내로 깊숙이 파고들고 있다."(p.86)고 진술했다.

그 책의 저자인 펙은 13살에 이미 록음악의 대가가 되었고 곧 국내에서 유명한 록음악 연주가가 되었으며 후에는 록음악 출판사를 경영했고 마침내 록음악 개발 감독이 되었다. 그는 유럽과 아시아 지역에 현시대 크리스천 음악(CCM) 지부를 설립하는 것을 돕기 위해 여행을 했다. 그러나 후에 그는 예수 그리스도께로 회심을 했고 록음악의 구렁텅이에서 구출되었다.

밥 라슨(Bob Larson)은 자신의 저서인 「히피족, 힌두교도들, 록음악」이라는 책에서 그와 똑같은 해석을 아래와 같이 내리고 있다.

> 모스크바와 북경의 공산주의 정책과 확실히 일치하면서 미국의 히피 운동이 파급되었다. 사탄의 광적 군대들은 비교적 자신들의 사업을 잘 진행시켜 왔다. 그러나 한 가지 확실히 밝혀 두어야 할 사실은 그들이 록음악의 도움 없이는 결코 이런 일을 할 수 없었다는 것이다.

<히피족, 힌두교도들, 록음악>
<팝 뮤직이 복음성가가 되다>

라슨 역시 15세에 이미 자신의 록음악 그룹사운드를 갖고 있었다. 그는 TV 프로그램의 유명 인사가 되었고 후에는 도박장으로 유명한 미국의 애틀랜틱시티의 유명한 컨벤숀 홀에서 연주하기도 했다. 그때 라슨은 동양의 신비 종교와 록음악 사이에

아주 놀랄 만한 관계가 있음을 발견하게 되었다. 그 뒤 그는 이것을 조사해 보기 위해 1969년 인도의 캘커타, 싱가포르, 홍콩 등을 방문했다.

그 결과 그는 힌두교의 신(神)인 시바(Shiva)에 대한 힌두교도들의 예식이 마귀에 사로잡히는 무서운 행사임을 발견하게 되었다. 이 같은 악몽을 스스로 목격하며 라슨은 틴에이저들이 미친 듯이 춤추는 것에 대해 다음과 같이 진술했다.

> 힌두교도들의 음악의 리듬은 록음악에서처럼 강하게 반복되며 끊어지는 템포였다. 여기 싱가포르에서 일어나고 있는 것은 미국 내의 대부분의 틴에이저 댄서들 사이에서 발견되는 것이다. 갑자기 한 틴에이저가 비명을 질렀다. 그의 몸은 갑자기 뻣뻣하게 되었고 그는 발을 동동 구르며 땅에 쓰러졌다. '도대체 무슨 일입니까?' 나는 황급히 그 옆에 서 있는 남자에게 물었다. '우리는 대개 우리 신이 이렇게 우리 안에 들어올 때까지 이런 음악에 맞추어 춤을 추지요.'라고 그는 대답했다(p.78).

또한 인도를 떠날 무렵에 라슨은 다음과 같은 결론을 내렸다.

> 나는 갠지스 강으로부터 출발하여 서서히 걷기 시작했다. 나는 그 어느 때보다도 사탄이 비틀즈, 히피족 그리고 힘차게 내려치는 록음악 등과 같은 것을 창시했음을 확신하게 되었다. 이런 모든 것이 전 세계의 젊은이들을 이교도들의 우상 숭배 속으로 빠져들게 하려는 사탄 자신의 목적을 성취하기 위한 매개체라는 사실이 더욱 더 확실해졌다(p. 62).

1968년 1월, 갠지스 강의 둑을 떠나오기 전에, 라슨은 하늘을 바라보며 다음과 같은 기도를 했다. 그 뒤 그는 이단 연구에 종사하는 크리스천이 되었다.

> 그 어느 것도 내 마음을 바꾸도록 하지 않을 것이다. 그 어느 것도…

나는 우리 주님께서 다시 오실 때까지 그 뿐만 아니라 다른 많은 크리스천들에게 영적인 용기와 분별력 그리고 능력을 주셔서 그 같은 소원을 이룰 수 있도록 해 주시기를 하나님께 기도한다. 얼마 지나지 않아 우리 주님께서 오시게 될 때 모든 신자들은 "악한 것을 몹시 싫어하고 선한 것에 붙어 있으라."(롬12:9)는 명령을 순종했는지 혹은 거부했는지 예수님께 판단을 받게 될 것이다.[1]

---

1) 록음악 문제에 대해서는 부록 '열린 예배'를 참조하기 바란다.

7장
하나님의 부르심

오순절 은사 운동 및 에큐메니컬 종교통합을 주도해 온 '피리 부는 사나이'의 이야기는 여기에서 끝이 나지 않는다. 비극적이긴 하지만 많은 이들에게 다음과 같은 주님의 말씀이 성취되면서 끝이 올 것이다.

그 날에 많은 사람들이 내게 이르기를, 주여, 주여, 우리가 주의 이름으로 대언하지 아니하였나이까? 주의 이름으로 마귀들을 내쫓지 아니하였나이까? 주의 이름으로 많은 놀라운 일을 행하지 아니하였나이까? 하리니 그때에 내가 그들에게 밝히 말하되, 내가 너희를 결코 알지 못하였노라. 불법을 행하는 자들아, 너희는 내게서 떠나라, 하리라(마 7:22-23).

구원자를 올바로 알며 오순절주의에 의해 영향을 받지 않은 사람들은 그 날이 올 때까지 한 가지 사명을 수행해야만 한다. 그것은 바로 '피리 부는 사나이'의 지상 왕국과 그의 오순절 은사 운동으로부터 사람들을 해방시키는 것이다. 20세기 초반에 오순절 운동을 지켜보던 많은 사람들에게 혼동의 파도가 스치며 지나갔다. 그러나 모든 이들이 속임수에 걸리지는 않았으며 몇몇 사람들의 평가는 참으로 정확했다.

'성경 강해의 왕자'로서 기독교 내에서 존경과 사랑을 받아 왔던 모건 박사(Dr. G. Campbell Morgan)는 오순절 은사 운동을 '사탄의 마지막 구토'라고 결론지었다. 많은 이들이 "도대체 그렇게 학식이 많은 모간 박사가 왜 그런 말을 했을까?"라며 의아해했다. 이 같은 발언은 그가 죽기 전인 1942년에 있었다.

대언자 이사야와 비슷하게, 모간 박사는 사람의 타락과 대조해서 하나님의 거룩함을 이해하게 되었다. 이 같은 깨달음으로 인해 그는, 육체에 호소하며 그리스도 중심이 아닌 그 운동의 영(spirit) 중심이고 경험을 강조하며 하나님의 말씀을 무시하고 추종자들의 행위에 따르는 구원의 계획들을 가르치는 오순절주의를 바라보게 되었을 때 전율할 수밖에 없었던 것이다. 모간 박사는 사탄의 깃발이 오순절주의라 불리는 영역에서 휘날리고 있음을 깨달았다. 따라서 그의 영혼은 젊은 시절의 다윗이 느꼈던 것같이 분노로 인해 흥분되었다. 하나님께 대한 골리앗의 무례한 행동이 다윗의 가슴속에 거룩한 분노를 자아내게 했듯이 하나님의 진리, 거룩함, 그리스도와 그분의 피를 믿음으로 인해 얻게 된 의로움에 사무쳐서 모간 박사는 위와 같은 진술을 했다.

분별, 투쟁 그리고 분리

오늘날의 분별력 있는 신자들에게는 과거의 혼동과 당혹감의 구름이 서서히 걷히고 있다. 오순절 은사 운동으로부터의 행동, 행위, 소리 등은 이 운동의 정체가 무엇인가를 이미 우리에게 가르쳐 주고 있다. 그런데 불행하게도 오늘날에는 제대로 볼 수 있는 눈과 들을 수 있는 귀를 갖고 있는 사람들이 거의 없다(마13:10-16 참조).

우리가 살과 피에 대항하여 싸우지 않으므로 우리의 사명은 영적 전쟁과 관계가 있다. 오순절 은사 운동의 '피리 부는 사나이' 즉 사탄은 현재 믿기 어려울 정도의 능력으로 전쟁을 치르고 있다. 거의 3억이 넘는 추종자들이 그의 에큐메니컬 군대에 빨려 들어갔고 그는 곧 성공할 것으로 보인다. 그러나 우리 주님께서는 자신의 종들에게 하나님의 갑옷을 입도록 부르시고 계신다.

끝으로 내 형제들아, 주 안에서와 그분의 강력한 권능 안에서 강건한 자가 되라. 너희가 마귀의 간계들을 능히 대적하며 서기 위해 하나님의 전신갑주를 입으라. 우리는 살과 피와 맞붙어 싸우지 아니하고 정사들과 권능들과 이 세상 어둠의 치리자들과 높은 처소들에 있는 영적 사악함과 맞붙어 싸우느니라. 그러므로 너희가 악한 날에 능히 버티어 내고 모든 일을 행한 뒤에 서기 위해 하나님의 전신갑주를 취하라. 그런즉 서서 진리로 너희 허리를 동여매고 의의 흉갑을 입으며 화평의 복음을 예비한 것으로 너희 발에 신을 신고 모든 것 위에 믿음의 방패를 취하여 그것으로 너희가 능히 그 사악한 자의 모든 불화살을 끄며 구원의 투구와 *성*령의 검 곧 하나님의 말씀을 취하라(엡6:10-17).

우리 믿음의 대장 되시는 주 예수 그리스도께서 이제 곧 다시 오시려 한다. 우리에게는 이때가 바로 '우리의 전성기'이다.

마귀가 성공하는 데에는 다섯 가지 이유가 있다. 첫째로, 오순절주의는 육적이며 종교적인 사람의 마음에 강하게 호소하는 신비주의의 에너지로 능력있게 채워져 있다. 사실, 오순절주의는 사탄에 의해 조장되고 있다. 그 이유는 신비주의야말로 사탄의 생산물이기 때문이다. 하나님께서 음녀 바빌론을 묘사하실 때 사용하셨던 첫째 단어가 '신비'(Mystery)임을 기억할 필요가 있다(계17장).

첫째 이유와 밀접한 관계를 갖고 있는 둘째 이유는 그 안에 성경적 진리의 요소가 있다는 사실이다. 위조품이 진짜를 많이 닮으면 닮을수록 더 많은 이들을 속일 수 있다. 나뭇가지의 색에 따라 자신의 피부색깔을 바꾸는 카멜레온처럼 오순절주의도 여러 종류의 교리나 믿음에 따라 스스로 변한다.

셋째로 오순절 운동은 에큐메니컬 성격을 갖고 있다. 교황을 우두머리로 하는 전 세계적 종교 단일 체제를 실현하기 위한 계획들을 포함하는 1960년대의 제2 바티칸 공회 이후로 인류는 종교 일치와 협동이라는 원리들을 받아들이도록 교육을 받아 왔다. 일치를 통한 단일 세계 종교 및 정부라는 개념은 오순절주의에 의해 개발되었고 양육되었다.

넷째로 오순절주의에는 인간의 노력이 중시되는 '행위 더하기 믿음'이라는 그럴듯한 거짓 복음이 있다. 오순절주의는, 구원받았지만 죄를 지은 상태로 죽게 된 타락한 사람들은 지옥행이며 연옥으로 가는 카톨릭 교도들과 다를 바 없다고 가르친다. 사실 연옥이나 지옥이나 다를 바가 전혀 없다.

윈스턴 처칠의
<그들의 전성기>

마지막으로, 성공적인 오순절주의의 능력은 음악 즉 록음악에 의해 이루어진다. 예전에 댄스 밴드 음악가였던 하트(Lowell Hart)는 다음과 같이 현대판 크리스천 록음악을 들었던 아프리카 신도들의 이야기를 하고 있다.

그들이 살고 있던 칼리만탄의 지역에 미국인 방문객이 찾아와서 크리스천 록음악을 연주하고 있었다. 그때 그들은 '당신은 도대체 왜 그런 음악으로 우리들이 섬기던 마귀들을 불러내고 있는 거요?'라고 물었다(「사탄의 음악을 폭로한다」(*Satan's Music Exposed*), p.113).

이런 음악에 의해 사악한 영들이 불려나온다.

이제는 이런 음악 문제뿐만 아니라 오순절 운동에 대한 다른 문제들도 반드시 제기되어야만 한다. 예를 들어, 중세기 신비주의를 부활시키고 있는 그 영(spirit)은 도대체 누구인가? 오순절 운동의 이단 교리들을 아무 주저함 없이 받아들이는 영들은 도대체 누구인가? 사도 요한은 '오류의 영'과이 있고 그 영이 계속해서 '진리의 영'에 대항하고 있음을 가르쳐 주지 않았던가?

마지막으로, 에큐메니컬 일치를 위한 오순절 은사 운동을 주도하는 영들은 어떤 영들인가? 그 안에 있는 거짓 복음을 조장시키는 이들은 누구인가? 이런 질문들은 반드시 성실하게 답변되어야만 한다. 왜냐하면 사도 요한이 다음과 같이 기록하고 있기 때문이다.

사랑하는 자들아, 영을 다 믿지 말고 오직 그 영들이 하나님께 속하였는지 그것들을 시험하라. 이는 많은 거짓 대언자들이 나와서 세상에 들어왔기 때문이라(요일4:1).

살아 계신 하나님의 부르심

'피리 부는 사나이'는 참으로 사악한 영들을 불러 모았고 그들과 함께 오순절주의를 만들어 냈다. 슬프게도 그 운동에 참여하고 있는 신자들 중 많은 이들은 한때 건전하며 활동적인 교회에서 섬기던, 참으로 거듭난 신자들이다. 그러나 그들은 '피리 부는 사나이'의 피리 소리를 듣게 되었고 그의 멋있는 모습에 굴복하게 되었으며 결국 오순절 은사 운동이라는 사탄의 현대판 군대에 가입하게 되었다.

나는 이들이 사실을 검토해 볼 수 있는 용기와 오순절주의의 '피리 부는 사나이'의 진짜 모습을 분별할 수 있는 지식을 갖게 되기를 진심으로 원한다. 그가 이끌고 가는 곳이 어디인지를 깨달은 후에, 그들은 "나와 내 집에 관한 한, 우리는 주님을 섬길 것이다."(수24:15)라고 말했던 하나님의 위대한 용사 여호수아가 취했던 길을 따라가야만 할 것이다.

이같이 올바로 분별하고 분리한다는 것은 참으로 급한 사안이다. 그 이유는 믿기 어려울 정도로 교활하며, 놀라운 능력과 선정적인 경험을 강조하는 그 사악한 영이 바로 오순절 은사 운동을 조장하며 인도하고 조절하는 초자연적인 존재이기 때문이다. 비록 과거에는 그 위력적인 영이 종교적인 감정과 경건의 탈을 썼기 때문에 수많은 사람들을 속이고도 그 정체가 탄로 나지 않았지만 이제 그런 시절은 모두 지나갔다. 그런 위장 전술은 오순절 운동에 힘을 불어넣으며 그 운동을 주도해 가는 그 존재를 더 이상 숨겨 줄 수 없다. 너무나 많은 모습들이 표면에 드러나기 시작했고 철저한 조사를 위해 노출되어 있다. 이런 것들 중 특색 있는 몇몇 사실들만이 최근의 토론토 빈야드 현상과 함께 이 책에서 다루어졌다.

하나님의 부르심은 너무나 명백하며 그 부르심은 오순절주의의 모체인 음녀 바빌론의 간음 속에 갇혀 있는 자들에게 주어진 것과 똑같다. 하나님께서는 지금도 "내 백성아, 그녀에게서 나와 그녀의 죄들에 참여하는 자가 되지 말고 그녀의 재앙들을 받지 말라."고 말씀하신다(계18:4).

아직도 많은 성도들이 오순절 운동의 밖에 머무르려 하며 자신들의 믿음을 굳건히 지키고 있다. 오순절 고속도로를 달리고 있는 사람들을 위해 그들은 이 사람들도 하나님의 명백한 경고를 듣고 복종하기를 바라며 기도하고 있다.

이 같은 기도는 성도들 간의 진실한 사랑을 통해 이루어진다. 예수 그리스도의 신실한 종들이 반드시 수행해야만 하는 과제는 그들에게 큰 고통을 가져다줄 것이다. 이는 프랑스 함대를 폭파시켜야 했던 영국 해군 제독의 영혼 속에 있었던 슬픔과 고통 이상의 것이다. 한때 동지였던 사람들을 향해 전쟁을 선포하는 것을 결코 쉽지도 즐겁지도 않은 일이다.

끝으로 나는 우리 주님께서 아직도 자유로이 남아 있는 성도들에게 예수 그리스도의 좋은 군사로서 고난을 감당할 수 있는 용기를 주실 것을 간구한다(딤후2:3). 그들은 현재 거룩한 전쟁에 참가하고 있으므로 과거에 하나님의 용감한 군사들이 가졌던 담대함을 필요로 한다. 왜냐하면 그들은 지금 오순절 은사 운동의 '피리 부는 사나이'를 직면하고 있기 때문이다.

부 언

하나님께서 주신 예언의 달력 속에 남아 있는 시간은 이제 거의 없다. 하나님의 은혜의 날은 이제 거의 끝이 나려 한다. 심지어 사탄 자신도 이 같은 엄숙한 사실을 알고 있다. 사도 요한에게 천사가 다음과 같이 말했다.

그러므로 하늘들과 그것들 안에 거하는 자들아, 너희는 즐거워하라. 땅과 바다에 거하는 자들에게 화가 있으리로다! 마귀가 자기 때가 조금만 남은 줄 알므로 크게 진노하여 너희에게로 내려갔도다, 하더라(계12:12).

바로 이런 사실로 인해 오순절 은사 운동을 하는 그의 종들은 미래의 어떤 사건들을 알고 있다. 최근에 하나님의 성회는 「일곱 명의 오순절 선구자」(*Seven Pentecostal Pioneers*)라는 제목을 가진 '몇 사람의 전기'를 담은 책을 출간했다. 첫 장에는 위글스워스(Smith Wigglesworth)의 삶, 병, 죽음에 관한 이야기가 기록되어 있다. 1936년에 그는 개인적으로 두 플레시스(David Du Plessis)라는 젊은이에게 예언을 했다. 그 당시 두 플레시스는 남아프리카에서 오순절주의의 '사도적 믿음 선교' 단체 총무를 맡고 있었다. 위워스워스는 그를 몰아붙이며 다음과 같이 말했다.

나는 오늘 아침 주님께서 내게 보여 주신 것을 네게 말해 주도록 그분에 의해 보내어졌다. 전통적 교단들을 통해 지금까지 우리가 알고 있었던 것들을 완전히 덮어 버릴 큰 부흥[1]이 일어날 것이다. 이런 것이 일어나면서 생기게 될 현상들은 과거에 한 번도 일어나지 않았던 것들이다. 그 부흥 즉 은사주의 부흥은 현 시대 곧 20세기의 기적이라고 불리는 오순절 부흥을 덮어 버릴 것이고 이미 확고히 정립된 기존 교회들로부터 강한 반대를 받게 될 것이다. 그러나 이런 축복은 교회에서 용납될 것이며 그들은 1900년대 초기의 오순절주의자들이 성취했던 것을 능가하는 메시지와 경험을 갖고 나아갈 것이다. 너는 이런 일이 커져서 결국 1900년대 초기의 오순절 운동 자체가 하나님께서 전통적 교회들을 통해 행하실 일에 비하면 너무 하찮은 것으로 드러나게 되는 것을 볼 것이다. 우리가 전에 보지 못했던 놀라운 대중 집회가 있을 것이며 훌륭한 교회 지도자들이 자신들의 태도를 바꾸고 그 부흥 운동의 메시지와 축복을 받아들일 것이다. 그런데 주님께서는 그 부흥 운동 안에서 친히 너를 쓰시려 한다는 것을 내게 말씀하셨다. 너는 매우 유명한 인물이 될 것이다(동일문서 p.37-38).

이 같은 일이 실제로 어떻게 일어났는가에 관한 이야기는 두 플레시스 자신이 저술한

---

1) 여기서 그가 말하는 '부흥'은 1900년대 초반의 역사적 '오순절 운동의 부흥'이 아니고 1960년대 이후에 생긴 종교통합적 '은사 운동의 부흥'을 말한다.

「미스터 오순절이라고 불리는 사람」(두 플레시스 자신)이라는 책에 기록되어 있다. 그 책의 겉장에는 "이것은 참으로 놀랄 만한 예언이다. 지나간 시간들은 참으로 놀라웠다. 그 예언이 어떻게 성취되었고 지금은 성취되고 있는가? 여기에 바로 놀라운 이야기가 있다."라고 적혀 있다. 두 플레시스의 책은 위어스워스에 의해 주어진 예언이 오순절 은사 운동이라는 전 세계적인 종교통합을 통해서 어떻게 문자 그대로 성취되고 있는가를 보여 준다.

이런 것들 중 가장 놀랄 만한 것은 로마 카톨릭 교회와의 일치이다. 두 플레시스는 자신의 책의 많은 부분을 할애하여 자신이 어떻게 로마 카톨릭 교회를 용인하게 되었는가에 대해 설명한다. '제거'라는 장에서 독자들은 바티칸으로 가게 된다. 그 장은 '미스터 오순절'이 어떻게 로마 카톨릭 교회를 배척하는 것을 단계별로 없애며 어떻게 기쁨과 환희를 맛보게 되었는가를 보여 준다. 전통적인 오순절주의의 지도자가 이제는 하나님의 성회라는 교파의 중대한 사명을 띤 유명한 목사가 되었다.

역사적 오순절주의로부터 나온 또 한 명의 유명한 예언적 인물이 있다. 그는 지금까지 살아 온 사람들 중 오순절 운동에 관한 역사가로서는 최고의 인물로 평가되는 사이넌 박사(Dr. Vinson Synan)이다. 1985년도까지 그는 오순절 성결교회의 부사무총장을 지냈다. 사이넌의 최근 저서들 중 하나의 제목은 「마지막 날들에」(In The Latter Days)이다.

그는 야고보서에 있는 '이른 비와 늦은 비'(약5:7)라는 표현을 사용하여 자신의 주제를 펴나간다. 사이넌은 오순절 운동이 어떻게 큰 강을 형성하고 있는가를 보여 준다. 그것은 세 개의 주류들이 함께 모이는 것으로 묘사되었다. 그 주류들 중 하나가 로마 카톨릭 교회이고 그 책의 많은 부분은 어떻게 로마 카톨릭 교회가 그 안에 들어올 수 있게 되었는가를 보여 준다.

두 플레시스 저
<미스터 오순절이라 불리는 사람>

사이넌 저
<마지막 날에>

그 책은 '늦은 비의 미래'라는 제목의 장으로 끝을 맺고 있는데 다음은 그 중 맨 마지막 구절을 그대로 옮겨 놓은 것이다.

아프리카와 남아메리카에 있었던 최근의 교회 성장은 21세기의 크리스챤 사역들이 은사 운동의 부흥에 의해 소생된 로마 카톨릭 교회와 제3 세계의 오순절 교회들의 손 안에 들어 있음을 보여 준다(동일문서, p.145-146).

그리스도 안에 있는 성도들은 지난 수세기를 통해서 계시록 17, 18장의 음녀 바빌론이 로마 카톨릭 교회였고 지금도 그러하다는 경고를 받아왔다. 역사는 우리에게 약 5,500만 명의 성도들이 바티칸의 손에 의해 순교되었음을 보여 준다. 그리고 계시록은 분명히 교황 치하에서의 로마가 하나님의 은혜의 시간이 끝날 무렵에 전 세계적인 종교적 지도권으로서 부상하게 될 것을 보여 준다. 이제 세상이 바로 그때를 향하고 있으므로 이 예언의 성취를 위한 정치적/종교적 무대는 이미 확립되고 있다. 국제적 공산주의는 사회주의라는 이름하에 바티칸과 공조 체제를 취하고 있다. 이 같은 사실에 대한 증거는 신문에서 특히 카톨릭 문서들 안에서 쉽게 발견될 수 있다. 머지않아 그 같은 공조 체제는 전 세계를 지배하게 될 것이다. 이런 시점에서 그리스도 안에 있는 성도들은 중대한 책임을 지고 있다. 어둠에서 행하고 있는 이들에게 그분의 진리를 보여 주는 것은 하나님께서 우리에게 주신 의무이다.

최근까지만 해도 카톨릭 교회에 있는 이들을 복음화시키기 위해 사용될 수 있는 책자나 문서를 쉽게 구할 수 있었다. 그런데 이런 상황은 급변하고 있다. 현재 미국 내 대부분의 크리스챤 서점들은 그런 것들을 취급하지 않으며, 기독교 내에서는 카톨릭 교도들도 그리스도 안에 있는 형제자매라는 생각이 널리 펴져 있다.

하나님께서는 이 시간을 위해 많은 이들을 은혜로이 준비시켜 주셨다. 그들의 사명은 구원자 예수 그리스도의 성도들을 책, 테이프 그리고 다른 문서들로 무장시켜 오순절 은사 운동 및 로마 카톨릭 교회의 어둠 속에 갇혀 있는 이들을 복음화 시키는 것이다. 좀 더 자세한 정보 및 책자를 구입하기 원하는 이들은 다음으로 편지하기 바란다.

Bible Baptist Church
P.O. Box 1348
Nashua, NH 03061, USA

Christian Truth and Victory Publications
Route 5, Box 252-A
Alexandria, MN 56308, USA

Mission To Catholics International, Inc.
P.O. Box 19280
San Diego, CA 92119, USA

참고 문헌

BOOKS

Bartleman, Frank, Azusa Street, Logos International, Plainsfield, New Jersey, 1980.
Bea, Augustin, Cardinal de L"Unite, Editions Saint-Paul, Paris, 1963.
Bertolucci, John, On Fire With the Spirit, Servant Books, Ann Arbor, Michigan, 1984.
Blanchard, John, Pop Goes the Gospel, Evangelical Press, Hertford shire, England, 1983.
Bloesch, Donald, The Future of Evangelical Christianity - A Call For Unity Amid Diversity, Doubleday and Company Inc., Garden City, New York, 1983.
Boudreau, Albert H., The Born-Again Catholic, Living Flame Press, Locust Valley, New York, 1979.
Churchill, Winston S., Their Finest Hour, Houghton Mifflin Company, Boston, Massachusetts, 1949.
Dallimore, Arnold, Forerunner of the Charismatic Movement- The Life of Edward Irving, Moody Press, Chicago, Illinois, 1983.
DiOrio, Ralph A., Called to Heal, Image Books, Garden City, New York, 1984.
Dirvin, Joseph I., Saint Catherine Laboure of the Miraculous Medal, Tan Books and Publishers Inc., Rockford, Illinois, 1958.
Du Plessis, David, A Man Called Mr. Pentecost, Logos International, Plainsfield, New Jersey, 1977.
Englebert, Omer, St. Francis of Assisi, Servant Books, Ann Arbor, Michigan, 1965.
Fauss, Oliver F., What God Hath Wrought, World Aflame Press, Hazelwood, Missouri, 1985.
Gimenez, John, Healing the Fracture, Gift Publications, Costa Meca, California, 1981.
Goss, Ethel E., The Winds of God, World Aflame Press, Hazelwood, Missouri, 1977.
Harper, Michael, Three Sisters, Tyndale House Publishers Inc., Wheaton, Illinois, 1979.
Hart, Lowell, Satan's Music Exposed, Salem Kirban Inc., Huntingdon

Valley, Pennsylvania, 1981.
Holy Bible, Authorized King James Version of 1611.
Larson, Bob, Hippies, Hindus and Rock & Roll, Creation House Inc., Carol Stream, Illinois, 1972. (Permission is granted for one reprinting.)
Liguori, Alphonsus, The Glories of Mary, Redemptorist Fathers, Brooklyn, New York, 1931.
MacNutt, Francis, The Power to Heal, Ave Maria Press, Notre Dame, Indiana, 1977.
Noebel, David A., The Marxist Minstrels - `1 Hand Book on Communist Subversion of Music, American Christian College Press, Tulsa, Oklahoma, 1974.
O'Connor, Edward D., The Pentecostal Movement, Ave Maria Press, Notre Dame, Indiana, 1971.
O'Connor, Patricia, Therese of Lisieux, Our Sunday Visitor Inc., Huntington, Indiana, 1983.
Peck, Richard, Rock, Rock, Rock - Making Musical Choices, Bob Jones University Press, Greenville, South Carolina, 1985.
Peters, Dan, Why Knock Rock?, Bethany House Publishers, Minneapolis, Minnesota, 1984.
Qualben, Lars P., A History of the Christian Church, Thomas Nelson and Sons, New York, 1942.
Ranaghan, Kevin and Dorothy, Catholic Pentecostals, Paulist Press, New York, 1969.
Ranaghan, Kevin and Dorothy, Catholic Pentecostals Today, Catholic Renewal Service, South Bend, Indiana, 1983.
Scanlan, Michael, And Their Eyes Were Opened, Servant Books, Ann Arbor, Michigan, 1976.   y
Shibley, David, A Charismatic Truce, Thomas Nelson Inc., Nashville, New York, 1978.
Suenens, Leon Joseph, A New Pentecost, The Seabury Press, New York, 1975.
Suenens, Leon Joseph, Essays on Renewal, Servant Books, Ann Arbor, Michigan, 1977.
Synan, Vinson, In The Latter Days, Servant Books, Ann Arbor, Michigan, 1984.
Synan, Vinson, Aspects of Pentecostal-Charismatic Origins, Logos International, Plainsfield, New Jersey, 1975.
Twitchell, Thomas Donn, That They May Be One, Logos International, Plainsfield, New Jersey, 1979.
Vine, W.E., Expository Dictionary of Nezo Testament Words, Oliphants Ltd., London, England, 1948.
Webster, Noah, Webster"s New Twentieth Century Dictionary, Gulf and Western Corporative, New York, 1979.
Whittaker, Colin C., Seven Pentecostal Pioneers, Gospel Publishing

House, Springfield, Missouri, 1983.
Witte, Paul W., Protestant grid Catholic Evangelicals on Common Ground, Word Books, Waco, Texas, 1975.

MAGAZINES

Charisma, Strang Communications Company, Altamonte Springs, Florida, issue of April, 1982.
Charisma, Strang Communications Company, Altamonte Springs, Florida, issue of February, 1985.
Charisma, Strang Communications Company, Altamonte Springs, Florida, issue of July, 1985.
Christianity Today, Carol Stream, Illinois, issue of January 7, 1983.
New Covenant, Servant Publications, Ann Arbor, Michigan, issue of January, 1984.
New Covenant, Servant Publications, Ann Arbor, Michigan, issue of October, 1985.
New Covenant, Servant Publications, Ann Arbor, Michigan, issue of January, 1986.
Pentecostal Evangel, The General Council of the Assemblies of God, Gospel Publishing House, Boonville, Springfield, Missouri, issue of February 23, 1986.
The Evangelist, Jimmy Swaggart Ministries, Baton Rouge, Louisiana, issue of November, 1984.
The Rising Sun, Christian Media Services, Westford, Massachusetts, issue of May, 1981.
The Rising Sun, Christian Media Services, Westford, Massachusetts, issue of October, 1981.
Voice, Full Gospel Business Men's Magazine, Costa Mesa, California, issue of September, 1981.
White Wing Messenger, White Wing Publishing House, Cleveland, Tennessee, issue of May 18, 1985.
World Pentecost, Emmetten, Switzerland, issue of March, 1986.
World Pentecost, Emmetten, Switzerland, issue of December, 1985.

PAMPHLETS

General Council of The Assemblies of God, Statement of Fundamental Truths, Article V - Constitution, Gospel Publishing House, Springfield, Missouri, 1969.
Swaggart, Jimmy, What is the Doctrine off Unconditional Eternal Security?, Jimmy Swaggart Ministries, Baton Rouge, Louisiana, 1982.
The Assemblies of God, The Security of the Believer, Gospel Publishing House, Springfield, Missouri, 1978.

제 2 부

오순절 표적 부흥의 실체

"사랑하는 자들아, 영을 다 믿지 말고 오직
그 영들이 하나님께 속하였는지 그것들을 시험하라.
이는 많은 거짓 대언자들이 나와서 세상에
들어왔기 때문이라."(요일4:1)

"Beloved, believe not every spirit,
but try the spirits whether they are of God:
because many false prophets are gone out
into the world."(1 John 4:1)

8장

은사 운동의 역사

웃음 부흥(?) 개관

'펜사콜라 부흥' 혹은 '토론토 축복' 등으로 잘 알려진 '웃음 부흥'이 현재 전 세계 오순절 은사주의 교계를 휩쓸고 있다. 이 운동의 주요 인사로는 하워드-브라운(Rodney Howard-Brown), 클라크(Randy Clark), 아르놋(John Arnott), 킬패트릭(John Kilpatric), 힐(Steve Hill), 다이(Colin Dye), 밀라(Sandy Millar)[1], 코츠(Gerald Coates), 핏체스(David Pytches), 버고(Terry Virgo), 베니 힌(Benny Hinn), 조용기(David Younggi Cho), 코플랜드(Kenneth Copeland), 세룰로(Morris Cerullo) 등을 들 수 있다. 현재 이 웃음 운동은 빈야드 운동에 참여하는 교회들과 하나님의 성회 교회 내에서 크게 성행하고 있다.

이 운동에는 '영 안에서 죽는 것'(입신), '몸을 심히 떨며 발작을 일으키는 것', '마룻바닥에서 뒹구는 것', '절제할 수 없이 웃는 것', '이상한 말을 중얼중얼 대는 것', '소리를 지르는 것', '개처럼 짖는 것' 등 참으로 이상하며 성경에서 전혀 근거를 찾아볼 수 없는 현상들이 들어 있다. 이 운동을 지지하는 사람들은 이 같은 현상으로 인해 수많은 사람들이 회심하고 있으며 이로 인해 큰 영적 부흥이 일어나고 있다고 주장한다. 또한 이들은 이 같은 현상이 마지막 날에 전 세계적으로 일어날 기적 현상의 첫째 단계라고 믿고 있다.

'웃음 운동'은 1990년대 중반에 일어났지만 실제로 그 뿌리는 20세기 초에 생겨났으며, 따라서 이 운동을 제대로 이해하기 위해서는 그 당시로부터의 오순절 은사주의 역사를 자세히 살펴볼 필요가 있다. '웃음 운동'은 말세에 그리스도께서 자신의 백성을 데리러 오시기 전에 반드시 표적과 이적 부흥이 있을 것이라는 그릇된 오순절주의의

---

1) 국내에서 산불처럼 번지고 있는 알파코스의 주인공인 니키 검블을 초대해서 코스를 가르치게 하고 승인한 영국 성공회 주교이다. 빈야드 운동, 펜사콜라 부흥 등이 오명을 남기고 쇠퇴하자 마귀는 알파코스로 이름을 바꾸어 여전히 동일한 오순절 은사주의 프로그램을 진행하고 있다. 그 안에서 일어나는 현상은 빈야드 운동, 펜사콜라 부흥에서의 현상과 동일하며 여기에 덧붙여 요즘은 아말감 이빨이 황금 이빨로 바뀌고 금가루가 떨어지는 일도 생긴다고 한다. 알파코스를 다루는 18장을 참조하기 바란다.

교리로 인해 생겨났다. 이 운동에 참여하는 자들은 말세에 주후 1세기 초대 교회에 있었던 초자연적 은사들이 다시 일어나서 교회를 정화시킬 것이라고 주장한다. 그러나 성경은 주후 1세기의 표적과 이적들이 예수님의 메시아 되심과 그분의 열두 제자들의 사도 됨을 확고히 보여 주려는 목적을 달성한 뒤 그쳤음을 분명히 보여 주고 있다.[2] 이럼에도 불구하고 '늦은 비' 교리를 외치는 자들은 그때와 동일한 기적과 표적들이 말세에 다시 일어날 것이라고 주장한다.

기적이란 무엇인가?

이 시점에서 우리는 보통 기적이라고 하는 것과 '표적으로서의 기적'이 어떤 차이를 갖고 있는지 살펴보아야 한다. 우리는 결코 초대 교회 사도들이 죽은 이후에 기적들이 완전히 그쳤다고 믿지 않는다. 우리는 지금 이 시간에도 하나님께서 자신의 주권으로 기적을 일으키사 우리의 간절한 기도에 응답해 주심을 믿고 있고 또 그렇게 알고 있다. 그런데 이런 기적은 사도시대에 표적으로 주신 기적과는 근본적으로 다른 것이다. 사실 구원이라는 것 자체가 놀라운 기적이다. 이것은 죽은 자들로부터 부활하는 것에 비할 수 있으며 이런 관점에서 볼 때 신약시대 성도들의 삶은 기적을 일으키시는 하나님의 능력으로 충만하다 할 수 있을 것이다.

하지만 앞에서도 언급한 바 있지만 '표적으로서의 기적'은 예수님의 메시아 되심(요 5:36; 10:25; 37-38; 14:11; 15:24; 20:30-31; 행2:22)과 제자들의 사도 됨(고후12:12; 막3:14-15; 행2:43; 4:33; 5:12, 15; 19:12; 히2:3-4)을 확고히 보여 주려는 데 그 목적이 있다. 역사를 통해 사도들이 죽은 뒤에는 더 이상 이런 기적들이 생기지 않았음을 누구나 분명히 알 수 있다.

병 고치는 것(신유)을 예로 들어 일반 기적과 표적으로서의 기적을 쉽게 구분할 수 있다. 사도시대의 표적으로서의 병 고침은 더 이상 존재하지 않지만 지금 이 시간에도 우리 하나님께서는 기도에 대한 응답으로 병을 고쳐 주시고 있다. 다시 말해, <u>우리는 분명히 하나님의 기적을 믿지만 오늘날 특별히 어떤 사람만이 이런 기적의 은사를 소유하고 있어 그가 손을 대기만 하면 죽은 자가 살아나고 모든 병을 고칠 수 있다고는 믿지 않는다.</u>

오순절주의자들은 다음의 구절을 내세우며 믿는 자들에게-특히 말세에 방언과 기적과 신유가 있으리라고 주장한다.

> 믿는 자들에게는 이런 표적들이 따르리니 곧 내 이름으로 그들이 마귀들을 내쫓으며 새 언어들로 말하며 뱀들을 집어 올리며 어떤 치명적인 것을 마실지라도 해를 받지 아니하며 병든 사람들에게 안수하면 그들이 나으리라, 하시더라(막16:17-18).

그런데 재미있는 것은, 이렇게 주장하는 자들 가운데 뱀을 집어 올리며 독을 마시는 자는 단 하나도 없다는 점이다. 즉, 오순절 은사주의자들 가운데 실제적으로 눈에 보이는 것을 행하는 자는 아무도 없고, 대부분이 객관적으로 증명하기 어려운 것 - 방언하는 것, 마귀를 쫓는다는 것, 병을 고친다는 것 등 - 을 행할 수 있다고

---

2) 정통 교회들은 보통 이것을 '은사중단론'이라고 부른다.

큰소리를 치고 있다.

늦은 비 교리

말세에 기적 부흥이 일어난다는 가르침 곧 '늦은 비' 교리는 요엘서 2장 28-29절 말씀을 잘못 해석하고 또 하나님의 주권적 계획을 혼동함으로써 발생한 것이다. 오순절주의를 가르치는 사람들은 대언자 요엘의 예언이 예수님 부활 이후의 첫째 오순절과 1세기 사도시대의 기적들이 발생하던 시대에 부분적으로 성취되었으며, 20세기 오순절 운동을 통해 기적 은사 및 '표적과 이적'의 발생을 통해 완전히 성취되고 있다고 믿고 있다.[3]

사실 말세에 사도시대의 표적 은사들이 다시 생긴다고 주장하는 '늦은 비' 교리는 20세기 초에 오순절 운동이 처음 생길 때부터 이 운동의 핵심적인 교리로 자리를 잡아왔다. 비록 이 교리가 여러 가지 형태를 띠고 있고 또 어떤 것은 다른 것에 비해 훨씬 더 비성경적이긴 하지만 20세기를 통해 오순절 은사 운동 교회에서는 이 교리를 거의 전적으로 수용해 왔다. 다시 말해, 오순절 은사주의 운동에서 다른 교리들은 서로 간에 믿는 바가 조금씩 다르다 해도 큰 문제가 되지 않지만 이 '늦은 비' 교리만큼은 절대적인 것으로 결코 희석되거나 대체될 수 없다.

현재 전 세계를 휩쓸고 있는 '웃음 부흥'의 지도자들은 이 같은 '늦은 비' 교리를 수용하고 있으며 자기들의 운동이 말세의 기적 부흥의 일부라고 믿고 있다. 웃음 운동의 지도자인 하워드-브라운과 그의 동료들은 '거룩한 웃음'이 말세에 있을 늦은 비의 첫째 방울이라고 주장한다. 앞으로 보게 되겠지만, 오순절 은사주의자들은 1900년도부터 이 같은 주장을 펴 왔으며 새로이 오순절 은사 부흥이 일어날 때마다 그것이 '늦은 비' 기적 부흥의 일부라고 주장해 왔다.

'늦은 비' 교리는 19세 중반에 일어난 미국의 남북 전쟁 이후에 미국 내로 파고 들어온 교리로서 말세 현상에서 기인한 여러 가지 비성경적 교리 중 하나이다. '늦은 비' 교리의 뿌리는 그 당시 전 미국을 휩쓸었던 '성결 운동'에까지 거슬러 올라간다. 피니(Charles Finney), 부스(William Booth), 팔머(Phoebe Palmer) 등은 여러 형태의 '완전 성화'를 권장했으며, 헌신한 신자라면 누구든지 이생에서 어떤 형태로든 완전한 성화 상태를 경험할 수 있다고 주장했다.

이와 비슷한 교리는 감리교가 시작되면서부터 감리교 내부에 늘 존재해 왔다. 완전 성화에 관한 한 어떤 일치된 형태의 교리가 존재하지는 않지만 대개 이들은 성도들이 '둘째 축복' 혹은 '두 번째로 은혜가 역사하는 것'을 경험할 수 있다고 생각했다. 또 이것을 통해 사람의 죄성을 완전히 없애거나 극복할 수 있고 따라서 완전히 성화된 크리스천은 죄로 인해 전혀 갈등을 겪지 않는다고 생각했다. 사실 초기의 오순절주의자들은 대개 이 같은 '성결 운동' 출신들이었다. 이들은 자기들이 이미 '두 번째로 은혜가 역사하는 것'을 경험했다고 주장했으며 거기에다 '방언을 동반한 성령 침례'라는 또 다른 환희의 경험을 추가했다.

---

[3] 부록 20 '사도행전 바로 이해하기'를 참조하기 바란다.

파르함(Charles Parham, 1873-1929)은 말세의 '늦은 비' 운동의 초기에 큰 역할을 한 인물이다. 그는 계속해서 종교적 교훈을 찾으려고 노력하면서 여러 명의 이상한 성결주의 교사들의 사역을 보고 성장했으며 그러는 와중에 여러 가지 이단 교리를 취해 자신의 오순절 신학에 접목시켰다. 20세기가 시작되기 전에 파르함은 '불 침례 성결 교회'(Fire Baptized Holiness Church)의 창시자인 어윈(Benjamin Irwin)의 집회에 관심을 기울이기 시작했다. 어윈은 다음과 같은 세 종류의 축복 경험이 있다고 믿었다.

1. 회심의 축복
2. 완전 성화의 축복
3. 불 침례의 축복

또한 어윈은 성도들이 능력과 완전함을 얻기 위해 불 침례를 구해야 한다고 믿었다. 그 결과 그의 집회에서는 소리를 지르거나 비명을 지르는 것, 방언, 입신, 거룩한 춤을 추는 것, 거룩한 웃음을 웃는 것 등의 여러 가지 감정적 현상이 일어났다(「The Holiness-Pentecostal Tradition」, Vinson Synan, p.52). 특히 파르함에게 큰 감명을 준 것은 어윈의 '셋째 축복'이었다. 오순절주의 역사가인 사이넌 역시 이 같은 점을 시인한다.

또한 파르함은 베이커(David Baker)라는 퀘이커 교도로부터 몇 가지 교리를 취했으며 베이커의 손녀와 결혼했다. 그 결과 그는 악한 자들의 영원한 형벌을 부인했으며, 대신에 믿지 않는 자들은 지옥에서 완전히 소멸된다고 믿었다. 1900년에 파르함은 신유 집회의 아버지라 할 수 있는 다우이(Alexander Dowie)의 사역을 연구하고 다우이가 새로 조직한 '시온의 도시'(The Zion City)라는 기관을 살펴보기 위해 시카고로 여행을 갔다.

'시온의 도시'라는 곳에서는 의사, 약, 마귀 등을 허용하지 않았다. 다우이는 자신이 말세 기적 부흥 운동의 선두에 서 있다고 믿었다 또 그는 1901년에는 자신을 가리켜 주의 재림 전에 오게 될 '회복자 엘리야'라고 선언했고 동시에 말세에 새롭게 될 교회의 첫 사도라고 주장했다. 그는 속죄를 얻기 위해서는 전혀 죄가 없는 완전한 상태를 경험해야 하며 병 고치는 능력이 있어야 함을 강조했다.

파르함 역시 그리스도의 속죄에는 신유를 통한 완전한 건강이 보장되어 있음을 가르쳤으며 따라서 약이나 의사를 의지하는 것을 크게 비난했다. 또한 그는 병을 고치는 것이 늘 하나님이 원하시는 뜻이라고 가르쳤다. 예를 들어, 1899년 9월 13일에 발간된 「사도의 믿음」(*Apostolic Faith*)이라는 잡지에서 파르함은 과연 "성경이 약의 사용을 금하는가?"라는 질문에 대해 다음과 같이 답변했다. "우리는 '그렇다!'라고 대답한다. 다시 한 번 말하지만 대답은 '그렇다!' 이다."

1900년 중반기에 파르함은 메인 주 랭카스터에서 실로(Shiloh)라는 이름의 종교 공동체와 '성령과 우리 성경 학교(The Holy Ghost and Us Bible School)'를 운영하는 샌포드(Frank Sanford)라는 아주 이상한 성경 교사의 영향을 받게 되었다. 샌포드는 땅에서 하나님이 행하시는 최종적인 행사에는 온 인류를 두 종류의 그룹

즉 그리스도에게 속한 자와 적그리스도에게 속한 자로 나누기 위해 표적과 이적을 행하는 것이 포함되어 있다고 믿으면서 일종의 '늦은 비' 신학을 조장했다. 그는 '사도들의 생애와 능력'으로 돌아가고자 애를 썼다. 샌포드의 학생들 가운데는 방언을 한다고 주장하는 자들도 있었다.

파르함은 샌포드로부터 '앵글로-이스라엘 주의' 즉 앵글로-색슨 족이야말로 이스라엘의 잃어버린 10지파의 후손이라는 주장을 취했다. 샌포드와 그의 뒤를 이은 파르함은 교회와 이스라엘을 혼동했으며 영국과 미국이 이스라엘에게 주신 약속을 상속하게 되었다고 믿었다. 1899년 3월 22일 처음 발간된 「사도의 믿음」 잡지에서 파르함은 자기의 믿음을 다음과 같이 고백했다.

> 믿음에 의한 구원; 믿음과 안수와 기도에 의한 신유; 믿음에 의한 성화; 그리스도의 전천년 재림[4]; 신부를 봉인하고 은사를 수여하는 성령과 불 침례

이런 것을 통해 우리는 그가 이곳저곳을 여행하면서 여러 가지 교리 - 맞는 것도 있고 틀린 것도 있음 - 를 두루 취했음을 살펴볼 수 있다.

샌포드를 방문한 이후에 파르함은 캔자스 주 토페카로 옮겨가서 1900년 10월에 샌포드의 사역을 본 따 '벧엘 성경 학교'를 세웠다. 그는 그리스도의 재림이 있기 전에 표적과 이적을 동반한 '늦은 비'가 있을 것을 확신했고 방언이야말로 성령 침례의 증거라고 믿었다. 그는 또한 이런 방언이 땅에 존재하는 말이므로 선교사들이 외국어를 배우지 않고도 땅 끝까지 가서 복음을 전할 수 있을 것이라고 믿었다. 파르함의 주요 가르침은 한 마디로 '늦은 비' 침례와 방언을 받은 사람들이 그리스도의 신부가 되어 그분과 함께 통치한다는 것이었다.

그래서 파르함은 자기 학생들을 촉구하여 이런 경험을 추구하라고 했고, 1901년 1월1일에는 오즈만(Agnes Ozman)이라는 여학생에게 안수를 했다. 그러자 이 여학생은 중국말을 하기 시작했고 나중에는 보헤미아 말을 했다고 한다. 또 목격자들에 따르면, 이 여학생은 이런 경험을 한 뒤 사흘 간 영어를 하지 못했다고 한다. 그런데 실상은 오즈만 역시 불 침례 성결 운동에 영향을 받았으며 이 일이 있은 뒤에 그 조그만 성경 학교에서 파르함과 다른 이들도 방언을 하게 되었다고 한다.

한편 파르함은 텍사스 주로 옮겨가 휴스턴 근처에서 몇 개의 교회를 세웠다. 그는 이 새로운 운동을 '사도의 믿음'이라고 불렀는데 이 운동은 신속히 성장하기 시작해서 여러 방향으로 분리되었다. 「오순절 은사 운동 백과사전」은 "파르함이 오순절주의에 공헌한 것에는 '늦은 비' 천년왕국을 크게 강조한 것이 들어 있다."고 말한다.

파르함이 처음으로 저술한 책은 '콜 카레 보미드바르'(Kol Kare Bomidbar)였는데 이는 히브리 말로 '광야에서 외치는 음성'이라는 뜻이다. 그는 자신을 마지막 때의 침례자 요한이라고 생각하고 새로운 성령 시대를 선포했으며 스스로에게 '사도의 믿음을 펼치는 자'라는 칭호를 부여했다. 파르함의 동역자 가운데 하나인 시슬스웨이트(Lilian Thistlethwaite)는 캔자스 주 토페카에서의 사건을 '부흥'이라고 기록했으며 그 제목을 '늦은 비의 놀라운 역사'로 정했다.

---

4) 예수님이 천년왕국 이전에 이 땅에 재림하셔서 친히 천년왕국을 가져오신다는 믿음

아주사 거리

파르함이 휴스턴에 새로 세운 성경 학교의 학생들 가운데 하나는 세이모어(Willian J. Seymour, 1870-1922)라는 흑인 전도자가 있었는데 그 역시 파르함의 교리를 받아들이고 이를 로스앤젤레스로 가져갔다. 1906년에 세이모어가 '아주사 거리(Azusa Street)'에 설립한 선교 단체는 오순절 운동의 태동지가 되어 아주 유명해지게 되었다. 그는 그곳에서 3년 동안 하루도 거르지 않고 매일 세 차례씩 집회를 가졌다. 그때에 전 세계에서 많은 방문자들이 그곳을 찾아와 자기들의 개인적인 오순절 경험을 추구했다. 이들과 아주사 선교 단체에서 내보낸 선교사들은 오순절 운동의 성장을 위한 회오리바람을 일으켰다.

한편 오늘날의 '웃음 부흥'에서 드러나는 다음과 같은 현상이 아주사 선교 단체에서도 발생했다: '영 안에서 죽는 것(입신)', '방언으로 노래하는 것', '바닥에서 뒹구는 것', '짐승 소리를 내는 것', '몸을 심히 흔드는 것', '사람들이 말을 하려 해도 하지 못하는 것' 등. 아주사 거리 선교 단체에 대해서는 나중에 더 자세히 언급할 것이다.

한편 심층 보도를 통해 아주사 거리 집회를 유명하게 만든 사람은 바틀맨(Frank Bartleman, 1871-1935)이었다. 그는 1925년에 자기의 일기와 아주사 거리 집회에 대한 신문 기사 등을 바탕으로 취해 「오순절이 로스앤젤레스에 임하게 된 경위 – 처음에는 그 일이 어떠했는가?」라는 책을 출간했다. 자신의 자서전이나 다름없는 「쟁기에서 강단으로」라는 책에서 바틀맨은 다음과 같이 말했다.

성경은 '늦은 비' 부흥을 위해 우리를 로스앤젤레스로 인도했다.

이런 증언을 통해서 우리는 초기의 오순절주의자들이 스스로 '늦은 비' 기적 부흥을 목격하고 있다고 믿었음을 쉽게 살펴볼 수 있다.

늦은 비 언약

마이랜드(David Wesley Myland)는 1910년에 「늦은 비 언약」이라는 책을 저술했다. 이 책은 '늦은 비' 교리를 조직적으로 전개시키는 일에서 큰 영향을 미쳤다. 마이랜드는 감리교 목사로 1890년에 '크리스천 선교사 연합회'(CAMA)에 가입했다. 그는 1906년에 아주사 부흥에 대해 듣고는 곧 바로 오순절 교리를 받아들였고 그 결과 1912년에 CAMA를 떠날 수밖에 없었다. 마이랜드는 '늦은 비' 언약이 신명기 11장 14절에 근거를 두고 있다고 믿었다. 이것은 하나님께서 이스라엘이 자신의 율법을 순종하면 그들에게 이른 비와 늦은 비를 주시겠다고 약속한 구절이다.

내가 이 날 너희에게 명령하는 내 명령에 너희가 부지런히 귀를 기울이고 주 너희 하나님을 사랑하여 너희 마음을 다하고 혼을 다하여 그를 섬기면 내가 너희 땅에 비 곧 이른 비와 늦은 비를 제 때에 주리니 네가 곡식과 포도즙과 기름을 거둘 것이요.(신 11:13-14)

이 구절을 마이랜드는 세 가지로 적용할 수 있다고 했다: 첫째 이스라엘 민족과 팔레스타인 땅에 대한 적용, 둘째 크리스천 삶에 대한 적용, 셋째 예언적 차원에서 그리스도의 재림 전에 있을 '늦은 비' 부흥에 대한 적용.

여기서 한 가지 명심할 것이 있다. 구약성경에 '늦은 비(Latter Rain)'라는 구절이 여섯 번 나오지만 이 중 단 한 번도 영적 '늦은 비'를 의미한 적이 없다. 그것은 언제나 팔레스타인 땅에 내리는 실제적인 '늦은 비'를 의미했다. 그런데 '늦은 비' 교리에 따르자면, 사도시대의 기적을 일으키는 능력과 예언적인 부흥을 동반하는 성령의 강림이 이른 비와 늦은 비의 두 단계로 이루어졌다고 한다. 이런 생각으로 이 교리를 주장하는 자들은, 사도시대에 표적-기적 부흥이 일어난 것처럼 마지막 날에 그리스도께서 자신의 백성을 데려가시기 전에 그와 비슷한 부흥이 있을 것이라고 주장한다. 그런데 흥미로운 것은 신약성경에서 '늦은 비'가 언급된 곳은 야고보서 5장 7절뿐인데 거기서도 결코 말세에 기적을 동반하는 '늦은 비' 부흥이 있을 것을 암시조차 하지 않는다는 점이다.

그러므로 형제들아, 주께서 오실 때까지 인내하라. 보라, 농부가 땅에서 나는 귀한 열매를 바라고 이른 비와 늦은 비를 받을 때까지 오랫동안 그것을 위해 인내하느니라(약5:7)

현명한 사람이라면 누구든지 이 구절이 무엇을 뜻하는지 금방 알 수 있을 것이다. 그런데 실제로 신약성경이 예언하는 바는 교회 시대 말기에 진짜 기적이 아닌 거짓 기적과 이적들이 일어난다는 것이다(마24:24; 살후2:7-12; 계13:13).

그가 오는 것은 사탄의 활동을 따라 모든 권능과 표적들과 거짓 이적들과 불의의 모든 속임수와 함께 멸망하는 자들에게로 오는 것이니 이는 그들이 진리의 사랑을 받아들이지 아니하여 구원을 받지 못하였기 때문이라. 이런 까닭에 하나님께서 그들에게 강한 미혹을 보내사 그들이 거짓말을 믿게 하시리니 이것은 진리를 믿지 아니하고 불의를 기뻐한 그들이 다 정죄를 받게 하려 하심이라(살후2:9-12).

한편 마이랜드는 자기가 30년간 성경을 연구했지만 성령 침례를 받기 전까지는 '늦은 비' 언약이 있다는 것조차 발견하지 못했다고 시인했다. 그런데 성령 침례를 받자마자 하나님이 자기에게 일곱 가지 모습으로 이 언약을 보여 주었다고 그는 주장한다 (「늦은 비 언약」, p.5). '늦은 비' 언약을 개발해 내기 위해 마이랜드는 위에서 언급한 구절들을 비유적으로 해석하고 묶어냈다.

여기에 나오는 곡식(밀)은 예수님의 삶에서 신성이 드러난 것을 예표로 보여 준다. 성령은 포도주이고 기름은 아버지 하나님의 예표로서 하나님의 미와 위엄과 영광과 능력이 드러남을 보여 주는 예표이다(「늦은 비 언약」, p.22).

마이랜드의 책은 이와 같은 형태의 비유 해석으로 가득하다. 그는 이런 비유 해석을 통해 구약시대 이스라엘 민족에게 해당되는 것을 신약시대 교회에 적용했다. 우리는 분명히 구약성경에 신약시대 교회를 향한 적용의 말씀이나 예시의 말씀이 있음을 믿는다. 그래서 날마다 구약성경을 읽고 거기에 있는 사례들을 통해 교훈을 얻는다. 그런데 우리는 결코 이런 적용의 말씀들을 바탕으로 신약시대의 교리를 세우지는 않는다. 참으로 말세의 '늦은 비' 기적 부흥이라는 가르침은 하나님의 말씀에 근거를 둔 것이 아니다. 주 예수 그리스도와 그분의 사도들은 이 시대의 끝에 어떤 일이 일어날지 여러 가지 상세한 것을 예언으로 주었다. 그것은 한 마디로 말세에 배도가 있을 것으로 요약될 수 있다. 신약성경에는 결코 말세에 전 세계적인 기적 부흥이 일어난다든지 말세 사도들이 일어난다든지 하는 내용이 없다.

마이랜드는 1906년에 처음으로 오순절 찬송을 하나 지었는데 그 제목은 놀랍게도 '늦은 비'였다. 이 책을 전개해 가면서 우리는 이들이 주장하는 교리의 근간이 되는 요엘서 2장 28-29절 말씀과 사도행전 2장 16-21절 말씀을 자세히 살펴볼 것이다.

오순절 교단들

현존하는 오순절 교단의 역사는 모두 다 20세기 초반에 일어난 '늦은 비' 현상에 그 뿌리를 두고 있다. 「오순절 은사 운동 백과사전」은 아주사 거리 부흥이 일어난 뒤의 후유증에 대해 이렇게 기록하고 있다.

어떤 경우에는 그 당시 존재하는 교단들이 분열되기도 했고 다른 교단들은 전적으로 오순절주의로 변신을 하기도 했다. 여기에는 '그리스도 안에 있는 하나님의 교회', 클리블랜드에 있는 '하나님의 교회', '오순절 성결 교회' 교단 등이 포함된다.…또한 새로운 그룹들도 형성됐다. 포틀랜드의 '사도의 믿음', 로스앤젤레스의 '세계 오순절 성회' 그리고 '하나님의 성회' 등이 새로운 그룹에 속한다. 실로 미국 내 오순절 교단은 거의 다 어떤 식으로든지 아주사 거리 312번지에 있었던 '사도의 믿음 선교 단체'에 그 뿌리를 두고 있다(「오순절 은사 운동 백과사전」, p.35).

교리에서는 조금씩 차이가 있을지 모르지만 모든 오순절 교단은 처음부터 자기들이 말세의 늦은 비 부흥 운동의 일부라고 굳건히 믿고 있다.

맥퍼슨

'사도의 믿음' 운동과 '아주사 거리 선교' 운동에서 일어난 영향력 있는 오순절 교단들 가운데 하나는 '정사각형 복음 국제 교회'(International Church of Four Square Gospel) 교단이다. 이것은 1923년에 오순절 교회 여자 목사인 맥퍼슨(Aimee Semple McPherson)이 세운 교단이다. 이 맥퍼슨에 대해 「오순절 은사 운동 백과사전」은 지금까지 오순절주의가 배출해 낸 여성 지도자 중 으뜸가는 인물이라고 말했다. 실로 맥퍼슨은 '늦은 비' 신학을 확장시키는 일에 큰 영향을 끼쳤으며 병을 고치는 것이야말로 복음 선포의 일부라고 주장했다.

그녀가 주장한 '정사각형' 복음이란 예수가 구원자요, 성령 안에서 침례를 주는 자요, 병을 고치는 자요, 이 땅에 임하는 왕이라는 것이다. 그녀는 또한 자기의 유명한 설교인 '잃어버렸다가 다시 회복함' 중에서 '성령 세대'를 자주 반복하면서 교회 역사의 회복론을 파급시켰다. 한편 맥퍼슨이 지은 노래 중 하나는 '이른 비와 늦은 비'였다.

홀

늦은 비 교리는 위에서 언급한 것처럼 몇 가지 기본적 원리를 지니고 있다. 하지만 그것은 결코 단일한 흐름을 갖는 신학이나 운동은 아니며 참으로 그 안에는 여러 가지 형태가 존재한다. 오순절주의 내에서 자극을 받은 또 다른 운동들은 늦은 비 운동보다 더 멋있는 것을 개발해 냈다.

1940년대 후반에 홀(Franklin Hall)이라는 사람은 「금식과 기도를 통한 하나님과의 원자력 권능」(*Atomic Power with God through Fasting and Prayer*)이라는 책을 출간해서 또 다른 교리를 만들어 냈다. 그는 샌디에이고에 '부흥 센터'를 설치하고, 기도와 금식이 말세에 사도들의 표적과 기적을 회복할 수 있는 방법이라고 가르쳤다. 그는 또한 '성령의 불'이 질병, 피곤함, 심지어 몸 냄새 등이 생길 가능성을 제거할 것이라고 가르쳤다. 오순절주의의 역사가인 하렐(David Harrell, Jr.)은 비록 홀이 자신의 독특한 주장으로 인해 다른 이들로부터 고립되기는 했지만 기도와 금식에 대한 그의 책은 오순절 운동에 큰 영향을 미쳤으며 신유를 외치는 부흥사들의 대부분은 이 책을 이용했다고 말한다(「모든 것이 가능하다」(*All Things Are Possible*), Harrell, p.81).

늦은 비의 새 질서 샤론 운동

현 시대 은사 부흥 운동과 소위 웃음 부흥 운동 안에서 발생한 대부분의 과격한 행동이나 문제가 되는 현상들은 1940년대 후반과 1950년대에 이미 존재했던 것들이다. 그 당시에는 소위 '늦은 비의 새 질서'(New Order of the Latter Rain)라는 운동이 있었고 여기에서도 병 고치는 사역이 수반되었다. 최근 들어 그 당시의 과격한 가르침들이 다시 고개를 들고 있다. 또 그 운동의 여러 요소가 회복 운동 및 극단적 믿음 그룹에 의한 운동 등에서 드러나게 되고 웃음 운동에서 부활되고 있다. 오늘날 병 고치는 사역에서 이름을 날리고 있는 사람들 중 다수가 '늦은 비 운동'에 그 뿌리를 두고 있다.

제2차 세계 대전이 끝난 뒤에 생긴 이 운동은 캐나다 서부에 있는 새스캐츠완 주의 새스카툰 성경학교에서 시작되었다. 이 운동은 분쟁에 의해 생겼고 결국 문제가 되는 교리를 많이 낳게 되었다. 조지 호틴(George Hawtin), 어니스트 호틴(Earnest Hawtin) 그리고 헌트(Percy Hunt) 등 이 학교 교수들은 캐나다 오순절 성회와 마찰을 일으켰고 새스캐츠완 주 노스배틀필드로 옮겨가 샤론 학교를 세웠다. 그때 많은 학생들이 그 교수들을 따라 새로운 학교로 옮겨왔다.

1948년 캐나다 새스캐츠완 주 노스배틀필드에 있는 샤론 고아원 및 학교와 관련을 맺고 있던 교사들은 홀의 방법을 실행했고 그 결과 '영 안에서 죽는 것'(입신), '방언 및 다른 기적들'을 경험하기 시작했다. 이 학교의 한 여학생은 전 세계적으로 대부흥이 일어나려 한다고 예언했으며 이 같은 경험에서 나온 운동은 사도시대의 기적들이 '늦은 비' 부흥으로 회복된다는 데 그 초점을 두었다. 실로 그들은 말세에 사도들과 예언자들이 일어나 늦은 비 운동을 지도하리라고 기대했다. 이는 사실 오늘날의 웃음 부흥과 관련된 사람들이 기대하고 있는 바이기도 하다. 샤론 운동은 하나님의 성회에 의해 제재를 받았는데 그 이유는 늦은 비 교리 때문이 아니고 이들의 과격함과 극단성 때문이었다. 특히 하나님의 성회 지도자들은 말세에 사도들이 일어난다는 가르침에 동의하지 않았으며 '개인적인 예언'을 사용하는 것을 싫어했다.

'늦은 비 운동'을 확산시킨 계기가 된 영적 역사는 1948년 2월에 처음으로 일어났다. 나흘간의 집회에서 지도자들은 회중을 앞으로 불러내어 예언과 함께 안수를 함으로써 영적 은사들을 나누어주었다. 그 이후로 새로운 형태의 예배가 등장했고 성령의 은사가 눈으로 보이게 나타나는 것이 그들 예배의 특징이 되어 버렸다. 이들이 주장한 것은 요엘서 2장 28절에 나오는 이른 비와 늦은 비에 따라 예수님께서 천년왕국을 세우러 오시기 전에 하나님께서 성령님을 부어 주신다는 것이었다.

그 당시 미국의 오순절주의는 급속한 성장으로 인해 큰 진통을 겪고 있었다. 너무나 급성장했기 때문에 오순절 교단의 지도자들은 조직 강화 같은 부차적인 일에 시달리게 되었고, 그들의 주장에 따르면, 20세기 초와 1930년대에 있었던 성령님의 역사가 부족한 상태였다.

바로 그때 새로운 감정주의와 개인적 예언을 주장하는 '늦은 비 그룹'이 등장해서 그런 문제를 해결해 주었다. 은사와 영적 예배를 강조했으므로 그 운동 자체가 오순절 교회가 필요로 하는 해답처럼 보였다. 비록 여러 사람들이 진지하게 부흥을 원하긴 했지만 어떤 과격한 가르침으로 인해 그 운동에는 의심과 환멸을 불러일으키는 요소가 많이 있었다. 그들의 과격한 주장 중 하나는 다음과 같다.

> 목회를 위한 은사와 성령의 다른 은사들은 오직 안수에 의해서만 전달되며 그것도 특정한 어떤 사람들이 안수할 때에만 가능하다.

또한 이들은 예언의 은사라는 것이 실제적으로 개인의 이름을 부름으로써 역사한다고 주장했다. 그래서 그들은 하나님께서 자신의 역사뿐만 아니라 성도의 모든 일상생활에서 일어나는 일을 일일이 다 가르쳐 주신다고 주장했다. 심지어 결혼하기 위해 상대방을 정하는 데도 예언이 사용되었다. 사실 이런 관행은 지금도 '신 제자 운동'이나 '목자 운동' 등에서 실행되고 있다.

또한 이들은 지금도 사도가 존재한다고 믿어 '사도'라는 직분을 만들었고, 신약성경 사도행전에 자기들의 기록을 덧붙였다.[5] 이 운동의 선생들은 실제로 하나님의 말씀에 새로운 계시를 첨부해야 한다고 주장했다. 베니 힌이나 다른 웃음 운동 지도자들처럼, 그들은 소위 '계시의 지식'을 하나님의 말씀에 첨가하려 했다. 또한 그들은 교회 분열의 원인이 교리라고 주장했다.

이 같은 '늦은 비 운동'의 전성기는 1950년대 중반이 지나면서 지나갔지만 그 운동 자체는 여전히 살아남아 있다. 그 운동에서 주장했던 교리와 방법 그리고 가르침은 지금도 여전히 일하고 있으며 이 운동의 교리는 현재 하워드-브라운과 토론토 빈야드 지도자들에 의해 꽃을 피우고 있다. 이 운동에서 가장 유명했던 인물은 브랜함(William Branham)이다. 그는 병을 고치기 위해 안수를 사용했다.

말세에 모습을 드러낸 하나님의 아들들

세상에 잘 알려진 오순절 지도자 중 많은 이들이 극단적으로 '늦은 비' 교리를 옹호해 왔다. 이런 극단적 관점 가운데 하나는 '말세에 하나님의 아들들이 모습을 드러낸다는 것'이다. 이 관점은 선택을 받은 일부 크리스천 그룹은 말세의 '늦은 비' 기적 부흥을 통해 완전해지고 불멸성을 부여받아 말세의 사도들과 함께 기적들을 행하며 온 세계를

---

5) 이것은 최근에 피터 와그너가 유행시킨 '신(新) 사도 운동'과 같다. 부록의 '신 사도 운동'을 참조하기 바란다.

누비고 다닌다는 것이다. 이 같은 '하나님의 아들들' 신학이 주장하는 바는 이런 말세 기적 부흥으로 인해 세상의 대부분이 구원을 받고 그 뒤 예수님의 재림이 이루어진다는 것이다.

이 교리를 가르친 장본인은 브랜함의 제자인 스티븐스(John Robert Stevens)였다. 그는 캘리포니아 주 레돈도비치에 있는 '살아 있는 말씀 교회'의 사도였다. 여러 스캔들로 인해 신용이 떨어지기는 했지만 그래도 이 '하나님의 아들들' 신학은 여러 명의 오순절주의 예언자들에 의해 계속해서 이어지고 부흥되어 왔다. 이런 예언자들 중에는 케인(Paul Cain)이 있는데 그는 90년대의 '웃음 운동'을 만들어낸 빈야드 운동과 그것의 창시자인 윔버(John Wimber)와 밀접한 관계를 유지한 인물이다.

이 '하나님의 아들들' 신학은 로마서 8장 19-23절을 잘못 해석한 데서 비롯되었다. 실제로 로마서 8장 19-23절은 하나님의 자녀들이 현 세상에서 경험하는 고난과 불완전함을 인내로 참아야 할 것을 권고하고 있다. 그 이유는 그리스도께서 다시 오실 때에 다음과 같이 우리가 그토록 기대하던 것을 경험할 것을 알기 때문이다: 부활의 몸, 불멸, 죄가 없는 완전함, 하나님의 영광, 땅의 변화.

창조물이 간절히 기대하며 기다리는 바는 하나님의 아들들이 나타나는 것이니라. 창조물이 헛된 것에 복종하게 된 것은 자진해서 된 것이 아니요, 소망 중에 바로 그것을 복종하게 하신 분으로 인한 것이니 이는 창조물 자신도 썩음의 속박에서 해방되어 하나님의 자녀들의 영광스러운 자유에 이를 것이기 때문이라. 또 온 창조 세계가 지금까지 함께 신음하며 고통 중에 산고를 치르는 줄 우리가 아나니 그들뿐 아니라 우리 자신 곧 *성*령의 첫 열매를 소유한 우리까지도 속으로 신음하며 양자 삼으심 즉 우리 몸의 구속을 기다림은 우리가 소망으로 구원을 받았기 때문이라. 그러나 보이는 소망은 소망이 아니니 어찌하여 사람이 보는 것을 여전히 바라리요?(롬 8:19-24)

그런데 '하나님의 아들들' 신학을 주장하는 사람들은 이런 일들이 예수 그리스도의 재림 이후에 일어나지 않고 그 전에 일어난다고 잘못 믿고 있다. 비록 대부분의 '웃음 부흥' 지도자들이 '하나님의 아들들' 신학의 몇몇 부분 – 예를 들어 '불멸성을 입는 것' 등 – 은 거부하지만 그 외의 다른 요소들은 굳게 붙들고 있다. 즉, 그들은 예수님의 재림 이전에 사도시대의 기적들보다 더 큰 기적들이 있을 것을 믿고 있으며, 현재의 웃음 부흥이 바로 이런 기적들의 예표라고 믿고 있다. 1990년에 케인의 영향을 받은 윔버는 영국에서 군중들에게 사도행전 2장에 기록된 것과 같이 사람들이 모여 있는 가운데 갑자기 주께서 오셔서 전에는 사람들에게 준 적이 없는 그런 기름 부음을 주시는 때가 오게 될 것이라고 말했다.

한편 캐나다 토론토 공항의 크리스천 펠로우쉽 교회 목사인 아르놋(John Arnott)은 '참으로 믿기가 어렵다'라는 제목으로 다음과 같이 설교했다.

내가 여러분에게 말하거니 이 일은 지구상에서 사람들이 적그리스도에 의해 진멸되기 전에 소수의 남은 자들만이 구출되는 것으로 끝나지 않을 것입니다. 하나님의 목적하신 바에 따라 영광 중에 나갈 것입니다! 우리는 승리하게 될 것입니다!

바로 이것이 '늦은 비' 운동의 '하나님의 아들들' 신학의 새로운 질서이다. 현재 웃음 운동을 주도하고 있는 지도자들 가운데 하나인 코플랜드(Kenneth Copeland)의 말을 들어 보자.

> 여러분, 과연 어떤 사람이 엘리야와 엘리사와 베드로와 바울이 지녔던 권능을 소유한 채, 그것도 동시에 다 소유한 채 이 땅 위에 걸어 다닌다는 것을 상상해 볼 수 있습니까? 그런데 바로 그런 일이 이제 막 일어나려 하고 있습니다(「신자의 승리의 목소리」, *Believer's Voice of Victory*, Copeland, 1994년 6월).

1992년에 열린 코플랜드의 집회에서 하워드-브라운은 다음과 같은 예언을 했다.

> 주께서 이렇게 말씀하셨습니다. '내가 너를 일으켜 초자연 세계로 들어가게 하리라.' 바로 이 일이 오늘 이 시간에 일어나고 있습니다. 많은 사람이 이에 대해 설교를 했고 옛적부터 이 같은 운동이 일어날 것이 예언되어 있습니다. 왜냐하면 빗방울들이 하나님의 영광을 위해 떨어지기 시작했기 때문입니다.

같은 집회에서 코플랜드는 하워드-브라운을 두고 다음과 같이 예언했다.

> 당신이 오늘 저녁 내내 보게 된 이 큰 영역은 바로 당신 앞에 펼쳐진 무대입니다. 나는 당신을 초청해서 이 무대에 서게 했습니다. 그런데 이것은 단지 시작에 불과합니다. 이것은 이미 이른 비와 늦은 비에서 비롯된 말세 부흥의 시작에 불과합니다.

다시 한 번 말하거니와 이것이 바로 '하나님의 아들들' 신학이다. 이런 거짓 신학으로 인해 '웃음 부흥'이 생겨나게 되었다. 한편 웜버가 극구 칭찬하던 케인은 주저함이 없이 하나님의 아들들 및 새 질서 늦은 비 신학을 가르치며 이렇게 주장한다.

> 여러분, 그리스도께서 교회를 위해 오시기 전에 교회에게 오신다는 것을 꼭 아시기 바랍니다. 그분은 땅에 있는 교회를 완전하게 해서 교회가 하나님의 형상이 되고 그리스도가 되며 그분의 대리자가 되게 할 것입니다(「내 아버지의 집」, *My Farther's Home*, Paul Cain).

케인은 종종 스타디움에 수십만의 군중들이 모이고 큰 기적들이 발생하는 비전에 대해 말하곤 했다. 이런 기적에는 설교자들이 하늘 위로 붕 떠서 24시간 내내 서 있는 것, 사람들이 하나님의 권능 아래 쓰러지는 것 등이 포함된다. 그는 또한 우리가 바로 이런 일들이 일어나려는 시대의 초입에 살고 있으며 프라미스키퍼스 운동(약속 이행자, 한국의 아버지 학교)이 마지막 시대의 기적 부흥의 선두주자라고 말했다.

웃음 부흥과 관련이 있는 '예언자들' 가운데 많은 이들은 하나님께서 기적을 일으키는 사도들을 일으킬 것이며, 이들이 구약시대의 대언자들이나 초기 사도시대의 사도들이 행한 기적을 능가하는 표적과 기적을 행할 것이라고 굳게 믿고 있다. 스스로를 가리켜 사도요 예언자라고 하는 하몬(Bill Hamon)은 1958년대의 '늦은 비 새 질서 운동'과 연관이 있었다. 그는 로버츠(Oral Roberts), 와그너(C. Peter Wagner), 제이콥스(Cindy Jacobs), 샤카리안(Richard Shakarian) 등 저 유명한 '제3의 물결' 오순절주의자들이 크게 추천하는 인물이다. 하몬은 자신이 저술한 「사도들과 예언자들 그리고 다가오는 하나님의 운동」이라는 책에서 이렇게 말한다.

> 현재 성령님은 변화와 준비와 진보의 과정을 통해 교회를 사도시대 운동과 하나님의 최종적인 운동으로 데려가시려 하고 있다.

하몬과 그의 동료 예언자들은 '늦은 비' 부흥이 교단들의 일치나 연합(종교통합)을 가져 오며 '새로운 교회'가 형성되어 이 교회가 재정 분야 등을 포함한 이 세상의 모든 분야를 지배하게 될 것이라고 말한다. 하몬은 또한 프라미스키퍼스(약속 이행자) 운동과 '웃음 부흥 운동'이야말로 기적을 일으키는 사도시대로 우리를 돌아가게 하는 두 개의 중심 운동이라고 말했다. 여기에서 우리는 '웃음 운동'의 지도자들이 스스로 말세의 '늦은 비' 기적 부흥의 초기 단계에 있다고 주장하고 있음을 분명히 깨달아야 한다.

브랜함

'늦은 비' 교리를 확장시킨 영향력 있는 인사 중 하나는 브랜함(William Branham) 이다. 그는 원래 침례교도였으나 후에 '예수 유일주의'를 믿는 오순절주의자가 되었다.[6] 그는 자신을 라오디게아 교회에 보내어진 사자라고 믿었으며 이런저런 비성경적 교리와 관점에 시간을 보내며 그로 인해 걸려 넘어지곤 했다. 그는 삼위일체를 부인했고 가인은 이브와 뱀의 성적 결합을 통해 태어난 자라고 규정했다. 또 그는 영원한 지옥을 부인했고 계시록의 짐승의 표가 교단주의라고 가르쳤으며 자신을 가리켜 계시록 3장 14절과 10장 7절에 나오는 천사라고 주장했다. 그는 또한 휴거와 세상의 종말이 1977년에 일어날 것이라고 예언한 바 있다.

브랜함의 추종자들은 그를 마지막 교회 시대의 사도요 예언자로 받아들였다. 그래서 그가 1965년 12월에 자동차 추돌 사고로 죽자 죽은 자들로부터 그가 다시 살아날 것으로 기대했다(물론 그는 부활하지 못했다.) 지금도 브랜함 추종자들의 집회는 미국, 캐나다, 영국 등에서 계속되고 있으며 어떤 곳에서는 브랜함을 위해 높은 곳에 빈 의자를 갖다 놓기도 한다.

매우 비성경적인 교리를 가르쳤음에도 불구하고 브랜함은 오순절주의자들에게 큰 영향을 미쳤다. 그는 오랫동안 국제 순복음 실업인 협회의 창설자인 샤카리안(Demos Shakarian)의 지지를 받아왔다. 브랜함의 영향을 받은 사람들 중에는 로버츠, 오스본 (T.L Osborn), 코에(Jack Coe), 알렌(A.A Allen), 케인(Paul Cain), 쿨먼 (Kathryn Kuhlman) 등을 들 수 있다. 「오순절 은사 운동 백과사전」 역시 브랜함이 오순절주의자들에 큰 영향을 미쳤음을 시인한다.

브랜함은 여러 가지 신유 사역이 발전되는 과정에서 주요한 영감의 원천이 되었다. 그는 수백 명의 목사들에게 영감을 주어 신유 사역에 뛰어들게 했다. 많은 부흥사들이 자기들의 사역에 미친 그의 영향으로 인해 그에게 경의를 표시했다. 1950년대 초반에는 1,000여 명의 신유 부흥사들이 '신유의 음성' 회의에 모여 신유 운동에 미친 브랜함의 지대한 영향을 시인했다.

오늘날의 '웃음 부흥' 지도자들과 마찬가지로 브랜함은 안수를 함으로써 자신의 '신유 기름부음'을 일으켰다. 많은 사람들이 그를 하나님의 대언자로 받아들인 이유

---

6) 예수 유일주의는 삼위일체에서 양태론을 믿는 것을 뜻한다. 국내외에서 많은 사람들이 특히 은사주의자들이 이것을 믿고 있다. 부록에서 '예수 유일주의'를 참조하기 바란다.

중 하나는 그가 사람들의 삶을 상세하게 알아맞히는 능력을 보였기 때문이었다. 이런 현상은 현재 '웃음 부흥 집회'에서도 그대로 실행되고 있다. 브랜함은 자기에게 개인적인 천사가 있어서 자기의 삶과 사역의 모든 면을 지도한다고 주장했으며, 자기의 모든 능력이 그 천사에게 왔다고 주장했다. 브랜함은 능력 있는 신유 지도자로 평가를 받았지만 그의 사역에는 이중적인 요소와 사기가 많이 들어 있었다. 한편 현재의 '웃음 부흥' 지도자 중 한 명인 하워드-브라운은 브랜함을 가리켜 위대한 하나님의 사람이라고 칭찬했다.

윔버와 빈야드 운동

곧 보게 되겠지만, '현대 웃음 부흥'의 뿌리는 윔버(John Wimber, 1934-1997)가 세운 빈야드 운동에 깊숙이 박혀 있다. 따라서 '웃음 부흥'을 제대로 이해하려면 먼저 윔버를 제대로 이해해야 한다. 윔버는 1950년대와 1960년대 초반에 성공적으로 록 그룹 '라이처스 브라더스(Righteous Brothers)'를 관리했다.

그는 1962년에 퀘이커 교회의 목회자로 일했으며 1970년대 중반에는 풀러 신학교와 관계를 맺으면서 교회 성장 전문가인 와그너 교수로부터 큰 영향을 받게 되었다. 교회 설립 모델을 분석하면서 와그너는 교리의 순수성뿐만 아니라 '성공'이라는 요소에 의해 크게 영향을 받았다. 그 결과 그는 방법이 적용되어 성공적인 열매를 맺으면 그것이 성경적이든지 비성경적이든 그 안에 가치가 있다고 믿었다. 윔버는 이런 성장주의 원칙을 받아들여 크리스천의 삶과 사역에 적용했으며 특히 교리보다는 경험과 감정에 매달렸다.

1977년에 윔버는 교회를 시작했는데 이 교회는 성장해서 6,000명의 회원을 갖게 되었고 현재 전 세계적으로 600개의 교회가 모인 '빈야드 협회'의 모교회가 되었다. 윔버는 성경적 분별을 말하는 것에 대해 경고를 하면서 '웃음 부흥'을 위한 길을 닦았다. 그는 "성경책을 경배하지 말라."고 경고했고, 모든 것을 성경으로 판단하는 사람들을 가리키며 "그들에게는 성부 하나님, 성자 하나님, 성경 하나님이 있다."고 말하면서 조롱했다.

그는 또한 기록된 말씀에 너무 의지하지 말라고 경고했는데 사실 이런 일은 하나님의 말씀에 어긋나는 일들을 행하는 사람들이 늘 하는 말이다. 시편 기자는 "기록된 주님의 말씀이 내 발에 등이요, 내 길에 빛이니이다."(시119:105)라고 말했다. 성경대로 믿고 판단하는 것은 아무리 해도 끝이 없는 일이다.

신유 세미나에서 윔버는 다음과 같이 아주 놀라운 진술을 했다.

> 여러분이 성령의 역사를 방해하며 규제하는 어떤 것을 교리 뒤로 숨기면 그것은 죄입니다.… 현재 교회들은 건전한 교리라는 이름으로 죄악을 범하고 있으며 성령의 역사를 소멸시키고 있습니다.

1994년에 존슨(Phillip Johnson)은 윔버가 목회하는 애나하임 빈야드 교회를 방문한 적이 있었는데 그의 동료들은 빈야드 목사 중 하나로부터 다음과 같은 말을 듣게 되었다.

순식간에 나는 성령을 불러 낼 것입니다.…그러면 여러분이 본 적이 없는 일들이 일어날 것입니다…그렇더라도 놀라지 마십시오.…또한 여러분이 보게 될 일들을 이성적으로 평가하려고 하지 마십시오.…부흥을 교리로 시험하게 되면 반드시 불이 꺼지게 될 것입니다.

또한 바로 그 집회에서 그 교회의 여자 직원이 일어나 다음과 같이 무서운 말로 기도를 했다.

우리는 성령님께서 우리 마음속에 행하려 하시는 것을 우리의 생각으로 판단하려 하지 않으며, 당신의 일을 우리의 빈약한 교리로 시험하려 하지도 않습니다.

바로 이런 자세로 인해 교회 안에 영적 혼란이 생긴다. 만일 성령님이 하나님의 말씀에 모순이 된다면 참되신 성령님과 거짓 영을 구분할 근거가 하나도 없게 된다. 이처럼 교묘하게 성경의 권위를 깎아내리는 것이야말로 빈야드 운동에서 '웃음 부흥'과 같은 비성경적이며 매우 이상한 일을 수용하게 된 이유이다.

웜버는 또한 기적을 강조함으로써 '웃음 부흥'을 위한 길을 닦았다.

분명히 초대 교회의 크리스천들은 문을 열어 성령님의 권능을 받아들였으며 그 결과 표적과 이적과 교회 성장이 이루어졌다. 따라서 우리가 초대 교회와 같이 되길 원하면 우리 역시 문을 열어 성령님의 권능을 받아들여야 한다.

이 같이 기적을 바라는 육적 열망이야말로 웃음 부흥이 나타나는 데 필요한 조건이다.

한편 웜버는 성경 밖의 계시를 조장함으로써 웃음 부흥을 위한 길을 예비했다. 1980년대에 웜버는 예언자들의 모임인 캔자스시티 펠로우십을 받아들였고 빈야드 운동을 통해 예언자들의 사역을 확장시켰다. 그는 이런 예언자들이 하나님으로부터 직통 계시를 받는 자들이므로 교회들이 이런 사람들에게 문을 열어야 한다고 촉구했다.

많은 빈야드 교회가 이 같은 속임수에 넘어갔으며 보울더에 있는 빈야드 교회의 목사인 라일(James Ryle)은 성도들이 꿈과 환상과 경험을 통해 받아들인 직통 계시를 어떻게 해석해야 하는가를 보여 주는 두 권의 책을 저술했다. 라일은 프라미스키퍼스의 설립에 큰 영향을 미쳤으며 최근까지만 해도 그 운동 이사회의 회원이었다. 그는 또한 프라미스키퍼스의 지도자인 맥카트니(Bill McCartney)가 다니는 교회의 담임 목사이기도 하다. 자신이 저술한 책에서 라일은 자기가 맥카트니와 또 그가 소속된 대학 축구팀에 대해 받은 직통 계시에 관하여 묘사하고 있는데, 바로 이런 직통 계시로 인해 맥카트니는 라일이 하나님의 사람임을 확신하게 되었다고 한다.

한편 웜버는 록음악을 사용하고 예배 시간에 관능적인 것을 행하게 함으로써 '웃음 부흥'을 위한 길을 예비했다. 웜버는 회심하기 전에 마귀와 자신의 육체를 섬기기 위해 록음악을 사용했는데, 이제는 예수 그리스도를 경배하기 위해 그 안의 가사만 바꾸어 동일한 록음악을 사용하고 있다. 그래서 빈야드 운동 등의 현대 운동에서는 예배 시간에 회중이 록음악이나 다른 육적인 것을 권장하는 형태의 노래를 부르게 된다. 따라서 빈야드 운동의 음악 그룹에는 기존의 세속 록음악 그룹에서 찾을 수 있는 요소들이 다 들어 있다: 드럼, 베이스 기타, 리드 기타, 전자 키보드 등.[7]

---

7) 부록의 '열린 예배'를 참조하기 바란다.

이런 종류의 음악은 주로 비트에 의존하고 있으며, 특히 '반복하는 것'이 빈야드 경험에서는 매우 중요하다. 똑같은 가사나 구절을 계속해서 반복하게 되면 힌두교에서 말하는 '만트라'가 되어 사람들이 무아지경에 빠지게 됨은 이미 뉴에이지에서 잘 알려진 사실이다.[8] 그런데 이런 스타일의 음악이 대부분의 오순절 은사주의 교회 안으로 깊숙이 파고들어 왔으며, 이런 상태에서는 영과 진리로 하나님께 경배 드리는 것이 불가능하다.

윔버는 또한 크리스천 삶에서 성경보다는 경험을 택해야 한다고 주장함으로써 '웃음 부흥'을 위한 길을 예비했다. 윔버는 믿음의 삶에 만족하지 않았고 늘 "하나님을 느끼려고 애썼으며 자기의 기독교를 보고 느끼고자 했다."

믿는 이들이 주님과 그분의 말씀을 경험하려 하는 것은 참으로 자연적인 것이지만, 이런 체험을 성경으로 검증하지 않으면 여러 가지 잘못된 것으로 나갈 수 있다. 사실 하나님은 이 세상에서 우리가 믿음으로 살기를 원하신다. 그래서 예수님께서도 보지 않고 믿는 자가 더 복되다고 말씀하셨던 것이다.

캔자스시티 펠로우십과 빈야드 운동

1980년대에 자칭 예언자라 하는 자들이 모여 캔자스시티 펠로우십을 구성하고 '늦은 비' 교리를 확장시켰다. 비클(Mike Bickle)은 이 연합체의 목사였다. 이 예언자들의 우두머리 중 하나는 한때 브랜함과 관계를 맺었던 케인(Paul Cain)이었다. 케인은 하나님이 자기를 시켜 말세의 기적 부흥 운동을 일으키는 데 있어서 중추적 역할을 할 사람을 지목하게 할 것이라고 주장했다.

스웨가트(Jimmy Swaggart), 로비슨(James Robison), 로버트슨(Pat Robertson) 등을 검토한 뒤 그는 그 일에 적합한 하나님의 사람이 윔버라고 말했다. 그 결과 윔버는 그를 따뜻하게 맞아들였고 캔자스시티 펠로우십도 빈야드 운동 안으로 수용하여 빈야드 교회들을 통해 이 연합체의 '늦은 비' 교리에 대한 열심이 널리 파급되게 했다. 케인은 윔버가 죽기 전에 표적과 이적이 따르는 새로운 하나님의 움직임이 나타날 것이라고 예언했다. 윔버는 1997년 11월 17일에 죽었는데, 죽기 전에 그가 빈야드 운동 안에 들여온 '기적과 이적'의 물결은 다름 아닌 '웃음 부흥'이었다.

---

8) 부록의 '관상 기도'를 참조하기 바란다.

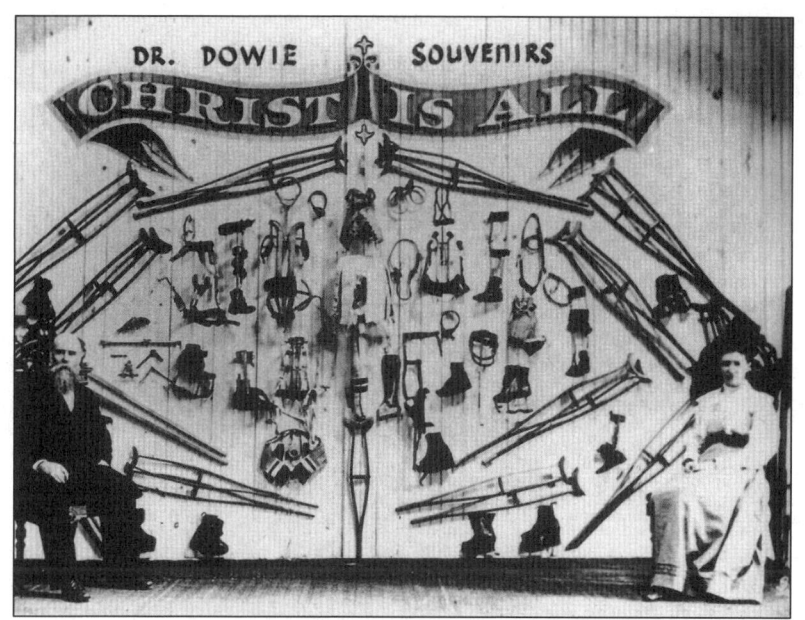

신유 부흥사 다우이가 고쳤다고 하는 사람들의 목발들(119쪽 참조)
수많은 병자들을 고쳤다는 주장에도 불구하고 실제로 나은 사람은 하나도 없다.

9장

은사 운동의 오류 역사

'늦은 비' 교리에 기반을 둔 오순절 운동이 그 시작부터 이단적 교리와 과장과 속임수로 점철되어 왔음을 깨닫는 것은 참으로 중요한 일이다. 물론 이렇게 말하는 것이 좀 너무한 것 아니냐고 말할지도 모른다. 하지만 이를 증명할 증거들은 수도 없이 많은데 그 이유는 주후 1세기에 일어났던 기적들 즉 메시아를 증명하기 위한 기적들과 사도들의 권능을 입증하기 위한 기적들이 오늘날의 크리스천들에 의해 재현되지 않기 때문이다.

초기 사도시대의 오순절 표적과 이적이 지금 복원되었다고 주장하는 사람들은 '영 안에서 죽는 것'(입신), '취하는 것', '지식의 말씀을 받는 것'(직통 계시) 등과 같은 신비주의 최면 현상을 사도적 표적으로 받아들일 수밖에 없다. 그렇지 않은 경우에는 자기들이 주장하는 이런 표적과 이적을 과장하거나 미리 조작하는 수밖에 없다. 그런데 바로 이런 일이 실제로 '웃음 부흥'이라는 '늦은 비' 운동의 최근 현상에서 그대로 일어나고 있다. 사실 20세기의 '늦은 비' 운동은 영적 혼동과 오류와 속임수라고 규정지을 수 있다.

이 같은 주장에 대해 어떤 이들은 우리가 몇 가지 극단적 사례를 들어 오순절 은사주의 운동의 전체 그림을 그리려 한다고 항변할지도 모른다. 이 같은 주장을 잠재우기 위해 이제부터 우리는 오순절 은사 운동 진영에서 한결같이 크게 인정을 받아 온 여러 지도자들의 교리와 행위를 살펴볼 것이다. 이들은 결코 오순절주의를 대표할 수 없는 예외적 인물들이 아니다. 이들은 다 「오순절 은사 운동 백과사전」에 이름이 들어 있는 유명한 사람들이다.

우리 주 예수님께서는 선생들의 열매로 선생들을 판단하라고 경고해 주셨다(마 7:15-18). 이들은 '늦은 비' 운동이야말로 성령님의 충만하심이 드러난 것이라고 주장한다. 하지만 실상 이것은 거짓 가르침과 부도덕성 등으로 가득한 운동이며 따라서 우리는 마땅히 이를 거부해야만 한다.

먼저 우리는 오순절 은사주의 교회 안에도 신실한 크리스천이 많이 있음을 인정한다. 예를 들어, 노스캐롤라이나 주 샬롯에 있는 체임버스 박사(Dr. Joseph Chambers) 같은 은사주의 목사는 지금도 웃음 부흥의 허구에 대해 정면으로 대항하고 있다. 나는 그의 오순절 신학은 거부할지라도 그의 올바른 자세는 존경한다. 이분이 시무하는 교회는 자기 교단이 인정하는 '웃음 부흥'의 허구에 대해 그것이 비성경적임을 밝힌 관계로 교단으로부터 약 36억 원의 재산을 탈취당하는 아픔을 겪었다. 나는 그 교회와 그 목사가 성경적으로 옳지 못한 것에 대해 강력한 자세를 취한 것은 존경한다. 하지만 그들이 주장하는 '늦은 비' 교리나 지금도 사도시대의 표적이 있을 수 있다는 거짓 가르침에는 동의하지 않는다.

또한 오순절 은사주의자들이 모두 다 극단적인 사람들은 아님을 우리는 인정한다. 하지만 은사주의 교리는 비성경적이므로 결국 극단적인 것과 속이는 것과 과장된 것을 만들어 내기 마련이다.

나는 예전의 오순절주의 신자들에게 참으로 큰 동정심을 느낀다. 그들은 하나님께 대한 뜨거운 열심을 가지고 있고 참된 신약 교회를 보기 원하며 뜨겁게 예배를 드린다. 또 하나님을 신실하게 믿고 성경을 있는 그대로 받아들이려 하며 기적을 일으키시는 하나님의 권능을 믿고 세상과 분리하려는 열망이 있다. 나 역시도 이런 것을 다 믿지만 이들과 같이 동일한 배를 타고 사역을 할 수는 없다. 왜냐하면 이런 순수성에도 불구하고 이들은 그 교단에서 가르치는 비성경적 교리의 기초를 놓고 또 말세에 나타날 '배도한 단일 세계 교회'를 예비하는 기초를 놓고 있기 때문이다.

아무리 이야기해도 끝이 없으므로 이제부터 이들의 행적을 하나하나 살펴보도록 하겠다. 부디 마음을 열고 이들의 교리와 언행을 통해 과연 오순절 은사 운동이 하나님께 속한 것인가 살펴보기 바란다.

다우이

초기 오순절 교단의 역사에서 가장 영향을 많이 미친 센터 중 하나는 1900년에 다우이(John Alexander Dowie, 1847-1907)가 세운 '시온의 도시'(The City of Zion)이다. 비록 '성령 침례'에서 방언이 나타나야 한다는 교리를 믿지는 않았지만 다우이는 미국 신유 부흥 운동의 아버지로 불린다. 그가 주장한 말세 기적 신학은 오순절주의의 토대가 되었고 그가 죽기도 전에 오순절 신학이 그가 세운 기관들 안으로 깊숙이 파고 들어왔다. 그 결과 그의 운동을 통해 매우 영향력 있는 오순절 지도자들이 배출되었고, 그가 만든 「신유의 잎사귀」(Leaves of Healing)라는 잡지는 전 세계로 퍼져 나가 여러 곳에 큰 영향을 미쳤다.

다우이는 속죄를 받으면 신유 즉 병 고침도 자동적으로 이루어진다고 주장했다. 그러므로 그는 믿음으로 병 낫기를 바라는 사람들은 다 약을 끊어야 한다고 주장했다. 그는 또한 약사나 의사를 마귀의 도구로 간주했다. 한번은 그의 딸이 알코올램프에 넘어져 화상을 입었다. 이때 그의 사람들 중 하나가 진통을 없애기 위해 바셀린을 발라 주려고 하자 그는 이를 저지시켰다. 그는 자기 딸이 치료받는 것을 거부했으며 결국 그 아이는 화상으로 죽게 되었다. 그의 믿음 치료실에 온 많은 사람들이 결국 아무런 약도 쓰지 못한 채 이런 식으로 죽어 갔다. 그 결과 1895년에 그는 시카고 시 당국으로부터 살인죄 혐의로 고소를 당했으나 고등 법원은 이 같은 고소를 기각시킨 일도 있었다.

그는 재정적으로 매우 무책임하게 행동을 했으며 사재를 축적했다. 1901년에는 자신을 가리켜 '회복자 엘리야'라고 주장했고 또한 자기가 마지막 시대의 첫째 사도라고 주장했다(「오순절 은사 운동 백과사전」, p.249). 말년에 그는 성적 비행으로 고소를 당했고 중풍에 걸렸으며 그가 세운 '시온의 도시'는 부도가 나서 망하고 말았다.

이단적인 교리와 비성경적인 사역을 수행했음에도 불구하고 다우이는 파르함과 그의 비성경적 오순절주의를 위한 길을 예비해 준 장본인이 되었다. 「오순절 은사 운동 백과사전」은 유명한 오순절주의자들 가운데 많은 사람들이 다우이가 세운 '시온의 도시'에서 나갔으며 또 '시온의 도시'에 있던 파르함의 추종자들이 1914년에 '하나님의 성회 교단'이 만들어질 때 합류했다고 자세히 밝히고 있다.

우드워스-에터

이 여자 신유 부흥사 역시 초기 오순절 운동에 막대한 영향을 미쳤다. 「오순절 은사 운동 백과사전」은 이 여자 부흥사야말로 오순절 메시지를 널리 알리는 데 큰 역할을 했다고 확실히 밝히고 있다. 초기 오순절주의자들은 우드워스-에터(Maria Beulah Woodworth-Etter, 1884-1924)야말로 오순절 운동을 위해 하나님이 보낸 사자라고 믿었고 아무런 비평도 없이 그녀를 받아들였다. 그녀가 텍사스 주에서 무려 다섯 달 동안이나 신유 집회를 할 때에는 초기 오순절주의의 대표적 지도자들이 다 거기로 모여들었다. 그녀의 집회는 '영 안에서 죽는 것'(입신), '예언하는 것', '황홀경에 빠지는 것', '혼동 현상' 등으로 특징지어진다. 그녀는 예배를 인도하다가도 갑자기 손을 들고 한 시간 이상을 동상같이 서 있곤 했다. 그래서 어떤 이들은 그녀를 가리켜 '황홀경에 빠진 부흥사'라고 부르기도 했다. 그녀 역시 1890년에 샌프란시스코가 지진으로 파괴될 것이라는 엉터리 예언을 했고, 1920년에는 네브래스카 주에 있는 한 몰몬 교회에서 설교하기도 했다.

파르함

위에서 살펴보았듯이, 대부분의 오순절주의자들은 자기들의 기원이 캔자스 주 토페카에 있었던 파르함(Charles Parham)의 '벧엘 성경 학교'라고 인정한다. 사실 1901년에 그곳에서는 오즈만(Agnes Ozman)이라는 여학생이 안수를 받고 방언을 하기 시작했다. 그들은 오즈만이 처음 사흘간은 중국말로 방언을 하고 영어로는 말도 할 수 없었으며 그 뒤에는 보헤미아 말을 했다고 주장하며 또 얼마 지나지 않아 그 학교에 있던 대부분의 사람들이 방언으로 말하고 노래했다고 주장한다.

파르함은 언어학자들과 교수들이 그들의 방언이 분명한 언어라고 확증해 주었다고 주장했지만 오순절 운동에 속하지 않은 외부 인사가 이를 확증해 준 것은 아니다. 1914년에 셤웨이(Charles Shumway)는 초기 오순절 운동의 방언이 진짜 언어임을 증명할 증거를 찾고자 부지런히 노력했다. 그러나 그는 이 같은 것을 입증해 줄 사람을 단 한 명도 찾지 못했다. 파르함의 성경 학교 학생들은 그에게 방언의 은사에서 나온 말이라고 하며 몇 자를 적어 주었으며 그것이 중국말이라고 주장했다. 하지만 중국말 지식이 있는 사람들이 그것을 조사한 결과 그것은 아무런 의미도 없이 그냥 중얼거린 것으로 판명이 났다.

파르함은 방언에 너무 깊이 빠져서 이제는 선교사들이 말을 배우지 않고도 땅 끝까지 이르러 선교를 할 수 있게 되었다고 주장했다. 사실 대부분의 초기 오순절주의자들이 이 같이 믿었지만 실제로 그렇게 되지는 않았다. 가르(A. G. Gar)는 인도에 가서 초자연적인 언어로 그곳 사람들과 이야기하려 했으나 실패하고 말았다.

앞에서도 언급했듯이 오순절주의의 창시자라 할 수 있는 파르함은 여러 가지 이단 교리에 빠져 있었다. 그는 불신자의 사후 소멸을 주장하면서 영원한 형벌을 부인했다. 또 앵글로 색슨 족이 이스라엘이라는 비성경적인 교리를 믿었다. 또 하나님께서 두 번 창조를 했고 그 결과 아담과 이브는 에덴동산 밖에 있는 사람들과 전혀 다른 인종이라고 가르쳤다. 그는 처음에 창조된 인종은 혼이 없었으며 이들은 홍수 때에 다 죽었다고 말했다.[1] 그는 마지막 때에 성령 침례를 받고 방언을 받는 자들만이 예수 그리스도의 신부가 되어 그리스도께서 재림하실 때에 특별한 권세를 받게 된다고 믿었고 방언을 하는 자들만이 부분적으로 휴거된다고 믿었다.

그는 또한 크리스천이 육신의 병 고침을 받는 것은 타고난 권리라고 주장했으며, 그래서 약이나 의사는 전혀 필요 없다고 주장했다. 그럼에도 불구하고 그의 아들 중 하나는 16세에 병을 고치지 못해 죽었고 또 다른 아들은 37세에 죽었다. 파르함의 집회에 참석한 대부분의 사람들 역시 병을 고치지 못해 죽었다. 육적 질병을 고치는 것이 예수 그리스도의 구원 속죄의 일부라고 강력히 주장했음에도 불구하고 그 자신은 여러 차례나 아파서 설교도 하지 못했고 1904-1905년 겨울에는 몇 달 동반이나 침대에서 누워 지냈다. 그는 손수건에 손을 대고 기도한 뒤 그것을 원하는 사람에게 우편으로 보내 준 최초의 인물이 기도하다.

파르함은 「오순절 은사 운동 백과사전」이 현대 신유 운동의 아버지라 부른 다우이의 이상한 사역에 영향을 미치려 했고 자신이 그 사역을 계승하려 했다. 우리가 꼭 기억해야 할 것은 오순절 은사 운동에서 파르함을 오순절 운동의 순수 창시자로 받아들이고 있다는 점이다.

세이모어

로스앤젤레스 아주사 거리 사역 단체를 설립한 인물은 바로 저 유명한 흑인 부흥사 세이모어(William Seymor)이다. 오순절 신학의 역사학자인 사이넌 박사는 이렇게 말한다.

> 아주사 거리 부흥은 현대 오순절 운동의 기원으로 간주되고 있다. 많은 목사들이 아주사 거리에서 직접 오순절 체험을 했으며 간접적으로 영향을 받은 사람들도 많다(「The Holiness-Pentecostal Tradition」, V. Synan, p.105, 130).

1901년과 1902년에 세이모어는 냅(Martin Knapp)이 운영하는 '하나님의 성경 학교'에 출석했고 신시내티에 있는 '저녁 빛 성도들'이라는 단체에 들어갔다. 그는 성결 교회에서 주장하는 거짓 교리 즉 사람이 완전하게 성화되어 죄를 짓지 않게 될 수 있다는 교리를 받아들였고 그 결과 사람을 구원하고 성결하게 하기 위해서는

---

[1] 국내에서도 이것을 '이중 아담론'이라는 이름으로 가르치는 교회가 있고 교계의 내로라하는 많은 지도자들이 그 교회의 이런 프로그램을 거친 것으로 알려져 있다. 삼위일체의 양태론, 방언, 신유, 축사, 난잡함, 록음악, 끝까지 믿지 않으면 구원을 상실한다는 가르침 등은 전 세계 모든 오순절 은사주의 교회들의 공통 특징이다. 목사의 기본 교리가 잘못 정립되면 마귀는 거의 그의 신학 전체에 영향을 미치고 많은 성도들의 영혼을 병들게 한다.

두 개의 은혜가 필요하다고 믿었다. 하나는 예수 그리스도를 믿는 믿음으로 거듭나는 것이고 그 뒤에는 은혜의 역사를 통해 완전히 성결하게 되어야 한다는 것이다.

세이모어는 참된 교회가 마지막 때의 기적 부흥을 통해 회복되고 있다고 믿었다. 1903년에 그는 텍사스 주 휴스턴에 있는 파르함의 성경 학교에 출석했으며 거기에서 또 다른 비성경적 교리 즉 크리스천이 방언의 초기 증거와 함께 성령 침례를 받아야 한다는 교리에 집착하기 시작했다.

1906년 초 그는 허친스라는 여자 목사가 인도하던 로스앤젤레스의 조그만 성결교 그룹의 목사로 초청을 받았는데 이 그룹은 '둘째 축복'을 받아 죄가 없이 완전하게 될 수 있다는 이단 교리에 빠진 사람들로 구성되어 있었다. 로스앤젤레스로 가는 도중에 그는 콜로라도 주 덴버에 들렸고, 거기서 죄를 지을 수 없는 완전 성결을 믿으며 이런 것의 증거가 춤이라고 주장하는 화이트(Alma White)의 운동에 빠진 그룹을 방문하게 되었다. 그런데 화이트는 세이모어에 대해 그리 좋은 인상을 받지 못했고 그에 대해 이렇게 묘사했다.

지금까지 나는 여러 종류의 종교 사기꾼을 많이 만났는데 세이모어는 그들을 능가하는 자다.

로스앤젤레스에 도착하자마자 세이모어는 단 한 번 설교를 하고는 자기를 초청한 사람들로부터 내쫓김을 당했다. 그는 설교를 하면서 성령을 받은 초기 증거가 바로 방언이라고 말했다. 그런데 참으로 재미있는 것은 그렇게 말하는 세이모어 자신은 그때까지 한 번도 방언을 한 적이 없었다는 점이다. 이것은 오늘날의 대부분의 오순절 은사주의 목사들에게도 그대로 해당되는 것이다.

로마서 8장 9절은 "그리스도의 영이 없는 자는 그리스도의 사람이 아니다."라고 말한다. 이것은 참으로 이상한 일이 아닌가? 세이모어의 오순절 교리에 따르자면 그는 크리스천이므로 반드시 방언을 해야만 했다. 그런데 오순절 운동의 주요 창시자 중 하나인 세이모어는 자신의 간증을 통해 그리스도를 알기 전에 즉 방언을 하기도 전에 그리스도에 대한 심오한 진리를 선포했다. 이에 대해 성경은 "본성에 속한 사람들은 하나님의 일들을 알지 못한다."고 분명히 말한다(고전1:14)

그래서 이 그룹에서 쫓겨나게 된 세이모어는 자신의 집에서 집회를 열다가 나중에는 아주사 거리의 버려진 어느 건물에서 집회를 갖기 시작했는데 이때 아주 이상한 현상들이 나타나기 시작했다. 그의 집회는 삼 년 이상이나 지속되었는데 많은 사람들이 개인적으로 오순절 경험을 갖기 위해 그곳을 방문했으며 거기에서 오순절 신학과 체험을 배워 고향으로 돌아갔다.

그 집회는 아침에 시작해서 12시간이나 계속되었는데 거기에는 어떤 질서도 없고 인도하는 사람도 없었다. 사람들이 동시에 노래하기는 했지만 서로 다른 말과 리듬과 멜로디로 노래를 했고 예배는 혼란 그 자체였다. '춤추는 것', '위 아래로 뛰는 것', '황홀경에 빠지는 것', '영 안에서 죽는 것', '방언을 하는 것', '몸을 흔드는 것', '이상한 소리를 지르는 것', '거룩한 웃음을 웃는 것' 등의 이상한 현상이 나타났다. 그곳을 방문한 사람들은 그것을 가리켜 참으로 거칠고 히스테리적인 현상이라고 표현했다.

세이모어와 아주사 미션 건물

시사 주간지 「타임」의 기자는 거기 참석한 사람들이 자기들만의 어떤 열심 속에서 미친 듯한 자극의 상태로 스스로를 몰아가고 있다고 보고했다.

아주사 거리 집회에는 도무지 질서라는 것이 없었다. 성령이 시키는 대로 아무나 말했으며 세이모어는 거의 복음을 선포하지 않았다. 대부분의 시간에 그는 강대상 뒤에 있는 빈 상자에 들어가 머리를 가리고 있었다. 그는 사람들에게 하나님께 소리를 내어 부르짖고 성결과 성령 침례와 거룩한 신유를 주실 것을 요구하라고 했다. 아주사 거리 부흥은 실로 오늘날의 웃음 부흥과 거의 유사했다.

1906년 10월에 그곳을 직접 방문한 파르함도 예배 시간의 무질서와 혼돈으로 인해 크게 놀랐다. 그는 '거룩하게 뒹구는 자들과 최면 거는 자들 간의 놀라운 행태'로 인해 크게 당황하게 되었다. 그래서 아주사에서의 방언이 아무런 의미 없이 지껄이는 것이며 결코 사람의 말이 아니라고 강력히 주장했다. 아주사 거리의 집회가 너무 거칠었으므로 파르함은 이들을 가리켜 '감정적으로 거룩하게 뒹구는 자들'이라고 정죄했다. 그는 아주사 거리의 집회가 대개 육적 현상(혹은 욕구)이 드러난 것이며 영적 제어를 한 것이고 최면술을 행하는 것이라고 스스로 증언했다.

사실 파르함은 자기 시대에 오순절주의자라고 공언하는 사람들의 삼분의 이가 최면에 걸린 사람들이라고 말했다. 아주사 거리에 대해 기술하면서 파르함은 남자와 여자들이 윤리적으로 타협적인 자세를 취하며 서로에게 쓰러졌다고 묘사했는데, 바로 이런 윤리적 타락 현상이 현대 웃음 부흥을 담은 비디오테이프에도 그대로 드러나 있다.

1906년에 아주사 거리에 도착한 파르함은 거기 모인 사람들에게 "하나님이 지금 배가 아프신데 그 이유는 지금 아주사 거리에서 일어나는 일들 때문이다."라고 강력하게 첫째 설교를 행했다. 그는 이 같은 자기의 주장을 결코 굽히지 않았으며 죽을 때가 되기까지도 아주사 거리의 부흥이야말로 영적인 권능의 매춘 행위라고 말했다. 비록 오늘날 모든 오순절 교단이 아주사 거리 집회야말로 오순절주의의 시작이라고 믿고 있음에도 불구하고 오순절주의의 아버지로 추앙받는 파르함은 아주사 거리 부흥이 거짓이며 마귀에게 나온 것이라고 주장했다.

바틀맨

여러 곳으로 퍼져나간 보고서를 써서 아주사 부흥을 유명하게 만든 사람은 다름 아닌 바틀맨(Frank Bartleman, 1871-1935)이었다. 1925년에 그는 「오순절이 로스앤젤레스에 임하게 된 경위 - 처음에는 그 일이 어떠했는가?」라는 제목의 책을 출간하여 아주사 집회를 퍼뜨리기 시작했다. 이 책은 1955년과 1980년에 재판, 삼판을 찍었다. 바틀맨은 원래 침례교 목사였으나 1897년에 그리스도의 속죄에 육적 병 고침이 포함되어 있다는 것과 죄를 짓지 않는 완전 성화가 우리의 삶 속에 있을 수 있다는 거짓 교리를 받아들여 성결교 운동에 가담했다. 그 뒤에 구세군, 무디 성경 학교, 웨슬레 감리교 등을 전전했고 여자 목사인 화이트의 집회에도 다녔다.

그러다가 그는 다시 침례교로 돌아갔고 세이모어가 이끄는 아주사 거리 집회로 들어갔다. 최종적으로 그는 '하나님 아버지도 예수요, 아들도 예수요, 성령님도 예수'라는 '예수 유일주의[2]'라는 이단 교리에 빠져들어 삼위일체를 부인했다. 이 '예수 유일주의'

는 현재 미국의 오순절주의 안에 팽배한 이단 교리로 이것을 믿는 자만도 현재 전 세계적으로 자그마치 420만 명이나 되는 것으로 집계되고 있다. 이 이단 교리를 믿는 주요 교단을 살펴보면 다음과 같다: United Pentecostal Church International, Pentecostal Assemblies of the World, Bible Way Church of Our Lord Jesus Christ, United Church of Jesus Christ, Church of Our Lord Jesus Christ of the Apostolic Faith, Pentecostal Churches of Apostolic Faith 등(프린스턴 신학교 교수 Gregory A. Boyd 저, 「Oneness Pentecostals and the Trinity」, Baker 출판사).

그는 현 시대 웃음 부흥 지도자들이 주장하는 것과 동일한 경험을 강조했다. 그래서 그는 설교 도중에 관중들 앞에서 갑자기 쓰러져 30분간이나 '영 안에서 죽기도 했으며,' 어떤 경우에는 전기 충격 같은 것을 받아 무의식 상태에 빠지기도 했다. 예수 믿으면 모든 병에서 고침을 얻는다고 주장했음에도 불구하고 바틀맨 자신은 종종 병을 앓았고 거의 자살할 지경에까지 이르렀으며 그의 딸은 아버지의 신유 능력에도 불구하고 어려서 죽었다. 그는 또한 현대 웃음 부흥 지도자들이 주장하는 종교통합주의를 조장했다. 그는 교리의 순수성을 무시하고 경험의 일치만을 강조했는데 바로 이것이야말로 현대 웃음 부흥의 지도자들이 추구하는 것이다.

그리스도에 대한 올바른 교리를 유지하지 않는 한, 참 그리스도에게 경배 드릴 수 없다. 성경은 분명히 거짓 그리스도, 거짓 복음, 거짓 영이 있다고 우리에게 경고한다. 이런 영적 배도 현상과 오류가 팽배한 이 시대에 우리가 보호받을 수 있는 유일한 방법은 건전한 교리를 붙들고 거짓 교리를 찾아내어 피하는 것이다(롬16:17). 성경은 결코 모든 크리스천들이 마지막 때에 부흥을 통해 하나가 되리라고 예언하지 않는다. 오히려 말세에 보편적인 배도 현상이 있을 것을 예언한다(마24:4, 5, 11, 25).

브랜함

유명한 오순절 신유주의자들 가운데 많은 이들이 속임수와 이단 교리 등에 빠졌다. 앞에서 우리는 브랜함(William Branham)의 신유 집회에 대해 이야기했다. 사실 수많은 사람들이 그의 집회에서 병 고침을 받았다고 말했지만 실제로 병 고침을 받은 사람은 단 하나도 없었다. 브랜함의 집회는 과장과 속임수로 일관되었으며 그는 또한 여러 가지 이단 교리를 파급시켰다. 예를 들어 그는 삼위일체 교리가 마귀에게서 나온 것이라고 주장했고 뱀과 이브의 성적 결합에 의해 가인이 태어났다고 가르쳤다. 또 계시록의 짐승의 표가 교단주의라고 주장했고 영원한 지옥을 부인했으며 자신이 계시록 3장 14절과 10장 7절의 천사라고 선언했고 말세의 사도들이 죽지 않는다는 소위 '하나님의 아들들 교리'라 부리는 거짓 교리 등을 확산시켰다.

그는 또한 휴거와 세상의 종말이 1977년에 일어날 것이라고 거짓 예언을 했으며 천사가 자기 왼손의 진동을 통해 질병을 찾아내는 방법을 가르쳐 주었다고 주장했다. 그는 또 점치는 은사를 받아서 자기가 만나는 사람들의 지나온 삶을 금방 알아맞힐

---

2) 예수 유일주의는 한국에서도 여러 교회에서 가르치고 있다. 이에 대해서는 부록 15를 참조하기 바란다.

수 있다고 주장했다. 그는 한 번은 자기 동료가 죽인 물고기를 자기가 다시 살아나게 했다고도 주장했다. 브랜함의 사역에서 드러난 혼돈과 사기 행각은 사실 그의 사역의 초기부터 명백히 나타났다. 하나님이 천사를 보내어 자기에게 신유의 은사를 주어 온 세상 사람에게 다가가라고 했다고 주장하면서 여러 곳에서 수많은 사람들에게 신유 집회를 베푼 뒤 그 자신은 1948년 5월에 갑자기 '병을 앓게 되어' 모든 것을 그만두게 되었다.

쿨먼

오순절 운동에 아주 지대한 영향을 미친 캐트린 쿨먼(Kathryn Kuhlman, 1907-1976) 역시 '늦은 비' 운동에서 늘 나타나는 이단 교리와 과대 선전의 전형적인 예라 할 수 있다. 1940년대 후반에 쿨먼은 예수 그리스도의 속죄 속에 완전한 건강이 들어 있다고 주장하기 시작했다. 또 1947년에는 초대 교회의 오순절이 오늘날에도 경험할 수 있는 것이며 크리스천이라면 누구나 예수님보다 더 큰 기적들을 다 행할 수 있다고 가르쳤다. 그런데 이렇게 주장한 쿨먼은 결코 예수님께서 행하신 기적보다 더 큰 기적을 행하지 못했다. 그녀는 자기의 집회에서 신체 조직을 고치는 일이 많이 일어났다고 주장했지만 실제로 그런 일은 일어나지 않았다. 그녀에게 병 고침을 받았다는 경우는 표적으로서의 신유 은사가 그친 이후에 평범한 크리스천들이 하나님께 병 고침을 얻기 위해 간구할 때 하나님께서 들어주시는 그런 수준의 것이었다.

「신유: 기적을 찾아다닌 의사」라는 책에서 저자인 놀렌 박사(Dr. William Nolen)는 자기가 쿨먼의 신유 집회를 쫓아다니며 체험한 것을 자세히 기술했다. 비록 놀렌 박사가 쿨먼에게 동정심을 보인 것은 사실이지만 그는 의학적으로 증명할 수 있는 단 한 건의 신유 사례도 발견하지 못했다. 이 같은 조사를 할 당시에 그는 미네소타 주 리치필드에 있는 미커 카운티 병원의 외과 수술 전문 의사였다.

1948년 피츠버그에 있는 카네기 음악당에서 열린 쿨먼의 신유 집회를 취재한 기자도 많은 이들이 병 고침을 받았다고 주장했지만 사실은 많은 사람들이 그곳에 와서는 여전히 비참한 상태로 마음만 상한 채 다시 어둠 속으로 되돌아갔다고 보고했다.

코흐(Kurt Koch)는 신비주의를 연구한 유명한 크리스천 연구가이다. 그는 자신의 책 「신비주의 ABC」에서 쿨먼의 신유 사역에 대한 연구를 기술했다. 그는 미네소타 주 미네아폴리스에서 일어난 28건의 신유 사례들을 조사했다. 이 사례들은 쿨먼의 신유 사역 책임자들이 그녀의 신유 사역에서 가장 확실히 병을 고친 사례라고 그에게 알려 준 것들이었다. 그는 이 연구 보고서에서 이렇게 말한다.

> 28건의 사례 가운데 10명은 실제로 병 고침을 받지 못했고 7명은 자기들의 상태가 좀 호전되었다고 했으며 11명은 심리적 요인에 의해 상태가 크게 좌우되는 병을 가지고 있었다. 이번의 방대한 연구를 통해 실제의 몸 조직이 고침을 받은 경우는 단 한 건도 없었음을 분명히 알게 되었다(「신비주의의 ABC」, 코흐, 그랜드래피wm, 미시건, 크레겔 출판사 1981).

은사주의자들이 늘 주장하는 대로, 쿨먼은 사람들이 병 고침을 받은 뒤에 무대로 올라와 증언하지 않으면 곧바로 병 고침을 받은 것이 사라진다고 가르쳤다. 말년에 가서 쿨먼은 여러 교단에 속한 다양한 사람들을 집회로 끌어들였으며 특히 종교통합을 위해 큰 노력을 기울였다. 그녀는 또한 긍정적 복음만을 선포했으며 교리의 오류나 음주 등과 같은 사회악에 대해서는 아무런 경고도 주지 않았다.

그녀의 전기를 기록한 워너는 쿨먼이 프로테스탄트와 카톨릭 사이의 간격을 줄이기 위해 많은 노력을 기울였다고 기술했다. 쿨먼은 우드워스-에터의 영향을 크게 받았는데 이 두 여인의 집회에는 늘 '영 안에서 죽는 일'이 일어났다. 또한 쿨먼은 상상할 수도 없이 비싼 옷과 보석 등을 좋아했으며 초일류의 호화로운 삶을 살았다.

1930년대 중반에 2,000명을 수용하는 '덴버 부흥 장막'에서 목회를 하면서 쿨먼은 기혼의 부흥사 월트립(Burroughs Waltrip)과 사랑에 빠지게 되었고 그 결과 월트립은 자기 아내와 두 아이를 버리고 그녀와 결혼했다. 결혼에 앞서 약 3년 동안 그들은 이미 연애 중이었고 1935년 여름에는 예배를 드리러 들어가기 전에 사무실에서 서로 껴안고 키스를 하다가 발각이 나기도 했다. 그들은 1938년에 불법 결혼을 했고 그 뒤 몇 년이 지나지 않아 쿨먼은 월트립을 버리고 말았다.

한편 월트립의 아내와 자녀들은 버림을 받았고 그가 남긴 빚을 모조리 떠맡게 되었다. 그는 단 한 번도 가족을 찾아보지 않았고 법적으로 지불해야 할 자녀 양육비조차 단 한 푼도 주지 않았다. 쿨먼에게 버림을 받은 월트립은 곧장 명성을 잃게 되었고 나중에 캘리포니아 주 감옥에서 돈을 갈취한 혐의로 수감 생활을 하다가 죽은 것으로 밝혀졌다.

맥퍼슨

오순절 은사 운동에서 가장 막강한 세력을 미친 여인 중 하나가 바로 맥퍼슨(Aimee Semple McPherson, 1890-1944)이다. 「오순절 은사 운동 백과사전」은 "맥퍼슨이야말로 지금까지 오순절주의가 배출한 가장 막강한 여성 지도자이다."라고 말한다. 그녀는 세 차례 결혼을 했고 두 차례 이혼을 했다. 그녀의 첫 남편 셈플(Robert Semple)은 1910년에 중국에서 죽었는데 당시 그들은 그곳에서 선교사로 일하고 있었다. 1911년에 그녀는 해롤드 맥퍼슨(Harold Stewart McPherson)과 결혼했는데 해롤드는 그녀의 히스테리성 행태와 자기를 무시하는 행동에 대해 늘 불평하곤 했으며 1921년에 그들은 결국 이혼하고 말았다. 에이미 맥퍼슨은 복음 사역을 위해 해롤드를 남겨 두고 떠났는데, 재미있는 것은 에이미의 부목사인 리바 크로포드(Rheba Crawford) 역시 복음 사역을 위해 자기의 남편을 버리고 떠났으며 결국 이혼하고 말았다는 점이다.

1926년에 맥퍼슨은 캘리포니아 주 해안에서 수영을 하다 익사한 것으로 알려지기도 했지만 그녀는 자신이 납치를 당했다고 주장했다. 그러나 그녀의 주장은 신빙성이 없는 것으로 곧 드러났으며, 한때 그녀 밑에서 일하던 유부남 오미스턴(Kenneth Ormiston)과 그 실종 기간에 불륜 행각을 벌인 것으로 드러났다. 이 실종 사건이 일어난 다음 해부터 맥퍼슨은 머리를 짧게 자르고 술을 마시고 춤추며 짧은치마를 입기 시작했다. 그런데 사실 그녀의 사역 초기에 그녀는 이런 것들을 강력히 반대하는 설교를 하곤 했다. 그녀의 삶이 이렇게 변하자 성가대 지휘자와 300명의 성가대

전원이 사표를 내고 말았는데 그 이유는 맥퍼슨의 세속적인 삶 때문이었다. 1931년에 이혼녀 맥퍼슨은 이혼남 허튼(David Hutton)과 결혼했으며 1934년에 허튼은 다시 그녀와 이혼했다.

맥퍼슨의 사역 역시 비성경적인 '영 안에서 죽는 현상'으로 가득하였다. 수많은 사람들이 그녀의 안수를 받고 마룻바닥에 넘어졌지만 그들은 자기들이 '성령 침례'를 받았다고 주장했다. 또한 그녀의 초기 집회 때에는 '영적으로 취하는 현상'도 발생했다. 맥퍼슨 역시 구원받은 사람은 반드시 건강해야 한다고 주장하며 병 고침을 바라는 수많은 사람들에게 다음과 같은 거짓 약속을 했다.

> 여러분, 여러분을 묶고 있는 사슬과 족쇄가 다 부서지고 여러분은 병 고침을 받을 것입니다. 주의 영이 있는 곳에는 자유가 있습니다.

우리가 고난을 당할 때에 주님께서 우리의 도움이 되시며 우리의 모든 역경 속에서 그분께서 우리와 함께 하신다는 것은 두말 할 나위 없이 복된 약속이며 우리는 이것을 확실히 믿는다. 그러나 현재의 삶 속에서 우리에게 충분한 믿음만 가지고 있으면 모든 문제가 해결되고 모든 질병을 고칠 수 있다고 주장하는 것은 참으로 거짓이다. 그녀는 또한 "주님께서 나를 고치시고자 하면 나도 기꺼이 응하겠다."는 태도는 불신에서 나온 것이며 아무런 결과도 가져오지 않는다고 경고했다. 그리고 완전한 믿음을 가진 사람에게는 육체의 병 고침이 보증된다고 주장했다.

그녀와 그녀의 지지자들은 수많은 사람들이 병 고침을 받았다고 주장했지만 실제로 병 고침을 받기 위해 그녀의 신유 집회에 온 사람들의 대부분은 아무런 도움도 받지 못했다. 왜냐하면 그녀의 신유 집회 자리에 나가려면 누구나 카드를 받아야만 하는데 이 카드는 대개 집회마다 고작 75장씩만 배부되었기 때문이다.

맥퍼슨의 전기를 기술한 엡스타인(Daniel Epstein)은 병 고침을 받은 사람들의 대부분은 면역 체계에 문제가 있거나 히스테리 증상을 지닌 사람들이었다고 진술했다.

> 사실 에이미 맥퍼슨 자매는 죽은 사람을 일으키거나 입천장 파열을 고치거나 팔다리가 잘려져 나간 것을 고치거나 내장이 썩은 것 등을 고친 적이 없다(「에이미 자매」, 엡스타인).

그렇게도 병 고침의 은사를 강조하던 맥퍼슨은 1944년에 약물 과다 복용으로 이 세상을 떠나고 말았다.

알렌

베니 힌과 다른 웃음 부흥 지도자들의 크게 추앙하는 인물 중 하나가 알렌(A. A. Allen, 1911-1970)이다. 그는 오순절 '늦은 비' 신유 부흥사로 술꾼이었으며 협잡꾼이었다. 그가 발행한 「기적 잡지」(*Miracle Magazine*)는 자기의 신유 집회에서 한 여인이 순식간에 100kg의 살을 뺐다는 등과 같은 허황된 주장들을 실었다. 1956년에 그는 기적의 기름이 자기 집회에 참가하는 사람들의 손과 머리에서 흐른다고 주장했다. 그런데 사실 이것은 번찬(Lewin Bunchan)이라는 일곱 살 난 소년에게 하나님의 초자연적인 기름을 부어 주었다고 주장한 사건에서부터 시작된 것이다.

한편 1960년대에 그는 '죽은 자들을 일으키는' 캠페인을 시작했다가 그만두었는데 그 이유는 몇몇 사람들이 그의 말을 믿고는 자기의 사랑하는 사람들이 죽은 뒤에도 장사를 지내지 않고 그대로 두려했기 때문이었다. 그는 또한 자기의 사역을 위해 돈을 내는 사람들에게 자기가 안수하면 그들이 부자가 될 수 있는 권능이 자기에게 있다고 주장했다. 한 번은 자기가 410달러의 인쇄비용을 갚기 위해 기도했더니 주머니 속에 있던 1달러짜리 지폐가 20달러로 변했다고 주장하며 다음과 같이 말했다.

나는 하나님에게 명령을 내려 여러분을 위해 기적을 일으키라고 할 수 있다고 믿습니다.

그는 1955년에 부흥 집회를 여는 도중에 음주 운전으로 체포되었으며, 1967년에는 자신의 조강지처를 버리고 이혼했다. 그 뒤 3년이 지나서 그는 샌프란시스코의 한 모텔에서 시체로 발견되었는데 부검 결과 그의 간은 음주로 인해 완전히 망가진 것으로 나타났다.

코에

코에(Jack Coe, 1918-1956) 역시 유명한 은사주의 부흥사로서 거짓 교리의 과장된 주장을 편 인물이다. 1953년에 하나님의 성회 교단은 극단적인 주장을 했다는 이유로 그를 축출하기도 했다. 그는 의사를 만나 상담하는 것 자체가 계시록의 짐승의 표와 상관이 있다고 주장했다. 1956년 2월에 플로리다 주 마이애미에서 열린 신유 집회에서 그는 소아마비로 앓고 있던 어린 소년을 안수한 뒤 그의 어머니에게 이렇게 말했다.

만일 당신이 예수께서 이 아이의 병을 고쳐 주시리라 믿는다면 다리를 감싸고 있는 보조기구를 벗기기 바랍니다.

이 말에 그 아이의 어머니는 즉시 아이의 다리를 감싸고 있는 보조 기구를 풀었다. 그런데 그 아이는 계단을 내려가려고 하다가 마룻바닥에 주저앉고 말았다. 코에와 다른 신유 치료사들이 가르친 거짓 교리를 그대로 믿은 아이의 어머니는 하나님이 믿음을 통해 자기 아들을 낫게 해 주신다고 믿었고 그래서 보조 굴레를 다시 채우지 않았다. 그러자 아이의 다리는 곧 부어오르기 시작했고 아이를 의사에게 데리고 갔더니 의사는 당장에 보조기구를 채워야 한다고 말했다. 답답해진 그 어머니는 코에에게 편지를 썼으나 그는 그녀에게 답변을 하지 않았고 마침내 그 어머니가 경찰에 신고해서 코에는 면허도 없이 의료 행위를 한 죄로 고소를 당하기도 했다.

실로 오순절 은사 운동은 하나님이 약속하지 않은 것을 약속함으로써 이 아이의 어머니처럼 수많은 사람들의 마음에 지울 수 없는 큰 상처를 주었다.

비록 의사를 만나서는 안 된다고 스스로 크게 주장을 했지만 이 일이 생긴 뒤 몇 달이 지나지 않아 코에 역시 마비 증세가 생겨 아프게 되었고 병원에 입원했다가 결국 죽게 되었다. 그 어린 소년이 걸렸던 그 병에 걸려 그가 죽었다는 것이 참으로 우연은 아닌 듯싶다. 코에가 죽은 뒤에 그의 아내는 자기 남편의 신유 사기 행각 사례들을 열거하며 그것들이 다 거짓임을 폭로했다.

두 플레시스

오순절 은사 운동 역사에서 프로테스탄트와 카톨릭 사이의 종교 일치를 위해 가장 많은 활동을 한 인물은 바로 '미스터 오순절'로 널리 알려진 두 플레시스(David Du Plessis, 1905-1987)이다. 그의 부모들은 다우이의 '시온의 도시'에서 내보낸 오순절 선교사들의 영향을 받았으며 결국 '늦은 비' 기적 부흥, 완전한 건강, 방언과 함께 나타나는 성령 침례 등의 거짓 교리를 받아들였고 그 결과 남아프리카 공화국의 개혁 교회에서 쫓겨나게 되었다. 그의 아버지는 은사주의 목사가 되었으며 자기 자녀들에게 약을 먹이지도 못하게 하고 의사를 만나지도 못하게 했다. 심지어 그는 자기 가족과 가축에게도 약을 허용하지 않다가 병든 가축을 아무 이유 없이 죽인다는 죄목으로 잠시 감옥 생활을 하기도 했다.

두 플레시스는 자기가 1918년에 오순절 성령 침례를 받았다고 주장했으며 1930년도에 오순절 교회목사가 되었다. 그때로부터 6년이 지난 뒤에 역시 오순절 교회 목사인 위위스워스는 두 플레시스가 세계 종교통합을 이루기 위한 하나님의 도구가 될 것이라고 예언했다. 그 뒤 1950년대에 그는 종교통합 일치를 위해 온 몸을 바쳤으며 온 세상을 두루 다니며 배도한 기독교 지도자들과 친교를 나누었다. 또 그는 세계 교회 협의회(WCC) 지도자들의 친구가 되어 1954년도의 WCC 대회에 참석했고 바티칸에 초대를 받아 교황 요한 23세와 개인적인 친분을 쌓았다. 그는 그들의 믿음과 자기의 믿음이 같으며 따라서 카톨릭 사제들을 자기의 형제로 받아들이게 되었다고 했다.

사실 젊어서부터 두 플레시스는 이 같은 속임수에 빠질 수밖에 없었다. 그는 자기가 하나님으로부터 직통 계시를 받았으며 특히 방언을 통해 하나님의 지도를 받는다고 주장했다. 그는 자서전에서 이렇게 말했다.

> 하나님의 뜻을 아는 것은 방언을 통해서 가능하다. 불빛이 밝혀지고 나는 하나님과 방언으로 말했다. 그러자 그분께서는 내 마음속에 말을 주셨다. 나는 이것이 참으로 좋은 방법임을 깨닫기 시작했다. 방언으로 기도하는 것이야말로 깊은 수렁에서 나를 건져내는 아주 놀라운 길이다. 나는 단순히 방언으로 기도할 것이고 만일 내게 들어온 생각이 확실하다면 나는 그것이 진짜로 생긴 것인 줄 알게 된다.

이 같은 잘못을 계속해서 범함으로 말미암아 두 플레시스는 점점 더 깊이 영적 무지 속으로 빠져들어 갔다. 한때 하나님의 성회는 그가 너무나 종교통합을 강조한다는 이유로 그를 축출하기도 했지만 1980년에는 다시 그의 권리를 복원시켰다.

위위스워스

위위스워스(Smith Wigglesworth, 1859-1947) 역시 유명한 오순절 부흥사요, 믿음 치료사였다. 그는 감리교도였을 때에 회심을 했고 성공회에 다니며 확신을 갖게 되었으며 한때는 구세군과 형제 교회 등에도 소속됐던 것으로 알려져 있다. 그는 1907년에 바디(Mary Boddy)라는 오순절 여자 부흥사에게 안수를 받고 성령 침례를 받았다고 한다. 그 역시 크리스천의 완전한 건강을 믿었고 약을 사용하는 것을 적극적으로 반대했다. 또한 오순절 성령 침례를 받지 않으면 아무도 구원을 확신할 수 없다고 주장했으며, 손수건에다 기도를 하고 그것을 믿음으로 병든 자에게 가져다가 그 위에 두면 그가 낫게 된다고 주장했다. 또한 복음 선포에는 반드시 이적과 표적이 있어야 한다고 생각했다.

대부분의 오순절 은사 운동 치료사들과 마찬가지로 그는 예수님의 인격과 사역이 크리스천의 인격과 사격과는 다르다는 것을 인식하지 못했다. 그 결과 그는 예수님이 하나님의 충만하심과 성령님의 권능 속에서 그 능력이 계속해서 증가하게 되었다고 주장했다.

예수님도 시련과 유혹을 다 겪은 뒤에 좀 더 하나님으로 충만하게 되고 좀 더 성령님으로 옷 입게 되었으며 좀 더 잘 싸울 수 있게 되었다는 사실을 여러분이 깨닫게 되기를 나는 원합니다.

도대체 이 같은 주장은 참으로 이단 교리가 아닌가? 예수님은 성자 하나님이었으므로 좀 더 하나님으로 충만하게 될 수 없었다. 더욱이 그분은 헤아릴 수 없을 정도로 이미 성령님으로 충만한 분이셨다. 이 같은 명백한 사실을 제대로 분별하지 못한 위워스워스는 우리 크리스천들이 지금 이 시간에 예수님과 같이 전능한 권능을 행사할 수 있다고 주장했다. 그런데 이는 사실 크리스천의 불멸이나 완전성을 주장하는 '하나님의 아들들' 교리와 같은 것으로 케네스 하긴, 코플랜드 그리고 다른 믿음 치료사들이 가르치는 이단 교리이다.

그들은 현세에서의 삶과 앞으로 이르게 될 삶을 혼동하고 있으며 이 같은 사실을 지적하는 우리를 가리켜 영적으로 눈먼 자라고 조롱하고 있다. 이 같은 조롱에도 불구하고 오순절주의에 속한 그 누구도 예수님과 같은 능력을 행한 적이 없으며 또 행할 수도 없다. 위워스워스는 크리스천이 죄를 짓지 않는 완전한 성화에 도달할 수 있다고 가르쳤다.

나는 최근 들어 성령님의 성결하게 하심에 따라 생각이 거룩하고 삶이 아무 죄나 흠이 없이 아름답게 된다는 것을 매일같이 느끼고 있다.

이 같은 그의 진술이 사실이라면 얼마나 좋을까? 사도 바울은 이에 대해 다음과 같이 말한다.

내 안에 (곧 내 육신 안에) 선한 것이 거하지 아니하는 줄을 내가 아노니 원함은 내게 있으나 선한 그것을 어떻게 행할지는 내가 찾지 못하노라. 이는 내가 원하는 선은 내가 행하지 아니하고 도리어 내가 원치 아니하는 악을 곧 그것을 내가 행하기 때문이라. 이제 내가 원치 아니하는 그것을 내가 행하면 그것을 행하는 자가 더 이상 내가 아니요 내 안에 거하는 죄니라. 그런즉 내가 한 법을 발견하노니 곧 내가 선을 행하기 원할 때에 악이 나와 함께 있는 것이로다. 내가 속사람을 따라 하나님의 법을 즐거워하나 내 지체들 안에서 다른 법이 내 생각의 법과 싸워 내 지체들 안에 있는 죄의 법에게로 나를 사로잡아 가는 것을 내가 보는도다. 오 나는 비참한 사람이로다! 이 사망의 몸에서 누가 나를 건져 내랴?(롬7:18-24)

현 세상에서의 삶에서 우리는 성령님을 힘입어 영적 승리를 거둘 수 있다. 하지만 이것은 결코 우리가 죄 없이 흠 없이 산다는 것을 의미하지 않는다. 사람들에게 하나님이 약속하지도 않은 것을 구하라고 요청하고 가르치는 것으로 인해 수많은 사람들이 마귀의 계략과 육체의 미친 것에 이르게 된다. 비록 위워스워스가 육체의 완전한 건강을 주장하고 크리스천도 예수님과 같은 기적을 행할 수 있다고 주장했음에도 불구하고 그의 신유 집회에서 병 고침을 받은 사람은 거의 없었다. 그의 아내는 그가 오순절주의자가 된 지 6년 후에 죽었고 그의 아들은 그때로부터 2년 후에 죽었다. 그를 돕던 딸 역시 귀머거리로 지내야 했고 위워스워스 자신도 3년 동안 쓸개 안에 생기는 돌로 인해 고통을 받았다.

위에서 언급한 것 같이 위워스워스는 1936년에 두 플레시스를 두고 예언을 하여 하나님께서 프로테스탄트든 카톨릭이든 모든 교단과 교회에 자신의 영을 부어 주실 것이고 이로써 오순절 체험이 온 세상을 휩쓸게 될 것이라고 했다. 그런데 이 일이 그대로 성취되었다는 사실을 통해 우리는 그가 말한 영이 하나님에게서 나온 영이 아님을 분명히 깨닫게 된다. 성령님은 진리의 영이시므로(요14:17; 15:27; 16:13; 요일4:6) 그분께서 어떤 사람의 삶에서 역사하시면 그들의 마음에 빛을 주사 진리를 깨닫게 하고 오류를 미워하게 한다. 그런데 두 플레시스와 관련이 있는 종교통합과 은사 부흥은 한 마디로 교리적 문제를 가져오는 거짓 부흥이다. 어찌 천주교와 기독교가 하나가 될 수 있단 말인가?

하긴

하긴(Kenneth Hagin, Sr., 1917 -)은 현존하는 오순절 지도자 중 가장 영향력 있는 인물이다. 비록 그는 자신의 가르침이 하나님에게서 온 것이라고 주장하지만, 실제로 그의 가르침의 대부분은 케넌(E. W. Kenyon, 1867-1948)의 것을 거의 그대로 복사한 것이다. 맥코넬(D. R. McConnell)은 「다른 복음」이라는 책에서 이 모든 것에 대해 소상히 밝혀 놓았다.

> 하긴은 참으로 케넌의 저술에서 글자 하나도 바꾸지 않고 그대로 베꼈으면서도 그것이 케넌의 저술임을 전혀 밝히지 않았다. 사실 이것은 속임수일 뿐 아니라 범죄 행위이다.

케넌은 침례교 목사로서 오순절 운동에 참가하지는 않았다. 그러나 그는 라디오 설교 등을 통해 자기의 메시지를 잘 따르면 병과 마귀들을 완전히 제압할 수 있는 크리스천들이 된다고 주장했다. 사역의 초기에 케넌은 감리교의 완전 성화 교리에 영향을 받았다. 1892년에 그는 에머슨 대학에 등록했는데 이곳은 형이상학적이며 신비주의 사상과 행태 등으로 얼룩진 기관이었다. 그 대학의 에머슨 학장은 유일교[3] 목사로서 결국 에디 부인이 만든 '크리스천 사이언스'에 합류하고 말았다. 그 외에도 에머슨 대학 출신 중 여러 명이 '크리스천 사이언스'로 넘어가 거기에서 많은 활동을 했다. 케넌은 이들의 가르침에 동화되어 영적인 것이 육적인 것의 원인이 되며 긍정적으로 말을 하면 그대로 이루어진다고 가르쳤고 또한 신유나 다른 기적들이 반드시 크리스천의 삶에 있어야 한다고 믿었다.

---

3) 이것은 삼위일체를 부인하는 이단 교파로서 미국에서는 삼위일체를 믿는 '트리니테리언'(Trinitarian)과 대비해서 '유니테리언'(Unitarian)이라고 부른다.

하긴은 케년으로부터 긍정적 고백 이론을 물려받아 현 시대 오순절 은사주의 안에 파급시켜 큰 영향을 미쳤다. 「오순절 은사주의 백과사전」은 이렇게 말한다.

케년의 책들은 하긴, 코플랜드, 고셋, 캡스 등 긍정적 고백 이론을 가르치는 모든 이들에게 지침서가 되었다.

하긴은 그리스도의 육적 죽음이 우리의 죄를 제거하지 않았고 그리스도의 영적 죽음과 지옥에서의 투쟁이 죄를 제거했다고 엉뚱한 주장을 한다. 다시 말해 하긴은 예수 그리스도께서 지옥으로 보내어져서 그곳에서 사탄과 및 그의 마귀들과 투쟁을 벌이고 승리한 결과 다시 거듭나게 되었다고 주장한다. 그런데 이것은 참으로 간과할 수 없는 이단 교리이다. 성경은 그리스도의 죽음과 그리스도의 속죄로 말미암아 우리가 구원받는다고 아주 명백하게 가르친다(행20:28; 히9:14; 10:10). 다시 말해 속죄는 갈보리 십자가에서 다 이루어졌다. 그래서 예수님께서 몸에서 자신의 영을 내놓으시며 돌아가셨을 때 "다 이루었다."고 말씀하신 것이다(요19:30).

또한 예수님은 결코 거듭난 적이 없다. 거듭난다는 것은 길을 잃은 죄인들에게만 필요한 것이며 그분은 결코 길을 잃은 죄인이 아니셨다. 비록 예수님이 친히 자기 몸에 우리의 죄를 짊어지셨으나 그분은 결코 죄인이 아니셨다. 그분은 결코 지옥에서 사탄과 그의 마귀들에게 고통을 당하지도 않았다. 사실 성경은 사탄이 지옥에 있다거나 혹은 지옥에 어떤 영향을 미치고 있다고 가르치지 않는다. 이제 곧 그는 천년왕국이 시작될 때 1000년 동안 밑바닥 없는 구덩이 즉 무저갱에 갇히게 될 것이고(계20:1-3), 궁극적으로는 불 호수에 내던져질 것이다(계20:10). 또한 성경은 지금 이 시간에 사탄이 지옥의 권세를 잡고 있다고 가르치지 않는다.[4]

또한 하긴은 크리스천도 예수님같이 하나님이 육체를 입고 나타나는 것이라는 매우 이단적인 교리를 가르친다. 이것은 참으로 무시무시한 이단 교리이다. 주 예수 그리스도는 육체 안에 나타나신 하나님이며 영원토록 하나님의 아들이시다. 하지만 우리 신자들은 결코 전능하신 하나님이 육체를 입고 나타난 존재가 아니다. 주 예수 그리스도께서는 자신이 하나님의 아들이시며 구약성경이 예언한 메시아임을 증명하기 위해 큰 기적과 이적을 행하셨다. 하지만 우리 크리스천들은 결코 그리스도께서 행하신 그런 기적과 이적을 행할 수 없다. 스스로 큰 기적과 이적을 일으킬 수 있다고 장담하는 오순절 부흥사 가운데 단 한 명도 예수님이 행하신 일을 행한 적이 없다.

하긴은 또한 천사들과 예수 그리스도께서 여덟 번이나 환상 중에 나타나 자기를 지도했다고 주장한다. 그 중의 일곱째 환상은 1962년 12월 12일에 일어났다. 그는 예수님이 나타나서 모든 교단과 교회를 움직이사 그들이 다 구원받고 성령 침례를 받게 될 것을 자기에게 예언했다고 주장한다. 또한 그는 예수님이 자기에게 이 같은 종교통합 운동에서 한 가지 역할을 맡을 것이라고 말했다고 주장한다.

이 같은 예언은 이미 위워스워스가 두 플레시스에게 말한 적이 있다. 그런데 현재 우리는 로마 카톨릭 교회와 많은 프로테스탄트 교단들의 연합 운동을 통해 이런 종교통합이 이루어지고 있음을 보면서 이 예언이 실제로 이 세대에서 성취되고 있음을 확인할

---

4) 「성경 바로 보기」(그리스도예수안에 출판사)를 참조하기 바란다.

수 있다. 이 같은 종교통합 운동을 통해 이제는 오순절 성령 운동 연합 대회에 카톨릭 및 프로테스탄트들이 대거 참석하여 천주교 미사를 거행하는 일을 아주 쉽게 볼 수 있게 되었다. 우리는 이 같은 오순절 은사주의 종교통합 운동이 진리의 성령께서 주관하는 운동이 아님을 성경을 통해 확신하고 있다.

하긴은 또한 건강 번영 복음을 확산시킨 장본인이다.

> 구원과 마찬가지로 신유와 건강도 이미 갈보리에서 다 이루어졌다. 이제부터 우리는 단순히 그것을 받아들이기만 하면 된다. 하나님은 우리의 질병과 고통을 통해 영광을 받지 않고 신유와 축사를 통해 영광을 받으신다.

그런데 이 같은 하긴의 주장은 그의 행적과 전혀 일치하지 않는다. 그는 자기가 지난 60년 동안 한 번도 아픈 적이 없다고 주장하지만 사실상 그는 여러 차례 심장병으로 고생했고 어떤 때는 한 달 반이나 심장병으로 누워 꼼짝하지 못한 적도 있다. 한편 그는 건강 번영 축복 복음을 매우 강조해서 크리스쳔은 반드시 영적 재정적 번영을 누려야 한다고 주장했다.

한 번은 예수 그리스도가 자기에게 나타나서 다시는 예전과 같이 부자가 되게 하거나 돈을 달라고 기도하지 말고 그에게 딸린 천사들이 있으니 그들에게 명령해서 필요한 것을 다 얻으라고 말했다고 한다. 이 같은 주장에 근거하여 이제 크리스쳔들은 자기들의 원하는 바를 말로 표현하기만 하면 천사들이 그 모든 것을 가져다준다고 그는 헛된 주장을 펴고 있다. 그래서 믿음/신유/번영 부흥사들은 한결같이 말의 능력 혹은 입의 능력을 강조하는 것이다. 말로 긍정적으로 구하기만 하면 다 이루어진다고 그들은 주장한다. 이 같은 '말 – 믿음' 이단 교리는 현재 모든 오순절 교회 안에서 아주 확고한 교리로 자리 잡고 있다.

다른 오순절 부흥사들의 집회와 마찬가지로 하긴의 집회 역시 '영 안에서 죽는 현상'이 충만하게 나타난다. 한번은 소녀 하나가 영 안에서 죽음을 당해 무려 아홉 시간이나 움직이지 못했고 그의 동료들이 그녀를 움직이려 했으나 허사였다고 한다. 또 한 번은 집회 도중 한 사람이 공중에 붕 뜨는 일이 발생했는데 하긴의 부인과 또 다른 두 사람이 과연 이 일이 주로부터 온 것인지 의문을 품었다고 한다. 그러자 하긴은 하나님이 자기에게 명령을 주사 자기 손가락을 그 세 명의 이마에 대라고 했다고 말했다. 그리고 그가 손가락을 대자 이 세 명은 곧바로 마룻바닥에 넘어져 마비가 되었고 일어나지 못했다. 마침내 그들이 하긴의 권능이 하나님에게서 왔음을 인정하자 그는 다시 손가락을 그들의 이마에 댔고 그러자 그들은 곧바로 일어났다고 한다. 하긴은 자기의 능력을 통해 한 여인이 공중에 붕 뜨는 일이 발생했다고 주장하며 또한 자기가 천국과 지옥을 다 다녀왔다고 주장한다.

그런데 이런 거짓/이단 교리를 가르치는 하긴은 최근 유행하고 있는 '웃음 부흥 운동'에서 핵심 역할을 하고 있다. 그는 '웃음 운동' 부흥사 하워드-브라운을 초청해서 집회를 열곤 했다. 1997년 10월 12일에서 24일 사이에 미주리 주 체스터필드에서 열린 웃음 부흥 집회는 비디오로 녹화되었는데 그 비디오테이프를 보면 참으로 상상할 수 없는 일들이 그 집회에서 벌어졌음을 쉽게 알 수 있다. 거기에는 하긴과 그의 아들 그리고 코플랜드 등이 참가했다. 이 집회에서 하긴은 술 취한 사람처럼 비틀거리면서 뱀처럼 혀를 날름날름 거리고 사람들을 향해 숨을 내쉬며 손으로 그들의 머리를 막 치면서 통로로 걸어갔다. 그러자 의자에 앉은 사람들이 막 쓰러지면서 자리에서 빠져 나와 술 취한 사람처럼 비틀거리며 넘어졌다. 여자들은 치마가 다 벗겨진 채 뒤로 넘어졌고 미리 대기하고 있던 여자들이 뛰어 나와서 덮을 것을 가져다가 넘어진 여자들의 하체를 가렸다.[5]

코플랜드와 하긴의 아들 역시 술 먹은 사람처럼 마룻바닥에서 구르며 소리를 지르며 아무 이유도 없이 웃어대기 시작했다. 비틀거리는 하긴을 부축할 의무를 지닌 하긴의 수행원 가운데 한 명도 술 취한 것처럼 하며 매력적으로 보이는 여인의 무릎 사이로 넘어졌다. 한 마디로 그곳은 혼동과 혼돈의 장소였다. 술 취한 것 같은 하긴을 강대상으로 데려가기 위해 네 명의 남자 수행원이 필요했다.

참으로 하긴의 영향력은 대단했으며 지금까지 수천 명의 학생들이 그가 운영하는 '레마 성경 훈련 센터'를 수료한 뒤 하긴과 같은 사역을 수행하기 위해 온 세상의 여러 곳으로 퍼져 나갔다. 그의 라디오 방송 프로그램은 미국에서만 180여 개 방송국에서 방송하고 있고 단파를 통해 전 세계의 80여 국가에 방송되고 있다.

로버츠

오순절 치료 부흥사 로버츠(Oral Roberts, 1918 -) 역시 큰 혼동 속에 빠진 장본인이다. 그는 질병이란 마귀에게서 오는 것이라고 주장하며 사역의 초기에는 자기의 오른손으로 질병을 일으킨 마귀들을 분간해 낼 수 있다고 주장했다. 처음에 신유 사역을 시작했을 때 그는 하나님의 능력이 자기를 통해 전기처럼 흘렀으며 어떤 때에는 불길이 자기 팔을 통해 일어나는 것 같았다고 말했다. 1949년에 브랜함은 플로리다 주 탬파에서 신유 집회를 하고 있는 로버츠를 방문했다.

이들은 하나님의 음성을 들었으며 병 고치는 능력이 자기들의 손에 있음을 느꼈다. 브랜함은 왼손에 떨리는 현상이 나타났고 로버츠는 오른손에 권능이 임해 그곳에 있던 마귀들의 이름과 수까지도 알 수 있었다(「신유의 물결」, 1949년, 로버츠 발행).

로버츠는 자기의 오른손에 하나님의 임재가 나타나는 것을 느꼈으며 이 같은 능력을 통해 수많은 사람을 고치게 되었다고 주장한다. 그는 1950년대에 청중들에게 그들이 헌금하기만 하면 하나님이 일곱 배로 갚아 주실 것이라고 말했다. 그리고 1954년부터는 '축복 약정'이라는 것을 시작했는데 이것은 자기의 사역을 위해 헌금하면 전혀 기대하지 않았던 곳에서 그 금액이 되돌아 올 것을 위해 자기가 기도해 준다는 것이다. 그는 또한 1950년에 예수님이 재림할 것을 하나님이 자기에게 알려 주었다고 말했으며, 1954년에도 그와 비슷한 헛된 주장을 폈다.

1952년 3월호 「신유의 물결」 겉장에는 로버츠를 환영하는 세 명의 의사들 사진이 실렸다. 이 중 하나는 밀러 박사(Dr. J. H. Miller)로 그는 20,000명의 의사들이

---

[5] 유튜브(http://www.youtube.com)에서 'holy laughter rhema kenneth hagin'을 치면 하긴의 웃음 부흥을 볼 수 있다. 이런 부흥 집회는 한 마디로 혼돈과 난장판이다.

가입한 미국 의학 협회의 회장이요, 뛰어난 의사라고 소개되었다. 그런데 두 명의 장로교 목사들이 미국 의학 협회에 물어 본 결과 이런 의사들은 존재하지도 않음이 밝혀졌다. 한편 장로교 목사인 스테갈(Carroll Stegall)은 로버츠의 집회를 따라다니며 병 고침을 받았다는 사람들과 인터뷰를 했는데 그 결과 로버츠의 주장에 아무런 근거도 없음을 입증했다.

> 나는 단 한 번도 어떤 변화(즉 병 고침)가 일어난 것을 본 적이 없다. 정직하게 조사하는 사람이라면 누구든지 내가 내린 결론에 도달할 것을 확신한다.

오순절 은사주의 치료 부흥사들에 대해 스테갈은 단호하게 말한다.

> 그들은 사람들을 치료하기보다는 사람들을 죽이며 평범한 사람들에게 축복을 가져오기보다는 불행과 믿음의 파괴를 가져온다. 로버츠의 전기를 기술하면서 하렐(David Harrell)은 코블러가 두 사람을 만나 인터뷰한 것을 기록했는데 이 사람들은 로버츠가 가장 확실하게 병을 고친 사람들이라고 스스로 추천한 사람들이었다. 그런데 코블러는 이렇게 보고했다. '이 두 사람 다 자기들이 병 고침을 받은 것으로 믿고 있었지만, 그 중 하나는 의사를 찾아가서 이것을 입증한 적이 없으며 또 다른 하나는 암을 제거하기 위해 수술을 받았다'(「오랄 로버츠」, Harrell, Indiana University Press, 1985. p.164).

캐나다 토론토의 한 의사는 로버츠에게서 병 고침을 받았다는 사람 30명을 조사했고 이들의 병은 한결같이 심리적 요인이나 히스테리에 의한 것이었다고 밝혔다.

한편 로버츠의 집회에는 계속해서 재난이 생겼다. 1950년 9월 8일 텍사스 주 아마릴로에서 열린 그의 집회에서는 64세 된 사람이 폭풍을 피해 집회소에서 달려 나가다가 죽었고 이틀 후에 또다시 폭풍이 밀려와 50명이 부상을 입고 병원 신세를 져야 했다. 그런데 그는 자기의 능력을 십분 발휘할 수 있는 이런 좋은 기회를 맞아 단 한 명도 신유의 은사로 낫게 하지 못했다. 한편 1951년에 앨라배마 주의 어떤 사업가는 애틀랜타에서 열린 그의 집회에 참석했다가 죽었고 1955년에는 캐나다 앨버타 주 캘거리에서 열린 집회에서도 한 사람이 죽었다.

한편 1956년에는 본더셔(Mary Vonderscher)라는 여인은 TV에 나와서 자기가 로버츠의 도움으로 병 고침을 받았다고 인터뷰를 하고는 채 열두 시간이 못 되어 죽었으며 1959년에는 캘리포니아 주 오클랜드에서 열린 집회에서도 한 사람이 죽었다. 1959년에는 노스캐롤라이나 주 페이엣빌에서 세 살 먹은 소녀가 신유 안수를 받으려 하다가 죽었으며 또 다른 여인 역시 병 고침을 받았음을 확신한 뒤 죽었다.

우리는 결코 이런 불행에 대해 기뻐하지 않는다. 이런 일들은 참으로 슬픈 것이며 이런 일을 언급하는 것 자체가 즐거운 일이 못 된다. 그런데 우리가 이 모든 것을 체계적으로 정리하여 제시하는 이유는 오랄 로버츠를 포함한 오순절 은사주의 '늦은 비' 운동 치료 부흥사들이 거짓 교리로 사람들을 속이고 있기 때문이다. 그들은 지금 이 시간에도 초대 교회 사도들의 표적이 있을 수 있다고 주장하는데 사실 이들의 이 같은 주장은 참으로 심각한 주장이다.

병을 고치고 있는 로버츠

만일 예수님의 속죄 안에 완전한 건강과 물질의 번영이 포함되어 있으며 오늘날에도 몇몇 크리스천들에게 특별한 신유의 은사가 있어서 이들이 손을 대기만 하면 누구든지 낫는 일이 일어난다면 또한 하나님께서 모든 크리스천이 건강하고 번영하기를 원하신다면 이런 모든 일이 명백히 일어나 모든 사람이 눈으로 쉽게 볼 수 있어야 할 것이다. 그런데 실상은 그렇지 않지 않은가? 우리가 살펴 온 역사의 기록에 따라 오순절 '늦은 비' 교리를 주창하는 이들이 다 거짓말쟁이임은 만천하에 드러나고 말았다. 이들 역시 오순절 은사주의 교리를 믿지 않는 다른 크리스천들과 마찬가지로 재정상의 어려움과 건강의 어려움을 겪고 있다.

헌터 부부

이들은 오순절 진영에서 '행복한 헌터 부부'(Charles and Frances Hunter)로 잘 알려진 사람들이다. 1986년 5월호 「카리스마」 잡지에 따르면, 이 부부는 20명의 유명한 오순절주의자들 중에 속하는 사람들이라고 한다. 이들 역시 크리스천의 완전한 건강 축복을 믿으며 크리스천들에게 병든 사람들을 고칠 수 있는 방법을 가르쳐 주려고 '신유 전시회'를 열고 있고 카세트테이프와 비디오테이프를 배포하고 있다. 그들은 이렇게 말한다.

> 하나님은 이 시간에 당신이 병 고침 받기를 원하고 계시며, 만일 당신이 아픈 채로 이 세상을 살아간다면 그것은 하나님께 영광을 드리는 것이 아니다.…믿지 않는 사람에게는 기적을 보여 주는 것이 가장 확실한 전도 방법이다.

그러나 우리 주 예수님께서는 이런 것이 틀린 철학임을 분명히 보여 주셨다. 만일 사람이 성경을 믿지 않으면 심지어 죽은 자가 다시 살아난다 할지라도 믿지 않으리라고 주님은 말씀하셨다.

> 아브라함이 그에게 이르되, 그들에게 모세와 대언자들이 있으니 그들이 저들의 말을 들을 것이니라, 하매 그가 이르되, 아니니이다. 아버지 아브라함이여, 만일 어떤 사람이 죽은 자들로부터 그들에게 간다면 그들이 회개하리이다, 하니 그가 그에게 이르되, 그들이 모세와 대언자들의 말을 듣지 아니하면 비록 어떤 사람이 죽은 자들로부터 일어날지라도 그들이 설득되지 아니하리라, 하였느니라, 하시니라(눅16:29-31).

이들 역시 신유의 은사와 완전한 건강을 주장하지만 자기들은 병 고침을 받지 못한다. 1988년 1월에 이들은 필리핀에 가서 집회를 했다. 거기서 프랜시스 헌터는 눈병에 걸렸는데 신유 치료사들이 아무리 달려들어도 고칠 수가 없어 결국 병원을 찾아가 약을 먹고 치료하게 되었다. 그런데 병원의 환자 대기실에는 그들이 저술한「어떻게 병든 자를 고치는가?」라는 책이 있어서 그녀는 아주 당황하게 되었다. 아마도 필리핀 눈병은 의사의 치료를 받아야만 낫는다는 것을 그녀는 거기서 비로소 깨닫게 되었을 것이다.

또한 이들은 캘리포니아 주 롱비치에서 신유 집회를 한 적이 있다. 그때에는 신유 사역 팀의 모든 팀원이 그 근처를 지나가는 바이러스에 감염되었고 프랜시스 헌터 역시 하는 수 없이 집으로 되돌아가 10일이나 누워 지내야 했다. 또한 그녀는 온두라스에서 집회를 하다가 무릎을 다쳐 집회에 참석하지도 못했다.

1989년에 헌터 부부는 67세 된 여인에게 3억 6천만 원을 배상하라는 판결을 받았다. 이 여인은 헌터 부부의 집회에 참석했다가 '영 안에서 죽임을 당하는 과정' 속에서 등에 상처를 입어 두 달 동안이나 병원 신세를 져야 했다. 물론 그들은 이 여인을 고치지 못했다. 이들은 심지어 대머리를 고치는 방법도 책에 기술하고 있다.

> 대머리를 고치려면 머리털에게 명령을 내려 정상적으로 자라게 하면 된다(「신유백과사전」, 헌터 부부, p.106).

이 같은 대머리 치료술에도 불구하고 이들 부부는 자기들의 부분적인 대머리도 고치지 못하고 있다.

이들 역시 웃음 부흥을 조장하고 있으며 '영 안에서 죽는 현상' 역시 이들 집회의 특징이 되고 있다. 이들은 또한 오순절 은사주의의 저 유명한 학습 방언을 잘 가르쳐 주고 있다.

> 잠시 후에 내가 하라고 하면 여러 가지 다른 종류의 소리를 내서 하나님을 사랑하고 찬양하기 바랍니다. 단 당신이 알고 있는 말을 하면 안 됩니다. 또한 절대로 그 소리가 어떤 소린지 생각하지 마십시오. 우선 무조건 빠른 소리를 내서 무슨 말을 하는지 알지 못하게 하십시오. 그 뒤에 길게 말하되 처음에는 무조건 크게 빠르게 하십시오(「카리스마」, 찰스 헌터, 1989년 7월).

이것이 바로 오순절 학습 방언이다. '랄랄랄라', '할렐루야', '아멘 아멘' 하면서 수백 번씩 빠르게 외우면 아무리 정상적인 사람이라도 혀가 꼬여 허튼말이 나오게 마련이다. 이 같은 기법은 힌두교-불교에서 지난 3000년간 가르쳐온 만트라 기법이다. 그래서 중들도 열반의 세계에 속히 들어가기 위해 하루 종일 앉아서 묵주를 돌리며 정신을 빼고 '나무아미타불 관세음보살'하고 반복 학습을 하며 천주교인들도 묵주를 돌리면서 내내 똑같이 '마리아여, 마리아여'하고 헛된 반복 기도를 한다. 과연 이런 식으로 초대 교회의 사도 베드로가 방언을 하거나 가르쳤겠는가? 어떻게 방언을 배워서 한단 말인가? 예수님께서 하신 말씀을 들어 보기 바란다.

오직 너는 기도할 때에 네 골방으로 들어가 네 문을 닫고 은밀한 가운데 계시는 네 아버지께 기도하라. 그리하면 은밀한 가운데 보시는 네 아버지께서 네게 드러나게 갚아 주시리라. 오직 너희는 기도할 때에 이교도들과 같이 헛된 반복의 말을 사용하지 말라. 그들은 자기들이 말을 많이 하여야 아버지께서 들으실 줄로 생각하느니라. 그러므로 너희는 그들과 같이 되지 말라. 너희가 너희 아버지께 구하기 전에 그분께서 너희에게 필요한 것들을 아시느니라(마6:6-8).

버킹검

버킹검(Jamie. Buckingham, 1933-1992)은 오순절주의를 널리 파급시킨 인물 중 하나로서 40여 권의 책을 저술한 작가요, 연설가였다. 그는 초기에 미국 남침례 교회의 목사였으나 순복음 실업인 협회 모임에서 성령 침례를 받은 뒤 오순절주의자가 되었다.

그는 무엇보다도 종교통합을 강력히 부르짖었으며 카톨릭, 프로테스탄트, 침례교도, 오순절주의자 등을 연합시키려고 노력했다. 그는 또한 두 플레시스가 천주교와 기독교를 연합시키려 노력한 점을 찬양하고 다녔다. 1977년 캔자스시티에서 열린 종교통합 오순절 회의에서 그는 이렇게 경고했다.

우리는 교리를 통해 하나가 될 수 없다. 교리는 항상 그리스도의 몸을 나눌 것이다. 우리가 하나가 될 수 있는 유일한 방법은 그저 예수 그리스도만을 외치는 것이다.

그의 주장은 그럴 듯 해 보이지만 실로 섬뜩한 것이다. 성경을 주신 가장 큰 이유는 교리를 확립하는 것이다(딤후3:16). 예수님의 교회 안에서는 결코 거짓 교리를 용납할 수 없다(딤전1:13).

버킹검 역시 완전한 건강과 신유의 은사를 믿었다. 하지만 1990년 6월 그는 검진 결과 암을 가진 것으로 판명이 났으며 수술도 할 수 없다는 통보를 받았다. 그런데 그의 아내와 오랄 로버츠 등 은사주의 지도자들은 그가 나을 것이라고 예언했다. 버킹검도 자기가 목욕하는 중에 하나님이 나타나 그가 적어도 100세까지 건강하게 살 것을 확증해 주었다고 말했다. 1990년 7월 그는 수술을 받았는데 (물론 신유의 은사로 고치지 못하고) 의사는 그의 암이 콩팥에만 있어서 이번에 다 제거했기 때문에 안전하다고 말했다. 1990년 10월에 「카리스마」 잡지는 버킹검의 신유 간증을 대대적으로 실었고 (이것은 기적으로 나은 것이 아니고 의사가 수술로 고친 것임) 그 뒤 1991년 4월에는 그의 또 다른 간증을 실었다. 그런데 이 기사가 나간 지 열 달이 못 되어 1992년 2월 17일 그는 암으로 죽었다.

오순절주의 지도자들은 자기들을 가리켜 사도 혹은 주의 기름 부음 받은 자들이라고 말하며 자기들의 사역을 비판하는 사람들을 가리켜 '성령 훼방 죄를 짓는 자'라고 하면서 위협해 왔다. 이들이 미국에서 자기들의 기적/신유 장사를 위해 통상적으로 사용한 수법은 다음과 같이 요약 정리할 수 있다.

1. 가장 먼저 이들은 사람들을 향해 '씨뿌리기 믿음'을 실행하라고 말한다. 다시 말해 먼저 하나님께 드리면 하나님이 어떤 방법으로든지 갚아 주신다고 성도들을 유혹한다.
2. 또한 이들은 '증정품'을 준다고 한다. 즉, 자기들을 통해 '기름 부음을 받은' 손수건이나 카세트테이프 등을 준다고 한다.
3. 또한 이들은 무슨 수를 써서라도 라디오나 TV 프로그램에 나가려고 한다. 그리고는 자기의 안수 기도를 받고 병이 나았음을 간증해 줄 성도를 물색하고 방송국으로 초청해서 간증하게 한다. 그 뒤에는 그들에게 자기에게 병 고침을 받았음을 기록한 편지들을 방송국에 보내게 하고 방송 때에 낭독하게 한다. 이쯤 되면 기적 장사의 90%는 다 이루어진 셈이다.
4. 한편 이들은 예배 시 프로그램을 온통 음악으로 가득 채운다. 설교는 거의 없고 쾅쾅쾅쾅 하는 록음악만 난무하게 해서 사람들을 거의 최면 상태에 빠뜨린다. 물론 순진한 성도들은 이것을 잘 깨닫지 못한다.
5. 이번에는 예쁜 무희들을 무대에 동원해서 쇼를 연출하고 가수들을 데려다가 노래잔치를 한다(한국의 교회들도 이 점에서 아주 비슷하다). 거듭나지 못한 이들이나 영적으로 미숙한 신자들은 이에 흥겨워하고 눈물을 흘리며 성령님을 체험하는 것으로 착각한다.
6. 여기에는 환호 부대도 필요하다. 맨 앞자리에는 '할렐루야꾼들'과 '아멘 부대'가 자리를 잡고 또 '영 안에서 죽어 쓰러지는 사람들'을 받아 주는 캐처(포수)들이 줄지어 앉아 있다.
7. 또한 통로마다 감시자들을 세워 두었다가 이상하게 관찰하는 사람이나 혹은 무슨 문제가 있는 것처럼 보이는 사람이 있으면 즉각 보고하게 하고, 설교 시간에는 마치 자기들이 무엇인가 예언을 받은 것같이 이렇게 말한다. "오늘 이 자리에 이혼 문제(자녀 문제, 직장 문제)로 오신 분이 있음을 하나님이 보여 주었습니다. 그런 분은 앞으로 나오십시오." 이렇게 정중하게 말하고 그들을 초대하면, 20-30명의 사람들이 참으로 영감을 지닌 목사라고 생각하며 흐느끼면서 우르르 앞으로 나온다. 자, 이런 문제를 지닌 사람이 없는 교회가 어디에 있겠는가?

이런 식으로 해서 몇 년이 지나가면 그 교회는 이름난 교회가 되고 목사는 영력이 풍성한 훌륭한 목사가 된다. 이것이 위에 기술한 자들을 포함한 미국 내 은사주의 지도자들의 성공 비결이다.

우리는 이런 사례를 수도 없이 들 수 있다. 우리가 지금까지 살펴본 인물들은 다 「오순절 은사 운동 백과사전」에 나오는 이른바 오순절 은사주의 내의 유명 인사들임에 주의를 기울이기 바란다. 또한 우리는 결코 전능하신 하나님의 기적을 일으키는 능력을 믿는 것 자체를 조롱하지 않음을 기억하기 바란다.

이 책은 「Dictionary of Pentecostal and Charismatic Movements, S. M. Burgess, G. B. MeGee 저, 1988, Zondervan 출판사」라는 책을 2003년도에 갱신한 것이다. 이 책은 제목이 의도한 대로 오순절 은사주의에 관한 모든 것을 담고 있다.

우리는 그 무엇이라도 하실 수 있는 하나님을 믿고 있으며, 우리의 삶 속에서 순간순간 기적을 일으키시는 하나님의 권능을 믿고 있고 또 체험하고 있다. 우리는 신실한 성도들의 기도에 대한 응답으로 병이 고쳐지는 것을 보기도 하며, 죽을 수밖에 없는 죄인들이 회심하고 돌아오는 놀라운 일들을 체험하기도 하고, 하나님의 성도들이 올바른 사역을 위해 많이 헌금하는 것을 보기도 한다. 우리는 또한 하나님은 말 그대로 하나님이시며 자신의 방법과 때에 따라 일들을 진행하심을 확실히 믿는다. 그러나 하나님께서 과거에 어떤 방법으로 어떤 일을 진행하였으므로 지금도 그 방법으로 그런 일을 행하신다고 말 할 수는 없다. 초대 교회의 오순절 역사는 단 한 번 일어났으며 사도의 표적이 나타난 것도 단 한 시대뿐이었고 그 목적을 완수한 뒤에는 다 사라졌다.

나는 분명히 하나님께서 우리의 병을 고치심을 믿지만 신유 부흥사는 믿지 않는다. 하나님께서 이 시간에도 교회 안에서 초자연적인 은사(선물)를 주심은 믿지만 죽은 자를 살리며 앉은뱅이를 고치는 것과 같은 사도시대의 표적과 기적이 일어난다고는 믿지 않는다. 그렇게 믿는 것 자체가 하나님께서 약속하지 않는 것을 믿는 것이요, 음란한 세대가 추구하는 것이기 때문이다.

20세기 전체를 통해 오순절주의 은사주의 '늦은 비' 운동을 통해 드러난 극도의 혼동과 혼돈이 최근에 유행하는 '웃음 부흥'에도 그대로 나타나고 있다. 웃음 부흥 지도자들이 주장하는 많은 기적/신유가 다 거짓으로 드러났으며 조심스레 조사하는 사람들이 병 고친 경우를 살펴보면 한결같이 증거가 없음을 보게 된다.

소위 '펜사콜라 웃음 부흥'이라는 대혼동이 일어나고 있는 플로리다 주 펜사콜라 시에서 발행하는 「펜사콜라 뉴스저널」은 브라운스빌에 있는 하나님의 성회 교회에서 주장하는 '놀랄만한 병 고침'에 대한 사실을 확증하기 위해 부지런히 사람들을 만났으나 단 한 건에 대해서도 의학적으로 병이 나았음을 증명할 수가 없었다('이적 신유, 단 한 건도 의학적으로 증명하지 못함', 「펜사콜라 뉴스저널」, 1997년 11월 20일)

10장

제3의 오순절 물결: 빈야드 운동

성경은 "원수가 홍수처럼 올 때에 주님의 영께서 그를 대적하여 깃발을 올리시리라."고 말한다(사59:19) 지금의 오순절주의는 최고조에 달해 있으며 그 결과 이 운동 내에서 가장 학구적이라고 평가되는 저자들마저도 자신들이 온 세계를 장악했다고 자랑할 정도이다. 나는 매우 적은 무리가 하나님의 도우심을 받아 에큐메니즘과 은사주의 그리고 신복음주의[1]라는 대로를 타고 로마로 되돌아가려는 무리를 따라가지 않음으로써 주님의 깃발이 펄럭이기를 원한다.

전직 미국 오순절 성결 교회 총회의 부감리사였던 사이넌 박사는 현대 오순절 은사주의의 추세를 보여 주는 「AD 2000 Timelines」라는 계간지의 편집자이다. 이 잡지의 1994년도 가을 호에서 그는 이제 오순절주의 안에 놀랄 만한 일치가 있음을 보여주며 또한 이 같은 일치가 지난 70년간의 불화 혹은 불일치 끝에 오게 되었다고 말한다.

사이넌은 '1995년도 전 세계 성령 및 세계 복음화 회의'를 주최한 북미 부흥 예배 위원회의 의장이기도 하다. 이 위원회의 부의장은 로마 카톨릭 수녀인 켈라(Nancy Kellar)인데 그녀는 현대 카톨릭 은사 부흥을 이끌고 있는 뛰어난 지도자로 평가받고 있다. 물론 사이넌 박사 자신도 오순절 운동에서 매우 중요한 인물이다.

1995년도 3월에 나온 국제 오순절 신문 연합회의 정기 간행물인 「펜테코스트」라는 잡지는 '학자들이 오순절 교회와 그 성장을 예견한다'는 제목 하에 다음의 글을 싣고 있다.

하버드 대학교 종교학 교수인 콕스(Harvey Cox)는 「하늘로부터의 불」이라는 자신의 저서에서 오순절주의가 21세기에 가장 중요한 종교적 원동력이 될 것이라고 말한다. 그는 자신의

---

1) 신복음주의(New evangelicalism)는 성경적 분리를 실천하지 않고 자유주의와 천주교와의 연합을 용인하는 형태의 믿음을 추구하는 사조이다. 빌리 그래함, 빌 브라이트, 찰스 콜슨, 제임스 패커, 존 스토트, 로버트 슐러, 루이스 팔라우, 찰스 스탠리, 빌 하이블스, 릭 워렌, 제임스 케네디, 맥스 루카도, 필립 얀시 같은 사람들이 여기에 속하며 교회 성장학과 표적과 이적을 강조하는 미국의 풀러 신학교가 신복음주의의 대표적 학교로 알려져 있다. 또한 휘튼 대학교, 고든 콘웰 신학교, 무디 성경학교, 로스앤젤레스성경학원(BIOLA), 트리니티 대학 등도 큰 영향력을 행사한다. 신복음주의는 어드만(Erdmans), 존더밴(Zondervan), 무디(Moody), 넬슨(Thomas Nelson) 등과 대형 기독교 출판사에 의해 빠르게 전파되었다. 오늘날의 극심한 오순절 은사운동은 결국 신복음주의자들의 배도와 타협으로 인해 나타난 결과라고 해도 과언이 아니다.

주장을 뒷받침하기 위해 여러 나라에서 수집된 통계 자료와 증거들을 제시한다. 또한 콕스 교수는 '오순절주의는 이미 5억 이상의 사람들에게 영향을 미친 영적 허리케인으로서 인류의 미래를 환히 밝혀 줄 또 다른 꿈이며, 현재 이 운동의 영향은 매우 초기 단계에 있다.'고 말한다.

마지막 때의 일치

오순절주의에 속한 역사학자들은 오순절 운동의 초기에 이 운동을 분열시킨 요소들에 대해 기록해 왔다. 그러나 분리의 조짐과 불화를 보이던 추세는 지난 20년 동안 거의 다 없어져 버렸다. 그리고 마침내 1988년에는 이 같은 분리 현상에 종지부를 찍기나 하는 것처럼 「오순절 은사 운동 백과사전」(*Dictionary of Pentecostal and Charismatic Movement*, 미국 Zondervan 출판사)의 출간과 함께 오순절 은사 교회 내의 일치에 대한 메시지가 그 모습을 드러냈다.

이 사전은 오순절주의에 속한 세 명의 편집자가 예순 다섯 명의 기고자들의(모두 오순절 은사주의자들임) 원고를 종합해서 만든 것인데 911쪽이나 되는 이 방대한 사전의 뒷장에는 굵은 글씨로 다음과 같이 기록되어 있다.

역사상 처음으로 이 한 책에 '오순절 및 은사주의'라는 제목 하에 묶을 수 있는 운동들, 인물들, 신학적 관점들에 관한 중요하고 흥미로우며 또 종종 혼란을 주는 (특히 외부인에게는) 사실들이 개괄적으로 서술되어 있다. 사실상, 이제 이들은 어떤 불일치의 소리 하나 없이 한 개의 그룹으로 합쳐졌다.

오순절 은사주의의 세 가지 물결

최근에 새로운 요소가 오순절주의 안에 그 모습을 드러냈다. 이것은 위에서 언급된 「오순절 은사 운동 백과사전」의 820쪽에서 '20세기 부흥의 세 가지 물결' 중 '제3의 물결'로 묘사되었다. 그 사전은 오순절 은사주의의 세 가지 물결을 다음과 같이 묘사한다.

'제1의 물결'(The First Wave)은 한마디로 '오순절주의'(Pentecostalism)로 표현된다. 오순절주의자(Pentecostals)란 외형적으로 오순절 교단에 속한 크리스천을 말하며 보통 제1의 물결은 1900년대 초반기의 아주사 부흥 이후부터 시작되는 것으로 생각된다. 오순절주의에 속한 교단들은 모든 크리스천들이 거듭난 이후에 반드시 성령 침례(세례)를 받아야 한다고 믿고 있으며 성령 침례를 받은 사람들은 초대 교회에 나타났던 여러 가지 성령의 은사들 중 하나 이상을 받게 된다고 주장한다. 1906년 이후에 오순절주의자들은 성령 침례의 초기 증거로서 방언을 하는 것이 필요하다고 믿어 왔고 사실 이것이 다른 교단들과의 가장 큰 차이점이었다. 이들은 다른 은사주의자들과 자신들을 구분하기 위해 자신들을 '전통적인 오순절주의자들'이라 부른다. 이들은 그리스도에 관한 '4중'(Four-fold)복음, '정사각형 복음', 혹은 '순(Full) 복음'을 전하는데 이것은 그리스도께서 구원자, 성령 침례를 주시는 분, 병 고치는 분, 앞으로 오시는 왕으로서 사역을 하심을 의미한다.

'제2의 물결'(The Second Wave)은 한 마디로 '은사 운동'(Charismatic Movement)으로 표현되며, 여기에 참가하는 사람들은 예전에는 신 오순절주의자라 불렸지만 지금은 자연스럽게 은사주의자(Charismatics)로 불린다. 은사주의자들은 1950년대부터 1960년대에 전성기를 이룬 은사 운동에 참여한 자들이다. 이들은 오순절주의자들과 마찬가지로 표적과 이적을 구하되 방언은 해도 되고 하지 않아도 된다고 믿는다. 또 이들은 오순절주의 교단에 속한 교회에 나가지 않고 일반 교단에 그대로 남아 있다.

'제3의 물결'(The Third Wave)은 한 마디로 오순절 은사 운동에 속한 교단이 아닌 미국 내 '다른 주요 교단 교회에서의 부흥'을 말한다. 이 물결에 참여하는 사람들은 '제3의 물결주의자'(The Third Wavers)라 불린다. 이들은 오순절주의나 은사주의와 상관이 없는 복음주의자들로서 성령 충만을 받아 여러 가지 초자연적인 은사를 경험하며 표적과 이적을 강조하되 여전히 자신들의 교단에 남아 있고 자신들을 오순절주의자나 은사주의자라고 부르지 않는다. 풀러 신학교에서 '교회 성장' 과목과 '표적과 이적' 과목을 강의한 윔버(John Wimber)와 와그너(Peter Wagner) 같은 이들이 대표적으로 이 부류에 속한다. 특히 와그너는 「성령의 제3의 물결: 현재 표적과 이적을 만나는 길」, 「크리스천의 삶에서의 제3의 물결」같은 책을 펴내 제3의 물결을 확산시켰다.

오순절 은사주의자들에게 그들이 주장하는 부흥 운동의 '제1의 물결'과 '제2의 물결'을 구분해 보라고 하면, 그들은 단지 위에서 언급된 차이점 정도만을 제시할 수 있다. 그런데 사실 그 차이점이라는 것은 말을 바꾼 것 정도에 지나지 않는다. 위의 「오순절 은사 운동 백과사전」은 '제2의 물결'에 속한 사람들 즉 은사주의자들도 '제1의 물결'에 속한 오순절주의자들과 똑같은 것을 경험했으며 같은 방언으로 말하고 같은 영(the spirit)으로 충만하게 되어 능력을 받았으며 그 영에 의해 초자연적이고 기적적인 사역을 했음을 인정하고 있다.

세 물결, 한 영

이와 마찬가지로, 오순절 부흥 운동의 제3의 물결에 속한 사람들도 제1 및 제2의 물결을 만들어 냈던 '동일한 영'에 의해서 능력을 부여받았다. 이 같은 사실은 1988년에 와그너(Peter Wagner)가 출간한 「성령의 제3의 물결: 현재 표적과 이적을 만나는 길」이라는 책에서 확증되었다. 제3의 물결에 참여한 당사자인 와그너 박사는 소위 '교회 성장학의 권위자'로 잘 알려져 있다. 1984년도에 찰스 풀러 신학교의 교회 성장학 교수로 임명된 이후 그는 윔버(John Wimber)와 함께 논쟁의 대상이 되었던 '표적과 이적'이라는 과목을 설강해서 가르쳤다.[2)]

역시 제3의 물결에 속한 윔버는 아직도 문제가 되고 있는 토론토 빈야드 현상을 일으킨 장본인이다. 그는 1963년도에 극적으로 오순절주의로 개종했고 그 뒤 아주사 퍼시픽 대학을 졸업했다. 교회 성장을 위한 상담을 하면서 윔버는 여러 교단 내의 교회들과 함께 일했다. 1983년에 그는, 여섯 교회가 모여 '빈야드'라는 이름을 갖게 된 한 그룹에 참여하게 되었는데 결국 이것은 점점 자라나 빈야드 크리스천 펠로우십이 되었다. 현재 국제 빈야드 사역 모임은 윔버와 그의 동료들의 사역을 국제적으로

---

2) 와그너는 현재 '신(新) 사도 운동'을 일으켜 현재의 오순절 은사운동이 마르틴 루터의 종교 개혁보다 훨씬 더 큰 영향을 미치고 있다고 주장한다. 그는 교회 성장을 위해 열린 예배, 록음악, 랩 음악 등을 도입하는 데 실질적인 기여를 하였고 현 시대에서 빌리 그래함, 릭 워렌, 로버트 슐러, 베니 힌 등과 함께 가장 경계해야 할 인물이다.

그리고 국내에서 조직시켜 주는 총괄 기구이다.

1986년도에 캐나다 토론토의 오순절주의자였던 아르놋(John Arnott)은 캐나다 밴쿠버와 미국 오하이오 주에서 열렸던 윔버의 집회에 참석했고 곧바로 빈야드와 교제하기 시작했으며 1987년부터는 공식적으로 이들과 같은 그룹에 속하게 되었다. 이것이 바로 모든 면에서 오순절 은사주의 교회인 토론토 공항 빈야드 교회의 시작이 되었다. 그런데 매우 중요한 사실은 토론토 빈야드 교회를 공식적으로 소개할 때는 어느 누구도 '오순절'이나 '은사주의'라는 단어를 단 한 번도 사용하지 않았다는 점이다. 바로 이 같은 위장전술이야말로 많은 사람들을 속이고도 남게 만드는 것이었다.

이제 제3의 오순절주의의 물결은 완전히 제 모습을 갖춘 채 움직이기 시작했다. 오순절 은사주의를 주도해 온 그 영(the spirit)은 초기 오순절주의자들에 의해 '미스터 오순절'(Mr. Pentecost)이라고 불렸던 두 플레시스(David Du Plessis)를 선택한 것처럼 남아프리카 공화국 출신의 한 남자를 자신의 대리자로 선택했다.

로드니 하워드-브라운(Rodney Morgan Howard-Brown)은 1961년 6월 12일 남아프리카 공화국의 포트 엘리자베스에서 오순절 신도인 부모에게서 태어났다. 그는 요하네스버그에서 약 19,000명의 교인들을 갖고 있는 레마 성경 교회가 주관하는 오순절 학교인 레마 성경 훈련 센터에서 훈련을 받았다. 그 뒤 하워드-브라운은 케이프 주 몰테노에 있는 조그만 순복음 교회에서 사역을 시작했다.

한편 '웃음 부흥' 전도사 하워드-브라운의 가족들은 오순절주의의 여성 지도자인 캐트린 쿨먼(Kathryn Kuhlman)의 카세트테이프를 통해 많은 영향을 받았다. 쿨먼은 성경이 금하는 여자 목사였을 뿐만 아니라 또 다른 부흥사인 월트립(Burroughs Waltrip)과 사랑에 빠짐으로써 한 가정의 불화를 초래한 장본인이었다. 그 뒤 월트립은 자기 가정과 아내와 아이들을 버리고 쿨먼과 결혼했다. 그런데 자기 아내와 이혼하기에 앞서 이미 2년 전에 월트립과 쿨먼은 교회 사무실에서 서로 키스를 하다가 발각이 나기도 했다. 뒤에 쿨먼은 냉정하게 월트립을 버리고 떠나면서 그 이유가 하나님이 월트립에 대한 사랑과 자신의 사역 둘 중에서 하나를 택하라고 했기 때문이라고 말했다.

쿨먼의 집회에는 늘 '영 안에서 죽는 현상' 즉 입신 현상이 충만했으며, 베니 힌을 비롯한 오늘날의 여러 오순절 부흥사들은 자기들이 쿨먼을 통해 기름 부음을 받았다고 주장한다. 「안녕하세요 성령님」에서 베니 힌은 자기가 처음으로 쿨먼 현상을 접하고는 다음과 같이 소리쳤다고 기록했다.

나도 저런 것을 소유해야겠다. 캐트린 쿨먼이 소유한 것을 나도 소유해야겠다. 나는 그 모든 것을 하나도 남김없이 내 속에 가지기를 원했다.

또한 베니 힌은 쿨먼, 맥퍼슨 등의 여자 부흥사들의 무덤을 찾아가서 그들의 뼈를 통해서라도 기름 부음을 받으려 했다고 말했다(「거짓 부흥」, *Counterfeit Revival*, Hank Hanegraaf, p.172).

그러다가 1987년에 미래에 오순절주의의 스타가 될 하워드-브라운은 미국으로 옮겨왔다. 그러나 1993년 3월 이전까지 그는 전혀 빛을 발하지 못했다. 바로 그때 하나님의 성회 목사였던 스트래더(Karl Strader)가 플로리다 주 레이크랜드에 소재한 자신의 '카펜터의 집 교회'(Carpenter's Home Church)에서 설교를 하라고 그를 데리고 갔다. 그때 '카펜터의 집 교회'에서의 집회는 여러 주 동안 지속되면 10,000명을 수용할 수 있는 예배당이 넘칠 정도로 대성황을 이루게 되었다. 스트래더는 "아프리카, 영국, 남아프리카, 아르헨티나 등에서 사람들이 날아들었다."고 말했다. 그런데 여기에는 그럴 만한 이유가 있었다.

급격한 변화

오순절 은사주의의 역사를 살펴보면, 이 운동에는 항상 '사람들이 뒤로 나자빠지는 것', '짐승 소리를 내는 것', '황홀경에 빠지는 것', '무질서하게 행동하는 것', '몹시 떠드는 것', '비명을 지르는 것', '이상과 감정적 현상이 나타나는 것' 등이 나타났다. 그런데 하워드-브라운이 인도한 1993년 3월의 집회에서는 위의 모든 것들이 복합되어 매우 강력하게 나타났다. 이것은 극단적인 면을 버리고 동시에 어떤 광적인 면을 보여 주었다는 점에서 매우 특기할 만한 것이었다. 게다가, 예전에 윔버의 빈야드 교회에서 가끔 터지던 웃음이 거의 몇 시간 동안이나 지속될 정도로 억제할 수 없이 터지게 되었다. 그래서 지금은 그 '거룩한 웃음'(The Holy Laughter)이 제3의 오순절 물결의 가장 중요한 표적이 되고 말았다.[3]

1993년도 여름에 하워드-브라운은 미국 오순절주의의 본산이라 할 수 있는 오클라호마 주 털사에 가서 케네스 하긴과 오랄 로버츠 대학 학장인 리처드 로버츠를 위해 설교했다. 리처드 로버츠 자신도 여기에 감동을 받았으며 이것이야말로 '성령 안에서 전혀 색다르며 차원 높은 것이 시작된 것'이라고 말했다. 그런데 실상은 위에서 언급된 하버드 대학의 콕스 교수가 "이제 우리에게 전 세계적인 영적 부흥(A worldwide spiritual revival)이 일어나려 한다."고 결론을 내린 것처럼, 사실 이것은 오순절주의의 새로운 국면이 시작되는 것을 의미했다.

그런데 콕스 교수의 발언에는 한 가지 수정할 점이 있다. 그는 사실 '전 세계적인 영의 부활'(A worldwide spirit revival)이라고 했어야만 했다. 그 이유는 오순절 은사주의와 그 운동 내에서의 일치를 주도한 '그 영'(the spirit)이 이제 전 세계를 마귀의 속박 아래 가두어 놓으려는 행진을 시작했기 때문이다.

캐나다 온타리오 주 미시사가에 있는 토론토 공항 빈야드 교회의 담임 목사인 오순절주의자 아르놋은 하워드-브라운의 집회에서 이처럼 놀라운 일들이 벌어지는 것에 대해 알게 되었다. 그래서 그는 1994년 1월 20일부터 4일간 집회를 열기 위해 하워드-브라운을 초청했다. 그 결과 토론토에서는 앞으로 독자께서 접하게 될 이상한 현상이 하루 이틀 진행된 것이 아니라 매일같이 계속해서 진행되는 과정으로 변하게 되었다. 물론 이에 따라 전 세계로부터 여러 가지 보고들이 들어오게 되었다. 이제 이 같은 오순절주의의 제3의 물결은 전혀 쇠퇴할 줄 모르며 자신의 행로를 따라 거침없이 나아가고 있다. 또 오순절주의라는 에큐메니컬 일치의 가장 강력한 촉진제 속으로 온 교회와 세상을 휩쓸어 넣고 있다.

---

3) 부록 5 '이교도들의 종교 내에서의 웃음'을 참조하기 바란다.

사기의 비극

이 같이 급부상하게 된 오순절주의의 제3의 물결이 이룩한 성공은 사악한 영의 속임수와 능력에 기인한다. 창세기 3장에 기록된 것처럼, 풍선처럼 부풀려진 마귀의 기만적 주장이 사람을 타락하게 만들었다. 이 같은 거짓말은 토론토 공항 빈야드 교회의 또 다른 목사인 셰브로(Guy Chevreau)가 저술한 책에서도 발견된다. 그 책의 제목은 「불을 잡아라」(Catch the Fire)인데 이 같은 구호는 거기 참석하는 사람들이 매우 놀라운 것이라고 주장하는 것을 나누기 위해 그 모임에 참석해 보라는 그럴듯한 초대장이다.

웜버는 그 책의 뒷장에 "이 책은 토론토에 살면서 새롭게 자극을 받은 사람들의 열정으로 가득 차 있다."고 썼다. 그 교회의 담임 목사인 아르놋은 서문에서 다음과 같이 쓰고 있다.

우리는 참으로 놀라움을 금치 못하고 있다. 전 세계 여러 국가에서 수많은 목사들과 지도자들이 방문하고 있다. 자기 나라로 돌아가자마자 그들은 자기들의 인생이 변화되었으며 자기들의 교회도 역시 변화되었음을 발견한다.

성경은 마귀의 거짓말로 인한 인류의 비극을 기록하면서 창세기 3장에서 그 원수 마귀도 이와 똑 같은 말을 했음을 보여 준다. 이에 대응하면서 전 세계에 퍼져 있는 합당한 하나님의 종들이 편집한 보고서들이 오순절주의가 내세우는 주장의 속임수와 빈껍데기를 보여 주기 위해 속속 출간되고 있다.

제3의 물결이 처음에 모습을 드러냈을 때부터 이미 마귀의 속임수가 보였다. 비록 제3의 물결에 참여하는 자들이 오순절 은사 운동을 주도한 '그 영'(the spirit)에 의해 능력을 받았고 은사와 표적과 이적을 강조하는 그 영의 초자연적이며 기적적인 사역을 경험하기는 했지만 그 운동이 오순절주의의 연장이라는 것은 베일 뒤에 숨겨졌다. 이처럼 오순절 은사주의의 모든 것을 그대로 답습하면서도 제3의 오순절 물결의 추종자들은 결코 자신들을 오순절주의자나 은사주의자로 부르지 않는다. 많은 국가에서 그들은 오순절적이며 은사주의적인 현상들을 적나라하게 보여 주고 있지만 결코 오순절주의의 용어들은 사용하지 않는다.

피리 부는 사나이의 능력

능력!!!!

웜버가 최근에 저술한 「능력 신유」와 「능력 복음 전도」는 능력과 표적과 이적에 대해 이야기한다. 사실 제3의 오순절 물결에 속한 집회에는 어떤 이성적인 방법으로도 설명될 수 없는 놀랄 만한 능력이 나타나며, 이 같은 능력의 원천은 사람의 능력의 영역 밖에 놓여 있다. 그런데 매우 놀랍게도, 토론토 공항 빈야드 교회의 부목사인 롱(Steve Long)은 이 같은 사실을 인지하고 "마귀들에 의한 일들이 벌어지고 있다."고 1995년 5월 9일자 「크리스천위크」에 보고했다.

불행하게도 토론토에서 진행되는 제3의 오순절 물결에 참여하는 이들과 그곳을 방문하는 이들은 「오순절 은사 운동의 피리 부는 사나이」(윌슨 유인 저)라는 제목의 책을 읽어 본 적도 없고 알지도 못한다. 독자들은 그 책(본서의 제1부)에 참으로 진귀한 기록들이 들어 있음을 발견할 것이다. 또한 더 비극적인 것은 마지막 때의 배도에 대해 사도 바울이 데살로니가 교인들에게 보낸 경고의 메시지가 이들에게는 들리지 않는다는 점이다. 사도 바울은 다음과 같이 기록했다.

아무도 어떤 방법으로든 너희를 속이지 못하게 하라. 먼저 떨어져 나가는 일이 일어나고 저 죄의 사람 곧 멸망의 아들이 드러나지 아니하면 그 날이 이르지 아니하리라. 그는 대적하는 자요, 또 하나님이라 불리거나 혹은 경배 받는 모든 것 위로 자기를 높이는 자로서 하나님처럼 하나님의 성전에 앉아 자기가 하나님인 것을 스스로 보이느니라.…<u>그가 오는 것은 사탄의 활동을 따라 모든 권능과 표적들과 거짓 이적들과 불의의 모든 속임수와 함께 멸망하는 자들에게로 오는 것이니 이는 그들이 진리의 사랑을 받아들이지 아니하여 구원을 받지 못하였기 때문이라.</u> 이런 까닭에 하나님께서 그들에게 강한 미혹을 보내사 그들이 거짓말을 믿게 하시리니 이것은 진리를 믿지 아니하고 불의를 기뻐한 그들이 다 정죄를 받게 하려 하심이라(살후2:3-12).

위의 말씀은 제1세기 기독교 시대에 기록된 예언으로 현재 오순절 은사주의라는 엄청난 홍수의 세 가지 물결 안에서 마귀의 능력으로 이루어진 현상들에 의해 그대로 성취되고 있다. 능력과 그 능력을 주는 장본인에 대해 일곱 차례나 언급한 계시록 13장에서 하늘의 하나님께서는 참으로 묘한 경고를 주신다.

누구든지 귀가 있거든 들을지어다(계13:9).

11장
빈야드 운동의 원조: 윔버

우리는 오순절 제3의 물결 운동의 주창자들 중 하나가 '교회 성장학', '표적과 이적' 등의 권위자로서 전 세계적으로 널리 알려진 윔버(John Wimber)라는 것을 알게 되었다. 이 장에서 우리는 빈야드 운동의 시조가 된 윔버라는 인물의 전모를 성경적 관점에서 거짓 없는 문서들을 통해 살펴보려 한다.

다음의 글은 소위 '거룩한 웃음 부흥 집회'라 불리는 것을 집중적으로 다룬 최근의 미국 TV 다큐멘터리에서 그대로 옮긴 것이다. 이 프로그램은 1995년도에 전 세계에서 방영되었고, 캘리포니아 주 애나하임에 위치한 윔버의 빈야드 펠로우십 교회의 예배 모습을 있는 그대로 보여 준다. 여기에는 사람들이 감정적으로 붕괴된 상태로 빠져들어 가는 것을 보여 주는 장면들도 있다.

또한 이 프로그램에는 이 교회의 많은 지도자들이 참석해서 어떤 계획을 짜기 위한 모임의 모습도 담겨 있다. 또한 거기에는 깔깔거리며 매우 어리석은 모습으로 믿을 수 없을 정도로 천박하게 괴성을 지르는 사람들의 모습도 담겨 있다. 소위 목사라 하는 이들이 얼빠진 소리를 하며 모두가 뒤로 넘어져 탁자에 부딪히며 발작을 한다. 이런 괴상망측한 행동은 벌써 이런 비성경적인 운동이 성령님의 역사에서 얼마나 멀리 동떨어진 것인가를 충분히 보여 준다.

다음은 '거룩한 웃음'에 대해 기자가 윔버와 인터뷰한 내용이다.

기자: 빈야드 운동의 창시자는 1960년대 히트를 친 '라이처스 브라더스'(Righteous Brothers)라는 음악 그룹의 음악 편곡자 윔버입니다. 그는 기독교에서 초자연적인 것들을 갈망했으므로 빈야드를 시작했습니다.

윔버: 나는 예수를 사랑하며 그가 행한 것을 좋아합니다. 나는 오병이어의 기적, 병든 자를 고치는 것, 눈먼 자의 눈에 침을 뱉어 눈뜨게 하는 것, 뭐 그런 것을 다 좋아하지요.

기자: 윔버는 자기가 처음 교회에 갔을 때 그런 기적들을 기대했다고 말합니다. 그런데 삼 주가 지나자 그는 크게 실망하게 되었다고 합니다.

윔버: 그래서 저는 어떤 사람에게 다가가 소맷자락을 잡아 당겼습니다. 그의 가슴에 이름표가

달린 것으로 보아 저는 그가 무엇인가 알고 있을 거라고 생각했습니다. 저는 말했습니다. "언제 그것을 합니까?" 그가 말했습니다. "도대체 무엇 말입니까?" 제가 말했습니다. "성경에 있는 바로 그것 말입니다." 그가 말했습니다. "도대체 무엇을 말씀하는 겁니까?" 제가 말했습니다. "사실 저는 빵과 물고기가 늘어나 굶주린 자들을 먹여 주고 하는 일을 말하는 겁니다." 그가 말했습니다. "사실 우리는 그런 일을 하지 않습니다. 우리는 단지 그것을 믿고 있고 그것에 대해 기도는 하지만 실제로 하지는 않습니다." 그때 저는 매우 크게 실망을 했고 다시 말했습니다. "잠깐만요. 당신은 아직도 이해하지 못하는 것 같은데요. 저는 그런 일을 위해 마약도 끊었고 제 직업도 버렸습니다. 그런데 당신은 제가 그런 일을 하지 않게 될 것이라고 말씀하시는 겁니까? 제가 마귀를 위해 일할 때는 마귀의 일을 해야만 했습니다. 그런데 이제 예수를 위해 일한다면, 저는 예수께서 행하신 일을 하기를 원합니다."

기자: 자신의 교회를 설립하면서 윔버는 하나님과의 경험을 가장 매력적인 것으로 여겼고 그의 교회는 급속히 성장했습니다. 1982년에 그는 확고부동한 교회 성장 상담가가 되었습니다. 또한 그는 기적에 의한 병 고침을 포함해서 예언과 기적이 복음 전파 시 매우 중요한 역할을 한다고 말함으로써 기독교 내에 큰 소동을 일으켰습니다. 윔버가 했던 것처럼 현재 풀러 신학교의 같은 반에서 교회 성장학을 가르치는 와그너 교수(Peter Wagner)도 처음에 그것에 대해 회의를 품은 사람 중 하나였습니다.

와그너: 처음으로 윔버가 그 반에서 강의를 했을 때 저는 팔짱을 끼고 맨 뒤에 앉아 있었습니다. "무슨 일이 생기면 틀림없이 보아야지." 그것이 바로 제가 의도했던 바였습니다. "하지만 나는 결코 그런 것을 하지는 않을 것이다." 그런데 3주가 지난 뒤 윔버가 말했습니다. "병 고침을 얻기 위해 제가 기도해 주기를 바라는 분이 있습니까?" 그때 저는 고혈압을 앓고 있었기 때문에 손을 번쩍 들었습니다. 그가 나를 위해 기도한 뒤 주께서 고혈압을 고쳐 주셨습니다. 그 뒤로 저는 분명히 여기에 무엇인가가 있음에 틀림이 없다고 생각했습니다.

기자: 기적적으로 병 고침을 받은 것에 대한 여러 가지 주장에 대해 실제적인 증거가 있느냐 없느냐 하는 것은 우리가 만났던 목사들이 알고자 했던 바가 아닙니다. 사실 그런 주장에 대한 증거를 찾기란 거의 불가능했습니다. 그러나 빈야드 교회 측은 자신들의 사역에서 어떤 감정적 치료 방법이 치료의 핵심이라는 데 대해 전혀 의심하지 않고 있습니다. "윔버 목사님, 당신은 빈야드 교회가 존속하려면 표적과 기적의 만나가 필요하다고 말씀하신 것으로 아는데 그게 맞습니까?"

윔버: 저는 오늘날에도 예수 그리스도의 교회가 존속하려면 그런 것을 필요로 한다고 믿습니다. 저는 우리 기독교가 모든 면에서 뒤진다고 생각합니다. 우리는 이 세상 극장이 할 수 있는 것보다 더 많은 돈을 극장을 위해 쓸 수 없습니다. 우리는 TV보다 더 재미있는 것을 만들 수 없습니다. 우리는 세상의 대변인들보다 말을 더 잘하지도 못합니다. 우리는 좋은 철학가도 못되며 이 세상의 상담자들처럼 상담을 잘하지도 못합니다. 도대체 우리가 잘하는 것이 무엇입니까? 제가 표적과 이적을 시작했을 때, 저는 단지 사람들에게 성경을 읽어 주었고 그들은 뒤로 넘어져 몸을 떨며 웃어댔습니다. 이런 일은 벌써 17년간이나 계속되었고 어떤 경우에는 매우 강력한 힘과 능력이 동반되었으며 어떤 경우에는 아무 일도 일어나지 않았습니다. 저는 단 한 번도 "자, 이제 넘어집시다."라고 말해 본 적이

없습니다. 저는 단 한 번도 어떤 사람에게 부딪히며 "넘어져라."고 말한 적도 없습니다. 혹은 여러분이 다른 사람들의 사역에서 듣거나 본 적이 있는 그런 일이 이루어지라고 말한 적도 없습니다. 모든 것이 자연스럽게 생겼습니다. 저는 어떤 사람들의 경험이 반드시 개인적으로 비밀리에 이루어져야 한다고 생각합니다. 그런데 보셔서 알겠지만, 하나님께서는 그렇게 하시지 않습니다. 우리도 그렇게 해 보려 했습니다. 우리는 방에서 그들을 데리고 나가곤 했으며 그런 일을 전담하는 팀도 두었습니다. 그러나 주님께서는 계속해서 사람들이 늘어나게 했습니다.

기자: 그렇다면 윔버 목사님께서는 교회 내에서의 행동이 너무 과격한 경우도 있었다고 생각하십니까?"

윔버: 그렇습니다. 우리 교회 안에 들어오는 사람이 모두 다 건강하지는 않다는 사실을 기억하시기 바랍니다. 정말이지 어떤 이들은 삶에서 매우 어려운 고비들을 만났습니다. 그것으로 인해 그들은 거의 녹초가 되었고, 성적으로 희롱을 당했으며, 오랫동안 알코올이나 약물 중독에 빠지게 되었습니다. 그런데 하나님의 영께서 그들을 만지시면, 그들은 우리들이라면 하지 않을 일들 혹은 우리가 하라고 하거나 인정하지 않는 일들을 합니다.

바로 이때 히스테리 증상을 보이며 몸을 몹시 떨었던 사만다(Samantha)라는 이름의 여인이 자신의 행동을 되돌아본다.

사만다: 저는 참으로 하나님께서 왜 우리를 그토록 떨게 만드시는지 이해할 수가 없습니다. 그러나 그처럼 떠는 과정 속에서 그분께서는 저를 회복시켜 주시고 계십니다. 또한 병 고침도 주십니다. 아마도 당신은 이게 매우 우스워 보이고 제가 왜 이렇게 하고 있을까 하고 의문을 품을 것입니다. 저는 스스로 이것을 중지할 수도 있습니다. 그러나 저는 이것이 주님의 일이라고 확신합니다. 그렇다면 도대체 왜 제가 제 안에서 일어나는 주님의 일을 중지시켜야만 하겠습니까? 그래서 저는 그분께서 제 안에서 이루시는 일을 그대로 두기로 했습니다.

기자: 목사님께서는 이 모든 것이 참으로 100% 성령의 일이라고 확신합니까?

윔버: 아닙니다. 저는 대부분의 일이 성령의 역사라고 확신합니다. 그러나 저는 이것이 인간과 성령의 합작품이라고 믿습니다.

기자: 많은 사람이 윔버 목사는 극단적인 것을 좋아하는데 그렇게 벼랑 끝에 서기를 좋아하다가 가끔씩 어떤 감정적 종교의 한계를 벗어나서 곤경에 빠진다고 말합니다.

윔버: 저는 성경이 이야기하는 데까지만 갑니다. 저는 한때 우리 교회에서 참으로 강력한 성령의 부어 주심이 있어서 사람들이 사방으로 나가떨어지고 심하게 떨었던 적이 있었음을 기억합니다. 그것은 마치 어떤 사람이 공부 시간에 폭탄을 던진 것이나 다름이 없었습니다. 솔직히 저는 그때 매우 두려웠고 밤새도록 깨어서 이렇게 기도했습니다. "오, 하나님, 오, 하나님, 도대체 무슨 일이 일어났으며 제가 무엇을 했으며 어떻게 이런 일이 생길 수 있습니까? 저는 이제까지 이런 것을 본 적도 없고 들어 본 적도 없습니다."

논의해야 할 점

이 짧은 인터뷰에서도 윔버는 성경적 기독교와 빈야드 교회에서 행하는 것들 간의 큰 차이를 보여 주는 말을 여러 차례나 한다. 그는 만일 그리스도의 교회가 어떤 이상한 일을 행하지 않는다면 모든 면에서 이 세상에게 뒤진다고 말한다. 다시 말해 이런 현상이 없이는 그리스도의 사명이 소망도 없고 장래도 없다는 말이다.

지난 2000년간 하나님의 백성들은 회심하지 못한 사람들에게 그분의 말씀을 전파했고 전적으로 성령님의 능력만을 의지해 왔다. 교회들은 오직 믿음으로 박해와 개혁과 부흥의 기간 동안에 늘 승리해 왔다. 그 어떤 경우에도 복의 유일한 근원은 하나님의 말씀이었다. 그러나 제3의 오순절 물결의 핵심인 빈야드 운동은 '보지 않고 믿는 것' 대신에 '보는 것'을 장려해 왔다. 그들은 육체적이고 눈으로 볼 수 있는 현상이 없다면 복음이 빛을 발하지 못한다고 주장한다. 그러나 이런 주장은 그 자체가 맞지 않는다. 그런 주장대로라면, 성령님께서 다음과 같이 말씀하신 것도 거짓이 된다.

바람이 마음대로 불매 네가 그것의 소리는 들어도 그것이 어디서 와서 어디로 가는지 알지 못하나니 *성령*에게서 난 사람도 다 이러하니라, 하시니라(요3:8)

그런데도 빈야드 교회는 반드시 표적과 이적이 있어야만 한다고 주장하며 그렇지 않다면 이 세상이 감동을 받거나 영향을 받지 못할 것이라고 말한다. 그렇다면 도대체 그가 주장하는 이른바 '표적과 이적'이란 것은 무엇인가? 방금 위에서 묘사된 방송 프로그램을 보면, 그들이 자랑하는 표적과 이적은 '중얼중얼 대는 것', '깔깔대고 웃는 것', 혹은 '무의식 상태에 빠지는 것'을 의미한다. 이런 표적들은 감정적인 것과 끔찍한 것을 합친 것이다.

이 방송 프로그램은 소위 상담자들이라 불리는 이들이 중얼중얼 불합리한 말을 해 가며 아무것도 모르는 사람들의 이마를 손으로 침으로써 그들이 뒤로 넘어져 영문 모를 말을 하고 웃는 것을 보여 준다. 상담자들은 상당히 오랫동안 희생양들의 의식 상태를 조작한 뒤 그들을 손으로 밀어붙이며 이때 그들은 뒤로 나자빠진다. 그리하고는 그들은 이것을 '성령 안에서 죽임을 당하는 것'이라고 거룩하게 부른다. 그렇다면 과연 이것이 표적과 이적이란 말인가? 이것이 고작 그들이 할 수 있는 최고의 표적이란 말인가? 과연 이것이 믿지 않는 이 세상을 흔들어 놓으며 교회가 없어질지도 모른다는 두려움으로부터 기독교인들을 구해 내는 현상이란 말인가?

그런데 참으로 비극적인 사실은 이런 우스운 축복이야말로 윔버와 그의 추종자들이 줄 수 있는 최대의 축복이라는 점이다. 자신들의 많은 주장에도 불구하고 그들은 실제로 병자를 고칠 수 없다. 방송 프로그램에서 기자가 말했듯이 그들의 주장을 뒷받침해 줄 증거는 거의 없다. 물론 병 고치는 이들은 여러 가지 주장을 하지만 증거를 대라고 하면 모두 다 도망가 버린다.

자신이 '다운 증후군'(Down's syndrome)이라는 병에 걸린 사람을 많이 고쳤다는 윔버의 주장은 그 병에 걸린 어린이 두세 명을 조사해 보면 금방 거짓으로 탄로 난다. 그 아이들은 여전히 병을 앓고 있으며 그들의 상태는 겨우 저급의 교육을 받을 수 있을 정도이다. 그러나 그 정도의 성취는 그런 아이들의 치유 시 늘 나타나는 것이다.

다시 말해 그의 주장은 말도 안 되며 병 고친다고 주장하는 다른 이들 역시 증명해 보이는 데는 모두 다 실패했다.

더럽혀진 예언자들

한때 윔버는 자신이 예언에 관한 몇몇 전문가들 중 하나라고 말했으며 예언이라는 역사를 통해 신용을 얻으려 했다. 그러나 이런 예언 전문가들은 거의 동시에 도덕적으로 더럽혀졌고 신용을 잃게 되었다. 심지어 윔버를 지지하는 이들 조차도 이런 예언자들이 그들의 예언 안에서 무언가를 조작했음을 인정하기 시작했다. 더욱이 큰 부흥이 일어난다고 그들이 예언한 날짜는 늘 성취되지 않은 채 지나가 버렸다.

그래서 이제 윔버의 추종자들은 '감정적 치료 방법'인 표적과 이적에 의존하게 되었다. 그런데 도대체 이런 것이 성경에 어디 있단 말인가? 물론 윔버는 어디라고 말해 줄 수 없으며 단지 성경을 들고는 그 안에 이런 것이 들어 있다고 주장할 뿐이다. 그는 결코 한 구절도 댈 수가 없다. TV 인터뷰에서도 그는 왜 이런 일이 생기며 이런 것이 무엇을 의미하며 이런 것에 의해 성취된 것이 무엇인가에 대해 전혀 설명하지 못했다. 다시 말해 그는 신비의 신학을 고수하고 있다. 그는 대체로 이것이 성령에 의한 것이라고 확신했으며 성령께서 사람들로 하여금 하게 한 것들을 스스로 인정할 수도 없었다.

한번은 소위 성령의 역사라는 것이 고린도전서 14장 33절 말씀과는 달리 너무나 큰 무질서와 분열을 일으켜서 윔버 자신도 무서워 할 정도가 되었다. 밤새 잠도 자지 못하고 그는 이것에 대해 설명해 달라고 하나님께 간구했다. 참으로 이 모든 것은 신약성경이 명백히 가르쳐 주고 있는 것과 너무나 다르지 않은가? 신약성경에서 우리는 성령님의 역사 방법과 그분의 열매에 대해 듣는다. 우리는 그분께서 내적으로 역사하시는 것을 눈으로 볼 수는 없지만 그 결과가 어떻다는 것은 잘 알고 있다.

윔버가 오순절 은사 운동에서 사용되는 기법들과 인연을 맺기 시작한 것은 1977년경으로 그때 그는 하나님께서 자기에게 말씀하는 것을 듣기 시작했고 꿈과 이상을 보기 시작했다. 그런데 이렇게 새로이 시작된 하나님과의 교제는 성경 안에 주어진 가르침과는 이미 달랐다. 그러나 그런 교제로 인해 윔버는 캘리포니아 주 애나하임에서 빈야드 교회 사역을 시작하게 되었다.

모순되는 발언들

윔버의 발언은 종종 서로 모순되며 혼동을 일으키는데 특히 그가 자신의 과거 경험을 이야기 할 때는 더 그렇다. 위의 TV 방송 프로그램에서 그는 자신이 새로 태어난 크리스천이었을 때 교회가 예수 그리스도의 기적을 재현하지 않는다는 것을 발견하고는 매우 놀랐다고 말한다. 그는 마치 자기가 영적으로 거듭나면서부터 이런 것을 기대했던 것처럼 말한다. 그런데 「능력 신유」같은 그의 다른 저서에서는 이와 전혀 다른 증언이 발견된다.

그는 1960년대에 자신이 어린 성도로서 전통적인 복음 교회에서 가르침을 받아 은사주의에서 주장하는 은사들을 반박했다고 말한다. 그는 또한 자신이 크리스천이 된 지 얼마 되지 않아 성경 말씀을 연구함으로써 자기와 자기의 아내가 지금까지 보아 왔던 은사주의의 방법들이 틀렸다는 것을 발견하게 되었다고 말한다. 1964년부터 1970년까지 윔버는 요르 바린다에 소재한 대형 비은사주의 교회의 일원으로 참여했다. 1970년에는 그곳의 직원이 되었고 동시에 비은사 운동 성경 학교 과정을 밟게 되었다.

풀러 신학교에 가다

1974년에 그는 자신의 영적 상태에 대해 매우 큰 불만을 느낀 채 자신의 목양지를 떠나 풀러 신학교의 직원으로 들어갔다. 여기에서 그는 강의도 하고 교회 성장에 대해 목사들에게 강의하기 위해 이곳저곳으로 여행했다. 이렇게 4년을 보내면서도 그는 비록 알미니안주의와 신복음주의 형태이기는 하지만 여전히 보수적인 침례교 신학의 테두리 안에서 움직였다. 그러다가 1977년에 가서야 비로소 그는 개인적인 불행감과 이상한 경험 및 꿈 등으로 인해 오순절 계통으로 끌려 들어가게 되었다.

자, 이처럼 책에서 밝힌 그의 간증과 위에서 언급된 TV 인터뷰에서의 그의 간증과는 얼마나 상관이 있는가? 전혀 상관이 없지 않은가? 그러나 이 같은 사실은 세상 속에서 계속해서 꿈과 계시가 넘쳐흐르는 가운데 사는, 화려한 모습의 은사주의 지도자들이 실제와 사실의 세계에서는 매우 부정확하며 신뢰할 수 없는 인물들임을 보여 준다. 이처럼 실제와 사실을 무시하려는 경향으로 인해 또 다른 은사주의 스타들은 지옥에 갔다가 다시 돌아온 일 즉 유체이탈[1] 현상과 같이 비정상적인 경험들을 마치 대단한 일인 양 과대 선전한다.

어떤 은사 운동 지도자는 자신이 어떤 사람의 눈을 들여다보았는데 거기에서 예수 그리스도께서 자신을 바라보고 있음을 보았다고 말한다. 또 다른 이는 전혀 알지 못하는 사람의 행동거지를 자신이 다 알고 있다고 주장한다. 또 어떤 이는 자신이 강당 내부를 휙 둘러보면 모든 사람의 X선 사진을 보게 되며 누가 병든 곳이 있는지 알 수 있다고 말한다. 과연 이들의 주장은 부정직한 것인가? 아니면 이들은 상상한 것이 실제가 되도록 만드는가?

자신의 책에서, 윔버는 자신이 비행기 복도를 쭉 둘러보았는데 어떤 승객의 이마에 '간통한 사람'이라는 단어가 쓰인 것을 보았다고 말한다. 또한 그는 그 승객의 이름까지도 알 수 있었다고 말한다. 과연 우리가 이런 것을 믿지 않는다면 우리는 윔버가 거짓말을 하고 있다고 말하는 셈이 되는 것이 아닌가?

부정직한 것인가, 혼동하는 것인가?

비록 우리가 윔버의 터무니없는 이야기와 주장들을 거부할지라도 그를 의식적으로 부정직하게 행동하는 사람으로 여길 필요는 없다. 오직 주님만이 그의 마음을 아신다. 그러나 우리는 그가 실제를 무시하는 사람이라고 간주할 수는 있다. 우리는 이 사람이, 비록 모세처럼은 아니지만 그와 거의 비슷하게, 자신이 하나님과 이야기했다고 생각한다는 점을 기억해야만 한다.

---

[1] 유체이탈이란 몸에서 영혼이 빠져나가는 현상을 가리킨다. 뉴에이지 추종자글과 샨탄주의자들 그리고 이교도 종교를 수행하는 자들이 종종 이것을 행하는 것으로 알려져 있다.

그가 주님께 어떤 질문을 하면 주님께서는 그에게 상세하며 권위 있는 응답을 주신다. 차를 몰고 갈 때 그는 공중에서 아래에 있는 사람들에게 꿀을 뚝뚝 떨어뜨리고 있는 큰 벌집을 보게 된다. 그때 주님께서 말씀하신다. "윔버야, 이것이 바로 내가 주는 긍휼이다. 어느 누구나 충분히 가질 수 있단다. 또다시 치료해 달라고 구하지 마라. 문제는 내게 있지 않고 저 아래 있단다."

이 사람은 자신이 좋아하는 방법으로 자신의 경험, 감정에 의한 기분, 정신적으로 영향을 받은 것 등을 모두 설명하려 한다. 어떤 생각을 하면 그는 이것이 하나님의 음성이라고 가정하고 매우 기뻐한다. 공중에다 어떤 형상을 상상하면서 그는 그것이 하나님께서 주신 것이라 주장한다. 동시에 그는 자신이 더 이상 성경의 가르침 즉 단 한 번 성도들에게 주신 믿음이라는 테두리에 묶일 필요가 없다고 생각한다. 왜냐하면 그는 지금도 하나님께서 또 말씀하시며 새로운 일들을 향하고 계신다고 생각하기 때문이다. 그러므로 윔버와 같은 사람은 어떤 영적인 안정을 갖지 못하며 참 믿음이 무엇인지 확고하게 정의를 내릴 수도 없고 맞도 없으며 실제가 무엇인지 알 수도 없다.

해석이 실제가 되다

물론 우리는 이런 사람들이 이야기하는 어떤 놀랄 만한 경험이나 일화 등의 정확성을 신뢰할 수 없다. 왜냐하면 그들은 종종 사건 전체를 바꾸기도 하며 내용 중 얼마를 바꾸기 때문이다. 그들은 자신의 경험들을 너무나 과도하게 해석한다. 그 결과 얼마 지나지 않아서 그들 스스로가 내린 해석이 그 이야기로 둔갑해 버린다.

은사주의 지도자들은 자신들의 주장을 내세우기 위해 진리나 실제를 매우 낮게 평가하는 사람들이다. 그들에게는 자신들의 은사주의 주장만이 가장 중요한 것이 되고 만다. 그들이 가장 중요하게 생각하는 것은 능력의 세계에서 발을 뻗치는 것이다. 그래서 그들은 긴장감, 놀람, 감정 그리고 신비 등을 강조하며 늘 이것들을 즐거워한다. 그들 중 어떤 이들에게는 사실 삶의 모든 것이 이야깃거리가 되며 셰익스피어가 말했듯이 이 세상은 그런 것을 보여 줄 무대가 된다.

우리는 이미 몇몇 은사주의 지도자들이 사기꾼임을 잘 알고 있다. 이들은 비도덕성으로 인해 신용을 잃었으며 사기나 횡령 등으로 감옥살이를 하고 있다(그런데 사실 우리가 생각하는 것보다 더 많은 사람들이 이렇게 행하고 있다). 만일 어떤 사람이 수십 년간 매일같이 자신의 도덕성이나 돈 문제에 대해 거짓말을 했다면 우리는 의심의 여지없이 자기를 예언자로 그리고 병 고치는 사람으로 생각하는 사람의 자랑을 의심해야만 한다. 물론 우리가 이런 것을 의심하는 첫째 이유는 그들이 정직하지 않기 때문이며, 둘째 이유는 성령님께서 이런 사람들을 사용하시지 않기 때문이다.

한편 윔버와 같이 비도덕성이나 범죄와 관련이 없는 이들에 대해서도 우리는 여전히 그들이 현실로부터 동떨어져 있다는 사실에 주의를 기울여야만 한다. 그들은 어떤 사실을 있는 그대로 전하지 않고 자기들이 원하는 대로 묘사하며 신비에 젖은 꿈 속 세계에서 왔다 갔다 한다.

전통적이며 성경을 사랑하는 크리스천들은 은사주의자들의 주장이나 간증 등에 접하게 될 때 큰 곤란을 겪게 된다. 그들은 크리스천이라는 사람들이 어떤 확고한 기반도 없이 엄청난 이야기들을 말하는 것을 믿는다는 것이 매우 어려움을 발견한다. 그들은 이런 은사주의 지도자들이 참으로 거짓말쟁이라고 생각할 수 없음을 발견한다. 물론 그들은 이런 지도자들이 어리석으며 환상에 젖은 사람들이라고 쉽게 무시해 버릴 수도 없다.

이런 이유로, 목사들을 비롯한 많은 전통적인 크리스천들은 비논리적인 중간 입장을 취한다. 그들은 이렇게 말한다. "우리는 은사주의자들과 동의하지는 않으나 그들이 말하는 것을 모두 다 거부하지도 않는다. 그러므로 우리는 100% 그들이 틀렸다고 말하지는 않는다." 사실 이런 논리는 마치 "나는 성경이 그것을 반대한다고 믿는다. 그러나 나는 반드시 성경이 옳다고는 생각하지 않는다."고 말하는 것이나 다름이 없다. 이런 입장은 참으로 취할 수 없는 입장이며 성경의 저자를 욕되게 하는 입장이다. 그런데 「하나님을 아는 지식」의 저자이며, 에큐메니컬 지도자인 팩커(J. I. Packer)는 「성령과 보조를 맞추며」라는 책에서 이처럼 이치에 닿지 않는 입장을 가르치고 있다.

우리는 반드시 사람이 아니라 하나님을 믿어야만 하며 그분께 복종해야만 한다. 만일 어떤 것이 성경에 없으면 아무리 사람들이 그것에 대해 좋게 말하더라도 그것을 받아들여서는 안 된다. 그 이야기를 하는 사람이 고의로 거짓말을 하든지 혹은 그 사건에 대해 너무 많은 상상을 동원하든지 간에 그의 이야기가 성경이 이야기하는 것과 상치된다는 것은 변할 수 없는 사실이다.

허구의 영

오순절 은사 운동에서 만들어져 센세이션을 불러일으킨 이야기들이 모두 이런 경우에 해당된다. 그런 이야기들은 사실이 아니고 허구이다. 이 이야기들은 실제가 사라져 버린 채 앞뒤가 뒤틀린 기사들이다. 이런 것들은 그 안에서 사실이란 것이 인지되지 않을 때까지 치장되고 세련되게 꾸며졌다. 그리하여 이제 그것들을 말하는 이들은 이런 이야기들을 더 좋아하게 되었고 그것들을 믿으려 하는 이들도 역시 그것들을 좋아하게 되었다. 진리의 성령님께서 이 같은 요정 이야기의 출처로 입에 오르내린다는 것이 얼마나 이상한 일인가!

따라서 우리는 참 성도들을 이런 곳으로부터 구해 내는 일에 관심을 가져야만 한다. 그렇지 않으면 그들의 이성적 사고 능력이 심하게 상처를 받아 여러 해 동안 제대로 그 기능을 발휘하지 못하게 될 것이다.

윔버의 치료율: 0.5% 미만

윔버의 치료 사역을 조사해 보면 그의 치료 성공률이 매우 낮다는 것을 쉽게 알 수 있다. 물론 그 자신도 이 사실을 인정한다. 다섯 명의 의사들이 영국의 리즈에서 열렸던 '윔버 신유 집회'에 참석한 뒤 다음과 같은 평가를 내렸다.

영국 내 저명한 정신과 의사 한 사람을 포함한 다섯 명의 의사 진은 다음과 같은 결론을 얻게 되었다. 이 집회는 최면 유도에 관한 교과서적 내용들을 모두 포함하고 있었다. 노이로제와 관련된 심신 의학적 무질서와 육체적 현상들은 짧은 시간 내에 이 같은 치료 방법에 의해 반응을 보일 것이다. 사실 치과에서 이빨을 뺄 때 혹은 아기를 낳게 될 때 느끼는 고통을 줄이는 것 등은 최면술에서 매우 초보적인 것이다. 윔버의 신유 집회에서 우리는 육체의 질병이나 소아마비들이 실제로 치료되는 것을 보지 못했다. 최면과 히스테리를 유발하는 시술들을 권장하거나 마귀나 병 혹은 자연의 능력에 대해 누구나 권세를 보여 줄 수 있다고 가르치는 것은 거짓이며 성경을 잘못 해석한 것이다.

이 같은 결론은 영국의 리즈 대학교 류머티즘과 과장인 라이트 박사(Dr. Verna Wright)의 의견과 일치한다.

최근에 윔버는 세인트 조지 교회에서 저녁 집회를 행하며 리즈에 머물렀다. 그 교회에 다니는 내 직장 동료 다섯 명이 그 모임에 참석했다. 그들은 자기들이 본 것으로 인해 너무나 분개했으며 그 결과 위에 적힌 글을 쓰게 되었다. 나는 이 같은 결론의 중요성에 대해 더 이상 무어라 강조할 수 없다.

지난 수년 간 이루어진 신유 사례들을 상세히 조사해 보면 실제로 어떤 육체적 질병이 고쳐졌음을 보여 주는 증거란 하나도 찾아볼 수 없다. 단지 우리가 의학 용어로 '기능적 장애'라 부르는 어떤 심적인 무질서 등을 제외하고는 말이다.

열렬한 교황 찬미자 윔버

윔버가 과격한 에큐메니즘 추종자임을 보여 주는 다음의 증언은 한때 빈야드 운동에 참여했던 굿윈 목사(Pastor John Goodwin)가 말한 것이다.

성경 이외의 것에 손을 대면서 윔버는 교회가 수세기 동안 비성경적인 것이기에 거부해 온 관행들 예를 들어 죽은 사람의 뼈나 그들이 만졌던 물품을 사용하는 것 등을 받아들이기 시작했다. 그는 교회 양육 세미나에서 이렇게 말했다. '1200년이 넘도록 카톨릭 교회 내에서는 죽은 성인들의 유품을 만진 결과 많은 사람들이 병 고침을 받았다. 사실 우리 프로테스탄트들은 그런 관행에 대해 주저하지만 병 고치는 사람들은 전혀 주저할 필요가 없다. 왜냐하면 그런 관행은 신학적으로 전혀 틀린 것이 아니기 때문이다.'

윔버는 로마 카톨릭 교리를 받아들이고 있으며 프로테스탄트 교회와 로마 카톨릭 교회가 하나가 될 것을 강력히 권장한다. 심지어 그는 빈야드 목사 집회에서 프로테스탄트들을 대신해서 카톨릭 교회에게 사과를 했으며 다음과 같이 말했다.

거듭난 복음 전도자로서 오순절 은사 운동에 지대한 관심을 보이는 로마의 교황은 이 세상의 어느 누구보다도 복음을 확실하게 전하고 있다.

윔버의 다른 복음

사도시대 이후로 이 세상에는 거짓 선생들과 예언자들이 많이 존재했다. 하나님의 복음이 전파되는 곳마다 사탄은 자신의 추종자들을 다른 복음으로 무장시켜 내보낸다. 이처럼 거짓을 전하는 이들의 특징은 사람들을 설득하기 위해 큰 능력을 보인다는 점이다. 우리 주님께서는 마지막 날에 대해 다음과 같이 경고를 주셨다.

거짓 그리스도들과 거짓 대언자들이 일어나 큰 표적들과 이적들을 보여 할 수만 있으면 바로 그 선택 받은 자들을 속이리라(마24:24).

현재 윔버(John Wimber)라는 이름은 전 세계에 널리 알려져 있다. 그가 저술한 「기적과 이적 복음」(*Signs and Wonders Gospel*), 「능력 신유」(*Power Healing*), 「능력 복음화」(*Power Evangelization*)라는 책 속의 '능력'(Power)이 현재 전 세계로 침투해 들어가고 있다. 그를 따르는 세력은 매우 크며 그의 영향력은 대단하다. 우리의 위대하신 하나님과 구원자 예수 그리스도의 이름으로 그는 전 세계에 자기 자신의 기독교를 파급시키고 있다. 이제 우리가 묻고 대답할 질문은 다음과 같다.

과연 윔버는 예수 그리스도의 참 제자인가? 아니면 속이는 자인가?

우리는 위에서 윔버의 교리와 관행을 자세히 검토해 보았고 그 결과 모든 중요한 점에서 그가 예수 그리스도의 참 제자가 될 수 없음을 분명히 알게 되었다.

1. 그는 기독교 복음이 무엇인지조차 제대로 알지 못한다. 초보적 교리에 대한 그의 이해도는 늘 왔다 갔다 하며 두 마음을 품은 사람처럼 늘 변한다. "두 마음을 품은 사람은 자기의 모든 길에서 안정이 없느니라"(약1:8). 사실 참 제자는 건전한 말씀의 형태를 늘 간직할 것이다(딤후1:3).
2. 그는 하나님께 대해 매우 불경건하다. 자신의 책 「능력 신유」에서 그는 다음과 같이 쓰고 있다. "나는 여러 차례 하나님께 대해 화를 냈다"(p.34). 또한 그는 하나님께 대해 짜증을 내고 소리를 질렀다(p.68). 그런데 사실 이런 행동은 신성 모독이다.
3. 그는 교황의 '복음화 2000' 계획을 지지한다. 윔버는 교황이 지난 10년 동안 이룬 복음화가 교회 내의 역사 속에서 일어났던 가장 중대한 사건들 중 하나라고 말한다. 또한 그는 "나는 교황으로 인해 감격하며 그가 이 목표를 위해 교회를 부르고 있다는 데 대해 기뻐한다."고 말한다. 다시 말해 그는 에큐메니컬 일치를 위해 구원이라는 교리 자체를 갖고 있지 않은 체제의 활동에 적극 가담하려 한다.
4. 그는 거짓으로 흉내 내는 사역 즉 대중들을 자신에게 복종시켜 거의 히스테리까지 몰고 가는 사역을 행하고 있다. '기적에 의해 병 고침이 이루어졌다'는 소문과 주장은 난무하지만 그 사역과 연관되지 않은 의사들이 실제로 병에서 고침을 받은 사람을 공정하게 조사하려 하면 어느 누구도 선뜻 나서지 않는다. 사실 '다운 증후군'(Down's syndrome)에 대한 그의 치료율은 겨우 0.5% 정도이다.
5. 그는 자신의 사역에서 그리스도의 십자가를 대수롭지 않은 것으로 여긴다. 그의 빈야드 찬양집에 있는 53개의 노래 중 52개는 십자가에 대해 단 한 번도 언급하지 않는다. 또한 윔버는 설교 시 회개에 대해 중점을 두지 않는다. 그는 영적 치유에서 육체적 치유로 자신의 복음의 방향을 바꾸었다. 이것이야말로 다른 복음이다. 윔버는 그리스도의 십자가의 원수이다(빌3:18).
6. 1990년 3월에 호주의 시드니에서 4일 간 열렸던 '영적 전쟁 집회'(Spiritual Warfare Conference)에는 5,500명의 신도들이 참석했고 약 7,000만원이나 되는 돈을 바쳤다. 그런데 하나님의 말씀은 목사들이 마지못해서가 아니고

더러운 이익을 위해서도 아니며 자진하는 마음으로 하나님의 양들을 먹이라고 명령한다(벧전5:2). "병든 자들을 고쳐 주고 나병 환자들을 정결하게 하며 죽은 자들을 살리고 마귀들을 내쫓되 너희가 거저 받았으니 거저 주라"(마10:8). 그런데 복음을 상업화하는 것이야말로 더러운 이익이다.

사도 바울은 빌립보서에서 거짓 예언자들을 조심하라고 우리에게 경고해 준다.

형제들아, 너희는 함께 나를 따르는 자가 되고 또 너희가 우리를 본보기로 삼은 것 같이 그렇게 걷는 자들을 주목하라. (내가 여러 번 너희에게 말한 적이 있고 지금도 눈물을 흘리며 너희에게 말하는 많은 사람들 곧 그들이 그리스도의 십자가의 원수로 걷느니라. 그들의 마지막은 파멸이요 그들의 하나님은 그들의 배요 그들의 영광은 그들의 수치스러운 일에 있고 그들은 땅의 일들을 생각하느니라.)(빌3:17-19).

또한 그는 참된 하나님의 제자의 예를 제시한다.

우리는 그리스도로 인해 어리석은 자가 되었으나 너희는 그리스도 안에서 지혜롭고 우리는 약하나 너희는 강하며 너희는 존귀하나 우리는 멸시를 받는도다. 바로 현재 이 시각까지도 우리는 굶주리고 목마르며 헐벗고 매 맞으며 일정한 거처가 없고 또 수고하여 우리 손으로 일하며 욕을 먹으나 축복하고 핍박을 받으나 그것을 참으며 비방을 당하나 간절히 권면하노니 우리는 이 날까지 세상의 오물같이 되고 모든 것의 찌꺼기가 되었노라. 나는 너희를 부끄럽게 하려고 이것들을 쓰지 아니하며 다만 나의 사랑하는 아들들에게 하듯 너희를 타이르려 하노라. 그리스도 안에서 너희에게 만 명의 스승이 있다 해도 아버지는 많지 아니하니 그리스도 예수님 안에서 복음을 통하여 내가 너희를 낳았느니라. 그러므로 너희에게 간청하노니 너희는 나를 따르는 자들이 되라(고전 4:10-16).

윔버가 하나님의 이름을 망령되게 하며 성경을 왜곡하고 기적으로 병을 고쳤다고 거짓 주장하며, 비성경적이며 속임수로 가득한 로마 교황의 '복음화 2000' 운동에 참여하는 점 등은 그가 우리 주 예수 그리스도의 참 제자가 아님을 명백히 보여 주는 증거들이다.

그가 주장하는 '표적과 이적', '예언', '지식의 말씀' 등은 단지 그가 받을 정죄를 더 크게 해 줄 뿐이다. 우리는 주님의 경고에 귀를 기울여야만 한다.

그 날에 많은 사람들이 내게 이르기를, 주여, 주여, 우리가 주의 이름으로 대언하지 아니하였나이까? 주의 이름으로 마귀들을 내쫓지 아니하였나이까? 주의 이름으로 많은 놀라운 일을 행하지 아니하였나이까? 하리니 그때에 내가 그들에게 밝히 말하되, 내가 너희를 결코 알지 못하였노라. 불법을 행하는 자들아, 너희는 내게서 떠나라, 하리라(마 7:22-23).

사람의 모든 마음과 그 안의 동기들이 주님 앞에서 낱낱이 드러나는 그 날이 오기 전에 과연 우리는 존 윔버, 짐 베이커, 지미 스웨가트, 오랄 로버츠 같은 사람들을 어떻게 대해야 할까? 하나님의 말씀은 다른 복음을 전하는 자들에게 명확한 경고를 주고 있다.

그러나 우리나 혹은 하늘로부터 온 천사라도 우리가 너희에게 선포한 복음 외에 어떤 다른 복음을 너희에게 선포하면 그는 저주를 받을지어다. 우리가 전에 말한 것 같이 내가 지금 다시 말하노니 만일 어떤 사람이 너희가 받아들인 것 외에 어떤 다른 복음을 너희에게 선포하면 그는 저주를 받을지어다(갈1:8-9).

12장

환희의 사자: 하워드-브라운

소위 환희와 신비의 사자로 전 세계에 잘 알려진 하워드-브라운은 '거룩한 웃음 부흥'을 일으킨 장본인으로 높이 평가되고 있다. 남아프리카 공화국 출신의 이 설교자는 지난 3년간 북아메리카 대륙을 혼돈의 소용돌이로 몰아넣었다. 이번 장에서 우리는 하워드-브라운의 신학과 사역 그리고 그가 은사 운동에 미친 영향 등에 대해 살펴보려 한다. 또한 우리는 최근에 그의 사역과 메시지가 어떻게 온 세상으로 퍼지게 되었는가를 알아보려 한다.

이미 잘 알려진 대로, 하워드-브라운은 북아메리카 교회에 기쁨을 회복시켜 주라는 하나님의 명령을 받고 1987년에 미국에 왔다. 그는 레마 성경 학교(Rhema Bible School) 출신인데 우리는 이 학교가 미국 오클라호마 주 브로큰보우에 소재한, 케네스 하긴(Kenneth Hagin)이 운영하는 같은 이름의 학교와 어떤 관련이 있는지에 대해서는 잘 모른다. 그러나 어찌되었든지 하워드-브라운의 신학은 하긴의 신학과 매우 유사하다.

우리가 비디오테이프를 통해 살펴본 바에 의하면, 하워드-브라운이 주관하는 예배는 대개 간증과 지난번 예배 때 일어났던 일들에 관한 이야기로 구성되어 있으며 실제 설교란 거의 없다. 또한 설교의 내용은 맥코넬(D. R. McConnell)이 자신의 저서 「다른 복음」에서 이야기하고 있는 것과 똑같다.

하워드-브라운은 케네스 하긴(Kenneth Hagin), 베니 힌(Benny Hinn), 케네스 코플랜드(Kenneth Copeland) 등과 같이 "말하는 대로 믿으면 이루어진다."고 주장하는, 소위 '말-믿음'(Word-Faith) 운동이라 불리는 운동의 선생들의 건강과 부귀의 복음과 성경에서 말하는 거듭남의 복음을 제대로 구분하지 못한다.

「거듭난다는 것이 무엇을 의미하는가?」라는 책에서 하워드-브라운은 이렇게 말한다.

> 예수께서 안에 들어오시면, 집안을 청소하신다. 따라서 당신의 삶의 형태도 영향을 받게 될 것이다. 당신은 사람들을 사랑하게 될 것이고, 당신의 결혼 문제도 좋아지며, 악화된

재정도 회복되고, 병든 몸이 낫게 될 것이다. 이것이 바로 거듭남이 의미하는 바이다.

물론 우리는 거듭남을 경험한 이후에 모든 것이 달라지고 위에서 하워드-브라운이 나열했던 것들이 생길 수 있다는 것을 쉽사리 인정한다. 그런데 '말하는 대로 믿으면 이루어진다.'는 것만을 극단적으로 주장하는 '말-믿음' 이단들과 마찬가지로 그는 거듭나게 되면 재정적 번영과 육체의 병 고침을 받는 것이 자동적으로 이루어진다는 것을, 비록 직접 이야기하지는 않았지만, 간접적으로 암시함으로써 큰 잘못을 범하고 있다.

또 다른 곳에서, 하워드-브라운은 자신이 성경의 진리를 크게 오해하고 있음을 보여 준다. 「청지기직에 대해 생각해 보며」라는 책에서 그는 이렇게 말한다.

> 만일 당신이 가난과 병으로 찌든 가정에서 자랐다면 분명히 그런 것들로 인해 영향을 받았을 것이다. 따라서 당신은 일어나서 그것들을 꾸짖어야만 한다. 만일 그리하지 않는다면 당신은 구원받았으나 여전히 가난과 질병으로 고생하는 사람들과 똑같이 될 것이다. 만일 당신들이 새로 결혼한 부부라면 하나님께서 당신들을 위해 예비해 놓으신 것을 달라고 선포할 필요가 있다. 따라서 당신들은 이제 이렇게 기도해야만 할 것이다. '가난아, 이제부터 너는 내게서 멀리 떨어져라. 이제부터 우리는 너를 집안에 들여놓지 않을 것이다. 이제는 가난 네가 우리 아이들에게 영향을 끼치지 못할 것이다.' 바로 이렇게 선포함으로써 당신은 당신의 삶의 여정을 확정지을 수 있다.

이 같은 긍정적 고백 즉 '정신-과학 신학'(Mind-Science Theology)은 "말하는 대로 믿으면 다 이루어진다."고 지금까지 가르쳐 온 '극단적인 믿음 만능주의자들'의 메시지와 거의 유사하다. 과연 하워드-브라운이 남아프리카에서부터 이 같은 생각을 갖게 되었는지 혹은 미국에 와서 그런 부류의 사람들과 자주 만나면서부터 그렇게 생각하게 되었는지 우리는 잘 모른다. 그러나 어쨌든 그는 성경의 진리를 크게 오해하고 있다.

병 고침에 대한 그의 관점 역시 축복과 번영에 대한 관점만큼이나 비성경적이다. 그는 자신이 여러 사람들을 고쳤다고 주장하지만 어떤 것도 기록에 남겨져 있거나 증명되지 않았다. 「성령 안에서 움직이며」에서 하워드-브라운은 이렇게 말한다.

> 하나님께서는 종종 나로 하여금 귀머거리나 암에 걸린 사람들을 치료하게 하신다. 나는 그 이유를 모른다. 내 사역을 통해서 많은 암 환자들이 고침을 받았고 관절염 환자들도 고침을 받았다. 물론 나는 소경이 눈을 뜨게 해 달라고 기도하는 것보다는 귀머거리가 듣게 해 달라고 기도를 드리고 싶다. 그럼에도 불구하고 내 집회에서는 소경들이 눈을 떴다. 뉴욕의 브롱스에서 열렸던 저녁 집회에서 나는 에이즈에 걸린 일곱 사람을 위해 기도했다. 당신은 이런 상황에도 대비하기 위해 하나님의 능력을 소유해야만 한다.

계간지인 「개인의 자유로운 복음 전도」라는 잡지에서 피셔(Richard Fisher)는 이렇게 말한다.

> 병 고침을 받은 사람의 이름이나 고친 날짜 등이 주어지지 않았으며 이 같은 주장에 대한 객관적 증명도 없었다. 따라서 우리로서는 과연 그것이 사실인지 도무지 알 도리가 없다.

또한 피셔는 같은 기사에서 예수님에 대한 하워드-브라운의 견해가 아마도 그의 신학에서 가장 문제가 많은 부분이 될 것이라고 지적한다. 예수님에 대한 하워드-브라운의 관점은 참으로 왜곡된 것으로서, 그는 예수님께서 이 땅에 거하는 동안 하늘에 있는 자신의 신성을 버렸고 따라서 단순히 땅에 속한 예언자였다고 생각한다. 사실 정통 기독교회는 지금까지 땅에 계신 예수님께서 완전하신 하나님이요 완전하신 인간이라고 이해했다. 그러나 하워드-브라운은 그렇게 생각하지 않는다.

> 사실 예수께서 하나님의 아들이셨기 때문에 이루신 것은 아무것도 없다. 성경은 그분께서 이 땅에 거하는 동안에 단지 아브라함 언약 하에서 대언자로서 일했던 것이라고 말한다(「하나님의 손길」).

도대체 성경 어디에서 예수님께서 신성을 버리고 인성만 갖고 계셨다고 말하는가? 이것은 참으로 이상한 주장이다. 이 세상에는 예수 그리스도를 일개 대언자로 보는 이단들이 많이 있다. 그런데 소위 기독교 사역을 한다는 사람이 이런 주장을 한다는 것은 논리적으로 맞지 않는 일이다. 비록 하워드-브라운이 "성경은 이렇게 말한다."고 주장하지만 그는 그런 성경 구절을 댈 수 없다.

또한 피셔는 예수님께서 기적을 행할 수 있었던 것은 성령님의 기름 부음 때문이었다고 하워드-브라운이 믿고 있음을 지적했다. 피셔는 이렇게 설명을 한다.

> 물론 이 같은 주장은 예수님보다 성령님을 더 능력 있는 분으로 만들며 결국 예수님께서 성령님과 동등하지 않은 것으로 만든다.

이 같은 이상한 생각은 결국 한 하나님이 아니고 세 하나님이 존재한다는 생각에 이르게 한다. 그래서 「안녕하세요, 성령님?」의 저자인 엉터리 베니 힌(Benny Hinn)은 "한 하나님 당 세 명의 신(神)이 있으므로 결국 하나님은 아홉 명의 신으로 구성되어 있다."고 말했던 것이다.[1] 이 같이 비이성적인 신학은 케네스 하긴의 극단적 믿음 메시지에까지 거슬러 올라가며 궁극적으로는 믿음 운동의 할아버지로 불리는 형이상학적 신비주의자 케년(E. W. Kenyon)에게까지 거슬러 올라간다. 물론 케네스 하긴은 '믿음 운동'과 현대판 케년주의의 아버지로서 자신의 책에서 케년의 말을 마음대로 인용했다.

브랜함의 열렬한 팬

하워드-브라운이 존경하는 또 다른 신비주의자는 브랜함(William Branam)이다. 브랜함은 '늦은 비 운동'이 활발했을 때 '믿음-병 고침'의 기치를 들고 활약한 자로서 교회 내에 예수 유일 오순절주의(Oneness Pentecostalism)를 퍼뜨렸고 이브와 루시퍼가 성적 관계를 가졌다는 믿음을 퍼뜨린 장본인이다.

1951년에 미국 하나님의 성회가 공식적으로 비난 성명을 발표한 '늦은 비의 새 질서 운동'의 요지들을 하워드-브라운이 동경한다는 사실은 그가 '늦은 비 운동'의 주장을 좋게 생각하고 있음을 보여 주는 증거이다. '늦은 비 운동'의 교사들처럼 하워드-브라운은 어떤 은사나 사역이 안수나 그와 비슷한 행동에 의해 전달될 수 있다고

---

1) 베니 힌에 대해서는 부록에 더 상세히 기술되어 있다.

믿고 있다. 그래서 그는 사람들에게 안수하거나 대언함으로써 혹은 '충만하게 되라'고 명령함으로써 기쁨과 성령 충만을 줄 수 있다고 믿고 있다.

또한 그는 '늦은 비 운동'에서 배워 온 대로 자신의 사역이나 영적 현상에 대해 신학적으로 조사하거나 가르치는 것에 대해 매우 나쁘게 말한다. 그는 이미 비지성인 캠프에 자신의 발을 들여놓았다. 이것은 '늦은 비 운동'을 주장하는 자들의 특징일 뿐만 아니라 오늘날의 대부분의 은사주의자들의 특징이다. 그들은 어떤 것이 교리적으로 옳은가를 살펴보기보다는 경험과 감정만을 중시한다.

현상은 어떻게 생기든 상관없다!

하워드-브라운 역시 다른 무엇보다도 감정과 경험을 중시하며, 그것을 일으키는 영(the spirit)이 어떤 것인가에 대해서는 전혀 신경 쓰지 않는다. 자, 이제 「다가오는 부흥」이라는 책에서 그가 한 말을 살펴보자.[2]

> 사람들은 자기들에게 어떤 일이 일어날까 봐 겁을 먹고는 아무 일도 하려 하지 않는다. 그러나 나는 아무 일도 일어나지 않는 교회보다는 차라리 마귀의 것 혹은 육체적인 어떤 것이 일어나는 교회에 있는 것을 택할 것이다. 하나님께서 역사하실 때마다 많은 사람들이 흥분하며 열중함으로 육체적인 것에 빠진다. 그러면 다른 신도들은 화가 나서 이것이 하나님에게서 난 것이 아니라고 말한다. 그런데 사실 이 두 가지 다 염려하지 않아도 된다. 단지 무슨 일이 일어나고 있다는 것만으로 기뻐하라. 어떤 사람이 집회에 참석해서 마룻바닥에 넘어진 채 성령 안에서 웃든지 혹은 마귀에 의해 육체를 따름으로 웃는다고 하자. 이 경우 그가 그런 일을 한다면 최소한 그 사람은 술 취하거나 마약을 먹지는 않은 것이다.

이 얼마나 놀라운 진술인가? 나는 과연 이런 진술이 불경스럽다고 해야 할지 혹은 어리석은 것이라 해야 할지 혹은 미친 것이라 해야 할지 알 수 없다. 나는 영적으로 속이는 것이 술 취하는 것이나 마약을 먹는 것보다 더 두려워해야 할 죄라고 개인적으로 생각한다. 이런 말이 위험하지 않거나 혹은 많은 신자들이 그런 말을 받아들이지 않는다면, 나는 이처럼 우스운 말에 대해 신경 쓸 필요도 없고 그저 웃으며 지나갈 수도 있을 것이다. 그러나 실상은 많은 크리스천들이 이런 엉터리 같은 말에 속아 넘어가기 때문에 문제가 심각해진다.

우리가 살펴본 그의 메시지나 우리가 읽어 본 그의 책 안에는 단 한 번도 성경과 비교해 보라는 충고가 없다. 다시 한 번 말하지만 단 한 번도 없다. 하워드-브라운과 소위 '웃음 부흥'에 참여하는 지도자들과 추종자들이 주는 충고는 단지 무조건 참여하고 느껴 보라는 것이다. 그런데 사실 나는 누가 그런 모임을 인도하는지를 알아보기 전에는 그런 행진에 참여하지 않을 것이다. 물론 나는 성령님께서 이런 미친 짓을

---

2) 하워드-브라운의 방언하는 모습은 유튜브에서 'Dueling Tongues (From The Blind and The Dead video)'를 치면 볼 수 있다. 방언을 가지고 옆 사람과 장난을 하는 그의 경박한 모습에는 하나님의 거룩함이 전혀 없다. 또한 그의 웃음 부흥 집회에 대해서는 'Palin's Churches and the Holy Laughter anointing'을 보기 바란다. 여기에도 혼동과 난잡함만 있다.

주도하신다고는 믿지 않는다.

토저(A.W. Tozer)는 「성공과 크리스천」에서 이렇게 썼다.

> 선한 가르침은 반드시 하나님의 말씀 안에만 있으며 하나님의 말씀 안에 있지 않은 것은 결코 선한 것이 될 수 없다. 나는 성경대로 믿는 크리스천으로서, 만일 해처럼 빛나며 온 우주보다도 더 넓은 날개를 갖고 있는 천사장이 내게 와서 어떤 새로운 진리를 준다면, 그에게 출처가 어디냐고 물을 것이다. 만일 그가 성경 안에서 그것을 보여 주지 않는다면 나는 그에게 이렇게 말할 것이다. '미안하지만 당신이 내게 전혀 출처를 보여 주지 않으므로 나는 그것을 받아들일 수 없습니다.'

수없이 많은 크리스천들이 이처럼 육체적 어리석음으로 인해 넘어진다는 것은 참으로 상상해 볼 수도 없는 일이다. 그런데도 이런 광적인 것이 점점 더 확산되고 있다. 국내의 유명한 교계 지도자들이 하워드-브라운을 인정함으로써 스스로를 '성령 바텐더'(Holy Ghost Bartender)라고 부르는 이 사람은 점점 더 많은 기회를 갖게 되었다.

하워드-브라운은 감정과 경험만을 지나치게 강조하며 그의 또 다른 계시들은 더욱 더 사람들을 안절부절못하게 만든다. 자신의 추종자들을 한 번에 여러 시간 동안이나 마루에 찰싹 달라붙게 만드는 소위 '성령 풀'(Holy Ghost Glue)이라는 것에 대해 그는 장황하게 이야기한다. 그는 또한 이미 틀린 것으로 판명 난 예언들을 부추긴다. 그런데 내가 발견한 그의 계시 중 가장 그럴듯한 것은 기적적으로 사람이 한 곳에서 다른 곳으로 옮겨진다는 것이었다.

「성령이라는 분의 실체」에서 하워드-브라운은 이제 성령께서 사람들을 한 장소에서 다른 장소로 옮겨가실 것이라고 말한다. 그는 이렇게 말한다.

> 만일 하나님께서 사람들을 날라 가시면 당신들은 그 사건을 어떻게 받아들일 것인가? 만일 하나님께서 당신들 중 얼마를 한 도시에서 다른 도시로 옮겨 놓으신다면 당신들은 도착지에 이를 때까지 비명을 지를 것이다.

물론 그의 주장은 절대적으로 옳다. 나는 분명히 비명을 지를 것이다. 비록 비행기 표를 사지 않아도 되므로 돈을 절약할 수 있다 하더라도 나는 결코 공중 투시(유체 이탈)와 같은 것을 하지 않을 것이다. 비록 그것이 하나님의 돈을 맡은 선한 청지기의 이름으로 행해진다 하더라도 말이다. 이것은 결코 웃어서 넘겨 버릴 일이 아니다. 이것은 다름이 아니고 서인도 제도의 원주민들의 부두(Voodoo) 의식을 집행하는 여사제나 마술사들로부터 신비주의 현상들을 빼내어 교회 내로 갖고 들어오는 것이다. 또한 이런 주장은 설교 시에 아무 의미 없이 행해진 것으로 변명될 수 없는 것이다. 이것은 불경건한 주장이며 동시에 위험한 주장이다. 이런 주장은 반드시 널리 알려야만 하며, 깨달은 이들은 적극적으로 이에 반대해야만 한다.

성령 에어로빅 강사

다음은 웃음 부흥회에 대해 데이저(Al Dager)가 저술한 미디어 스포트라이트 보고서(Media Spotlight Report)에서 발췌한 것이다. 독자가 하워드-브라운의 부흥회가 어떤 것인지 느낄 수 있도록 우리는 미국 플로리다 주 레이크랜드에 소재한 '카펜터의 집 교회'(Carpenter's Home Church)에서 열렸던 부흥회 모습(TBN 방송으로 방영됨)을 담은 비디오테이프에서 그대로 옮기려 한다. 앞으로 보게 될 내용은 사실과 똑같으며, 지금까지 우리가 살펴보았던 그의 다른 집회의 내용과 거의 다를 바 없다.

하워드-브라운이 설교를 하는 도중에도 청중석으로부터 간간이 우우하는 소리와 함께 웃음소리가 들렸다. 그렇지만 아직까지 분위기는 그리 무질서하지 않았다. 성령의 은사와 기름 부음에 대해 설교한 뒤 그는 곧바로 전날 밤 집회 때 정신과 의사의 검사를 받아야겠다고 말한 어떤 목사를 지적해 앞으로 나오게 했다. 오늘 밤 성령이 갑절로 임할 것을 약속하면서 하워드-브라운이 그 사람 위에 손을 얹었는데 그러자마자 그 남자는 마루에 넘어졌다. 그러자 하워드-브라운은 그 사람의 배에다 자기 발을 올려놓더니 이제 이 사람은 영원히 변화될 것이라고 선포했다. 이런 광경으로 인해 청중들은 웃기 시작했는데 이 사실은 자신이 청중들을 웃게 만드는 것이 아니라는 그의 주장을 일축시킨 것이었다.

그때 어떤 사람이 물었다. "도대체 왜 당신의 발을 그 사람 배에 올려놓습니까?" 그러자 그는 "몸을 구부려 내 손을 그 사람 위에 놓고 싶지 않아서입니다."라고 대답했다. 그러자 또다시 청중들이 웃기 시작했고 그때부터 그곳은 무질서해지기 시작했다. 자기 발밑에 있는 사람을 내려다보며 그가 말했다. "좋습니다. 당신 배로부터 그 공기 방울을 내뱉으세요." 그러자 그 사람은 좀 더 어렵게 웃었다. "더 많이!" 발에 깔린 그 사람은 점점 더 어렵게 웃었다. "더 많이!" 그는 웃으려고 매우 노력했다. 하워드-브라운은 깔깔대고 웃으라고 강요하기 시작했다. "더 많이!" 그러자 그 사람은 다리를 쳐들고 막 구르며 "하! 하! 하"하고 웃어댔다. 그러자 하워드-브라운은 "이것이 바로 성령 에어로빅입니다."라고 말했다. 물론 청중들은 그 말을 매우 좋아했다.

그 뒤 하워드-브라운은 그 목사의 아내에게도 비슷하게 행했다. 뒤로 넘어진 채 그녀는 조용히 기도했다. 그러자 하워드-브라운은 그녀에게 기도하지 말라고 말하며, 대신에 "기쁨! 기쁨! 기쁨!"을 외치며 기뻐하라고 말했다. 그 뒤 청중들은 한 명 한 명 그가 주는 기름 부음(즉 웃음)을 받게 되었다. 웃지 않는 사람에게 그는 웃으라고 말했다. 많은 이들이 그로부터 이렇게 웃으라는 촉구를 받았다.

어떤 남자가 거기에 누워서 조용히 기도하고 있었다. 그때 하워드-브라운이 그 남자에게 말했다. "이제 기도를 그만하고 기쁨이 당신의 배에서 넘쳐 나오게 하십시오. 기쁨, 기쁨, 기쁨 말입니다. 기도하지 말고 웃으세요!" 그러자 청중들은 더 크게 웃기 시작했고 그는 이 사람 저 사람에게 옮겨 다니며 웃을 것을 촉구했다. 그러다가 갑자기 하워드-브라운이 어떤 사람을 발로 찼다. "당신도 당신의 배에서 기쁨이 넘쳐나게 할 필요가 있어요. 기도를 그만두고 기쁨이 넘쳐 나게 하세요. 내가 분명히 말했지요, 기도하지 말라고. 배에서 기쁨이 넘쳐나게 하세요. 배에서 기쁨이 넘쳐나게 하세요." 그는 다른 사람에게도 똑같이 말했다. "당신도 역시 마찬가집니다. 배에서 기쁨이 넘쳐나게 하세요. 여기는 기도하는 데가 아니에요. 기쁨! 기쁨! 기쁨!" 청중들은 점점 더 그것을 좋아하게 되었다.

'거룩한 웃음'은 갑자기 일어나며 조절할 수 없는 것이라는 주장과는 달리 비디오테이프를 통해 보면 그것은 많은 경우에 반강제적으로 부추김을 받아 일어났다. 자기가 발로 내찼던 첫째 사람에게로 되돌아가 그는 그 사람을 심하게 꾸짖었다. "왜 도대체 당신은 설교자의 말을 듣지 않습니까? 왜 도대체 당신은 설교자의 말을 듣지 않습니까? 분명히 제가 웃으라고 했지요!" 그 사람은 이제 강압에 눌려 협박을 받아 가면서 웃으려고 무척이나 애를 썼다. 거룩한 웃음이 갑자기 일어나며 조절할 수 없는 것이라는 주장은 이렇게 엉터리 같은 것이었다.

이때부터 하워드-브라운은 자신의 웃음 행진에 들어가려 하지 않는 이들을 조롱하기 시작했다. 퉁한 얼굴을 한 채 그는 계속 그 일을 진행했다. 어떤 사람들이 말했다. "하워드-브라운 형제님, 저는 이런 기쁨을 원치 않아요." 그러자 그는 더 못마땅한 표정을 지으며 이 사람을 조롱하기 시작했다. "나는 지금 이대로 행복합니다. 내 증조부는 늘 우울했습니다. 내 할아버지도 우울했고 내 아버지도 우울했습니다. 아버지는 죽기 바로 전에 나를 쳐다보더니 이렇게 말했습니다. '내 아들아, 너도 우리 가족의 전통을 지켜 나갈거니?' 그때 나는 '네, 아버지'하고 대답했습니다."

하워드-브라운이 이렇게 농담을 하면서 웃음에 동참하지 않는 사람들을 조롱하자 청중들 역시 그들을 조롱하기 시작했고 웃으며 꽥꽥 고함치기 시작했다. 성령에게 자신을 열지 않는 사람들을 '보기 흉한 것들'이라고 농담조로 부르면서 하워드-브라운은 맨 앞줄에 앉아 있던 사람의 앞머리를 쳤다. 그러자 그 사람은 뒤로 넘어지며 공중에서 손과 발을 막 떨었다. 청중들은 계속해서 웃어댔다.

어떤 사람이 앞으로 나와 하워드-브라운의 손에 의해 넘어진 뒤 기도하기 시작했다. 그러자 하워드-브라운이 그 사람에게 소리쳤다. "이제 기도하는 것을 집어치우고 기뻐하세요. 기도는 집에 가서나 하란 말이에요. 주여, 자비를 베푸소서! 하긴 만일 그들의 기도가 효과적이었더라면 여기에 오지도 않았겠지요."

그러자 청중들로부터 더 많은 웃음이 나왔다. 그 뒤 그는 안수하는 것에 대해 설교를 하며 "당신들도 안수함으로 사람들을 축복할 수 있고 그들의 병을 고칠 수 있으며 그들에게 성령의 기름 부음을 줄 수 있습니다."라고 말했다. 미국 내에서 한때 베스트셀러였던 「안녕하세요? 성령님」의 저자인 은사주의자 베니 힌처럼, 하워드-브라운 역시 자기 손을 흔들었고 그러자 사람들이 쓰러지기 시작했다.

그는 사도행전 2장에서 베드로가 말한 것을 인용했다. "이 사람들은 여러분이 생각하는 대로 술 취하지 않았습니다." 그는 앞자리에 앉은 부인에게 안수했고 그러자 그녀는 반복해서 비명을 지르며 중풍 환자처럼 자기 손을 막 떨었다. 그는 그 여자가 목사의 부인이라고 공공연히 말했다. 사실 앞줄에는 거의 다 목사들과 그들의 부인들이 앉아 있었다. 그는 계속해서 "이 사람들은 여러분이 생각하는 것처럼 술 취하지 않았습니다."라고 말하며 그 자신은 술 취한 사람처럼 계속 같은 말을 했다.

그런데 자리에 앉아 있던 사람 중 하나가 갑자기 머리를 뒤로 젖히더니 마음껏 웃고는 공중으로 한쪽 다리를 들어 올렸다. 갑자기 그는 자리를 박차고 일어나 조그맣게 원을 돌면서 기차처럼 움직이는 동작을 했다. 그리고는 하워드-브라운을 바라보더니 앞으로 한 발을 쭉 내밀다가 엉덩방아를 찧었다. 그때 어떤 사람이 또 자리에서 일어나

기차처럼 움직이며 팔을 활짝 벌리며 돌더니 마루에 넘어졌다. 바로 그 뒤 첫째 사람이 일어나더니 술 취한 사람이 짓는 묘한 웃음을 지으며 비틀거리며 하워드-브라운에게 인사를 하고는 자기 자리로 가서 앉았다.

이것은 분명히 의도적으로 한 것인데도 불구하고, 하워드-브라운과 청중들은 그것을 그대로 믿었다. 갑자기 둘째 줄에서 어떤 남자가 일어났는데 그 사람은 느슨한 바지와 스포츠 잠바를 입고 있었고 열린 잠바 사이로는 멜빵이 보였다. 그는 엄지손가락을 멜빵에 끼더니 머리를 뒤로 젖히고는 코미디극에서 나오는 전형적인 원맨쇼를 하며 능글맞게 웃어댔다. 코 밑으로 청중을 내려다보며 그는 앞뒤로 왔다 갔다 했다. 그러더니 자리에 앉아서 자기가 마치 술 취한 사람처럼 고개를 끄떡끄떡 하면서 하워드-브라운을 향해 웃음을 지었다. 물론 하워드-브라운은 그 모든 것을 매우 즐거워했다.

하워드-브라운 뒤에는 과연 누가 있는가?

아마도 북미 대륙에 이 같은 '웃음 현상'을 도입한 사람이 하워드-브라운이라 해도 과언은 아닐 것이다. 그러나 이 같은 영적 대혼란을 확산시키는데 도움을 준 사람은 여럿 된다. 플로리다 주 레이크랜드에 소재한 '카펜터의 집 교회'의 스트래더(Karl Strader) 목사는 이 같은 광적 현상을 조장시킨 장본인이다. 그는 1993년 초 자신의 교회에 하워드-브라운을 초청해서 몇 주간에 걸쳐 집회를 가진 뒤에도 또다시 그를 자신의 교회로 초청했다. 그 외의 유명한 은사주의자들도 그의 집회에 참석하거나 자신들의 사역에 하워드-브라운을 초청했고 스스로 '웃음 충만'을 받았다.

이렇게 '기쁨 충만'을 받은 사람들 가운데는 거짓말쟁이 오랄 로버츠(Oral Roberts), 리처드 로버츠(Richard Roberts)와 월리와 매릴린 히키 부부(Wally and Marilyn Hickey) 등이 있다. 이 같은 움직임을 승인한 사람들로는 팻 로버트슨 (Pat Robertson)과 케네스 코플랜드(Kenneth Copeland) 등이 있다. 그러나 이 두 명은 자신들이 하워드-브라운의 축복을 받았다고 공식적으로 발표하지는 않았다.

다음은 이 운동에 대한 팻 로버트슨의 생각이다.

이것은 전 세계적으로 큰 물결 속에서 부흥이 일어나고 있음을 보여 주는 것이며 우리는 이제 주님의 재림을 기다리고 있다. 나는 이것이 매우 고무적인 표적이라고 생각한다.

물론 이 같은 발언의 주인공은 늘 자신의 신학, 직함, 주장 그리고 양말을 바꿔 온 사람이다.

코플랜드는 이에서 한술 더 뜨며 이 같은 성령의 임재를 거부하는 사람은 죽게 될 위험에 빠져 있다고 말했다. 1994년 10월호 「승리의 소리」에서 그는 이렇게 말했다.

근래에 여러분께서는 어떤 이에게 말을 걸어 지난주에 교회에서 어떤 일이 일어났느냐고 물을 것이다. 그러면 그 사람은 이렇게 말할지도 모른다. '말도 마세요. 굉장했어요. 하나님의 영광이 너무나 강력해서 발을 저는 사람 10명을 고쳤고 30명이나 되는 귀머거리의 귀를 열었고 7명의 암환자를 고쳤고 말만 많이 하는 형제와 분열을 일으키는 자매를 죽여 버렸지요.

그 뒤 그는 다음과 같은 엄숙한 경고를 한다.

하나님의 불이 타기 시작하며 성령의 강이 흐르려 할 때 크리스천들은 다음의 두 가지 중 하나를 해야만 한다. 성령님께 굴복하고 회개함으로 그 죄를 내놓든지 혹은 하나님의 영의 홍수를 저항하여 그것에 떠밀려가든지 둘 중 하나이다.

여기서 코플랜드가 말하는 '그 죄'란 바로 그와 다른 오순절 은사주의자들이 하나님의 역사로 보는 것을 거부하는 것을 의미한다. 코플랜드 같은 사람들은 '토론토 축복'이야말로 크리스천들이 은사 운동을 인정하며 그것에 따르느냐 아니냐 혹은 자신들의 교리가 맞느냐 틀리느냐를 결정하는 시금석이라고 주장한다. 또한 어떤 극단적인 이들은 이 같은 성령의 쏟아 부어 주심을 받지 않는 사람은 구원을 받지 못한다고 말한다.

자, 이제 다음에 나오는 어떤 예언자의 예언 속에 들어 있는 위협조의 음성을 들어 보라! 다음의 진술은 이 같이 탈선한 운동의 지도자들이 하나님의 말씀에 비추어 이 운동이 옳은가를 시험해 보려는 사람들과 이미 그 덫에 걸린 사람들을 겁주기 위해 어떤 일을 하고 있는가를 적나라하게 보여 준다. 아무튼 이 예언은 '토론토 축복 운동'의 지도자의 부인이 1995년 10월에 말한 것이다.

당신 주변에서 여러 가지 기적이 일어나며 표적과 이적이 발생하고 성령의 채워 주심과 기쁨 그리고 그 외의 여러 가지 좋은 일들이 일어나는 능력의 때에 즉 보는 것이 매우 중요한 이때에 주님께서는 '선택하라, 선택하라, 선택하라!'고 말씀하실 것이다. 그때 당신은 '내가 주님으로부터 악이 아니라 선을 받을 것인가?'라고 말했던 욥처럼 할 것인가? 아니면 당신은 선한 것과 악한 것 모두를 취할 것인가?

내가 말하려는 바는 이제 당신이 취할 수 있을 때 할 수 있는 대로 모두 취하고, 당신이 가질 수 있을 때 할 수 있는 대로 모두 취해 가지라는 것이다. 왜냐하면 교회 내에 큰 분열이 생기고 사람의 원수가 바로 자기 집 사람들이 되며 당신의 부모가 당신을 비난하고 비방하며 당신이 이단에 빠졌다고 할 날들이 오리라고 주님께서 말씀하셨기 때문이다. 그때 당신의 아들딸들은 '우리 부모님은 미쳤어요.'라고 말할 것이다. 또한 하나님의 집에서는 애통함이 있을 것이다.

지금 이 시간 당신들 가운데도 형제들 가운데 분열을 퍼뜨리는 사람이 있다고 나는 말할 수 있다. 주님께서 싫어하시며 가증히 여기는 것들이 있다. 그런 것들 중 하나는 진리라는 이름으로 고의적으로 사랑을 내버리고 증오를 일으키며 사랑이 허다한 죄를 덮는다는 것을 알지 못한 채 교회 내에서 분열을 일으키며 파괴시키는 사람이다.

주님께서는 올바른 말이 사랑 안에서 이루어진다고 말씀하신다. 물론 주님께서도 잘못된 것을 고치시며 그렇게 하는 것을 좋아하시며 그렇게 하라고 말씀하신다. 그런데 그분께서는 그리스도의 교회를 나누며 그분의 손과 발을 나누며 발과 발가락을 나누는 분열을 미워하신다. 그래서 주님께서는 그 날에 곧 심판의 날에 그렇게 분열을 일으키는 사람보다 소돔과 고모라가 더 나을 것이라고 말씀하셨다.

그럼에도 불구하고 분열은 반드시 생길 것이고 이것은 현재 교회 내에서 이스트처럼 퍼지고 있다. 오늘 이 시간에 주님께서는 당신들이 보아 온 것을 보고 당신들이 귀로 들어온 기적이 일어나는 것을 보며 당신들이 보아 온 하나님의 열매를 본 뒤 과연 이것이 하나님으로부터 났으니 끝까지 견뎌 구원을 받든지 혹은 믿음의 말씀을 죽여 버리고 분열을 일으키며 자신의 의로 의롭게 되고 교회를 나누든지 둘 중 하나를 택하라고 말씀하신다.

오늘밤에 주님께서는 과연 이것이 하나님의 것인지 아닌지를 당신이 마음속에 결정하기를 원하시며 당신의 신앙 고백대로 살도록 당신이 부름 받았듯이 그 같은 결정에 따라 살 것을 요구하신다.

단지 이처럼 이상한 현상을 거부했다는 이유만으로 여자들이 하나님의 백성에게 이 같이 위협을 할 수 있다는 것 자체가 나로서는 이해가 되지 않는다. 하나님은 분명히 우리가 그리스도 안에 서 있느냐 서 있지 않느냐를 기준으로 해서 우리를 심판하실 것이다. 그러나 그분은 결코 우리가 방언을 하느냐 혹은 우리가 예배 시간에 소름끼치게 웃느냐 혹은 다른 우스꽝스러운 의식에 참여했느냐에 따라 심판하시지 않는다.

이 같은 발언이야말로 '거룩한 웃음'에 대해 「카리스마」(*Charisma*) 잡지가 처음으로 논평을 했을 때 스트랭(Stephen Strang)이 주의를 주었던 것이다. 이런 현상을 받아들이느냐 받아들이지 않느냐에 따라 어떤 사람의 마음을 판단하는 것은 하나님께서 교회에게 하라고 하신 판단이 아니다. 우리는 대언과 열매와 교리를 판단할 수 있으나 마음은 판단할 수 없다. 그러나 이렇게 스스로 임명하고 스스로 기름 부음을 받은 예언자들은 이런 웃음 운동에 참여하느냐 참여하지 않느냐에 따라 누가 구원을 받으며 누가 구원받지 못하는가를 이미 결정해 버렸다.

13장

왜 '토론토 축복'인가?

토론토는 여러 종류의 문화적 영적 유산을 지닌 번창하는 도시이다. 최근에 토론토는 소위 '거룩한 웃음 부흥'의 메카가 되고 말았다. 이 같은 명성과 함께 지난 18개월간 토론토는 전 세계적으로 가장 많은 사람들이 방문하는 도시 중 하나가 되었다. 하이테크를 자랑하는 이 현대 도시는 여러 가지 볼 것들과 행사들로 인해 세계 여러 곳으로부터 여행자들과 사업가들을 불러들이고 있다. 그런데 지난 몇 달 동안에는 어떤 새로운 것이 토론토 블루제이스 야구팀이나 다른 유명한 관광거리보다 더 많은 사람들을 토론토로 불러 들였다.

이 새로운 관광 명소는 다름 아닌 피어슨 국제공항에 위치한 빈야드 교회이다. 이 교회의 건물은 예전에 비행기 격납고로 쓰던 것이다. 토론토 공항 빈야드 펠로우십 (Toronto Airport Vineyard Fellowship)이라는 공식 명칭을 지닌 이 교회는 일 년도 채 안 된 기간에 25만 명의 방문객을 맞아들였다. 공식 기사에 따르면, 여러 교단에 속한 20,000명이 넘는 목사들이 세계 50여 개 국 이상에서 이곳을 방문했다고 한다.

그들이 토론토에 오는 목적은 무엇일까? 도대체 무슨 이유로 그렇게 많은 사람들이 그곳을 방문하는 것일까? 또한 그곳 주민들이 일주일에 엿새씩이나 밤마다 서서 드리는 예배에 참여하는 이유는 무엇일까? 이런 예배는 보통 저녁 일곱 시경에 시작되어 새벽 한 시나 두 시까지 계속된다.

여러 가지 현상

방문객들이 이곳에 오는 이유는 '축복' 즉 '토론토 축복'을 받기 위함이다. 이 같은 축복의 골자는 '웃는 것', '소리 지르는 것', '몸을 떠는 것', '넘어지는 것', '비명을 지르는 것', '날카로운 소리로 외치는 것', '씩씩거리는 것', '나귀 소리를 내는 것', '사자처럼 부르짖는 것', '꼬꼬꼬꼬 암탉 소리를 내는 것', '개처럼 짖는 것', '꿀꿀꿀꿀 돼지 소리를 내는 것' 등과 같은 경험이다.

약 6년 전에 이 같은 현상에 대해 처음으로 반대하는 말을 했을 때 사람들은 나를 마치 정신 나간 사람처럼 여겼다. 물론 그때까지만 해도 나는 과연 이 같은 현상을 모두 언급하는 것 자체가 필요한가에 대해서도 확신하지 못했다. 사실 이런 우스꽝스러운 일은 몇 달 지나면 사라질 것으로 생각했다.

그런데 놀랍게도 '웃음 운동'은 계속해서 커지기 시작했으며 오순절 은사주의 교단의

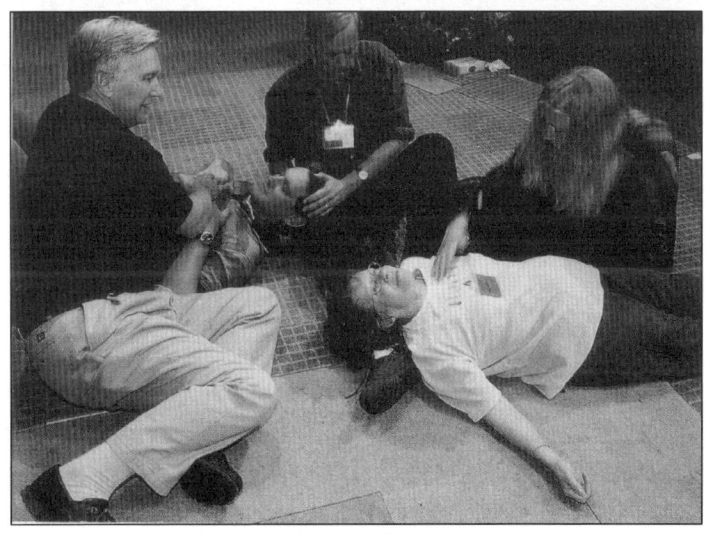

토론토 공항 교회의 아르놋 목사
토론토 공항 교회의 입신: 영 안에서 쓰러져서 죽는 것

주류 안으로 파고 들어갔고, 심지어 오순절 은사 운동 교단에 속하지 않은 비주류 안으로까지 들어갔다. 지금도 어떤 이들은 위에서 보여 준 수치에 대해서 말하거나 혹은 얼마 지나지 않아 그들이 거하는 도시에서도 이런 것을 접하게 될 거라고 말하면 그것이 좀 과장된 것이라고 생각한다.

이 세상 대중매체의 보도

사람들은 시사 주간지「타임」이나「뉴스 위크」그리고 여러 TV 뉴스 프로그램이 이 같은 현상들 특히 토론토에서 일어나는 것뿐만 아니라 미국의 다른 도시에서 생기고 있는 현상들에 대해 보도하기 시작하자 그 현상을 유심히 살펴보게 되었다. 다음은 한 캐나다 방송사의 '일요일 아침' 뉴스 프로그램의 보도 내용이다. 이 보도와 함께 TV 화면에는 방언으로 기도하며 웃으며 비명을 지르는 사람들이 보인다.

> 비행기가 몇 분마다 한대씩 토론토 피어슨 공항에 착륙하며 토론토 빈야드 교회에 가는 승객을 수송하고 있습니다. 현재 전 세계적으로 600개의 빈야드 교회가 있으나 토론토 빈야드 교회는 성령께로 가는 직통 전화를 갖고 있어 전 세계에서 40,000명이 넘는 사람들이 '공중을 나는 카펫 게임'을 하거나 '거룩한 존재'와 함께 깔깔대며 웃거나 방언을 말하기 위해 날아들었습니다. 이미 정립되어 확고부동한 교회들은 경계심과 질투심으로 그들을 쳐다보고 있습니다. 사실 그들은 자기들의 예배를 더 활기 있게 만들지 못하므로 토론토 공항 교회를 마귀의 작품으로 평가절하하고 있습니다.

사실 이 방송에서 제시한 40,000명이라는 수치와 내가 위에서 제시한 250,000명을 비교해 보면, 이 방송 이후에 200,000명이 넘는 사람들이 그곳을 방문했음을 알 수 있다. 그 기자는 계속해서 이렇게 보도한다.[1]

> 젊은 여인이 눈을 감은 채 마루에 누워 있습니다. 그녀가 말을 시작하자, 그녀의 몸이 조금씩 경련을 일으켰습니다. 그녀 주변의 모든 사람들은 자제할 수 없이 웃거나, 울거나, 몸을 떨고 있었습니다. [매우 크며 광적인 웃음소리가 뒤에서 들린다] 이것이 바로 빈야드 교회가 소위 성령이 주는 웃음과 기쁨이라고 부르는 것입니다. 그들은 어떤 말을 듣고 웃지 않고 그냥 웃습니다.

영국의 홀리트리니티 브롬튼

1994년에 영국에서 캐나다의 토론토로 가서 '웃음 부흥 운동'을 지켜본 사람들 중에는 사우스웨스트 런던 빈야드 교회의 멈포드 목사의 부인인 엘레너(Eleanor Mumford)도 끼어 있었다. 영국에 돌아오자마자 그녀는 일반 예배뿐만 아니라 여러 집회에서 토론토에서의 경험과 빈야드 회중 사이에서 벌어진 '웃음 부흥'에 대해 간증하기 시작했다. 1994년 5월에 있었던 한 집회에는 영국에서 가장 크고 품위가 있는 교회 중 하나인 홀리트리니티 브롬튼(Holy Trinity Brompton, 이하 HTB) 교회에서 온 성공회 사제 검블(Nicky Gumbel)[2]도 참석했다. HTB 교회는 런던의 훌륭한

---

1) 유튜브에서 'Toronto Airport Christian Fellowship EPK'를 치면 토론토 공항 교회의 집회 현장을 볼 수 있다. 역시 유튜브에서 'Holy Laughter in Brazil'을 치면 브라질에서 일어나는 동일한 현상을 볼 수 있다.

상가 지역인 나이츠 브리지의 중심부에 위치해 있으며 전 세계적으로 유명한 해로즈(Harrods) 백화점에서 아주 가까운 거리에 있다.

집에서 열린 집회에서 멈포드 부인은 토론토에서의 경험을 이야기하고 성령님이 강림할 것을 요청했다. 그런데 이렇게 간구하자마자 아주 이상한 일이 생겼다. 한 사람이 내던져져서 방을 가로지르더니 울부짖으며 아주 이상한 소리를 내며 웃기 시작했다. 또 어떤 사람은 마루에 앉아 예언을 하기 시작했고, 어떤 이들은 마치 술 취한 사람처럼 보였다. 검블은 마치 엄청난 전기가 몸을 지나가는 것 같은 경험을 했다고 진술했다. 검블은 정신을 차리고 HTB 교회에서 열리는 회의로 달려가서 먼저 늦은 데 대해 사과를 했다. 그가 기도로 그 회의를 마치며 "주님, 주님께서 행하신 모든 것에 감사를 드립니다. 우리는 주님께서 주님의 영을 보내 주시기를 기도합니다."라고 말하자 조금 전에 일어난 아주 이상한 현상이 또 나타나기 시작했다. 거기 참석한 사람 중 하나는 마루에 누워 공중으로 발을 뻗고는 하이에나처럼 웃어대기 시작했다.

HTB 교회의 주교인 밀라(Sandy Millar)가 검블 및 다른 이들이 '영 안에 죽는 것'(입신)을 발견하고는 그와 및 교회의 다른 지도자들이 5월 29일에 아침과 저녁 예배에 멈포드 부인을 초청해서 간증을 하게 했다. 멈포드 부인은 이야기를 마치고 성령님이 임하도록 기도했다. 그러자 갑자기 HTB 교회 내에 웃음 부흥이 터져나가기 시작했고 영국의 주요 신문사들이 곧장 이를 알렸다. 그 뒤 5월 31일에 밀라와 HTB 교회의 목회 담당자는 '토론토 축복'을 몸소 살펴보기 위해 캐나다로 날아갔다. 1994년 말에는 그야말로 산불같이 '웃음 부흥'이 번져나가기 시작했으며 미국의 오순절 잡지인 「카리스마」(Charisma)는 매호에서 이에 대한 새로운 기사를 실었다.

이 같은 뉴스는 웃음소리만큼이나 신속히 퍼져 나갔다. 1994년 8월 15일자 「타임」은 영국 런던에 소재한 HTB 교회에서 일어난 일들을 보도했다.

비록 런던에 사는 사람들 중 매우 소수가 성공회 예배에 참석하지만, HTB 교회의 모임에는 1,500명 정도나 참석했다. 실내의 덥고 쾌쾌한 공기에도 아랑곳없이 젊은 군중들은 록 음악회나 럭비 경기를 관람하러 갈 때 갖게 되는 어떤 기대감 같은 것에 부풀어 웅성댔다. 사람들은 평상시처럼 성경을 읽고 기도하고 노래를 한 뒤 의자들을 모두 치웠다. 검블 사제(Curate Nickey Gumbel)가 회중 위에 성령이 임하기를 기도했다. 그러자 어떤 여자가 웃기 시작했고 점차로 다른 이들도 배꼽을 잡고 웃기 시작했다. 어떤 젊은이는 마루에 넘어진 채 손을 막 떨었다. 또 다른 이들이 연속적으로 넘어졌다. 삼십 분이 채 못 되어 그곳은 넘어진 사람들로 꽉 차게 되었고 이들은 흐느끼며 몸을 떨고 사자처럼 부르짖거나 그 무엇보다도 이상하게 자제를 못 하고 웃어댔다.

---

2) 여기 나오는 니키 검블이 바로 몇 년 동안 한국 교회를 강타하고 있는 알파코스의 주인공이다. 알파코스는 1977년 영국 성공회의 홀리트리니티 브롬튼 성당(HTB)의 부임사제인 찰스 만함에 의해 착안되어 시작되었고 그 뒤 어바인 사제 등을 거쳐 니키 검블 사제(현 HTB 주임사제)가 대표를 맡고 있다. 한 마디로 알파코스는 윔버의 빈야드 운동, 토론토 축복, 펜사콜라 웃음 부흥의 뿌리에서 나왔기에 여러 가지 표면적인 프로그램이 있을지라도 그 핵심에는 이교도들의 웃음, 입신 등의 비성경적인 마귀의 일들이 있을 수밖에 없다.

「타임」은 런던에서의 그 일이 '토론토 축복'과 하워드-브라운의 사역과 관련이 있다고 분명히 말했다. 또한 그 기사는 이 모든 것이 빈야드를 설립한 윔버(John Wimber)와 관련이 있음을 밝혔다. 「타임」의 발표가 있은 후 몇 달 동안 여러 가지 출판물이 여기저기서 '토론토 축복'에 대한 기사를 소개했고 또 그것이 유럽과 아시아 그리고 남미 대륙에 들어간 것에 대해서도 다루었다.

대중 매체를 통해 교회를 일깨우는 일

세속 대중 매체가 교회의 친구라고 생각하는 것은 매우 순진한 생각이다. 그러나 어떤 면에서는 그럴 수도 있다. 종종 비종교인이나 외부 사람들이 오히려 그런 일에 깊숙이 개입되어 있는 사람들은 볼 수 없는 것들을 볼 수 있다. 이제 몇 가지 예를 보여 주겠다.

첫째는 영국 런던에서 발행되는 「데일리 메일」의 1994년 9월 2일 기사이다. HTB 교회에서 일어났던 여러 가지 공통적 현상들을 흥미 있게 보고한 뒤 기자는 아주 교묘히 다음과 같이 쓰고 있다.

> 현재의 빈야드 운동과 18세기 영국의 부흥 운동 간의 차이는 다음과 같다: 후자에는 능력 있는 설교와 자기 부인 및 회개 등이 수반되었으나 토론토 축복이나 혹은 토론토 축복의 원천이 된 은사 운동에서는 이런 것들이 발견되지 않는다.

'하나님의 이름으로'라는 특별 프로그램에서 미국의 ABC 뉴스의 앵커맨인 피터 제닝스(Peter Jennings)는 현 시대의 여러 가지 교회 성장 전략에서 이 세상의 시장 판매 전략이 크리스천 사역을 대신하게 되었다고 말한다. 제닝스가 제대로 알고 있었는지는 모르지만, 내 생각에 그는 현재 교회에서 일어나고 있는 세 가지 이상한 현상들을 올바르게 지적했다. 즉 윔버의 균형을 잃어버린 표적과 이적 운동, 빌 하이블스(Bill Hybels) 등과 "신흥 지역 입주자를 잡아라!"고 외치는 자들의 광적인 교회 성장 운동 그리고 하워드-브라운과 그의 웃음 운동이다.

그런데 참으로 슬픈 것은 많은 크리스천들이 제닝스의 특별 프로그램을 단순히 하나님의 왕국에 대한 대중 매체의 공격으로 보거나 그보다 더 나쁜 것은 오늘날 교회 내에서 일어나고 있는 참된 하나님의 역사에 대해 세속 매체가 반대하려는 것 정도로 보았다는 점이다.

매사추세츠 주 워본에서 자기 남편과 함께 목회를 하고 있는 모나 조니안(Mona Johnian)은 「카리스마」에 실린 기사에서 "대부분의 기독교인들보다는 오히려 이 세상 사람들이 부흥 운동으로 인해 더 큰 감명을 받은 것처럼 보인다."고 말했다.

웃음 부흥 운동을 다루고 있는 기사나 프로그램 등을 여럿 인용하면서 조니안은 이렇게 말한다.

> 세속 대중 매체 역시 성령님께서 크게 임하시는 것에 대한 표시를 보내고 있다. 나는 세상이 이것을 인정한다는 것 자체가 우리의 교회들을 깨워 줄 경종이라고 믿는다. 이제 부흥이 우리 위에 와 있다.

그런데 실제로 그녀가 깨닫지 못한 것은 대중 매체가 이런 현상을 다룬 것은 이런 현상을 찬양하기 위해서가 아니라 비난하거나 조롱하기 위해서라는 사실이다. 이런 대중 매체의 보도는 결코 하나님의 역사를 보고한 것이 아니다. 그런 보도는 단지 혼란에 빠진 채 미쳐 가는 세상에게 혼란에 빠진 채 미쳐 가는 교회를 보여 준 것이다. 그것들은 단지 최근에 일어난 은사 운동의 광적인 면들을 보여 준 데 지나지 않는다. 또한 이 같은 보도는 궁극적으로 교회와 예수 그리스도를 책망하거나 비난하는 것이었다.

구약성경을 보면 이스라엘이 자신의 대언자들의 말을 청종하려 하지 않았을 때 하나님께서는 이스라엘의 주의를 모으려고 팔레스타인(블레셋) 사람들을 이용하셨다. 종종 나는 뉴스 미디어라는 것이 교회가 자신의 비참한 현실을 볼 수 있게 하려고 하나님께서 사용하시는 현대판 팔레스타인 사람들이라고 생각한다. 자, 이제 토론토에서 일어나고 있는 소용돌이를 다시 한 번 살펴보자.

왜 하필이면 토론토인가?

비록 토론토가 국제 무역의 중심지요 대규모 인구 밀집 지역이긴 하지만 미국이나 유럽에는 이 같은 은사 운동의 불법 행위를 전 세계에 수출할 수 있는 전략적이며 좀 더 영적인 도시들이 많이 있다. 오클라호마 주의 털사, 텍사스 주의 댈러스, 산타애나, 이탈리아의 로마 등의 영적 도시들이 소위 하나님의 역사로 불리는 현상에 더 적합할는지도 모른다. 사실 '이 축복'은 토론토에서 시작되지 않았고 단지 그곳에서 보금자리를 펴게 되었다.

미주리 주 세인트 루이스 빈야드 교회의 목사인 클라크(Randy Clark)는 오클라호마 주 털사에서 열렸던 하워드-브라운의 집회에 참석한 뒤 이것들을 토론토 교회에 가져왔다. 클라크는 자신이 하워드-브라운의 집회에서 이런 이상한 현상이 나타난다는 것을 들었을 때 자신의 삶이나 사역은 매우 저조한 상태였다고 주장한다. 그런데 하워드-브라운의 집회에 참여함으로써 자기의 삶이 변화됐고 그래서 자기가 새로이 발견한 자유와 기쁨을 다른 이들과 나누기를 원하게 되었다고 말한다.

아이오와 주 세다래피즈에 사는 내 동역자 빌 랜들스(Bill Randles) 목사는 클라크의 간증에 대해 다음과 같이 정확한 평을 내렸다.

여러분은 클라크를 하워드-브라운에게 가도록 만든 것이 진리가 아니고 눈에 보이는 현상들이었다는 점에 유의해야만 한다.

사실 클라크는 "말을 하고 믿기만 하면 된다."는 '말-믿음 운동'이 갖고 있는 신학적 문제 때문에 케네스 하긴의 레마 성경 교회에서 열렸던 하워드-브라운의 집회에 참석하는 것을 망설였다고 랜들스는 말한다. 그런데 클라크는 자신의 이 같은 엉거주춤한 태도에 대해 주님께서 자신을 책망했다고 말한 것으로 알려져 있다. 클라크는 하나님께서 이렇게 말씀하셨다고 말한다.

네게는 교파주의의 영이 있다. 도대체 어떻게 내가 너를 새롭게 만져 주랴?

과연 하나님께서 영 분별을 반대하시는가?

'말-믿음 이단 운동'에서 주장하는 비성경적이며 경건치 못한 가르침에 대해 반대했다는 이유로 하나님께서 자기들을 책망하셨다고 주장하는 사람들이 있다는데 대해 나는 놀라지 않을 수 없다. 랜들스는 클라크가 자기의 편견을 접어 둔 채 하워드-브라운의 집회에 갔다고 말한다. 1994년 1월에, 클라크는 토론토 공항 빈야드 교회에서 자신의 경험을 간증하기로 했다. 그런데 며칠간 거행될 것으로 생각되었던 그 집회는 클라크와 더불어 몇 주간이나 계속되었다. 그 이후로 월요일을 제외하고는 매일 저녁 집회가 열리고 있다. 위의 내용은 '토론토 축복'의 역사를 보여 주지만 왜 토론토가 특히 신도 수가 300명에 불과한 공항 빈야드 교회가 이런 부흥 운동의 전 세계 사령탑이 되었는지는 밝혀 주지 않는다.

예언을 성취하며

1950년대에 '늦은 비 운동'이라는 것이 전개되는 동안에 사실상 둘째 오순절이 예고되었다. 그것은 초창기 '늦은 비 성령 운동'이 일어난 후 40년 만에 캐나다에서 일어날 것으로 예언되었다. 배너 사역의 틸린(Tricia Tillin)은 '이 축복'이 토론토에 머물게 된 이유를 설명해 준다. 그녀는 리처드 리스(Richard Riss)의 책 「늦은 비」(*The Latter Rain*)의 서문을 인용한다.

> 어떤 면에서 장막절은 캐나다의 노스배틀필드(North Battlefield)에서부터 나팔이 울리는 것과 함께 성취되었고 이제 만물이 복원되는 때가 막 시작되려 한다. 한국의 J 목사와 더불어 20명의 다른 예언자들에 말에 의하면, 성령님의 마지막 커다란 역사가 캐나다에서부터 시작되어 예수님 오시기까지 70개의 캐나다 도시에 의해 전 세계 210개 국가로 퍼질 것이다.

비록 작금의 이런 광적 현상이 캘리포니아 주 애나하임 소재 윔버의 빈야드 교회, 오클라호마 주 털사 소재 케네스 하긴의 교회, 플로리다 주 레이크랜드에 있는 카펜터의 집 교회 등에 뿌리를 두고 있음에도 불구하고 이 운동의 주창자들은 이것을 '토론토 축복'이라고 부르며 또 이것이 실제로 '늦은 비 운동'의 예언을 이루기 위해 그곳에서 시작되었다고 말한다.

물론 많은 이들이 토론토에서 일어나고 있는 매우 괴이한 현상들로부터 거리를 두고 있다. 최근에 나는 하워드-브라운이 등장하기 전에 혹은 토론토 빈야드 교회가 부흥 갱신을 시작하기 훨씬 전에 이미 이 운동이 남아메리카에 뿌리를 내렸다는 이야기를 내가 사는 곳에서 들은 적이 있다. 내가 사는 지역에서 이 운동을 지지하려는 사람들은 이 같은 '하나님의 역사'에 기꺼이 참여하려 하나 '토론토 축복'과 하워드-브라운이 점점 더 비난을 받게 됨에 따라 이들과 거리를 두려하고 있다.

「카리스마」 잡지의 승인

미국 내 오순절 은사 운동을 대변하는 「카리스마」는, 비록 편집자인 스트랭(Steve Strang)이 이 운동에 대해 몇 가지 석연치 않다고 느끼고 있음에도 불구하고, '웃음 운동'을 좋게 이야기하는 기사를 지난해에만도 여러 차례나 실었다. 가장 최근에 '토론토 축복'을 승인한 기사는 캐나다 온타리오 주 해밀턴에 사는 자유 기고가 다이애나 도우셋(Diana Doucet)이 작성한 것이다.

도우셋은 자기들의 방식대로 토론토 경험을 옳은 것으로 만들려는 여러 종류의 참가자들의 말을 인용한다.

'늦은 비 운동'을 연대기에 따라 기술한 리스(Richard Riss) 역시 지금의 이 운동을 승인하는 발언을 한다. 그는 '토론토 축복'이 하늘에서 온 것으로 보고 있다.

현재 토론토에서 일어나고 있는 일은 최소한 1906년에 아주사 거리에서 일어났던 것과 동등하다 할 수 있다.

노르웨이 출신의 침례교 목사인 소렌슨(Sten Sorenson) 역시 리스의 말에 동의한다. 그래서 그는 토론토를 '새로운 아주사 거리'라고 부른다. 그는 자신도 처음에는 그 현상에 대해 의심을 품었지만, 영국 런던의 홀리트리니티 브롬튼 교회에서 있었던 현상을 체험하면서부터 그런 의심이 사라졌다고 「카리스마」 잡지에서 말했다.

토론토 빈야드 교회의 셰브로 목사는 이제 '웃음 운동'을 대변하는 신학자로 등장했다. 그는 이 운동이 교단의 벽을 허물었다는 점에서 성령의 역사라고 주장함으로써 이 운동을 인정하려 한다.

사실 교단의 장벽과 편견을 넘어설 수 있는 교회 성장 전략이나 프로그램은 없다. 이런 장벽들이 없어진다면 그것은 성령의 표적이다.

의심의 여지없이, 이와 똑같은 논제는 적그리스도의 시대에 모든 이들을 하나의 참된 교회로 불러들이는 것이 하나님의 손길임을 보여 주기 위해 사용될 것이다. 물론 그 교회에는 교단의 장벽이 없을 것이다.

갈등이 일어나다

한편 셰브로는 이런 광적 현상으로 인해 교단 내에서 그리고 각 교회에서 여러 가지 갈등이 일어났다는 사실을 간과하려는 것 같다. 도우셋은 이 운동으로 인한 염려와 비평들이 있음을 인정한다. 그렇지만 곧바로 이런 것들을 대수롭지 않은 것으로 여기고 만다. 도우셋은 이런 이상한 현상으로 인한 신학적 염려와 전전긍긍하는 모습 등이 교회 내에 있음을 인정한다.

어떤 이들은 이번 부흥이 감정주의라는 일종의 육체적 과시로 변질될 수 있다고 걱정한다.

사실 이 운동은 육신적인 것으로 악화될 수가 없다. 왜냐하면 본질상 이것은 육신(육체)으로부터 나왔기 때문이다. 또한 시간이 가면서 이것은 점점 더 이상하며 육신적인 현상들을 더 많이 보여 주고 있다. 스위스 출신의 빈야드 목사인 불만(Martin Buhlman)은 지도자들이 좀 더 주의를 기울이고 또 보는 사람들이 좀 더 이해하려 한다면 이 운동으로 인해 일어나는 갈등들이 미연에 방지될 수 있을 것이라고 말한다. 이것은 마치 "소란을 피우지 말고 보트를 흔들지 말며 아무것도 묻지 말라."는 것과 같은 말이다. 비록 불만이 이 같은 분열을 막기 위한 여러 가지 제안을 하긴 했지만 그는 단 한 번도 이 운동을 하나님의 말씀에 비추어 보아야 한다고는 말하지 않았다.

교정은 원하나 단 한 번도 시행하지 않음

미주리 주 그랜드뷰에서 온 빈야드 목사 빅켈(Mike Bickel)과 많은 문제를 갖고 있어 심하게 비난을 받고 있는 '캔자스시티 예언자들'(Kansas City Prophets)이라는 집단의 한 지도자는 자신들이 육체적 열정에 대해 경계해야 하며 어떤 과도한 행동이나 비성경적 믿음은 초창기에 잘라내야 한다고 말한다.

그런데 지금 이 시간까지도 이런 것을 실천한 사람은 아무도 없다. 이번의 광적 현상을 주도하는 지도자들은 계속해서 '육체적 열정'을 정당화하기 위해 성경을 왜곡하고 있고 성경에 따른 교정을 행하지 않고 있다. 예를 들어, 토론토 빈야드 교회 목사인 듀폰(Marc Du Pont)은 사자처럼 부르짖는 것이 '상징이며 예언적인 행동으로서 유대의 사자이신 예수님께서 승리하실 것을 보여 주는 것'이라고 말한다.

그런데 윔버는 이 같은 현상을 지지하는 성경 구절은 한 군데도 없으며 역사적으로 이런 현상이 일어난 적이 없다고 스스로 말함으로써 이 문제를 더 꼬이게 만든다. "그래서 나는 이것을 설명해야 할 필요를 느끼지 않는다. 이것은 단지 현상이며 사람들이 하나님께 반응하는 것이다." 이 얼마나 무책임한 말인가! 윔버는 처음부터 이것이 하나님에 의해 시작되었으므로 그로 인해 생긴 것은 무엇이든지 하나님으로부터 나오는 것이라고 말한다.

과거에 윔버는 자신의 빈야드 교회에서 사람들이 짐승 소리를 내면 그것이 마귀에 의한 것이라고 말했다. 그런데 지금은 자신의 운동과 보조를 맞추기 위해 이런 똑같은 현상이 하나님으로부터 올 수도 있다고 주장한다. 크리스천 연구 협회(Christian Research Institute)의 회장이며 '웃음 운동'을 맹렬히 비판해 온 헤인그래프(Hank Hanegraff)는 최근의 방송 인터뷰에서 이렇게 말했다.

> 이제야 윔버는 왜 자신이 과거에 이런 이상한 행동을 한 사람들을 마귀로부터 구해 낼 수 없었는지 확실히 알게 되었다. 이제 윔버는 짐승 소리나 기타 의심스러운 현상들이 많은 경우에 하나님으로부터 나오는 것이라고 주장한다. 그래서 그는 과거에 그런 사람들을 그런 이상한 행동으로부터 구해내지 못했던 것이다.

진짜 문제

도우셋은 토론토 운동을 유심히 살펴보는 이들이 어떤 판단을 하기에 앞서 '토론토 축복'의 최종 결과를 보려고 기다리고 있다고 말한다. 그녀는 참으로 문제가 되는 것이 "과연 사람들이 구원받고 있는가?"라는 것임을 인정한다. 또한 그녀는 "이 질문이 복음화를 위해 부흥 운동의 지도자들에게 큰 짐이 되고 있다."고 말한다.

그렇다면 우리는 마땅히 이렇게 물어야만 한다.

도대체 교회 지도자들에게 있어서 사람을 구원시키는 것보다 더 크고 중요한 짐이 있단 말인가?

토론토 빈야드 교회의 담당 목사인 아르놋(John Arnott)은 하나님께서 자신이 복음화를 추구하는 것을 그만두게 하셨다고 말한다. 또한 그는 자신이 구원에 관한 메시지를 전하려 할 때마다 주님께서 자기에게 브레이크를 건다고 말한다. 그는 하나님께서 자기에게 "너는 지금 나를 몰아붙이고 있다. 내가 내 백성을 사랑하게 내버려 두어라."고 말씀하신다고 주장한다.

자, 독자여, 이제 우리는 좀 더 엄중히 이 문제를 보아야만 할 것이다. 회중 가운데 구원받지 못한 이들이 많이 있는데, 과연 하나님은 임1구원받은 자기 백성만을 사랑하려 하실까? 모두가 구원받는 것이 하나님께서 원하시는 것이 아니던가? 잃어버린 양 하나를 찾는 것보다 남아 있는 양 아흔아홉을 사랑하는 것이 과연 선한 목자의 특징이던가?

끝은 어떻게 될까?

비록 토론토 축복 운동이 전 세계적 부흥과 새로운 영적 능력에 대해 예언함에도 불구하고 이것은 성경적 지지 기반이 없으므로 무너질 것이다. 내 말은 하나님 보시기에 이 운동이 무너진다는 말이다. 이런 광적 현상이 그 지지자들에게는 옳게 보일지 몰라도 성경의 엄격한 조사를 통과할 수는 없다.

이 운동은 이 운동에 참여하지 않는 이들을 위협하지만 결코 모든 성도들을 회오리바람 안으로 집어넣지는 못할 것이다. 조니안은 이제 어떤 일이 일어나 두고 보자라고 말하는 사람들은 이미 하나님께 대항하기로 선포한 것이라고 말한다.

올바른 정신을 갖는 것과 베레아 사람들처럼 진리를 위해 성경을 찾는 것은 지금까지 단 한 번도 하나님께 대항하는 것으로 여겨지지 않았다. 사실 그런 행동은 하나님의 말씀에 단순히 순종하는 것이다(행17:11 참조). 사실 이런 행동은 비난이 아니라 박수갈채를 받아야만 한다.

캐나다 매니토바 주립 대학의 현대 기독교 교수인 스택하우스(John Stackhouse, Jr.)는 이렇게 결론을 내린다.

실로 우리는 그것을 비난할 수 있다. 그러나 그리하려면 먼저 사람들이 하나님을 만나 참으로 변화되게 할 수 있는 어떤 대안이 우리에게 있어야만 한다. 물론 우리는 그것과는 다른 어떤 것을 원할 것이다. 그러나 우리는 결코 질이 떨어지는 것으로 만족해서는 안 된다.

사실 우리에게는 이 같은 육체적 현상을 대체할 수 있으며 사람들을 변화시킬 수 있는 대안이 있다. 그것은 다름이 아니고 자유하게 하시는 하나님의 말씀의 진리를 선포하는 것이다.

사람의 소망은 결코 웃음소리나 짐승소리 혹은 이적과 표적에 있지 않으며 오직 하나님의 말씀에 있다.

그래서 사도 요한은 이것을 다음과 같이 간결하게 표현했다.

너희가 진리를 알니 진리가 너희를 자유롭게 하리라(요8:32).

아프리카(본케 목사)와 인도의 오순절 은사 부흥 집회
마지막 때에 오순절 은사주의는 온 세상에 산불처럼 번지고 있다.

14장

웃음 부흥의 10가지 오류

지금까지 우리는 오순절 은사 운동의 기원, 발전, 특징 등을 실제적인 자료들을 통해서 살펴보았다. 특히 토론토 현상의 원동력을 제공한 윔버의 신학과 '거룩한 웃음 예배'의 하워드-브라운의 신학을 자세히 살펴보았다. 그 결과 우리는 이들이 주장하는 것들과 성경 말씀 사이에 엄청난 차이가 있음을 발견하였고, 특히 '토론토 웃음 예배'에 다음과 같은 10가지 중대한 잘못이 있음을 발견하였다.

1. '토론토 축복' 혹은 '거룩한 웃음 예배'는 모든 예배와 영적 훈련에 참가하는 사람이 의식과 함께 지적인 생각을 갖고 있어야만 한다는 매우 중대한 성경의 법칙을 무시한다. 생각이란 사람의 혼이 하나님과의 교제를 위해 이용하는 도구이다. 따라서 의식이 없거나 잠자는 경우처럼 우리의 이성적인 생각이 작동하지 않을 때는 어느 누구도 올바로 기도할 수 없다. 그래서 사도 바울이 늘 권면했던 것 중 하나는 항상 생각이 빗나가지 않도록 조심하며 그것이 올바르게 작동하게 하라는 것이었다.

2. 우리는 소위 '토론토 축복'이라는 것을 우리의 모든 필요를 만족시키는 성경 안에서 발견할 수 없다. 성경이 말하고 있지 않은 영적 훈련이나 경험은 결코 올바른 것일 수 없다. 종종 사람들은 "하나님은 지금도 전혀 새로운 일을 하실 수 있지 않습니까?"라고 묻는다. 그런데 사실은 그런 것들이 성경에서 언급되어 있지 않는 한, 하나님은 그렇게 하실 수 없다. 만일 그렇지 않다면, 이 성경은 우리 구원자께서 약속하신 것처럼 '모든 진리'가 될 수 없으며 자신의 백성을 안내하기에 충분할 수도 없다.

3. '토론토 축복'은 사람의 기분을 만족시키려는 욕망을 담고 있다. 물론 우리 성도들도 어떤 특유의 기분 좋은 것을 원해야 하고 또 그것을 구한다. 그런데 '토론토 축복'에 참가하는 이들은 그것이 무엇인지 알지도 못하고, 그런 기분이 어떻게 무엇을 가져다주는지도 알지 못하며 단지 그것을 가져야만 한다고 생각한다. 그래서 그들은 스스로 하나님께서 주시는 최고의 것을 원한다고 말한다. 그 결과 그들은 이미 소유한 어떤 좋은 기분 혹은 감정에 만족하지 않고 계속해서 또 다른 것을 구한다. 그렇다면 그다음 것은 무엇이겠는가?

4. '토론토 축복'은 대규모 최면이다. 몇 년 전에 인기 심령술사들이 행했던 것과 똑같은 일이 지금 은사주의자들에 의해 일어나고 있다. 단 한 가지 차이점이라고

한다면 오늘날 '토론토 축복'을 통해 최면에 걸리는 사람들은 스스로 좀 더 그렇게 되고 싶어 한다는 것이다.
5. '토론토 축복'은 그것을 받아들이는 크리스천들의 맹신에 대한 기준을 더 약화시킬 뿐이다. 몇 년 전에는 이런 현상들이 인기를 끌지 못했으나 시간이 지남에 따라 은사주의자들은 더욱더 놀라운 일들을 믿도록 부추김을 받아 왔다. 그렇다면 이들은 지금까지 상상해 오지 못했던 어떤 속임수를 받아들이도록 한 걸음씩 준비되고 있지는 않은가?
6. '토론토 축복'은 거룩함에 이르는 지름길을 약속한다. 그런데 그 현상 속에서 사람들은 거룩하게 되는 것에 관한 성경적 방법을 무시한다. 또 아무 의식 없이 깔깔대고 웃거나 우는 것에 빠져 들어감으로써 자신들이 영적으로 그리고 도덕적으로 진보될 수 있다고 믿게 된다. 한편 그들의 지도자들은, 성경과는 상치되게, 이런 현상에 의해 자신들의 회중이 변화되었다고 주장한다.
7. '토론토 축복'은 복음을 흐릿하게 만들며 에큐메니컬 일치를 촉진시키는 또 다른 방법이다. 사실 그들에게는 그런 축복을 받기 위해 무엇을 믿어야 하는가 등은 전혀 중요치 않다. 그들의 주장은 카톨릭 교도들과 무신론자들 그리고 그 외의 어떤 종파에 속한 자들이든 간에 거듭남의 경험 없이 하나님의 은혜의 표적을 받을 수 있다는 것이다.
8. '토론토 축복'은 새 생명을 얻거나 회개하는 것을 강조하는 대신에 즐거움과 쾌락을 조장시킨다. 이 모임의 주창자들은 자신들의 집회에서 끝없이 농담을 하지만 회개에 대해서는 단 한 번도 언급하지 않는다.
9. '토론토 축복'은 남들에게 과장해 보이려는 시도와 불경스러운 것들로 점철되어 있다. 사실 성경의 하나님은 경외의 대상이며 따라서 우리는 사랑과 기쁨과 더불어 존경심을 가지고 그분을 대해야 한다. 그분은 결코 자신의 영광을 다른 사람과 함께 공유하시지 않는다. 그분은 결코 예배나 경배 시 거만스러운 전시 효과 등을 승인하시지 않는다. 그런데도 '토론토 축복'의 옹호자들은 자신들의 능력과 은사를 자랑하며 가장 무례한 방법으로 성령님을 주관하려 한다.
10. 이 같은 실수로 인해 '토론토 축복'은 세상 사람들에게 복음이 매우 창피한 것으로 비쳐지게 한다. 과거에도 세속 TV 다큐멘터리나 신문 및 잡지 등이 복음 전도에 대해 비웃은 적이 있기는 하지만 지금의 과도한 은사주의 시절보다 더 많이 비웃은 적은 없었다. 이제 우리 성경 신자들은 '토론토 축복'을 촉진시키는 자들의 비정상적인 행동과 우스꽝스러운 괴기로 인해 세상 사람들로부터 조롱을 받게 되었다. 그러므로 주님을 사랑하는 사람들은 이 같은 화를 불러 온 사람들로부터 자신들을 멀리하기 위해 부단한 노력을 경주해야만 할 것이다.

우리 성경대로 믿는 사람들이 '토론토 축복'을 마귀가 가져다주는 잘못된 현상으로 결론짓는 것은 매우 당연한 일이다. 그런데 참으로 재미있는 일이 최근에 발생했다. '토론토 축복 현상'이 점점 더 문제를 일으키며 성도들뿐만 아니라 세속 사람들로부터도 지탄을 받게 되자 이 현상을 일으켰던 윔버의 빈야드 펠로우십 연합회는 문제의 토론토 공항 빈야드 교회를 신속하게 자신들의 연합체에서 추방한다는 선언을 했다(1995년 12월 10일 「로스앤젤레스타임스」). 다시 말해 그들은 지금까지 자신들이 성령의 운동이라고 확신해서 극구 칭찬하며 대대적으로 선전해 왔던 '토론토 현상'을 추방시킨 것이다.

그렇다면 이것으로 문제가 끝난단 말인가? 결코 아니다! 우리는 과연 이 신비주의 현상에 능력을 부어 주었던 '영'(the spirit)이 어떤 영인가 살펴보아야만 한다. 왜냐하면 하나님께서 사도 요한을 통해 우리에게 다음과 같은 경고를 주었기 때문이다.

> 사랑하는 자들아, 영을 다 믿지 말고 오직 그 영들이 하나님께 속하였는지 그것들을 시험하라. 이는 많은 거짓 대언자들이 나와서 세상에 들어왔기 때문이라(요일4:1).

동시에 우리는 토론토에서 역사했던 그 영이 바로 윔버의 빈야드 연합회를 주도해 온 영이라는 사실을 잊지 말아야 한다. 비록 그들이 토론토 교회를 축출했다 하더라도, 윔버의 교회에서 일어나는 현상은 정도의 차이는 있을지 모르나 '토론토 현상'과 대동소이한 것이다. 한 달 전까지만 해도 성령의 역사라 불리던 것이 어떻게 지금은 마귀의 역사가 된단 말인가?

성도들이여! 이제 우리는 더 이상 신비주의자들의 유혹에 빠지지 말고 오직 성경대로 믿고, 성경대로 행하는 진실한 크리스천이 되어야 할 것이다.

> (우리는 믿음으로 걷고 보는 것으로 걷지 아니하노라.) 내가 말하노니 우리가 확신에 차서 원하는 바는 차라리 몸을 떠나 주와 함께 있는 그것이라. 그러므로 우리는 함께 있든지 떨어져 있든지 그분께서 받아 주시는 자가 되려고 수고하노라. 우리가 반드시 다 그리스도의 심판석 앞에 나타나리니 이로써 각 사람이 좋은 것이든 나쁜 것이든 자기가 행한 것에 따라 자기 몸 안에 이루어진 것들을 받으리라(고후5:7-10).

15장

펜사콜라 웃음 부흥

브라운스빌 펜사콜라 부흥

거의 지난 4년 동안, 미국 플로리다 주 펜사콜라에 있으며 하나님의 성회 교단(한국의 순복음 교회 계통)에 속한 브라운스빌 교회는 세인들의 관심을 끌어왔다. 종교계뿐 아니라 세상 언론들도 펜사콜라 전역을 휩쓴 이 소문난 부흥의 바람을 좇느라 많은 공을 들였다. 전 세계의 교회들과 기독교 단체들이 앞 다투어 사절단을 보냈고 이 부흥을 일으킨 영(靈)을 조금이라도 나누어 받아 자기 교회와 단체들에게 파급시키고자 했다. AP 통신사 기자인 브리그스(David Briggs)는 이 운동을 가리켜 '현대에 일어난 가장 엄청난 부흥들 가운데 하나'라고 말하며 다음과 같이 보고했다.

매주 수많은 목사들이 자기 교회를 채울 수 있는 기막힌 방법을 찾으려는 소망을 갖고 이곳을 방문하고 있다.

브라운스빌 하나님의 성회 교회의 목사인 킬패트릭(John Kilpatrick)은 1995년도 아버지의 날(매해 6월 셋째 일요일)에 이 부흥이 시작된 이래로 약 160만 명 이상이 자기 교회를 다녀갔다고 했다. 이 소문난 부흥이 전 세계적으로 관심을 끌었다는 것은 누구도 부인하지 못할 사실이다.

조용기 목사 펜사콜라 부흥을 예언하다

현재 많은 기독교회와 단체들은 이 부흥이 미국에 미친 하나님의 손길이라고 생각하고 급속히 이를 수용하고 있다. 로버트슨(Pat Robertson)이 내는 「크리스천 방송 네트워크 뉴스 보고서」는 1996년 8, 9월호에서 이 부흥을 칭송하며 이렇게 덧붙였다.

수많은 목사들이 펜사콜라를 방문했으며 자기들의 교회가 이 펜사콜라 부흥의 영향을 받고 있다고 전한다.

또 이 보고서는 계속해서 세계에서 가장 큰 교회 – 한국 서울에 있는 여의도 순복음 교회 – 의 조용기(다윗) 목사가 1991년에 펜사콜라 부흥에 대한 비전을 받게 된 경위도 설명해 주고 있다. 조 목사는 이 비전에 대해 말하면서 하나님께서 미국에 부흥을 일으키실 것인데 이번에는 그 부흥이 펜사콜라에서 시작될 것이라고 자기에게 친히 계시를 주셨다고 했다.

기도하는데 갑자기 주님께서 미국 지도를 펼치라고 하시는 겁니다. 어느새 내 손가락은 펜사콜라를 가리키고 있었습니다. 그리고 주님께서 이렇게 말씀하셨습니다. '내가 펜사콜라에서 부흥을 일으키겠다. 이 부흥은 불처럼 퍼져나가 미국 전역을 삼켜버릴 것이다.'

은사 운동 잡지의 대표 격인 「카리스마」뿐만 아니라 신복음주의를 대변하는 「크리스처니티투데이」(빌리 그래함이 운영함)도 이 부흥을 칭찬했다. 「카리스마」는 이 운동을 가리켜 '펜사콜라 부흥'(Pensacola Outpouring)으로 묘사했고 1997년 3월 3일자 「크리스처니티투데이」는 이 부흥을 가리켜 '복음주의가 다다를 수 있는 부흥의 최고봉'이라고 극찬했다.

「크리스처니티투데이」의 발행인인 래비(Steve Rabey)는 비평가들에게 펜사콜라 부흥은 주체할 수 없는 웃음과 짐승의 소리만이 난무하는 '토론토 축복'과는 다른 것이라고 말하며 이번의 부흥을 변호했다. 래비는 또한 비록 펜사콜라 부흥을 이끄는 사람들이 한때 '토론토 축복'에 관여한 것은 사실이지만, 이번의 펜사콜라 부흥은 '토론토 축복'보다 훨씬 더 냉철하며 특히 회개를 매우 강조한다고 말했다.

세간의 언론들도 펜사콜라에서 벌어지는 일들을 예의 주시하고 있다. 1997년 4월 27일자 「워싱턴포스트」는 무려 4,000단어를 할애하며 이 부흥에 관한 글을 실었다. 이 신문의 전속 칼럼니스트인 칼슨(Peter Carlson)은 그곳의 모임에 직접 참석한 한 사람의 진술을 빌어 그 모임이 어떻게 시작되는지 설명하고 있다.[1]

이 모임은 드럼 주자가 느린 박자의 드럼 소리를 내면서 시작된다. 그 뒤 몇 분 동안 규칙적이고 피할 수 없으며 불길한 심장 박동 소리가 지속된다. 그리고 기타와 오르간 연주자가 여러 가수들과 함께 합류한다. 처음부터 사람들은 의자에서 일어나 서 있으며 박자에 맞추어 박수를 치거나 눈을 감은 채 손을 흔들며 춤을 춘다. 맨 앞줄에서는 청소년들이 용수철이 달린 포고 막대기(스카이 콩콩)를 타고 깡충깡충 뛰노는 것 같은 행동을 하는데 이는 은사주의 모임에서 전형적으로 볼 수 있는 허튼 짓과도 비슷하다. 만일 강단 뒤에 십자가와 스테인드글라스가 없었다면 당신은 아마도 록 뮤직 쇼를 보고 있는 것으로 착각할 것이다.

이어서 칼슨은 청중들이 어떻게 '영(靈) 안에서 노래하기'를 시작하는지 묘사하고 있다.

그것은 마치 1968년의 베트남 반전 시위에서 긴스버그(Allen Ginsberg)가 '우우우움'하고 모호하게 소리를 내며 노래했던 것과 같다.

1997년 3월 6일 AP 통신의 브리그스는 한 여자의 말을 인용하여 이렇게 보고했다.

내가 알기로는 이번의 부흥이 너무나도 크기 때문에 이것은 마귀에게서 나온 것이든지 아니면 하나님에게서 나온 것이든지 둘 중 하나이다. 만일 하나님에게서 나온 것이라면 이번 부흥은 마귀에게 속한 것이 될 수 없을 것이다. 그렇지 않겠는가?

---

1) 유튜브(http://www.youtube.com)에서 'The False Revival (comparison)'을 치면 펜사콜라 부흥의 모습을 볼 수 있다. 또한 이 동영상은 참과 거짓을 비교해서 보여 준다. 정상적인 그리스도인라면 어느 것이 마귀의 작품인지 쉽게 알 수 있다.

수많은 사람들의 마음속에는 이와 같은 의문이 있는데 그렇다면 이런 질문에 대한 답은 무엇일까? 도대체 플로리다 주 펜사콜라 브라운스빌 하나님의 성회 교회에서 일어나고 있는 저 이상한 일의 정체는 무엇이란 말인가? 성경을 믿는 그리스도인들은 이 같이 거대한 '성령(?)의 활동'을 어떻게 보아야 하는가? 이 현상의 배후에 있는 목적과 능력을 제대로 이해하기 위해서는 먼저 브라운스빌에서 일어난 일들을 면밀히 관찰해 보고 특히 종교계나 일반 언론에게 발표되지 않은 것이 무엇인지 알아보아야만 한다.

펜사콜라 웃음 부흥사 킬패트릭

우선 이 부흥이 일어나게 된 배경을 알아볼 필요가 있다. 킬패트릭은 자신과 자신이 소속한 교회가 이번 일이 있기 2년 전부터 부흥을 위해 줄곧 기도했다고 말한다. 킬패트릭은 하나님께서 이 같이 말씀하셨다고 주장한다.

하나님: 네가 네 '유년 시절의 하나님'인 내게로 돌아온다면 브라운스빌에 있는 교회에게 나의 영을 부어 주리라.

킬패트릭: 하나님, 제가 어떻게 해야 합니까?

하나님: 네가 브라운스빌 하나님의 성회 교회를 기도의 집으로 만든다면 내 영을 이 교회에다 부으리라. 이 부흥은 이 지역을 강타할 것이며 결국 미국 전역으로 퍼져나가게 될 것이다. 기도 그룹을 형성해서 매주 일요일 저녁마다 기도하도록 하여라.

킬패트릭은 이 음성에 순종하여 즉각 기도 시간을 따로 만들었다. 그는 회중을 12개의 기도 그룹으로 나누었고, 각 그룹은 기도 제목을 나타내는 깃발을 중심으로 모여 기도했다. 킬패트릭은 청중들에게 각자가 선택한 깃발 근처에 모이라고 했다. 그는 종종 자신이 기도 중에 주체할 수 없는 오열과 전율에 휩싸인다고 밝혔고 위장에 이상한 느낌이 들 때도 종종 있다고 했다. 킬패트릭은 이런 감동과 느낌을 하나님의 영께서 브라운스빌에 나타나실 준비를 하시면서 자기에게 임한 역사라고 말했다. 킬패트릭은 어느 토요일 밤, 자신이 교회에 들어가 홀로 기도하고 있는데 그 전에는 느껴 보지 못했던 어떤 곳으로 걸어가게 되었다고 말했다.

어디론가 걷고 있었는데 어딘지는 알 수 없었습니다. 아마도 그건 하나님의 영광의 최전방이 아닌가 생각됩니다. 하나님은 아버지의 날에 이 영광을 브라운스빌에 보내려고 하셨습니다. 그러나 내가 들어갔을 때 나는 숨을 쉬지 못할 정도로 압도당했습니다. 갑자가 꽝하면서 소름이 끼쳤습니다. 분명히 내 손과 발의 털은 곤두섰으며 나는 상처를 입었습니다!

브라운스빌 하나님의 성회 교회의 목사인 킬패트릭은 1997년 1월 20일 앨라배마 주 휴이타운에 있는 게리우드 하나님의 성회 교회에서 1995년 아버지의 날에 일어난 일을 발표했다.

킬패트릭의 어머니는 그 '부흥'이 일어나기 5주 전에 죽었다. 그래서 그는 복음 전도자 힐(Steve Hill)에게 아버지의 날 설교를 부탁했다. 힐은 이에 동의했고 그날 아침에 기도로 예배를 시작했다. 그날 아침 1,000명이 넘는 사람들이 앞으로 나아왔다. 그리고 킬패트릭은 강단에서 힐과 또 다른 한 사람과 함께 기도했다. 그때 그는 갑자기 오른쪽 어깨에서 강한 바람이 휘몰아치는 듯한 소리를 들었다. 킬패트릭이 어깨 쪽을 넘겨다보자 (본인의 이야기를 빌리자면) 그의 발목이 미끄러지고 무릎이 저절로 꿇어지면서 다리 사이로 갑자기 '하나님의 영광의 강'이 움직였다.

마치 전신주 같은 느낌이었습니다. 끊임없는 전신주가 내 다리를 통과하여 교회로 들어가고 있었습니다.

강단에 있던 옆 사람의 도움으로 뒤로 물러선 킬패트릭은 이번에 '휘몰아치는 강한 바람' 소리를 들었다. 그 뒤 그가 소위 '하나님의 영광의 강'이라고 묘사했던 것이 교회 안으로 들어왔다. 킬패트릭은 갑자기 강단으로 뛰쳐나가 이렇게 소리쳤다.

나의 하나님, 교회로 들어오십시오. 바로 이것입니다! 이것이 우리가 기도해 왔던 것입니다. 들어오십시오!

이제 부흥이 시작되었다. 킬패트릭은 교회 안에서 일어난 이런 초자연적인 현상을 가리켜 하나님의 영광이 회중에게 나타난 것이라고 설명했다. 킬패트릭은 그 현상을 이렇게 표현했다.

모든 회중에게 '하나님의 영광의 강'으로 뛰어오르라고 했고 그러자 수류탄이 터진 것 같은 일이 회중 가운데 일어났습니다. 난 취해 있었고 다리는 후들거려서 거의 서 있을 수 없었습니다. 사람들이 이리저리 다니는 것이 보였습니다. 그냥 날고 있는 사람…내려와 나무들을 송두리째 뽑아 버리는 허리케인 폭풍처럼.

그는 계속해서 이렇게 말합니다.

아래로 내려갔습니다. 의자에 털썩 주저앉기도 하고 복도에 쓰러지기도 했습니다. 누구도 그들을 건드리지 않았습니다.

이 일이 있기 전 그날 오후 12시 30분에 킬패트릭은 무언가 무거운 것이 자기를 누르는 것을 느꼈고 바닥에 쓰러져 마비된 상태로 있었다고 한다. 그 상태로 오후 4시까지 그는 일어나지 못했다고 한다. 킬패트릭은 마루에 쓰러지기 전에 자신을 휘감았던 그 느낌을 이렇게 묘사했다.

마치 4.5톤 정도의 무거운 짐을 짊어진 것 같더군요. 그러나 느낌은 좋았습니다.

이런 무거움을 느낀 뒤 킬패트릭은 자기에게 고요한 평화가 임하는 것을 느꼈고 자기 몸에서 무언가 액체 같은 것이 흘러나가는 느낌을 받았다. 그는 말한다.

뼈 사이 관절에서 액체가 흘러나오는 것 같았습니다.

사실 그는 청중들이 강단에서 액체의 웅덩이에 누워 있는 자신을 보고 어떻게 생각할까 하며 신경이 쓰였다고 농담조로 얘기했다. 킬패트릭은 이 액체가 수년의 사역 기간 동안 자기에게 쌓인 모든 스트레스인데 그날 하나님께서 그 모든 스트레스를 제거해 주셨다고 말했다. 그날 오후 저녁 예배 때 킬패트릭은 초청 강사를 소개하려고 일어났지만 움직일 수가 없었다. 머리, 혀, 몸의 각 부분이 말을 듣지 않았다. 다음 날 새벽 2-3시까지는 그는 그렇게 강단 의자에서 혼수상태로 앉아 있었다. 킬패트릭의 말대로라면 이것이 바로 브라운스빌에 나타난 '하나님의 영광'(?)이었다.

이 부흥이 일어난 뒤 3주 동안 킬패트릭은 자기와 자기 아내 브렌다가 집안에서 계속해서 '성령에 취해' 있었다고 했다.

나뿐 아니라 브렌다도 너무 취해 있었습니다. 그녀는 안락의자에 앉아 몇 시간을 지내곤 했지요. 즉, 집에서도 우린 하나님의 권능 아래 깊어 빠져 있었습니다.

또 한 번은 킬패트릭이 잠자려고 누웠는데 갑자기 어깨가 들썩이더니 떨리기 시작했다. 그의 아내가 무슨 일이냐고 묻자 그는 "모르겠어. 하나님이었던 것 같아."라고 답변했다. 킬패트릭은 부흥이 일어난 뒤 삼 주 동안은 심지어 일자리에 나갈 수도 없었다고 주장했다. 그가 현관을 내려가서 차에 오르려고 할 때마다 어깨가 좌우 벽에 스스로 부딪혀서 걸을 수가 없었고 심지어 몸을 가눌 수도 없었기 때문이었다.

밤에 교회에 도착할 때면 저는 마루 위나 의자 위에 있었습니다. 그리고 하나님이 들어오셨습니다.

브라운스빌 교회의 회중은 결국 그 교회에 있게 된 '주님(?)의 강'에 익숙해지게 되었다. 킬패트릭은 이렇게 말한다.

당신은 그 흐름 즉 보이지 않는 그 강 같은 흐름을 느낄 수 있을 것입니다. 어떤 날 밤은 벽을 타고 오고, 어떤 날 밤은 이 복도로 내려옵니다.…이 강이 흐르는 곳에 사람이 있게 되면 성령 안으로 들어가는 것이 보입니다. 말 그대로 강물의 흐름을 느낄 수 있습니다.

몇몇 경우에는 킬패트릭이 묘사한 흐름이 모든 회중을 휩쓸고 나아갔다. 그는 이 흐름이 정말 깊어졌던 때를 회상했다.

그건 마치 하나의 역류와도 같았습니다. 누군가가 등에 있는 내 벨트를 잡고는 뒤로 잡아당기기 시작한 것 같았습니다. 저는 그 강의 역류하는 힘이 너무나 세서 믿을 수 없었습니다.

하룻밤은 모든 회중이 킬패트릭과 함께 실제로 몸을 움직이기 시작했다. 그것을 멈추기 위해 할 수 있는 것은 아무 것도 없었다.

어느 날 밤 무언가 매우 강력한 것이 교회의 뒤쪽을 지나쳐 갔습니다. 난 진짜로 거기로 높이뛰기를 해서 대들보에다 다리를 감고는 공중에서 멈추어서 내 옆을 지나가는 군중들을 보았습니다. 이것은 진실입니다!

그는 이것 또한 하나님의 영의 역사로 간주하였다. 브라운스빌 하나님의 성회 교회에서 일어난 이 부흥의 또 다른 특징을 킬패트릭은 '빽빽한 대기'라고 묘사했다.

종종 거기에 안개가 있음을 볼 수 있습니다. 당신이 그 안을 제대로 바라볼 수 없는 경우가 많습니다. 왜냐하면 그곳이 하나님의 영광으로 두터워져 어둡기 때문입니다. 그곳에서 여러 번 푸른 안개가 나왔습니다. 주님의 영광의 푸른 안개가!

킬패트릭은 브라운스빌에서 발생한 '성령(?)의 나타남' 현상에 대해 가만히 입 다물고 앉아 있을 사람이 아니다. 이런 '성령의 나타남' 현상에는 청중들이 힘을 잃고 여러 시간 동안 의식 불명의 상태에 빠진 일, 회원들이 주체할 수 없을 정도로 떨며 전율한 일, 푸른 안개가 교회 건물에 나타난 일, 천사들이 청중석 꼭대기에서 원을 그리며 춤추는 환영 현상, 강한 기류 같은 것이 회중 전체를 청중석 앞에까지 몰아붙여 여기저기로 사람들이 쓰러지는 현상 등이 수반되어 있었다. 킬패트릭은 하나님이 친히 자신을 집어 들어 강단 너머 통로까지 최소한 3-4 미터 가량 공중에 내던지고는 자신의 발에서 신발을 벗겨내신 적도 있었다고 말했다. 사실 이런 에피소드는 심지어 비디오에 찍히기까지 했다.

킬패트릭은 이런 부흥이 일어났을 때 자신을 특히 놀라게 했던 사건이 세 가지 있다고 말했다. 이 사건들은 전에 그가 경험하지 못했던 것인데 첫째는 평소에는 예배 시간에 조용히 앉아있지 못했던 아이들이 하나님의 권능에 큰 타격을 입었다는 것이다. 킬패트릭은 이렇게 말했다.

아이들은 성령 안에서 의식을 잃었다. 그들의 눈은 뒤집어졌고 네 시간 동안 근육을 쓸 수 없었다. 아이들이 일어났을 때 그들은 하나님의 권능 아래 떨고 있었고 예수님의 사랑 안에서 울부짖었다.

킬패트릭은 또 이렇게 고백했다.

이러한 혼란 상태가 지속되는 동안 사람들은 자기 아이들이 어디 있는지 조차 알지 못했다. 아이들은 마루 안팎에 널려 있었고 아이들의 부모도 여기 저기 있었다.

특히 킬패트릭은 세 살 난 한 소녀에게 일어난 사건을 언급하면서 그 아이가 완전히 멈추어 서서 30분 동안 천장을 바라보며 눈물로 울부짖었다고 한다. 결국 아이의 엄마가 아이에게 다가가 무슨 일이냐고 묻자 그 소녀는 이렇게 대답했다고 한다.

엄만, 저들이 안보여요? 천사들 말이에요. 천사들이 교회의 천장에서 서로 원을 지어 손잡고 있어요.

대혼란을 시인한 킬패트릭

킬패트릭이 브라운스빌 교회에서 복마전 같은 대혼란이 있었음을 인정했다는 것은 공공연하게 알려져 있다. 그는 실제로 그러한 움직임을 묵과했다.

하나님께서 교회에 대대적인 혼란을 보내셨다. 내 생각으론 바로 지금 침례교, 루터교, 감독교회, 하나님의 성회 등을 비롯한 모든 교단이 대혼란을 맞이하게 되었다. 하나님께서 대혼란을 보내셨다!

킬패트릭은 참으로 어처구니없게 이런 식으로 외쳤다.

'대혼란'(Pandemonium)이란 단어가 1667년 밀턴(John Milton)이 지은 「실낙원」에서 유래했다는 것은 참으로 재미있는 사실이다. 「실낙원」에서 '팬더모니움'(Pandemonium)은 지옥의 중심지 곧 '사탄과 그의 동료들이 거하는 수도'를 의미했다. 말 그대로면 '모든 마귀의 처소'라는 뜻이다. 오늘날 이 단어는 보통 '극심한 혼란과 소음, 무질서의 장소나 상태'를 말한다. 브라운스빌에 일어난 일이 바로 '대혼란'이란 말인가? 그렇다. 그러면 하나님께서 과연 이런 대혼란을 교회에 허용하신단 말인가? 절대로 그럴 리 없다.

킬패트릭을 놀라게 한 둘째 일은 구원받지 못하고 반항하던 젊은이들이 교회 예배에 많이 참석했다는 것이다. 그는 섹스와 마약에 빠져 생활하며 거칠고 노출이 심한 십대들이 문 앞에 쓰러져 '성령님의 권능' 아래 떨고 있는 모습을 묘사했고, 이 같이 '성령님의 나타남'에 참여하는 것이 '구원받는 것'과 아무런 상관이 없다는 것을 알게 되었다고 했다. 킬패트릭은 이런 초자연적인 현상 즉 '성령의 나타남' 현상을 체험한 사람의 다수가 그리스도인이 아니었다고 말했다. '성령의 나타남' 현상을 체험하는 것이 구원받은 것과 직접적인 연관이 없다는 자기의 주장을 지지하기 위해 그는 다마스커스 도상에서 사울 – 미래의 사도 바울 – 에게 나타난 주님의 계시를 인용했는데, 이것 역시 문맥에서 벗어난 사사로운 해석이다.

킬패트릭을 놀라게 한 셋째 일은 특별한 광고가 없었음에도 불구하고 구원받지 못한 죄인들이 대거 부흥 집회에 참석했다는 것이다. 그러나 그는 이것이 부흥이 일어날 때 늘 있는 현상이라고 말했는데, 이는 부흥이 일어나면 부흥 그 자체에서 그리스도인들이 나오고 거기로 죄인들이 들어가기 때문이라고 했다.

킬패트릭은 이런 부흥에 의문을 갖는 그리스도인들을 하나님에게서 떠나는 자들이요, 주님의 일에 마음 문을 닫은 자들이라고 묘사했다. 그는 말한다.

> 지난 30년 동안 목사로 행세해 온, 오래 되고 죽어 있는 보수파 그리스도인들 즉 우리들의 교회에서 아무것도 일어나기를 원치 않고 다만 정원과 집에서 안락하게 쉬는 종교만을 고수하는 낡고 축축한 담요 목사들, 이들은 달콤하고 훌륭하며 정돈이 되어 있고 납득이 가는 일만을 원하는데 그러다가 갑자기 하나님의 역사가 교회에 일어나면 그런 부흥에서 빠져 나옵니다. 그러나 죄인들은 교회에서 하나님의 음성을 듣고 거기로 뛰어 들어갑니다.

그가 말한 바는 우선 '부흥'의 정의와 맞지 않는다. 왜냐하면 부흥이란 믿는 이가 자신의 패역한 마음을 돌이켜 다시 하나님과 바른 관계를 맺는 것이지 구원받지 못한 세상 사람이 종교 집회에 참석하거나 초자연적인 현상에 참여하는 것이 아니기 때문이다.

종교 일치를 외치는 킬패트릭

이러한 '성령님의 나타남' 현상은 은사주의나 오순절 계통의 신자들만이 내세우는 전유물이 아니다. 이 부흥은 오늘날 여기저기에서 벌어지고 있는 다른 종류의 대규모 종교 운동과 마찬가지로 모든 신자가 연합하여 교단의 장벽을 넘자는 노력의 일환이다. 다음과 같은 킬패트릭의 발언에 주목해 보자.

> 성령의 흐름이 들어올 때 그것은 하나님을 따르는 모든 교단을 일으킨다. 나는 모든 교단에 속한 사람들 즉 침례교인, 감리교인, 장로교인, 루터교인, 감독교인 그리고 카톨릭 교인 모두를 사랑한다. 전에는 결코 모든 교단을 향한 그러한 사랑이 내게 없었다. 나는 모든 교단이 이 강에서 아이들처럼 뛰어들어 수영하고 노는 모습을 보았다. 그렇다. 당신의 정체성이나 이름표, 취향 등은 전혀 신경 쓸 필요가 없다. 다만 하나님의 영의 주권적인 운행만이 중요하다.

킬패트릭은 모든 교단의 교인들이 매주 일요일 예배에 참석하지만 뭔가 갈급한 채로 고개를 내저으며 교회 문을 나선다고 말하면서 그들이 정말 필요로 하는 것은 브라운스빌에서 일어난 '하나님의 운행'이라고 했다. 킬패트릭은 하나님께서 자기들에게 무언가를 더 보여 주실 때가 되었다고 말했다.

초대 교회에는 표적과 이적들이 있었다. 친구여, 내가 말하고 싶은 것은 당신도 이제는 그 당시 교회에 일어났던 표적과 이적들에 익숙해져야 한다는 것이다.

많은 사람들이 내면의 공허함을 느끼고 이것을 채워 줄 '종교'를 찾고 있다는 것은 사실이다. 그런데 킬패트릭은 교회에서 행하는 설교가 사람들을 돌아서게 하며 그들의 마음의 태도를 바꾸게 하는 것이 아니라고 했다.

부흥에 대해 또 한 가지 말할 것이 있는데 그것은 하나님의 역사 혹은 운행이 목사의 설교와는 아무런 관련이 없다는 것이다.

킬패트릭은 자신과 복음 전도자인 힐(Steve Hill)이 단순하고 이해하기 쉬운 설교를 했지만 실제 사람들을 그리스도께로 인도한 것은 하나님의 말씀이 아니라 표적과 기적들이었다고 말했다.

우리는 사실 수많은 설교를 통해 하나님의 말씀을 들어왔고 그로 인해 많은 지식을 얻게 되었다. 하지만 거기엔 권능도 기름 부음도 기적도 없었다. 오늘 내가 여기 올라와서 소위 대단한 설교를 하지 않아도 별로 거리낌이 없는 것은 바로 이런 이유 때문이다.

이 소문난 부흥에 대해 별로 달갑게 여기지 않는 사람들에 대해 그는 어떻게 생각할까? 킬패트릭은 성령의 부음에 대해 의문을 갖는 사람들이란 그저 현재의 상태에 익숙해 있어 무언가 '새로운' 것이 오는 것을 두려워하는 사람이라고 말한다. 그는 이 같이 설명한다.

사실 우리는 이제껏 비정상적인 것에 익숙해 있었기 때문에 정상적인 것이 와도 비정상적으로 보인다.

킬패트릭은 이러한 이상한 표적과 기적들을 정상적인 것으로 보았다.

이제껏 우리는 교회의 건조함이나 냉랭함, 미지근함, 권능과 기름 부음과 영광의 부재 현상에 익숙해 있었다. 그런데 하나님의 영광이 교회에 임하자 우리는 그것을 이상하게 생각하고 있다. 목사들 중에도 성도들 중에도 이렇게 말하는 사람들이 있다. '우리는 이러한 떨림이나 영 안에서 넘어지는 것을 원하지 않는다. 이것은 달갑지 않은 것이며 우리는 그 가운데 아무 것도 원하지 않는다.'

이제 우리는 분명히 이 현상을 성경으로 설명해야만 한다. 킬패트릭과 '펜사콜라 대성회'의 지지자들은 이 초자연적인 일이 주 예수 그리스도에게서 비롯된 것이라고 주장하는데 도대체 그들이 이렇게 말하는 근거는 무엇인가? 그들은 이 현상이 하나님께 속한 것이라는 성경적 근거를 어디서 찾을까? 구원받은 자와 구원받지 못한 자 모두가 주체할 수 없이 떨면서 넘어져 몇 시간 동안 의식을 잃은 채 쓰러져 있다. 보이지 않는 어떤 흐름이 사람들을 여기저기로 몰고 다닌다. 과연 이것이 주님께서 하신 일인가? 성경 어디서 이런 약속을 찾아볼 수 있는가?

킬패트릭 본인도 종종 이러한 초자연적인 힘의 정체에 대해서는 확실히 알지 못하는 듯 했다. 하지만 그가 내리는 결론은 늘 그것이 '주님의 영광'임에 틀림없다는 것이다. 자신과 회중들에게 일어난 일을 설명하며 킬패트릭은 종종 이렇게 말을 시작했다. "그것이 무엇인지는 모르겠습니다." 다음에는 이렇게 말한다. "그러나 그 주체가 하나님이었다고 믿습니다." 혹은 "주님의 영광이라고 생각합니다." 물론 그는 이런 추측에 대한 근거를 제시하지 못한다. 다만 무슨 일이든지 그가 내린 결론은 늘 이런 이상한 현상의 나타남과 느낌이 기록된 성경 말씀 어디에도 나와 있지 않지만 어쨌든 하나님으로부터 나왔다는 것이다.

펜사콜라 웃음 부흥사 힐

1995년 1월, 힐(Steven Hill)이라는 오순절 부흥사는 선교 여행을 마치고 미국으로 돌아가는 길에 런던에 들러 방문객을 위해 자기의 집을 개방한 오순절주의 신봉자요, 로마 카톨릭 교도인 한 부부의 집에 머물렀다. 런던 홀리트리니티 브롬튼(HTB) 교회에서 발생한 사건에 대해 들은 뒤 힐은 HTB 교회의 대리자인 밀라를 찾아가 자기에게 안수해 줄 것을 요청했다. 이에 밀라가 응하자 힐은 완전히 철퍼덕 주저앉고 말았다. 이에 대해 힐은 다음과 같이 말한다.

밀라가 내게 손을 대자 나는 땅에 주저앉았다. 나는 마침 장난감 가게를 찾은 어린아이 같았다. 그 뒤 나는 일어나 그 부부에게 가서 말했다. '이보시오, 이것은 참으로 좋습니다. 나를 위해 기도해 주십시오.' 그들이 내게 손을 대자 나는 뒤로 넘어졌다. 하나님께서는 여러분 가운데 어떤 이들을 강하게 치실 것입니다. 당신이 갈급하거든 열두 번이라도 기도를 받기 바랍니다.

힐이 웃음 운동을 주도하는 영(靈)으로부터 넘어지는 경험을 한 지 6개월이 지났다. 1995년 6월 18일, 그는 펜사콜라의 브라운스빌 하나님의 성회에서 설교를 했으며 그때에 이 분야에서는 가장 큰 웃음 부흥이 터져 나오기 시작했다. 은사주의자들이 '펜사콜라 부흥'(Pensacola Outpouring)이라 부르는 이 부흥은 힐이 런던에서 경험한 것뿐만 아니라 그 교회 회원들이 직접 토론토에 가서 체험한 것 등으로 인해 이미 토론토 웃음 운동과 관계를 맺고 있었다.

실제로 6월 18일이 되기 수주 전에 그 교회의 여러 회원들은 토론토 공항 빈야드 교회에서 '웃음 부흥'을 체험하기 위해 그곳을 방문했다. 쿨리(Lindel Cooley)는 브라운스빌 교회의 음악 담당자로 오기 바로 전에 토론토 빈야드 교회에 출석했으며, 브라운스빌 교회의 담당 목사인 킬패트릭(John Kilpatrick)의 부인은 자기 교회 직원의 부인과 함께 두 번이나 토론토를 방문했다. 또한 6월 18일의 '웃음 부흥'이 브라운스빌에서 터지기 전에 '토론토 축복'이라는 제목의 영화를 교회 안에서 상영하기도 했다.

비록 펜사콜라의 지도자들이 자기들은 토론토에서 일어난 일에 동의하지 않는다고 말할지도 모르지만 이들은 성령 부흥 안에서 서로를 파트너로 인정하고 받아들인다. 그래서 토론토 빈야드 교회의 아르놋 목사는 1996년 2월에 브라운스빌을 직접 방문했고 킬패트릭 목사의 소개를 받은 뒤 회중들에게 간증을 했다. 그 뒤에 그는 원하는 사람이면 누구에게나 안수를 했다. 그때의 그의 방문에 대해서는 브라운스빌 사역 팀의 일원인 우드(Cathy Wood)는 아르놋이 군중에게 크게 둘러 싸였다고 증언했다.

그 주위에는 너무나 사람이 많이 몰려들어 나는 그의 얼굴과 군중들의 머리 위에 얹은 그의 손만을 볼 수 있었다.

킬패트릭은 1995년 6월에 자신이 '흘러넘치는 부흥 현상'을 체험한 것을 다음과 같이 묘사했는데 그때에 그는 마룻바닥에 넘어져 거의 네 시간 동안이나 누워 있었다.

마룻바닥에 넘어졌을 때 나는 마치 4.5톤이나 되는 무게가 나를 누르고 있음을 느꼈다. 무엇인가 초자연적인 것이 일어나고 있음을 나는 깨달았다.

이 현상에 대해 브라운스빌 하나님의 성회 교인들 가운데 하나는 다음과 같이 묘사했다.

킬패트릭 목사는 첫째 날 저녁에 영안에서 죽임을 당해서(입신해서) 여러 시간 동안 누워 있었다. 그리고 그 일이 있은 후 처음 두 주 동안 그는 교회에서 아무 일도 하지 못했다. 하나님의 임재가 그에게 너무 무겁게 작용했으므로 그는 몸을 움직일 수 없었다. 킬패트릭 목사의 부인인 브렌다는 토론토를 방문한 직후부터 계속해서 이런 일을 겪어왔다. 그래서 여러 날 동안 사람들이 이들을 차로 데리고 가서 집에서 여러 가지를 도와주어야 했다. 그래서 심지어 그들의 이웃들조차도 대체 무슨 일이 있느냐고 묻기 시작했으며 침례교회에 다니는 한 부인은 계속해서 한밤중에 집에서 목사를 끌고 다니는 것을 보게 되자 의아하게 생각하여 집에 찾아오기도 했다. 그런데 지난주에 이런 일이 또다시 시작되었다.

펜사콜라 집회의 지도자들은 실제로 펜사콜라 부흥의 계기가 마련된 것은 이 사건이 생긴 지 두 달이 지난 1995년 8월이었다고 주장한다. 집회 시 대학에 다니는 19세 된 처녀가 갑자기 일어서더니 예언을 했다.

하나님은 지금 매우 급하십니다. 이제 남은 시간이 거의 없습니다. 그분께서는 여러분의 영으로 인해 괴로워하십니다.

이렇게 말하고 나서 그 학생은 억제할 수 없이 몸을 흔들며 마치 어떤 마비 증세를 보이는 것 같았다. 이 같이 예언을 한 뒤에 그녀는 마룻바닥에 쓰러졌다. 그녀의 간증은 비디오로 녹화되었고 이미 수천 개의 테이프가 전 세계로 배급된 상태이다.

1995년 6월부터 브라운스빌 하나님의 성회 교회에서는 매주 네 번씩 밤마다 집회가 열렸다. 1998년 1월 6일 브라운스빌 교회의 웹사이트에 나온 통계에 따르면, 214만 명이 거기를 방문했고 125,000명이 예수 그리스도를 영접하기로 했다고 한다. 1995년 이후에는 매해 목사들을 위한 집회가 열리기 시작했는데 1995년 12월에는 700명의 목사들이 참가했고, 1996년 4월에는 1,350명이, 1997년 11월에는 2,037명의 목사가 참가했다고 한다. 물론 그들의 대부분은 하나님의 성회나 하나님의 교회 등과 같은 오순절 교단에 속한 교회의 목사들이지만 빈야드 크리스천 펠로우십, 연합감리교, 침례교, 퀘이커 교도, 나사렛 성결교, 성공회 등에서 온 사람들도 있었다.

영에 취한 사람들

위에서도 언급한 것같이, 펜사콜라 부흥의 가장 큰 특징 중 하나는 사람들이 무엇엔가 취하는 현상이다. 킬패트릭 목사와 그의 부인은 너무 취해서 차를 운전하고 집으로 돌아갈 수도 없었다. 그 교회의 남자들은 킬패트릭 목사를 예배당에서부터 휠체어에 실어 끌고 와야 했는데, 왜냐하면 그가 너무 취해서 걸을 수도 없었기 때문이었다. 하루는 킬패트릭 목사가 강단에 취해서 누워 있을 때에 찬양 팀의 한 여인이 그의 품에 안겨 서로 취한 채 누워 있는 것도 발견되었다. 그는 카세트테이프에서 웃어 가면서 이 사건을 이야기했다. 그러면서 자기 교회를 방문했다가 이 사건을 목격한 어떤 여자가 자기에게 말하기를 "킬패트릭 목사에게는 참으로 좋은 부인이 있는데, 그 여자는 찬양 팀에서 노래를 한다."고 말했다고 스스로 말했다. 그는 분명히 자기의 부인에 대해 이야기하지 않고 자기 품에 누웠던 여자 성가대원에 대해 이야기한다. 우리의 성령님께서는 결코 이런 부도덕한 일을 일으키거나 그 어떤 혼동도 일으키지 아니하신다.

브라운스빌 하나님의 성회 교회에 다니는 한 여인은 심각한 목병을 앓다가 고침을 받게 되었다고 주장했다. 그런데 이렇게 고침을 받는 뒤부터 그녀에게는 왼쪽에서 오른쪽으로 계속해서 머리를 심하게 떠는 일이 생기게 되었다. 특히 교회에 가까이 가면 이런 일이 생기곤 했으며 벌써 이 일이 1년 반 동안이나 계속되고 있다. 그런데도 킬패트릭은 성가대석에 앉아 마치 떨림 병에 들린 사람처럼 머리를 심히 흔드는 여인에 대해 자기가 전혀 부끄러움을 느끼지 않는다고 말한다. 또한 그는 이것이야말로 하나님이 주신 표적이라고 주장한다.

거짓 대언자 킬패트릭

웃음 부흥의 지도자들은 특히 하나님의 말씀에 의거하여 자기들의 운동을 평가하려는 사람들에 대해 매우 교만한 자세를 취하고 있다. 1997년 4월에 킬패트릭 목사는 크리스천 연구 협회(Christian Research Institute: CRI)가 '펜사콜라 부흥'을 대적하는 발언을 했으므로 90일 이내에 성령님에 의해 문을 닫게 될 것이라고 예언했다. 물론 그때로부터 90일이 지난 1997년 7월에 그의 예언은 빗나갔으며 CRI는 여전히 건재하다.

이것은 킬패트릭 목사같이 하나님의 말씀에 순종하지 않는 자들의 전형적인 반응이다. 이들은 말씀에 의거하여 올바로 교정 받는 것을 원치 않는다. 그들은 스스로 하나님의 말씀 위에 있다고 생각한다. 하나님이 자기를 인도한다고 믿기 때문에 자기 원하는 대로 행하거나 가르치는 목사는 잘못된 목사이다. 하나님은 우리에게 모든 것을 입증하라는 책임을 주셨다(살전5:21). 또한 성경은 이렇게 말한다.

사랑하는 자들아, 영을 다 믿지 말고 오직 그 영들이 하나님께 속하였는지 그것들을 시험하라. 이는 많은 거짓 대언자들이 나와서 세상에 들어왔기 때문이라(요일4:1).

또한 성경은 어떤 사람이 하나님의 말씀을 선포할 때에 그것을 듣는 사람들이 그 가르침이 옳은가 그른가를 판단해야 한다고 가르친다(고전14:24). 목사의 유일한 권위는 성경이며 따라서 목사가 성경을 떠나서 다른 것을 가르치면, 하나님의 백성은 마땅히 그 목사를 떠나야 한다. 베레아 사람들은 자기들이 배운 것을 그대로 받아들이지 않고 그 말씀이 사실인가 아닌가를 확인했으므로 칭찬을 받았다.

이들은 데살로니가에 있던 자들보다 더 고귀하여 온전히 준비된 마음으로 말씀을 받아들이고 그것들이 그러한가 하여 날마다 성경 기록들을 탐구하므로 그들 중의 많은 사람이 믿고 또 그리스 사람인 귀부인들과 남자들 중에서도 적지 않은 사람이 그리하더라(행 17:11-12).

그들은 자기들이 들은 모든 것을 하나님의 말씀에 의거하여 하나하나 시험했다. 분명코 CRI의 헤인그래프는 '펜사콜라 부흥 운동'을 시험할 권리가 있으며 비성경적인 것을 드러내어 다른 이들에게 경고할 권리가 있다.

그 뒤에 킬패트릭은 헤인그래프를 가리켜 마귀라고 칭하였고, 만일 그가 '펜사콜라 부흥'이 하나님의 주권적인 운동임을 인정하지 않으면 그의 머리가 쉴 새 없이 떨게 될 것이라고 경고했다. 물론 이 같은 발언은 자기 교회 성가대에서 소위 '펜사콜라 부흥'을 체험한 여인의 경험을 염두에 두고 한 것이다. 그는 그렇게 머리를 흔들며 떠는 것이 저주라는 것을 잘 알고 있다. 사실 헤인그래프는 이 운동을 직접 살펴보기 위해 브라운스빌 교회를 방문했고 3년 동안 웃음 운동에 대해 연구를 했으며 그 뒤에 이렇게 경고를 했다.

이런 종류의 체험은 전혀 성경에 근거가 없으며 사람들의 삶에 심각한 악영향을 미칠 수 있다.

그는 킬패트릭이 저주를 내리자 다음과 같이 방송에 말했다.

내가 내 입장을 바꾸지 않는 이유는 직접 그곳에 가서 그것을 목격했기 때문이다. 나는 3년 동안 이런 현상에 대해 연구했다. 그 결과 나는 98% 확신하는 것이 아니라 100% 확신한다. 이것은 결코 큰 부흥이 아니고 큰 배도 현상이다. 지금 이 시간에도 이 운동의 영향을 받은 펜사콜라의 아이들은 이런 이상한 현상들로 인해 학교에서 제대로 공부할 수 없어 집으로 돌아가고 있다. 이런 현상이 가져오는 악영향은 이미 우리가 살펴본 것과 같다. 사교나 신비주의 집단에서 일어나는 일들에 대한 정보는 무궁무진하다. 몇 차례 거듭거듭 말했거니와 당신이 비성경적인 행태를 행하고 있다면, 당신이 교회에 다니든지 혹은 사교 집단에 다니든지 그 결과는 동일하다. 당신이 교회에 다니면서 청산가리를 먹든지 당신이 사교 집단에 다니면서 청산가리를 먹든지, 당신은 100% 죽는다. 하나님은 우리가 비성경적인 행태를 취할 때에 결코 우리를 보호하지 않는다.

1997년 6월 18일에 킬패트릭 목사는 헤인그래프와 CRI에게 사과 성명을 냈다. 이런 일들을 통해 이제 우리가 내리게 될 유일한 결론은 이 사람 킬패트릭이 마귀에게 크게 미혹을 당했다는 것이다. 이 같은 은사주의 목사들은 하나님의 이름으로 말한다고 크게 주장하며, 하나님으로부터 환상과 목소리를 들었다고 주장한다. 또한 그들은 지금도 자기들이 하나님을 대신하여 예언하는 은사를 가지고 있으며, 성경 이외에도 또 다른 계시가 있다고 주장한다. 또한 이들은 "믿음의 말을 입 밖에 냄으로써 자기에게 유리한 혹은 남에게 불리한 상황을 만들어 낼 수 있다."고 주장한다. 또 이들은 오직 성경만을 의지하며 성경 이외의 계시를 거부하는 성경 신자들을 조롱한다. 그런데 자기들이 거짓 예언자로 드러나게 되면 이들은 곧바로 자기들이 잘못을 범했으며 인간인지라 나약하므로 용서해 줄 것을 간청한다.

그들은 남들에게 하나님의 참 대언자나 사도로 인정받기를 원하면서 동시에 자기들의 거짓 예언에 대해서는 관용을 받기를 원한다. 그런데 사실 이런 일은 불가능하다. 만일 그들이 성경 이외의 계시를 주장하며 하나님의 이름으로 말한다면, 그들은 분명히 하나님의 대언자들이며 따라서 대언자들이 받을 심판에 따라 심판을 받아야 한다. 거짓 대언자들은 결코 용서받지 못하며 공개적으로 드러내어 거부해야 한다.

네가 혹시 마음속으로 이르기를, **주**께서 이르지 않은 말씀을 우리가 어떻게 알리요? 하리니 만일 대언자가 **주**의 이름으로 말하는데 그 일이 뒤따라 일어나지도 아니하고 성취되지도 아니하면 그것은 **주**께서 말씀하지 아니하신 것이요, 오직 그 대언자가 자기 뜻대로 그것을 말하였나니 너는 그를 두려워하지 말지니라(신18:21-22).

성도여! 오순절 은사주의의 거짓 대언자들의 과장된 주장이나 거짓 교리에 속아 넘어가지 말기 바란다. 이들은 마귀에게 속아 넘어간 자들이요, 말세에 배도한 단일 세계 교회를 이룩하기 위해 선두에 서 있는 자들이다.

심지어 아이들까지도

웃음 부흥을 통해 어른들이 마룻바닥에 넘어지고 억제할 수 없는 웃음에 빠지며 술 취한 사람같이 비틀거리는 것을 보는 것만도 슬픈 일이다. 그런데 이보다 더 슬픈 것은 아이들마저도 이런 일에 깊숙이 빠지고 있다는 점이다. 브라운스빌 교회에서 웃음 부흥이 시작되던 바로 그 날, 힐(Hill)은 어른들에게 자극을 주기 위해 아이들을 앞으로 불러내어 넘어지게 하고 자기가 성령님의 역사로 간주하고 있는 경험들이 나타나게 했다.

위에서도 잠시 이야기했듯이, 런던에 있는 빈야드 교회 멈포드 목사의 부인인 엘러너는 토론토 공항 빈야드 교회를 방문하고 난 뒤 영국에 웃음 운동을 파급시켰으며 심지어 아이들에게 전했다.

나는 클라팜에 있는 크리스천 학교에 가서 아이들에게 주님에 대해 이야기했으며 그들을 위해 기도했다. 그러자 주님께서 다섯 살짜리 아이들 위에 임하시므로 그 아이들은 웃고, 울고, 주님께 소리 지르기 시작했다. 선생님들도 영향을 받게 되었고 부모들도 뒹굴었다. 그때에 나는 이렇게 생각한다. '하나님, 주께서 행하시는 이 영광스러운 일을 보십시오. 참으로 놀랄만한 일입니다.'(「Speaking Like Wildfire」, Eleanor Mumford, Renewal, 1994년 7월, p.13).

웃음 부흥에서는 이런 일이 수도 없이 반복되어 나타나고 있다. 「거룩한 웃음」(*Holy Laughter*)의 저자인 헌터 부부는 아이들이 영안에서 죽임을 당하는 사례를 이 같이 묘사했다.

최근의 텍사스 주 집회에서 우리는 아이들이 많이 참석한 것으로 인해 아주 놀랐다. 특히 여섯 살에서 아홉 살까지의 아이들이 많이 참석했다. 우리는 늘 하던 대로 여러 사람을 지적해서 앞으로 나오게 했는데 그때에 하나님의 영광이 아이들 위에 임하는 것을 보게 되었다. 그들의 간절한 얼굴은 마치 '나를 만져 주세요, 나를 만져 주세요.'하는 것 같았다. 우리는 그 중에서 몇 명을 선정해서 올라오게 했는데 그들은 곧장 거룩한 웃음 속에 빠졌다. 그들은 또한 어른들이 이 같은 하나님의 특별 계시를 마주치게 될 때 기뻐하는 것 같이 하나님의 권능 아래 빠져 거기에 누워 있었다.

예배가 끝나고 내가 잠시 의자에 앉아 있을 때에 한 부부가 다섯 살 난 여자아이와 함께 앞으로 나왔다. 그래서 내가 그들에게 안수했는데 그 뒤에 그 아이의 부모는 그 교회 목사에게 이렇게 말했다고 한다. '우리 딸이 너무나 성령님을 많이 먹고 취해 똑바로 걸을 수가 없어서 아이를 안아다가 차에 실었습니다.'

한번은 우리 부부가 집회를 인도하고 있는데 결혼한 우리 큰딸의 큰딸인 채리티가 갑자기 자기 부모의 곁을 떠나 할 수 있는 대로 빨리 복도를 따라 내려왔다. 채리티는 그때 세 살이었는데 강단으로 와서는 이렇게 말했다. '할머니, 나도 만져 줘요.' 이 아이는 성령님의 권능을 입고 사람들이 쓰러지는 것을 보았고 아마 이로 인해 크게 자극을 받은 것 같았다. 그래서 자기도 하나님이 만져 주었으면 좋겠다고 느낀 것이다. 내가 손을 대자 이 아이는 쓰러져서 30분 동안이나 움직이지 않았다(「Holy Laughter」, Charles and Frances Hunter, p.107-110).

플로리다 주 레이크랜드에 있는 카펜터의 집 교회의 간증 시간에 그 근처에 있는 어떤 교회의 목사는 다음과 같이 증언했다.

우리는 거룩한 웃음이 무엇인지도 알기 전에 하워드-브라운 집회에 갔습니다. 최근에 사람들이 나더러 우리 교회 아이들 집회에 가 보라고 하면서 이렇게 말했습니다. '목사님, 여기로 빨리 와 보세요.' 가서 보니 내 딸이 1시간 30분 동안이나 계속해서 웃고 있었습니다. 처음에는 혹시 이 애가 정신이 나가면 어떻게 할까라는 생각에 무서웠습니다. 왜냐하면 나는 이런 일을 결코 본 적이 없기 때문이었습니다. 여러 아이들이 성령님의 만져 주심을 받고 마룻바닥에 누워 있었고 사실 저는 두려웠습니다. 내 딸이 이렇게 웃는 것을 나는 지금까지 본 적이 없었습니다. 그 당시에 그 아이는 10살이었습니다(「Holy Laughter」, p.146).

미주리 주 스미스톤에 있는 스미스톤 지역 교회에 있었던 웃음 부흥에 대해 보고하면서 「카리스마」는 다음과 같이 놀랄만한 사실을 보고했다.

아이들도 이 운동의 참석자로서 환영을 받고 있다. 초등학교 아이들이 '중보 기도를 해 주는 자', '도와주는 자' 라는 명찰을 달고 기도 팀의 일원으로 일하고 있다(「카리스마」, 1998년 2월, p.51).

다음은 한 목사가 펜사콜라 부흥으로 은혜를 받았다는 중학생 전도자 두 명과 나눈 대화 내용이다.

"그러니까 너희들이 브라운스빌 집회에서 구원받았다는 거지?"

"예, 그렇다니까요. 한 달 전쯤에요."

"좋아. 그런데 그 일이 어떻게 일어났지? 한번 설명 좀 해 볼래?"

"우리는 하나님을 만났죠. 그것뿐이에요. 정말로 만났다니까요."

"너희들은 그걸 어떻게 알았지?"

"글쎄요. 그냥 느낀 거죠. 아저씨도 느낄 수 있어요. 난 전기가 내 팔뚝으로 기어오르는 걸 느꼈다고요."

"나도요!"

"그 뒤에 어떤 일이 있었지?"

"글쎄요. 뭐 우리는 구원받은 거지요."

"어디서 말이니? 어디서 구원받았느냐고?"

"그건, 왜 있잖아요. 하나님이 우릴 만져 주는 거 말이에요."

"그 뒤에 또 무슨 일이 있었지?"

"그 뒤에 또 무슨 일이라뇨? 말했잖아요? 우리가 구원받았다고요."

"그래요. 나도 그것을 느꼈어요. 내가 기도하는데 마치 감전된 것처럼 내 팔뚝으로 뭔가 기어 다녔다고요."

"그래서 너희들은 그게 하나님의 집회라고 생각한다 이거지?"

"맞아요! 거기엔 하나님의 하나님이 꽉 차 있다고요!"

세상에 속한 자들, 육신에 속한 자들의 행태란 바로 이런 것이다. 이게 바로 펜사콜라에서의 전형적인 '거듭남의 체험'이다. 만약 이 두 아이들이 말한 것이 사실이라면, 이 아이들은 구원받지 못하고 지옥에 갈 수밖에 없을 것이다. 이 세상의 어느 누구라도 무엇인가를 느끼는 것만으로는 결코 영생을 얻지 못한다. 당신은 예수 그리스도와 그분의 보혈을 믿을 때에 은혜로 구원을 받는 것이다.

너희가 믿음을 통해 은혜로 구원을 받았나니 그것은 너희 자신에게서 난 것이 아니요 하나님의 선물이니라. 행위에서 난 것이 아니니 이것은 아무도 자랑하지 못하게 하려 함이라. 우리는 그분의 작품이요 그리스도 예수님 안에서 선한 행위를 하도록 창조된 자들이니라. 하나님께서 그 선한 행위를 미리 정하신 것은 우리가 그 행위 가운데서 걷게 하려 하심이니라(엡2:8-10).

그러나 웃음 부흥에서 가르치는 복제품 구원은 느낌이 사라지면서 슬며시 사라져 버린다. 그래서 그런 느낌을 또다시 느끼기 위해 그들은 수십 차례씩 강단 앞으로 나아가는 일을 되풀이하며, 은혜에서 떨어진 자가 되었다가 즉 구원을 잃었다가 은혜 안으로 들어가는 자가 된다. 오순절 은사주의 지도자들은 한결같이 "은혜를 잃고 구원을 잃을 수 있다."는 이단 교리로 수많은 사람들의 영혼을 좀먹고 있다.[2] 특히 어린아이들이 이런 거짓 교리의 피해자가 된다는 것은 참으로 안타깝고 슬픈 현실이 아닐 수 없다.

---

2) 부록 16 '구원의 영원한 안전 보장'을 참조하기 바란다.

하나님께 속하지 않은 펜사콜라 부흥

이런 부흥과 현상은 결코 하나님께 속한 것이 아니다. 왜 그런가? 첫째 어떤 성경 말씀도 이러한 혼돈을 지지하지 않기 때문이다. 성경 어디에도 이런 예를 찾아볼 수 없다. 오히려 성경은 이러한 나타남을 반박하며 이것이 마귀의 활동의 진면목임을 보여 준다. 킬패트릭이 묘사했던 것과 동일한 현상들은 마법, 사탄 숭배, 강신술, 뉴에이지 운동, 부두교 및 사탄 종교 등 대부분의 이교 의식이나 행사에서 언제나 볼 수 있는 것들이다.

결국 킬패트릭이 말한 현상들이 성경적 근거가 없음에도 하나님께 속한 것이라고 받아들이는 것은 마치 앞에 언급된 이교 의식들 또한 하나님께 속한 것이라고 말하는 것과 똑같다. 즉, 무슨 특이하고 초자연적인 일이 일어났다고 해서 그것이 하나님께 속했다고 볼 수는 없다. 사탄과 마귀들도 강력한 힘이 있으며 스스로 마음을 그들에게 내어주는 사람에게 이 힘을 보여 주고자 한다.

사실 성령의 열매를 흉내 내서 가짜를 만들어내는 것이야말로 사탄의 본업이다. 제대로 성경을 읽어 본 사람이라면 사탄도 다음과 같은 모조품을 가지고 있다는 사실을 금방 알 수 있을 것이다.

1. 눈물을 흘리며 행하는 회개(히12:17; 마27:3-5)
2. 거듭남과 믿음의 고백(요일2:19; 마7:21-23)
3. 사역자와 교회(행19:37; 고후11:13-16)
4. 영과 영적 능력(행8:9, 18; 마10:4; 고후11:13-16)
5. 복음(갈1:6-8)
6. 성경(고후2:17)
7. 사도(고후11:13)
8. 성경으로 뒷받침을 받는 '성경적' 교리(딤전4:1-2; 딤후4:3-4; 눅4:9-10)

절대로 마귀의 능력을 과소평가해서는 안 된다. 실로 펜사콜라 부흥과 동일한 초자연적인 표적과 이적은 지난 수세기 동안 이방 종교 안에서도 늘 있어 왔다. 가령 1989년 마닐라에서 있었던 '로잔 2 복음주의 회의'(Lausanne II Evangelical Conference)에서 빈야드 운동의 창시자 윔버(John Wimber)는 20세기 말에 어떤 급진적인 변화와 새로운 표적과 이적이 나타날 것이라고 예견했다. 이 집회에서 윔버와 다른 은사주의자들은 그리스도의 이름으로 일어난 것으로 알려진 기적들과 병 고침의 사례들을 간증했다. 그들은 이러한 표적의 나타남을 통해 많은 이들이 그리스도의 이름을 믿게 되었다고 주장했다. 그런데 인도에서 온 언론 심사단 가운데 한 사람은 기자 회견을 통해 이 같은 기적들과 표적들이 분명히 하나님께 속한 것이라는 주장을 반박했다. 그는 은사주의 스타일의 방언과 신유와 기적, 표적, 이적들과 동일한 것들이 자신의 고국인 인도의 종교에도 있다고 말했다.

거짓 영에 사로잡힌 펜사콜라 부흥

1996년 6월 17일자 「크리스처니티투데이」에는 다음과 같은 제목의 기사가 실렸다: '부두교의 요새, 흔들 수 없을 것으로 보임.' 이 기사는 「신들의 얼굴: 부두교를 믿는 아이티 섬의 부두교와 천주교」(*Faces of the Gods: Voodoo and Roman Catholicism in Voodoo Haiti*)의 저자인 디맹워스(Leslie Demangles)의 글을 인용하고 있었다.

> 아이티의 프로테스탄트들은 새 신자들에게 성령에 사로잡히는 것과 부두교의 영에 사로잡히는 것의 차이를 설명해 주는 데 애를 먹고 있다. 그 이유는 오순절 은사주의의 성령 침례라는 것이 부두교에서 영에게 사로잡히는 것과 거의 같기 때문이다.

실로 브라운스빌 운동을 주도하는 영(靈)은 부두교나 다른 이방종교의 영과 같은 영이다. 성경에 나오는 마귀의 활동들 가운데 몇몇을 살펴보면 그것들이 브라운스빌에서 일어난 일과 얼마나 흡사한지 금방 알 수 있다. 먼저 욥기 4장을 보자. 거기서 엘리바스는 욥을 꾸짖고 욥이 고난당하고 있는 이유를 설명하고 있다. 엘리바스는 자신이 하룻밤 사이에 겪었던 일을 욥에게 말하는데 그것은 킬패트릭이 펜사콜라 부흥이 시작되기 전 어느 날 저녁에 교회로 들어가면서 경험했던 것과 너무나도 똑같다. 욥기 4장 12-17절에서 엘리바스는 이렇게 말한다.

> 이제 어떤 일이 내게 은밀히 이르렀고 내 귀가 거기서 조금 들었느니라. 사람들이 깊이 잠들 즈음에 그 밤에 본 환상들로 인하여 생각에 잠겼을 때에 두려움과 떨림이 내게 임하여 내 모든 뼈가 흔들렸느니라. 그때에 내 얼굴 앞으로 한 영이 지나가므로 내 살의 털이 곤두섰느니라. 그 영이 가만히 서 있었으되 나는 그것의 형체를 분간하지 못하였느니라. 한 형상이 내 눈앞에 있었고 거기에 고요함이 있었으며 내가 한 음성을 들었는데 이르기를, 죽을 수밖에 없는 사람이 하나님보다 더 의롭겠느냐? 사람이 자기를 만드신 분보다 더 깨끗하겠느냐?

킬패트릭도 동일한 일을 겪었다! 욥기의 끝 부분에서 하나님은 엘리바스의 말이 하나님의 말씀이 아님을 분명히 보여 주셨다(욥42:7). 사실 엘리바스의 말은 거짓 영에게서 나온 것이었다.

누가복음 8장 26-36절에 나오는 마귀 들린 사람의 예를 보자. 거라사 지방 사람들은 벌거벗은 채로 무덤 사이에 살았던 이 마귀 들린 사람에 대해 잘 알고 있었다. 이 사람은 미친 사람이었다. 예수 그리스도께서 그에게서 마귀를 쫓아내기 전까지 그는 명백히 제 정신이 아니었다. 그러나 그리스도께서 마귀들을 쫓아내자 마을 사람들은 '그가 온전한 정신으로 옷을 입고 예수님의 발에 앉아 있는 것'을 발견했다. 마귀의 세력에서 자유를 얻은 이 사람은 더 이상 통제할 수 없는 정신 이상자가 아니라 맑은 정신을 가진 사람이 되어 조용하고 공손히 예수님의 발 곁에 앉아 있었다. 실로 브라운스빌 교회의 사람들의 혼란스러운 행동은 온전한 정신을 되찾은 사람이 그전에 마귀 들렸을 때의 모습을 보는 듯하다.

펜사콜라 부흥을 지지하는 사람들의 다수는 펜사콜라 부흥이 예수님의 이름으로 이루어지고, 이로써 많은 이들이 구원받은 것으로 보이기 때문에 이 부흥이 하나님에게서 난 것이라고 주장한다. 이런 사람들은 사도행전 16장에 나오는 마귀 들린 소녀 점쟁이 사건을 자세히 살펴보아야만 한다. 이 사건은 보기에 좋고 거짓이 아니라고 해서 그것이 반드시 하나님에게서 나온 것은 아니라는 사실을 잘 말해 준다. 이 어린 소녀는 빌립보의 거리에서 바울과 실라를 따라다니면서 외쳤다.

이 사람들은 지극히 높으신 하나님의 종으로서 우리에게 구원의 길을 보여 주는 사람들이라 (행16:17).

이 말이 사실인가? 확실히 그렇다. 하지만 소녀를 통해 이 말을 하는 것은 거짓 영이었다. 그 도시의 사람들은 틀림없이 마귀로 말미암은 그녀의 일과 하나님에게서 나온 사도 바울의 사역을 같은 것으로 보았을 것이다. 바꾸어 말하자면 진실이 거짓으로 오도된 것이다. 이 소녀는 바른 말을 했지만 그것은 실제로 마귀를 위한 것이었다. 과연 사도 바울이 소녀의 말이 진실이고 자기에게 관심을 끌게 하는 것이었기에 그냥 내버려두었는가? 아니다. 바울은 곧바로 그 소녀에게서 마귀를 쫓아내었고 그 결과 그전까지 소녀의 점치는 능력으로 돈을 벌었던 사람의 고발로 인해 마을에서 쫓겨났다. 오늘날에도 토론토, 브라운스빌과 같은 곳에서 사람들이 하나님과 기독교의 이름을 이용하지만 그들의 행동은 하나님의 말씀과 반대되며 결국 그리스도라는 이름으로 마귀에게 속한 절대적 오류 즉 위험한 오류를 전파하는 역할을 한다.

구원이 없는 펜사콜라 부흥

펜사콜라 부흥의 지지자들은 이번 부흥의 결과로 수많은 사람들이 구원받고 있다고 주장한다. 이 '구원의 체험'이야말로 교회가 이 운동을 아무 문제없이 수용할 수 있는 근거라고 내세우며 이를 이용하여 펜사콜라 현상에 대해 회의를 갖고 반대하는 개인이나 단체의 의견에 개의하지 않는다. 누군가가 참으로 예수의 그리스도의 구원을 아는 데 이르게 되었다면 우리 믿는 사람들은 마땅히 주님을 찬양해야 할 것이다. 그런데 브라운스빌 교회의 혼동에 빠진 군중들의 마음을 알 도리가 없다. 혹 구원받았다는 그들이 주위의 분위기에 편승하여 앞으로 나간 것은 아닐까? 정말 그들이 그리스도의 죽음과 묻힘 그리고 부활을 믿고 자신이 오직 어린양의 피로써만 깨끗함을 받을 수 있는 죄인이란 사실을 깨달은 것일까? 그리스도의 구원에 대한 지식이 없는 회개를 하거나 단순히 이전의 삶의 방식을 바꾸기로 결정한 것은 아닐까?

결심한 자들의 마음은 그리스도만이 아신다. 하지만 그런 모임에서 '복음 선포'와 건전한 교리가 등한시되고 감정적인 분위기와 초자연적인 계시와 경험이 지나치게 강조되는 것을 볼 때 과연 거기서 진정한 복음이 선포되었으며 앞으로 나아온 자들이 그 말씀을 믿었는지 의심하기에 충분한 여지가 있다. 펜사콜라 부흥에 참여하는 구원을 얻고자 하는 죄인들이 행하는 일은 다음과 같이 요약할 수 있다.

1. 구원받지 못한 죄인들은 영생을 받기 위해서가 아니라 기름 부음을 받기 위해서 강단 앞으로 나오라는 권유를 받는다.
2. 구원받지 못한 죄인들은 영생을 받기 위해서가 아니라 영 안에서 죽임을 당하기 위해서 앞으로 나오라는 압력을 받는데 어떤 때는 이런 압력이 심지어

3시간이나 계속된다.
3. 구원받지 못한 죄인들은 영생을 받기 위해서가 아니라 쏟아지는 강물에 흠뻑 젖기 위해서 강단 앞으로 나오라는 강요를 받는다.
4. 구원받지 못한 죄인들은 앞으로 나와서 죄들을 고백하고 회개를 하지만 올바른 복음이 없으므로 결코 영생에 이르지 못한다.
5. 그 뒤에 그들은 자리에서 일어나 자기들이 앞으로 '변화된 삶'을 살기 위해 어떤 것들을 할 것인지에 대해 간증을 하지만 그래도 영생을 얻지는 못한다.
6. 그리고는 구원받은 것으로 착각하고 살다가, 느낌이 없어지면 또다시 느낌을 얻기 위해 강단 앞으로 나아가며 이로써 1-5번의 사이클이 평생토록 반복된다.

우리 주 예수 그리스도께서는 특별히 마지막 날 많은 '거짓 교사들'이 경솔한 자들을 속이리라고 분명히 경고하셨다(마7:22-23). 성경은 또한 이렇게 경고한다.

그러한 자들은 거짓 사도요 속이는 일꾼이며 자기를 그리스도의 사도로 가장하는 자들이니라. 그것은 결코 놀랄 일이 아니니 사탄도 자기를 빛의 천사로 가장하느니라. 그러므로 그의 사역자들 또한 의의 사역자로 가장한다 하여도 그것은 결코 큰일이 아니니라. 그들의 마지막은 그들의 행위대로 되리라(고후11:13-15)

사도 베드로도 '거짓 교사들'에 대해 경고하며 그들이 교회 시대의 마지막에 많은 이들을 속일 것이라고 예언하였다(벧후2:1-3). 그렇다. 사도들과 예언자들은 신약 정경이 완성되기 전 초대 교회에 있었던 표적과 이적 등에 대해 이렇게 말했다.

완전한 것(혹은 완성된 것: 사람을 향한 하나님의 완성된 계시)이 오면 부분적인 것(초대 교회에 주어진 계시적인 은사들을 통한 불완전하고 부분적인 이해)은 없어지리라(고전 13:8-10).

하나님의 역사와 인도 하에 일어나는 것처럼 보이는 모든 운동이나 현상은 완전 무오한 하나님의 말씀으로 철저히 검증해 보아야 한다. 단지 어떤 목사나 그리스도인이 자기들이 행하거나 본 기적과 표적 등이 그리스도께 속한 것이라고 말한다고 해서 그리스도께서 그렇게 인정하시지는 않는다. 하나님의 말씀은 마지막 날에 있을 표적과 이적들은 사탄의 힘과 속임수와 직접 관련이 있다고 가르친다(살후2:7-10). '거짓 이적'을 통해 모든 세상은 결국 계시록 13장 1-5, 14절에 나오는 짐승에게 경배하게 될 것이다.

사탄의 첫째 목적은 항상 사람들을 속이는 것인데 성경은 사탄이 최종적으로 불 호수에 던져질 때까지 그 일을 지속하리라 말하고 있다. 사탄은 교회를 속이길 원한다. 따라서 믿는 이들은 어떤 체험이나 가르침이 하나님의 말씀과 일치하지 않는다면 하나님에게서 난 것이 아니라는 사실을 분명히 알아야 한다. 소문난 기적이나 표적, 계시가 아니라 성경만이 하나님에게서 난 것을 결정할 수 있다.

하나님의 말씀이 없는 펜사콜라 부흥

펜사콜라 부흥 등의 표적과 초자연적 현상이 하나님에게서 나오지 않았다는 또 다른 이유는 하나님의 말씀을 선포하고 가르치는 일도 없이 그저 감정적인 분위기에 기초하여 그런 일이 발생하기 때문이다. 칼슨은 「워싱턴포스트」 기사에서 특별히 강대상에서 성경 말씀이 한 마디도 나오기 전에 30분 동안이나 사람들이 '영 안에서' 노래하고 춤추고 있었다고 말했다. 이것은 전적으로 비성경적이다. 디모데전서 4장 13절에서 사도 바울은 디모데에게 '(하나님의 말씀을) 읽는 것과 권면하는 것(하나님의 말씀을 선포하는 것)과 교리(하나님의 말씀을 가르치는 것)'에 전념하라고 가르쳤다. 우리도 교회에서 이것들에 유념해야 한다. 경배는 반드시 하나님의 말씀을 중심으로 이루어져야 한다. 하나님께서 주신 표적의 은사는 개인이 어떤 초자연적인 일이 일어나기를 바라며 정서적인 광란 상태에 자신을 맡기는 경우에는 결코 나타난 적이 없었다.

펜사콜라 부흥은 하나님에게서 온 것이 아니다. 왜냐하면 그것이 하나님의 속성과 교회 질서의 측면에서 볼 때 성경과 맞지 않기 때문이다. 고린도전서 14장 33절은 '성도들의 모든 교회에서와 같이 하나님은 혼란의 창시자가 아니요, 화평의 창시자'이심을 분명히 보여 준다. 혼동과 대혼란은 하나님에게서 난 것이 아니다. 분명히 킬패트릭은 브라운스빌에 일어난 것이 혼동이요 대혼란이라고 즉각 인정한다. 하나님과 그분의 말씀에 자신을 맡기는 사람은 결코 혼동에 빠지지 않을 것이다(시71:1).

분별이 없는 펜사콜라 부흥

펜사콜라 부흥에서는 이렇게 말한다: "뛰어들어라.", "아무 곳이나 들어가라.", "전에 없던 이 현상을 경험해 보아라." 등등.

반면에 하나님은 이렇게 말씀하신다: "모든 것을 입증하라.", "모든 생각을 사로잡아 그리스도께 복종시켜라.", "영들이 하나님에게서 났는지 시험하라." 등등

우리는 이 운동을 하나님의 완전하고 영원하신 말씀에 비추어 평가해야 한다. 이렇게 했을 때 우리는 역력한 모순의 흔적을 발견하게 된다. 이러한 혼돈은 경건한 질서와 건전한 교리를 지키라는 명령을 정면으로 반박하는 것이다.

어떤 이들은 이 부흥의 정통성을 그 열매 즉 변화된 삶, 병자들을 고치고 집을 돌려주는 등과 같은 일로 가름하자고 제안한다. 그러나 이것은 바른 잣대가 아니다. 거짓 영들도 분명히 일시적 안정을 가져다준다. 어쨌든 성경의 진리와 상치되는 그 어떤 것도 개인에게 재앙을 불러일으킬 수 있다. 진리의 핵심이 거절된 상태에서 '주님의 이름으로' 이적과 기적을 행하려 하는 것은 위험한 일이다. 바울 시대에 스게바의 아들들은 자신들이 '주의 이름으로' 이것을 행할 수 있으리라 생각했지만 이로 인해 오히려 악한 영에게서 매를 맞았다(행19:13-16). 아직 잘 알지 못하는 것을 접하게 되었을 때 우리는 늘 조심해야 한다.

16장

펜사콜라 부흥의 거짓 주장

브라운스빌 하나님의 성회 지도자들은 여러 가지 놀랄만한 주장을 했으나 다 거짓으로 드러나고 말았다. '펜사콜라 부흥'에 대해 약 4개월 간 조사한 뒤「펜사콜라뉴스저널」은 그들의 여러 가지 속임수와 과대 선전을 폭로했다. 이 저널은 여러 가지 경우에 대해 아주 길고 자세하게 논평을 했으나 브라운스빌 교회는 인터넷에 아주 짤막하게 답변을 했는데 이는 자기들의 주장을 변호하기 위한 연막에 불과한 것이다.

● 주장 1: 자신의 자서전인「돌덩어리같이 차가운 마음」에서 브라운스빌 교회의 부흥사 힐(Steve Hill)은 과거에 자기가 13번 체포된 적이 있다고 주장한다.

■ 사실 1: 실제로 그는 네 번 체포된 경력이 있다.

● 주장 2: 힐은 자신이 헤로인 마약 중독자였다고 한다.

■ 사실 2: 그는「펜사콜라뉴스저널」담당자에게 이것이 사실이 아님을 고백했으며 자기가 마약을 사용했다는 이야기를 과장해서 신도들에게 더 큰 충격을 주려 했다고 말했다.

● 주장 3: 힐은 자신이 3년 동안 촌으로 다니면서 이상한 일을 하며 마약을 팔았다고 주장한다.

■ 사실 3: 그의 고용 기록을 보면 그는 2-3년 동안 앨라배마 주 헌츠빌에서 전일제 직장에 다니고 있었다.

● 주장 4: 힐은 자기가 고등학교에서 쫓겨났다고 주장한다.

■ 사실 4: 그는「펜사콜라뉴스저널」담당자에게 이것이 사실이 아님을 고백했다. 뿐만 아니라 그는 이미 공개적으로 알려진 그의 간증의 많은 부분이 사실이 아니고 거기에 나오는 사람들도 가짜라고 말했다.

● 주장 5: 브라운스빌 교회의 지도자들은 '펜사콜라 부흥'으로 인해 펜사콜라 시와 그 주변 지역의 범죄율이 급격히 떨어졌다고 주장했다.

■ 사실 5: 에스캄비아 카운티 보안관 사무실에 있는 범죄 및 체포 기록을 살펴보면, 펜사콜라 부흥이 일어난 1996년에는 1995년에 비해 오히려 범죄율이 증가한 것으로 나타났다. 그곳의 보안관인 로우맨(Sheriff Jim Lowman)은 그 부흥이 범죄율에 무슨 영향을 미쳤는지 도무지 알 수가 없다고 대답했다. 그들의 통계를 보면 1996년에는 청소년

범죄가 2,392건으로 1995년의 1,243건에 비해 무려 두 배나 증가한 것으로 나타났다.

● 주장 6: 브라운스빌 지도자들은 이번의 부흥을 통해 마약 밀매자와 사용자들이 회심함으로써 그 지역의 불법 마약 사용 사례가 줄어들고 있다고 주장한다.

■ 사실 6: 마약 남용 사례를 관장하는 기관의 대답은 전혀 그렇지 않다고 한다. '프라이어리'(The Friary)라는 마약 치료 센터의 담당자인 도넬리(Leo Donnelly)는 1993-1994년에 치료받은 사람은 250명이었으나, 1996-1997년에 치료받은 사람은 398명이었다고 진술했다. 「펜사콜라뉴스저널」이 조사한 다른 마약 치료 센터의 기록도 그와 동일했다. 그들은 브라운스빌 부흥으로 인해 마약 사용을 중단했다는 사람을 단 한 명도 본 적이 없다고 증언했다.

● 주장 7: 브라운스빌 지도자들은 법을 집행하는 경찰관들이 펜사콜라 부흥에 큰 감명을 받아 용의자를 체포한 뒤 감옥으로 데려가지 않고 부흥 집회 장소로 데려갔다고 주장했다.

■ 사실 7: 보안관 로우맨은 사실 무근이라 말했으며, 만일 이런 일이 발생하면 이것은 범죄 행위가 된다고 말했다. '우리는 이런 일이 생겼음을 보여 주는 정보를 가지고 있지 않으며 다른 기관도 마찬가지이다.' 펜사콜라 경찰서 부소장인 포츠(Jerry Potts)는 많은 사람들이 와서 이것이 사실이냐고 자기에게 물었지만 자기의 경찰관들은 결코 이런 일을 한 적이 없다고 분명히 대답했음을 밝혔다.

● 주장 8: 브라운스빌 지도자들은 이번의 부흥으로 인해 브라운스빌 지역에서 매춘, 마약 복용, 거리 범죄 등이 줄어들었으며 또한 과거의 참된 부흥과 마찬가지로 이번의 부흥 역시 펜사콜라 전 지역에 영향을 미치고 있다고 주장했다.

■ 사실 8: 그러나 그곳의 주민들은 전혀 그렇지 않다고 말한다. 그 교회에서 한 블록 떨어진 곳에 사는 라이스(Dori Rice)는 이렇게 말한다. '실제로는 창녀들이 교회를 떠나 우리 지역으로 더 가까이 들어오고 있으며 창녀를 찾는 자들이 우리 아이들이 노는 곳까지 차를 몰고 다니고 있다.' 또한 그 교회에서 몇 블록 떨어진 곳에서 50년 동안 살아온 어배바니악(Roscoe Urbaniak)은 다른 범죄 역시 증가하고 있으며 이에 대해 그 지역 주민들이 우려를 나타내고 있다고 말했다. 또한 그는 나이 든 여인들이 최근에 늘어난 지갑 소매치기들 때문에 집에 나오기를 꺼려한다고 「펜사콜라뉴스저널」에서 말했다.

● 주장 9: 브라운스빌 지도자들은 펜사콜라 부흥이 1995년 6월 18일에 갑자기 일어났다고 주장했다.

■ 사실 9: 이미 6월 18일 전에 킬패트릭 목사의 부인을 포함한 브라운스빌 교회의 주요 회원들은 수주 동안 캐나다 토론토 공항 빈야드 교회를 방문했고 브라운스빌에서도 빈야드 교회에서 일어난 웃음 현상이 일어나기를 간절히 기도했다. 또 이미 6월 18일 전에 교회에서 토론토 현상을 담은 비디오테이프를 상영하여 교인들로 하여금 그런 일을 위해 기도하라고 주문했다. 또한 6월 18일 전부터 킬패트릭 목사는 브라운스빌에 웃음 부흥을 가져올 것에 대해 꾸준히 이야기했으며, 만일 자기 교회가 이를 반대하면 자신은 사퇴하겠다고 공언했다. 또한 6월 18일에 오순절 부흥사 힐이 브라운스빌에서 설교하게 된 것도 결코 우연이 아니었다. 킬패트릭은 참으로 교묘히 힐을 택했는데 그 이유는 힐이 웃음 부흥에 참여하기를

간절히 원했으며 오랫동안 지속될 '늦은 비' 부흥 집회를 열 장소를 찾고 있었기 때문이었다. 이미 위에서 밝힌 대로 힐은 영국 런던의 홀리트리니티 브롬튼(HTB) 교회에서 '웃음 부흥' 성령 침례를 추구했다.

● 주장 10: 브라운스빌 지도자들은 6월 18일에 강풍이 교회를 뚫고 지나가면서 그곳에 모인 사람들 모두에게 영향을 미쳤고, 그 결과 많은 사람들이 마룻바닥에 넘어졌는데 이것이야말로 하나님의 초자연적인 움직임이었다고 주장한다.

■ 사실 10: 6월 18일에 촬영한 비디오테이프와 거기 모인 사람들의 증언을 들어 보면 이 같은 주장 자체가 허위이다. 실상은 부흥사 힐이 이런 사건들을 조작한 것이 명백하다. 처음에 그가 안수를 받으러 나오라고 사람들에게 얘기하자 단지 아홉 명만이 나와 넘어졌다. 그런데 힐은 계속해서 사람들을 부추겨서 또다시 여섯 명이 넘어졌고 또 몇 명이 더 넘어졌다. 그런데 이 모든 것은 사실 힐이 조작한 것이었다. 크게 소리를 지르며 나오라고 해도 반응하는 사람이 없자 그는 당황하게 되었다. 그래서 사람들이 자리를 떠나기 시작하자 그는 떠나지 말라고 소리를 질렀다. 황급한 가운데 힐은 아이들을 향해 다 앞으로 나오라고 했다. 그러면서 그는 자기가 그들을 위해 기도하면 그들이 다 넘어질 것이라고 장담했다. 그런데 이 같은 호언장담에도 불구하고 조그만 소녀 하나만 넘어졌다.

● 주장 11: 「펜사콜라뉴스저널」의 질문에 답변하면서 브라운스빌 하나님의 성회 교회는 오랫동안 교회에 다니던 성도들이 거의 다 그 교회를 떠났다고 「펜사콜라뉴스저널」이 진술한 것은 거짓말이라고 말했다. 다음은 브라운스빌 웹사이트에 게재된 성명서이다. '브라운스빌 하나님의 성회에서 부흥이 시작된 이래로 150명의 기존 회원들이 떠나갔으며 1,530명의 새 회원이 들어왔다. 이 교회에 25년 이상 다닌 회원들 중에서 이번 부흥이 생긴 이래로 교회를 떠난 사람은 단 한 명도 없다. 또한 27명의 대표들 가운데 4명만이 교회를 떠났다. 다시 말해, 기존 회원 중 많은 이들이 교회를 떠나지 않았다.'

■ 사실 11: 이 같은 진술은 실로 실제의 상황을 감추려는 시도에 지나지 않는다. 킬패트릭 목사와 친했던 사람들의 대부분은 그가 주장하는 '펜사콜라 부흥'을 인정하지 않았으며 킬패트릭도 스스로 이 사실을 인정하고 있다. 1997년 6월 7일 워싱턴에서 열린 집회에서 그는 이렇게 말했다. '우리는 이번의 일로 인해 이 세상에서 제일 친하게 지냈던 사람들을 모두 잃게 되었습니다. 우리는 그들 모두를 잃게 되었습니다.' 부디 '모두'라는 말에 주의를 기울이기 바란다. 1997년 11월 17일 「펜사콜라뉴스저널」의 기사 제목은 '브라운스빌을 떠난 회원들은 슬픔과 두려움에 차 있다.'였다. 이런 기사에 대한 브라운스빌 교회의 답변은 한 마디로 연막에 불과하다. 그 기사에 따르자면, 킬패트릭은 자기의 교회를 떠난 사람들은 다 마귀에게 사로잡힌 자들이라고 주장했으며, 이번의 부흥을 반대하는 자들은 괴로움을 당할 것이라고 예언했다고 한다. 그런데 이런 주장들은 사실이었다. 위에서 언급한 워싱턴 집회에서 그는 이번의 부흥으로 인해 교회를 떠난 성도에 대해 언급하면서 그녀가 마귀에 사로잡혔음이 분명하다고 말했다.

● 주장 12: 토론토 공항 빈야드 교회의 아르놋 목사는 릴리만(Sarah Lilliman)의 치유야말로 웃음 부흥에서 나타난 기적들 가운데 가장 괄목할 만한 것이라고 말했다. 아르놋에 따르자면, 릴리만은 마비가 되고 눈이 멀어 식물인간 상태나 다름없었다고 한다. 그런데 그녀의 친구 중 하나가 토론토 교회의 집회에 참가했다가 영 안에서 죽임을 당했는데 그때 예수님이

환상 속에 나타나 릴리만에게 가서 병을 고쳐 주겠다고 말한 것을 전하라고 그녀에게 말했다. 그 뒤에 아르놋은 릴리만이 일어나게 되었다고 주장했다.

■ 사실 12: 「거짓 부흥」이라는 책에서 헤인그래프는 이것이 거짓 주장임을 폭로하고 있다. 사실은 릴리만이 마비가 되어 거의 식물인간이 된 것이 아니며, 그녀를 진단한 의사들은 그녀의 육체적 질병이 심리적, 감정적 문제로 인한 것이라고 밝혔다. '아르놋과 그의 동료들이 이 사건을 가리켜 토론토 축복의 증거요, 하나님의 능력의 증거라고 주장함에도 불구하고, 릴리만은 지금 이 시간에도 예전과 마찬가지로 눈이 먼 상태로 지내고 있다. 또한 예전과 마찬가지로 그녀와 그녀의 가족들은 그녀의 육체적, 정신적 질병으로 인해 계속 투쟁을 하고 있다.'

17장

웃음 부흥을 배격하는 이유

웃음 부흥의 정체가 무엇인지 성경적으로 분석하는 것은 그리 어려운 일이 아니다. 다음은 성경대로 믿는 우리가 오순절 은사주의의 웃음 부흥을 배격하는 이유들이며, 이 중 단 한 가지만으로도 문제의 본질을 충분히 이해할 수 있을 것이다.

1. 우리는 웃음 부흥이 성경에서 나타난 현상과 정반대가 되므로 이를 배격한다.

모든 성경 기록은 하나님의 영감으로 주신 것으로 교리와 책망과 바로잡음과 의로 교육하기에 유익하니 이것은 하나님의 사람이 완전하게 되어 모든 선한 일에 철저히 갖추어지게 하려 함이라(딤후3:16-17).

성경은 신약 교회를 위해 하나님이 허락하신 유일하고도 충분한 권위이다. 하나님이 이 책을 주신 것은 속임수와 오류를 막기 위함이며, 이 책에 기록된 말씀은 꿈이나 환상이나 음성보다 더 확실하다(벧후1:18-21). 또한 신약성경에 드러난 양상과 형식만으로도 우리가 교회를 운영하는 데 충분하다. 디모데에게 교회를 향한 교훈을 준 뒤 사도 바울은 다음과 같은 말로 서신을 마치고 있다.

모든 것을 살리시는 하나님의 눈앞에서와 본디오 빌라도 앞에서 선한 고백을 증언하신 그리스도 예수님 앞에서 내가 네게 명하노니 너는 우리 주 예수 그리스도의 나타나심이 있을 때까지 점도 없고 책망 받을 것도 없이 이 명령을 지키라(딤전6:13-14).

하나님께서 교회에게 주신 명령을 우리는 다 지켜야 한다. 우리는 결코 새로운 종류의 교회를 만들 권한이 없으며 또한 성령님께서 초대 교회에서 운행하셨던 것과 다른 식으로 혼동을 동반하며 운행하시라고 생각해서는 안 된다. 또한 성경은 이 시대를 위해 하나님께서 친히 주신 완전한 계시로, 더 이상 추가할 것이 없고 성도들에게 단 한 번 주신 믿음을 담고 있다. 따라서 성경은 크리스천의 믿음과 행실을 위한 완전하고도 충분한 표준이 된다.

그런데 도대체 성경 어디에 웃음 부흥이 있고 개 짖는 소리가 있단 말인가? 도대체 땅바닥에서 둥둥 구르며 웃어대는 대언자들이 성경 어디에 있단 말인가? 과연 예수님께서 웃음 부흥을 일으킨 적이 있단 말인가? 과연 사도들이 성령님을 붙잡아서 사람들 위로 던지고 교회 회원들의 배를 만져 낄낄거리며 거룩한 웃음을 웃게 한 적이 있는가? 도대체 사도들이 마귀 들린 자들 앞에서 낄낄거리고 웃은 적이 있는가? 도대체 초대 교회 성도들이 "주여, 더 주시옵소서!"하고 계속해서 외치며 '영 안에서 죽임을 당하거나', '영으로 취해서' 이리 저리 비틀거리며 넘어져서 설교도 하지 못하고 일상생활을 하지도 못한 적이 있단 말인가? 이런 것들은 한 마디로 비성경적인 난센스다. 이런 것에 현혹된 사람들은 하나님의 명료한 말씀과 가르침과 본보기를 거부하는 사람들이며, 자기들의 욕심을 채우려고 황급히 말씀을 벗어나 육적 욕망과 마귀의 유혹에 빠지는 사람들이다.

2. 우리는 웃음 부흥으로 인한 혼동 때문에 이를 배격한다.

성도들의 모든 교회에서처럼 하나님은 혼란의 창시자가 아니요, 화평의 창시자시니라(고전14:33).

비디오테이프를 보거나 실제로 모임에 가서 거기에서 일어나는 현상을 보면 한 마디로 혼동 그 자체이다. 이런 혼동은 결코 하나님에게서 나온 것이 아니다. 우리가 이 같은 혼동과 오류를 지적하면 그들은 곧장 우리가 성령님을 상자 안에 가두어 두려 한다고 비난한다. "성령님께서 어떻게 행하실지 우리가 어떻게 압니까?"

친구여, 이미 성경은 성령님께서 어떻게 행하실지 다 기록해 놓았다. 성령님은 결코 자신이 영감을 불어넣은 성경 말씀에 위배되는 그 어떤 것을 행하시지 않는다. 또한 우리 크리스천들은 모든 것을 입증하라는 명령을 받고 있다(살전5:21). 그래서 우리는 성경을 들고 모든 영과 교리와 교사와 종교 현상을 입증해 보아야 한다. 고린도 교회의 성도들이 많은 영적 은사와 경험을 가지고 있는 것처럼 보였지만 사도 바울은 그들의 오류로 인해 그들을 책망해야만 했다. 그래서 그는 이렇게 분명히 말했던 것이다.

성도들의 모든 교회에서처럼 하나님은 혼란의 창시자가 아니요, 화평의 창시자시니라(고전14:33).

하나님께서 성도들의 모든 교회에서 동일한 일을 행하실 것을 사도 바울은 분명히 말하고 있다. 그분께서는 미국에 있는 교회나 아시아 혹은 아프리카에 있는 교회나 1세기의 교회나 20세기의 교회나 하나님의 성도들의 교회에서는 동일하게 혼동이 없이 일을 행하실 것이다. 또한 사도 바울은 고린도 교인들의 집회에서 드러난 혼동으로 인해 방문하는 사람들이 줄어들 것이라고 말했다.

그러므로 온 교회가 다 같이 한 곳에 모여 모두 타언어들로 말하면 배우지 못한 자들이나 믿지 않는 자들이 들어와서 너희가 미쳤다고 하지 아니하겠느냐?(고전14:23)

바로 이 점이다. 웃음 부흥 비디오테이프를 볼 때 바로 이런 생각이 내게 떠올랐다. 이 사람들은 미쳤다!

3. 우리는 사람들을 무의식 상태로 몰아가서 억제할 수 없는 지경으로 만드는 '영 안에서 죽는 현상'(입신 현상)으로 인해 이 웃음 부흥을 배격한다.

신약성경은 은사주의자들이 경험하는 이른바 '영 안에서 죽는 현상'이 초대 교회에 없었음을 분명히 보여 준다. 물론 다음과 같은 경우에는 땅에 엎드려지는 일이 있었다.

1. 성도들은 예수님께 경배 드리기 위해 그분 앞에 무릎을 꿇고 넘어졌다(마2:11; 18:26; 눅17:16; 요11:32; 고전14:25).
2. 변화산 사건의 경우 제자들은 무서워서 얼굴을 땅에 대고 넘어졌다(마17:6).
3. 사울(사도 바울)은 다마스커스로 가는 도중에 주님이 나타나자 땅에 넘어졌다 (행9:4).
4. 사도 요한은 마치 죽은 사람처럼 그리스도의 발에 넘어졌다(계1:17).

그런데 신약성경에 기록된 이런 사건들 속에서 사람들이 엎드러진 것은 현대 오순절 웃음 부흥에서 이루어지는 이른바 '영 안에서 죽는 현상'과는 완전히 다른 것이다. 신약성경에서는 단 한 번도 사람이 쓰러지기 전에 안수를 한 적이 없다. 또한 사람이 쓰러지는 것을 조장하기 위해 다른 사람이 중간 매개 역할을 한 적도 없다. 또한 몸이 마비되거나 소위 '성령 끈끈이 풀'이라 불리는 현상에 의해 사람이 바닥에 달라붙어 일어나지 못한 적도 없다. 쓰러지라는 명령이나 가르침도 없고 쓰러지기 위해 줄을 선 경우도 없으며 계속해서 똑같은 노래를 반복해서 불러 사람들을 쓰러뜨린 예도 없다.

우리는 신약성경에서 찾아볼 수 없는 '영 안에서 죽는 현상'이나 억제할 수 없는 웃음 혹은 기타 이상한 현상들을 다 거부한다. 하나님의 영께서 우리더러 거짓 영과 거짓 교사들을 경계하라고 말씀하시는데도 불구하고 이를 거부하는 것은 참으로 어리석은 일이다. 사도 베드로는 이렇게 말한다.

정신을 차리라. 깨어 있으라. 너희 대적 마귀가 울부짖는 사자같이 두루 다니며 삼킬 자를 찾나니(벧전5:8).

깨어 있으려면 우리의 의식이나 경계 태세를 무너뜨리는 경험에 우리 자신을 내어주어서는 안 될 것이다.

4. 우리는 웃음 부흥이 '영적으로 취한 상태'를 가져오므로 이를 배격한다.

위에서도 몇 차례 언급했듯이, 웃음 부흥에서는 사람들이 술에 취한 듯이 취하는 현상이 발생하며, 심지어 웃음 부흥의 선구자 하워드-브라운은 자기를 가리켜 '성령 바텐더'라 부르며, 자기가 성령의 새 술을 나누어 주고 있다고 주장한다. 이 같은 새 술에 취한 사람들은 비틀거리며 넘어지고, 차를 몰다가 다른 사람의 차나 쓰레기통을 들이받고, 집으로 가는 길도 몰라 헤매며, 침대를 찾지도 못하는 등 여러 가지 어리석은 일을 행한다.

토론토 공항 빈야드 교회의 지도자 셰브로(Guy Chevreau)의 부인은 처음으로 웃음 부흥을 경험한 뒤 이틀 동안 취한 상태로 지냈다. 그 48시간 동안 몇 사람들이 식사를 하러 그 집을 방문했으나 그녀는 그들을 제대로 대접하지 못했다. 상에다 뜨거운 고기를 내던지고 상 가운데다 프렌치 프라이를 쏟아놓고는 각 사람에게 조금씩 나누어 주었다. 물론 그 시간에 그녀는 계속해서 히스테리 증상을 보이며 웃어댔다.

하워드-브라운의 집회에 참석한 한 부부도 성령의 새 술에 취해 자기네 아기도 잊어버리는 바람에 옆에 있던 사람이 엄마에게 다치지 않도록 아기를 받아 보호해야만 했고, 그 뒤에도 이 부부는 한참 동안 새 술에 취해 지냈다.

성경에는 성령의 새 술에 취하는 축복이 단 한 번도 나오지 않는다. 웃음 부흥을 조장하는 사람들은 사도행전 2장을 예로 들며 사도들이 오순절 날에 성령 안에서 취했다고 주장한다. 그러나 이것은 전혀 근거가 없는 주장이다. 실제로 '제자들이 새 술에 취했다'고 주장한 사람들은 사도들이 행한 방언의 기적을 무시하고자 했던 사람들이다. 이들은 사도들이 비틀거리며 땅에 쓰러지는 것을 보고 이런 말을 하지 않았고 그 당시에 복음을 선포하기 위해 사용된 여러 언어로 사도들이 말했기 때문에 그런 주장을 했다. 이 같이 사도들을 조롱하려는 사람들에게 베드로는 아주 분명하게 사도들이 결코 취한 것이 아니라고 대답했다.

지금은 겨우 낮의 세시이므로 너희가 짐작하는 것처럼 이 사람들은 술 취하지 아니하였느니라(행2:15).

만일 사도들이 현대 웃음 부흥의 형태로 새 술에 취했다면, 이들은 결코 복음을 선포하거나 증언하지 못했을 것이다. 사도행전 2장 14-40절에 기록된 사도 베드로의 설교를 보라. 그는 여러 가지 성경 구절을 인용하고 그것들을 분석하고 지금 일어난 상황에 적용했는데 이것이야말로 술 취하지 않은 설교자만이 할 수 있는 일이다. 그런데 현대 웃음 부흥에서 취한 사람들은 제대로 걷지도 못하고 차를 운전하지도 못하며 무슨 일이 일어났느냐고 물어도 답변조차 하지 못한다. 어떤 이들은 머뭇머뭇하며 한두 마디 정도 말하거나 심지어 대답하는 중에 넘어져서 움직이지 못하는데, 이 같은 경험은 오순절 날에 일어났던 것과는 정반대가 되는 일이다.

에베소서 5장 18절에서 사도 바울은 술 취하는 것과 성령 충만을 대비해서 보여 준다. 사실 술 취한 사람은 스스로를 제어하지 못하고 술이라는 이물질에 지배를 받는다. 반면에 성령에 충만한 사람은 성령님의 지배를 받는다. 앞뒤 문맥으로 보아 이 같은 해석은 아주 적절한 것이며 성령님의 지배를 받기 위해서는 우리의 마음과 생각이 늘 깨어 있어야 한다. 그런데 웃음 부흥에 빠진 사람들은 온전한 정신을 가지고 있지 않다. 우리가 이 구절을 이렇게 해석하는 것 또한 성경의 예를 근거로 한 것이다. 예수님이나 사도들은 당시에 그 어느 누구도 웃음 부흥에 빠진 사람들처럼 비틀거리며 넘어지고 쓸데없는 말을 중얼거리며 필요한 일들을 수행하지 못한 적이 없다. 또한 우리는 성경 말씀이 술 취하지 말고, 항상 맑은 정신으로 깨어 있으라고 하기 때문에 웃음 부흥을 거부한다(벧전 5:8).

5. 우리는 웃음 부흥의 지도자들이 성경적 조사를 거부하기 때문에 이를 배격한다.

이들은 성경에 근거해서 웃음 부흥을 검토하는 것 자체를 조롱한다. 하워드-브라운은 이렇게 말한다. "만일 여러분이 이곳에서 무슨 일이 생기는지 분석하고자 하면 아무 은혜도 받지 못할 것입니다. 기도하지도 말고 아무 생각도 하지 말기 바랍니다."

토론토 빈야드 교회의 아르놋은 사람들이 성령의 은사 즉 영 안에서 죽거나 데굴데굴 구르거나 넘어져서 웃거나 하는 은사를 받지 못하는 이유가 혹시라도 속지는 않을까 하고 염려하기 때문이라고 말하면서 은혜를 받으려면 이런 두려움을 없애야 한다고 주문한다. 이들은 언제나 이렇게 주장한다.

우리는 결코 성령의 일을 시험해서는 안 된다. 성경을 근거로 하나님의 일을 판단하면 안 된다. 이 같은 부흥을 성경의 교리에 근거하여 판단하게 되면 성령의 불이 꺼진다.

또한 이들은 성경을 근거로 자기들의 부흥을 조사하는 사람들은 불일치의 씨를 뿌리는 자들이라고 비난한다. 그런데 하나님의 말씀은 무어라고 이야기하는가? 사도행전 17장 11절에서 베레아 사람들은 자기들이 받은 가르침이 정말로 그런가 알아보려고 성경을 찾아 대조함으로써 고귀한 자들이라는 칭찬을 받았다.

모든 것을 시험해 보고 선한 것을 굳게 붙들라. 악의 모든 모양을 삼가라(살전5:21-22).

거짓 대언자들을 조심하라. 그들은 양의 옷을 입고 너희에게 나아오나 속은 약탈하는 이리니라. 너희가 그들의 열매로 그들을 알리니 사람들이 가시나무에서 포도를 또는 엉겅퀴에서 무화과를 거두겠느냐? 이와 같이 좋은 나무마다 좋은 열매를 맺고 변질된 나무는 나쁜 열매를 맺나니 좋은 나무가 나쁜 열매를 맺지 못하고 또 변질된 나무가 좋은 열매를 맺지 못하느니라(마7:15-18).

이들[베레아 사람들]은 데살로니가에 있던 자들보다 더 고귀하여 온전히 준비된 마음으로 말씀을 받아들이고 그것들이 그러한가 하여 날마다 성경 기록들을 탐구하므로 그들 중의 많은 사람이 믿고 또 그리스 사람인 귀부인들과 남자들 중에서도 적지 않은 사람이 그리하더라(행17:11-12).

주께서 받으실 만한 것이 무엇인지 입증하라. 열매 없는 어둠의 일들에 참여하지 말고 도리어 그것들을 책망하라(엡5:10-11).

성경의 하나님은 계속해서 자신의 백성들이 모든 문제를 자세히 살펴보고 분별할 것을 요구하고 있다.

6. 우리는 웃음 부흥에 하나님을 두려워함이 없으므로 이를 배격한다.

성경의 하나님은 거룩한 하나님이시며, 그분의 이름 자체가 거룩하며 지존하시다(시111:9). 우리는 항상 두려워하는 마음으로 그분에게 접근하고 그분께 말씀을 드려야 한다. 그런데 웃음 부흥에 관련된 사람들은 결코 이런 식으로 하나님을 대하지 않는다. 우선 이들은 웃음 부흥을 가리켜 '파티 하는 시간'이라고 주장하며, 이 파티를 통해 하나님께서 이상한 현상들과 새 술에 취해서 자제하지 못하는 것과 혼동을 주신다고 가르친다.

사도 바울은 고린도 교회에게 다음과 같이 아주 분명한 말로 경고했다.

성도들의 모든 교회에서처럼 하나님은 혼란의 창시자가 아니요, 화평의 창시자시니라(고전14:33).

모든 것을 품위 있고 질서 있게 할지니라(고전14:40).

이 두 구절만으로도 웃음 부흥이 틀렸음을 확신할 수 있다. 웃음 부흥 지도자들의 태도는 아주 불손하다. 하워드-브라운은 자기가 처음 은혜를 받았을 때 하나님이 직접 내려오사 자기에게 손을 대지 않으면 자기가 위로 올라가서 하나님께 손을 대겠다고 기도했다고 말한다. 또한 하나님이 자기 삶에 들어오도록 자기가 허락했으므로 나중에 천국에 가서 하나님이 자기에게 "너는 내 뜻대로 하지 않았다."고 말씀하시면 그분에게 손가락질을 하면서 "하나님, 내 잘못이 아닙니다. 나는 하나님께 모든 것을 허락했습니다."라고 말할 것이라고 주장했다. 이 같이 하나님을 두려워하지 않는 사람이 과연 하나님의 일을 하는 사람이란 말인가!

이들은 또한 무례하게도 하나님께 명령을 내려 사람들에게 임하라고 한다. 그는 고래고래 소리를 지르며 하나님께 명령한다. 도대체 그가 명령하는 하나님은 어떤 하나님인가? 하나님은 은혜로우신 분으로 우리의 기도를 들어주시지만 결코 우리가 명령한 것을 행하지는 않는다. 또 다른 웃음 부흥 지도자들 역시 이런 식으로 하나님께 명령을 하는데 이것은 결코 성경의 하나님을 대하는 태도가 아니다.

웃음 부흥에서 터져 나오는 웃음 자체가 하나님의 거룩함을 무시하고 있다. 한 번은 하워드-브라운이 지옥에 대해 설교하고 있을 때 갑자기 청중들 속에서 웃음이 터져 나왔다. 사실 웃음 부흥에서는 수많은 경우에 웃음으로 인해 설교자들이 하나님의 말씀 자체를 선포할 수 없다. 웃음 부흥의 지도자들이 이런 명백한 일들을 제대로 파악하지도 못하며, 웃지 않아야 할 때에 웃지 못하게 만드는 사실 자체가 그들이 섬기는 하나님이 거룩하고 지존하신 하나님이 아님을 명백히 보여 준다. 심지어 설교자마저도 성령의 새 술에 취해 비틀거리며 강대상 밑에 주저앉으니 과연 어떤 일이 생기겠는가!

7. 우리는 웃음 부흥이 여자 지도자들을 인정하기 때문에 이를 배격한다.

오순절 은사주의의 역사와 최근의 웃음 부흥을 통해 우리는 여자들이 선두에 나서서 진두지휘하는 것을 많이 보아 왔다. 영국 런던의 홀리트리니티 브롬튼(HTB) 교회에 웃음 부흥을 가져온 장본인도 여자였으며, 토론토 빈야드 교회 아르놋 목사의 부인도 그로 하여금 계속해서 웃음 부흥 경험을 추구하게 만들었다. 펜사콜라 부흥의 킬패트릭 목사의 경우도 그의 부인이 직접 토론토까지 가서 웃음 부흥을 체험하고 교회로 돌아와 기도 팀을 만들고 웃음 부흥을 일으켰다. 또한 브라운스빌 교회에서는 한 십대 소녀가 전체 교회 앞에서 말을 하고 예언을 함으로써 웃음 운동의 기폭제가 되었으며 이것은 비디오로 녹화되어 여러 사람들에게 배부되었다.

성경은 분명히 여자들이 남자 위에 서서 가르치거나 권위를 행사하는 것을 금하고 있다. 사도 바울은 이렇게 말한다.

오직 나는 여자가 가르치거나 남자에게 권위를 행사하는 것을 허락하지 아니하노니 다만 조용할지니라. 이는 아담이 먼저 지어지고 그 뒤에 이브가 지어졌으며 또 아담이 속지 아니하고 여자가 속아 범법 가운데 있었기 때문이라(딤전2:12-14).

이 같이 성경이 명백히 금하고 있는 것을 오순절 은사주의자들은 아무 거부감 없이 행하고 있으며, 따라서 우리는 이것이 하나님으로부터 나오지 않았다고 확신한다.

8. 우리는 웃음 부흥 안에 절제가 없기 때문에 이를 배격한다.

사도 바울은 이렇게 말한다.

모든 것을 품위 있고 질서 있게 할지니라(고전14:40).

그런데 웃음 부흥에는 이런 품위가 전혀 없다. 거기에는 질서도 없고 절제도 없다. 대부분의 비디오테이프를 보면 여자들이 뒤로 넘어지며 치마가 벗겨지고 하체가 드러난다. 남자가 여자 위로 쓰러지고 여자가 남자 위로 쓰러지며 심지어 킬패트릭 목사의 경우 여자 신도가 그에게 쓰러져 안기기도 한다. 이 같이 부적절한 일들이 집회마다 일어나고 있는데 실로 성령님은 이런 식으로 행하는 분이 결코 아니다. 분명히 성령님은 여자들이 절제하며 품위 있게 행하기를 원하시며 남자들도 이런 일에 빠지기를 원치 않으신다.

9. 우리는 웃음 부흥이 거짓 교리를 조장하므로 이를 배격한다.

성경은 성령님을 가리켜 '진리의 영'이라고 한다(요14:17; 15:26; 16:13; 요일 4:6). 그러나 오순절 웃음 운동의 열매는 진리가 아니라 교리의 오류이다.

(9.1) 이들은 먼저 크리스천이 완전한 건강을 누릴 수 있다고 거짓 주장을 편다.

비록 그들이 이사야서 53장 5절을 인용하며 예수님의 속죄로 인해 완전한 건강을 얻을 수 있다고 주장하지만 이 구절이 가르치는 치유는 그리스도의 죽음을 통한 죄로부터의 치유이다.

그러나 그는 우리의 범법들로 인해 부상을 당하고 우리의 불법들로 인해 상하였노라. 그가 징벌을 받음으로 우리가 화평을 누리고 그가 채찍에 맞음으로 우리가 고침을 받았도다(사53:5).

이에 대해 베드로전서 2장도 잘 설명해 주고 있다.

그분께서는 죄를 짓지 아니하시고 입에 교활함도 없으시며 욕을 당하시되 맞대어 욕하지 아니하시고 고난을 당하시되 위협하지 아니하시며 오직 의롭게 심판하시는 분에게 자신을 맡기시고 친히 나무에 달려 자신의 몸으로 우리의 죄들을 지셨으니 이것은 죄들에 대하여 죽은 우리가 살아서 의에 이르게 하려 하심이라. 그분께서 채찍에 맞음으로 너희가 고침을 받았나니 너희가 전에는 길 잃은 양 같았으나 지금은 너희 혼의 목자요 감독이신 분에게로 돌아왔느니라(벧전2:22-25).

(9.2) 이들은 말세에 '늦은 비' 기적 부흥이 있을 것이라고 거짓 주장을 편다.

우리가 이미 살펴본 바와 같이 20세기 오순절 운동의 가장 큰 교리 중 하나는 주의 재림이 있기 전에 전 세계적으로 표적과 기적 부흥이 있을 것이라는 주장이다. 그런데 '웃음 부흥' 지도자들 역시 이 점을 무엇보다도 강조하면서 '웃음 현상'이야말로 말세 기적 부흥에서 생길 '늦은 비'의 첫째 방울이라고 믿고 있다. 이들은 대개 사도행전 2장 17-21절을 인용하여 다음과 같이 자기들의 주장을 편다.

보라. 너희 아들딸들은 예언을 하고 젊은이들은 환상을 보며 늙은이들은 꿈을 꿀 것이다. 또한 이 모든 것이 복음 전도 즉 주의 이름을 부르는 것과 관련이 있다.

그러나 우리가 깊이 생각해야 할 점은 그들이 자기들의 기적 및 표적 부흥을 지지하기 위해 이 구절을 문맥과 상관없이 해석한다는 것이다. 성경을 살펴보도록 하자.

오히려 대언자 요엘을 통하여 말씀하신 것이 이것이니라. 일렀으되, 하나님께서 말씀하시기를, 마지막 날들에 내가 내 영을 모든 육체 위에 부어 주리니 너희의 아들딸들은 대언하며 너희의 젊은이들은 환상들을 보고 너희의 늙은이들은 꿈을 꾸리라. 그 날들에 내가 내 영을 내 남종과 여종들 위에 부어 주리니 그들이 대언하리라(행2:16-18).

또 내가 위로 하늘에서는 이적들을 보이며 아래로 땅에서는 표적들을 보이리니 곧 피와 불과 연기로다. 저 크고 주목할 만한 주의 날이 이르기 전에 해가 변하여 어둠이 되고 달이 변하여 피가 되려니와 누구든지 주의 이름을 부르는 자는 구원을 받으리라, 하였느니라(행2:19-21).

우선 사도 베드로는 요엘의 예언이 자기 때에 오순절 사건과 함께 이루어졌음을 밝혔다. 그는 분명히 자기들이 목격한 사건과 외국에서 온 사람들이 저마다 자기의 말로 방언하는 것을 보고 이것이야말로 대언자 요엘이 예언한 것이라고 말했다. 그런데 중요한 것은 요엘의 예언이 두 부분 즉 예언 부분과 하늘에 있을 표적 부분으로 나뉘어져 있다는 점이다. 여기서 베드로가 이야기하는 것은 요엘의 예언 부분이 초대 교회에서 성취되었다는 것이다. 사실 우리는 성경과 인류 역사를 통해 뒷부분 즉 하늘의 표적 부분은 그때나 지금이나 이루어진 적이 없고 예수님의 재림 때에 다 이루어질 것이며 계시록에 그런 내용이 자세히 기록되어 있음을 확실히 알고 있다.[1]

사도행전 2장 17-18절의 예언은 오순절 날 발생한 방언 및 예언과 관련이 있으며 특히 사도들의 사역과 관련이 있었다. 이에 대해서는 신약성경이 확실히 보여 주고 있다. 사도 바울은 고린도전서 14장 20-22절에서 방언이 믿지 않는 이방인들을 위한 표적임을 분명히 설명해 주고 있다.

형제들아, 이해하는 일에는 아이가 되지 말라. 너희가 오직 악한 일에는 아이가 될지라도 이해하는 일에는 어른이 될지니라. 율법에 기록된바, 내가 다른 언어들과 다른 입술들을 가진 사람들을 써서 이 백성에게 말하리라. 그러나 그 모든 것에도 불구하고 그들이 내 말을 듣지 아니하리라. 주가 말하노라, 하였으니 그러므로 타언어들은 믿는 자들을 위한 표적이 아니요, 믿지 않는 자들을 위한 표적이로되 대언은 믿지 않는 자들을 위한 것이 아니요, 믿는 자들을 위한 것이니라. 그러므로 온 교회가 다 같이 한 곳에 모여 모두 타언어들로 말하면 배우지 못한 자들이나 믿지 않는 자들이 들어와서 너희가 미쳤다고 하지 아니하겠느냐?(고전14:20-23)

사실 이 구절은 이사야서 28장 11-12절을 인용한 것으로 사도 바울은 이 말씀이 사도시대의 기적 방언 곧 유대인들을 위한 표적을 미리 보여 준 것이라고 설명하고 있다. 그런데 유대인들은 민족 전체가 이 같은 표적을 거부하였고, 주후 70년에 로마 군대의 침략으로 말미암아 온 세상을 떠도는 신세가 되고 말았다. 이제 유대인들을 향한 방언은 그 기능을 다 완수했으므로 사라지게 되었으며, 사도시대의 위대한 대언(예언) 사역 역시 그 기능을 완수하고 사라지게 되었다. 예수님께서는 자신의 메시아

---

1) 부록 20 '사도행전 바로 이해하기'를 참조하기 바란다.

되심을 확증하시기 위해 기적을 행하셨으며(행2:22), 사도들은 자기들의 사도 됨을 보여 주기 위해 기적을 행했다(고후12:12). 그런데 성경의 완성과(계22:18-19) 사도들의 죽음 이후로 표적과 이적은 말씀의 계시와 더불어 사라지게 되었다. 에베소서 2장 20절은 대언자들 즉 말씀을 받아 하나님 대신 전하는 자들과 사도들이 우리의 믿음을 위한 기초가 된다고 말하며 예수님이 모퉁이 돌이라고 말한다.

> 또 [너희는] 사도들과 대언자들의 기초 위에 세워진 자들이니라. 예수 그리스도께서 친히 으뜸 모퉁잇돌이 되시나니

우리가 분명히 알 것은 기초란 한 번 놓으면 또다시 반복해서 놓지 않는다는 점이다. 기초는 단 한 번 놓으며 그 위에 건물의 다른 부분이 서게 된다. 그러므로 사도들과 대언자들이 기독교 신앙을 위한 기초를 놓았으므로 그들은 더 있을 필요가 없고 반복해서 다시 나타날 필요가 없는 것이다.

오순절 은사 운동 지도자들과 그 추종자들은 하나님께서 그리스도인의 나아갈 방향을 지도하신다는 사실을 마치 그리스도인이 하나님으로부터 꿈과 이상 등을 통해 직통 계시를 받는다는 것으로 잘못 이해하고 있다. 우리는 하나님께서 우리의 삶 전체를 인도하심을 확실히 믿지만 꿈이나 음성 등을 통해 직통 계시를 주심을 믿지는 않는다.

실로 기적과 표적을 강조하는 현대 오순절 '웃음 부흥' 지도자들은 성경을 통해 자기들의 교회의 전통과 미신을 내세우며 자기들의 주장만을 편다. 예를 들어 빈야드 교회의 목사인 라일(James Ryle)은 사도들이 죽은 이후에도 직통 계시를 받을 수 있음을 증명하기 위해 카톨릭 교회의 거짓 교사인 어거스틴(아우구스티누스), 제롬, 아퀴나스, 성 베네딕트, 성 니콜라스 등의 사례를 들고 있다. 심지어 그는 기독교의 위대한 인물인 존 번연이 지은「천로역정」이 성경 이외의 계시라고 주장하며 '나 같은 죄인 살리신'이라는 유명한 찬송가의 저자 존 뉴턴과 위대한 침례교 목사인 스펄전의 꿈 이야기를 들먹거린다.

그러나 우리가 분명히 알아야 할 것은 번연이나 뉴턴 혹은 스펄전 등이 단 한 번도 빈야드/펜사콜라 웃음 부흥에서 주장하는 이상한 계시와 현상을 지지한 적이 없다는 것이다. 이들은 오직 성경만을 전했다. 그 이상도 그 이하도 아니다. 결론적으로 우리는 웃음 부흥의 '표적과 이적'이 결코 사도행전 2장 17-21절을 성취한 것이 아님을 확신한다.

(9.3) 이들은 개인적으로 오순절 체험을 해야만 한다고 거짓 교리를 가르친다.

오순절 신학의 토대는 신자라면 누구나 개인적으로 사도행전 2장에 있는 것 같은 경험을 체험해야만 한다는 사상이다. 그래서 아주사 거리 부흥 운동의 세이모어나 현대 웃음 부흥의 지도자들이나 한결같이 개인적인 오순절 경험을 강조하고 있다. 하워드-브라운은 극도의 혼란을 동반하는 하나님의 불이 임하는 것이야말로 1993년부터 시작된 '웃음 부흥'의 전조라고 말하다. 하지만 우리는 이 같은 경험을 거부하며 초대 교회의 오순절 사건은 단 한 번만 필요했던 사건으로 또다시 재현될 필요가 없음을 천명한다. 구약성경에서 예언한 바로 그때에 성령님께서 예루살렘에 모인

교회에게 임하셨다. 그분께서는 결코 그 자리에 모인 사람들의 기도에 응답하기 위해 그곳에 임하시지 않았다. 그분께서는 그때에 그곳에서 성경의 예언을 성취하기 위해 임하셨으며, 유대인들의 연례 명절인 오순절에 그곳에 모인 유대인 크리스천들이 분명한 다른 나라 말로 말한 것 역시 다른 말로 하나님께서 자기 백성에게 말씀하시리라는 예언을 성취하기 위함이었다(고전14:20-21; 사28:11-12).

그렇다면 현 시대의 그리스도인과 성령님과는 어떻게 연관되어 있단 말인가? 우리가 복음을 듣고 주 예수님을 신뢰하는 순간부터 우리는 하나님의 영으로 봉인된다(엡1:12-13). 서신서에는 우리 신자들이 개인적으로 오순절 체험을 구해야 한다거나 성령님을 구해야 한다거나 성령 침례를 구해야 한다거나 어떤 특별한 종류의 영적 체험을 구해야 한다는 내용은 하나도 기록되어 있지 않다. 만일 이런 것이 필수적이었다면, 성경이 분명히 그렇게 해야 한다고 기록했을 것이다. 그런데 실상은 오순절 '웃음 부흥' 지도자들이 성령님에 대한 거짓 교리와 '체험적 기독교'라는 잘못된 교리에 입각하여 이런 주장들을 펴고 있다. 그들이 이런 경험을 주장한다는 것은 곧 그들이 믿음대로 행하지 않음을 보여 주는 것이다. 왜냐하면 믿음이란 반드시 성경에 그 근거를 두고 있기 때문이다. 그 이상도 그 이하도 아니다(롬10:17; 히11장).

(9.4) 이들은 성령 침례에 대해 거짓 교리를 가르친다.

오순절 웃음 부흥 지도자들은 마태복음 3장 11절을 인용하며 성도라면 누구나 성령님과 불로 침례를 받아야 한다고 주장한다.

참으로 나는 회개에 이르도록 너희에게 물로 침례를 주거니와 내 뒤에 오시는 분은 나보다 능력이 더 있으시매 나는 그분의 신발을 나를 자격도 없노라. 그분께서는 너희에게 성령님으로 침례를 주시고 불로 침례를 주시리니(마3:11).

물론 이 구절에서도 오순절주의자들은 이 말씀을 잘못 해석하고는 1세기의 크리스천들이 불 침례를 받았으니 20세기의 크리스천들도 불 침례를 받아야 한다고 주장한다. 거짓 교리란 항상 문맥을 제대로 파악하지 않는 데서 나온다. 이 구절에서 침례자 요한은 두 부류의 유대인들에게 이야기를 하고 있다. 우선 믿음을 가진 유대인들은 오순절 날에 성령님으로 침례를 받았다. 그런데 유의할 점은 불 침례가 신자를 위한 축복이 아니라 불신자를 위한 경고라는 점이다. 다음 구절을 보면 침례자 요한이 이를 잘 설명해 준다.

곧 손에 키를 들고 자신의 타작마당을 철저히 정결케 하사 자신의 알곡(신자, 성령 침례 받은 자)은 모아 곳간에 들이시되 껍질(불신자, 불 침례 받는 자)은 끌 수 없는 불로 태우시리라, 하니라(마3:12).

얼마나 명확한가? 다시 말해 성령님의 침례는 신자를 향한 것이요, 불 침례는 불신자를 향한 경고로 예수님께서 돌아오사 영원한 형벌로 불신자를 벌하는 날을 가리키고 있다.

우리는 성경을 왜곡해서 자기의 교리에 꿰어 맞추려 하는 사람들을 늘 경계해야 한다. 다음과 같은 사도 바울의 경고에 항상 귀를 기울여야 한다.

그러나 뱀이 자기의 간교함으로 이브를 속인 것 같이 어떤 방법으로든 너희 마음이 그리스도 안에 있는 단순함에서 떠나 부패될까 내가 두려워하노라. 만일 누가 가서 우리가 선포하지 아니한 다른 예수를 선포하거나 혹은 너희가 받지 아니한 다른 영이나 너희가 수용하지 아니한 다른 복음을 받게 할 때에 너희가 그를 잘 용납하는도다(고후 11:3-4).

우리는 항상 예수님의 능력과 거룩함과 열심을 필요로 하며 우리의 집과 교회와 직장에서 예수님의 성결하게 하시는 능력을 필요로 한다. 하지만 이 모든 것은 성경에 따라 간구해야 하며 결코 우리의 생각이나 체험에 의거하여 간구해서는 안 된다. 성경은 단 한 번도 우리더러 이상한 체험을 할 것을 요구하지 않으며 분명히 이렇게 말한다.

새로 태어난 아기들로서 말씀의 순수한 젖을 사모하라. 이것은 너희가 그 젖으로 말미암아 성장하게 하려 함이라. 너희가 주께서 은혜로우신 것을 맛보았으면 그리하라(벧전2:2-3).

예수 그리스도가 있는 사람에게는 하나님의 영이 있다.

그러나 너희 안에 하나님의 영께서 거하시면 너희가 육신 안에 있지 아니하고 *성령* 안에 있나니 이제 어떤 사람에게 그리스도의 영이 없으면 그는 그분의 사람이 아니니라(롬 8:9).

이외에도 엡4:30, 고후1:21-22, 요일 2:27 등에도 같은 말씀이 있다. 성경은 분명하게 예수 그리스도를 받아들임으로 하나님의 영을 소유하게 된다고 말한다.

구원받는 과정은 아주 간단하다. 먼저 복음을 듣고 주 예수 그리스도를 믿으면 성령님께서 그 사람을 봉인하신다. 그렇게 해서 구원을 받아 성령님을 소유하면 더 이상 성령님을 구할 필요가 없다. 사도들은 단 한 번도 교회더러 성령을 구하거나 성령 침례를 구하거나 성령님의 축복을 구하라고 한 적이 없다. 다만 우리는 성령님으로 충만하게 되라는 명령만 받고 있을 뿐이다(엡5:18). 이 말은 하나님의 영께 우리 자신을 온전히 드림으로 그분의 뜻이 우리 가운데서 이루어지게 함을 의미하며 결코 이상한 체험을 구하라는 것이 아니다. 사도 바울은 단 한 번도 성령을 체험하라고 권유한 적이 없다. 그가 가르친 것은 이미 우리 안에 거하시는 성령님께 온전히 순종하라는 것이었다.

(9.5) 이들은 방언이 현재에도 필요하다고 거짓 교리를 가르친다.

'웃음 부흥'에서는 두말 할 필요도 없이 방언을 할 것을 강조한다. 하워드-브라운은 심지어 방언을 개인기도 방언과 공중 기도 방언으로 나누기도 한다. 하지만 우리는 다음과 같은 이유로 방언이 옳지 못한 것이며 우리에게 필요하지 않음을 확신한다.

1. 성경의 방언은 교회의 설립을 위해 유대인들에게 주신 표적으로 교회의 설립이 끝난 이후에는 사라졌다.
2. 성경의 방언은 사도들의 지침에 따라 이루어졌다. 예를 들어 여자들은 방언을 해서는 안 되며, 남자들의 경우에도 순서대로 해야 하고 반드시 통역이 있어야만

한다(고전 14장 참조).
3. 성경의 방언은 한결같이 이 땅에서 다른 민족이 쓰는 말을 가리킨다.
4. 성경은 방언을 하려고 노력할 것을 가르치지 않으며 방언이란 하나님께서 자신의 주권에 의해 주시는 것이다.
5. 방언은 은사들 가운데 가장 작은 은사이다.
6. 심지어 초대 교회에서도 누구나 다 방언을 하지 않았다.
7. 교회에서 여자들은 결코 방언을 해서는 안 된다(고전14:34-35).
8. 방언은 결코 성령 침례나 성령 충만의 초기 증거가 아니다.
9. 성경에는 방언을 하는 방법을 배우라는 지시가 없다.
10. 오순절 은사주의에서는 학습 방언을 가르치는데 이는 성경에 근거가 없는 것이다.

(9.6) 이들은 기적이 믿음을 가져다준다는 거짓 교리를 가르친다.

빈야드 운동에 근거를 둔 웃음 부흥은 표적 및 이적이 믿음을 만들어 낸다는 이상한 주장을 굳게 편다. 윔버는 이렇게 말한다. "어떤 사람을 치유하면 그리스도께로 인도하기가 쉬워진다." 그는 풀러 신학교의 강의에서도 기적을 동반하는 복음 전도가 가장 유효한 방법이라고 거듭거듭 외친다. 그러나 성경은 이 같은 가르침을 전적으로 부인한다. 이집트와 광야에서 하나님의 기적들을 체험한 대부분의 이스라엘 사람이 믿지 않았으며(히3:7-12), 예수 그리스도의 놀라운 기적들을 경험한 대부분의 사람들 역시 믿지 않았다(요6:66). 이런 거짓 교리를 주장하는 사람들은 표적과 기적의 목적을 제대로 이해하지 못하고 있다.

내가 만일 내 아버지의 일들을 행하지 아니하거든 나를 믿지 말려니와 내가 행하거든 너희가 나를 믿지 아니할지라도 그 일들은 믿으라. 그러면 아버지께서 내 안에 계시고 내가 그분 안에 있음을 너희가 알고 믿으리라, 하시니라(요10:37-38).

진실로 내가 너희 가운데서 모든 인내와 표적들과 이적들과 능한 행위들로 사도의 표적들을 행하였노라(고후12:12).

우리가 이렇게 큰 구원을 소홀히 여기면 어찌 피할 수 있으리요? 이 구원은 처음에 주께서 말씀하기 시작하신 것이요 그분의 말씀을 들은 자들이 우리에게 확증한 것인데 하나님께서도 자신의 뜻에 따라 표적들과 이적들과 다양한 기적들과 성령님의 선물들로 그들에 대하여 증언하셨느니라(히2:3-4).

이들은 또한 성경만으로 충분하며 그 안의 기적 및 표적들로 충분함을 부인한다.

진실로 예수님께서 자기 제자들 앞에서 이 책에 기록되지 않은 다른 표적들도 많이 행하셨으나 이것들을 기록함은 예수님께서 하나님의 아들 그리스도이심을 너희가 믿게 하려 함이요, 또 믿고 그분의 이름을 통해 생명을 얻게 하려 함이니라(요20:30-31).

이들은 또한 성경이 기적들에 대해 아주 평범하게 보여 주는 사실을 부인한다.

그분께서 그들에게 응답하여 이르시되, 악하고 음란한 세대가 표적을 구하나 대언자

요나의 표적 외에는 아무 표적도 그 세대에게 주지 아니하리라(마12:39).

그가 이르되, 아니니이다. 아버지 아브라함이여, 만일 어떤 사람이 죽은 자들로부터 그들에게 간다면 그들이 회개하리이다, 하니 그가 그에게 이르되, 그들이 모세와 대언자들의 말을 듣지 아니하면 비록 어떤 사람이 죽은 자들로부터 일어날지라도 그들이 설득되지 아니하리라, 하였느니라, 하시니라(눅16:30-31).

예수님께서 그에게 이르시되, 도마야, 너는 나를 보았으므로 믿었으나 보지 않고도 믿은 자들은 복이 있도다, 하시니라(요20:29).

우리가 너희에게 우리 주 예수 그리스도의 권능과 오심을 알려 줄 때에 교묘히 꾸며 낸 이야기들을 따르지 아니하였으며 우리는 그분의 위엄을 눈으로 본 자들이니라. 뛰어난 영광으로부터 이러한 음성이 그분께 나서 이르기를, 이 사람은 내 사랑하는 아들이라. 내가 그를 매우 기뻐하노라, 하실 때에 그분께서 하나님 아버지로부터 존귀와 영광을 받으셨느니라. 하늘로부터 나온 이 음성은 우리가 그분과 함께 거룩한 산에 있을 때에 들은 것이니라. 또한 우리에게는 더 확실한 대언의 말씀이 있으니 날이 새어 샛별이 너희 마음속에 떠오를 때까지 너희가 어두운 곳에서 비치는 빛을 대하듯 이 말씀에 주의를 기울이는 것이 잘하는 것이니라. 먼저 이것을 알라. 성경 기록의 대언은 결코 어떤 것도 사적인 해석에서 나지 아니하였나니 대언은 옛적에 사람의 뜻으로 말미암아 나오지 아니하였고 오직 하나님의 거룩한 사람들은 성령님께서 자기들을 움직이시는 대로 말하였느니라(벧후1:16-21).

(9.7) 이들은 성령님에 대한 거짓 교리를 가르친다.

이들은 성령님에 대해 크게 오해하고 있다. 주 예수님께서는 성령님의 역할이 무엇인지 분명하게 보여 주셨다.

그러나 그분 곧 진리의 영께서 오시면 너희를 모든 진리 가운데로 인도하시리니 그분은 스스로 말씀하지 아니하시고 무엇이든지 자기가 들을 것만을 말씀하시며 앞으로 일어날 일들을 너희에게 보이시리라. 그분께서 나를 영화롭게 하시리니 이는 그분께서 내게서 받아 그것을 너희에게 보이실 것이기 때문이라. 아버지께 있는 모든 것은 내 것이니라. 그러므로 내가 말하기를, 그분께서 내게서 가져다가 그것을 너희에게 보이시리라, 하였노라(요16:13-15).

<u>성령님은 결코 자신을 드러내지 않으며 자기에게로 사람을 모으지 않는다. 신약성경을 보면 사도들이 성령님께 기도하거나 경배 드리거나 성령님을 높이려 한 일이 없음을 누구라도 쉽게 알 수 있다.</u> 신약성경에서는 단 한 차례도 성령님께 기도했다는 예가 없다. 오직 성령님은 예수님을 드러내고 신자로 하여금 예수님께 집중하라고 말씀하신다. 그런데 웃음 부흥 지도자들은 예수님 대신에 성령님을 높이며 성령님께 기도하고 있다. 베니 힌 같은 엉터리 목사는「안녕하세요 성령님」같은 책에서 자신은 성령님께 기도하며 성령님을 구하고 있으며 성령님을 초청하고 있다고 주장한다.

10. 우리는 웃음 부흥이 종교통합을 추구하므로 이를 배격한다.

웃음 부흥의 큰 핵심 사항 가운데 하나는 종교통합이다. 그들은 교리를 무시하고 오직 사랑과 경험, 일치만을 강조한다. 1997년 11월호 「카리스마」에 따르면 웃음 부흥 선교사 하워드-브라운은 필라델피아에서 1200명의 천주교인들에게 웃음 현상을 가져다주었다고 보고했다. 그의 주도하에 천주교인들도 하나같이 히스테리성 웃음을 터뜨렸으며, 그 교회의 월시 사제(Vincent Walsh)는 자기 교회에서 웃음 부흥이 1994년에 시작되었다고 말했다.

한편 토론토 공항 교회의 아르놋 목사는 1998년 3월에 프랑스를 방문하여 프로테스탄트와 카톨릭의 종교통합을 조장했는데 아르놋이 주관한 회의에는 오순절주의자, 은사주의자, 프로테스탄트, 카톨릭 지도자들이 모였다(「카리스마」, 1998년 6월호). 토론토 공항 빈야드 교회의 경배와 찬양 지도자 중 하나는 루이스(David Ruis)인데 그는 빈야드 노래를 많이 만든 인물이다. 그가 작곡한 '(교단의) 담을 헐자'라는 노래는 종교통합을 추구하고 있으며 현재도 웃음 부흥에서 널리 애창되고 있다.

참으로 흥미 있는 것은 '웃음 부흥'의 목표가 '약속 이행자 운동'(Promise Keepers, PK, 한국의 아버지 학교)의 목표와 같다는 것이다. 다 아는 대로 PK의 가장 큰 목표 역시 종교통합으로, 이들은 심지어 몰몬교까지도 연합시키려 하고 있다. 하나님께서 성경을 주신 첫째 이유는 올바른 교리의 확립이다.

모든 성경 기록은 하나님의 영감으로 주신 것으로 교리와 책망과 바로잡음과 의로 교육하기에 유익하니 이것은 하나님의 사람이 완전하게 되어 모든 선한 일에 철저히 갖추어지게 하려 함이라(딤후3-16-17).

그런데 이들은 교리의 담을 헐고 참과 거짓이 하나 되는 일에 앞장서자고 말한다. 사도 바울은 디모데에게 교회의 일을 계속하라고 말하면서 교리적 차이를 가볍게 여기거나 무시하라고 말하지 않았다. 그는 사도들이 가르친 교리를 따르기에 힘쓰고 다른 교리를 가르치지 말라고 분명하게 말했다.

내가 마케도니아로 갈 때에 에베소에 여전히 머물 것을 내가 네게 간청하였나니 이것은 네가 어떤 사람에게 명하여 그들이 다른 교리를 가르치지 못하게 하며 꾸며 낸 이야기와 끝없는 족보에 주의를 기울이지 못하게 하려 함이었느니라. 이런 것들은 믿음 안에 있는바 하나님의 뜻대로 세워 주는 일보다 오히려 논쟁을 일으키나니 그렇게 할지니라(딤전1:3-4).

또 네가 많은 증인들 가운데서 내게 들은 것들 바로 그것들을 신실한 사람들에게 맡기라. 그들이 또한 다른 사람들을 가르칠 수 있으리라(딤후2:2).

하나님의 영을 가리키는 이름 중 하나는 '진리의 영'이다(요14:17; 15:26; 16:13; 요일4:6). 그분께서는 우리에게 임하실 때 진리를 동반하신다. '웃음 부흥'이 하나님으로부터 난 것이 아님을 보여 주는 명백한 증거는 이것을 추구하는 사람들이 교리와 진리를 무시한다는 점이다. '웃음 부흥'을 경험하는 사람들이 아주 능력 있는 종교적 체험을 할지도 모르며 윤리적으로나 종교적으로 더 좋은 사람이 될지도 모른다. 또한 그들은 자기들이 하나님께 좀 더 가까이 가고 있다고 느낄지 모른다. 그러나 그들은 하나님이 혼동과 혼란의 창시자가 아님을 분명히 깨달아야 할 것이다.

18장

알파코스

 빈야드 운동, 웃음 부흥 등으로 많은 사람들을 유혹하던 오순절 은사주의의 영은 국내외에서 많은 저항을 받게 되었고 이를 피하기 위해 이번에는 성경 공부라는 방식을 채택해서 주말에 사람들을 모아 소위 '성령 체험'이라는 것을 하게 하고 있다. 이 성경 공부 코스가 바로 알파코스이다. 영어로는 'Alpha course'인데 이제는 'Alpha curse' 즉 '알파저주'가 되고 말았다.
 국내에서도 교회 성장에 눈이 먼 많은 목사들이 무분별하게 이 코스를 도입하여 예수 그리스도의 교회를 저질로 변질되게 하고 있다. 아니 어쩌면 이것은 아예 처음부터 예수님이 없는 코스라고 하는 것이 맞을지도 모른다. 그 안의 예수와 성령은 성경의 예수님과 성령님과 판이하게 다르다. 곳곳에서 너무나 많은 성도들이 알파코스의 희생 제물이 되고 있다. 따라서 우리는 알파코스가 무엇인지 제대로 파악하고 여기에 대처해야 한다. 양들을 잘 돌보라고 부름을 받은 목사들이 잠잠하면 누가 외치겠는가?

알파코스 개관

 알파코스를 비판하기 전에 이 프로그램이 무엇인지 정확히 아는 것이 중요하므로 먼저 한국에서 알파코스를 주관하는 알파코리아의 웹사이트에서 그들이 알파코스에 대해 무어라 정의를 내리는지 살펴보았다. 독자들의 이해를 돕기 위해 소제목 1과 2의 내용은 알파코리아가 소개한 것을 그대로 적었다(www.alphakorea.org).

1. 알파코스란?(알파코리아의 정의)

 알파코스는 전 세계에서 가장 신뢰받는 여론조사기관인 갤럽의 조지 갤럽 총재가 지난 50년 동안 모든 사역 중 가장 파워풀하고 효과적이라고 말한 프로그램으로, 한국에서도 2006년 2,700여 교회가 적용하여 이동 성장이 아닌 잃어버린 영혼을 찾는 벅찬 감격과 행복으로 회심성장과 섬김의 기쁨을 경험하고 있습니다.
 알파코스는 1976년 영국의 성공회 교회인 HTB(Holy Trinity Brompton) 교회에서 찰스 만함(Charles Marnham) 신부에 의해서 시작되었습니다. 당시의 영국 교회 상황은 주5일 근무제가 도입되고 놀이문화가 확산되면서 가정이 급격히 파괴되었으며 교회는 썰물처럼 성도들이 빠져 나갔습니다.
 당시 영국에는 사역자가 30,000여명이 있었는데 무속인은 80,000명이나 되는 영적인 어둠이 찾아왔습니다(현재 한국은 사역자를 10만여 명으로 볼 때 정부에 등록된 무속인은 30만 명 이상임). 교회에는 습관적으로 드나드는 노인들과 예수님을 인격적으로 만났거나, 성령의 임재를 체험한 젊은이들만 남아 있었습니다. 특히 17세에서 30세까지의 젊은이들은 80%가 교회를 떠났다고 합니다. 떠나는 젊은이들이 남긴 말을 두 가지로 요약할 수 있습니다.

- 하나님의 사랑을 말로 하지 말고 보여 달라.
- 하나님의 존재를 증명해 달라.

어떻게 하면 이 두 가지 말을 충족시킬 수 있을까를 고민 하면서 신약 성경의 전도 원리를 찾아 지난 30여 년간 끊임없이 보완 발전되어 오늘의 알파코스가 되었습니다.

처음 시작한 찰스 만함 신부는 불신자들을 자기 집으로 초대해서 비공식적이고 편안한 분위기에서 저녁식사를 함께 하고 한 시간 동안 이야기(Talk-이하 토크)를 하고, 한 시간 동안은 토크에 대한 의문을 토론하는 시간으로 4주 동안 예수, 성경, 기도, 확신이라는 주제로 진행했는데, 참석자들이 너무 좋은 반응을 보였습니다. 현대인은 설득 당하기보다는 자기가 가진 의문이 해소되었을 때 모임 속에 머문다는 것을 깨닫게 되었습니다.

이후 5년 동안 지속하다가 1981년 존 어바인(John Irvine) 신부가 뒤를 이어 맡게 되었고 존 어바인 신부는 때마침 영국에서 도입된 주5일 근무제가 위기일까 기회일까를 고민하다가 이를 기회로 판단하여, 기존의 4주 과정인 알파코스를 10주 과정으로 확대하는 책임을 맡았으며, 주말 수양회(Weekend Program)로 성령의 날을 만들었습니다. 알파코스에 참석한 사람들은 금요일 저녁에 출발하여 주일 오후 예배에 도착하도록 하며 주말 수양회 기간 동안 다음의 토크를 듣습니다.

- 성령님은 누구신가?
- 성령님은 무슨 일을 하시는가?
- 어떻게 성령으로 충만할 수 있는가?
- 어떻게 남은 삶을 최대한 선용할 수 있을까?

이런 주제 토크를 듣고 그 동안 예수님에 대하여 배우고 이해된 논리가 성령의 도우심(Touch)을 통하여 예수님을 인격적으로 만나, 주 되심을 고백하고, 방언 등 은사를 체험하는 은혜의 충격이 있는 주말 수양회가 더해져서 현재의 알파코스의 골격을 갖추게 되었습니다.

알파코스는 1985년 니키 리(Nicky Lee)가 맡아 더욱 체계화시켰고 규모화 시키는 축복이 있었습니다.

그 이후 알파코스는 니키 리의 절친한 동료인 니키 검블(Nicky Gumbel)이 HTB 교회에 부임하면서 더욱 발전하게 되었습니다.(니키 검블은 캠브리지에서 법률공부를 할 때 니키 리의 룸메이트였고, 니키 리의 전도를 통해 그리스도인이 되었으며 대학 졸업 후 니키 검블은 변호사로 5년간 일한 뒤 옥스퍼드에서 신학을 하고 HTB 교회 부임) 니키 리는 니키 검블이 HTB 교회에 부임하자, 본인은 깨어져 가는 가정을 회복하는 데 생애를 바쳐 가정 사역(결혼 알파 -Marriage Alpha)에 전념하겠다면서,

니키 검블에게 알파코스를 맡기게 되고 니키 검블이 알파코스를 맡으면서 자료도 재정립하고 체계화하여 전 세계로 확산되었으며 현재 150여 개국에서 잃어버린 영혼을 찾는 데에 탁월한 도구로 사용되고 있습니다.[1]

2. 알파코스의 실제(알파코리아의 정의)

- 주제 성구는 골로새서 3장 23-24절이다. 알파(Alpha)는 다음을 뜻한다.

    A: Anyone can come(누구든지 올 수 있습니다: 모두 환영의 의미)
    L: Learning and Laughter(웃으면서 재미있게 배웁니다: 마음 열기의 의미)
    P: Pasta(음식을 함께 먹습니다: 환영의 의미)
    H: Helping One Another(서로 섬기면서 돕습니다: 격려의 의미)
    A: Ask Anything(무엇이든지 물어 볼 수 있습니다: 인정의 의미)

- 알파코스는 15개의 코트로 구성된 10주간의 코스이다.

    1주 예수님은 누구신가?
    2주 예수님은 왜 돌아가셨는가?
    3주 어떻게 나의 믿음을 확신할 수 있는가?
    4주 왜 그리고 어떻게 성경을 읽어야 하는가?
    5주 왜 그리고 어떻게 기도해야 하는가?
    6주 하나님은 어떻게 우리를 인도하시는가?
    - 주말 수양회
    - 성령님은 누구신가?
    - 성령님은 무슨 일을 하시는가?
    - 어떻게 성령으로 충만할 수 있는가?
    - 어떻게 남은 삶을 최대한 선용할 수 있는가?
    7주 어떻게 악에 대항할 수 있는가?
    8주 왜 그리고 어떻게 전도해야 하는가?
    9주 하나님은 오늘도 치유하시는가?
    10주 교회란 무엇인가?
    - 축하만찬(수료식 및 불신자 초대만찬)
    - 기독교 지루하고 거짓말 같고 나와는 상관이 없는가?

- 알파코스는 위에 있는 15개의 주제 토크를 가지고 매주 한 번 모임을 갖는다.

    이 모임에서는 먼저 참석자(게스트)들과 함께 식사를 나누고 재미있는 이야기로 따뜻하고 열린 분위기 속에서 환영하며, 함께 찬양을 한 후, 그날의 주제 토크를

---

[1] 13장 '왜 토론토 축복인가?'는 알파코스의 니키 검블이 홀리트리니티 브롬튼(HTB) 교회에서 어떻게 빈야드 사역과 토론토 축복 사역을 했는지를 자세히 보여 준다. 이 내용을 알아야 알파코스 집회에서 나타나는 현상들이 빈야드 사역과 토론토 축복의 것들과 같은 이유를 잘 이해할 수 있다. 알파코스는 실제로 이름만 바꾼 빈야드 사역이다.

함께 듣는다. 토크가 끝나면 잠시 차와 간식을 나눈 후, 소그룹 모임에서 토크에서 나온 주제들을 가지고 함께 이야기한다. 여기서는 무엇이든지 질문하고 이야기하며 의문을 해소할 수 있다. 이 과정 중에 합리적인 복음의 논리가 정돈되고, 강력한 성령의 임재를 체험하며, 소그룹에서 의문이 해소되어, 생동감 있는 신자로 태어나게 된다. 이를 통하여 전 세계가 문화와 빈부와 학력의 차이 없이 80% 이상이 교회에 정착하게 된다. 수료식인 축하 만찬에는 주변에 있는 불신자를 초청해서 끊임없이 확대 재생산되는 감동이 있다.

- 주말 수양회는 알파코스 중에서 가장 중요한 부분이다(밑줄은 역자가 침).

주말 수양회는 알파코스에 참가한 사람들 각 개인의 삶 속에 역사하시는 성령에 대해 가르치는 시간이다. 사람들은 편안한 환경 속에서 긴장을 풀게 되고, 서로간의 장벽을 허물기 시작한다. 하나님께서는 그의 성령을 보내 달라는 우리의 요구를 귀하게 여기신다. 그 결과 사람들의 삶에 심오한 변화가 생긴다. 사람들은 오직 성령의 사역을 통해서만 그들의 삶을 그리스도에게 드리고, 성령으로 충만하며, 예수님을 영접하고, 자신의 친구들을 다음 번 알파코스에 초대할 수 있게 된다. 알파코스 전체를 합친 것보다 더 많은 영적인 진전이 주말 수양회 동안에 이루어진다 (밑줄은 역자가 침).

3. 알파코스의 핵심

알파코리아의 알파코스 소개를 보면 겉으로는 큰 문제가 없는 것처럼 보인다. 그런데 주의 깊게 알파코스의 실제를 살펴보면 위에서 밑줄을 그은 '다음과 같은 문구'를 보게 된다.

- 주말 수양회는 알파코스 중에서 가장 중요한 부분이다.
- 알파코스 전체를 합친 것보다 더 많은 영적인 진전이 주말 수양회 동안에 이루어진다.

이를 통해 알 수 있듯이 알파코스의 핵심은 그들 스스로가 밝힌 것처럼 주말 수양회의 성령 체험이다. 그들은 분명하게 "알파코스 전체를 합친 것보다 더 많은 영적인 진전이 주말 수양회 동안에 이루어진다."고 말한다.

4. 성령 주말과 성령 사역

알파코스의 결정적인 요소인 '성령 주말' 시간에는 성령에 관한 일반적인 가르침과 함께 초자연적인 은사들에 관한 많은 부분이 다뤄진다. 알파코스에서는 '성령 충만'이 '안수 사역'을 통해 이루어진다고 말한다. 검불의 말을 들어보면 이와 같다.

누군가를 위해서 기도할 때 우리는 그를 마주본다. 만약 그들이 반대하지 않는다면 우리는 그들의 머리에 손을 얹는다. 그리고 나서 우리의 눈을 뜨고서 성령께서 임재하시기를 간구한다. 성령께서 역사하시는 증거들을 우리 눈으로 보게 될 때 우리는 성령을 받아들인다. 그리고 우리는 하나님의 계속되는 인도를 기다리면서 하나님을 받들어 섬긴다(「다른 이들에게 말하라」, *Telling Others*, The Alpha Initiative(Eastbourne: Kingsway), 1994, p.129).

이 사역에는 보통 두 세 사람이 참여하는데 이들은 성령의 지도를 받는 것이 아니라 오히려 성령을 지배하는 것처럼 보인다. 검블은 이렇게 주장한다.

우리는 아무것도 일어나지 않을 가능성은 전혀 없다고 확신한다(동일문서, p.130).

'성령 주말'의 목적은 다음의 글에서 좀 더 분명하게 나타난다.

알파코스의 주말 모임에서 우리는 때때로 사람들이 방언의 은사를 받도록 하기 위해 기도한다. 그것이 방언이 가장 중요한 은사이기 때문이 아니다. 알파코스는 새 신자 운동이며 방언의 은사는 새 신자의 은사이다. 방언은 그리스도인의 표식도 아니고 성령 충만에 꼭 필요한 상징도 아니다. 방언의 은사는 당신을 영적 엘리트로 격상시키지도 않으며 꼭 방언을 말해야 할 필요가 있지도 않다. 그러나 성경과 경험을 통해서 볼 때 때때로 그것은 신자들이 받게 되는 성령의 초자연적인 첫째 뚜렷한 은사임이 분명하다(동일문서, p.129).

그는 분명히 "알파코스는 새 신자 운동이며 방언의 은사는 새 신자의 은사이다."라고 말한다. 이 말을 부인하는 사람들이 더러 있음에도 불구하고 이것은 그들의 핵심 주장이다. 검블의 말을 들어 보면 이것이 그들의 핵심 주장임이 드러난다.

신약 성경을 이해해 볼 때 방언은 모든 그리스도인에게 필수적인 것이며 따라서 우리는 사람들이 방언의 은사를 받도록 하기 위해 큰 확신을 가지고 기도할 수 있다(동일문서, p.129-130).

그러면 검블은 어떻게 사람들이 '방언의 은사'를 받게 할까?

사람들이 방언을 받도록 그들을 위해 기도할 때 나는 가장 큰 장벽을 발견했는데 그것은 심리적인 것이다. 그 장벽은 첫 마디(방언)를 함으로써 극복된다. 일단 그 사람이 첫 마디 방언을 하게 되면 그다음은 아주 자연스럽게 이어진다. 사람들로 하여금 이 장벽을 극복하도록 하기 위해 나는 그 어려움을 설명하고 다음과 같이 제안한다. 그들이 나의 기도나 혹은 다른 사람들의 방언 기도를 따라서 그대로 하라는 것이다. 그들이 일단 첫 마디를 시작하게 되면 그다음에는 그들 혼자서도 자연스럽게 자신들의 말로써 기도하게 된다.

그러나 이런 절차는 소위 '학습방언'으로 알려진 잘못된 것이다. 만약 '방언의 은사'가 진정으로 성령님의 은사로서 초자연적인 것이라면 왜 어떤 단순한 심리적 장벽이 첫째 문제가 되는가? '첫 마디가 이루어지면'이라는 말은 분명히 '모방'이다. "그다음은 아주 자연스럽게 이어진다."고 했지만 사실상 그것은 자연스럽지 않게 이어지지 않은 것이다.

알파코스의 지도자 훈련 교범에는 "사람들이 다른 언어로 말하도록 그들을 격려하고 그들 스스로 그렇게 할 수 있다고 말하게 하라."는 내용이 있다. 알파코스의 이런 방법론은 자기 암시, 모방, 감정적인 압박 등을 따르는 지극히 불건전한 것이다.

초자연적인 '병 고침'과 '지식의 말씀'에 대한 검블의 가르침에도 이와 유사한 것들이 나타난다(동일문서, p.136). 결론적으로 알파코스의 성령 사역에 대해 검블은 이렇게 결론을 내린다.

> 알파코스에서 성령 사역은 핵심적이다. 그것이 없다면 사실 알파코스라고 할 수 없을 것이다(동일문서, p.138).

국내 알파코스의 주말 수양회 현상들

그러면 국내에서 이루어지는 알파코스의 주말 수양회에서는 어떤 일이 일어나는가? 다음은 알파코스를 체험한 성도들의 의견이다. 여기에서 공통적인 요소들을 찾아내면 그들의 주말 수양회에서 어떤 일이 일어나는지 알 수 있다. 여기에서 밝히는 것들은 실제로 일어난 일들이므로 누구도 반박할 수 없을 것이다.

A 성도

저는 인천의 ○○교회 장로입니다. 저의 교회는 중형 교회로서 성도 수는 200명 남짓 됩니다. 저의 교회 목사님께서 작년에 미국에 다녀오신 후 알파 프로그램이 미국 등 많은 나라에서 강력한 전도 프로그램으로 쓰이니 교회에 도입하자고 하여 알파코스를 시작하였습니다.

그 후 알파 교육이 시작되었는데 우리 성도들이 알파코스 성령체험 집회에 다녀와서 여러 가지 좋지 않은 현상이 나타나고 있습니다. 성령체험 집회는 알파코스 강사들이 인도하는데 그들은 참가자들을 성령 치유한다고 하며 안수하여 쓰러뜨리기도 하고 성령 터널이란 것을 만들어 참가자들을 쓰러뜨리기도 하며 아말감 이빨이나 은 이빨이 금이빨로 변화하는 표적도 일으키곤 하였습니다.[2] 금이빨로 변화하였다고 금이빨을 보여 주는 성도가 생기니 교회가 매우 술렁였습니다.

대체로 이 집회를 다녀와서 두 가지 반응을 보이는데 여기에 아주 매혹되는 성도들도 있고 다른 분들은 매우 부정적으로 생각합니다. 성령의 역사 같지 않은 부분들이 있다는 것입니다. 그래서 알파코스를 진행하는 과정에서 찬반이 갈리고 요즘 성도들 간에 의견이 분분하며 어떤 성도들은 이것을 계속하면 교회를 나가겠다고 합니다.

우리 목사님은 매우 강경하게 이 프로그램을 밀고 나가면서 목적은 영혼 구원 전도이며 G12 교회로 가서 이것을 선교에 접목시키겠다고 합니다. 저와 다른 안수집사들은 이러지도 못하고 저러지도 못하는 상황입니다. 알파코스에는 쓰러뜨리는 것이 있습니다. 어떤 성도 이야기에 의하면 이것은 빈야드 운동으로 교단에서 금지한 것이라고 하는데 맞는 말입니까? 금이빨 변화도 상당히 신비주의적인 것 같은데 저는 왜 성령님께서 이런 사역을 하실까 매우 의아합니다. 차라리 금이빨이 아니라 칼슘 덩어리인 생 이빨로 주시는 것이 진짜 하나님의 표적인 것 같은 생각이 들기도 합니다.

알파코스를 통해서만 이처럼 강력한 성령이 나타나나요? 성경적인 지식도 별로

---

[2] 금이빨 변화에 대해서는 유튜브에서 'Florida Outpouring – Gold teeth'라고 치면 토드 벤틀리라는 사탄의 사자가 금이빨 변화 쇼를 하는 것을 볼 수 있다. 또한 'Gold Teeth Miracles 1 of 3'을 치면 빈야드 운동의 진원지 토론토 공항 교회 존 아르놋 목사의 금이빨 변화 쇼를 볼 수 있다. 이 외에도 'Gold teeth'를 치면 다른 곳에서의 쇼도 볼 수 있다.

없고 여러 가지로 정리가 안 된 가운데 문의를 드립니다.

B 성도

저는 대한 예수교 장로회 ○○ 교단에 소속되어 있는 교회의 집사입니다. 최근 들어 국내에서 알파코스라는 것이 대대적으로 홍보되고 있습니다. 우리 교회에서도 이것을 시행하고 있습니다. 이 프로그램을 실시하면서 교회 분위기가 180도 싹 바뀐 것을 봅니다.

예전에는 '성령 충만', '성령 충만'하더니 요즈음에는 '기름부음', '기름부음' 합니다. '말씀', '말씀'하더니 요즈음에는 '치유', '치유'합니다. '십자가', '십자가' 하더니 요즈음에는 '성공', '성공' 합니다. 안수가 다반사로 있습니다. 수양관에 가서 집회하는 횟수가 잦아졌습니다. 예배 처소의 인테리어가 싹 바뀌었고 무지개 표상도 있는데 어떤 이는 그것이 뉴에이지 표상이라고 합니다. 예배를 위한 음향 기기가 최신식으로 바뀌더니 찬양의 음향 볼륨이 귀가 멍할 정도로 높아졌습니다. 방언 받기를 사모하라고 합니다. 아픈 사람 나오라고 하여 쓰러뜨리는데 그러면 쓰러지면서 이상한 소리를 지르기도 합니다. 청소년 수련회에는 방언 받은 아이들이 속출하고 그 아이들이 믿음의 영웅인양 칭찬됩니다.

성령치유 세미나에 갔다 온 어떤 교인은 아말감 이빨이 금이빨로 변하였다고 하며 한쪽 팔이 짧았는데 똑같아졌다고 간증도합니다. 목사님은 가계의 조상들의 나쁜 유전이 있으면 써 내라고 하며 마귀가 사로잡고 있는 이 유전을 쫓아내야 한다고 말합니다. 기존의 남전도회 여전도회 조직이 싹 바뀌었습니다. 목사님은 기도하면서 하나님으로부터 받은 말씀이라면서 성도들에게 빈번히 전합니다. 그리고 입신하여 받은 이상을 말하기도 합니다. 예전에는 안 그랬는데 알파코스를 시작하면서 이렇게 변하는군요.

이 프로그램은 우리 교단에서 인정하는 프로그램이라고 하는데 맞는가요? 어떤 분들은 이것이 이단으로 규정된 빈야드 운동을 실행하는 프로그램이라고 하는데 맞는가요? 이단들이 부흥하는 이유는 방언, 예언, 각종 표적, 리더에게 강력한 사도적 카리스마를 부여하는 것 그리고 신유의 은사를 가진 리더가 병 고침을 집중 추구하는 것 때문이라고 하던데요. 알파코스도 이러한 현상들을 비성경적으로 추구한다는데 사실인가요? 부흥에 목말라 있는 중소형교회들이 혹은 대형교회를 갈망하는 중형 교회들이 이래서 이단들과 추구하는 것과 비슷한 방향으로 흘러가는 것이라면 정말 두렵습니다.

도대체 어찌해야 합니까? 우리 교회가 왜 이렇게 변해버리는가요? 알파코스가 없으면 한국 교회는 영영 부흥의 희망이 없습니까? 답답하여 이렇게 두서없이 써 보았습니다.

C 성도

교회 성장을 꾀하기 위하여 현재 한국 교회들에 유행처럼 불어 닥치고 있는 것은 '보여 주는 이벤트성 프로그램들'이다. 이러한 프로그램들의 대표적인 예가 알파코스와 뜨레스디아스라고 할 수 있다.

알파코스의 주요 포인트는 초신자를 감동시키기 위한 '외양적 보임'에 의한 이벤트성 섬김과 성령의 표적을 보여 주는 것이다. 이러한 프로그램의 근원이 카톨릭 교회인 것은 차치하고라도 이러한 이벤트성 섬김과 표적이 참으로 성경적이냐 하는 문제를 논의하여야 할 것이다. 물론 이벤트성 섬김은 받아들이는 사람 – 초신자 및 불신자 – 의 즉흥적 감동을 불러일으킬 수는 있을 것이다. 그러나 이벤트성 섬김이 그리스도의 참 희생을 깨닫게 하는 것으로 이끌지는 않을 것이다.

둘째로 문제가 되는 것은 성령의 역사를 전시적 보여 줌의 방법을 통해 하나님의 실체로 드러내려 한다는 것이다. 무언가 큰 역사를 보여 줌으로써 부흥을 꾀하려는 의도는 은사주의 – 오순절주의 – 교회들이 지향하는 바이다. 실제로 한국의 ○○교회 같은 은사주의 교회가 이러한 보여 줌을 추구함으로써 양적인 성장을 일궈냈으며, 한국의 많은 개신교회가 기존의 개혁적 교리를 버리고 이러한 교회의 경향에 동참하고 있다. 알파코스는 이러한 시류에 맞도록 짜 놓은 '은사주의적이며 이벤트 중심의 보여 주는 것의 대표적인 프로그램으로서 천주교와 성공회 그리고 은사주의를 추구하면서 천주교에 친화적인 리더들의 적극적인 옹호와 물량적인 지지를 기반으로 세계적으로 확산 일로에 있다.

알파코스의 클라이맥스는 주말 수양회를 통하여 성령 세례를 받게 하고 성령의 표적들을 전시적으로 보이면서 하나님(성령)의 존재를 체험하게 하는 것이다. 사역자들은 여기에 사역의 성패가 달려 있다고 보고 전력을 질주한다. 주말 수양회에서 참여 교회들은 교인들의 기존의 개혁적 체질을 오순절주의 체질로 변화시키겠다고 생각한다. 즉 성령론에 대한 기존의 교리를 180도 전환하려 하고 있다. 교리의 혁명이라고 할 수 있다. 알파코스의 주말 수양회와 관련된 일과 거기서 나타나는 현상을 대략적으로 살펴보면 다음과 같다.

1. 교회에서 멀리 떨어진 수양관을 집회 장소로 선택한다.
2. 가능한 한 교회의 모든 음향 시설을 동원하여 찬양의 극치를 조성하고 감정의 흥기를 고무한다.
3. 이미 예수님을 영접하고 세례를 받았다 하더라도 성령세례를 다시 한 번 받아야 능력 있는 그리스도인이 된다고 한다.
4. 집회 시 방언 등을 격려한다. 방언 따라 하기도 실시된다.
5. 가계의 저주를 끊는 축사를 실시한다.
6. 집회 참석자를 나오게 하거나 있는 자리에서 선 채로 쓰러뜨린다. 또 성령 터널을 만들어 터널을 지나면서 쓰러지게도 한다.
7. 쓰러진 자들은 소리를 지르고 떨고 울고 뒹굴기도 한다. 실신하기도 한다.
8. 아말감 이빨을 금이빨로 은 이빨이나 금이빨을 백금이빨로 변화시키는 일을 한다.
9. 짝짝이 팔과 다리를 교정시키는 일을 한다.
10. 목사의 예언과 입신에 대해서도 자연스러운 것으로 언급한다.
11. 안수를 조심스럽게 취급하지 않는다.
12. 인도자(목사)가 특정한 병을 명명하며 그 병이 나았음을 선포한다.

13. 목사의 사도적 권위를 내세우며 목사의 안수를 통하여 성령이 임하게 한다.
14. 이외에도 감성적이며 무속적 현상들을 나타낸다.[3]

알파코스의 기원과 성향을 면밀히 분석한 결과 알파코스는 빈야드 운동과 합력하는 것으로 결론 내릴 수 있다. 알파코스와 빈야드 운동가들이 긴밀히 협력한 증거는 알파코스의 주말 수양회에서 실시되고 있는 것을 보면 알 수가 있다. 이러한 빈야드 운동은 곧 '신(新) 사도 운동'과 상통함을 갖는다. 신 사도 운동은 오늘날에도 목사들이 사도들과 같은 권위를 가지고 각종 표적을 실시한다고 믿는 것이다.

미국과 캐나다의 빈야드 운동 교회들은 대부분 알파코스를 적극 실시하고 있다. 빈야드 운동은 우리 개신교 교단들 대부분이 이단성이 있는 것으로 결론지었으며 도입을 금지하고 있다. 그러나 아무리 교단이 이러한 발표를 하였다 하더라도 교회들은 이런 지침을 무시하고 있다.

D 성도

저도 알파코스에 대하여 아무것도 알지 못하던 터에 갑자기 우리 교회에서 알파코스를 시작한다기에 여러 채널을 통하여 알아보았으나 국내 자료가 너무 없던 관계로 미국의 지인으로부터 여러 자료를 입수하여 나름대로 분석하여 보았습니다. 그리고 알파코스에 대하여 주요한 몇 가지를 다음과 같이 요약하여 봅니다.

1. 알파코스는 성령 체험과 표징을 강조하는 은사주의 운동이다.
2. 알파코스는 빈야드 운동과 합력 사역을 한다.
3. 빈야드 운동은 비성경적인 이유 때문에 정통 교단으로부터 이단 결정 판결을 받은 바 있다.
4. 알파코스의 철학과 원리 속에는 천주교 인정, 동성애와 간음죄의 묵과, 진화론 지지, 뉴에이지 사상 등이 내포되어 있다고 비평서들은 언급한다.
5. 알파코스와 빈야드 운동은 동일하게 금이빨 변화와 같은 극단적인 신비주의를 채택한다. 금이빨 변화 현상은 남미에서 시작되었는데 이것을 빈야드 운동가들이 도입하여 실시하였다. 그런데 미국과 영국에서는 이러한 신비주의 추구에 대해 거센 반론이 있었고 금이빨 변화에 대한 사기성이 드러난 예도 수다하게 보도된 바 있다. 금이빨 변화뿐만 아니라 금가루 안수도 하는데 이것도 수거하여 분석해 보니 비닐 성분으로 밝혀진 사례도 있다.
6. 알파코스와 빈야드 운동은 감정의 (최면적) 분출 현상(쓰러짐, 통곡, 토함, 낄낄거림, 실신 등)을 조장하고 이러한 현상들을 성령의 치유라 일컫는다. 쓰러지는 현상에서는 성도 자신이 집회 중 자복해서 쓰러지는 것이 아니라 집회 참여자들을 나오게 하여 쓰러뜨리는 것이다.
7. 국내 알파코스에서는 가계 저주론을 필독서로 읽게 한다. 이것은 모든 병과

---

[3] 유튜브(www.youtube.com)에서 'The Holy Ghost Visits Korea'를 치면 국내에서 이루어지는 '임파테이션' 현상을 볼 수 있고 'Laughter in the Holy Ghost (South Korea)'를 치면 웃음 부흥을 볼 수 있다.

속박을 유전적으로 흐르는 사탄의 역사로 보고 귀신을 몰아내기 위한 축사 사역의 전지 작업이다. 국내 교단의 한 이단 대책 위원회는 가계 저주론에 이단성이 있는 것으로 보고 도입을 금지하는 판결을 내린 바 있다.
8. 알파코스의 강사들과 이사진들은 전부 빈야드 운동의 실천가들이라 볼 수 있다. 그들은 대부분 방언, 쓰러뜨림, 금이빨 변화 등 신비주의와 성령의 표징을 추구한다.
9. 알파코스를 도입한 교회들의 기존 교인들이 신앙적으로 양심의 문제를 일으키고 있는데도 불구하고 '성령을 거스르지 말라.'고 하며 목회자들의 강행 속에 무비판적으로 넘어가고 있다.
10. 알파코스를 도입하는 교회는 대부분 G12를 접속 프로그램으로 도입하며 이로써 부흥한 교회들을 모델로 제시하며 홍보한다.

알파코스에 대하여 좀 더 상세한 자료들을 보려면 아래 사이트를 방문하기 바란다.
1. www.bayith.org
2. www.google.com에서 다음과 같은 검색어를 넣으세요. 'alpha course and vineyard', 'alpha course', 'alpha course and heresy', 'divine dentistry'(금이빨), 'gold filling', 'vineyard movement', 'Toronto blessing' 등.
3. www.chptp.org

알파코스의 정체 확인

위에서도 언급했듯이 알파코스가 한국에서 논란에 휩싸인 것은 알파코스의 집회에서 일어나는 은사주의 현상 때문이다. 성령 수양회 혹은 '인카운터'라는 이름으로 알파코스의 과정 중 실시하는 집회에서 나오는 현상들은 빈야드 운동에서 나오는 것들과 일치하였다: 입신이라고 하는 쓰러짐, 방언, 가계의 저주 끊기, 악령 몰아내기, 즉석 치료(팔다리 늘이기 등), 성령 터널, 괴성 지르기, 통곡, 금이빨 변화 등등.

알파코스의 교본에는 이런 것을 하라는 내용이 없지만 이 코스의 필수 과정인 성령 주말 수양회라는 것은 성령을 체험해야 하는 시간이다. 이 짧은 시간 중 어떻게 성령을 체험할 것인가? 성령 수양회라는 것이 요란한 음악으로 성령을 불러내고 여러 가지 심리적 암시적 언사로서 성도들의 감정을 최고조로 흥분시킨 가운데 성령을 체험하게 하려는 인위적 집회라고 한다면 지나친 말인가? 하나님의 영은 사람들이 요란하게 불러내면 오고 또 요란한 몸동작과 이상한 행동을 유발하며 괴이한 기적을 연출하는 분인가?

실제로 알파코스에 대한 외국 비평 문헌을 보면 하나같이 이 코스가 토론토 공항 교회의 빈야드 운동과 빈야드 운동의 창시자인 윔버라는 인물과 관계를 맺고 있음을 보여 준다. 알파코스가 생긴 영국 홀리트리니트 브롬튼(HTB) 성공회 교회 자체가 은사주의 교회로 알려져 있으며 알파코스의 대부라 하는 HTB 교회 주교 샌디 밀라가 토론토 공항 교회와 매우 밀접한 교류를 해 온 것을 어떻게 설명하겠는가?

알파코스를 하면서 교회와 성도들이 은사주의 요소들에 젖어가는 것은 부정할 수 없는 사실이기에 알파코스가 은사주의를 조장하지 않는다는 말은 사실과 다르다. 따라서 우리는 알파코스의 핵심이 표적과 이적을 추구하는 오순절 은사주의라고 결론을 내릴 수밖에 없다.[4]

알파코스에 대한 결론

많은 교회와 그리스도인들이 참가하고 있는 어떤 프로그램을 비판하는 일은 쉽지 않으며 유쾌하지도 않다. 그럼에도 불구하고 진리의 영과 오류의 영을 구별하기 위해 바르지 않은 것을 비판하고 확고한 결론을 내려야 한다.[5]

1. 알파코스는 육을 만족시키는 인간의 프로그램이다.

알파코스는 복음을 전하는 방법을 인간의 지성에 의해 상투적인 것으로 만들어 고정화시키고 이것을 전 세계에 프랜차이즈 방식으로 전파하는 프로그램이다. 프로그램은 단지 프로그램일 뿐이며 그것 자체가 복음을 압도할 수는 없다. 그렇기 때문에 그 안에 인위적 요소가 개입할 수도 있으며 인간적인 편견과 오류가 있을 수 있다는 것을 인정해야 한다.

기독교 2000년의 역사를 살펴보면 어떤 프로그램이 주도하여 복음을 전파한 적은 단 한 번도 없었다. 우리 신앙의 선배들은 단지 예수님께서 가르쳐 주신 말씀 하나만 가지고 온 땅에 복음의 씨앗을 뿌렸다. 알파코스에 입각하여 복음을 전파하려는 사역자는 알파코스라는 매뉴얼을 성경 옆에 꼭 같이 놓아야 한다. 이것은 알파코스 매뉴얼에 복음에 상당하는 권위를 부여하는 것이다. 그런데 알파코스의 정형이 조그만 오류를 가지고 있다면 이것은 큰 일이 아닐 수 없다. 그러므로 우리는 이러한 프로그램에 대해 매우 유의하여야 하며 이를 위해 비판을 하지 않을 수 없다.

알파코스를 비판하는 것은 하나님의 일을 방해하기 위함이 아니라 하나님의 의를 바로 세우기 위함이다. 누군가가 알파코스를 비판하는 것은 성령님의 일을 방해하는 것이라고 말한다면 그것은 알파코스를 신격화하는 발언이며 교만의 극치에서 나온

---

4) 국내에서 알파코스에 대한 자료들은 다음 사이트에서 볼 수 있다.
http://blog.daum.net/alphacourse, http://blog.daum.net/cayman11
http://cafe.naver.com/areobago, http://cafe.daum.net/yangmooryvillage
다음의 두 글은 일목요연하게 알파코스의 문제들을 잘 다루고 있다.
http://blog.daum.net/ohnyou2001/16128755
http://blog.daum.net/alphacourse/11296505

5) 이 글에서는 알파코스의 교리 면에서의 오류들을 다루지 않았다. 네이버, 다음 등에서 '알파코스'를 치면 알파코스의 이단성을 논하는 자료들이 많다. 또 이번 장의 각주 4에 있는 사이트들은 이런 것들을 모두 모아 잘 정리해 놓았다. 여기서 필자는 알파코스가 시작부터 빈야드 운동, 토론토 축복과 연결되어 있었으므로 같은 영에 의해 지배를 받으며 따라서 이런 운동들이 모두 동일한 신비주의 현상들을 보이는 것을 보여 주려 하였다. 여기 결론 부분은 이름을 밝히기를 원치 않는 성도의 글을 중심으로 필자가 정리한 것이다.

것이다. 알파코스를 이런 저런 권위 있는 분들이 추천하고 장려하므로 그것은 옳은 것이라고 단정하는 것도 마찬가지다. 하나님의 사역에 있어서 옳고 그름을 판단하는 기준은 유명한 사람들의 생각이 아니라 오직 성경 말씀이어야 한다.

어떤 사람이 빈부의 격차와 극심한 가난에 대한 의분을 품고 부유층의 집들을 도적질하여 그 도적질한 것을 가난한 사람들에게 나누어 주는 일을 하였다 하자. 가난한 사람들을 긍휼히 여기고 도와주는 것이 선한 일이고 의로운 열매이기 때문에 그의 도적질을 정당화할 수는 없다. 만약 그가 그러한 의로운 일을 하기 위하여 공부를 열심히 해서 사회적인 지도자의 위치에 서고 가난한 자들을 대변하며 사회적 개혁을 위해 헌신함으로 가난한 사람을 도왔다면 그의 동기와 방법과 결과 모두가 의로운 행위로서 칭송을 받을 수 있을 것이다.

하나님 나라를 펼쳐 가는 것도 마찬가지이다. 어떤 사역이 하나님의 것이라면 시작과 진행 방법과 결과가 다 옳아야 한다. 좀 느리고 힘들다 생각되더라도 옳은 방법으로 해야 한다. 옳다는 것의 잣대는 세상적인 것이 아니라 성경에 입각한 것이다. 그러므로 오늘날 한국 교회에 만연되고 있는 실용주의적 사역들이 성도들의 영적인 삶에 어떠한 영향을 끼칠까 면밀히 분석하고 평가하여야 한다.

알파코스를 열매로 판단하라고 하는데 과연 그 열매는 무엇인가? 알파코스는 모든 기독교 교파에 적용될 수 있도록 복음을 약화시킨 측면이 있다. 알파코스가 로마 카톨릭, 오순절 교회, 개혁교회, 안식일 교회 등의 모든 교파를 초월하여 실시된다고 하는 것은 무엇을 의미하는가? 어떤 사람이 장로교회에서 실시하는 알파코스에 의해 전도를 받아 신앙생활을 하다가 로마 카톨릭 교회에 가서도 흔들리지 않고 잘 적응할 수 있는 영적 체질이 되었다는 것을 의미하는가? 알파코스에 의해 양육된 성도는 에큐메니컬 종교통합의 열매를 맺을 수밖에 없다.

알파코스가 열매를 보고 판단하라고 주문하는 것은 자신의 프로그램을 통해 양육된 성도가 그렇지 못한 성도보다 열매가 좋다는 자신감의 표현일지도 모른다. 그런데 이들이 말하는 열매는 무엇인가? 결국 성령 체험이 아닌가? 이들의 성령 체험은 한결같이 샤머니즘, 이교주의, 신비주의, 오순절 은사주의에서 나타나는 기괴한 현상들이 아닌가? 인터넷에서 동영상으로 유포되고 있는 성령 터널, 뒤로 쓰러지는 것, 개처럼 짓고 웃는 것 등을 보라. 과연 이런 것들이 성령님의 열매인가? 모두가 타락한 육신에게 쾌감을 주는 미친 행동이 아닌가? 어디 정신이 바른 사람이 그런 것을 보고 거룩하신 성령님의 열매라고 하겠는가? 믿지 않는 사람이 그들의 모임에 가서 보면 모두 미쳤다고 하지 않겠는가?(고전14;23)

성령 터널만 보라.[6] 관광버스에서 불신자들이 춤추며 노래하며 육신을 즐겁게 하는 것과 무엇이 다른가? 남녀들이 손을 마주 잡고 육신을 즐겁게 하는 쇼를 하면서 킬킬대는 모습이 과연 성령의 열매인가? 저질의 마귀의 열매가 아닌가? 지난 2000년 동안의 기독교 역사 속에서 이렇게 추한 형태의 변종이 보도된 적이 있는가?

알파코스를 하면서 교회와 성도들이 은사주의 요소들에 젖어가는 것은 부정할 수

---

6) http://cafe.naver.com/areobago/639로 가면 성령 터널이라는 것을 볼 수 있다.

없는 사실이기에 알파코스가 은사주의를 조장하지 않는다는 말은 사실과 다르다.
  이제 목사들이 정신을 차리고 회개해야 한다. 특히 교계의 지도자라고 하는 대형 교회 목사들이 정신을 차리고 회개하고 주님께 돌아가 바알의 모든 것을 타파하고 성도들을 바르게 이끌어야 한다.
  바른 성도라면 "하나님께서 보존해 주신, 더하지도 빼지도 않은 순수한 복음의 정수로 양육되기를 바라며 이로부터 성결한 성령의 열매를 맺기 원한다."라고 말해야 한다. 이 성령의 열매는 외적 육적 열매가 아니라 내적인 열매이다.

> 그러나 성령의 열매는 사랑과 기쁨과 화평과 오래 참음과 부드러움과 선함과 믿음과 온유와 절제니 이 같은 것을 대적할 법이 없느니라(갈5:22-23).

  순교와 고난의 삶을 산 우리의 신앙의 선배들은 알파코스 같은 프로그램이 아닌 온전한 복음만 가지고 누구도 따를 수 없는 '성령님의 아름다운 열매'를 맺었다.

2. 알파코스는 본질적으로 에큐메니컬 운동이며 은사주의 운동이다.

  알파코스 주창자들은 그것이 단순히 불신자를 위한 복음 전도 방식이라고 주장한다. 그러나 알파코스를 하는 교회는 결국 에큐메니컬 은사주의 조류에 합류하게 된다. 왜냐하면 알파코스는 모든 교파를 초월하여 실시할 수 있는 에큐메니컬 은사주의 그릇을 갖추고 있고, 에큐메니컬 은사주의 운동 진영에서 출발하였으며, 에큐메니컬 은사주의 운동을 하는 사람들에 의해 지지를 받고 있기 때문이다. 이 부분에 대해서는 앞에서 또 부록에서 충분히 설명하였으므로 이제 간단하게 요점만 정리하려 한다.

1. 알파코스를 개발한 HTB 교회가 소속한 성공회는 매우 적극적으로 에큐메니컬 운동을 추진하고 있다.
2. 성공회는 에큐메니컬 종교통합의 모든 부분에서 로마 카톨릭 교회에 동조하고 있다.
3. 세계 교회 협의회(WCC)는 처음에 복음주의 진영의 에큐메니컬 운동을 표방하고 출발하였으나 실제는 로마 카톨릭 교회가 종교다원주의를 근간으로 전개하는 종교통합 에큐메니컬 운동에 동조하고 있다.
4. 성공회의 많은 성도와 성직자들이 프리메이슨 단원으로 활동하였고 지금도 하고 있다. 가장 대표적인 예를 들자면 영국 성공회 캔터베리 대주교인 조지 피셔가 될 것이다. 그는 명백히 프리메이슨으로 활동하였으며 또 에큐메니컬 단체인 WCC의 총장을 역임하였다. 더욱이 영국 성공회의 모처라고 할 수 있는 영국 왕실은 프리메이슨 단체의 대부라고 할 수 있다.
5. 프리메이슨은 새 세계 질서의 창출을 목표로 세계의 모든 부문에 영향력을 행사하는 비밀 엘리트 집단이다. 이들은 유엔과 함께 종교통합적 에큐메니즘을 실천하는 수많은 개별 조직을 만들어 세계적인 작업을 벌이고 있다. 이들이 표방하는 정신은 뉴에이지와 종교다원주의이다.
6. 로마 카톨릭 주의의 에큐메니즘은 기독교의 모든 교파들을 자신의 굴레 안에 포함시키려는 것이다. 로마 카톨릭 주의는 종교다원주의 사상을 가지고 종교

연합적 에큐메니컬 운동을 전개하고 있다.
7. 알파코스를 지지하는 중요한 인사들 중 빌리 그래함 목사는 뉴에이지 운동을 하는 프리메이슨 로버트 슐러 목사와의 대담에서 자신의 종교다원주의 신앙관을 분명하게 피력하였다.[7]
8. 알파코스는 ECT 즉 '복음주의자들과 카톨릭 주의가 함께하자'는 선언에 서명한 인사들과 에큐메니컬 은사주의 성향을 가진 신복음주의자들에 의해 지지를 받고 있다.[8]
9. 은사주의 운동의 하나인 '신 사도 운동'의 대부인 피터 와그너 역시 알파코스를 추천하고 지지하고 있다. 다음에 나오는 도표는 알파코스가 윔버의 빈야드 운동과 피터 와그너의 신 사도 운동 그리고 풀러 신학교가 로마 카톨릭 교회의 맥너트 신부 등과 리처드 포스터 같은 퀘이커 교도, 로버트 슐러 등과 깊은 관련이 있음을 보여 준다.
10. 은사주의 운동의 하나인 빈야드 운동의 창시자 윔버가 알파코스를 지지하였다.
11. 알파코스를 하는 교회들은 대개 카톨릭 프로그램인 뜨레스디아스[9]와 관상기도를 같이 실시하는 데 거부감을 갖지 않으며 은사주의 프로그램인 G12도 병행하는 경우가 많다.
12. 알파코스를 실시하는 한국의 교회들은 대개 에큐메니컬 운동을 하는 WCC에 가입한 교단의 교회들이다.

3. 알파코스를 추천하고 지원하는 사람들

다음은 알파코스를 추천하고 지원하는 신복음주의자들과 그들에게 영향을 미친 사람들의 명단이다.

- 빌리 그래함: 알파코스를 추천하고 지원, ECT(복음주의와 카톨릭 연대) 지지
- 노만 빈센트 필: 적극적 사고의 저자이며 가이드 포스트라는 간행물의 발행인, 로버트 슐러와 조용기 목사에게 지대한 영향을 미침
- 로버트 슐러: 번영 신학의 원조, 릭 워렌에게 영향을 미침, 알파코스 추천 지원, 로마 교황을 '거룩한 아버지'라고 부르며 종교 통합 추진
- 릭 워렌: 목적이 이끄는 삶의 저자, 조용기 목사의 초청에 의하여 대형 집회 주최, 알파코스 추천 지원

---

7) 「천주교는 기독교와 완전히 다릅니다」(출판사 그리스도 예수안에)의 부록 2 '빌리 그래함, 교황 그리고 성경'에 이 내용이 자세히 실려 있다.
8) 「천주교는 기독교와 완전히 다릅니다」(출판사 그리스도 예수안에)의 부록 1 '종교개혁을 뒤엎은 사건'에 ECT 관련 내용이 자세히 실려 있다.
9) 뜨레스디아스(Tres Dias)는 '3일'을 뜻하는 스페인어이다. 이것은 천주교의 영성운동으로 '꾸르실료' 운동으로도 알려져 있다. 핵심은 카톨릭 수도자들처럼 3일간 속세를 완전히 떠나 영성 훈련을 하는 것이다. 개신교에서는 '사랑의 불꽃 운동', '사랑의 동산' 등으로 불리고 한국에서는 귀신론을 배운 이명범과 미국 LA의 김광신이 보급시킨 것으로 알려져 있다. 이것은 한 마디로 바빌론 이방 종교에서 사용하는 초능력과 명상 등을 사용하는 비성경적 뉴에이지 운동으로 종교 통합의 한 도구이다.

- 조엘 오스틴: 긍정의 힘의 저자, 몰몬 교도도 그리스도인으로 여김
- 피터 와그너: 교회 성장학, 신 사도 운동의 창시자, 조용기 목사와 함께 교회 성장 연구원 (CGI)을 조직해서 활동함, G12를 확산시킴
- 존 윔버: 빈야드 운동의 창시자, 알파코스를 인준하고 알파코스와 합력 사역함
- 베니힌: 은사주의 운동 목사, 조용기 목사와 합력 사역, 알파코스, G12 교회의 지원 사역
- 팻 로버트슨: 홀리 클럽, 리젠트 대학(순복음 교회에 한국 리젠트 대학 지교 세움), 알파코스 추천, 복음주의 카톨릭 연대 지지
- 로렌 커닝햄: 예수 전도단, 알파코스 추천
- 빌 브라이트: CCC 창시자, 알파코스 추천, ECT(복음주의 카톨릭 연대)에 서명
- 리처드 포스터: 관상기도 운동, 알파코스 추천
- 찰스 콜슨: 알파코스 추천, ECT(복음주의 카톨릭 연대)에 서명
- 제임스 패커: 알파코스 추천, ECT(복음주의 카톨릭 연대)에 서명

이 외에 맥스 루카도, 필립 얀시, 찰스 스탠리, 존 스토트, 달라스 윌라드, 유진 피터슨 등의 신복음주의자들의 서적들을 조심해야 한다.

4. 알파코스의 대안

알파코스가 불신자들을 전도하는 최신의 방법으로 모습을 드러내기에 부흥에 목말라 하는 교회들에게는 매력적으로 보일지 모른다. 그러나 하나님은 교회의 수적인 증가에 연연하시지 않는다. 하나님은 소수이더라도 거룩하고 순결한 것(Purity)을 원하시지 수적으로 많고 큰 것(Greatness)을 원하시지 않는다.

교회 성장이 정체되었다고 난리들인데 이것을 해결하려면 왜 그렇게 되었는가를 정확히 분석하여 거기에 대한 확실한 대응책을 마련해야 한다. 그러나 그러지는 않고 오히려 외국에서 부흥에 좋다는 이런 저런 프로그램들을 도입하기에 바쁘지 않았는지 목사들이 자성하여야 한다. 교회 성장의 정체는 교회 지도자들의 비도덕성과 본을 보이지 못함에 있지는 않은지 목사들이 먼저 반성하고 회개해야 한다.

하나님의 말씀이 없는 곳에서는 인위적 프로그램이 늘어난다. 예배 시간의 프로그램을 보라. 설교가 차지하는 비중이 얼마나 되는가? 하나님의 말씀에 대한 확신을 갖는 목회자와 성도들이 늘어야 한국 교회는 배도의 물결 속에서 살아남을 수 있다.

지금은 외국에서 좋다고 하고 효과가 있다고 하는 프로그램과 운동을 도입할 때가 아니다. 목사와 성도들 모두 회개하고 하나님께로 돌아가야 할 때이다. 예수님께서 공생애 사역을 시작하실 때 최초로 하신 말씀이 바로 '회개하라.'였음을 기억해야 한다. 복음은 프로그램이 아니라 오직 복음으로만 전파된다는 확신을 가져야 한다.

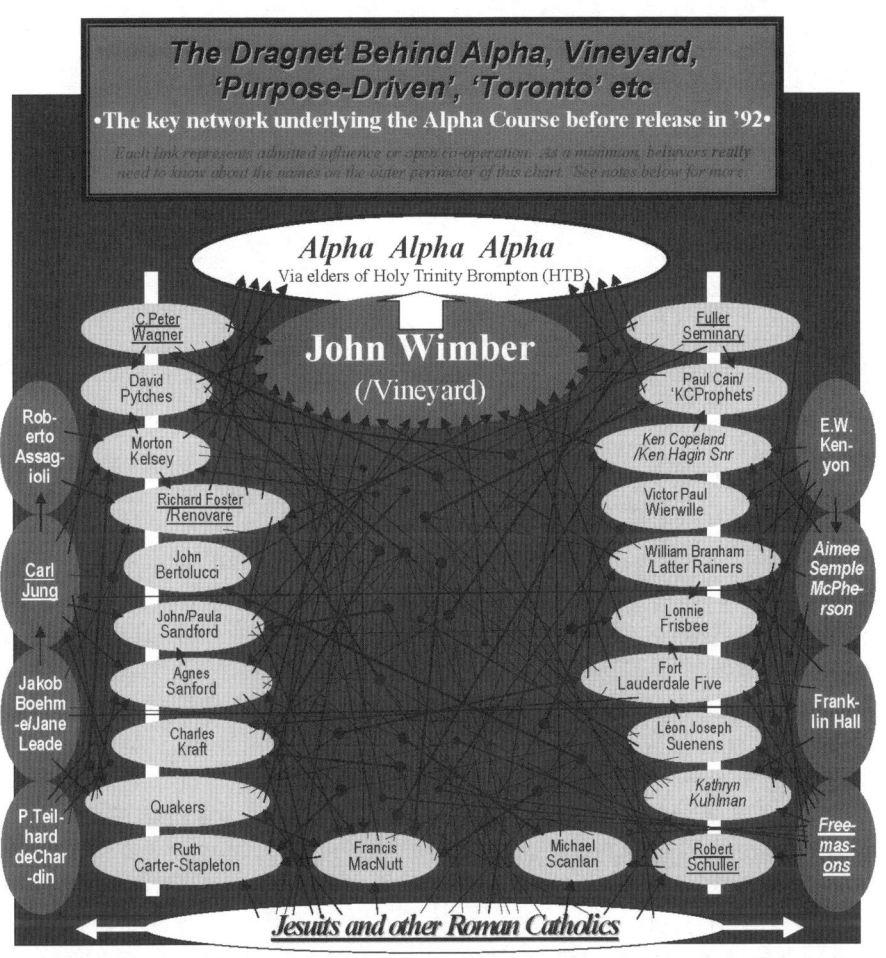

이 도표는 www.bayith.org에서 얻을 수 있다.
이 사이트는 알파코스의 시발점인 영국에서
피터슨(D. Peterson)과 맥도날드(E. McDonald)가
진실을 알리기 위해 만든 사이트다.

19장

은사 운동에 대한 총결론

지금은 모든 것이 융합되는 퓨전(fusion)의 시대이다. 그래서 요새 음식도 퓨전 음식이 많다. 퓨전은 녹여서 하나로 만드는 것이다. 그런 의미에서 정치, 종교, 그다음에 문화 이런 모든 것이 융합이 돼서 하나로 되는 그런 시대가 열린다. 이것은 마지막 때에 적그리스도의 '퓨전 정치 체계'로 나타날 것이다.

그런데 그 일은 사람이 먹고 마시는 것들만으로 이루어지지 않는다. 사상이 통합되지 않으면 정치적인 통합을 이룰 수 없다. 그래서 지금 사악한 영의 지배를 받는 로마 카톨릭 교회가 전 세계 여러 종교를 융합시켜서 하나로 만들려고 노력하고 있다. 이런 종교 통합 노력의 일환으로 나오는 것이 오순절 은사 운동이다.

오순절 운동의 근간인 표적과 기적의 신비주의는 초대교회 당시부터 있었고 이교도들의 모임에서도 항상 존재해 왔다. 그러다가 마귀의 전성기가 다가오면서 그것은 20세기 초에 하나의 운동으로 결속되고 응집되어 막강한 세력이 되고 말았다.

근대 오순절 운동은 1906년에 미국의 '아주사 부흥'이라고 하는 것에서 시작이 되었다. 성경 신자들 쪽에서 보면 거짓 부흥이지만 그쪽에선 그것이 현시대 오순절 은사 운동의 원조이다. 이렇게 시작된 오순절주의는 1960년대에 열린 천주교의 제2 바티칸 공회에 의해 탄력을 받게 되었다. 제2 바티칸 공회를 통해서 소위 '갈라져나간 형제들'이라 불리는 프로테스탄트들을 인정하려는 유화 제스처가 나왔다. 이와 함께 은사 운동이 나타났다. 이렇게 첫째 물결과 둘째 물결을 거친 오순절 은사주의는 이제 빈야드 운동, 펜사콜라 부흥, 알파코스 등의 이름으로 셋째 물결을 일으키며 온 세상의 교회를 수렁으로 몰아넣고 있다. 마귀는 변화의 대가이므로 앞으로 여러 가지 모습과 프로그램으로 제3의 오순절 물결을 이어갈 것이다.

지금 세상에서 가장 크게 부흥한다고 하는 교회는 모두 오순절 은사주의 교회라고 해도 과언이 아니다. 이에 대해 피터 와그너는 작금의 오순절 은사 운동이 16세기의 마르틴 루터의 종교개혁을 뛰어넘는 엄청난 변혁이라고 주장한다. 이제 온 세상의 거의 모든 교회는 오순절 은사주의 일색이다.

이번 장에서는 이런 현상에 대한 종합적인 결론을 내리고자 한다.

천주교를 이해해야 오순절 은사주의를 알 수 있다

천주교는 기독교가 아니다. 천주교는 천주교이다. 즉 천주교는 기독교와 다른 체제이다. 천주교와 기독교는 확연히 다르다. 따라서 감리교에서 장로교로 가면 교회를 바꾸었다고 하지만 천주교에서 감리교 또는 장로교로 오면 '개종'(改宗)했다고 한다. '개종'은 말 그대로 '종교를 바꾸는 것'이다.

대부분의 기독교인들이 천주교와 기독교에 대해 크게 오해하고 있다. 그 이유는 세계사와 기독교회사가 권력을 가진 자들의 편에 유리하도록 미화되고 변개되었기 때문이다. 지난 1700년 동안 천주교는 이 세상과 짝하며 세계의 정치와 종교를 주도하려 했다. 종교다원주의 시대에 살고 있는 크리스천들은 '기독교는 천주교에서 나왔다'는 주장에 대해 다시 한 번 깊이 생각해 보아야만 한다. 이것 역시 대부분의 교회 역사가들이 주장하는 바로서 천주교의 입장을 그대로 반영하고 있다. "천주교는 주후 313년에 생겼는데 그렇다면 그 전에는 기독교가 없었다는 말인가?"

기독교의 요람은 결코 천주교가 아니라 하나님께서 친 백성으로 부르신 유대인들이 세운 유대교이다. 주후 30년경에 시작된 기독교회는 처음부터 끝까지 좁은 길이었고 순교자들의 피로 얼룩진 길이었다. 로마의 황제들이 수없이 많은 성도들을 죽였지만 계속해서 기독교가 흥왕 하는 것을 보고 콘스탄틴 대제는 기독교를 국가의 공인 종교로 인정함으로써 자신의 정치적 야망을 달성하려 했다. 이런 목적 하에 밀라노 칙령이 발표되었고 이때 세상과 짝하고 정권과 결탁한 무리들이 이교도들의 우상 숭배 사상까지도 포용하여 천주교를 만든 뒤 기독교에서 떨어져 나갔다. 따라서 천주교가 기독교에서 나갔지 결코 기독교가 천주교에서 나오지 않았다.

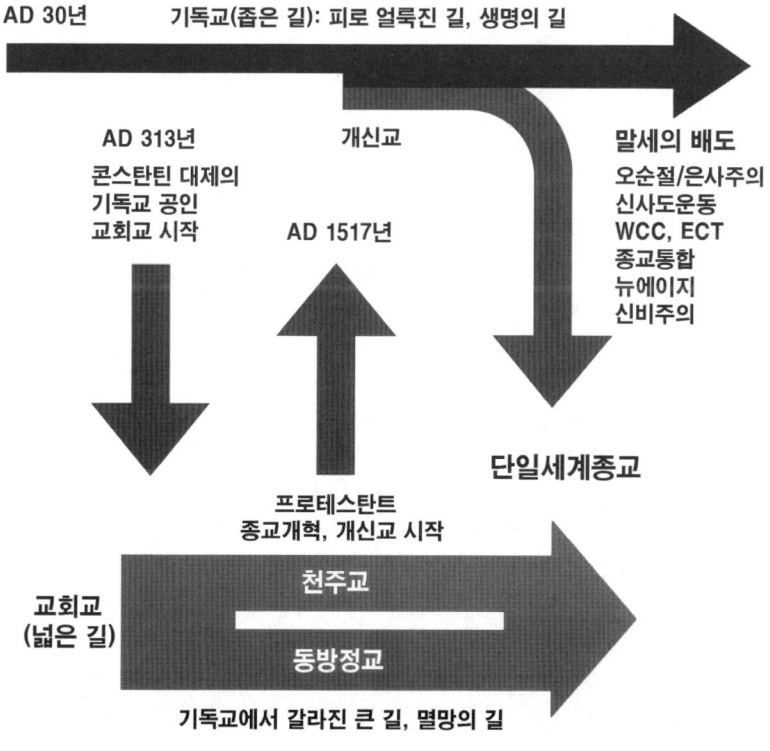

이 일 뒤에 천주교는 복음대로 믿고 그대로 살고자 하는 많은 무리들을 이단으로 규정하여 종교재판 등을 통해 수없이 사람들을 죽였다. 그러다 16세기 초반에 천주교 사제였던 루터와 종교 개혁자들이 복음을 깨닫고 다시 기독교로 되돌아오는 일이 생겼다. 이렇게 기독교로 돌아오려 한 사람들을 가리켜 프로테스탄트라고 하는데 이 말은 '천주교에 항거한 자들'이라는 뜻이다. 그러므로 기독교는 처음부터 기독교요, 천주교는 배도한 자들의 세상 정치/종교 시스템이며 프로테스탄트는 기독교로 돌아오려 한 사람들이다.

천주교는 한 마디로 그리스도의 교회를 넘어뜨리려고 마귀가 세운 모조품이다. 거기에는 진리가 없다. 그래서 마틴 로이드 존스는 '천주교는 마귀의 걸작품'이라고 적절한 평가를 내렸다. 또한 스펄전은 이미 다음과 같이 경고하였다.

여리고 성을 건축한 자가 저주를 받았으니 우리 가운데 로마 카톨릭 교회를 재건하려고 애쓰는 자에게는 큰 저주가 있으리라. 우리는 로마 교회의 죄악에 동조하는 자들에게 사려 깊게 그러나 담대하게 경고해야만 한다. 또 젊은이들에게 복음의 진리를 가르치고 선조 때에 로마 교회가 저지른 죄악의 진상을 이야기해 주어야만 한다. 사제들이 올빼미처럼 햇빛을 싫어하므로 우리는 보다 철저하게 온 땅에 빛을 전파해야만 한다.

그러면 콘스탄틴 이후의 천주교는 어떤 일을 했을까? 천주교는 먼저 교리를 바꾸기 시작했다. 그 중 가장 중요한 것은 '교회를 통해서 사람이 구원을 얻는다.'는 가르침이다. 그래서 우리는 천주교를 '교회교'라고 부를 수 있다. 이런 '교회교'를 통해 중세암흑시대에는 국가 교회가 전 유럽을 장악하여 사람의 양심의 자유를 박탈하였다. 교회가 법이 되고 교황이 그리스도의 대리자로 온 땅을 다스리는 시스템, 이것이 바로 천주교 시스템이다. 이런 시스템의 발판을 만들어 준 사람이 어거스틴이다. 그가 지은 「하나님의 도성」은 역사 사회 철학서로서 예수님의 복음에다 키케로, 마니, 플라톤 등의 이교 사상을 혼합시킨 것이다. 이 책은 카톨릭 교회가 지상에 교회 왕국을 건설하기 위해 필요한 정치적 이론을 발전시키는 데 막대한 공헌을 했다. 물론 칼빈 역시 어거스틴의 이 사악한 사상을 그대로 받아들여 제네바에 신정 정치를 세우고 프로테스탄트 교황 노릇을 하려고 했다.

예수 그리스도를 교회로 대치시킨 이 사람들은 하늘로부터 임하는 문자 그대로의 왕국 대신에 교회가 세상 권력을 지배하는 가시적인 교회 왕국을 건설하려 했다. 이것이 바로 로마 카톨릭 주의가 처음부터 주장해 온 '무천년주의'의 핵심 내용이다.

이렇게 1200년 이상 인류를 괴롭히던 마귀의 시스템은 1517년에 루터와 다른 개혁자들의 종교개혁으로 치명타를 입었으나 그 이후 로욜라의 반종교개혁과 트렌트 공회의 힘으로 다시 일어나게 되었다. 그 이후에도 세상 권력을 거머쥐려는 천주교의 야심은 수그러들지 않았고 이번에는 다른 전략으로 프로테스탄트들을 공격하기 시작했다. 천주교는 근본주의 신학교들에 자유주의 사상을 불어넣고 성도들이 1800년 이상 사용해 오던 신구약성경을 자기들의 바티칸, 시내 사본으로 바꾸면서 프로테스탄트들의 교리에 영향을 미치기 시작했다. 아이러니컬하게도 이런 인본주의 신학은 종교개혁이 일어난 독일과 종교개혁으로 가장 큰 영향을 받고 하나님의 복을 받은 영국에서 일어났다.

이처럼 교리와 사상에 변화를 가져오며 프로테스탄트들을 공격하던 천주교는 드디어 1960년대에 들어오면서부터 작전을 바꾸어 프로테스탄트들을 인정하는 제스처를 쓰고 오순절주의를 적극적으로 도입하여 자신의 세계 정복 야망을 이루려 하고 있다. 천주교는 엄밀히 말해 종교 체계가 아니라 정치 체계이다. 바티칸은 분명한 국가이다. 천주교는 교리에 관심이 없으며 오직 세상을 통치하는 일에만 관심이 있다.

21세기에 들어선 이 시간, 예수 그리스도를 알지 못하거나 반대하는 이들이 모두 연합하여 '뉴에이지 시대' 즉 '새 시대'의 도래를 추구하고 있다. 이들이 공통적으로 내거는 슬로건은 '평화와 일치'이다. 이런 슬로건 하에서 이들은 천주교를 주축으로 해서 전 세계의 종교, 문화, 교육, 정치 등을 통합하여 인간들에 의한 유토피아를 건설하려 하고 있다. 신약성경과 구약성경은 분명히 적그리스도가 다스리게 될 뉴에이지 즉 새 시대가 '평화'의 이름으로 도래할 것과 그 때의 징조로 기독교회에서 배교하는 일이 있을 것을 보여 주고 있다(단8:25; 살전5:3).

그러므로 오순절 은사주의는 천주교의 종교 통합 정책의 일환으로 수용되어 온 교회에 퍼지고 있는 누룩임을 인식하는 일이 가장 중요하다.

오순절 은사주의에는 하나님의 거룩함이 없다

오순절 은사주의는 교리를 무시하고 경험을 강조한다. 또한 감정의 엑스타시를 일으켜서 육신의 정욕을 만족시키려는 사람들의 필요를 충족시켜 주고 있다. 그 결과 교회에서 하나님의 거룩함이 사라지고 사랑만 강조되고 있다. 거룩함은 종종 밖으로 나타난 깨끗함을 표현하고 어떤 때는 내적인 순수함과 성결함을 나타낸다. 참된 거룩함은 밖으로 드러나는 행동과 마음의 생각과 의도에 특징을 부여한다. 거룩함은 내적인 원리이므로 단순히 정직함이나 자비 등과 같은 도덕적으로 뛰어난 것을 뜻하지 않고 모든 선한 것이 완벽하게 조화를 이루는 것을 뜻한다.

우리 하나님은 모든 것을 초월하고 무한대로 완전한 방법으로 거룩한 존재이시다(사1:4; 6:3). 메시아 역시 거룩한 분이었고(시16:10; 눅4:34; 행3:14) 물론 성령님 역시 거룩한 영이시다. 하나님은 거룩함과 무죄함과 성결함의 근원이시다. 사람은 첫 사람 아담의 타락 때에 이 모든 거룩함을 상실했으나 하나님께서는 이 땅에서 신자들이 자신의 거룩함에 점진적으로 참여하는 자가 되게 하시며 궁극적으로 그들은 천국에서 영원토록 성결한 존재가 될 것이다. 이 일을 보증하기 위하여 하나님께서는 성도들이 이미 '그리스도 안에서 거룩하고 사랑받는 자'라고 생각하신다.

성경은 '거룩하다'는 말을 2차적인 의미로 하나님께 속한 것을 지칭하는 데 사용한다. 그래서 천국과 그분의 성전과 그 안의 기구들과 그 안에서 행하는 일과 그분의 날과 그분의 사역자들과 제사장들과 대언자들과 사도들이 거룩하다. 성경은 그리스도인들도 거룩하다고 한다. 그 이유는 그들이 그리스도께로 분리되었기 때문이다.

현대 교회는 거룩함을 잃고 있고 그것을 사랑(은사, 봉사, 경험, 음악)과 혼동하고 있다. '거룩하다'는 말은 성경에 611회 나오며 사랑은 488회 나온다. 그러므로 우리는 성경이 사랑보다 거룩함에 대해 더 강조하고 있음을 본다. 하나님의 근본 속성은 거룩함이며 하나님의 아름다움은 사랑이 아니라 거룩함이므로 우리는 반드시 영과 진리 안에서 그분께 거룩하게 경배하여야 한다(출15:11; 대하20:21; 사6:2-3; 계4:8).

주의 이름에 합당한 영광을 그분께 드리며 거룩함의 아름다움으로 주께 경배할지어다(시 29:2).

참으로 거룩함은 하나님의 다른 모든 성품을 조절하는 근본 속성이다. 그리스도의 사역에서 속죄는 사랑에서 왔으나 그 사랑을 요구한 것은 그분의 손상된 거룩함이었다. 모든 사랑은 기준이 있어야 바른 사랑이 될 수 있는데 그 기준이 바로 거룩함이다. 사랑이라는 엔진이 아무데나 굴러가면 무절제의 도구가 되는데 그분의 거룩함이 사랑의 엔진을 조절하여 바른 곳으로 인도하므로 그것은 사랑보다 높다. 그러므로 그리스도께서 죽어야 하는 근본 이유는 하나님의 사랑에 있지 않고 하나님의 거룩함에 있다. 왜냐하면 그리스도께서 완전한 희생 예물이 되어야 하나님의 공의와 거룩함이 만족되기 때문이다.

따라서 하나님의 형상과 모습을 가진 사람도 도덕적인 측면에서 그분과 같이 거룩해야 하며 성경은 분명하게 그것을 요구한다(레20:26; 벧전1:15-16). 그래서 우리 그리스도인들은 거룩한 하나님, 거룩한 아드님, 거룩한 영, 거룩한 성경을 믿으며 성도 즉 거룩한 무리라 불린다.

현대 자유주의자들과 오순절 은사주의자들은 거룩함보다 사랑을 더 중요하게 여기며 그래서 교회 안에서도 거룩함을 찾기 어렵고 각 사람이 자기 보기에 선한 대로 하나님께 나오려 한다. 이들의 음악과 은사 체험은 혼돈 그 자체이다. 그러나 사랑과 은사와 음악과 봉사 등 그리스도인의 모든 행위는 반드시 거룩함이라는 궤도 위에서 움직여야 한다. 그렇게 하지 않을 때 교회 안에 각종 어려움이 발생한다. 사랑으로 해야 한다면서 이 세상의 모든 것을 교회가 수용하면 하나님의 거룩함이 훼손되며 그런 식의 거룩하지 못한 경배는 하나님이 가증하게 여기신다(잠28:9).

오순절 은사주의는 신비주의를 추구한다

은사 운동 하는 사람들의 특징은 방언과 입신 같은 신비주의 경험이다. 체험은 결코 객관적인 명제로 그리스도인에게 다가오지 못한다. 방언은 천주교와 개신교 그리고 다른 사이비 이단 교회들을 하나로 묶어 주는 공통의 끈이다. 궁극적으로 여러 갈래의 교회들을 하나로 묶는 공통의 끈은 신학과 교리가 아니라 오순절주의의 은사들이다. 교리의 실제적인 결과는 겉치장뿐이다.

입신은 마룻바닥 뒤로 쓰러지는 것을 말한다. 이상하게 적그리스도의 때가 다가오는 이 시대에는 교회 안에서 쓰러지는 사람이 많다. 그들은 그냥 뒤로 넘어지고 거품을 흘리며 미친 듯이 웃어대고 춤을 춘다. 한국뿐만 아니라 미국과 영국, 캐나다, 우크라이나, 가나, 브라질, 싱가포르, 필리핀 등 전 세계에서 그렇다. 세상에서 쓰러지는 것은 이해가 되지만 하나님의 진리가 있는 곳에서 쓰러지는 것은 결코 정상적인 일이 아니다. 성경 기록은 이 점에 대해 분명한 것을 보여 준다. 마귀는 사람을 넘어뜨리고 예수님은 사람을 일으킨다. 그분은 죄로 쓰러진 사람, 세상일로 쓰러진 사람, 마귀의 공격으로 쓰러진 사람을 일으키는 분이다.

　오순절 은사주의의 외적 특징으로 나타나는 신비주의는 이교도들의 모든 종교에서 특히 힌두교와 불교에서 널리 퍼져 있는 '매우 흔한 일'이다. 이런 것을 추구하는 것 자체가 어리석은 일이며 성경의 하나님을 조롱하는 것이다. 에덴동산에서 사람을 타락으로 내몰았던 마귀는 말세에 사람들에게 영을 제어할 수 있는 신비주의 기법을 가르쳐 주면서 그들을 유혹하고 있다. 신비주의에 빠진 사람들은 성경 말씀을 통해 성령님의 조명을 의지하지 않고서는 그 그물에서 빠져 나오기가 대단히 힘들다. 그러므로 우리는 성경 말씀에 입각해서 단호하게 이런 것들을 추구하는 자들에게 경고를 보내고 순진한 성도들이 그런 데 빠지지 않도록 철저히 훈련시켜야 한다.

오순절 은사주의는 신복음주의이다

　개신교 안에서 천주교의 세상 정복을 알게 모르게 지원하는 자들은 신복음주의자들이다. 이들의 특징은 전부 카톨릭 교회에 친화적이고 종교 다원주의 성향을 보이며 은사주의를 지지한다는 것이다. 이들은 대개 세상에서 이름이 잘 알려져 있는 유명 인사들로서 빌리 그래함, 로버트 슐러, 오랄 로버츠, 빌 브라이트, 팻 로버트슨, 루이스 팔라우, 제임스 패커, 릭 워렌, 조엘 오스틴, 피터 와그너, 베니 힌 등을 들 수 있다. 국내에서도 대부분의 대형 교회 목사들이 성경적 근거 없이 이들의 신학과 교리를 따르면서 각종 프로그램을 도입하고 있다. 이런 사람들을 통해 전 세계에 빈야드운동, 신 사도 운동, 알파코스, G12 운동이 보급되고 있다. 특히 알파코스는 이런 운동들을 전파하는 매개체 역할을 하고 있다.

　이들이 좋다고 추천하는 프로그램들은 다음과 같다: 열린 예배, 뜨레스디아스, 빈야드 운동, 신 사도 운동, 프라미스키퍼스, 관상 기도, 임파테이션, 알파코스, 웃음 부흥, 번영 신학, 뉴에이지, 요가 운동 등.

　이들은 이런 운동과 프로그램을 만들어 그리스도의 교회를 서서히 그리고 집요하게 파괴하고 있다. 이런 식으로 그대로 두면 한국 교회는 오랜 시간이 지나지 않아 완전히 변화되어 세속주의, 기복주의, 종교다원주의, 천주교와의 일치, 번영주의 등의 주요 무대가 될 것이다.

　오순절 은사주의의 제3의 물결은 지금 아주 거세게 온 세상의 교회들에 몰아치고 있다. 이미 정지 작업은 충분히 이루어졌다. 이미 그들의 많은 책들과 문헌들이 뿌려졌다. 신복음주의자들에 의하여 저술된 책들이 목사들과 성도들의 책장을 채웠다. 교회들은 열린 예배와 CCM 등으로 이 물결을 받아들일 준비가 되어 있다.

　이렇게 1차 작업은 끝났다. 뜨레스디아스가 매우 자연스러운 프로그램이 되었다. 다음은 알파코스이다. 다음은 G12이다. 다음은 레노바레의 관상 기도이다. 다음은 이머징 교회들이다. 이러한 물결을 거스르는 교단과 교회를 소외시키는 작업이 진행될 것이다. 이제 로마 카톨릭 교회는 더욱 더 친근하게 성도들의 형제 교회로 다가올 것이다. 대형 교회의 목사들이 먼저 하나님의 말씀으로 자각하고 회개하지 않으면 신복음주의의 거센 물결로 상처를 입은 성도들이 계속해서 늘어날 것이다.

오순절 은사주의의 대안

이처럼 더러움과 사악함으로 뒤덮인 세상과 기독교 역사의 배후에는 적그리스도의 영이 도사리고 있다. 이 영 즉 대적 마귀는 호시탐탐 자기가 삼킬 자를 두루 찾고 있다. 오순절 은사주의를 주도하는 이 영은 특히 예수님의 재림 이전에 가장 극성을 부릴 것이다. 적그리스도의 종교 통합을 이루기 위해 그는 인간의 육적 욕구를 채워 줄 수 있는 기적과 이적의 표적들을 보여 줄 것이다.

여기에 우리는 어떻게 대처해야 할까?

목사들이 말씀을 선포하야 한다. 지금 이 세상에는 홍수가 나서 물이 많지만 정작 먹을 물은 없다. 교회마다 프로그램들을 써서 사람들을 교회에 잡아두려 하고 있다. 그런데 스스로 프로그램을 개발하려니 능력도 없고 시간도 없으므로 이미 패키지로 만들어진 알파코스 같은 '이지 프로그램'을 도입하고 있다. 특히 대형 교회 목사들이 이처럼 분별없는 일을 하므로 작은 교회 목사들 역시 성장을 위해 이들의 뒤를 따르고 있다.

하나님은 모든 사람이 회개하고 구원에 이르기를 원하신다. 그러나 그 일은 반드시 하나님의 때에 하나님의 방법대로 이루어져야 한다. 목적이 옳아도 방법이 옳지 않으면 하나님은 그것의 열매를 받지 않는다. 그것은 가인의 제물이요, 아벨의 희생물이 아니다. 하나님은 숫자의 신이 아니다. 번영과 형통의 바알 신이 아니다. 그분은 진리의 하나님이다. 오류와 거짓은 그분이 가장 미워하는 것이다.

하나님의 방법은 처음부터 말씀으로 시작해서 말씀으로 끝난다. 그리스도인의 믿음은 경험에서 오지 않고 믿음에서 온다. 주님께서는 누가복음 16장에서 모세의 글 즉 기록된 말씀을 믿지 않는 사람은 죽은 자가 살아서 돌아온다 해도 믿지 않을 것이라고 말씀하셨다. 경험은 계속해서 경험을 요구하며 그것은 믿음이 아니다.

성경의 믿음은 반드시 하나님의 말씀에서 와야 한다(롬10:17). 그것은 기도나 음악이나 교제나 다른 프로그램에서 오지 않는다. 그러므로 교회가 하나님의 말씀을 가장 중요하게 여기고 이 말씀에 자신을 내어놓고 늘 자신을 살펴보지 않으면 미끄러질 수밖에 없다.

마귀는 빛의 천사로 자신을 위장하고 좋은 것들을 가지고 심지어 선택받은 성도들마저도 유혹하려 한다. 앞으로 이런 유혹은 점점 더 심해질 것이다. 여기에서 살아남으려면 하나님의 말씀을 최우선으로 여기고 거기에 복종하겠다는 철저한 각오가 필요하다.

하나님의 말씀을 생명의 양식으로 여기며 세상과 분리해서 거룩한 삶을 살려는 형제/자매들에게 평강의 주님께서 하늘의 보화로 충만하게 주실 줄 확신하다.

"너희는 믿지 않는 자들과 더불어 공평하지 않게 멍에를 같이 메지 말라. 의가 불의와 무슨 사귐을 갖겠느냐? 빛이 어둠과 무슨 친교를 나누겠느냐? 그리스도가 벨리알과 무슨 일치를 보겠느냐? 혹은 믿는 자가 믿지 않는 자와 무슨 몫을 나누겠느냐? 하나님의 성전이 우상들과 무슨 조화를 이루겠느냐? 너희는 살아 계신 하나님의 성전이니라."(고후6:14-16)

제 3 부

은사주의의 오류

"사랑하는 자들아, 영을 다 믿지 말고 오직
그 영들이 하나님께 속하였는지 그것들을 시험하라.
이는 많은 거짓 대언자들이 나와서 세상에
들어왔기 때문이라."(요일4:1)

"Beloved, believe not every spirit,
but try the spirits whether they are of God:
because many false prophets are gone out
into the world."(1 John 4:1)

부록 1

G12란 무엇인가?

　Wikipedia 사전에 따르면, G12 운동은 콜롬비아 보고타의 국제은사사역(Misión Carismática Internacional) 교회 목사인 세사르 카스텔라노스가 한국의 조용기 목사를 방문한 뒤 한국에서 받은 하나님의 계시를 중심으로 개발한 셀 교회 제자훈련 전략이라고 한다. 카스텔라노스는 하나님께서 말세에 교회가 하기를 원하는 것을 비전으로 보여 주시며 말씀해 주셨다고 믿는다. 이 비전은 'Government of 12'라는 원리인데 이것은 한 마디로 제자 훈련에 관한 권위주의적 피라미드식 전략이다. 이 운동의 핵심은 이스라엘이 12지파로 되어 있고 예수님도 12제자를 가지셨기 때문에 교회 역시 이러한 통치 구조에 근거할 필요가 있으며 셀 교회가 되어야 한다는 것이다.

　G12 모델은 이렇다. 목사는 12명을 셀 리더로 양성한다. 각각의 셀 리더는 다른 12명을 한 셀 그룹으로 만들어 훈련하는 책임을 진다. 보통 그 12명은 그 공동체의 인원을 최소화하고 그 교회 내에 있는 인원이 아니어야 한다. 어떤 특정한 시간이 지나면 그리고 어떤 요건들이 충족되면 이 셀 멤버들은 자신이 리더가 되어 다른 셀들을 시작한다. 그렇게 하여 교회 성원이 다중 증식된다는 것이다. 그리고 복음이 공동체에 들어오게 된다.

　분명히 이 셀 모델에 근본적으로 잘못된 것은 없다 할 수 있다. 세계의 교회들은 바른 모델과 사역을 개발하려고 노력해 오고 있다. 그리고 이것은 교회들이 사용할 수 있는 또 다른 모델의 하나일 것이다. 그러나 이 모델에 따른 가르침들에 대해서는 의문의 여지가 있다.

　카스텔라노스에 대하여 생각해 보자. 그는 은사주의의 신 사도 개혁 운동의 일원이고 교리적으로 건전하지 못하다. 이 운동이 주장하는 바는 하나님께서 오늘날의 사도들을 일으키셔서 성경의 원 사도들의 사역을 계승시켜 일을 하게 한다는 것이다. 현 시대의 사도들은 지구상의 교회들을 감독하는 책임이 있다고 한다. 이 가르침은 'Name It And Claim It' 운동, '토론토 블레싱', '기적과 표적', ' 말 – 믿음' 운동, '건강과 번영 운동' 등과 같은 비성경적인 가르침들과 연합되어 있다. 카스텔라노스는 하나님께서 그들에게 성경 이외의 계시를 준다고 믿는 믿음에 집착하는 사람이며 그가 만든 G12 운동도 이러한 계시로부터 나온 것이다.

　G12 운동의 리더들은 여러 가지 의문스러운 것들을 언급한다. 이를테면 그들은 12에 근거하여 이루는 사역 모델이야말로 예수님의 지상 명령에 순종하여 제자를 삼는 가장 효과적인 방법이며 또한 교회를 성장시키는 가장 효과적인 방법이라고

주장한다. 또 G12 운동은 지금 하나님이 하고 있는 일이며 만약 G12 운동과 함께하지 않으면 그 사람은 하나님을 반대하는 사람이라고 말하기도 한다. 그러나 이러한 말들을 뒷받침할 만한 말씀은 성경 어디에도 없다. 교회를 12셀로 나누라고 성경은 말하지 않는다. 성경은 교회가 하나의 몸(유기체)을 이루어 각 지체가 전체를 만들고 각 지체는 다른 지체처럼 꼭 필요한 것이라고 말한다. 교회는 목사(장로 혹은 감독)들에 의해 인도를 받으며 집사들에 의하여 섬겨지고 믿는 자들로 채워진다. 어떻게 각 교회가 통치하고 조직하느냐는 방법에 대하여는 여러 가지 모델이 존재할 수 있다.

G12 운동은 성경 안에서 발견할 수 없는 운동이다. 그것을 창안한 자들의 가르침은 성경적이지 못하다. 여기에 정말 위험이 있다. 교회 성장 모델로서 G12 운동은 많은 교회들에 효과가 있을지 모른다. 그러나 교리적으로 부패한 가르침과의 연합은 사람의 가르침이 아니라 성경만을 생명의 유일한 방법으로 지키는 사람에게는 부적합하다.

뜨레스디아스, 알파코스, G12 비전 프로그램은 대개 같이 한다. Wikipedia 사전은 G12 비전에서 행하는 '인카운터'에 대해 다음과 같이 설명한다.

> 삼일 동안 실시되는 인카운터에서는 기초적인 크리스천 가르침 즉 거룩함, 기도, 하나님과의 교제, 용서, 십일조, 삶을 나누는 것, 성령 안에서의 삶, 축사, 병든 자의 치료, 구령, 인내, 열매 맺는 것 등을 행한다. 인카운터의 가장 중요한 핵심 중의 하나는 성도의 진정한 회개와 십자가가 무엇인지를 드러내는 것이다. 또한 집중적인 기도를 하고 옛것을 끝내고 새것을 시작한다는 상징적 행사도 한다.

G12를 삼일 동안 한다는 것에 유의해야 한다. 즉 이것은 삼 일 동안 여는 뜨레스디아스에서 나온 것이다. 위의 설명에서 보듯이 G12 운동은 축사 사역과 은사주의 체험을 추구한다. 베니 힌도 G12 집회들에 참여하여 쓰러뜨리는 기술을 유감없이 발휘하고 있다.[1]

현재 G12가 전개하는 운동 방법을 요약하면 다음과 같다.

1. 주로 개도국을 공략한다.
2. 전시 효과적인 기법을 사용한다(대형 컨벤션 홀에서 대형 집회를 자주하며 유명 록 가수, 복음가수, 연극, 마술 등 볼거리와 즐길 거리를 동원한다).
3. 각종 매체에 대대적인 홍보를 전개한다.
4. 집회 시 전시 효과적 기적들과 체험적 현상들을 보여 준다.
5. 집회 장소의 음향효과, 시각적 효과 등을 극대화 한다.[2]
6. 정성껏 음식과 조크를 제공하여 참여자들의 기분을 맞춘다.
7. 카톨릭적 위계를 강조하고 지도자의 카리스마를 중요시한다.
8. 세상 식으로 말하면 다단계적 판매 기법을 채용한다.
9. 기존의 전통을 깨버린다(기존 교회의 조직, 교리, 예배를 완전히 파괴한다).

---

1) 유튜브에서 'BENNY HINN y CESAR CASTELLANOS de los G-12'를 치면 베니 힌이 콜롬비아의 카스텔라노스 교회에서 집회하는 것을 볼 수 있다.

2) 유튜브에서 'G12 Convention Melchizedek'를 치면 G12 집회 장면을 볼 수 있다.

현재 아시아에서는 셀 교회, G12 교회로 한국에 잘 알려진 싱가포르의 'Faith Community Baptist Church'가 로렌스 콩 목사의 사도적 리더십으로 만 여명의 교인을 확보하고 아시아 전역에 영향을 끼치는 것으로 알려져 있다. 여기의 콩 목사 역시 피터 와그너의 신 사도 운동에 참여하며 와그너로부터 신(新) 사도로 임명을 받았다.[3)]

미국의 경우 전통적인 교회들은 매년 감소하고 있다. 미국의 감리교, 루터교, 장로교 등 전통적 교회들은 1974년에 51%를 차지하였지만 1994년에는 35%로 떨어졌다고 갤럽 조사는 보고한다. 그러나 신 사도 개혁 운동에 속한 교회들은 성장하고 있다. 바렛은 「세계 기독교 백과사전」에서 2000년도에 오순절, 은사주의, 신 사도 개혁 교인이 개신교 5억, 카톨릭 1.3억 등 6.3억 명이라고 말한다. 이렇듯 신 사도 개혁 운동은 전 세계적으로 영향을 끼치고 있기에 피터 와그너박사는 1517년에 있었던 마르틴 루터 등이 주도한 종교개혁운동보다 더 큰 개혁운동이 지금 전 세계적으로 일어나고 있다고 말한다.

---

3) 유튜브에서 'Lawrence Khong-Bogota - Convencion G12'와 'Rev. Lawrence Khong: Prayed for the 1st Generation'를 치면 G12 집회 장면을 볼 수 있다.

G12 대회, 로렌스 콩 목사(왼쪽 상단에 보면 그는 '사도 로렌스 콩 (Apostle Lawrence Khong)이라고 되어 있다. 기조 연설자는 G12의 창시자인 세사르 카스텔라노스 목사이다.

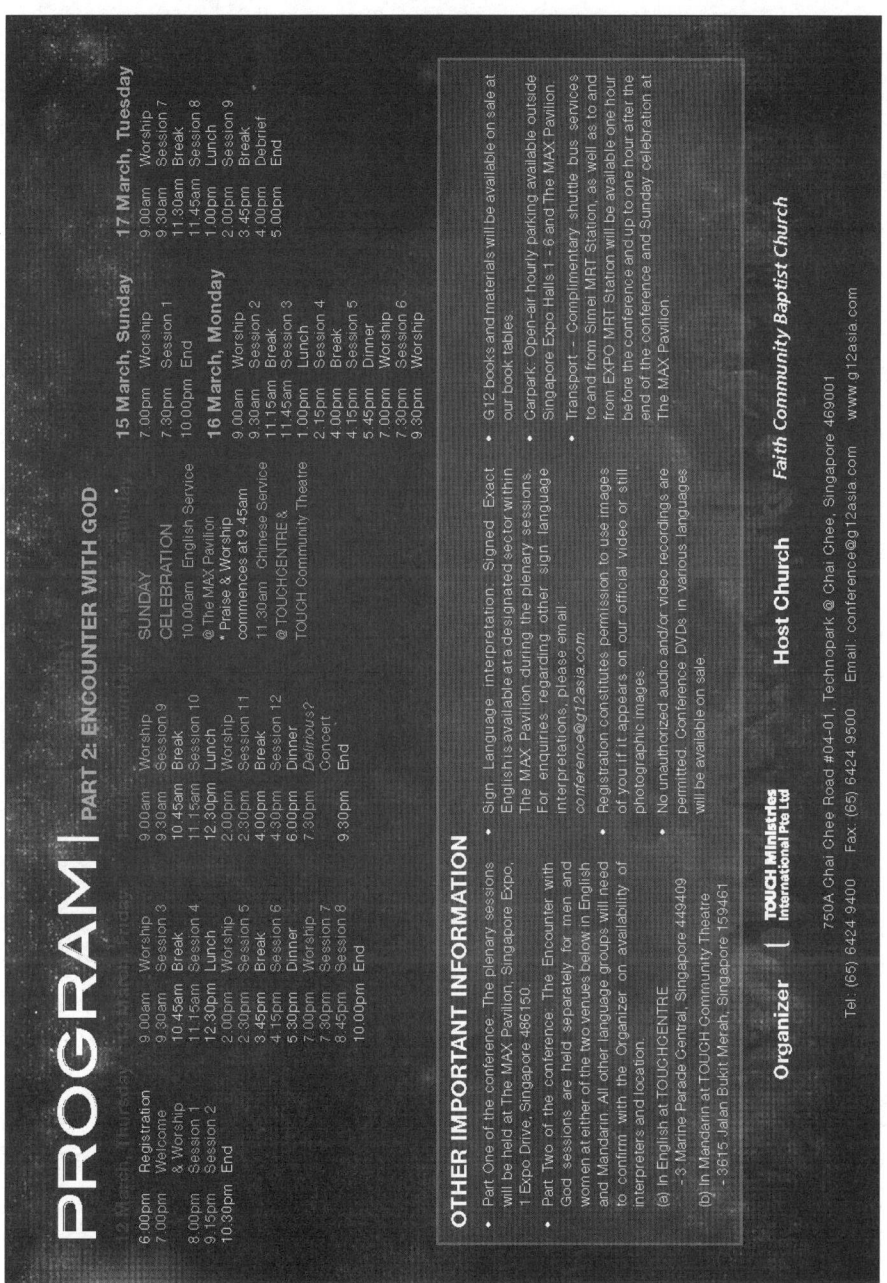

싱가포르 G12 대회 프로그램
프로그램은 1부 기조 연설과 2부 '인카운터'로 되어 있다.
밑에서 조직을 보면 국제터치사역(주)이 주관으로 되어 있다. 이 사람들은
'쓰러뜨리는 일'을 '터치 사역'이라고 한다. 국내에도 터치 사역을 하는 사람들이 있다.

부록 2

신(新) 사도 운동

미국 풀러 신학교의 교회성장 학자 피터 와그너(Peter Wagner)가 이끄는 '신(新) 사도 개혁 운동'이 한국에 밀려들어오고 있다. '신 사도 개혁 운동'이란 피터 와그너가 세운 현대판 성령/은사 운동이다. 와그너는 20세기 들어 기독교 안에 세 가지 성령 운동의 물결이 일어났다고 보았다. 제1의 물결은 19세기 말에서 20세기 초에 일어났던 '오순절 운동'이고 제2의 물결은 1960년대에 개신교 여러 교파로부터 일어나서 천주교까지 영향을 끼친 '은사 운동'이며 제3의 물결은 윔버에 의해 발생한 '빈야드 운동'이다. 그런데 와그너는 1997년에 오순절 은사 운동뿐만 아니라 빈야드 운동을 주도하는 교회들의 세계적인 연합을 촉구하며 자신이 '신 사도적 개혁 운동'(New Apostolic Reformation Movement)이라고 의한 새로운 교회 운동을 주도하기 시작했다.[1]

그러면 와그너는 누구인가?

풀러 신학교 교수를 역임한 와그너는 빈야드 운동의 기수였던 윔버(John Richard Wimber, 1934-1997)로부터 지대한 영향을 받았다. 사실 와그너가 이전에 따랐던 은사중단론을 포기하고 '능력 사역'으로 전환하게 된 데는 그 자신도 말하고 있듯이 윔버의 영향이 지대했다.

와그너는 직통 계시를 받는다고 주장한다.

> 나를 놀라게 한 것은 그 말씀이 너무나도 분명하게 찾아온다는 것이었다. 나는 연필과 메모지를 끄집어내서 그 말씀을 적기 시작했다. 그리고 그것은 내가 그와 같은 일을 한 최초의 것이었다. 여기에 그때 내가 단숨에 써놓은 것이 있다.…내가 이 글을 적었을 때 나는 내가 하나님의 계시를 적고 있다는 느낌을 받았다. 그것은 나의 생애와 사역에 있어서 매우 중요한 시기에 하나님께서 주신 매우 중요한 말씀이었다.

'신 사도 운동'은 빈야드 운동과 마찬가지로 예수님과 사도들과 초대 교회에 일어났던 성령의 역사가 오늘날에도 그대로 재현될 수 있다고 믿는 운동이다. 따라서 와그너를 포함해서 이 운동에 참가하는 자들은 이적, 신유, 귀신 축출, 죽은 자를 살리는 일 등 초자연적인 것과 초대 교회에 번성했던 방언, 대언, 통역 등 다양한 성령의 은사가 오늘날에도 계속된다고 믿는다.

한편 '신 사도 운동'은 에베소서 4장 11절에 근거해서 '교회의 5대 직분 체계' 즉

---

1) 와그너의 웹사이트(www.apostlesnet.net)에 가면 '신 사도 운동'의 핵심과 거기 참여하는 자들의 명단이 있다.

'사도', '대언자(예언자)', '복음 전하는 자', '목사', '교사'가 오늘날의 교회 안에서 올바로 자리 잡아야 비로소 하나님께서 원래 계획하신 대로 교회가 세워지게 될 것이라고 주장한다. 그러므로 이 주장의 핵심은 신 사도 운동가들이 오늘날에도 하나님으로부터 직접 메시지를 받아 백성들에게 전달해야 한다는 것이다. 또한 이들은 특별한 집회를 통해 성령의 은사가 '임파테이션'(Impartation 전이)될 수 있으며, 과거와 같이 맹목적인 회개가 아니라 하나님의 임재와 기름 부으심 앞에서 이루어지는 통회와 자복으로 인한 본질적인 회개가 있어야 한다고 주장한다.

　'신 사도 운동'의 신학적 기초를 제공하는 피터 와그너는 "약 1600년 동안 교회의 직분체제가 비성경적이었다."며 자신이 주도하는 운동에 대해 "1517년 루터와 칼빈 등에 의해 일어난 종교개혁보다 더 큰 개혁운동이 현재 전 세계적으로 일어나고 있다."고 주장한다.

　지금 '신 사도 운동'은 한국의 대형 교회들(여의도 순복음교회, 명성교회, 광림교회 등)을 통해 들어가고 있다. 특별히 하용조 목사의 온누리교회는 '신 사도 운동'의 홍보를 열심히 거들고 있다. 알다시피 거기서는 매주 손기철 장로를 통해 '신 사도 운동'을 실험하고 있다.

2009년 10월 5-8일 순복음교회 강남 제2성전에서 신 사도들의 집회가 열렸다.

사도를 임명하는 권한을 가진 와그너는 온 김에 인천국제성시축전 '출범 감사예배(10월 6-8일) 행사에도 참석해서 성공을 기원하였다. 여기에는 강사로는 김준곤, 나겸일, 피터 와그너 목사가 초청된다고 한다.

손기철 장로는 그의 저서 「고맙습니다 성령님」(규장 출판사, 2009)에서 자기의 교제권에 대하여 언급한다. 먼저 그는 "속상한 마음에 하나님께 떼를 쓰기도 했는데 그럴 때마다 존 윔버 목사님의 책을 읽고 많은 위로를 받았습니다."라고 말함으로써 빈야드 지도자의 사상적 영향을 받았음을 시사한다. 그는 또한 2009년 '와그너 리더십 인스티튜트'(Wagner Leadeship Institute, WLI) 강사진에 나와 있는 빌 존슨의 강의를 2005년에 미국에서 들었으며 그때 치유 받은 사람의 간증을 듣고 동일한 질병을 가진 다른 사람들이 치유될 수 있다는 것을 감명 깊게 배웠다고 한다. 그 외에도 손 교수는 그의 저서 「치유와 권능」(두란노 출판사, 2008)에서 릭 조이너(p. 22, 335), WLI(p.105), 존 윔버로부터 영향 받았던 랜디 클라크(Randy Clark)(p. 105), 베니 힌(p.166, 311), 존 아르놋(p.208), 존 윔버(p.306), 하워드-브라운(p.313) 등과 같은 빈야드 운동 혹은 신 사도 운동을 하는 사람들의 글을 인용한다.

2009년 3월 12일 뉴스앤조이 인터뷰[2]에 따르면, 2009년 1월 31일 손 교수는 호주에서 치유 집회를 열었는데 이때에 나이가 많은 여신도가 쓰러져서 죽었다고 한다. 그때 그는 밤 11시부터 새벽 2시까지 시체에 안수했다고 한다. 왜냐하면 하나님이 자기에게 죽은 사람을 살릴 기회를 주셨다고 생각했기 때문이었다. 또 손 교수는 집회 초반에 누가 치유될지 예언한다고 하면서 그것은 고린도전서 12장에 나오는 다양한 은사 중 지식의 말씀 은사라고 주장한다. 지식의 말씀 은사라는 것은 사람들의 현재나 과거의 상황에 대해서 알게 되는 것이다. 그는 음성을 듣기도 하고 환상을 보기도 한다. 이 정도 되면 사도라고 하지 않겠는가?

한때 와그너가 지정한 신 사도들의 명단에는 한국의 전용복 목사(한소망 교회)와 김태진 목사(아가페 신학 원장)가 들어 있었다. 신 사도로 임명받은 전용복 목사는 알파코스의 치유 사역자로서 알파코스와 합력하고 있다. 그러나 2009년 10월 현재의 명단에는 김태진 목사(아가페 신학 원장)만 들어 있다.[3]

인터넷과 은사 운동의 확산

사이버 시대인 21세기에는 좋은 것이든 나쁜 것이든 모두 인터넷을 타고 급속도로

---

2) 이 인터뷰 전문은 다음에서 볼 수 있다.
   http://blog.naver.com/007007kks/140064672239
   http://cafe.naver.com/londontrinitychurch.cafe에서 볼 수 있다. 후자의 경우 들어가서 손기철을 치면 된다.

3) 신 사도들도 임파테이션이라는 이름의 성령 체험을 강조한다. 체 안(한국 이름 안재호)이라는 이름의 목사(미국 캘리초니아 주 파사데나)역시 와그너의 신 사도 운동을 한다. 유튜브 (http://www.youtube.com)에서 'Pastor's wife flopping like a fish out of water home video'라고 치면 그의 아내가 벤틀리의 힘에 의해 도마 위의 생선처럼 펄떡펄떡 뛰면서 뒤집어지고 체 안도 쓰러지는 현장을 볼 수 있다. 체 안의 교회는 1995년 토론토 축복의 주인공 존 아르놋 목사를 초청해서 부흥회를 한 이후로 교회가 부흥했다고 한다. 그는 또한 피터 와그너가 조직한 '사도의회'의 12명의 초기 사도 중의 한 명이다. 한 마디로 이런 장소에는 하나님의 거룩함이 없다.

퍼진다. 오순절 은사 운동도 예외가 아니다. 한국 교계에 여러 종류의 종이 신문이 있지만 무한 정보의 바다 인터넷을 통한 커뮤니케이션이 대세를 이루고 있는 지금 좋은 뉴스를 전달해 주는 크리스천 인터넷 매체의 역할은 무엇보다도 중요하다. 이런 상황 속에서 인터넷 신문「교회와 신앙」(www.amennews.com)은 이단 사이비 문제를 신속/정확하게 취재하고 신학적 분석 보도를 하고 있어 참으로 다행이다. 다음은「교회와 신앙」이 마련한 한국에서의 은사 운동 확산에 대한 기사이다.

'신 사도' 운동의 메카 인터넷 공간

소위 '신(新)사도 운동'이라 불리는 이 은사운동의 메카는 사이버 공간이다. 신 사도 운동을 지지하는 인터넷 카페와 블로그에는 이 시대의 세계적인 '사도'와 '선지자', '예언자'라는 사람들의 각종 예언으로 넘치고 있다. 뿐만 아니다. 그들과 같이 직접 '하나님의 음성'을 듣고 은사를 모방하기 원하는 사람들이 자신들의 환상과 입신(入神) 체험에 대해 상담하고 조언을 구하는 창구 역할을 하고 있다.

대표적인 카페는 '천국은 확실히 있다'(www.cafe.daum.net/heavenissoreal)와 '선지자와 예언'(www.cafe.daum.net/fgbc) 그리고 '주님이 오시는 발자국 소리'(http://blog.daum.net/jeduthun) 등이다. 이들은 서로의 카페에서 내용을 스크랩하고 개인 블로그로 퍼 옮기는 등 사이버 상에서 왕성한 활동을 펼치고 있다.

'천국은 확실히 있다'는 조용기 목사(기하성, 여의도순복음교회 담임)가 번역해 단숨에 기독교서적 베스트셀러에 올랐던 책으로 더 유명하다. 저자인 토마스 주남은 이 책에서 자신을 '말세의 여선지자'로 칭하고 있는데 그 내용은 자신의 입신 경험을 간증한 것이다. 이 책에는 그녀가 직접 하나님의 음성을 들었다며 "주님께서 말씀하셨습니다.…"라고 시작되는 부분이 8곳 있다. 국내에 본격적인 '선지자 활동'의 시작이었던 것이다. 인터넷 카페는 이 책이 출간된 때와 비슷한 시기인 2004년 1월에 개설됐으며, 현재 약 1만2천여 명이 회원으로 등록해 활동하고 있다. 카페에는 이 책을 읽고 같은 체험을 추구하는 사람들의 천국, 지옥 간증과 상담이 가득하다.

▲ '천국은 확실히 있다' 카페의 각종 천국, 지옥 체험 간증들

카페 회원들이 토마스 주남에게 문의한 상담 내용은 "남북한 통일은 언제 되나?", "재림의 시기는 대략 언제쯤인가?", "기독교가 들어오기 전에 살았던 사람들은 지옥가나?"와 같은 신학적인 문제에서부터 "우리 집에 큰일 났어요. 주남 여사님의 기도가 간절합니다", "마지막 때에 주의 종으로 쓰일 것이라는 예언을 받았어요. 어떻게 하죠?", "가위눌림, 진동, 소름돋움 현상이 왜 일어나나요?"와 같은 개인적인 것까지 다양하다.

'전문인 상담' 코너에서 한 회원은 "하나님의 음성듣기가 훈련으로 가능한가?"라는 제목으로 다음과 같은 질문을 올려 그 고민을 엿보이기도 했다.

"하나님과의 깊은 관계를 사모하고 장차 주의 일을 감당하기 위해 오랫동안 하나님의 음성 듣기를 사모했다. 관련된 책도 6권정도 섭렵했다. 그런데, 이 이 책들은 누구나

어느 정도 연습하면 하나님의 음성을 들을 수 있다고 하는데, 그래서 믿음으로 정말 오랫동안 귀를 기울이고 하나님의 음성을 들으려고 했지만 아무것도 못 듣고, 아무 느낌도 없다. 과연 그 책들 말대로 훈련이나 연습으로 가능한가?"

이에 대해 카페 상담자는 "하나님의 음성은 특정 단체에서 하는 훈련을 통해 들을 수 있을 것이다. 혹시 하나님의 음성 듣는 것을 사람간의 육성대화처럼 생각하는 건 아닌가? 하나님의 음성은 '사람의 생각'에 주시는 것이라 듣는 것만큼 분별하는 것도 훈련이 필요하다"고 답변한다.

'말세의 예언' 코너는 오랄 로버츠, 밥 존스, 신디 제이콥스 등 신 사도 운동의 지도자들에 해당하는 선지자들, 소위 '주님의 종들'의 예언과 환상이 게시된 코너다. 2005년 케네스 코플랜드 목사가 워싱턴에서 했다는 '2006년에 관한 예언'은 현대 성령운동에 동참하지 않으면 재앙이 닥칠 것이라는 식의 내용을 담고 있다. 예언을 요약하면 다음과 같다.

> 2006년은 어떠할 것인가? 아- 주가 말하노라. 이전에 결코 보지 못했던 나의 영광의 나타남이 있을 것이라.…사람들은 자신들의 몸에서 질병이 떨어져 달아나는 것을 체험할 것이라.…나의 성령을 아는 교회들, 이 영광에 대하여 설교해 왔던 교회들에는 그 영광이 머무를 것이니라.…심판 가운데 있는 이들을 낚아채서 영광으로 인도하길 원하노라. 많은 기독교인들이 이에 대해 어떻게 대처할지 모를 것임이라. 너희가 바로 그들에게 말해줄 자들이며, 재앙이 닥쳤을 때 하나님께서 초자연적으로 그들에게 먹을 것을 주도록 사용하실 자들이니라. 오- 이는 과거와 같지 않으리라.…그러나 마음을 악독하게 할 설교자들도 있으리라. 그들은 이를 거슬러 싸우고 어떤 이들은 일어나 성령의 나타남에 대항하여 설교할 것이나, 그들은 홀연히 말더듬이가 되어 바 바, 바 바 바, 바바바바, 바바바, 바바바, 완전히 정신이 혼미하게 될 것이라. 그리하여 치욕 가운데 끌려 나가야 할 것이니, 이는 성령의 나타남에 대하여 결코 무심코 말하거나 가볍게 말할 때가 아니니라. 주의 말이니라. 할렐루야!

이외에도 '천국은…' 카페에는 선지자 외에 개개인이 경험한 예언, 환상, 꿈에 대해 간증하고 나누는 코너가 따로 마련되어 있다. 조용기 목사의 천국간증 동영상도 눈에 띈다. 심지어 3일간 죽은 상태에서 지옥을 보고 왔다는 불교승의 간증도 올려져 있다. '내 사랑 주님'이라는 닉네임의 회원은 "천국 책은 곧 성령 체험의 간증 책이다. 천국 책을 의심 없이 믿는 자는 성령의 임재를 믿는 자요, 의심으로 받아들이는 자는 성령의 임재를 체험하지 못한 자라 믿는다."며 확실한 신뢰를 표현하기도 했다.

또 다른 카페인, '선지자와 예언'은 정바울 목사(순복음성서교회 담임, 〈크리스챤 트리뷴〉 발행인)의 사역을 주로 소개하는 인터넷 카페다(정바울 목사에 대해서는 본지 2003년 12월 3일자 '모아실 ′은사집회′ 논란'기사 참조).

▲ '선지자와 예언 카페'의 공지사항인 '부요에 이르는 7단계'

사도적, 선지자적 추수 운동에 앞장선다는 이 카페 역시 각종 천국과 지옥 간증, 꿈 환상 예언으로 가득하다. 눈에 띄는 것은 이곳도 신 사도 운동과 같이 '재정의 헌신'을 강조한다는 점이다. 공지사항에 게시된 '부요해지는 7단계'의 내용은 한마디로 원하는 만큼 헌금하라는 것인데, 그 설명은 상당히 노골적이다. "당신이 매번 헌금을 드릴 때마다 하나님은 그 갑절로 불려서 당신에게 돌려주실 것이다."라는 것으로 그 방법은, "△받을 것을 기대하며 헌금하라 △하나님의 말씀하신 약속위에 예금하라 △두려움을 이기는 믿음을 택하라 △십일조와 헌금을 드려라 △씨앗을 심으라 △수확을 거두라 △종자는 다시 심으라."이다.

또 다른 인터넷 블로그 '주님이 오시는 발자국 소리'(http://blog.daum.net/jeduthun)는 변승우 목사의 큰믿음교회 신도가 운영하는 블로그다(변승우 목사에 대해서는 본지 2004년 12월 8일자 "변승우 목사의 이상한 구원론"기사 참조). 이 블로그에는 릭 조이너, 짐 골, 밥 존스 등과 같은 신 사도들의 예언 메시지를 비롯해 신도들이 체험했다는 각종 천국, 지옥 간증과 입신간증, 예언 등이 게시되어 있다.

큰 믿음교회 김OO 집사라고 신분을 밝힌 회원은 자신이 지난달 서울 올림픽 홀에서 있었던 신디 제이콥스의 집회(성령운동 진단⑤ 기사 참조)에 참석해 경험한 입신체험을 올리기도 했다. 김 집사는 "목사님(신디)께서 안수해 주실 때 예수님께서 내게 손을 내미시는 것이 보였습니다. 저는 오른손을 뻗어 예수님의 손을 잡았습니다. 예수님께서 저를 이끌고 어디론가 가셨습니다…." 김 집사의 환상은 결국 천국 간증으로 이어진 것이다.

그런데 신도들은 쓰러지는 현상 즉, 안수를 받고 넘어지며 경험하는 입신 체험을 하나님의 '임재'라고 표현한다. 큰 믿음 교회의 윤OO 신도는 "지OO 목사님의 안수를 받고 임재에 들어갔습니다. …하나님이 큰 믿음 교회를 통해 한국이 예언적인 나라가 되게 할 것이라고 하셨습니다."라며 자신이 직접 들었다는 '하나님의 음성'을 써 놓았다. 윤 씨는 언제, 어떤 집회 참석하면 더욱 강력한 '임재'를 체험할 수 있는지도 하나님이 가르쳐 준다고 한다. "예수님이 이번 스캇 브레너의 찬양집회에 강력한 임재를 줄 것이라며 미리 준비하라고 하셨습니다."라는 것이다.

이러한 예언, 환상, 입신과 같은 신비적 체험을 추구하는 신앙 형태는 신 사도 운동이 강력히 지향하는 바다. 지난달 영동제일교회(담임 김혜자 목사)가 번역 출간한 신디 제이콥스의 책 〈초자연적 삶을 살라〉라는 책에는 이 같은 체험적 삶을 어떻게 추구하는지 자세히 기록했다. 신디는 이 책에서 "초자연적 삶을 살기 위해 가장 먼저 성령세례 즉, 방언을 받아야 한다."고 전제하고, '온 몸에 전기가 흐르는 느낌', '허공에 떴다가 쓰러지기', '천국을 잠시 들여다보는 경험', '천사가 전해 주는 메시지' 등을 크리스천이 추구해야 할 '초자연적 삶'이라고 표현하고 있다. 그녀는 "나에게는 하늘나라에 살고 계시는 나의 아버지와 할머니를 보는 것이 더할 나위 없는 기쁨이었다."며 '영적인 영역을 잠시 볼 수 있는 유일한 방법은 환상, 꿈, 영적 분별 그리고 초자연적인 지식을 통해서'라고 말하고 있는 것이다.

▲ '주님이 오시는 발자국 소리'의 '꿈과 환상과 예언' 코너. 신 사도 운동 측 선지자들의 2006년을 향한 예언들이 보인다.

한국 교계는 이미 1980년대 후반, 각종 천국, 지옥 간증 붐이 전국을 휩쓰는 통에 몸살을 앓았다. 특히 〈내가 본 천국〉의 저자이자 비성경적이고 불건전신비주의라는 비판을 받았던 펄시 콜레가 1988년 5월 한국에서의 집회를 다녀간 이후에 천국 간증자들이 기승을 부렸었다.

더구나 펄시 콜레를 초청해 함께 집회를 인도했던 사람이 지금은 이단으로 규정된 이초석 씨였으며, 펄시 콜레의 저서〈100가지 천국 비밀〉을 번역한 이장림 씨가 다미선교회를 이끌며 1992년 휴거소동을 일으켰던 사실은 너무도 잘 알려져 있다. 사후(死後) 세계를 말하는 천국간증은 누구나 궁금해 하는 주제이기에 그 열기가 식을 줄 모르고 오늘까지 계속되고 있다(본지 2005년 1월 19일자 "천국, 지옥 체험기 어디까지 믿을까?"기사 참조). 현대의 천국, 지옥 간증의 또 다른 형태인 신 사도 운동의 현상을 바라보며 90년대 초를 떠올리는 것은 지나친 억측일까?

한국 교회 대표적 지도자였던 정암 박윤선 박사는 당시 만연했던 신비체험들에 대해 "현대 한국 교계에는 소위 입신(入神)을 주장하는 이들이 있어 자신뿐만 아니라 다른 사람들도 입신 상태에 들어가게 한다."며 그 같은 일이 과연 성경적인가에 회의적인 입장을 나타낸 바 있다(박윤선 박사 유고집).

박윤선 박사는, "바울이 '셋째 하늘'에 갔던 체험(행 10:10)은 현대의 입신이 아니며, 성경에 기록된 '비몽사몽'이라는 말은(행 10:10) 사람의 노력이(혹은 계획적으로) 가져온 것이 아니었다."고 전제하고 "그러나 현대의 입신이라는 것은 사람의 의욕에 따라서 된다고 함으로 그것은 하나님의 역사라고 할 수 없다."고 일축했다.

동시에 박윤선 박사는 "바울이 삼층천을 체험한 것은 바울의 의지와 상관없이 하나님께서 전적으로 그렇게 되게 하신 것이었고(고후12:2-3), 그런 것을 위주하지 않았다(고후 12:5)"며 "성경에는 입신이라는 것을 주장한 바가 없는데도 현대인들은 자신의 어떤 경험을 남에게 장려한다면 그것은 성경적이지 않다."고 지적했다. 특히 "현대인들은 자기가 뜻을 정하고 그렇게 되려고 인위적으로 시도한다."는 것이다.

박윤선 박사는 소위 쓰러지는 현상에 대해서도 "사도요한이 예수님의 계시를 본 후 '그 발 앞에 엎드러져 죽은 자같이 된' 사실은(계 1:17), 그가 계시를 본 뒤의 일이고(계 1:12-16), 계시를 보기 위한 방편은 아니었다."며 "이와 반대로 현대의 입신은 모두 다 계시를 보기 위한 수단"이라고 분석했다.

뿐만 아니라, "구약에 기록된 대로 다니엘도 먼저 계시를 본 뒤에 '얼굴을 땅에 대고 엎드리어 깊이 잠들었고'(단8:16-18), 천사가 그에게 다시 말씀한 것도 그가 잠든 동안에 된 일이 아니라 그를 일으켜 깨운 후에 된 일(단 8:18)"이라며 "성경적 계시는 사람이 정상적으로 깨어있는 때에 받은 것"이라고 강조했다.

정훈택 교수(총신대, 신약학)는 "기적을 너무 기대하는 것은 비정상적인 신앙 행위"라며, "성경에 기록되어 있는 다양한 이적 사건을 통해서 주님을 믿는 데 어려움이 전혀 없다."고 강조했다.

성경에는 죽었다 살아난 사람이 여러 명 있고, 에녹과 엘리야처럼 죽음을 경험하지 않고 직접 하늘로 올라간 사람도 있다(창5:24; 히11:5; 왕하2:11). 엘리야가 살린 사르밧 여인의 아들(왕상17:17-24), 엘리사가 살린 수넴 여인의 아들(왕하4:32-37), 예수님이 살린 나인 성 과부의 아들(눅7:11-17), 회당장 야이로의 딸(막5:35-43), 나사로(요 11:1-44), 베드로가 살린 도르가(행9:40), 창가에서

졸다 떨어졌을 때 바울이 살린 유두고(행20:10-12) 등 짧게는 잠깐에서 길게는 나사로처럼 4일 만에 살아났으면서도 성경에는 되살아난 이후 그들의 삶에 대한 기사가 없다. 이 사실은 오늘을 사는 우리에게도 시사하는 바가 크다(전정희 기자, 2006년 06월 26일).

엘리야 리스트

스스로 대언자요, 사도라고 하는 사람들이 자기들을 소개하는 사이트가 있다.[4] 이들은 자기들이 구약시대의 엘리야라고 생각하곤 사이트의 이름을 엘리야 리스트라고 했다. 여기에는 현재 50여 명의 이름이 올라가 있다. 한국에 많이 소개된 사람들만 세면 다음과 같다. 체 안(Che Ahn), 아르놋 부부(John and Carol Arnott), 짐 베이커 부부(Jim and Lori Bakker), 볼츠(Shawn Bolz), 클라크(Randy Clark), 하워드-브라운(Rodney Howard-Browne), 신디 제이콥스(Cindy Jacobs), 조이너(Rick Joyner), 샌포드 부부(John & Paula Sandford), 피터 와그너(C. Peter Wagner) 등.

---

[4] 신사도 운동을 하는 자들의 엘리야 리스트(http://www.elijahlist.com). 이들은 하늘에서 비 한 방울도 떨어뜨리지 못하고 기름 한 방울도 만들지 못하면서도 스스로 엘리야라고 헛된 주장을 펴서 무지한 사람들을 유혹한다.

부록 3

열린 예배

알파코스, G12 프로그램을 도입한 한국의 수많은 교회들이 열린 예배를 하고 있다. 열린 예배의 기원은 미국이며 빈야드 운동을 하는 존 윔버의 교회와 릭 워렌의 새들백 교회, 빌 하이블스의 윌로우크릭 교회, 조엘 오스틴의 레이크우드 교회 등 이머징 처치들로부터 시작하여 한국 교회들에 퍼진 것으로 여겨진다. 이머징 처치[1] 운동의 가장 중요한 특징은 바로 열린 예배이다. 그러나 이 이머징 처치 운동이 복음주의 진영에서 자생한 것이 아니라 로마 카톨릭의 영향이라는 비판이 미국에서 일고 있다. 특별히 알파코스와 G12 비전을 하는 교회들은 기존의 전통 예배를 전부 열린 예배 체제로 바꾸고 있다. 그것은 알파코스와 G12 자체가 능력 예배, 능력 찬양, 능력 전도를 강조하면서 전통 예배에서 탈피할 것을 주문하고 있기 때문이다. 다시 말하면 예배조차도 빈야드 교회의 예배로 바꾸라는 것이다.

G12는 특히 예배의 강력성을 요구하는데 이 G12의 열린 예배에 참석하면서 본인이 느낀 몇 가지를 이야기해 보고자 한다.[2]

1. 열린 예배에서는 기존의 찬송가 대신 CCM을 주로 사용한다. 그 곡의 근원이 어디이든지 예수와 하나님의 이름만 붙이면 찬양 곡의 자격이 된다. 심지어는 사탄숭배자들이 퍼뜨린 곡과 뉴에이지 음악에 예수와 하나님의 이름을 붙여 만든 찬양도 있는데 이것도 묻지 않는다. CCM은 하나님 앞에서 할 수 있는 음악인가에 대해 검증을 받지도 않았고 여과되지도 않았다.
2. 열린 예배에서의 가장 주된 악기는 신디사이저와 드럼과 전자 기타이다. 전자화된

이 글의 앞부분은 이름 밝히기를 원치 않는 무명 성도의 글이다.

1) 이머징(emerging) 교회 역시 앞으로 한국 교회에 많은 영향을 미칠 것이다. 이머징 교회는 지금 출현하고 있고 워낙 다양해서 정확한 정의를 내리기가 쉽지 않다. 이머징 처치들은 서구에서 새롭게 등장하고 있는 포스트모던 문화에 적응하려는 교회들이다. 이 교회들의 특징은 전통적인 것을 파괴하고 진정한 영적 체험을 강조하는 것이다. 따라서 그들은 형식적으로 예배를 보기보다 예배에서 하나님의 임재를 체험하려 한다. 그러므로 이것 역시 오순절 은사운동과 같은 맥락에서 나왔고 이것의 기원 역시 카톨릭 신비주의로 보고 있다. 이머징 교회의 특징은 바로 록 음악의 열린 예배이다.

2) 크리스천 록음악의 현실에 대해서는 유튜브(http://www.youtube.com)에서 'G12 Revolution'라고 치면 G12 집회 현장을 볼 수 있고 'Cover The Earth – Christian Music Body Worship Dance'를 치면 한국의 경배와 찬양 집회 현장을 볼 수 있다.

음이 예배자를 리드한다.
3. 열린 예배의 단상은 찬양 리더와 악기 연주자들에 의하여 점령된다.
4. 열린 예배에서는 악단 연주의 볼륨을 극단적으로 올려서 일차적으로 예배를 드리는 사람의 청각적 감성적 질서를 마비시키고 소리로써 예배자를 제압한다.
5. 일단 제압된 예배자는 인도자의 감정을 흥기시키는 제스처와 열광하게 하는 멘트에 동화되며 감정의 최고조 상태에 빠진다. 인도자와 찬양 리더들은 예배자들이 동적이고 감정적인 표현을 하도록 유도한다.
6. 예배자는 예배자가 가지고 있는 지정의가 균형 있게 갖추어진 채 거룩한 마음으로 예배 드릴 여유도 없이 오로지 감정적 흥기 상태로만 이입되어 버리며 예배당은 열광의 도가니가 된다.
7. 예배자들이 찬양을 통하여 감정적이 되며 클라이맥스 시점이 되면 설교자는 연극의 주인공이 등장하는 것처럼 아무런 예배 의장도 갖추지 않은 복장으로 단상에 등장하여 설교를 시작한다.
8. 감정이 흥기된 예배자는 설교자가 무슨 말을 하든지(별로 대수로운 말도 아닌데) 아멘 아멘하게 되어 있다.
9. 설교자는 대부분 예배자의 기분을 좋게 하는 성공주의, 기복주의, 행복추구주의 설교를 한다. 간혹 그리스도의 고난과 그리스도인의 희생적 삶에 대하여 설교하더라도 이 설교는 말로 그칠 뿐이며 전체적으로 보면 설교자는 예배자를 좁은 길이 아닌 넓은 길로 이끌어간다.
10. 설교자는 단상에서 예의를 갖추지 않고 단상을 휘저으며 걸어 다니며 강한 제스처까지 보이며 설교를 한다.
11. 이러한 열린 예배를 통하여 목사의 카리스마는 자동적으로 높여진다.
12. 이러한 열린 예배의 분위기가 자연적으로 온 교회의 교인에게 젖어들게 되면 수양회나 저녁 예배 등을 통하여 은사주의 사역을 실시한다. 이때 방언을 하도록 격려하고, 쓰러뜨림과 각종 표적 보임, 축사 등을 시행한다. 이렇게 하면 할수록 목사의 카리스마는 더욱 고양되며 그의 위상은 높아지고 능력과 병 고침을 행하는 목사로 소문이 나며 군중을 따르는 그리스도인들이 모이게 된다.

참으로 이런 예배를 하나님이 기뻐하시며 받으실 것인가? 열린 예배를 드리는 사람들은 감정이 고양된 상황 또는 열광하는 상태를 성령의 충만이라고 생각하는 것 같다. 예배에는 경건한 형식이 있다. 예배는 가장 선별되고 거룩한 것을 우리의 마음에 실어 하나님께 드리는 것이며 이에 대한 급부로 하나님의 귀하신 말씀을 받는 자리이다.
 예배에서는 찬양도 세속화되지 않은 것을 선별해야 하며 정숙한 마음과 몸가짐이 필요하고 또 감정과 이성의 조화가 깨지지 않도록 하여야 한다. 너무 기뻐서 춤추고 싶지만 하나님 앞에 드리는 의식의 한가운데 있다고 생각하면 어떻게 날뛸 수 있단 말인가? 날뛰고 싶도록 기쁘지만 절제해야 한다. 통곡하며 마음을 쏟아 놓고 싶지만 절제해야 한다. 예배자가 내는 소리와 악기의 소리도 조심스럽고 경건하려고 해야 한다. 하나님 앞에서 고래고래 소리 지르고 술자리의 노래처럼 볼륨을 최고로 올려놓고 고성방가를 할 수 있단 말인가?

예배 처소는 하나님이 계신 자리이다. 두렵고 경외하는 마음을 가져야 할 자리이다. 그렇게 날뛰지 않아도 통곡하지 않아도 하나님은 우리의 마음을 다 아신다. 예배는 어떻게 하든지 정결하고 거룩한 것을 드리려는 몸부림이 있어야 한다. 마음으로 뿐만 아니라 외양적으로도 그렇게 하려는 자세가 필요하다.

열린 예배 처소는 한마디로 하나님이 기뻐하는 자리가 아니라 예배자가 도취되어 일방적으로 기뻐하고 슬퍼하는 자리로 변하여 버렸다. 요란한 신디사이저와 전자기타와 드럼의 귀가 찢어질 정도의 엄청난 소리에 자극되고 조작된 감정만이 난무한다. 여기에 설교는 예배자의 비위를 맞추는 세속적 것으로 끝나버린다. 이것이 어떻게 하나님께 드리는 예배란 말인가?

이런 열린 예배를 하면 당장 성도들이 꼬이고 교회는 성장할지 모른다. 겉으로는 교회의 분위기가 정열적이고 생동감 있게 보일지 모른다. 그러나 보이는 것이 전부는 아니다. 그것은 연극의 연출하는 사람들이 하는 것같이 얼마든지 그렇게 보이도록 할 수가 있다. 그러나 거기에 모인 성도들은 복음의 정수를 맛보지 못한 채 늘 영적 갈증에 시달리며 살아가야 할 것이고 더 강한 열광과 은사주의를 찾아 방황하게 될 것이다.

예배학 면에서도 열린 예배란 맞지 않는 표현이다. 이것은 다른 교회 예배는 닫힌 예배라는 말이다. 또 이 용어는 사람을 예배를 닫고 여는 주체로 보므로 말 자체가 성경적으로 맞지 않는다. 예배는 사람이 임의로 닫거나 열수 없다.

열린 예배를 주장하는 이들은 열린 예배의 목적을 다음과 같이 설명한다.

> 예배를 흥미 있게 바꾸어서 회심하지 않은 자들을 예배에 참석하게 만들고 참석한 자들이 흥분하게 하여 결국 회심할 수 있는 분위기를 만들어 주어 그리스도인이 되게 유도한다.

이런 생각에는 예배를 사람의 흥미를 돋구기 위한 것으로 보는 위험이 들어 있다. 예배를 받는 분은 하나님이다. 그러므로 예배를 드리는 자들은 예배의 주체이신 하나님이 받으시게 예배를 드려야 한다. 열린 예배를 주장하는 자들은 이것을 교묘하게 '구도자 예배'라고 부른다. 그러나 신자 예배가 따로 있고 구도자 예배가 따로 있을 필요가 없다. 이런 생각 자체가 인간의 탐욕에서 나온다. 예수님과 그분의 제자들과 사도 바울 등 성경의 모든 인물은 처음부터 끝까지 모든 사람을 죄인으로 보고 그들 모두에게 공통적인 메시를 던졌다.

열린 예배란 많은 사람을 모아야 한다는 마케팅 기술과 전략에 따른 세상 방법이다. 이러한 소비자 중심의 목회는 풀러 신학교의 피터 와그너가 가르친 교회 성장학에서 나온 것이다. 하나님은 사람의 숫자에 연연하지 않는다. 예배에 참석하는 사람의 수가 적으면 안절부절못하는 분이 아니다. 그분은 언제나 확신 있게 자신의 역사를 이끌어나가고 있다.

열린 예배를 주장하는 사람들은 대개 전통을 배격한다. 그 이유는 그들이 전통은 낡은 것으로 생산성과 실용성이 없다고 생각하기 때문이다. 그리고 그들은 또한 전통을 권위주의의 산물로 여긴다. 그래서 그들은 전통적인 기독교의 중심 교리를 부정하고 좋은 전통을 버린다. 그리고는 사회학, 경영학, 심리학, 인류학과 같은 것을 그 자리에 집어넣는다. 이런 것이 열린 예배의 밑에 깔린 사상이다.

끝으로 열린 예배는 사람의 육신을 즐겁게 한다. 예수 믿지 않는 젊은이들이 록카페 등에서 에너지를 분출시키듯이 열린 예배에 참석하는 사람들은 가사만 '예수, 주여…' 등을 쓰면서 리듬과 템포는 세상의 록, 랩 음악과 동일한 음악 속에서 에너지를 분출시키고 있다. 사람의 육신을 만족시키는 곳에서는 성령님이 운행하지 않는다. 이것은 명백한 성경의 가르침이다(갈5:16-17).

한국 교회들은 지금 시급히, 너무도 시급히 이 열린 예배의 정체에 대하여 논하고 성도들을 오도하는 잘못된 행태를 시정해야 한다.

부록 4

입 신

'성령 안에서 죽임을 당한다'는 표현은 성령 은사 운동 집회 시 사람들이 뒤로 쓰러지는 현상을 묘사한 것이다. 오순절주의와 은사주의 부흥 운동 안에서 이 현상은 '능력 하에서 넘어지는 것'(falling under the power), '성령에 의해 압도당하는 것'(overcome by the Spirit), '성령 안에서 쉬는 것'(resting in the Spirit) 등 여러 가지 다른 이름으로 묘사되었다.

종교 사회학의 원리에서 보면, '성령 안에서 죽임을 당하는 것'은 '어떤 영에 사로잡혀 황홀경에 빠지는 것'이다. 또한 이 경험의 원천은 자기 최면 혹은 그 현상에 참여하는 동료들 간의 압력 혹은 단지 그 현상을 경험해 보려는 욕망 등에 따른 순전히 인간적인 반응일 수도 있다.

비록 이 표현 자체는 그리 오래되지 않았지만 은사주의자들은 이 현상 자체가 교회 역사를 통해 존재해 왔다고 인정한다. 반면에 사회학자들은 이 현상이 많은 종교에 공통적으로 있으며 특히 마귀의 영에 사로잡혀 황홀경에 빠지는 것과 같은 것이라고 주장한다.

천주교 사제인 프랜시스 맥너트처럼 이런 현상을 지지하는 사람들은 14세기 카톨릭 도미니칸 파의 수도승에 관한 기록에 이런 것이 있다고 주장한다. 현대 오순절 은사 운동은 '성령 안에서 죽임을 당하는 것'을 캐트린 쿨먼, 케네스 하긴, 찰스와 프랜시스 헌터 등의 사역과 연관시키고 있다. 특히 캐트린 쿨먼은 '성령 안에서 죽임을 당하는 것'을 퍼뜨린 장본인으로 널리 알려져 있으며 그녀의 집회에서는 이런 현상이 많이 나타났다.

'성령 안에서 죽임을 당하는 축복'의 특징에는 감정이나 자제력을 잃는 것 등이 포함된다. 뒤로 넘어지는 사람을 잡아주는 '캐처'(포수)가 제대로 잡지 못해 머리를 마루에 부딪치는 사람의 경우도 종종 생기는데, 그때에도 그 사람은 권능에 힘입어 아무런 아픔도 느끼지 못하는 것으로 보도되었다. 또한 이 현상에는 방언을 말하는 것 등이 수반되며 웃는 것, 우는 것 혹은 하나님을 찬양하는 것도 종종 생긴다. 이렇게 '성령 안에서 죽임을 당하는 시간'은 사람마다 다르다. 대개는 몇 초에서 몇 분 정도이나 어떤 경우에는 몇 시간 동안 지속되기도 한다.

이 글은 미국에서 출간된 「오순절 은사 운동 백과사전」에 기록된 입신 즉 '성령 안에서 죽임을 당하는 것'(Slain in the Spirit)에 관한 기사이다. 역자는 그 사전 789-791쪽에 있는 기사를 발췌하여 옮겨 적었다.

다음은 이 현상을 반박하는 유인 목사님(Pastor Wilson Ewin)의 글이다.

성경은 입신을 허락하지 않는다

1982년 6월26일 미국 뉴햄프셔 주의 내슈아에서 열린 미국 내 순복음 실업인 모임에서 복음주의자 조 휴즈는 이렇게 말했다.

이 세상이 오늘 밤 필요로 하는 것은 표적과 기적과 더 많은 기적이다.

그 모임에 참석한 군중들은 소위 '성령 안에서 죽임을 당하는 것'으로 잘 알려진 표적들을 받게 되었다. 이 현상을 체험하기 위해 앞으로 나간 많은 사람들은 그의 손이 자신들을 향해 움직이자 수초 후에 자신들이 무의식 상태로 빠지는 것을 보았다. 이처럼 뒤로 넘어지는 체험은 신조나 피부색이나 인종에 관계없이 온 세계의 모든 은사주의자들에게 공통된 것이다.

표적과 기적을 보여 달라는 외침은 전혀 새로운 것이 아니다. 그래서 구원자께서는 표적을 보여 달라는 요구에 대해 "악하고 음란한 세대가 표적을 구한다."고 대답했다. 소위 '성령 안에서 죽임을 당하는 것'을 주장하는 은사 운동의 전체 과정은 주님께서 승인한 것이 아니라 저 사악한 자 마귀가 승인한 것이다. 우선 그런 욕망은 사탄이 불러일으키는 것이다. 둘째, 악한 마귀의 손은 사람들이 뒤로 넘어지는 현상 그 자체 내에서 잘 드러났다. 이 현상에 들어가는 사람들은 그 자리에 털퍼덕 주저앉지 않는다. 대신에 그들은 '의식적으로 넘어지는 것'이라고 할 수 있는 상태에서 뻣뻣하게 뒤로 나가떨어진다. 이런 현상의 영향을 받은 사람들은 모두 이와 같은 형태를 따른다. 또한 그들은 다 같이 황홀감이나 의식의 상실을 체험한다.

성경은 '사람들이 넘어지는 것을 사탄이 매우 즐거워한다.'는 사실을 우리에게 보여준다. 마귀는 예수 그리스도에게도 "만일 네가 엎드린다면 즉 넘어진다면…"(마4:9)이라고 말했다. 한 번은 구원자께서 마귀에게 사로잡힌 아이에 관한 증거를 들으셨다.

그들이 무리에게 오니 어떤 사람이 그분께 와서 그분께 무릎을 꿇으며 이르되, 주여, 내 아들에게 긍휼을 베푸소서. 그가 미친 증세로 심히 시달리고 자주 불 속에 쓰러지며 종종 물 속에 빠지나이다(마17:14-15).

마귀에 걸린 바로 그 사람은 예수님께 오자 또 넘어졌다.

그들이 그를 그분께 데려오매 그분께서 그를 볼 때에 즉시 그 영이 그를 쥐어뜯으므로 그가 땅에 쓰러져 뒹굴며 거품을 흘리더라(막9:20).

그런데 바로 이 장면에서 마귀에 의해 넘어지는 것과 대조적으로 다음과 같은 예수 그리스도의 목소리가 들린다.

예수님께서 그에게 이르시되, 일어나 네 자리를 들고 걸어가라, 하시니(요5:8)

오순절주의에 빠진 사람들은 '성령 안에서 죽임을 당하는 것'으로 인해 자신을 제어할 수 없게 된다. 또한 이 현상에 빠진 사람들은 황홀경이나 정신적인 기능의 상실을 체험한다. 넘어질 때 생기는 수치스러운 노출에 관한 이야기들을 막아 보려고 여자들은 담요로 하체를 가리곤 한다. 그런데 이제는 사려 깊은 참석자들도 그와 똑같은 일을 행한다. 성경은 다음과 같이 경고한다.

> 대언자들의 영은 대언자들에게 통제를 받나니 성도들의 모든 교회에서처럼 하나님은 혼란의 창시자가 아니요, 화평의 창시자시니라(고전14:32-33).

오순절 체험은 결코 하나님으로부터 온 것이 아니다. 그것은 마귀들 즉 마음을 지배하고 감각을 어지럽히는 자들의 산물이다. 그러나 이와는 반대로, 마귀의 통치로부터 자유를 얻은 사람은 옷을 입고 정신이 온전한 채로 앉아 있었다(막5:15).

마귀학 분야에서 유명한 사람들도 위의 체험이 사탄의 도구 중 하나라고 기록했다. 쿠르트 코흐는 이렇게 말한다.

> 나는 성령 안에서 죽는 이 현상(즉 입신)을 성령의 선물로 받아들일 수 없다.

메릴 엉거는 다음과 같이 기록한다.

> 유명한 병 고치는 자들과 카리스마 지도자들은 이런 능력들을 성령의 참된 선물로 오인함으로써 치명적인 실수를 저지르고 있다. 사실 그들은 그런 것들을 부인해야만 한다. 오늘날 교회 내에서 계속 팽창하고 있는 카리스마 혼돈은 하나님의 백성을 분열시키고 있다. 그런 현상들은 사람들을 매우 미묘하게 실제적인 형태의 신비주의로 데려가려는 사탄의 가장 큰 계략이다.

우리의 구원자께서는 오순절 은사 운동에 대해 다음과 같이 말씀하신다.

> 그 날에 많은 사람들이 내게 이르기를, 주여, 주여, 우리가 주의 이름으로 대언하지 아니하였나이까? 주의 이름으로 마귀들을 내쫓지 아니하였나이까? 주의 이름으로 많은 놀라운 일을 행하지 아니하였나이까? 하리니 그때에 내가 그들에게 밝히 말하되, 내가 너희를 결코 알지 못하였노라. 불법을 행하는 자들아, 너희는 내게서 떠나라, 하리라(마7:22-23).

부록 5

이교도들의 종교 내에서의 웃음

전 세계의 오순절 은사주의 교회들을 휩쓸고 있는 '거룩한 웃음 부흥'은 소위 '성령에 의해 죽임을 당하는 것', '조절할 수 없이 웃는 것', '큰소리를 지르는 것', '사자처럼 포효하는 것', '떠는 것', '발작하는 것', '놀람과 기쁨과 평화와 사랑을 느끼는 것' 등을 동반하고 있다. 그런데 참으로 흥미 있는 것은 이와 똑같은 현상이 이교도들의 종교 안에도 존재한다는 사실이다.

성령으로 취한다는 것은 무엇인가? 성경은 결코 이에 대해 아무것도 언급하지 않는다. 비록 '거룩한 웃음'을 찬성하는 사람들은 성령으로 취한 채 행동하는 것이 유효하다는 것을 보여 주기 위해 사도행전 2장을 인용한다. 하지만 사실 사도행전 2장 1-11절은 사도들이 성령님의 기름 부음을 받고 다락방에서 나와 세계 도처에서 온 사람들의 말로 복음을 전하기 시작했음을 보여 줄 뿐이다. 제자들의 메시지를 들었던 이들은 자신들의 말을 분간했으며 동시에 다른 나라 말들도 듣게 되었다.

그런데 13절에 나오는 조롱하는 자들은 그 메시지를 자세히 귀담아 듣지 않았고 단지 중얼거리는 것 같은 소리만 들었다. 그래서 그들은 제자들이 술 취한 것으로 여겼다. 비록 술 취했다는 비난을 받긴 했지만 제자들은 결코 '거룩한 웃음'에 취한 사람들이 보여 준 것처럼 정신없이 비틀거리지 않았다.

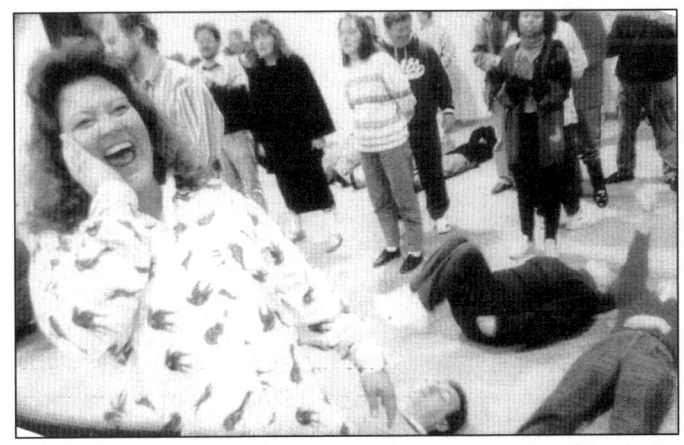

이 글은 영적 위조품 연구라는 단체에 의해 보고된 내용이다.

또한 모든 사람들이 제자들을 비난하지 않았고 단지 조롱하는 자들만 비난했다. 조롱하는 자들은 그 현상을 이해하지 못했고 따라서 그들에게는 제자들의 말이 마치 중얼중얼 거리는 것처럼 들렸다. 그러나 베드로는 이들을 올바로 세워 주었고 그들 중 많은 이들이 자기들의 죄를 회개하고 하나님의 영에 의해 다시 태어나게 되었다.

보통 '쿤달리니 에너지'(Kundalini energy)는 굽이굽이 감긴 형태로 사람의 등뼈 밑에 잠재하고 있는 굉장한 에너지 원천이라고 묘사된다. 이것이 자유롭게 표출되면, 어떤 커다란 육체적, 영적 치유를 일으킬 수 있는 능력을 갖게 된다고 한다. 크리스티나 그로프와 스타니슬라브 그로프는 「격렬하게 자신을 찾기」라는 뉴에이지 책을 저술했으며 그 안에서 고차원의 영적 지도자나 구루(인도의 힌두교 도사)들이 쿤달리니 에너지를 일깨우는 방법을 보여 준다. 쿤달리니 에너지가 분출되면 심리적이며 육체적인 충격에 대한 과거의 기억이 되살아날 수 있다. 이에 대해 그로프 부부는 이렇게 말한다.

> 이 같은 과정을 겪는 사람들은 자신들의 행동을 규제한다는 것이 매우 어려운 일임을 느끼게 되며 쿤달리니 에너지가 밀려들어오는 동안에 여러 종류의 원치 않는 소리를 내고 그들의 몸은 이상하고 전혀 예상치 못했던 대로 움직인다. 이 같은 현상 중 가장 일반적인 것은 아무런 동기가 없이 부자연스럽게 내는 웃음이나 울음, 소리를 지르는 것, 다른 이상한 방언을 하는 것, 동물의 소리나 움직임을 흉내 내는 것 등이다.[1]

또한 그로프 부부는 이렇게 말한다.

> 이렇게 쿤달리니 에너지가 깨어날 때 생기는 현상을 자세히 살펴보면 비록 이 과정이 종종 격렬하며 무엇을 부수는 것 같지만 실상은 병을 고치는 것이다.

「하나님께로 춤추며 가라」는 책의 저자이며 미국 오레곤 주에 거주하는 힌두교 구루 라즈니쉬는 자신의 추종자들에게 이렇게 말한다.

> 항상 즐거워하라. 하나님은 그리 심각한 존재가 아니다. 이 세상은 신학적인 신을 맞을 준비가 되어 있지 않다. 그러므로 너희는 항상 다음을 기억하라, 즉 항상 하나님께 춤추며 나아가고 웃으며 나아가라.

라즈니쉬는 종종 신(神)에 의해 술 취한 것으로 여겨졌으며, 자신의 추종자들에게 자신에게 와서 영적 술을 마시라고 권면했다. 라즈니쉬의 영적 포도주는 종종 머리에 손을 댐으로써 이 사람 저 사람에게 옮겨갔다. 이렇게 라즈니쉬의 손이 머리에 닿으면, 그의 추종자들 중 많은 이들이 황홀경에 빠져 마루에 쓰러지곤 했다.

인도의 성인으로 알려진 라마크리쉬나는 매일같이 사마디(Samadhi)라 불리는 황홀경에 빠졌다. 그때마다 그는 넘어져서 의식이 없는 상태로 '아난다'로 불리는

---

1) 힌두교의 쿤달리니와 토론토 축복에 대해서는 유튜브(http://www.youtube.com)에서 'Kundalini in Action & Toronto Blessing'를 치면 동영상을 볼 수 있다. 불교에서 일어나는 동일한 현상을 보려면 역시 유튜브에서 'Thai Buddhist-Waikru Sakyant Trance in Melaka Pt1'를 치면 되고 이슬람교의 것은 'The Mystics of Islam - the Shrine of Sufi Saint Shah Jamal'을 치면 된다. 이교도들의 모든 종교에는 이와 같은 엑스타시를 추구하는 현상이 들어 있다. 빈야드, 토론토, 펜사콜라, 알파코스를 주관하는 영은 이런 이교도들의 종교를 지배하는 더러운 영이다.

초극단의 기쁨의 상태에 들어가며 매우 아름다운 꿈을 꾸고 종종 공중 투시(유체이탈)도 행하는 것으로 알려져 있다. 이 같은 상태는 몇 분이나 심지어 며칠까지도 지속되며 자제할 수 없는 웃음이나 울음 등이 동반된다. 그는 자기 자신뿐만 아니라 다른 사람도 머리나 가슴에 손을 얹음으로써 간단하게 이런 상태에 들어가게 할 수 있다.

무크타난다 역시 '샥티팻이'라 불리는 어떤 육체적 접촉 – 머리에 손을 얹는 안수 같은 것 – 을 통해 소위 '구루의 은혜'라 불리는 것을 자신의 추종자들에게 전달해 줄 수 있다. 이 은혜는 점차적으로 쿤달리니 에너지를 일깨우게 되며 그 결과 여러 종류의 영적 그리고 육적 현상을 일으킨다. 이런 현상에는 자제할 수 없는 웃음, 으르렁대는 것, 개처럼 짖는 것, 쉬쉬하는 소리를 내는 것, 몸을 떠는 것 등이 있다. 이런 일을 열심히 하는 사람들은 잠정적으로 벙어리가 되거나 의식을 잃게 되며, 굉장한 기쁨과 평화 그리고 사랑과 같은 감정으로 자신들이 꽉 채워짐을 느낀다. 어떤 경우에는 쿤달리니의 불이 너무나 강력해서 이들은 자신들을 식히기 위해 아무런 의식 없이 거친 호흡을 하게 된다.

「격렬하게 자신을 찾기」라는 책에서 그로프 부부는 쿤달리니를 일깨우는 것과 아프리카의 쿵 부족(Kung tribes)이 황홀경에 들어가기 위해 춤을 추는 것 사이에 매우 비슷한 점이 있음을 보여 준다. 이런 춤 예식 중에 이 부족들은 노여움, 염려, 두려움같이 굉장한 감정이 놓임을 받는 것과 관계가 있는 어떤 심오한 의식의 변형 상태에 들어간다. 종종 그들은 똑바로 서지도 못하며 강력한 떨림에 사로잡힌다. 이 같이 극적인 경험을 한 뒤에 이들은 최고조의 황홀경에 들어간다. 이 부족의 전통에 따르면, 이러한 춤이 사람의 등골 맨 밑에서부터 '엔툼'이라 불리는 우주적 치유 능력을 나오게 한다고 한다. 이것은 곧장 어떤 육체적 접촉에 의해서 한 사람에게서 다른 사람에게로 옮겨간다.

10억이 넘는 중국 내 모든 사람들에게 매우 잘 알려진 얀 신(Yan Xin)이라는 기공 도사가 1991년에 샌프란시스코에서 강연을 했다. 1700명의 추종자들이 – 대부분이 중국 사람임 – 얀 신의 강의를 듣기 위해 강당에 모여들었다. 1991년 5월 16일자 「샌프란시스코크로니클」은 그의 이야기가 시작된 지 채 몇 분이 지나지 않아 몇몇 사람들이 소위 자동적 움직임이라 불리는 것을 경험하기 시작했다고 보고한다. 「샌프란시스코크로니클」의 기자는 이렇게 보도했다.

얼마 지나지 않아 그곳은 사람들이 손을 흔들며 알아듣지 못하는 말로 쌀라쌀라 외쳐 대는 오순절 부흥 기도 집회와 비슷하게 되었다.

얀 신은 추종자들에게 다음과 같이 말했다.

민감한 사람들은 매우 강력한 육체적 감정, 즉 웃음이나 울음을 경험하기 시작할 것이다. 그러나 걱정할 필요는 없다. 이것은 매우 정상적인 과정이다.

또한 그 기사에는 '1985년 이후에 기공에 대한 부흥 운동이 중국을 휩쓸게 되었을 때 오천에서 육천만 명의 중국 사람들이 얀 신을 보기 위해 몰려갔다.'고 되어 있다.

멜론이 지은 「미국 종교 백과사전」에 따르면, 수부드 신앙의 핵심 요소는 '라티한'(Latihan)을 연습하는 것이다. '라티한'은 어떤 사람이 신(神)의 능력에 자신을 내어놓는 방법을 의미하며 그 안에는 여러 과정이 포함되어 있다. 그 백과사전은 다음과 같이 말한다.

올바른 라티한은 우리의 의식을 우리의 생각 너머로 옮겨 놓음으로써 신의 능력이 우리 안에 들어와 역사할 수 있도록 하는 것이며…많은 경우에 여러 가지 몸짓과 음성으로 나타나는 것들 즉 비명 소리, 신음 소리, 웃음 및 노래 등이 동반된다. 이때 사람들은 사랑, 자유 등의 감정을 느끼며 병 고침도 받게 되고 고등의 의식 세계에 도달한다.

현대 최면 요법의 아버지인 메스머는 흰색 가운을 입은 채 환자의 몸에 손을 대거나 쇠로 만들어진 긴 지팡이로 환자를 만지면서 웅장하게 행진을 한다. 그 결과는 다양하다. 어떤 환자들은 전혀 아무것도 느끼지 못한 반면에, 어떤 이들은 히스테리 증상의 웃음에 사로잡혔다.

만일 최면에 걸린 사람에게 우습지 않은 이야기를 해 주면서 그것이 참으로 재미있을 거라고 이야기 해 주면, 그는 깔깔거리며 웃을 것이고 결국은 울게 될 것이다.

한 번은 다음과 같은 실험이 이루어졌다. "고래는 이 지구상에 있는 매우 큰 포유동물 중 하나이다."라는 전혀 우습지 않은 이야기를 하자 최면에 걸린 사람은 큰 소리로 부르짖으며 웃어댔다. 그러자 최면에 걸리지 않은 사람들도 역시 크게 웃기 시작했다. 최면 시 자동적으로 과다하게 웃는 현상은 메스머 이후에 여러 책에 잘 기록되어 있다.

부록 6

방언과 표적

　이 책자에서 나는 크리스천들 사이에서 크게 논쟁이 되고 있는 주제에 대해 이야기를 하려 하는데 사실 이 주제 안에는 별별 이야기가 다 있다. 나는 단지 한 가지 관점에서만 이것들을 다루려하지 않으며 이것들의 기원으로부터 시작해서 성경이 방언에 대해 – 소위 은사 운동이라고 불리는 것에 대해 – 무어라고 이야기하는가를 확실하게 짚고 넘어가려 한다.
　'은사가 있는, 재능이 있는'(charismatic)이라는 말은 그리스말이다.[1] 우리는 어떤 이들이 그리스말로부터 무엇인가를 끄집어 내려할 때 실상 그들이 그것 때문에 큰 혼동을 빚는 경우를 종종 보아 왔다. '은사가 있는'(charismatic)이라는 말은 문자 그대로 '선물을 받은, 타고난 천부적 소질을 갖고 있는'(gifted)을 나타낸다. 다시 말해 자신이 은사를 갖고 있다고 주장하는 사람들은 당신이 갖고 있지 않은 선물들을 자신들만이 갖고 있다고 주장한다. 참으로 흥미 있는 일이다.
　잠언 25장 14절을 읽어 보자. 만일 어떤 사람이 다른 사람들은 갖고 있지 않은 선물(천부적 재능)을 자신만이 갖고 있다고 주장한다면 그는 정말로 엄청난 주장을 하고 있다. 만일 당신이 오순절 은사 운동에 참여한다면 그것은 이미 당신이 천부적 재능을 타고났다고 주장하는 것이나 다름이 없다. 당신이 그렇게 주장하지 않는다면 당신은 위선자가 되고 만다. 비록 당신이 그럴 리가 없다고 생각할는지는 모르나 그것은 사실이다. 왜냐하면 '은사가 있는'(charismatic)이라는 단어는 항상 당신이 '천부적 재능'을 갖고 있음을 의미하기 때문이다.
　그래서 많은 사람들이 어떤 유능한 정치가가 나타나면 그를 '카리스마적인 인물'이라고 말한다. 다시 말해 그들은 그가 천부적 재능을 지니고 있으므로 유능한 일을 할 수 있다고 말하는 것이다. 따라서 어떤 사람이 자신이 카리스마를 가지고 있다고 주장한다면 – 오순절 은사주의자들처럼 – 그것은 곧 자신이 천부적 재능을 갖고 있다고 공언하는 것이다. 천부적 재능을 갖는 것은 결코 나쁜 것이 아니다. 그런데 만일 당신이 소유하지도 못한 재능에 대해 자랑한다면 어떻게 되는지 아는가? 잠언 25장 14절을 펴고 읽어 보라. 성경을 읽는 것보다 더 확실한 것은 아무것도 없다. 고등학교 교육 이상을 받은 많은 사람들이 성경책을 두려워하는 나라에 우리는 살고

　이 글은 미국 플로리다 주 펜사콜라의 성경침례교회 목사인 럭크맨(Peter Ruckman)의 소책자를 허락을 받아 번역한 것이다.
　1) 은사는 영어로 단순히 'gift' 즉 선물을 뜻한다.

있다. 성경은 그들을 두렵게 만드는데 나는 그 이유를 잘 안다. 당신이 구원받지 못한 상태에서 성경을 대하면 성경은 당신을 두렵게 만든다. 그러나 만일 당신이 구원받았으면 당신은 성경과 친숙해져야만 한다. 잠언 25장 14절은 만일 당신이 거짓 재능에 대해 자랑하면, 당신은 마치 비가 없는 구름이나 바람과 같다고 말한다.

누구든지 스스로 거짓 선물을 자랑하는 자는 비 없는 구름들과 바람 같으니라.

당신은 가뭄이 온 지역을 뒤덮어서 사람들이 비가 오도록 간구하며 작물들은 뙤약볕 밑에서 말라죽어 가는 것을 본 일이 있는가? 하루는 큰 구름이 나타나고 농부들은 하나님께서 소나기를 주신다고 감사해 한다. 천둥도 치고 번개도 번쩍번쩍했고 드디어 구름이 왔으나 한 방울의 비도 내리지 않는다! 이것이 바로 자신이 갖지도 않은 재능에 대해 자랑하는 사람들의 모습이다. 만일 이들이 자신들이 소유하지도 못한 재능에 대해 이야기한다면 그것은 거짓말하는 것이다.

미국을 비롯해서 전 세계를 휩쓸고 있는 오순절 은사 운동의 두드러진 특징은 그것을 행하는 사람들이 성경 교리들을 전혀 알지 못한다는 사실이다. 디모데전후서는 15번 이상이나 교리 혹은 '건전한 교리'(sound doctrine)에 대해서 말하고 있다. '교리 안에 거하라', '건전한 교리', '교리 안에서 확고하게 되어' 등등.

은사 운동에 빠진 사람들은 조용히 앉아서 15분 정도도 성경을 펴고 스스로 교리를 공부하지 못한다. 믿는다는 사람들이 자신들이 무엇을 믿는지(교리) 모른다면 이것이야 말로 큰 문제가 아닌가? 만일 당신이 탁자에 앉아서 성경을 펴고 말씀들을 읽으며, 하나님께서 말씀하신 것의 의미를 깨닫지 못하는 크리스천이라면 사실 당신의 삶에 큰 문제가 있다.

옛날 격언 중에 "내 죄는 성경책을 보지 못하게 하고 성경책은 내가 죄를 짓지 못하게 한다."는 것이 있다. 만일 당신이 성경책을 두려워하는 크리스천들을 발견한다면 그들의 삶에는 분명히 무언가가 잘못되어 있다. 만일 당신이 하나님과 올바른 관계에 있다면 당신은 하나님의 말씀을 사랑하게 된다. 그러나 만일 그렇지 못하다면 당신은 하나님의 말씀을 사랑할 수가 없다. 나는 지금 구원받았느냐 못 받았느냐를 이야기하지 않는다. 나는 지금 구원받은 이들에 대해서 이야기하고 있다.

성경이 방언에 대해 무어라고 이야기하는지 살펴보기 위해 고린도전서 14장 22절을 읽어 보자. 오순절 은사 운동을 하는 목사들 중 어느 누구도 이 구절을 신도들에게 가르쳐 주지 않는다. 왜냐하면 이 구절은 방언이 무엇인가를 확실하게 보여 주기 때문이다.

그러므로 타언어들은 믿는 자들을 위한 표적이 아니요, 믿지 않는 자들을 위한 표적이로되 (Wherefore tongues are for a sign…)

분명히 성경은 방언이 표적을 위한 것이라고 말한다. 그러므로 방언은 은사(선물)뿐만 아니고 표적도 된다.

성경을 펴고 고린도전서 1장 22절을 찾아서 표적이 누구를 위한 것인지 살펴보자. 당신은 위에서 방언이 무엇인지 분명히 알게 되었다. 고린도전서 14장 22절은 방언이 믿지 않는 이들을 위한 표적(sign)이라고 말한다. 그런데 고린도전서 1장 22절은 그리스 사람들(이방인들)은 지혜를 찾고 유대인들은 표적(sign)을 요구한다고 말한다.

유대인들은 표적을 요구하고 그리스인들은 지혜를 추구하나

다시 한 번 눈을 크게 뜨고 자세히 살펴보라. 이것은 내 말이 아니다. 성경은 분명히 '방언은 표적이다'라고 말하며 또 동시에 성경은 '유대인들은 표적을 요구한다.'고 말한다. 만일 당신이 이 구절들의 상관관계를 모른다면 당신 머리에 어떤 이상이 있음이 분명하다. 초등학교 학생들도 이 둘의 상관관계를 이해할 것이다. "유대인들은 표적을 요구하며 방언은 표적이다."

만일 표적에 대해서 이야기하려면 우리는 먼저 유대인들에 대해 공부해야만 한다. 그 이유는 바로 그들이 표적을 요구하기 때문이다.

예수님은 죽음에서 일어나셨을 때 자신의 열두 제자들에게 이렇게 말씀하셨다.

믿고 침례를 받는 자는 구원을 받으려니와 믿지 않는 자는 정죄를 받으리라. 믿는 자들에게는 이런 표적들이 따르리니 곧 내 이름으로 그들이 마귀들을 내쫓으며 새 언어들로 말하며(막16:16-17).

여기에도 표적이 나온다. 그 이유는 무엇일까? 그 이유는 그들이 모두 할례 받은, 돼지고기를 삼가는, 안식일을 지키는 유대인들이었기 때문이다.

표적들의 기원

자, 출애굽기 4장을 살펴보자. 먼저 우리는 방언의 기원에 대해 이야기하려 한다. 방언의 기원을 확실하게 이해하지 않으면 방언에 대해 아무리 이야기해도 소용이 없다. 그러므로 어떻게 방언이 생겼는가를 살펴보는 것이 무엇보다도 중요하다. 그런데 방언의 기원을 살펴보려면 먼저 표적(sign)이 무엇인가를 이해해야만 한다. 그리고 표적을 이해하려면 먼저 유대인들에 대해 공부해야만 하는데 그 이유는 그들이 표적을 구하기 때문이다.

출애굽기 4장 8-9절에는 이집트로부터 이스라엘을(유대인들을) 구출시킨 유대인들의 신정 정치의 아버지 모세가 나온다. 모세는 구원자로서 이집트에 보내어졌으며 그의 임무는 이집트로부터 이스라엘 자손을 해방시키는 것이었다. 이스라엘이라는 국가는 모세로부터 시작이 된다. 이스라엘이라는 국가는 아브라함, 이삭, 야곱 등으로부터 시작되지 않았다. 왜냐하면 그들 당시에 이스라엘은 단지 떠돌아다니는 유목민에 불과했기 때문이다. 모세는 이스라엘 자손을 불러내어 처음으로 국가를 형성했고 그들을 광야로 이끌었다.

하나님께서 모세를 부르셨을 때 그는 여러 가지 이유로 자신이 그 일을 할 수 없다고 변명했다. 주님께서는 4장 2-3절에서 그에게 지팡이를 들어서 땅에 던지라고 했고 그는 그대로 했다. 그리고 6-7절에서 주님께서는 그의 손을 가슴에 넣으라고 하셨다. 그가 그의 손을 가슴에 넣자 주님께서는 다시 그것을 꺼내라고 하셨고, 그가 손을 꺼내자 그것은 문둥병에 걸려 있었다. 다시 말해 모세는 병에 걸리게 되었다. 성경에서 처음으로 병에 걸린 사람은 모세이다. 성경은 모세 이전에 어느 누구도 질병으로 인해 아팠다고 기록하고 있지 않다. 그가 다시 자기의 손을 가슴에 넣고 빼었더니

그의 병이 나았다. 다시 말해 그는 성경에서 처음으로 병 고침을 받았다.

성경에서 병 고치는 표적은 모세로부터 처음 시작되었다. 성경에서 처음으로 병을 앓았던 사람은 유대인이었고 처음으로 병 고침을 받은 사람도 유대인이었다. 이 같은 것은 무엇을 뜻할까? 출애굽기 4장 30절을 읽어 보자. 모세와 아론은 유대인들에게 갔고 그들에게 표적들(signs)을 행했다. 여기에 분명히 표적들이라고 기록된 것을 보았는가? 그러자 유대인들은 그들을 믿게 되었고 머리를 숙여서 경배했다. 분명히 보았는가? 성경에서 가장 먼저 나오는 표적은 병 고침의 표적이며 그것은 유대인들을 위한 것이었다.

유대인들이 표적을 요구함으로써 이 같은 표적들이 유대인들의 신정정치와 더불어 시작되었다. 또한 유대인들은 자기들 국가의 역사가 표적들과 함께 시작되었기에 그 뒤에도 계속해서 표적들을 요구할 권리가 있었다. 이러한 표적들 중 하나가 바로 병 고치는 표적이며 그것은 유대인들을 위한 표적이었다. 그래서 고린도전서 12장은 이 은사를 병 고침의 은사 즉 천부적 재능이라고 부른다.

<u>나는 하나님께서 병을 고치심을 확실히 믿으며 하나님께서 병을 고치시지 않는다고 믿는 목사를 내 평생에 한 번도 만난 적이 없다.</u> 그러나 성경을 믿는 성경 신자들(Bible believers)은 유대인들에게 주어졌던 것 같은 병 고침의 천부적 재능(은사, gift)을 믿지 않는다. 그 이유는 다음과 같다.

첫째는, 우리가 유대인들이 아니기 때문이다.

둘째는, 우리가 유대인들에게 복음을 선포하지 않기 때문이다.

셋째는, 우리가 표적을 필요로 하지 않기 때문이다. 오직 악하고 음란한 세대만이 표적을 구한다.

우리는 분명히 하나님께서 병을 고치심을 믿는다. 그러나 우리는 '스스로 병 고친다고 주장하는 많은 사람들'을 믿지 않는다. 우리가 이렇게 말하면 많은 분들이 화를 내며 "당신이 무어라 하든지 상관없어. 나는 여전히 하나님께서 병을 고치신다고 생각해!"라고 말한다. 그런 사람들은 분명히 무엇인가를 오해한 것 같은데 나는 절대로 하나님께서 병을 고치지 못한다고 말하지 않았다. 나는 심지어 하나님께서 나의 개들도 고쳐 주심을 보았다. 나는 두 마리의 독일산 개들을 키우는데 그것들이 다쳤을 때 나는 그것들을 위해 기도했고 그것들이 차에 치여 다 죽어가게 되었을 때도 그것들을 위해 기도하자 그것들이 나음을 보았다.

내 가족 중 내가 기도했는데 병이 낫지 않은 사람은 하나도 없었다. 다시 한 번 말하지만 나는 하나님께서 병을 고쳐 주심을 확실히 믿는다. 그러나 나는 내 가족들을 병 고치는 텐트로 데려가서 줄을 세우고 카드를 받아들고는 안수 받는 일 따위는 하지 않는다. 왜 어렵게 사는가? 믿음으로 하나님께 간구하라.

표적들은 이스라엘과 함께 시작되었고, 모세는 병 고치는 표적을 소유했다. 만일 표적들이 이스라엘과 함께 시작되었다면 그전까지는 어느 누구도 병에 의해 아프지 않았다. 출애굽기 15장 26절을 보도록 하자. 제발 내 말을 믿지 말고 성경을 믿기 바란다. 주님께서 말씀하신 후 그들은 이집트로부터 탈출해 나왔다. 주님께서는 15장

26절에서 만일 그들이 주님의 명령에 귀를 기울이며 주님의 규례를 지키면 주님께서는 이집트 사람들에게 내리셨던 악한 질병들 중 어느 하나도 그들에게 내리지 않으시리라고 말씀하셨다. 왜냐하면 "그분은 그들의 병을 고쳐주는 주(LORD) 곧 여호와이기 때문이다." 다시 한 번 15장 26절을 자세히 읽어 보라.

이르시되, 네가 **주** 네 하나님의 음성에 부지런히 귀를 기울이고 그의 눈앞에서 옳은 것을 행하며 그의 명령들을 귀담아 듣고 그의 모든 법규를 지키면 내가 이집트 사람들에게 내린 이 질병 중 하나도 너희에게 내리지 아니하리니 나는 너를 치유하는 **주**니라, 하시니라.

그 안에 믿음이 있는가? 그 안에 안수하는 것이 있는가? 그 안에 기도가 있는가? 제발 다시 한 번 살펴보라. 주님의 약속은 행위에 대한 보답으로 유대인들에게 주어졌다.

너희가 이것, 이것을 행하면 내가 너희를 고쳐 주리니 나는 너희의 병을 고쳐 주는 **주**라.

유대인들이 표적을 요구하므로 하나님께서 모세를 통해 이스라엘 국가를 위한 표적을 주셨을 때 그 표적은 하나님께 순종하는 것(즉 행위)과 상관이 있었다. 수많은 크리스천들이 이곳저곳 은사 집회에 다니면서 병 고치는 줄에 서서는 하나님께서 자신들을 고쳐 주실 것을 간구 하거나 혹은 믿기만 하면 모든 일이 다 이루어진다고 그저 믿으려고만 애쓰는 것을 바라보는 것보다 슬픈 일이 세상에 어디에 있단 말인가? 그리고 병 고치는 사람이 나와서는 "너, 부정한 영아, 내가 너를 병 마귀로부터 해방시킨다. 내가 너를 가난 마귀로부터 해방시킨다!"라고 떠들어댄다. 이것보다 어리석은 것이 세상에 어디 있단 말인가?

만일 당신이 하나님께 순종하지 않는 자녀라면 어떻게 그런 일들을 요구할 수 있겠는가? 그들은 복음을 증언하지 않는다. 그들이 하는 일들이란 단지 방언 이야기뿐이며 그들은 전도하지 않는다. 그들은 누구누구가 왔는데 그들이 아주 용하다고 하거나 병을 잘 고치니 가보자고 하지 결코 예수님을 전파하지 않는다.

당신에게 한 가지 물어볼 것이 있다. 어떤 사람이 손으로 당신을 가리키며 만일 당신이 죄를 회개하고 예수 그리스도를 영접하지 않으면 지옥에 간다고 말한 적이 언제인가? 이런 전도를 받아 본 사람들이 얼마나 되는가? 수많은 크리스천들이 전도하지 않으며 당신을 구원시키려 하지 않고 단지 '랄라라'하고 쓸데없이 허공에 대고 이야기만 하고 있다.

다시 말하지만 이런 표적들은 이스라엘과 함께 시작했다. 크리스천들이 하나님께 불순종하며 그분께서 하라고 명령하신 것은 하지 않으면서 어떻게 하면 병 고침을 받을 수 있을까 하고 은사 집회에만 쫓아다니는 것보다 더 어리석은 일이 이 세상에 어디 있을까? 나는 모든 병이 마귀로부터 온 것이라고 믿을 정도로 어리석지 않다. 나는 또한 모든 질병이 당신의 불순종 때문에 생겼다고 믿을 정도로 어리석지도 않으며 그보다는 훨씬 더 지혜롭다.

나는 그리스도 안의 한 형제를 알고 있는데 그는 수년 전에 심하게 화상을 입었다. 그는 그것을 치료하기 위해 말도 못할 정도로 고생을 했다. 그런데 주님께서 그에게 역사하셔서 그를 놀랍게 기적적으로 고쳐 주셨다. 그 사고 이후 그를 처음 한두 번 보았을 때 나는 그가 3개월 이상 더 살지 못하리라고 생각했었다. 오직 그에게 있었던 것은 그를 위해 기도하는 소수의 참된 그리스도인들뿐이었고 주님께서는 그를 위해 기적을 행하셨다. 그는 이곳저곳 돈을 싸들고 은사 집회라는 곳에 다니면서 병 고침을 받지 않았다. 그는 하나님을 신뢰하며 그분께 의지함으로써 병 고침을 받았다.

표적들의 역사

자, 지금까지 우리는 표적들의 기원에 대해서 살펴보았고 지금부터는 표적들의 역사(History)에 대해서 살펴보자. 신명기 18장 18절을 펴고 읽어 보라. 이제 당신은 유대인들의 국가인 이스라엘이 표적과 함께 시작되었기에 그들은 항상 표적을 요구함을 알게 되었다. 유대인들은 표적을 요구할 권리가 있다. 신명기 18장 18절은 주님께서 모세를 통해서 말씀하신 부분이다. 여기서 모세는 이스라엘 자손에게 하나님께서 그들을 위해 자신과 같은 대언자 한 명을 세우실 터인데, 누구든지 주님의 이름으로 말씀하실 그 대언자의 말을 듣지 않는 자는 하나님께서 용서치 않을 것임을 말하고 있다.

내가 그들의 형제들 가운데서 너와 같은 대언자 하나를 그들을 위하여 일으키고 내 말들을 그의 입에 두리니 내가 그에게 명령할 모든 것을 그가 그들에게 말하리라. 누구든지 그가 내 이름으로 말할 내 말들에 귀를 기울이지 아니하면 내가 그에게 그것을 요구하리라 (신18:18-19).

I will raise them up a Prophet from among their brethren, like unto thee, and will put my words in his mouth; and he shall speak unto them all that I shall command him.

다시 한 번 신명기 18장 18절에서 모세가 이야기하고 있는 그 대언자를 주목해 보라. 킹제임스 흠정역 성경은 분명히 그 단어를 대문자인 'Prophet'으로 적고 있다.[2] 그 이유는 다름 아니고 '그 대언자'(Prophet)가 바로 신약성경의 예수 그리스도이시기 때문이다. 침례자 요한이 요한복음 1장에 등장했을 때 유대인들은 그에게 "당신이 엘리야입니까? 혹은 당신이 그리스도입니까? 아니면 당신이 그 대언자(that Prophet)입니까?"라고 물었다(요1:21). 이에 대해 침례자 요한은 나는 그들 중 어느 누구도 아니라고 대답했다.

그 뒤 예수님께서 등장하셨는데 그분은 바로 신명기에서 예언된 '모세와 같은 대언자'이셨다. 만일 그분께서 모세와 같은 대언자라면 그분은 모세가 베풀었던 것 같은 표적들을 갖고 있어야만 한다. 그래서 예수님께서 나타나셨을 때 그분은 모세에게 주어졌던 표적들을 갖고 계셨다. 이런 의미에서 그분은 둘째 모세였으며 모세의 후계자였다. 그분은 유대인들을 속박으로부터 구출하시기 위해 부름을 받으셨다.

예표로 볼 때 주 예수 그리스도께서는 이집트의 파라오(바로)에 항거하여 유대인들을 구출한 모세와 같다. 예수 그리스도께서는 이스라엘 국가를 구출하셔서 자유롭게 하실 소명을 받았다. 그렇다면 예수님께서 오셨을 때 그분께서 무슨 표적을 갖고

---

[2] 영어성경에서 인격체를 나타내는 단어의 첫째 글자가 대문자인인 경우에 그것은 대개 삼위일체 하나님 중 한 분을 나타낸다.

계셨던가? 마가복음 6장 4-6절을 보라. 특히 5절 말씀을 자세히 보라.

그러나 예수님께서 그들에게 이르시되, 대언자가 자기 고향과 자기 친족과 자기 집 외에서는 존경받지 못하는 일이 없느니라, 하시고 거기서는 어떤 능력 있는 일도 행하실 수 없어서 다만 몇몇 병든 자에게 안수하여 그들을 고치실 뿐이었으며 그들이 믿지 아니하므로 이상히 여기시고 마을들을 두루 다니시며 가르치시더라.

여기에 나오는 불신앙의 사람들이란 다름 아닌 병 고침을 받은 사람들이었다. 당신은 사람들이 얼마나 성경 말씀을 왜곡해서 자기들 마음대로 해석하는 줄 아는가? 그들은 "당신은 병 고침을 받기 위한 믿음이 있는가?"라고 묻는다. 그러나 위의 성경 말씀에서 예수님께서 하신 일은 단지 그들의 병을 고치신 것이었다. 그분은 그곳에서 몇몇 병든 이들에게 손을 얹으셨고 그들의 불신 때문에 더 큰 일을 할 수 없으셨다. 그러면 이 구절이 무엇을 의미하고 있는가?

이 구절은 만일 당신이 참으로 병 고치는 은사(천부적 재능)를 갖고 있다면 어떤 이에게 손을 얹어서 그가 믿음이 있든지 없든지 그의 병을 낫게 할 수 있음을 보여 준다. 예수 그리스도께서는 손을 얹으시는 대로 병을 고치실 수 있으셨다.

사도행전 5장 15절을 보자.

심지어 그들이 병든 사람들을 거리로 데리고 나가서 침상과 자리에 누이고 베드로가 지나갈 때에 최소한 그의 그림자라도 그들 중의 몇 사람에게 덮이기를 바라더라.

만일 당신이 병 고치는 은사(천부적 재능)를 갖고 있다면 사람들이 그들의 믿음과 감정에 의지하든지 안하든지, 그들의 믿음을 해방시키든지 아니하든지, 성령님의 흘러넘침이 있든지 없든지 혹은 그들이 여러 가지 이교도들의 신성모독과 비슷한 방법에 의지하든지 아니하든지 당신은 전혀 걱정할 필요가 없다. 왜냐하면 만일 당신이 병 고치는 은사가 있다면 어떤 이에게 손을 얹기만 하면 그의 병이 나을 것이기 때문이다. 사도행전 5장 15-16절에서 베드로는 단지 자신의 그림자가 병든 이들 위로 지나가게 함으로써 그들의 병을 고쳐주었다. 성경은 분명히 "그들이 모두 병 고침을 받았다."라고 기록하고 있다. 여기에서 '모두'라는 단어를 주목하기 바란다.

마태복음 4장 23-24절을 보라.

예수님께서 온 갈릴리에 두루 다니사 그들의 회당들에서 가르치시고 왕국의 복음을 선포하시며 백성 가운데서 온갖 종류의 질환과 온갖 종류의 질병을 고치시니 그분의 명성이 온 시리아에 두루 퍼지니라. 그들이 모든 병든 사람 곧 갖가지 질병과 고통에 사로잡혀 앓는 자, 마귀 들린 자, 미친 증세가 있는 자, 마비 병 환자들을 그분께 데려오니 그분께서 그들을 고치시매

예수님께서 병을 고치실 때는 병 고침이 완전했다. 또한 못 고친 병이 없으셨다. 다시 말해 일단 병 고침을 받았으면 그것으로 완전했다. 마태복음 4장 23-24절에서 주님께서는 "그들을 고치셨다." 다시 말해 그들 모두 고침을 받았다. 예수님께는 힘든 병이라는 것이 없었다.

만일 당신이 병 고치는 은사를 갖고 있다면 - 오순절 은사 운동을 하는 많은 이들은 자신들이 이런 은사를 갖고 있다고 주장하는데 - 당신이 손을 얹는 대로 100% 병

고침의 역사가 일어나야만 한다. 그렇지 않으면 그것은 은사(천부적 재능)가 아니다. 많은 오순절 은사 운동가들은 "예수 그리스도는 어제나 오늘이나 영원토록 한결 같으시다."고 주장하거나 "내가 아버지께로 가므로 너희는 나보다 더 큰 일을 할 것이다."라고 말한다.

당신은 겟세마네동산에서 일어났던 일을 기억하는가? 한밤중에 군인들이 예수님께로 오자 베드로는 화가 나서 칼을 집어 들고 한 사람의 귀를 잘라서 땅에 떨어뜨렸다. 그러자 주님께서는 그것을 땅에서 주어서 그 귀를 만지시고 제자리에 붙여 주셨다. 이것이 바로 병 고치는 은사이다. 당신은 이와 같은 것을 은사 운동 집회에서 본 적이 있는가?

"나는 이 여인이 갑상선 이상으로 인한 혹을 갖고 있는 것을 보았는데 그녀가 기도하자 그 혹이 가라앉는 것을 보았다"고 어떤 이는 말한다. 물론 그는 그것을 분명히 보았다. 그런데 당신은 얼마 후에 병 고침에 관한 스캔들 뉴스에서 그녀가 가짜로 된 플라스틱 살과 풍선 그리고 옷 밑으로 공기 호스를 차고 있었다는 기사를 읽은 적이 있는가? 당신은 꾸준히 신문을 보아야만 한다. 그녀는 목 근처에 풍선을 대고 있었고 그것을 가짜 살로 가리고 있었다. 그리고 기도하면서 옷 밑의 공기 호스를 통해 바람을 빼고 있었다. 그러자 그 혹은 점점 작아지게 되었다. 어떤 이는 "나는 분명히 내 눈으로 그것을 직접 보았다."고 말한다. TV라는 것은 정말 놀라운 것이다. 눈 깜짝할 사이에 수많은 사람들을 감쪽같이 속이니 말이다. 그래서 그것은 바보상자라고 불린다.

어떤 이는 "나는 기도를 통해서 내 자신의 혹을 고쳤고 따라서 나는 당신의 주장에 대해 동의하지 않는다!"고 말한다. 정말 어떤 이들은 마귀로 가득 차 있고 내가 무엇을 말할 때면 "나는……라고 생각한다."고 주장한다. 그런데 사실 당신은 전혀 생각하지 않는다. 사실 당신은 "만일 성경책이 나를 거스르면 나는 그 책을 믿지 않겠다!"고 말하고 있다. 당신이 자꾸 그런 주장을 하는 이유는 성경책 때문에 당신이 곤경에 빠진다고 생각하기 때문이다. 그런데 당신은 바로 그것을 모르고 있다.

<u>나는 하나님께서 사람들을 고치지 않는다고 말한 적이 없다. 또한 나는 하나님께서 당신을 고치지 않았다고 말하지도 않았다. 나는 단지 당신에게 오순절 은사 운동을 통하여 병을 고친다고 주장하는 넌(David Nunn), 브랜함(Branham), 로버츠(Oral Roberts) 등의 거짓말쟁이들을 자세히 살펴보라고 말했을 뿐이다.</u> 약 25년 전에 로버츠는 앨라배마 주의 모빌에서 집회를 가졌다. 그때 조그만 돌풍이 불어서 집회하는 곳을 강타했고 17명이 부상을 당했다. 그때 그들이 어떻게 했는지 아는가? 그들은 응급차를 불렀다. 이 얼마나 웃기는 일인가? 만일 그가 병 고치는 은사를 갖고 있었다면 왜 스스로 다친 이들을 고치지 못하고 구급차를 불렀겠는가? 그들은 심지어 집회 장소를 보험에 가입하고 있었다. 만일 성경 말씀 안에 똑바로 서있지 않으면 당신은 마치 사격장에서 누군가 총으로 쏘아 떨어뜨리려는 오리와 같은 신세가 되고 만다.

한번은 내가 살고 있는 펜사콜라에 가짜 병 고치는 이들이 집회를 하러왔다. 마침 그때 앨라배마 주의 미네트에 살고 있던 내 친구가 나를 방문했고 그 집회에 참석했다. 그런데 그가 안수 받는 곳을 쳐다보았더니 그곳에는 그의 먼 친척 되는 여인이 서

있었고 그녀는 여기저기 절룩거리며 다니다가는 목발을 집어던져버렸다. 집회가 끝난 뒤 그는 그녀에게 "도대체 당신은 여기서 무엇하고 있는 거요?"라고 물었다. 그러자 그녀는 "그들이 내게 10달러를 주었는데 나는 이렇게 쉽게 10달러를 벌어 본 적이 없습니다."라고 말했다. 그러자 그가 "그래도 그렇지 어떻게 사람들을 속일 수 있소?"라고 말했다. 그러자 그녀는 "나는 단지 그들이 믿음을 갖도록 도와주고 있습니다."라고 대답했다. 이 얼마나 악하고 음란한 세대인가? 다른 사람을 도와주기 위해 거짓말을 하고 더구나 돈을 받다니! 이것은 다름 아닌 뇌물수수와 사기행각이다.

예수 그리스도께서는 지상에 계셨을 때 병 고치는 능력을 갖고 계셨다. 그분께서 누군가를 만지셨을 때 그 사람은 곧장 병 고침을 받았다. 그들이 병 고침을 받은 것에는 전혀 의심의 여지가 없다. 예수 그리스도께서는 돌아가셔서 땅에 묻혔다가 부활하셨다. 그분께서 부활하신 후에 열한 제자들을 부르셨고 가룟 유다 대신 맛디아가 선택되었다. 자, 이제 마가복음 16장을 펴고 그 제자들이 부름을 받았을 때 무엇을 했는가를 살펴보자. 만일 그들이 예수 그리스도께서 소유하셨던 능력을 갖고 있었다면 사람들 위에 손을 얹어서 그들의 병을 고쳐야만 했다.

마가복음 16장 17절을 보라. 어리석음을 치료하는 데는 킹제임스 성경보다 더 좋은 것이 없다. 막16:17은 "믿는 자들에게는 이런 표적들(these signs)이 따르리니 곧 내 이름으로 그들이 마귀들을 내쫓으며 새 언어들로(new tongues) 말하리라."라고 기록한다. 은사주의자들에게 여기까지는 별 문제가 없다. 그러나 18절은 "그들이 뱀들을 집어 올리며 어떤 치명적인 것을 마실지라도 해를 받지 아니하며 병든 사람들에게 안수하면 그들이 나으리라."라고 기록한다. 자세히 보라. 어느 누구도 기도하지 않았다. "그들이 병든 자들에게 안수하면 즉 손을 얹으면 그들은 회복될 것이다." 다시 한 번 말하지만 어느 누구도 기도하지 않았다. 그들은 단순히 손을 얹었다. 이것이 바로 은사이다!

그러면 당신은 "그러나 야고보서에서는……."라고 말한다. 우리는 지금 야고보서를 이야기하지 않는다. 당신은 성경을 전혀 공부하지 않기 때문에 성경을 혼잡하게 하며, 당신과 다른 사람들마저 혼란에 빠지게 만든다. "우리는 교회의 장로들을 부르고 서로서로 잘못을 고백하며 기름을 붓고 서로를 위해 기도한다."고 당신은 말한다. 그런데 마가복음 16장 17-18절은 그 이야기를 하지 않고 유대인 사도들에게 주어진 선물들 중 하나가 병 고침의 표적(the sign of healing)이라는 것을 보여주고 있다. 그 같은 선물을 갖고 있는 사람은 병든 자가 누구든지 손을 얹어서 그를 일어나게 할 수 있다. 다시 말해 당신이 그 같은 선물을 갖고 있다면 그렇게 할 수 있다.

그러면 당신은 "그 같은 선물을 갖고 있는 사람을 당신이 만난 적이 있습니까?"라고 내게 물을 것이다. "아닙니다. 나는 절대로 그 같은 사람을 만난 적이 없습니다." 그러면 당신은 "그렇다면 그 같은 선물을 갖고 있다고 주장하는 사람들을 만난 적이 있습니까?" 라고 내게 묻는다. "물론이지요. 많이 보았습니다." 이 같은 사람들은 "나는 모든 영광을 하나님께 돌리기 원합니다. 병 고침을 행하는 것은 내가 아니고 나를 통한 하나님이십니다. 나는 이 같은 능력이 내 오른팔을 타고 내려오는 것을 보았습니다. 나는 어렸을 때 소아마비를 앓았습니다. 그런데 어머니께서 기도하셨고 나는 그 같은 능력이 내게 있는 것을 깨닫게 되었습니다."라고 말한다. 오! 이 거짓말하는 사람들이여, 제발 조용히 있으라.

만일 하나님께서 병 고치는 은사를 주셨다면 나는 일요일에 교회에서 설교나 하고 있지 않을 것이다. 나는 각종 병원을 찾아다닐 것이다. 왜 그 같은 선물을 갖고 있는데 교회에서 시간을 허비하겠는가? 이 같은 은사를 사용해서 수많은 사람들을 그리스도께 끌어 올 수 있지 않겠는가? 큰 병원마다 암 병동이 있지 않은가? 왜 당신의 은사(선물)를 그런 곳에 가서 사용하지 않고 땅에 묻어 두는가? 당신이 그 같은 재능을 갖고 있다면 왜 그런 곳에 가서 사용하지 않는가? 내가 사람들의 병을 고칠 수 있다면 왜 이런 책들을 출판하기 위한 돈 때문에 걱정해야만 하는가? 내가 그런 능력이 있으면 전국을 순회하며 죽어 가는 이들을 살려주지 않겠는가? 나는 하루도 채 못 되어 내가 사용할 수 없을 만큼의 많은 돈을 긁어모으지 않겠는가?

당신은 이 같은 은사 집회에서 무지한 성도들이 바치는 헌금을 보았는가? 그들은 믿음이 없음에 틀림없다. 이런 은사 집회를 인도하는 이들은 돈을 긁어모으기 위해 당신의 믿음을 부추긴다. 사실상 그들이 믿음이 있다면 조용히 하나님께서 자신들에게 필요한 재원을 공급해 주실 것을 믿어야만 한다.

나는 한번 알렌(Allen, 유명한 은사 운동가)이 인도하는 집회에 갔었다. 그는 술 취한 채로 죽었다. 그의 부검 결과는 그가 만성 음주가였음을 보여 주었고 그의 심장은 알코올로 가득 차 있었다. 그는 진정제와 약으로 살아갔다. 참으로 비극이다. 그는 약 55세에 술 때문에 죽었는데 죽기 전에 그는 미국 곳곳을 다니며 "죄로부터 자유하라!"고 외쳤다. 그는 사람들에게 '어떻게 하나님께서 그들을 축복하도록 만드는가, 그들의 기도가 응답되도록 하는가'를 가르쳤다.

내가 그의 집회에 참석했을 때 그는 설교 시간 중 첫 한 시간 반을 설교는 전혀 하지 않고 헌금과 기부 등을 받는 데 사용했다. 그는 먼저 찬양 집에 대한 헌금을 거두었고 그 뒤에는 찬양 인도자를 위해서, 차량을 위해서 차례로 헌금을 거두었다. 그리고 나서 그는 "만일 여러분이 가난 마귀에 사로잡혀 있다면 모두 앞으로 나오십시오. 내가 기도해 주겠습니다."고 했다. 그러자 수많은 사람들이 가난 마귀로부터 해방되기 위하여 나아갔다. 그는 또 한 번 이들에게 그들이 갖고 있던 마지막 돈까지 다 헌금하게 하더니 "당신들은 가난합니까?"라고 물었다. 그러자 그들은 "그렇습니다."라고 대답했다. "부자가 되고 싶습니까?", "네 그렇습니다.", "당신들은 하나님께서 당신들을 부자로 만들 수 있다고 믿습니까?", "네", "하나님께 이것이 진심임을 보이고 당신의 믿음을 해방시키십시오", "아멘, 하나님께 영광을", "하나님께 헌금함으로써 이것이 진심임을 보이십시오."

수많은 라디오 성경 교사들이 "믿음을 갖고 당신의 믿음을 해방시키십시오!"라고 외쳐댄다. 당신은 이 말이 무엇을 의미하는지 아는가? 이 말은 자신들의 프로그램을 위해 돈을 보내라는 것이다. 나는 펜사콜라에서 지난 25년 동안 라디오 설교를 했지만 단 한 번도 직접적으로나 간접적으로 돈을 내라고 해 본 적이 없다. 왜냐하면 나는 하나님께서 원하시면 이 방송이 그대로 유지될 것이고 그렇지 않다면 내가 그만 두어야할 것을 잘 알고 있었기 때문이다. 많은 이들이 "믿음, 믿음, 믿음!"을 강조하지만 사실상 그들은 하나님께서 자기들의 방송을 그대로 유지하실 것이라는 믿음조차 없는 사람들이다. 얼마나 우스운 일인가? 마가복음의 하나님의 말씀은 그들이 손을 얹는 대로 사람들이 병 고침을 받을 것이라고 했지만 이런 현대 은사 운동가들은 아무리 손을 얹어도 병자들이 일어나지 않는다.

내게는 에버린이라는 흑인 가정부가 있다. 그녀는 지난 20년 동안 나를 위해 일해 왔다. 그녀는 구원 받았고 주님을 사랑하며 성경 말씀을 믿는다. 한번은 그녀가 브랜함(Branham, 역시 유명한 은사 운동가)의 집회에 갔다 와서는 "럭크맨 박사님, 그 사람은 아무도 못 고치더군요. 그는 단지 그들에게 최면을 걸었어요."라고 말했다. 나는 고등교육을 받았다고 자부하는 수많은 사람들이 이 가정부 여자보다도 더 현명치 못함을 보고 깜짝 놀랐다. 그녀는 계속해서 "럭크맨 형제님, 글쎄 수많은 사람들이 그에게 연금, 수표, 봉급 그리고 자신들의 사업 등을 바치더군요. 내 이웃 중 하나는 팔이 구부러져 있었는데 그녀도 거기 갔다 와서는 자신의 팔이 고침을 받았다고 말하더군요. 그런데 아무리 봐도 그녀의 팔은 옛날과 똑같아요."라고 말했다. 사실상 그들은 그녀로 하여금 팔이 펴진 것처럼 생각하게 만들었다.

캐트린 쿨먼은 병이 걸렸는데 당신은 그녀가 병을 고치려고 어떻게 했는지 아는가? 그녀는 오클라호마 주의 털사로 갔다. 당신은 털사에 누가 살고 있는지 아는가? 오랄 로버츠와 오스본 같은 당대의 유명한 자칭 은사 운동가들이 털사에 살고 있었다. 그러면 당신은 그녀가 그들로부터 병 고침을 받기 위해 털사에 갔다고 생각하는가? 천만의 말씀이다. 그녀는 침례교 병원에 입원했다. 얼마나 역설적인 이야기인가! 이 세 명의 유명한 신유 부흥사들이 자기 자신들은 전혀 고치지 못하다니 이 얼마나 우스운 이야기인가? 그런데 불행하게도 그녀는 병원에서 죽었다. 아마도 그녀는 병원이 아니고 오랄 로버츠나 오스본에게 갔었어야만 한 것 같다.

약 2년 전에 유잉(Ewing, 역시 신유 부흥사임)이 이곳 펜사콜라에 내려왔고 나는 그의 집회에 참석했다. 당신은 내가 왜 그곳에 참석했는지 그 이유를 아는가? 나는 그곳에 가서 실컷 웃고 재미를 보려고 갔다. 그런데 당신이 그런 곳에 갈 때는 아주 조심해야 한다. 왜냐하면 보통 그런 곳에는 경비원들이 서 있는데 그들은 옷을 깨끗하게 입고 성경책을 낀 사람을 요주의 인물로 본다. 그러므로 당신이 그런 곳에 갈 때는 남루한 복장을 하고 성경책을 갖고 가지 말아야 한다. 그들은 성경을 믿으려 하지 않고 단지 그것을 사용하여 돈을 벌려고만 한다. 나는 그런 곳에 가서 실컷 웃는다. 그들은 내가 자신들과 함께 웃는 줄 알지만 사실 나는 그들을 비웃는다. 그들은 그것을 '거룩한 웃음'이라고 부른다. 나는 특히 여자 목사가 나와서 고함을 빽빽 지르고 설교단을 주먹으로 내려치는 것을 보는 것을 좋아한다. 그것보다 더 우스운 것이 세상에 어디에 있단 말인가? 성경은 분명히 여자 집사, 장로(목사) 등이 있을 수 없고 교회 안에서 여자들은 설교할 수 없게 되어 있다.[3]

하루 저녁은 여자 설교자가 나와서 "아, 예수님께 축복을, 하나님께 영광을!" 하면서

---

3) 디모데전서 3장을 있는 그대로 자세히 보라. 목사(감독)와 집사는 한 아내의 남편이어야 한다(딤전3:2, 11).

해군 병사와 같은 목소리로 외쳤다. 그리고 얼마 뒤 그들은 "자, 여기 마귀에게 걸린 남자가 있습니다. 우리가 그에게서 마귀를 쫓아낼 터이니 보기를 원하는 사람은 모두 앞으로 나오십시오."라고 말했다. 그래서 나도 앞으로 나아가 그들과 함께 줄을 맞추어 섰다. 그 마귀들린 형제 옆에는 두 명의 건장한 체구의 남자들이 서 있었다. 그들은 모두 기도하기 시작했고 나도 기도했다. 그런데 그곳에서 나는 내 가족과 내 교회를 위해서 기도하며 성경이 "경계심을 갖고 기도하라."고 한대로 했다.

그때 병 고치는 자가 나오더니 "예수 그리스도의 이름으로 깨끗함을 입으라. 너 부정한(더러운) 영아 그에게서 나오라!"고 소리쳤다. 그러자 그는 마룻바닥에 넘어져서는 뒹굴며 입에서 거품을 내고 자기 발로 마루를 찼다. 그런데 실제로 그는 성령님에 의해서 넘어지지 않았고 그 옆의 두 명의 남자들이 그를 강제로 넘어지게 했다. 나는 눈을 뜨고 있었으므로(왜냐하면 성경이 경계심을 가지고 있으라고 했으므로) 그것을 자세히 볼 수 있었다. 그런데 나를 제외한 다른 사람들은 그 사람 안에 있던 마귀들이 그를 마루에 넘어뜨린 줄로 착각하고 있었다. 그런데 사실상 두 명의 건장한 남자들이 그를 마룻바닥에 납작하게 넘어뜨렸다.

또 한 번 나는 다른 은사 집회에 참석했다. 설교자가 "자, 이제 병을 고칠 터이니 보기 원하는 사람은 나오세요."라고 말했다. 그래서 나도 앞으로 나아갔다. 그런데 그 병자는 사팔뜨기 눈을 하고 있었다. 그 설교자가 그에게 "병 고침을 받으라!"고 외치자 그는 눈을 똑바로 떴다. 자! 이게 무슨 병 고침인가? 그들은 사람들을 속이고 있었다.

이 모든 일들이 정말로 웃기는 일임에 틀림이 없다. 그러나 당신이 병자라면 그것은 전혀 웃기는 일만은 아닐 것이다. 내가 이런 일들을 수십 년간 내 눈으로 직접 보아오면서 내린 결론이 있다. 나는 지금까지 살았던 사람들 중 가장 천박하며 부패한 마귀는 당신의 질병(약점)을 이용하여 돈을 긁어모으는 사람이라고 생각한다. 당신에게 소망을 집어 넣어준다고 하며 돈을 챙겨 가는 것, 이것이야말로 가장 천박한 마귀의 소행이다.

내 친구 중에 홀(John Hall)이라는 사람이 있다. 그는 휠체어를 타고 다닌다. 그는 한국 전쟁에 참가했다가 부상을 당해서 들에 약 이틀 동안이나 누워 있었다. 총탄이 그의 둔부를 뚫고 지나가서는 등뼈를 잘랐다. 그러나 다행히도 감염이 되지 않았고 이틀 후에 그는 다른 군인들에 의해서 구조되었다. 그는 지금도 살아 있고 휠체어를 타고 있다. 그는 내가 사는 이곳에 와서 강의를 들었고 북부 지방으로 되돌아갔다.

하루는 그 친구가 내게 와서는 울면서 "여보게, 나는 어찌할 바를 모르겠어. 나는 이 약들을 계속 먹고 싶지 않아. 나는 아파서 서 있을 수도 없어. 또 약들을 먹지 않으면 밤에 잠도 잘 수가 없지. 나는 약물 중독자가 되고 있어. 나는 주님께 죄를 짓고 싶지 않아. 왜냐하면 내 몸이 성령님의 전임을 내가 잘 알기 때문이지. 그런데 나는 잠을 잘 수 없고 항상 아프기만 하니 이를 어쩌지. 제발 내게 무어라고 이야기 좀 해 주게나."라고 말했다. 이런 사람들이 당신에게 접근할 때 당신은 아주 조심스럽게 그들을 대해야만 한다. 당신은 이들에게 어떤 성경 구절을 이야기해야 하는지 이미 잘 알고 있다. 그래도 성급히 굴지 말고 신중하게 그들을 대해야 한다.

나는 그에게 어떤 성경 구절을 주어야만 하는지를 잘 알고 있었다. 그런데 그 앞에 서 있는 나는 축구도 하고 테니스도 하고 골프도 치는 건강한 사람이 아닌가? 내 앞에 서 있는 그는 지난 10년 동안 휠체어를 타고 다녔고 앞으로도 계속해서 그것을 탈 사람이 아닌가? 그러므로 여러분은 조심해야만 한다. 정말로 목사가 된다는 것은 쉬운 일이 아니다. 나는 그와 얼마동안 이야기했고 그에게 별로 큰 도움이 되는 말을 해 주지 못했다. 단지 그와 함께 울었다. 이 같은 친구를 위해 함께 울어 주는 것보다 더 큰 치료법이 없다고 생각한다.

기뻐하는 자들과 함께 기뻐하고 슬피 우는 자들과 함께 슬피 울라(롬12:15).

결박 중에 있는 자들을 기억하되 그들과 함께 결박당한 것 같이 기억하고 너희 자신도 몸 안에 있은즉 역경 당하는 자들을 기억하라(히13:3).

사실상 홀은 병 고치는 집회에 종종 가곤 했다. 그곳에 앉아서 그는 그들이 모두 사기를 치고 있는 것을 잘 알고 있었다. 한번은 나도 그와 함께 그러한 집회에 갔었는데 그는 그곳에서 병 고치는 줄에 가서 앉고는 심하게 떨고 있었다. 그날 밤 나는 그가 내게 무엇인가를 이야기하려는 것이 있음을 알았다. 그는 내게 "여보게, 나는 이제 더 이상 그런 집회에 가지 않으려 하네. 이게 모두 가짜야. 그리고 그들은 모두 거짓말을 하고 있어. 그런데 그들이 '오직 믿음, 오직 믿음!'하고 노래를 부르며, 병 고치기를 시작하면 내 안의 근육들은 이 휠체어로부터 빠져 나오려고 안간힘을 쓰지."라고 말했다. 사실 그 강대상에는 속임수의 마귀가 있는데 그것이 바로 그로 하여금 그렇게 느끼도록 만들고 있었다.

네이탄 베미스(Nathan Bemis)라는 친구도 이곳에 와서 학교를 다녔다. 그는 초등학교 2학년을 유급하고 6학년도 마치지 못한 채 해군에 갔다. 그러나 구원받았을 때 그는 크게 변화되어서 참으로 겸손한 영혼 구원자가 되었다. 그는 주님을 사랑했고 우리학교 졸업생 가운데 가장 우수한 학생 중 하나였다. 그는 항상 조용히 공부했고 지금은 미국 북서부의 한 교회를 담당하고 있다. 그는 그리스어 과목을 두 번이나 떨어졌고 결국 세 번째 가서야 그 과목을 통과했을 정도로 책을 읽는 데는 밝지 못했지만 사람들을 다루는 데는 아주 지혜가 있었다.

한번은 내가 시내에 있었는데 어떤 친구가 그에게 다가가서는 지옥이 실제의 불이 타는 곳이 아니라고 반박하고 있었다. 그러자 네이탄은 "예, 그곳은 참으로 진짜 불이 타는 곳입니다."라고 말했다. 그러자 그 친구는 "아닙니다, 그곳은 상징적인 곳이지요."라고 대답했다. 그러자 네이탄은 "혹시 라이터를 갖고 계신가요?"라고 물었다. 그 친구는 주머니에서 라이터를 끄집어내서는 그에게 넘겨주었다. 네이탄은 그의 손을 끌어 잡아당기고는 라이터를 그곳에 대었다. 그러면서 네이탄은 "지옥은 바로 이런 곳이지요."라고 말했다. 아마도 그 친구는 그 교훈을 평생 잊지 못할 것이다.

하루는 유잉이라는 자칭 신유 부흥사가 이곳에 와서는 가난한 흑인 동포들의 돈을 챙겨갔다. 10년 전에 나는 캘리포니아 주 헐리우드의 비벌리 힐즈(가장 부자들이 많이 사는 곳)에 갔었는데 그때 이미 유잉(Ewing)은 그곳에 굉장히 큰 저택을 소유하고 있었다. 가난한 이들의 돈을 착복해서는 자신의 영화를 위해 쓰는 자들에는 저주가 있기를!

네이탄은 유잉을 만나러 갔다. 하룻밤 집회가 끝난 뒤 네이탄은 유잉을 붙잡고는 "사도 바울이 아픈 적이 있었던가요?" 하고 물었다. 그러자 유잉은 "네, 그는 아픈 적이 있었습니다."라고 대답했다. 그러자 네이탄은 "그가 회복되었습니까?"라고 물었다. 그러자 유잉은 "물론입니다. 회복되었지요."라고 대답했다. 네이탄은 "성경에서 그것을 보여 주시겠습니까?"라고 물었다. 유잉은 "내일 오십시오. 설교 시간에 그것에 대해 이야기하겠습니다."라고 대답했다. 네이탄은 신약성경을 꺼내들고는 "당신이 오늘 보여 주시면 저는 참으로 감사하겠습니다."라고 말했다. 유잉은 "내일 오십시오."라고 대답했다. 이 거짓말쟁이요, 두 얼굴을 가진 자는 성경에 그것이 없음을 잘 알고 있었다.

그다음 날 밤에 네이탄은 화가 잔뜩 나서 내게 "럭크맨 형제님, 그는 사람들을 속이고 있습니다. 아주 나쁜 사람이에요. 그는 돈만 챙기고 있습니다."라고 말했다. 그래도 그는 그 설교자를 위해서 기도했고 그다음 날 다시 그의 집회에 참석했다. 그런데 바로 그때 병 고치는 자리에서 한 흑인 자매가 심장병이 일어나서 곧 죽었다. 큰 소동이 일어났고 그들은 경찰을 불러서 결국 그를 쫓아냈다. 그는 이곳을 떠나며 펜사콜라 사람들이 자신을 박해했다고 주장하며 그들이 도대체 믿음이 없는 사람들이라고 떠들어댔다. 여하튼 그 여자는 바로 안수하는 자리에서 죽었다.

"예수님께서 어제나 오늘이나 영원토록 같으시다!"는 말이 도대체 무슨 말인가? 예수님께서 계신 곳에서는 어느 누구도 죽지 않았다. 심지어 죽어 가는 강도도 예수님께서 돌아가시기 전까지는 죽지 않았다. 만일 예수님께서 그곳에 계셨다면 그 여자는 죽지 않았을 것이다. "병 고침을 받아라!" 이 얼마나 우스운 말인가?

만일 어떤 사람이 자신이 그런 능력이 있어서 손만 갖다 대면 병자를 고칠 수 있다고 주장한다면 그를 내게 데리고 오라. 내가 단숨에 그가 거짓말하는 것을 보여 주겠다. 나는 단지 "자, 저기 암 병동으로 갑시다!"라고 말할 것이다. 그러면 그는 100% 안 갈 것이다.

이런 속임수에 빠진다는 것은 아주 쉬운 일이다. 목사들이여, 이런 속임수에 빠져들지 말라. 그런데 만일 당신이 그렇게 하고 싶거든 내가 그 방법을 가르쳐 주겠다. 당신은 두루 다니다가 한 교회를 발견하고 그 교회 안의 일원 중 한 명이 아픈 것을 알게 된다. 당신은 병원에 가서 그를 위해 기도한다. 그리고 그가 낫게 되면 "하나님을 찬양합시다. 내가 그에게 손을 얹었습니다. 여기 바로 그 장본인이 있습니다!"라고 외치라. 병 고침을 받은 사람은 "하나님께 영광을! 하루는 어느 목사님이 이곳에 와서는 내게 손을 얹었는데 내가 지금 낫게 되었습니다!"고 간증한다. "자, 이 방송을 듣는 동안 병 고침을 받은 사람은 간증을 보내 주십시오!" 약 2000명이 넘는 사람들이 그 방송을 듣게 되었고 그 중 한 명이 병 고침을 받는다. 그리고 그는 "내가 당신의 방송을 듣고 있었는데 성령님께서 내게 오시는 것을 느꼈고 즉시 병이 나았습니다."라고 편지를 보낸다. 당신이 성공하려면 이렇게 하면 된다. 단지 이런 편지들을 계속 모으고 여러 가지 기념품을 만들어서 우송하면 된다. 그리고 사업을 잘 조직하면 당신은 곧 유명한 신유 부흥사가 될 것이다.

얼마나 많은 사람들이 병상에 누워있을 때 목사님들이 단순히 기도해 주고 병에서 고침을 받았던가? 만일 당신이 병 고치는데 가서 병이 나았으면 그것이 그 사람 때문인지 어떻게 아는가? 당신의 아버지나 어머니의 기도 때문인지 어떻게 아는가? 자, 이제 사도행전 2장을 살펴보자. 많은 사람들이 너무나 성급하게 사도행전으로 들어가기 때문에 문제들이 발생한다.

마가복음 16장은 분명히 "이 표적들이 믿는 자들을 따를 것이다!"라고 말한다. 그리고 사실 그 표적들이 사도들을 따랐고 주님께서 사도들을 통해 이 같은 표적들을 행하셨다. 한번은 나는 뉴욕 주의 로체스터에 갔고 구원받은 지 얼마 되지 않은 어떤 부부의 집에 초대를 받았다. 그 집 주인 남자는 내게 "저는 사실 구원받은 지 몇 주밖에 안 되었습니다. 그런데 하루는 은사주의자가 오더니 제게 '하스타라 샨다이 운티 아 바우티…'하며 방언을 했습니다."라고 말했다. 그가 방언을 끝내자 그 주인 남자는 "도대체 무슨 권세로 이런 쓸데없는 일을 하는 겁니까?"라고 그에게 물었다. 그러자 그 은사주의자는 "마가복음 16장이지요."라고 대답했다. 그 집 주인은 마가복음 16장을 펴고는 "어디에 그렇게 쓰여 있습니까?"라고 물었다. 그는 "여기에 보니 '그들이 다른 말로 이야기할 것이다.'라고 쓰여 있습니다."라고 말했다. 그 집 주인은 그 밑의 구절을 더 읽고는 곧장 부엌으로 가서 암모니아수를 가지고 나왔다. 그리고는 그에게 그것을 주며 "마시지요."라고 말했다. "그것은 주님을 시험하는 것입니다."라고 그는 대답했다. 그 집 주인은 "그렇다면 당신이 도대체 무슨 말 하는지도 모르며 랄라라라 한다면 그것은 주님을 시험하는 것이 아닙니까?"라고 말했다.

내가 사는 이곳 펜사콜라에는 수메랄이라고 하는 내 초등학교 동창생이 있다. 그는 처음에는 침례교도였으나 후에는 은사 운동에 빠져 들어갔다. 하루는 그의 옆집에 사는 우리 교회 성도가 뒤뜰에 나갔는데 수메랄의 부인이 뜰을 왔다 갔다 하면서 손에 종이를 들고는 소리를 내어 읽고 있었다. 그녀는 "하스타 라 샨다이…"라고 똑같은 말을 외치고 있었다. 우리 교회 성도가 "도대체 무엇 하시는 겁니까?"라고 그녀에게 묻자 그녀는 "방언을 연습하고 있지요. 은사라는 것도 사용하지 않으면 까먹게 되거든요."

이런 어리석은 사람들 때문에 은사 집회가 성황을 이루게 되고 그들이 돈을 벌어 백만장자가 된다. 그들은 사람들을 속이고는 그들이 방언 연습을 안 하면 그것을 잃어버린다고 가르친다. 그녀는 그 구절을 외우고 있었고 누군가가 그녀에게 "방언을 말해 보세요!"하면 외운 것을 계속 반복할 수 있을 뿐이었다. 이것은 바로 사기, 사기, 사기이다. 그런데 여러분 가운데 몇몇은 왜 그것을 사기행각이라고 생각하지 않는지 그 이유를 당신은 아는가? 그 이유는 그들도 그런 사람들처럼 똑같이 비뚤어져 있기 때문이다. 만일 당신이 똑바로 서있다면 당신은 아주 쉽게 그들이 비뚤어진 것을 알아볼 수 있다. 그들은 대개 금방 크리스천이 된 형제자매들을 속인다.

사도행전 2장을 자세히 보라. 그들은 한군데 모두 있었다. 어디 그곳에 그들이 무릎을 꿇고 있었다고 기록되어 있는가? 아니다. 어디 그곳에 그들이 기도하고 있었다고 되어 있는가? 절대로 아니다. 그렇다면 누가 그들이 그곳에 모여 무릎을 꿇고 성령님을 달라고 기도했다고 가르치는가? 바로 오순절 은사주의자들이 아닌가? 사도행전 2장에서는 어느 누구도 무릎을 꿇거나 기도하지 않았다.

"그리고 갑자기 강하게 달려오는 바람의 소리와 같은 소리가 하늘로부터 내려왔다." 이것이 바로 성령님의 침례는 방언이 아님을 보여 주는 첫째 증거이다. 어떤 이는 "그것이 바로 방언으로 이야기하려는 첫째 증거이다."라고 주장하지만 절대로 아니다. 그것은 바람이었고 아마도 뜨거운 바람이었을 것이다.

5-10절을 계속 읽어 보자. 8절은 "어떻게 우리 각 사람이 우리가 태어난 곳의 우리 언어로 듣느냐?"라고 기록한다. 다시 말해 그곳에는 그들이 알지 못하는 방언(unknown tongue)이란 존재하지 않았다. 그들이 들은 것은 모두가 분명한 외국말들이었다. 그들은 대개 고린도전서 14장에 나오는 알지 못하는 방언(unknown tongue)을 취해서는 사도행전 2장의 외국말에 대입한다. 그러나 사도행전 2장에는 거기 모인 유대인들 - 거기에는 100% 유대인들만 있었다 - 이 모르는 방언이란 하나도 없었다.

성령 훼방 죄

하루는 길을 걸어가고 있었는데 어떤 의사가 나를 멈추어 세웠다. 그는 아주 경건한 사람이었다. 그는 내게 다가와서 "당신은 다른 말로 이야기하는 성령님의 침례에 관한 초기 증거가 있습니까?"라고 물었다. 나는 "물론이지요, 나는 당신들보다 더 많이 방언을 말할 수 있음에 대해 늘 하나님께 감사합니다."라고 말했다. 그리고는 그를 향해 독일어, 스페인어, 불어, 일본어 등을 했다. 그는 어안이 벙벙해하는 것 같았다.

내가 모두 끝마치자 그는 "당신은 성령님 안에 있지 않습니다."라고 말했다. 나는 그에게 "형제님, 제가 성령님 안에 있지 않다면 저는 구원받지 못한 사라입니다."라고 말했다. 성경은 "만일 어떤 사람이 그리스도의 영을 갖고 있지 않으면 그리스도의 사람이 아니다!"라고 말한다. 그러자 그는 "형제님은 성령님을 훼방하고 용서받지 못할 죄악을 저질렀습니다."라고 말했다. "정말, 어쩔 수 없는 사람이로군!"

그들은 자신들이 곤경에 빠지게 되면 100% 모두 '성령님을 훼방하는 죄'를 들먹인다. 지금 신약시대 즉 은혜시대에 살고 있는 우리에게 용서받지 못할 죄가 있단 말인가? 우리는 절대로 성경을 사사로이 해석해서는 안 된다. '성령님을 훼방하는 죄'가 나오는 구절을 보도록 하자. 마태복음 12장 22-34절에 보면 예수님께서 마귀 들린 사람을 고쳐 주시자 바리새인들은 그분께서 바알세붑(사탄)을 의지하여 마귀를 내어 쫓는다고 비꼬았다. 그러자 예수님께서 그것에 대해 설명을 해 주시고 다음과 같이 결론을 내리셨다.

또 누구든지 말로 사람의 아들을 대적하면 그는 용서받되 누구든지 말로 성령님을 대적하면 이 세상에서나 오는 세상에서나 그는 용서받지 못하리라(마12:32).

자, 그러면 앞뒤 문맥으로 보아 '성령님을 대적하여 말하는 것'이 무엇인가 생각해 보라. 그것은 다름이 아니고 예수님께서 지상에 계시며 마귀 들린 사람들을 고쳐 주신 것을 사탄을 의지하여 고쳤다고 말하는 것이다. 그러므로 우리에게는 '성령님을 훼방하는 죄'라는 것이 없다. 그 이유는 예수님께서 지금 지상에 계시지 않기 때문이다. 그러므로 성경을 왜곡하여 사사로이 풀며 자기의 보호 수단으로 삼는 것은 성경 신자들이 하는 일이 아니다.

당신이 하나님의 말씀을 알게 되면 당신은 이 모든 것이 웃기는 것임을 금방 알 수 있다. 당신은 왜 그들이 지금 활개를 치고 다니는지 아는가? 그 이유는 크리스천들이 성경의 처음부터 끝까지 너무 모르기 때문이다. 이제 알겠는가?

나는 이들이 다시 한 번 더 이런 것들로 내게 달려들면 한번쯤 혼을 내주리라 결심했다. 하루는 나와 내 아내가 텍사스 주의 샌안토니오로부터 차를 타고 오고 있었다. 때는 약 새벽 3시경이었다. 우리가 루이지애나 주에 도달해서 주유소에 들어갔을 때 많은 히피족들이 나타났다. 그들은 기타를 들고 있었는데 주차하자마자 나는 그들에게 전도지를 주었다. 내가 17세 된 소녀에게 전도지를 건네주자 그녀는 "아, 당신은 크리스천인가 보군요."라고 말했다. "그렇습니다."라고 대답했고 그녀는 "그러면 방언을 하시겠네요."라고 물었다. 나는 "물론입니다."라고 대답하고는 '랄라라라'하고 지껄였다. 그랬더니 그녀는 박수를 치며 좋아하면서 "이 사람도 받았어요."라고 외쳐댔다. 이 얼마나 슬픈 일인가? 고등학교까지 다닌 사람의 지각의 정도가 그 모양이라니! 수많은 이들이 TV에서 중계되는 은사집회를 보고는 그런 것에 현혹되어 있다.

어느 날 나는 시내에서 하나님의 말씀을 거부하는 사람과 이야기를 나누고 있었다. 마침내 나는 "당신은 당신의 아비 마귀에게서 났군요."라고 말했다. 그러자 그는 "그런 식으로 이야기하는 것을 보니 당신은 크리스천이 아니군요. 당신은 성경을 인용할 수 있지만 그것이 당신에게는 사실이 아니지요."라고 말했다. 당신은 그가 말한 것이 무엇을 의미하는지 아는가? 그의 말은 내가 말하는 것을 내 자신이 믿지 않는다는 것을 의미하고 있다.

내가 그에게 "아, 성경을 보면 하나님으로부터 온 사람은 그분의 말씀을 듣습니다. 그런데 당신은 하나님으로부터 오지 않았으므로 그분의 말씀을 듣지 않습니다."라고 바꾸어 말했다면 그 어리석은 사람은 내가 말하고 있는 것을 내가 믿고 있다고 생각했을 것이다. 이 세대에는 정말로 정신착란증에 걸린 사람들이 많이 살고 있다. 그들은 당신이 솔직하게 이야기하면 당신이 거짓말한다고 생각하고, 당신이 농담으로 이야기하면 당신이 진실을 말한다고 생각한다. 참으로 삐뚤어진 세대이다.

사도행전 10장을 살펴보자. 나는 지금 당신과 함께 성경에서 방언들이(분명한 외국말) 기록된 모든 곳을 살펴보려 한다. 그곳들은 사도행전 2, 10, 19장뿐이다. 사도행전 2, 10, 19장을 제외하고는 성경의 다른 곳에서도 누가 방언으로 이야기했다는 곳이 없다. 고린도전서 14장의 방언은 분명히 '알지 못하는 말들'(unknown tongues)이라고 킹제임스 성경(King James Bible)에 분명하게 기록되어 있다. 아! 흠정역 성경의 놀라움이여! 모든 알렉산드리아 계열의 성경들은 그것을 구분해 놓지 않으므로 성도들이 혼동을 일으키도록 만든다. 하나님은 혼동을 일으키는 분이 아니다. 그러면 누가 이런 혼동을 일으키겠는가? 우리의 대적 사탄 마귀가 아닌가?

사도행전 2장에 있는 방언은 예수 그리스도께서 메시아 되심을 믿지 않는 불신앙의 유대인들을 위한 표적(sign)이었다. 그런데 사도행전 10장에 있는 방언들은 이방인들도 성령님을 받을 수 있다는 것을 믿지 않는 유대인들을 위한 표적(sign)이었다. 사도행전 10장 44-47절은 다음과 같이 기록하고 있다.

> 베드로가 아직 이 말들을 할 때에 성령님께서 말씀을 들은 모든 사람 위에 임하시매 할례자들에 속한 자들로서 믿은 자들 곧 베드로와 함께 온 자들이 이방인들 위에도 성령님을 선물로 부어 주시는 것으로 인해 다 놀라니 이는 이방인들이 타언어들로 말하며 하나님을 크게 높이는 것을 그들이 들었기 때문이더라. 이에 베드로가 응답하되, 이들이 우리와 마찬가지로 성령님을 받았으니 누가 물을 금하여 이들이 침례를 받지 못하게 하겠느냐? 하고(다시 말해 물 침례를 안 줄 이유가 없다는 것임)

그들은(유대인들) 그곳에서 이방인들 위에 성령님께서 부어지는 것을 보았다. 그곳에 성령님께서 주어졌고 그들은 방언으로 말했는데 그 이유는 그 유대인들이 이방인들도 유대교인들의 물 침례가 없이도 성령님을 받을 수 있다는 것을 믿지 않았기 때문이다. 사도행전 10장에서 그 이방인들은 물 침례를 받기 전에 성령님을 먼저 받았다. 사도행전 10장의 마지막 부분에 있는 구절들을 잘 살펴보라. 그들은 먼저 구원받고 성령님을 받아들인 후에야 물 침례를 받았다.

사도행전 19장 1-8절을 보자. 여기에서 사도 바울은 아볼로의 제자들을 만나서 그들이 성령님에 대해서 알고 있는지 물어보았다. 그들은 성령님에 대해서는 아무것도 모른다고 대답했다. "그렇다면 당신들은 어떤 침례를 받았는가?"라고 묻자 그들은 자신들이 침례자 요한의 침례를 받았다고 대답했다. 이에 바울은 "요한은 참으로 회개의 침례로 침례를 주었는데 그래서 그들은 그 사람(요한) 후에 오시는 분 즉 그리스도 예수님을 믿어야만 한다."고 말했다. 그는 그들에게 예수 그리스도를 전했고 그들은 예수 그리스도를 믿고 침례를 받고 방언으로 말했다.

그러면 왜 이들이 방언으로 말했을까? 또 한 번 그것은 예수님을 믿지 않는 유대인들에 대한 표적(sign)이었다. 당신은 이들이 유대인들이었음을 어떻게 아느냐고 내게 물을 것이다. 사도행전 19장 8절은 분명하게 '회당'(synagogue)을 언급하고 있기 때문이다. 유대인들의 회당에는 유대인들만 모였다. 또한 침례자 요한의 회개의 침례를 받았던 사람들은 오직 유대인들뿐이었다. 다시 한 번 말하지만 유대인들은 표적(sign)을 요구한다. 그리고 방언은 표적이다! 성경에서는 단 한 번도 방언(분명한 외국말)이 이방인들을 위해 주어진 적이 없다. 방언이 나타날 때마다 그것은 믿지 않는 유대인들을 위한 표적(sign)이었다.

자, 이제 끝으로 고린도후서 12장 12절을 보자. 여기에는 모조품 표적이 나온다.

> 진실로 내가 너희 가운데서 모든 인내와 표적들과 이적들과 능한 행위들로 사도의 표적들을 행하였노라.

사도 바울이 행했던 것은 다름 아닌 사도의 표적들이었다. 그러므로 어떤 사람이 사도 교회를 모방하려면 - 다시 말해 오순절 은사주의자들이 자주 사도 교회로 돌아가자고 하면서 자신들이 마치 사도인체 하는 것 - 그는 표적들도 모방해야만 한다. 전 세계적으로 두 종류의 집단이 하나님의 말씀 대신에 자신들을 최종 권위라고 말하며 당신이 그것을 믿도록 노력한다.

첫째 집단은 자신들이 사도의 표적들을 갖고 있으므로 사도적이라고 주장한다(오순절 은사 운동을 하는 모든 사람들). 둘째 집단은 자신들의 교회가 사도 베드로 위에 세워져 있으므로 사도권을 계승하고 있다고 주장한다(로마 카톨릭 교회). 그래서 이 두 집단은 서로 손을 잡고 있다. 이 두 집단은 사도적 권위를 모방하려 한다. 또 당신이 성경을 보지 못하도록 하며 "우리가 사도권을 계승받았으니 우리 말을 들으라."고 말한다. 이 두 집단은 모두 모조품 방언들을 주장한다.

자, 디모데전서 5장 23절과 디모데후서 4장 20절을 보도록 하자. 지금 나는 당신의 삶을 통해 본 것들 중에서 가장 이상한 것 한 가지를 보여 주려 한다. 신약성경이 기록되고 사도행전이 끝난 뒤에 그 같은 사도적 표적들은 사라지게 되었고 다시는 나타나지 않는다. 이 같은 표적들이 사라졌을 때 가장 위대했던 사도였던 바울조차도 더 이상 그 같은 표적을 행하지 못했다.

더 이상 물만 마시지 말고 네 위장과 자주 있는 병을 위하여 포도즙을 조금 쓰라(딤전5:23).

이게 도대체 무슨 말인가? 여기서 사도 바울은 디모데에게 그가 위장병이 있어서 아플 때에 약을 조금 쓰라고 말하고 있다. 그렇다면 어째서 그는 그를 고칠 수 없었을까? 당신은 한때 사도 바울이 손수건과 앞치마를 사용해서 사람들을 고칠 수 있었음을 기억하는가? 당신은 한때 사도 바울이 죽은 사람도 살린 것을 기억하는가? 당신은 한때 사도 바울이 단지 어떤 사람을 바라다보며 이야기함으로써 그 사람을 고친 것을 기억하는가? 그는 그 사람이 병 고칠 만한 믿음이 있음을 감지하고는 "일어나라, 네 발로 서라."고 말했다. 그런 사도 바울이 사도행전이 끝날 때에는 자기가 아들같이 여겼던 디모데를 고칠 수 없었다.

디모데후서 4장 20절은 "내가 밀레도에 드로비모를 아픈 채 두고 떠나왔다."라고 기록한다. 도대체 사도 바울에게 어떤 문제가 생긴 것일까? 왜 그는 그를 고칠 수 없었을까? 아니면 드로비모가 충분한 믿음을 갖고 있지 못했기 때문은 아닌가? 사도행전의 끝에서는 사도 바울이 감옥에서 벗어나지도 못한다. 사도행전 16장에서 그는 지진 가운데서도 기도했고 구출되었지만 사도행전 28장에서는 감옥에서 빠져 나오지 못했다.

만일 하나님께서 당신의 병을 고쳐 주시려 하면 지금도 분명히 당신을 고칠 수 있다. 그러나 그분께서는 그리 아니 하실지도 모른다. 그렇다고 해서 당신이 그분과의 교제를 안 하지도 않으며 뒷걸음질 치지도 않는다. 당신의 병이 낫지 않는 이유가 바로 당신의 믿음에 문제가 있다고 주장하는 이들이야말로 사탄에게 사로잡힌 자들이다. 그들은 당신으로 하여금 당신이 아플 때마다 영적으로 당신에게 문제가 있다고 믿게 만든다. 그런데 그것은 매번 맞지는 않는다. 아마도 반은 그럴 것이고 또 나머지 반은 그렇지 않을 것이다. 고린도후서 12장을 보자. 여기에는 지금까지 살았던 사람들 중 가장 위대했던 사도 바울이 나온다.

2절은 이렇게 기록한다.

내가 그리스도 안에 있는 한 사람을 알았는데 그 사람은 십사여 년 전에 셋째 하늘로

채여 올라갔느니라. (몸 안에 있었는지 내가 말할 수 없으며 몸 밖에 있었는지 내가 말할 수 없으나 하나님은 아시느니라.)

7-8절을 보자. 그는 자신의 육신 안에 가시가 주어졌다고 말한다.

계시들이 넘침으로 말미암아 내가 분량 이상으로 높여지지 않게 하시려고 주께서 내게 육체 안에 가시 곧 사탄의 사자를 주사 나를 치게 하셨으니 이것은 내가 분량 이상으로 높여지지 않게 하려 하심이라. 내가 이 일로 인하여 그것이 내게서 떠나가도록 주께 세 번 간청하였더니

10절을 보자.

그러므로 내가 그리스도로 인하여 연약한 것들과 치욕과 궁핍과 핍박과 고난당하는 것을 기뻐하노니 내가 약할 그때에 내가 강하니라.

그 사람은 한때 죽은 자를 일으키고 병든 자를 고치고 기도함으로 감옥 밖으로 나갈 수 있었지만 여기서는 자신을 고칠 수 없었다. 그는 전 생애를 통해서 늘 아팠다. 그래서 그는 평생 동안 의원 - 사랑하는 의원 누가(골4:14) - 을 데리고 다녔다. 사도 바울은 디모데후서 4장에서 목이 잘리게 되었을 때 "단지 누가만이 나와 함께 있다."고 말했다. 그는 그 힘들었던 전도 여행 기간 동안 항상 의사를 데리고 다녔다.

당신은 사도 바울보다 더 위대한 신유 부흥사를 아는가? 나는 사도 바울처럼 병을 고칠 수 있는 사람을 본 적이 없다. 사도 바울은 단지 손수건이나 앞치마를 취해서 그것을 자기 몸에 닿게 한 뒤 그것을 아픈 이에게 보냈는데 그때 그가 그것을 만지면 즉각 병이 나았다. 나는 어떤 이들이 자기들도 그렇게 할 수 있다고 주장하는 것을 보았지만 실제로 그렇게 하는 것은 보지 못했다.

그렇다면 왜 사도 바울은 기적적으로 치료될 수 없었을까? 그 이유는 표적들(signs)은 항상 하나님께서 이스라엘을 다루실 때만 사용되었기 때문이다. 하나님께서는 사도행전에서 이스라엘을 다루고 계셨다. 나는 절대로 하나님께서 그를 고칠 수 없다고 말하지 않았다. 나는 단지 병 고치는 은사가 사라졌다고 말했다. 왜 그러느냐고? 그 이유는 그것이 표적이기 때문이다. 방언의 은사도 사라졌다. 그 이유는 방언이 표적이기 때문이다. 이제 알겠는가?

이것을 이해했다면 당신은 어떤 신학교 교수들보다 더 많이 알고 있다. 왜냐하면 그들은 방언이 없음을 주장하기 위해 고린도전서 13장을 인용하기 때문이다. 거기에 보면 완전한 것이 오면 방언과 대언이 사라진다고 되어 있다. 그러나 완전한 것이 와서 방언이 사라지지 않았고 방언(외국말)이 유대인들을 위한 표적이기 때문에 사라졌다고 나는 믿는다.

당신은 신앙의 모든 부분에서 모조품들을 발견한다. 데살로니가후서 2장 9절을 보자. 이 구절은 적그리스도에 관한 것이다. 1절부터 3절까지 읽어 보라. 그리고 9절로 오면 그것은 적그리스도가 오는 때에 대하여 말한다. 성경은 그가 '모든 능력과 표적들과 거짓 기적들'과 함께 온다고 분명하게 말한다. 표적들, 표적들, 표적들!

다시 말해 적그리스도는 사도의 표적들을 갖고 있다. 고린도후서 11장을 보자. 그래서 나는 항상 여러분에게 성경을 사용하라고 말한다. 그들은 도대체 성경을 믿지

않는다. 4절을 보자. 거기에는 '다른 예수'(another Jesus)와 '다른 영'(another spirit)이 나온다. 다시 한 번 읽어 보라. 다시 말해 예수가 한 명이 아니고 여럿이고 영도 여럿이다. 그러므로 우리가 정신을 차려서 가짜들을 분별해야만 한다.
　13-15절을 읽어 보자.

　그러한 자들은 거짓 사도요 속이는 일꾼이며 자기를 그리스도의 사도로 가장하는 자들이니라. 그것은 결코 놀랄 일이 아니니 사탄도 자기를 빛의 천사로 가장하느니라. 그러므로 그의 사역자들 또한 의의 사역자로 가장한다 하여도 그것은 결코 큰일이 아니니라. 그들의 마지막은 그들의 행위대로 되리라.

　<u>마귀의 일꾼</u>이라는 구절을 보았는가? 다시 말해 교회 목사들 가운데도 마귀의 일꾼들(모조품)이 있다. 계시록 2장을 보자. 2절은 "네가 스스로 사도라고 말하지만 사도가 아닌 자들을 시험했고 그들이 거짓말쟁이들임을 밝혀냈다."고 말한다. 무슨 말인지 알겠는가? 그래서 많은 사람들이 성경을 싫어한다. 한 사람이 불쑥 나타나서는 자신이 사도권을 받았고 사도적 권능이 있다고 주장한다. 주님께서는 첫 사랑을 저버린 에베소 교회에게 그들이 에베소에서 자기가 사도라고 주장하지만 실제로는 사도가 아닌 자들을 시험했음을 말하고 있다. 사실 그들은 거짓말쟁이들이었다.
　만일 어떤 사람이 당신에게 자신이 방언의 은사를 갖고 있다고 말하면 그에게 조금만 방언으로 이야기해 보라고 부탁해 보라. 그가 얼마동안 이야기하거든 그가 말한 것을 해석해 보라고 하라. 만일 그가 그것을 해석할 수 없거든 그에게 그것을 해석할 수 있도록 하나님께 간구하라고 하라. 왜냐하면 성경은 분명히 어떤 이가 '알지 못하는 말'(unknown tongues)로 이야기할 때 그것을 해석하기 위해 기도하라고 명령하고 있기 때문이다(고전14:27-28). 나는 지금 당신 앞에 서서 당신이 전혀 이해하지 못하는 말들을 늘어놓을 수 있다. 그러나 어느 누구도 나를 이해하지 못할 것이다. 내가 해야 할 일은 당신이 이해할 수 있는 언어로 내가 금방 말한 것을 말할 수 있는 능력을 간구하는 것이다.
　고린도전서 14장을 보자. 이제 최종적으로 이 문제를 결정짓도록 하겠다. 이제 우리는 방언에 대해 최종적 판단을 내리도록 하겠다. 고린도전서 14장은 전체가 방언에 관한 것이며 이곳에는 절대로 성령님의 침례나 충만 등이 나오지 않는다. 나는 당신이 이 구절들을 편견 없이 처음부터 읽어 볼 것을 권한다. 여기에서 단 한 번이라도 성령님의 침례가 나오는지 살펴보라. 한 번도 없지 않은가? 오직 오순절 은사주의자들만 사도행전 2장을 취해서는 고린도전서 14장에 대입하고는 이곳이 마치 성령님의 침례를 말하는 것처럼 사사로이 해석한다.
　어떤 이는 "럭크맨 형제님, 나는 어젯밤 기도하고 있는데 갑자기 '랄라라라'하게 되었습니다. 나는 정말로 표현할 수 없는 놀라운 느낌을 갖게 되었습니다."라고 말한다. 나는 당신이 이런 사람들에게 성경에 대해 말할 수 없음을 알고 있다. 왜냐하면 이들은 이미 성경은 옳지 않고 그들이(그들의 감정들이) 옳다고 마음에 결심을 해 버렸기 때문이다. 나는 당신들의 경험을 부정하려 하지 않는다. 아마도 당신은 '랄라라라'했을 것이다. 나는 어떤 사람들이 구원받고는 '랄라라라'하지만 당신은 도저히 그것을 이해할 수 없음을 부인하지 않는다. 나는 당신이 경험한 것에 대해 당신이 거짓말하고 있다고 말하지 않는다. 내가 말하려는 것은 당신이 당신의 경험의 견지에서 성경을 해석하려 하는 어리석은 자라는 것이다. 사실 당신은 성경의 견지에서 당신의 경험을 해석해 보아야만 한다.

당신은 왜 이런 방언의 문제가 경험만을 이야기하는 사람들 사이에서 오가는지 그 이유를 아는가? 이런 젊은이들의 과반수 이상은 구원받기 전에 흥분제나 마약과 같은 것을 사용해왔다(미국의 경우). 마약은 당신의 중추신경계를 혼동시킨다. 당신의 혀는 중추신경계에 의해 조절된다. 당신이 구원받았을 때 그것은 감정적으로 매우 놀라움이나 깜짝 놀랄만한 경험이어서 당신은 당신의 신경계를 제대로 조절하지 못하게 된다. 나는 절대로 당신이 방언을 하고 있거나 했음을 부인하지 않는다. 그러나 제발 성경말씀을 혼란시키는 일을 하지는 말라. 여러분 중 많은 사람들은 구원받기 전에 무엇엔가 푹 빠져 있어서 구원받은 후에도 그 같은 것이 일어나지 않으면 자신이 구원받았는지 조차도 알지 못한다. 그러나 그것은 우리가 다루는 주제와는 상관이 없다.

여자들과 방언 문제

고린도전서 14장 27-28절은 "만일 어떤 사람이(any man) 알지 못하는 언어로 말하거든 두 사람이나 많아야 세 사람이 순서대로 하고 한 사람은 통역할 것이요, 만일 통역하는 자가 없으면 그는(he) 교회 안에서 잠잠하고 자기와 하나님께 말할 것이니라."라고 말한다. 당신의 교회에서는 여자들이 방언을 하는가? 34절을 읽어 보라.

너희의 여자들은(your women) 교회들 안에서 잠잠할지니 말하는 것이(to speak) 그들에게 허락되지 아니하였고 또 율법도 말하는 바와 같이 그들은 순종하도록 명령을 받았느니라.

분명히 여인들은 '조용히 할 것'을 명령받고 있다. 그런데 사실상 우리의 교회 내에서 알지 못하는 방언을 한다는 사람들의 90% 이상이 여자들이 아닌가? 무엇인가 크게 잘못되어 있다. 고린도전서 14장은 방언 특히 알지 못하는 말에 관한 것이지 어떤 사업에 관한 것이 아니다. 34절은 절대로 여인들이 교회에 들어오면 아무 말도 하지 말라고 말하지 않는다. 성경은 분명히 "주님의 구속받은 자들이 이야기하게 하라, let the redeemed of the Lord say so."고 말한다. 당신은 'speak'와 'say'의 차이를 아는가? 성경은 여인들이 간증 이야기(say)를 하지 말라고 하지 않는다.

고전14장에서 여인들은 교회에서 잠잠하라고 하는 것(speak)은 앞뒤문맥으로 살펴보아 방언에 관한 것임을 누구나 쉽게 알아낼 수 있다. "만일 여자들이 무엇을 배우려거든 집에서 자기 남편에게 물을지니 여자들이 교회에서 말하는 것은 수치스러운 일이니라." 그런데도 수많은 여인들이 교회 내에서 알지 못하는 방언을 말하고 있지 않은가? 무엇인가 비성경적인 관행들이 교회 내에 편만해 있다. 성경은 분명히 "너희의 여인들은 교회 안에서 방언을 하지 말고 조용히 하라!"고 말하지 않는가? 이 같은 명령이 지켜지지 않을 때 누가 가장 기뻐하겠는가? 우리의 대적인 마귀가 아닌가? 그래서 성경은 많은 사람들의 종교를 무너뜨려 버린다. 그래서 그들은 성경을 아주 싫어한다. 이 책은 그 정도로 위험한 책이다. 따라서 그들은 하나님의 오직 한 성경인 흠정역 성경을 자꾸 수정해서 자기들의 주장을 뒷받침하도록 노력하고 있다.

> 만일 어떤 사람이 알지 못하는 언어로 말하거든 두 사람이나 많아야 세 사람이 순서대로 하고 한 사람은 통역할 것이요, 만일 통역하는 자가 없으면 그는 교회 안에서 잠잠하고 자기와 하나님께 말할 것이니라(고전14:27-28).

성경은 분명히 둘이나 셋이 모르는 방언으로 말하되 한 번에 한 사람씩 그리고 통역하는 사람과 함께 해야만 한다고 말한다. 그런데 수많은 교회에서 통성기도 등을 통해 한 번에 수많은 사람들이 알지 못하는 방언으로 기도하고 있지 않은가? 성경은 분명히 그렇게 하지 말라고 한다. 하나님의 명령을 지키지 않는 사람이 어떻게 그분의 뜻을 따를 수 있는가? 37절은 "만일 어떤 사람이 자기를 대언자나 영적인 자로 생각하거든 그는 내가 너희에게 쓰는 것들이 주의 명령인 줄 인정할지니라."라고 말한다. 주님의 명령들임을 기억하라.

그 뒤에는 "그러나 만일 어떤 사람이 알지 못하거든 알지 못하게 둘지니라."(38절)라고 또한 기록되어 있다. 당신이 그래도 성경대로 하지 않으려면 마음대로 해도 된다. 단 하나님은 당신을 무지하다고 판단하실 것이다.

당신이 하나님을 믿지 않고 그분을 거짓말쟁이로 만들면서 다른 이들에게 당신이 영적이며 성령님으로 가득 차 있다고 말하고 다니지 말라. 사도 바울은 37절에서 분명히 자신이 그들에게 준 모든 것들이 '주님의 명령들'이라고 말하고 있다. 자신이 영적이라고 주장하면서 하나님께 "제발 입 다물고 계시지요."라고 말하지 말라. 하나님은 당신보고 입 다물라고 하시지 않는가? 그것들은 그분의 명령들이다. 그리고 만일 당신이 영적이거든 그 명령들에 순종해야만 한다.

하루는 버스 승강장에 올라가는데 한 여인이 나를 잡더니 "오, 럭크맨 형제님, 우리는 하나님께서 당신에게 성령님의 침례를 주실 것과 하나님의 사랑이 당신의 영혼을 채워 주실 것과 그리스도의 달콤한 영께서 당신 위에 흘러넘칠 것을 기도합니다. 지금 형제님은 잘 이해하지 못합니다. 그리고 형제님께서 개의하지 않는다면, '랄라라라…'"라고 말했다. 그녀가 '랄라라라…' 하는 것을 마쳤을 때 나는 그녀가 도망치지 못하도록 그녀의 손을 꼭 잡고 "자매님, 감사합니다. 저도 당신을 위해 기도합니다. 저는 언젠가 당신이 성숙한 크리스천이 될 것을 위해 기도합니다. 하나님께서 우리에게 주셨던 그 좋은 선물들을 자매님께도 주실 것입니다."라고 말했다. 그러자 그녀는 내게 축복한 지 15초도 못되어 얼굴이 붉으락푸르락해졌다. 성경은 분명히 어떤 사람이 영적이라면 그는 이것들이 모두 하나님의 명령들임을 안다고 말한다.

자, 이제 고린도전서 14장 19-20절을 보자.

> 그러나 교회에서는 내가 알지 못하는 언어로 만 마디 말을 하느니 차라리 이해하면서 다섯 마디 말을 하여 내 목소리로 다른 사람들도 가르치리라. 형제들아, 이해하는 일에는 아이가 되지 말라. 너희가 오직 악한 일에는 아이가 될지라도 이해하는 일에는 어른이 될지니라.

당신은 이 작은 책자 안에서 내가 다른 모든 오순절 은사주의자들이 한 것보다 더 많은 일을 한 것을 깨닫고 있는가? 나는 자랑하려고 이 말을 하지 않는다. 19-20절에 따라서 나는 내가 이 책자에 적어 놓은 것이 모든 은사주의자들이 행한 것을 합친 것보다 더 많다고 말한다. 이해하며 말하는 다섯 마디의 말이 은사 운동하는 이들의 만 마디 말보다 더 가치가 있다. 이 말에 은사 운동하는 사람들은 화를 낸다. 하지만 나는 성경을 믿지 사람들을 믿지 않는다. 내가 말한 다섯 마디 말이 당신이 이해할 수 없는 만 마디보다 훨씬 더 낫다.

방언으로 기도해야 더 효과가 있고 깊은 기도를 할 수 있다고 주장하는 '마귀에 사로잡힌 크리스천들'이 많이 있다. 만일 당신이 성경을 진리로 받아들인다면 알아듣지 못하는 말로 밤새워 6시간(21600초)동안 기도하는 것보다 깨어 있으면서 맑은 정신으로 11초 동안 (5:10000=1:2000) 기도하는 것이 훨씬 더 유익함을 당신은 쉽게 깨닫게 될 것이다. 분명히 알겠는가?

고린도전서 14장 8절은 "만일 나팔이 분명하지 못한 소리를 내면 누가 전쟁을 준비하리요?"라고 말한다. 만일 당신이 어떤 사람이 말한 것을 이해하지 못하면 그것이 도대체 무슨 유익이 있느냐고 그는 말한다. 일어서서는 아무도 이해하지 못하는 말로 "오, 하나님께 영광을! 하스타라 샨다이, 블라, 블라블라…"하는 것이 도대체 무슨 의미가 있는가? 한번은 유명한 은사 운동가가 설교단에 서서는 "쌀라쌀라…"하더니 "아이참 시원하다."하니까 그 밑에서 설교를 듣는 이들이 모두 "아멘, 아멘!"했다. 어리석은 설교자에 그 청중들이 아닌가!

이제 말씀을 읽고 묵상하며 전도하는 성숙한 크리스천이 되자. 만일 방언하는 것이 당신을 구원시킨다거나 당신에게 어떤 유익을 가져온다면 나도 그것을 할 용의가 있다. 만일 당신이 알게 모르게 이 같은 혼동에 휘말려 있거든 빨리 그 속에서 빠져 나오라! 많은 사람들은 용기가 있어야만 성경을 믿을 수 있고 하나님과 친숙해질 수 있다. 하나님께서 그런 형제자매들에게 그러한 용기를 주실 것이다.

밥 존스는 이런 말을 했다.

> 하나님께서는 천사들의 반을 굶기고서라도 사람들을 그리스도께로 인도하는 사람을 먹여 주실 것이다.

제발 그만 '랄라라라…'하는 무리들과 어울리지 말고 성숙한 크리스천 어른들이 되기 바란다. 고린도전서 3장에서 사도 바울은 이렇게 '랄라라라…' 하는 그들이 영적으로 아기들(babes)이라고 말하지 않는가? 그래서 그는 그들에게 어른들의 음식을 줄 수 없고 젖을 준다고 하지 않는가? 고린도전후서를 제외한 나머지 모든 서신서에서 그는 어른들에게 주는 음식을 공급해 주고 있지 않은가? 왜냐하면 다른 교회들에서는 전혀 이런 어린 아이들의 문제가 없었기 때문이다.

당신의 감정적, 영적 경험들을 성경으로 판단해 보라. 성경은 한 번도 실패한 적이 없으며 당신의 경우도 마찬가지일 것이다. 하나님의 사랑과 은혜가 예수 그리스도를 보지 않고도 매일같이 더 사랑하는 이들에게 넘치기를 기도한다.

> 너희가 그분을 보지 못하였으나 사랑하는도다. 지금도 너희가 그분을 보지 못하나 믿으며 이루 말할 수 없고 영광이 가득한 기쁨으로 기뻐하나니(벧전1:8)

부록 7

축사, 어떻게 하는가?

지금부터 50년 전에 행한 여론 조사를 보면 그 당시 미국 내 대부분의 대학생들이 마귀의 존재를 믿지 않았으며 마귀의 세계가 있다는 사실도 믿지 않은 것으로 나타나 있다. 그런데 이제는 상황이 역전되어 대부분의 학생들이 마귀를 믿고 심지어 사탄주의에 빠지는 아이들도 많이 있다. 여기에는 여러 가지 이유가 있지만 특별히 1973년 워너브라더스픽처스가 제작한 윌리엄 피터 블래티의 '엑소시스트'라는 제목의 영화가 큰 몫을 차지하고 있다. 이 영화는 12세 소녀의 몸에 깃들인 악령과 이를 퇴치하려는 신부들 간의 대결을 그리고 있다. 개봉 당시 졸도하는 관객이 속출하며 전 세계에 화제를 불러일으킨 이 작품은 제46회 아카데미상 시상식에서 각색 상과 녹음 상을 수상하고 현재까지 공포영화 분야에서는 최고의 흥행기록을 세웠으며 지금은 후속타로 엑소시스트 4까지 나오고 있다.

또 이렇게 추세가 반전된 데에는 경험을 중시하고 성경을 왜곡하며 성령님의 역사를 제대로 이해하지 못하는 오순절 은사주의의 영향도 매우 크다고 할 수 있다. 우리 성도들은 신약시대에 성령님의 일과 또 사람들 속에서 일하는 마귀의 일을 제대로 이해해야 한다. 우리는 우리가 보고 느끼고 생각하는 대로 가르쳐서는 안 되며 오직 하나님의 말씀을 그대로 전해야 한다. 지금 이 시간에도 순진하고 무지한 크리스천들을 미끼로 삼아 돈을 갈취하고 그들의 삶을 망가뜨리는 자들이 매우 많이 있으며 특히 목사라는 자들이 이런 일을 하기에 더욱 문제가 심각한다. 그래서 이 글에서는 마귀와 마귀를 내쫓는 일 즉 축사 등의 영적인 것에 대해 말씀을 나누려 한다.

병과 마귀 들린 것을 구별해야 한다

이 문제를 살펴보려면 먼저 병과 마귀와의 관계를 이해해야 한다. 여러분이 아시듯이 김기동 목사, 이초석 목사 등의 은사주의 목사들은 모든 병이 마귀에게서 온다고 가르친다. 그래서 이들은 병이 걸리면 삼촌 귀신[1], 할아버지 귀신 등을 내쫓기 위해

---

[1] '우리말 큰 사전'은 귀신을 가리켜 '사람이 죽은 뒤의 넋'으로 정의하고 있는데 이것은 그리스, 중국 등에 편만한 이교도 사상으로서 성경은 결코 이런 개념을 수용하지 않는다. 성경적으로 귀신이 없다. 사람은 죽으면 천국에 가든지 지옥에 가든지 둘 중 하나다. 성경에서 말하는 악한 영들 즉 사탄 마귀(The devil)의 졸개들은 '마귀들'(devils)이다. 그런데 개역성경은 마귀들을 모두 귀신들로 번역해서 동양의 샤머니즘을 부추기고 있다. 날마다 '귀신 귀신' 하는 목사들은 모두 잘못 번역된 성경의 희생자들이다.

축사를 행한다. 그런데 실제로 이들이 마귀 들렸다고 주장하는 사람들의 대부분은 심리적 불안을 겪고 있거나 사람이면 누구나 걸릴 수 있는 일반적인 병에 걸려 있는 경우가 대부분이다. 특별히 감수성이 예민한 사람들은 밤에 천사를 보기도 하고 악몽을 보기도 한다고 말하는데 실로 이것은 대개 신경의 질서가 깨지거나 독한 약을 먹거나 과민 반응으로 인해 발생하는 현상이지 마귀 들린 것이 아니다. 그런데 이런 정상적인 병자들을 보고 마귀 들렸다고 주장하는 목사들은 아마도 그들 자신이 마귀 들려서 그렇게 이야기하는 것인지도 모른다. 마태복음 8장 16절에는 분명히 이렇게 기록되어 있다.

> 저녁이 되매 그들이 마귀 들린 많은 자들을 그분께 데려오거늘 그분께서 자신의 말씀으로 그 영들을 내쫓으시고 병든 모든 자를 고쳐 주시니

병든 것은 육체의 연약함이다. 마귀 들리는 것은 영적인 침투 현상으로 초자연적인 것이다. 이 둘은 별개의 것이다. 의사가 병의 처방을 내리기 전에 철저히 검사를 하듯이 우리도 육체의 질병과 영적 침입 현상을 잘 나누어야 한다. 마귀 들리지 않은 사람을 마귀 들린 것으로 몰아붙여서 축사를 하고 난리를 치면 오히려 문제가 더 복잡해진다.

마귀 들린 것과 마귀의 영향을 받는 것을 구별해야 한다

자 어떤 사람이 와서 "목사님, 제가 마귀 들렸습니다."라고 이야기 하면 무어라 대답해야 할까? 나는 먼저 그분에게 "구원받으셨습니까?"라고 물으면서 예수님을 개인의 구원자로 맞이한 적이 있는가 물을 것이다. 만일 그 사람이 분명히 성경대로 구원 간증을 하면 나는 그분에게 "선생님은 마귀 들리지 않았습니다. 아마도 육신적으로 혹은 심리적으로 아픈 증세가 있을 뿐입니다."라고 말할 것이다. 분명히 말씀드린다. 여러분과 내가 예수님의 피로 다시 태어난 크리스천이라면 결코 마귀가 우리를 소유할 수 없다. 마귀에게 영향을 받는 것과 마귀 들리는 것은 전혀 다르다. 크리스천도 마음을 놓고 주님의 말씀을 게을리 하면 마귀의 영향을 받는다. 그러나 그는 결코 마귀 들릴 수 없다. 왜냐하면 그의 주인이 예수님으로 바뀌었기 때문이다.

구원받는 순간에 이루어지는 성령님의 사역 중 하나는 우리가 마귀의 소유가 되지 못하게 하는 것이다. 성령님이 우리 안에 내주하시므로 마귀가 들어올 수 없다. 로마서 8장 9절은 이렇게 말한다.

> 그러나 너희 안에 하나님의 영께서 거하시면 너희가 육신 안에 있지 아니하고 *성령* 안에 있나니 이제 어떤 사람에게 그리스도의 영이 없으면 그는 그분의 사람이 아니니라.

또한 사도 요한은 요한일서 4장 4절에서 이렇게 이야기한다.

> 어린 자녀들아, 너희는 하나님께 속하였고 또 그들을 이기었나니 이는 너희 안에 계신 분이 세상에 있는 그보다 더 크시기 때문이라.

사도 바울은 에베소서 1장 13절에서 매우 중요한 것을 이야기 해 준다.

> 너희도 진리의 말씀 곧 너희의 구원의 복음을 들은 뒤에 그분을 신뢰하였고 너희가

믿은 뒤에 또한 그분 안에서 약속의 저 거룩하신 영으로 봉인되었느니라.

또한 에베소서 4장 30절은 이렇게 말한다.

하나님의 거룩한 영을 슬프게 하지 말라. 그분으로 말미암아 너희가 구속의 날까지 봉인되었느니라.

자, 그러면 봉인된 것은 무엇을 뜻하는가? 마태복음 27장 62-66절에는 로마 군인들이 예수님을 죽인 뒤에 누가 와서 그분의 몸을 훔쳐가지 못하도록 돌무덤의 돌에 봉인하는 내용이 기록되어 있다.

이에 그들이 가서 그 돌을 봉인하고 파수꾼을 세워 돌무덤을 굳게 지키니라(66절).

자 그들이 봉인한 이유는 무엇인가? 예수님이 걸어 나오는 것을 방지하기 위한 것인가? 로마 군인들은 감히 그런 것을 상상하지 못했다. 그들은 밖에서 누가 들어가 그분의 몸을 훔쳐가는 것을 막기 위해 봉인했다. 이와 마찬가지로 우리 성령님께서 우리가 구원받는 순간에 우리 몸 안으로 들어와서 우리 몸을 봉인하시므로 마귀가 침입하여 우리를 소유할 수 없다.

에베소서 6장 11-17절은 신자들의 영적 전투에 대해 잘 보여 주며 특히 하나님의 전신갑주를 보여 준다.

너희가 마귀의 간계들을 능히 대적하며 서기 위해 하나님의 전신갑주를 입으라. 우리는 살과 피와 맞붙어 싸우지 아니하고 정사들과 권능들과 이 세상 어둠의 치리자들과 높은 처소들에 있는 영적 사악함과 맞붙어 싸우느니라. 그러므로 너희가 악한 날에 능히 버티어 내고 모든 일을 행한 뒤에 서기 위해 하나님의 전신갑주를 취하라. 그런즉 서서 진리로 너희 허리를 동여매고 의의 흉갑을 입으며 화평의 복음을 예비한 것으로 너희 발에 신을 신고 모든 것 위에 믿음의 방패를 취하여 그것으로 너희가 능히 그 사악한 자의 모든 불화살을 끄며 구원의 투구와 성령의 검 곧 하나님의 말씀을 취하라.

전신갑주는 곧 갑옷을 뜻한다. 왜 군사들이 갑옷을 입는가? 밖에서 침입해 들어오는 것을 막기 위해서이다. 여기 나오는 흉갑, 투구, 신, 방패, 칼은 모두 밖에서 침투하는 것을 막기 위한 것이다. 만일 우리 안에 들어 있는 마귀를 대적하는 문제에 대해 바울이 기록하였다면 전혀 다른 방식으로 기록해야만 했을 것이다. 그러므로 우리 크리스천들은 결코 마귀의 소유가 될 수 없으며 다만 계속해서 마음과 생각이 마귀의 영향에서 벗어나도록 주의하고 노력해야 할 것이다. 그래서 책, 음악, 영화, 그림, TV 프로그램, 친구 등을 조심해야 하며 또 아이들에게 그렇게 하라고 가르쳐야 한다. 마귀는 우리의 몸 안에 거하지 못하므로 우리의 마음과 생각과 보는 것과 듣는 것에 영향을 미친다.

마귀를 어떻게 쫓을까?

자, 그러면 마지막으로 마귀 들린 사람이 있다면 우리가 어떻게 하는 것이 성경적인 방법일까? "이 감기 귀신아, 내가 예수님의 이름으로 명하노니 이 여인에게서 썩 나오라!"고 외쳐야 할까? 성도로서 특히 목사로서 이런 고민이 있을 수밖에 없다.

특히 목사의 경우 멋있게 마귀를 내쫓으면 금방 신도가 늘고 교회가 부흥하기 때문에 여기에 관심이 가지 않을 수 없다. 지금부터 20년 전에 내가 다니던 미국의 주립대학 옆의 한 교회에 LA에서 귀신 쫓는 것으로 유명한 김요한 목사가 온다기에 호기심에 차서 갔었다. 찬송을 하고 말씀을 하는데 갑자기 한 여인이 이상한 소리를 내기 시작했다. 그러니까 그 목사가 그 여인을 데리고 올라왔는데 그 여인의 입에서는 그 여인의 원래 목소리와는 전혀 다른 사람의 목소리가 나오고 있었, 그러니까 그 목사가 "너 누구냐? 왜 들어갔냐?" 등등을 묻더니 "예수 이름으로 명하노니 나가라!"고 소리쳤다. 그 뒤에는 어찌 되었는지 모르지만 어쨌든지 귀신 쫓는 목사가 나타나면 꼭 귀신 들린 사람이 나타나는 것을 보고는 "마귀들이 합작으로 쇼를 잘하는구나!"라고 생각을 했다. 이것은 마귀들의 합작 쇼이다.

마귀 들리는 일은 실제로 있다. 이것을 무시하면 안 된다. 예수님의 사역의 많은 부분이 마귀를 쫓는 것이었다. 마귀들이 존재하고 마귀들에게 사로잡힌 자가 지금 이 시간에도 있다. 자, 그러면 이 시간 우리의 임무는 무엇인가? 마귀 들린 사람을 찾아다니면서 이초석 목사처럼 축사를 해야 할까? 사도행전 1장 8절은 이렇게 말한다.

오직 성령님께서 너희에게 임하신 뒤에 너희가 권능을 받고 예루살렘과 온 유대와 사마리아 에서 그리고 땅의 맨 끝 지역까지 이르러 나를 위한 증인이 되리라, 하시니라.

이 시간 우리의 임무는 예수님의 증인이 되는 것이다. 즉 그분의 부활과 영생의 메시지를 들고 예수님만이 구원하신다는 말씀을 선포하는 것이 우리의 가장 큰 책임이다.

그러면 마귀 들린 사람은 어떻게 해야 할까? 자 이제 어떤 사람이 찾아와서 "목사님, 저는 마귀 들렸습니다. 밤에 잠도 못자고 이상한 것을 보며 꿈이 사납고 자살할 생각이 듭니다."라고 말하면 내가 무어라고 해야 할까? "예수 이름으로 명하노니 이 마귀야 나가라!"고 외쳐야 할까?

여러분과 나는 이렇게 순서를 밟아야 한다. 먼저 "당신은 그리스도인입니까"라고 그 사람에게 물어야 한다. 그 사람의 대답이 그렇다고 하고 분명히 구원받은 증거를 대면 위에서 지적한 대로 그가 결코 마귀에게 사로잡힐 수 없음을 보여 주어야 한다. 그런데 그 사람이 "나는 그리스도인이 아닙니다."라고 이야기하면 어떻게 해야 할까? 김기동 목사처럼 큰 소리로 축사를 해야 할까? 결코 아니다.

여러분과 나는 그 사람을 데리고 가서 복음을 보여 주어야 한다. 먼저 로마서 3장 23절을 펴서 모든 사람이 죄인임을 알게 하고 로마서 6장 23절에 따라 '죄의 삯은 사망이나 하나님의 선물은 예수 그리스도 우리 주를 통해 얻는 영원한 생명'임을 보여 주어야 한다. 그 뒤에 로마서 10장 9-10절로 데리고 가서 "사람이 만일 입으로 주 예수님을 시인하고 하나님께서 그분을 죽은 자들로부터 일으키신 것을 마음속으로 믿으면 구원을 받으리니 사람이 마음으로 믿어 의에 이르고 입으로 시인하여 구원에 이른다."는 것을 보여 주어야 한다.

그 뒤에 요한일서 5장 11-12절로 데리고 가서 "또 그 증거는 이것이니 곧 하나님께서 우리에게 영원한 생명을 주신 것과 이 생명이 그분의 아들 안에 있는 것이니라. 아들이 있는 자에게는 생명이 있고 하나님의 아들이 없는 자에게는 생명이 없다."는 것을 보여 주어야 한다.

이 사람이 예수 그리스도의 복음을 인정하고 믿고 수용하면 그 순간에 두 가지 일이 자동적으로 발생한다. 먼저 성령님이 그 안에 들어와 영원토록 내주하신다. 둘째로 그에게 마귀들이 있었으면 그 순간에 그들이 쫓겨날 것이다. 그의 주인이 바뀌었기 때문이다. 그러므로 우리가 할 일은 복음의 메시지를 전하는 것이고 마귀를 쫓아내는 일은 성령님의 일이다. 이것을 착각하면 안 된다. 내가 쫓으려고 하면 안 된다. 복음이 들어가서 사람의 소유권이 바뀌면 자동적으로 마귀는 쫓겨난다.

또한 구원받지 못한 사람에게서 마귀를 설혹 쫓아낸다 해도 이것은 허사가 되고 더 비극적인 일이 될 수 있다. 사람이 구원받지 않았으면 그가 마귀 들렸는지 들리지 않았든지 그는 마귀의 소유이며 여전히 지옥 자식이다. 구원받지 못한 사람에게서 마귀를 쫓아내는 일은 담배 피는 사람에게 권유하여 금연하게 하는 것과 비슷하다. 그는 여전히 지옥에 간다. 다만 담배 냄새만 없을 뿐이다. 술 먹는 사람도 마찬가지이다. 구원받지 않은 상태로 술을 끊었다 해도 여전히 그는 지옥으로 간다.

신약시대 성도들은 사회사업가 혹은 사회 복지사 혹은 마귀 쫓는 자로 부르심을 받지 않았다. 우리는 복음을 선포해서 사람을 그리스도의 구원의 지식으로 데려와야 한다. 사람의 가장 큰 필요는 술이나 담배를 끊는 것도 아니고 마귀나 병에서 벗어나는 것도 아니다. 이 땅에 태어난 모든 사람의 가장 큰 필요는 예수 그리스도의 피를 통한 믿음으로 말미암은 개인적인 구원이다. 이것이 없이는 다른 모든 것이 허사요 오히려 역작용을 일으킬 수도 있다.

이 혼돈의 시기에 사탄 마귀는 성경 말씀을 인용하여 사람들을 속이고 있다. 그는 예수님을 시험하면서 시편 91편 11-12절을 문맥 밖에서 취해 자기 마음대로 썼다. 이와 마찬가지로 사탄은 마태복음 12장 26절을 교묘히 이용한다.

사탄이 만일 사탄을 내쫓으면 스스로 분쟁하는 것이니 그리하고야 어떻게 그의 왕국이 서겠느냐?

은사주의자들은 이 구절을 인용하면서 자기들이 마귀를 내쫓는 일은 마귀의 일이 아니라고 주장한다. 그러나 그 뒤의 43-45절을 자세히 보기 바란다.

부정한 영이 사람에게서 나와 마른 곳들로 다니며 쉴 곳을 구하나 전혀 찾지 못하고 이에 이르되, 내가 내 집 곧 내가 나온 곳으로 돌아가리라, 하고는 가서 보니 그 집이 비고(empty) 청소되고 꾸며져 있으므로 이에 가서 자기보다 더 사악한 다른 영 일곱을 데려와 그들이 들어가서 거기 거하매 그 사람의 나중 형편이 처음보다 더 나쁘게 되느니라. 이 사악한 세대도 참으로 그와 같이 되리라, 하시니라.

여기에 아주 중요한 단어가 있다. 44절에 보면 '그 집이 비어 있다'고 한다. 이 사람은 처음에 마귀가 하나 있었는데 축사를 받고 나중에는 여덟 마귀가 들어가 자리를 잡게 되었다. 그 이유가 무엇인가? 축사를 받아 마귀가 쫓겨났지만 그의 몸은 여전히 그의 주인이 없이 빈 상태로 있었고 더욱이 청소까지 되어 있으므로 더 많은 마귀들이 들어와 그를 점령한 것이다. 축사를 받아 마귀를 쫓아내도 그의 주인이 예수님으로 바뀌지 않으면 그의 나중 형편이 처음보다 나쁘게 된다.

사탄 마귀는 자기의 부하 마귀 하나가 내쫓겼다가 나중에 여덟 명으로 불어나는 것을 보고 더 기뻐할 것이다. 그래서 축사하는 자가 나가라고 할 때에 그 마귀가 나갈 것이다. 사람들은 기뻐서 소리를 지르고 목사가 영력이 대단하다고 하지만 그의 주인이 바뀌지 않았으므로 그는 여전히 지옥행이며 나중 상태가 더 나쁠 수 있다. 그러므로 믿는다고 하는 사람이 축사를 행하는 것은 실제로 마귀의 계략에 놀아나는 것이다. 제 정신으로 복음을 깨닫고 죄를 회개하고 예수 그리스도를 받아들이는 일이 없으면 아무리 축사를 해서 마귀를 쫓아내도 허사이다. 그러므로 사람이 진실로 구원받았으면 마귀를 쫓을 필요가 없다. 그 안에 마귀가 없기 때문이다. 또한 사람이 구원받지 않았다 해도 이 사람에게 축사를 행할 필요가 없다. 그는 제 정신으로 복음의 메시지를 받아야 한다. 그러면 자동적으로 마귀는 쫓겨나간다.

이제 결론을 내리자. 마태복음 12장 26절, 43-45절은 마태복음 7장 21-23절과 함께 읽어야 한다.

내게, 주여, 주여, 하는 자가 다 하늘의 왕국에 들어가지는 아니하고 오직 하늘에 계신 내 아버지의 뜻을 행하는 자라야 들어가리라. 그 날에 많은 사람들이 내게 이르기를, 주여, 주여, 우리가 주의 이름으로 대언하지 아니하였나이까? 주의 이름으로 마귀들을 내쫓지 아니하였나이까? 주의 이름으로 많은 놀라운 일을 행하지 아니하였나이까? 하리니 그때에 내가 그들에게 밝히 말하되, 내가 너희를 결코 알지 못하였노라. 불법을 행하는 자들아, 너희는 내게서 떠나라, 하리라.

크리스천들이 축사를 한다고 설치며 다니면 그것은 실제로 마귀를 도와주는 것이다. 이런 식으로 사탄의 왕국을 분열시킬 수 없다. 그는 더 확실히 정복하기 위해서 잠시 나간다. 그리고 다시 여럿을 데리고 들어온다. 주인이 없기 때문이다. 우리 주님은 이렇게 거짓으로 축사를 한다고 하는 자들을 가리켜 '불법을 행하는 자들'이라고 하셨다.

우리가 성경을 문맥에 맞게 기도하는 마음으로 진지하게 탐구하면 하나님께서 우리에게 바른 것을 주실 것이다. 사는 동안 사람을 구원시키는 예수 그리스도의 복음을 주변 사람들에게 전하려는 소원을 품고 기도하며 주님께서 길을 열어 주시기를 구하자. 우리 주님의 은혜가 여러분과 내 삶에 풍성히 넘치길 기원한다.

부록 8

관상 기도

언제부터인가 한국 교회에는 로마 카톨릭의 가르침과 종교의식이 하나 둘 침투하여 자리 잡기 시작했다. 은사주의, 신비주의, 종교적 수행, 뜨레스디아스, 알파코스, 종교일치운동 등이 그런 대표적인 예들이다. 그런 로마 카톨릭 주의의 가르침이나 종교 의식들은 전혀 성경 말씀에 근거한 것들이 아니며 오히려 성경 말씀의 진리를 왜곡하고 배척하는 것임에도 불구하고 성령 운동이라는 이름이나 영성 훈련이라는 이름을 내걸고 교회 내에 널리 보급되고 있다.

이는 한국 교회가 성도들을 진리의 말씀으로 가르치고 양육하여 주의 군사로 무장시키려고 하기보다는 뭔가 그럴듯하게 보이는 프로그램들을 도입해서 단기간에 사람들을 많이 끌어 모으는 데 더 큰 관심을 보이고 있기 때문이다. 일부 종교 지도자들의 눈에는 교인들의 머리 숫자는 교회 세력을 과시하는 수단으로 보이며 그것은 교회 재정 규모와 예배당 건물의 크기를 나타내는 척도가 되고 외부적으로는 목회의 성공과 실패를 평가받는 기준이 되기 때문이다. 심지어 일부 목회자들은 이런 외적인 성장을 영권, 물권, 인권이라는 용어로 미화시켜서 표현하기도 하지만 이런 용어나 개념은 성경에서는 찾아볼 수 없는 것들이다.

일부 부패한 종교 지도자들은 사람들을 많이 끌어 모으고 기존 교인들을 많이 동원할 수만 있다면, 그 내용이 성경의 가르침과 일치하는 것인지 여부는 검토도 하지 않고 무작정 도입해 버린다. 하지만, 많은 교회에서 부흥과 영적 성장이라는 명분을 내걸고 시행하는 '영성 운동', '영성 계발', '영성 훈련'이라는 것들은 전혀 성경적인 근거가 없으며, 오히려 성도들의 건전한 신앙생활에 치명적인 해를 입히는 위험한 사상들을 내포하고 있다.

무엇보다도 성경에는 그들이 말하는 '영성'이라는 용어나 개념 자체가 없다. 영성 훈련가들이 저술한 책들을 살펴보면 영성 운동, 영성 계발, 영성 훈련이라는 말을 사용하고 있는데, 이는 그들이 말하는 영성이 성도들이 하나님으로부터 물려받는 속성이나 성령의 열매를 의미하는 것이 아니라, 인간적인 수행과 노력과 훈련의 산물로 얻게 되는 어떤 영적인 능력을 의미한다는 것을 보여 준다. 이것은 인간이 본래 영적으로 대단한 능력을 가진 존재이므로 수행과 훈련을 통해서 자신의 감추어진 잠재 능력을 계발하기만 하면, 인간의 한계를 초월한 힘과 능력을 얻게 된다는 뉴에이지 사상을

이 글은 김문수 박사(부산제일성서침례교회 목사)가 특별 기고한 것이다.

담고 있다. 그런 사상의 원류가 되는 것은 고대 바빌론의 신비종교, 종교적 수행을 강조하는 로마 카톨릭 중의의 사상, 현대 인본주의 심리학 등이다.

한 마디로 이런 영성 훈련은, 주 예수 그리스도의 복음을 전하여 사람들이 생명을 얻게 하는 것이 아니라 자기 교회에 출석해 줄 교인들을 모집하는 프로그램이다. 그리고 거듭난 성도들이 하나님의 말씀을 믿고 순종하는 가운데 삶이 변화되어 성령의 열매를 맺도록 도와주는 것이 아니라 훈련 프로그램을 통해서 도를 닦게 만드는 종교적 수행 프로그램이다.

우리는 성경 말씀에 비추어 볼 때, 수행과 훈련을 통해서 사람의 영적인 속성이 더 높은 수준으로 향상된다는 주장을 인정할 수 없으며, 믿음으로 말미암아 하나님의 은혜로 구원받은 성도들이 도를 닦거나 수련을 해서 영적인 성장을 이루어야 한다는 가르침에 동의하지 않는다. 그것들은 사람들이 만들어낸 명령과 교리이지 성경의 가르침이 아니기 때문이다.

이 모든 것은 사용하는 대로 없어질 것이요) 사람들의 명령글과 교리들에 따른 것이라. 이런 것들은 의지대로 경배하고 자기를 낮추며 몸을 경시하는 데는 참으로 지혜가 있는 것 같이 보이나 육체를 만족시키는 데는 아무 가치가 없느니라(골2:22-23).

이런 영성 훈련 프로그램들에 대해서 일일이 다룰 수는 없고 이번에는 영성 훈련의 대표적인 수행방법으로 알려진 '관상'(觀想) 혹은 '관상 기도'(Contemplative prayer)에 대해서 몇 가지만 말하고자 한다.

관상은 무엇인가?

관상(觀想)이라는 말의 사전적 정의는 다음과 같다.

관상: (1) 〈불교〉 수행의 하나로 마음을 오로지 일정한 대상에 기울여 어떤 상념을 일으키게 하여 번뇌를 없애는 일. (2) 〈종교〉 신을 직관적으로 인식하고 사랑하는 일. (3) 〈철학〉 순수한 이성의 활동에 의해 진리나 실재를 인식하는 일.

요즈음 영성 훈련가들이 주장하는 관상이라는 말은 '명상 수행을 통한 절대자와의 만남'이라는 의미로 사용되고 있다. 그러나 성경 말씀에 의하면 사람은 이성이나 직관이나 논리나 철학이나 수행을 통해서는 하나님을 만날 수 없다고 한다. 하나님은 우리의 생각보다 비교할 수 없을 만큼 크고 놀라운 분이시기 때문에(사55:8-9) 이 세상의 지혜나 방법으로는 하나님을 알 수 없다(고전1:21).

내 생각들은 너희 생각들과 같지 아니하며 내 길들은 너희 길들과 같지 아니하니라. **주**가 말하노라. 하늘들이 땅보다 높음같이 내 길들은 너희 길들보다 높으며 내 생각들은 너희 생각들보다 높으니라(사55:8-9).

우리는 오직 길이요, 진리요, 생명이신 예수 그리스도를 통해서만 하나님 아버지께로 나아갈 수 있다(요14:6).

사람이 명상과 같은 종교적 수행을 통해서 하나님과 깊은 만남을 가질 수 있다고 주장하는 것은 성경의 가르침과는 거리가 멀다. 성경의 가르침과 어긋나는 이런 관상 수행법은 로마 카톨릭 주의의 수도원에서 나온 것이다. 이 글에서는 로마 카톨릭 수도원에서 주장하는 '관상' 혹은 '관상 기도'가 무엇인지 그들의 주장을 중심으로 하나씩 살펴보며 진리의 성경 말씀을 통해 그런 수행법의 정체와 문제점을 하나씩 짚어 보려 한다.

아래에 인용하는 '관상 기도의 종류', '관상 기도의 방법'은 로마 카톨릭 수도원[1]의 자료이며 그들이 주장하는 내용과 함께 이에 대한 저자의 의견은 '=>' 이하에 기록하겠다.

1. 관상 기도의 종류

(1) 완전 관상(주부적 관상)

일체의 상상이나 이미지가 멈춘 순수한 어둠의 상태에서 하나님과 일치경험을 하는 것이다. 관상 경험에 이르기 위해서는 일체의 상상력이나 이미지를 끊임없이 제거하여 감각의 어둠과 영의 어둠에 이르러야 한다.

모든 창조물과 인간의 개념 속에서 유추할 수 있는 모든 이미지나 속성들을 하나씩 하나씩 부정해 가는 영적 여정을 가게 될 때에 결국 인간의 모든 개념이나 언어는 잠을 자게 되고 깊은 침묵의 심연으로 들어가게 된다. 이 상태가 순전한 영의 세계로서 하나님과 일치의 경험을 이루게 된다는 것이다. 이 관상 기도법은 갈멜 수도회의 전통이다(이것은 로마 카톨릭 수도원의 자료임).

=> 빛이요 진리이신 하나님을 이성도 자아도 판단력도 없는 '순수한 어둠의 상태'에서 만나라고 하는 것이 로마 카톨릭 주의의 가르침이다. 또한 이를 위해서는 감각의 어둠과 영의 어둠에 이르러야 한다고 한다. 필자는 이 글을 읽고 등골이 오싹해지는 것을 느꼈다. 사람이 이성과 판단력을 잃고 영적인 무지와 혼돈과 흑암 속에 있으면 누구를 만나게 되겠는가? 그 속에서 하나님을 만난다고? 하나님이 아니라 어둠의 권세를 잡은 마귀를 만나게 될 것이다.

성경은 기록하기를, 하나님은 빛이시며 그 분 안에는 전혀 어둠이 없다고 한다(요일1:5; 약1:17). 반면에 마귀와 악한 영적 세력들은 어둠에 속해 있다고(엡6:12; 벧후2:4; 유6). 우리도 예수님을 믿고 구원받기 전에는 한 때 어둠에 속해 있었지만(엡5:8), 세상의 빛으로 오신 우리의 주 예수님을 믿음으로(요8:12; 12:46) 말미암아 어둠에서 빛 가운데 들어가게 되었다(벧전2:9).

바로 그 마귀의 하수인 역할을 하고 있는 로마 카톨릭 주의는 하나님께서 사람에게 주신 분별력인 이성과 지각을 버리라고 가르친다. 그래야만 사람들이 하나님의 빛 가운데로 나아가는 것을 막을 수 있기 때문이다. 그러나 성경은 지각이 어두워진 자는 어리석은 자요, 하나님을 떠난 자라고 한다.

그들은 지각이 어두워졌으며 그들 속에 있는 무지함과 그들 마음의 눈먼 것으로 인해 하나님의 생명에서 떨어져 있도다(엡4:18).

또한 하나님께서는 우리에게 지각을 다하여 하나님을 사랑하라고 하셨다(막12:33).

---

1) 참고 사이트: w1.hompy.com/sudowon

또 그분은 우리의 지각과 감각을 어둠의 심연 가운데 던져 버리기를 원하시지 않고 지각의 눈을 밝혀서 하나님의 부르심의 소망과 그분의 상속 유업의 영광을 깨닫기를 원하신다(엡1:18).

이런 말씀들에 비추어 볼 때, 로마 카톨릭 주의의 관상 기도는 성경의 가르침과는 정면으로 배치되며, 하나님을 인격적으로 만나는 방법이 아니라 사람들을 어둠의 세력들에게로 넘겨주는 수단이라는 것을 알 수 있다.

(2) 불완전 관상(획득적 관상)

상상력이나 갖가지 이미지가 관상적인 체험에 이르는 매개체가 된다는 것이다.

가장 하찮은 창조물로부터 가장 고상한 하나님의 속성을 단계적으로 관상해 가면서 하나님과의 만남을 추구하는 영적 여정의 패턴을 말한다. 이 관상 기도 법은 예수회의 전통이다(이것은 로마 카톨릭 수도원의 자료임).

=〉 이들은 상상력이나 이미지를 관상적 체험에 이르는 매개물로 삼다. 그러나, 성경은 하나님께 기도하기 위해서 어떤 이미지들(형상들)을 사용하라고 하지 않으셨다. 주님께서는 형상들을 만들지 말고 그것들을 깨뜨리라고 하셨다.

너는 너를 위하여 어떤 새긴 형상도 만들지 말고 또 위로 하늘에 있는 것이나 아래로 땅에 있는 것이나 땅 아래 물 속에 있는 것의 어떤 모습이든지 만들지 말며(출20:4)

로마 카톨릭 주의에서는 사람들이 하나님의 말씀인 성경을 갖거나 그것을 읽고 해석하는 것을 금했다. 그 대신 십자가나 마리아상이나 묵주, 성당 벽화 같은 이미지를 통해서 하나님을 상상하도록 했다.

사람들이 진리의 말씀을 통해 하나님을 만나는 것을 금하고 이미지들(형상들)을 통해서 하나님을 만나라고 하는 로마 카톨릭 주의의 가르침이 관상 기도에서도 그대로 이어진 것을 볼 수 있다.

하나님께서는 어떤 형상도 만들지 말고 그것들을 깨뜨리라고 했는데, 이처럼 형상들을 매개물로 해서 하나님을 만나라는 가르침은 로마 카톨릭 주의처럼 우상을 숭배하라는 이야기가 된다. 그러나 진리의 성경 말씀에 비추어 볼 때 이것은 결코 주 하나님께서 원하시는 일이 아니다. 오히려 이것은 주의 진노를 받게 될 가증스러운 죄악이다.

(3) 추리적 관상

초자연적 진리를 꿰뚫어 보고 그것을 사랑하며 은총의 도움으로 그것을 실천하기 위해 그것에게로 마음을 돌려 추리하는 것이다(이것은 로마 카톨릭 수도원의 자료임).

=〉 '초자연적인 진리'라는 말은 뉴에이지 운동가들이 사용하는 '우주정신', '우주적 진리', '우주 에너지'를 말하는 것으로 그 실체는 사탄을 의미한다. 즉, '그것'을 사랑하며, '그것'의 은총을 받고, '그것'의 도움을 입어, '그것'을 실천하고, '그것'에게로 마음을 돌리라는 것은 사탄을 숭배하고 섬겨야 한다는 주장이다.

로마 카톨릭 주의에서는 왜 '하나님의 말씀의 진리'를 묵상하라고 가르치지 않고, '초자연적인 진리'라는 이상한 표현을 사용할까? 왜냐하면 그들에게는 '하나님의 진리'가 없기 때문이다(요8:44).

2. 관상 기도의 방법

아래는 카톨릭 수도원에서 제시하는 관상 기도의 방법이다. 잘 읽어 보고 이게 도대체 무엇을 하는 수련 방법인지 생각해 보기 바란다.

1. 정신을 집중할 수 있는 조용하고 편안한 장소를 선택한다.
2. 그리고 적당한 운동으로 굳은 몸을 풀어준다. 그리고 편한 자세로 앉는다.
3. 어깨에 힘을 빼고 허리를 곧게 펴고 손은 가볍게 무릎위에 가볍게 올려놓는다.
4. 대기 중의 공기를 하나님의 사랑으로 생각한다.
5. 그리고 호흡의 리듬을 느리게 조정한다. 숨을 들이마시고 내뿜는 비율을 약 1:2로 하는 것이 좋다.
6. 이렇게 하는 동안 내적으로는 마음의 자리에 초점을 맞춘다.
7. 이러한 자세에서 마음과 정신이 연결될 때 기도자는 예수의 이름을 부르기 시작한다. '주여' 또는 '하나님의 아들 주 예수여 나를 불쌍히 여기소서'를 부른다.

=> 아마 이것을 처음 읽는 분은 요가나 단전호흡, 기 수련을 떠올렸을 것이다. 그런데 이것이 바로 로마 카톨릭 주의에서 관상 기도하는 방법이다. 이미 알고 계시겠지만 이것은 단전호흡, 뇌 호흡, 인도의 요가 명상, 불교의 참선, 마인드 컨트롤 수행에서 사용하는 의식이지 성경 말씀에 기초한 것이 아니다.

성경 어디에도 '대기 중의 공기가 하나님의 사랑'이라고 생각하고 호흡 수련을 하라는 가르침은 없다. 그들은 숨을 들이마시면서 하나님과 성령님을 들이마시고 숨을 내쉬면서 죄악을 내뱉으라고 한다. 이것은 본래 내공 수련 방법 중 호흡 수련(조식, 調息) 방법으로, 맑은 기를 들이마시고 탁한 기를 배출한다는 호흡 방법에서 들숨과 날숨 대신에 하나님과 죄악을 대입한 것이다. 아래 글은 동양의 내공 수련법과 뇌 호흡, 뇌파 진동에 대한 글이다. 관상 수행법은 이런 동양의 단전호흡이나 기 수련에 바탕을 둔 것이지 성경 말씀에 근거한 것이 아니다.

호흡 수련의 목적은 운기와 함께 축기에 있다. 축기란 우주의 기운을 풍부하게 받아 생명력을 충만하게 만드는 것이다. 호흡을 잘 하면 생명력이 조화롭게 흐를 뿐 아니라 생명력도 충만해진다. 또 마음과 정신도 밝아진다. 사람은 호흡을 통해서 몸에 필요한 공기와 함께 생명력을 얻는다. 생명 활동에 쓰이는 기운을 음식물과 호흡을 통해 얻는 것이다. 또 음식물에서 얻어지는 생명력을 지기, 호흡으로 얻는 생명력을 천기라 부른다. 우주에는 무한한 생명력이 있다. 이 우주의 생명력이 호흡을 통해 몸 안으로 들어온다(내공 수련 법 중 호흡 수련).

뇌파 진동을 하고 난 후 천지 기운이 백회로 들어와 나의 온몸의 세포로 들어와 맑은 기운으로 감싸주었다. 답답한 마음도 뚫리고 두려운 마음도 없어지고 편안해진다. 천지 기운 내 기운 내 기운 천지 기운 ~ 천지 마음 내 마음 내 마음 천지 마음~(Brain Operating System).

동양의 도인들이나 로마 카톨릭 관상 수행자들은 호흡을 통해서 '우주 기운', '하나님'

을 받아들인다고 하지만, 우리가 믿는 하나님은 인격적인 분이시지 에너지나 기(氣)가 아니다. 그 어느 누구도 들이키는 숨으로 하나님을 들이마실 수가 없으며, 예수 그리스도의 피를 의지하지 않고 숨을 내쉬는 것으로 우리의 죄를 내보낼 수도 없다. 호흡 수련으로 하나님을 들이마신다는 관상 수행자들의 주장은 하나님을 인격체가 아니라 온 우주 공간에 퍼져있는 우주 에너지, 기, 영향력으로 여기는 뉴에이지 사상가들의 주장에 뿌리를 둔 것이라고 할 수 있다.

위 내공 수련자들의 호흡 수련 방법은 우주의 생명력을 몸으로 받아들이는 수행법이다. 그런데 우주 안에 생명력이 있으니 그 우주 에너지를 받아들이라는 가르침은 뉴에이지 사상의 주장이며 이것은 마귀의 영을 받아들이라는 이야기에 지나지 않는다. 관상 수행자들이 저런 의식을 통해서 수련을 하면서 입으로만 '주여~', '예수여', '주 예수여 불쌍히 여기소서!'라고 중얼거린다고 그것이 주께 드리는 기도가 될 수 있겠는가?

악한 영에 사로잡힌 무당이 불상, 마귀 상 세워놓고 섬기며, 십자가도 함께 걸어놓고 점치고 굿한다고 해서 하나님의 사람이 되는 것이 아닌 것처럼, 단전호흡을 통해 우주 기운(마귀의 영)을 받아들이고 마귀와 교제하면서 입으로만 '주여~'라고 부른다고 해서 하나님께 드리는 기도가 될 수는 없다.

관상 기도의 수행 방법은 전혀 성경적인 근거가 없으며 오히려 이것은 뉴에이지 사상이나 동양의 명상 수련에 그 기원을 두고 있다.

관상과 묵상의 차이

힌두교의 명상 수행, 불교의 참선, 로마 카톨릭 주의의 관상은 한결같이 사람들에게 이성과 지각과 판단과 오욕칠정을 버리고 피아도 모두 잊고, '마음을 비우라.'고 가르친다. 그러나 하나님께서는 우리에게 마음을 비우지 말고 마음을 채우라고 하신다. 하나님께서는 성경 말씀을 통해 우리에게 주의 말씀을 '묵상하라.'고 말씀하신다. 묵상이란 비우는 것이 아니라 채우는 것, 곧 우리의 마음속을 하나님의 진리의 말씀으로 가득 채우는 것이다. 묵상(히, 하가)이라는 말의 의미는 '중얼거리다, 신중히 생각하다, 말하다, 연구하다.'라는 뜻이다. 즉, 묵상이란 하나님의 말씀을 읽고, 그 의미를 깨닫고, 자신의 생활 가운데서 그 말씀에 순종해야 할 영역을 찾아보고, 행동으로 순종할 준비를 하는 단계라고 할 수 있다.

> 너는 이 율법 책을 네 입에서 떠나지 말게 하며 밤낮으로 그것을 묵상하여 그 안에 기록된 모든 것에 따라 지켜 행하라. 그리하면 네가 네 길을 형통하게 하며 또한 크게 성공하리라 (수1:8).

> [내 아들아,] 그것들을 계속해서 네 마음에 묶어 두고 네 목에 매어 두라. 그것이 네가 다닐 때에 너를 인도하고 네가 잘 때에 너를 보호하며 네가 깰 때에 너와 말하리니 (잠 6:21-22)

그러므로 우리는 이성의 끈을 놓아버리고 지각과 판단력이 없는 암흑과 무지의 상태, 영적인 어둠의 상태로 들어가서 어둠의 세력, 마귀와 접하는 관상 수련을 할 것이 아니라 하나님의 말씀을 따라서 진리의 말씀을 읽고 묵상하고 연구하며 그 말씀을 지켜 행하는 데 힘써야 할 것이다.

관상 수행의 문제점

1. 침묵하기

로마 카톨릭 주의의 관상은 하나님을 만나려면 이성과 지각을 모두 버리고 침묵의 심연 속으로 들어가야 한다고 한다. 그러면서 그 근거로 시편 62편 5절이나 46편 10절 등을 제시한다. 하지만 킹제임스 성경을 보면 시62:5에 '잠잠하라.'는 표현은 없다. 시편 기자는 오직 하나님만을 바라라고 했다. 이 구절은 하나님을 간절히 바라라는 것이지 주께 대한 생각을 접어두고 아무 생각도판단도 기대도 하지 말고 자신을 무지와 혼돈과 흑암에 방치하라는 뜻이 아니다.

나의 영혼아 잠잠히 하나님만 바라라 대저 나의 소망이 저로 좇아 나는도다(시62:5, 한글 개역).

내 혼아, 너는 오직 하나님만 바라라. 내가 기대하는 것이 그분에게서 나오는도다(시 62:5. 킹제임스 흠정역)

My soul, wait thou only upon God; for my expectation is from him(시62:5, KJV).

그리고 시편 46편 10절에서 '잠잠하라.'고 한 것은 그분의 성도들에게 하신 말씀이 아니라 그 앞 구절에 나오는 하나님을 대적하는 자들에게 '입 닥치고 가만히 있으라.'고 말하는 것이다.

가만히 있으라. 그리고 내가 하나님인 줄을 알지어다. 내가 이교도들 가운데서 높여지고 땅에서 높여지리로다(시46:10).

킹제임스 성경으로 시편 말씀에서 '잠잠'이라는 단어를 찾아보면, 주의 원수들(시 8:2), 사악한 자들(시31:17), 거짓 입술들(시31:18)에게 잠잠하라고 하셨다. 그러나 주의 성도들은 내가 주 앞에서 잠잠하지 않고 기도하겠다(시22:2; 30:12)고 했고, "하나님이여 잠잠하지 마시고 내 기도에 응답하소서."(시28:1; 35:22; 39:12; 50:3; 83:1; 109:1)라고 기도하였다.

로마 카톨릭 주의는 관상을 통해, 불교 수행자들은 참선이나 묵언 수행을 통해 어떤 신적인 존재를 만나려고 한다. 그러나 하나님께서는 성도들이 이성과 분별력을 사용하여 하나님께서 주신 언어를 사용하여 인격적으로 하나님과 교제하기를 원하신다. 하나님은 우리에게 자신의 말씀을 우리의 언어로 기록하게 하사 주의 뜻과 진리를 보여 주셨으며, 또한 우리의 언어로 표현한 기도(소리 내어 기도하거나 조용히 마음속으로 기도하거나)를 듣고 응답하신다.

하나님은 우리가 말씀과 기도를 통하여 주님과 인격적인 교제를 나누기를 원하신다. 로마 카톨릭 주의처럼 관상 기도를 통하여 인간의 이성과 감각이 둔해지고 지각이 어두워지고 마음속이 공허한 상태, 흑암의 심연에 잠긴 상태에서 우리의 빈틈을 노리고 비집고 들어오는 영적인 세력이 있다면 그것은 마귀에게 속한악한 영들이다.

2. 마음 비우기

단전호흡, 힌두교 명상, 불교의 참선, 로마 카톨릭 주의의 관상과 같이 마음을 비우는 것은 사람을 마귀와 접하기 좋은 최적의 상태로 만든다. 성경 말씀에 의하면, 사람에게서 나온 부정한 영이 쉴 곳을 구하다가 찾지 못하고, 자기가 나왔던 곳으로 돌아가 보니 그 집이 깨끗하게 비어 있고 청소가 된 것을 보고 자기보다 더 사악한 영 일곱을 데리고 들어가 거기 거한다고 했다(마12:43-45).

성경은 이성도, 지각도, 감정도, 영적 분별력도 모두 버리고 마음을 깨끗이 비우고 청소해 놓았더니 마귀가 들어가 거하여 그 사람의 형편이 더욱 나빠졌다고 했다. 원래 '마음 비우기' 수행 방법은 뉴에이지 사상가들이 '우주정신', '우주 에너지', '우주적 진리'라고 부르는 마귀의 영을 영접하기 위한 의식이므로 우리는 저런 악한 의식을 본받거나 그것을 기독교적인 것에 접목시키려고 해서는 안 된다.

비록 악한 모양을 하고 있어도 기독교적인 색채를 지닌 것과 적당히 혼합하면 하나님이 인정해 주실 거라고 생각하는가? 성경은 그렇지 않다고 한다. 성경은 악의 모든 모양도 삼가라고 하셨다.

악의 모든 모양을 삼가라(살전5:22).

죽은 파리가 향유에 떨어지면 파리가 향기롭게 될까, 향 기름이 부패하게 될까? 정답은 아래 성경 말씀에 나와 있다.

죽은 파리들이 약제사의 향유에서 지독한 냄새가 나게 만드는 것 같이 작은 어리석음도 지혜와 명예로 명성을 얻은 자를 그렇게 만드느니라(전10:1).

우리는 바알세붑(파리의 신, 똥의 신)으로부터 나온 죽은 파리들 즉 로마 카톨릭 주의의 가증스럽고 거짓된 가르침이 하나님의 진리의 말씀에, 구속받은 성도들에게, 주의 몸 된 교회에 들어와서 섞이는 것을 단호하게 거부해야 한다.

3. 특정 단어 중얼거리기

관상 기도를 가르치는 사람들은 관상을 위한 다양한 기법들을 소개하는데 그 중의 한 가지가 특정한 낱말이나 어구를 반복적으로 되뇌는 것이다. 머튼, 키팅, 페닝턴, 포스터 등은 관상 기도 중에 예수, 주님, 아버지, 친구, 또는 예수의 기도 등의 낱말이나 어구를 반복적으로 중얼거리라고 가르친다.

그러나 하나님께서는 우리에게 기도할 때에 이교도들처럼 헛된 말을 되풀이하지 말라고 하셨다(마6:7).

> 오직 너희는 기도할 때에 이교도들과 같이 헛된 반복의 말을 사용하지 말라. 그들은 자기들이 말을 많이 하여야 아버지께서 들으실 줄로 생각하느니라.

성경에는 이교도들이 무의미하게 주문 외우듯이 특정 어구만 되풀이하여 중얼거리는 모습이 잘 묘사되어 있다. 바알 추종자들은 아침부터 저녁까지 '오 바알이여, 우리

말을 들으소서.'라는 구절만 계속 되풀이하였고(왕상18:26), 다이아나 여신을 섬기는 자들은 두 시간 동안 '위대하시도다. 에베소 사람들의 다이아나여!'라는 말만 반복했다(행19:34).

하나님의 사람 엘리야는 어떻게 기도했을까? 로마 카톨릭 주의의 관상 기도자들처럼 "주여, 주여, 주여~" 하거나 "주여 불쌍히 여기소서, 주여 불쌍히 여기소서, 주여 불쌍히 여기소서."하면서 이렇게 의미 없는 말만 반복하여 되풀이했을까? 성경에는 엘리야가 정상적인 이성과 지각을 가지고 침묵이 아닌 언어적 표현을 사용하여 하나님 앞에서 구체적인 내용으로 기도한 사실이 수록되어 있다(왕상18:36-40).

로마 카톨릭 주의의 관상 기도 수행자들이 입버릇처럼 반복적으로 중얼거리는 '예수', '주님', '친구' 등의 낱말은 인격적으로 주님을 부르고 그분과 소통하기 위한 것이 아니다. 그들의 표현을 빌자면 이렇다.

그것이(그 낱말들이) 걱정, 기억, 생각 등 당신의 내부 세계와 상호 작용하게 허락하면서 그것을 외워서 자신에게 천천히 반복하라. 이처럼 특정 단어를 자꾸 반복적으로 되뇌면 우리가 우리의 평범한 의식을 넘어서 무한자에게로 가게 될 것이다.

이는 관상 기도에서 이런 단어 중얼거리기가 일종의 자기 최면을 유도하는 주문으로 사용되고 있음을 보여 준다.

힌두교의 명상 수행이나 뉴에이지 명상에서는 명상가에게 '만트라'(진언 주문)라고 불리는 어떤 한 낱말을 주고 수행 중에 그것을 되풀이하도록 한다. 이것은 흔히 어느 신의 이름이거나 "나는 그것이다.", "나는 존재한다." 등을 의미하는 짧은 구절로, 반복적인 되뇜을 통해 사람으로 하여금 무아지경에 빠지게 만든다.

관상 기도에서 사용하는 '특정 단어 중얼거리기' 수행법은 바로 이와 같은 자기 최면, 동양 종교의 수행법, 뉴에이지 사상의 가르침에서 비롯된 것이지 결코 하나님의 말씀에서 나온 것이 아니다.

4. 관상 시각화 기법

관상이란 단어는 문자적으로 풀이하자면 '마음속에 떠오르는 어떤 상념이나 이미지를 보는 것'을 말한다. 관상 수행자들은 무지와 공허와 흑암 가운데서 뭔가를 보려고 하고 만나려고 한다. 그래서 관상 기도를 가르치는 자들은 관상을 할 때에는 어떤 이미지를 떠올리는 시각화 기법을 사용하라고 가르친다.

예를 들어, 관상 기도 인도자가 "지금부터 예수님과 함께 골고다 언덕을 올라가겠습니다. 언덕이 가파릅니다. 저 멀리 강도들이 달린 십자가가 보입니다."라고 말하면 참가자들은 모두 눈을 감고 그 장면을 머릿속으로 그리며 주변의 풍경도 상상하며 군중들의 소리가 들리는 것처럼 느끼려고 해야 한다.

이는 마치 최면술사가 피시술자에게 "당신은 꽃밭에 있습니다. 꽃이 아름답지요? 이제 당신은 나비가 되었습니다. 자유롭게 하늘하늘 날아갑니다. 당신이 좋아하는 꽃에 내려앉았습니다. 당신은 지금 달콤한 꿀을 빨고 있습니다." 등과 같은 암시를 주어서 최면에 빠뜨리는 것과 같다.

이처럼 관상 기도는 이성의 통제나 건전한 비판력을 상실한 사람들이 인도자가

던지는 시각적 묘사나 암시에 의해 집단 최면에 걸려서 헛된 것을 보고 듣고 느끼며 가상의 어떤 영적인 체험을 하게 만든다. 그런 자기 암시 상태에서 자기 머릿속에 떠오르는 생각과 이미지가 과연 주의 음성이라고 할 수 있을까? 그것은 자기 속에 있는 인간적인 욕심과 망상이 사탄의 자극에 의해 표출된 것에 불과하다.

또한 관상 기도 수행자들은 관상(시각화)을 통해 이미 죽은 자들과 교류하는 것을 가르치기도 하며, 자기가 원하는 어떤 결과를 얻고자 한다면 그것을 시각화시켜서 상상하라고 가르친다.

성경책과 노트를 내려놓고, 두 눈을 감고 여러 분의 마음속의 모든 생각을 비우십시오. 이제 당신이 산에 있는 아름답고 평화로운 목장에 있다고 상상하십시오. 아름다운 푸른 풀과 노란 꽃이 보입니까? 가장 아름다운 곳으로 가서 원하는 것을 보십시오. 예수께서 숲을 지나 당신의 목장으로 걸어오는 것이 보입니까? 당신을 향한 그의 사랑을 느끼십시오. 평안을 느끼십시오. 그분의 눈을 바라보고 그가 당신에게 보이는 사랑을 보십시오.

이것은 내적 치유를 주장하는 존 웜버의 말인데, 등장인물만 예수로 했을 뿐 실상 관상 수행자들이나 오컬트주의자들의 관상(시각화) 기법, 뉴에이지 사상가들이 말하는 '생각의 힘'과 같은 사상을 담고 있다. 그들은 사람이 자기에게 이루어지기를 원하는 어떤 모습을 관상하면, "말하는 대로, 생각하는 대로 이루어진다."라고 주장한다. 어느 이동통신사 광고에 나오는 '생각대로 T', '비비디 바비디 부'와 별다를 게 없다.

이는 인간이 위대한 존재이며, 인간의 상상에 창조적 능력이 있으며, 상황을 바꾸고 문제를 해결하는 힘이 있다는 뉴에이지 사상에 뿌리를 둔 것으로서, 초월 심리학이나 신경-언어 프로그래밍(Neuro Linguistic Programming) 이론 등을 기초로 하고 있다.

요즘 유행하는 긍정적 사고, 적극적 사고방식 등의 처세술 책자에서 "자기가 원하는 결과를 머릿속으로 자꾸 시각화해서 상상하면 그대로 이루어진다."라고 하는 가르침 역시 이런 사상에서 나온 것들이다.[2]

문제는 이런 뉴에이지 사상에서 나온 시각화(관상) 기법을 엉뚱하게도 성경 말씀과 연결시켜 일부 영적으로 타락한 종교 지도자들이 "긍정적으로 생각해야 잘 된다.", "무엇이든 네 믿음대로 된다.", "그것을 머릿속으로 그리고 꿈꾸고 보려고 하라.", "입으로 선포하라. 네가 말한 대로 된다."는 식으로 가르치고 있으니 참으로 심각한 문제이다.

그런 거짓 가르침 때문에 일부 성도들은 하나님의 약속의 말씀을 붙잡고 기도하며 순종하려 하기보다는 자기 욕심과 죄악된 마음에서 우러나온 낙관적이고 희망찬 상상만 붙잡고 헛된 미래상만 머릿속으로 그려 내게 된다.

하나님은 우리의 신념이나 상상에 어떤 능력이 있다고 가르친 적이 없으며, 머릿속으로 헛된 꿈을 키우라고 하신 적도 없다. 하나님께서 약속하신 말씀에 근거한 것이 아닌 헛된 상념이나 어떤 시각화된 형상(image)을 머릿속으로 그려내는 것은 하나님과

---

2) http://yeonmiso.com.ne.kr/tibet/imagpwer.htm 티베트 명상, 수행에 있어서 상상력의 위력

인격적으로 만나는 것과 아무런 관련이 없다.

그런 자들은 주의 말씀이 아니라 자기의 죄악된 마음속에서 나오는 헛된 상념만 잔뜩 키우게 될 뿐이다.

만군의 **주**가 이같이 말하노라. 너희에게 대언하는 대언자들의 말들에 귀를 기울이지 말라. 그들은 너희를 헛되게 만드는 자들이니 그들은 **주**의 입에서 나오지 아니하고 자기 마음에서 나온 환상 계시를 말하느니라(렘23:16).

로마 카톨릭 주의에서 가르치는 관상 기도가 언제부터인가 영성 훈련이라는 이름을 쓰고 교회에 침투해 들어오고 있지만 이는 결코 하나님께서 성경을 통해 우리에게 주신 것이 아니다. 어떤 큰 교회의 목사가 관상 기도를 가르친다거나 어느 교단의 총회장이 이를 도입한다고 할지라도, 관상 기도와 같이 성경 말씀의 진리에 위배되는 것은 단호히 배격해야 한다. 예수님을 비롯하여 성경에 나오는 하나님의 사람들은 한 번도 관상 기도와 같은 수행법을 행한 적도 없고 가르친 적도 없다는 것을 기억해야 한다.

관상 기도란 고대 바빌론의 신비 종교에 뿌리를 둔 로마 카톨릭 주의의 가르침과 하나님을 대적하는 뉴에이지 사상에 기초한 것으로 이방 종교 수행자들이 마귀에게 속한 악한 영들과 접하는 의식이지 성경의 가르침이 아니다.

관상 기도의 위험성에 대해서는 기독교 이단 사이비 대책 협의회의 게시물을 참조하기 바란다.[3]

---

3) ● 관상 기도의 위험성: http://blog.daum.net/munje/15821185
　● 관상 기도: http://blog.daum.net/munje/15821184
　● 관상 기도는 신비주의 자아 최면 행각: http://blog.daum.net/munje/15821181
　● 관상 기도의 경악할 실체를 벗기다: http://blog.daum.net/munje/15821180

부록 9

싱가포르 웃음 예배 현장

지금 싱가포르의 은사주의 교회들은 "드디어 부흥의 물결이 싱가포르에까지 왔다."고 주장한다. 싱가포르 국립 실내 경기장과 실외 경기장에서 열린 로드니 하워드-브라운의 부흥 집회에는 여러 교단에서 수많은 사람들이 참석했다. 물론 그 중 많은 이들은 참된 복음을 경험하기 위해 그곳에 갔으나 대부분의 사람들은 성령에 의해 죽임을 당해 뒤로 넘어지며, 웃거나, 사자처럼 울부짖기 위해 그곳에 갔다.

나는 1995년 9월 19일 이 광경을 스스로 확인해 보기 위해 실내 경기장에 갔다. 그곳은 군중들로 인해 완전히 인산인해를 이루었고, 대중들은 45분 동안 계속해서 노래를 불렀다. 그때 그들은 손뼉을 치며 펄쩍펄쩍 뛰기도 했다. 노래는 계속해서 반복되었고, 나는 대중들이 이제 감정적으로 격앙되어 가고 있음을 볼 수 있었다.

그런 뒤 약 15분 동안 싱가포르 내 은사주의 교회의 목사 중 하나인 시우드 목사(Rick Seawood)가 나와서 '헌금'에 대해 강론을 했고 안내원들이 헌금 주머니를 들고 다니면서 헌금을 모아 갔다. 그 뒤 하워드-브라운이 무대에 설 때까지 그들은 또다시 노래를 많이 불렀다. 하워드-브라운은 무대에 나오자마자 마이크를 붙잡고 노래를 했다. 참으로 그의 노래는 수준급이었다. 그는 세 가지 노래를 했으며 대중들도 그와 함께 노래를 했다. 그 뒤 오르간에 의해 배경 음악이 울려 퍼지는 가운데 침묵이 그곳을 엄습했다.

바로 그 순간 실내 경기장 여기저기서 웃음이 터져 나오기 시작했다. 마침내 어떤 이들은 히스테리 증상을 보이기 시작했고, 다른 이들은 어떤 황홀경(입신)에 빠져 여기저기로 손을 뻗고 움직이거나, 오랫동안 몹시 심하게 떨었다. 또 어떤 젊은 부인은 사자처럼 으르렁거리기 시작했고, 그곳은 혼동과 소음으로 인해 아수라장이 되었다.

그때 나는 여러 사람들이 자신들도 웃을 수 있게 해 달라거나 혹은 성령에 의해 죽임을 당할 수 있게 해 달라고 간절히 기도하는 것을 보았다. 또한 성령에 의해 죽임을 당하지 못했으므로 실망한 얼굴을 하고 있는 사람들도 보았다. 물론 그들은 웃을 수도 없었다. 이 집회에서 하워드-브라운은 단 한 번도 설교를 하지 않았다. 그는 단 한 마디의 복음의 메시지도 전하지 않은 채, 사람들에게 앞으로 나와 주 예수 그리스도를 구원자로 영접하라고 했다. 물론 그는 크리스천들에게 그들의 삶을 다시 한 번 헌신하라고 했다. 그러나 그는 하나님의 말씀은 단 한 마디도 전하지

이 글은 독자들의 이해를 돕기 위해 영국에서 출간되는 「Sword & Trowel」(1995년도 판)에 기고된 글을 그대로 번역한 것이다.

않고 그렇게 초청만 했다.

그 뒤 하워드-브라운의 아내가 무대에 나와서 근 1시간 동안이나 간증을 했다. 그녀는 특히 성령 충만을 받은 사람들의 경험을 강조했으며 성령 충만의 결과란 다름 아닌 방언을 말하는 것과 웃는 것이라고 말했다. 또한 그녀는 성령께서 그들 위에 임하면 자신들이 무슨 행동을 하든지 두려워하지 말라고 그들에게 말했다. 긴 간증이 끝난 뒤 밤 10시경에 하워드-브라운이 또다시 무대 위에 올라왔다. 물론 나는 그때 사람들이 어찌할 바를 모르고 있음을 알고 있었다. 이미 많은 사람들이 경기장을 떠나갔으며, 나도 그곳을 뜰까 하다가 하워드-브라운이 무언가 다른 것을 할 것 같다는 예감이 들어 그곳에 계속 남아 있었다.

그는 경기장 한쪽에 있는 군중들에게 손을 꼭 잡고 함께 일어서라고 했다. 그러더니 갑자기 "힘으로 되지 아니하고 능력으로 되지 아니하며 오직 내 영으로 되느니라. 주가 말하노라."하고 외쳤다. 그러더니 그는 한쪽에 있는 군중들을 향해 "충만하라, 충만하라, 충만하라!"고 외치며 그들을 영으로 죽이기 시작했다. 그러자 사람들이 뒤로 넘어지기 시작했으며 어떤 이들은 비명을 지르고 울기 시작했다. 또 다른 이들은 깔깔대고 웃었다.

이제 이 현상이 내가 앉아 있던 곳까지 오자 나는 사람들과 함께 일어섰으나 그들과 함께 손을 잡지 않고 천천히 밖으로 걸어 나갔다. 내가 걸어 나가고 있는 동안에도, 그는 많은 사람들을 죽였다. 이제 내 주위에서도 많은 이들이 넘어지고 울기 시작했다. 나는 경기장 코너에 서서 이 사람들을 관찰했다. 많은 이들은 자신들이 거룩한 웃음에 의해 죽임을 당하지 않음으로 인해 실망하고 있었다. 내가 보기에는 10명 중 4명 정도가 죽임을 당한 것 같았다.

그때로부터 이틀 뒤 부흥 집회의 마지막 날에 나는 국립 경기장에 다시 갔다. 거기에는 적어도 30,000명은 족히 됨직한 인파가 모여 있었다. 노래를 30분 정도 부른 뒤 지난번과 마찬가지로 시우드 목사가 나와서 헌금에 대해 설교했다. 또한 하워드-브라운도 노래를 불렀고 그 뒤 몇 명이 곧바로 웃기 시작했다.

이번에도 나는 어떤 남자가 웃기는 영에게 사로잡혀 보려고 애를 쓰는 것을 보았다. 그는 몸을 몹시 흔들었고, 방언으로 말하며 조금씩 웃으려고 노력했다. 그런데 사실 거기에는 그뿐만 아니라 다른 많은 사람들이 웃어 보려고 애를 쓰고 있었다. 나는 그렇게 애쓰는 사람에게 다가가서 자신이 무엇을 하고 있는지 아느냐고 묻자 그는 잘 알고 있다고 대답했다. 지난번과 마찬가지로 하워드-브라운은 구원, 회개, 헌신, 부흥 등에 대해 한 마디도 설교하지 않았다. 사람들은 단지 웃기 시작했고, 그것이 부흥이라고 생각했다.

부록 10

한국 목사의 빈야드 체험

캐나다로의 여행

15년만의 해외 나들이라 기분이 즐겁다 못해 황홀하기까지 했다. 일본 나리타 공항을 경유해서 날짜 변경선을 넘어 현지 시각 오후 4시경에야 우리는 토론토 국제공항에 도착할 수 있었다. 주최 측이 지정한 호텔에 짐을 풀고 일행은 기대 반 불신 반으로 조금은 흥분된 상태에서 첫날을 보냈다. 다음날 아침, 일행은 나이아가라 폭포 관광에 나섰다. 목회의 모든 시름과 억눌림을 잊고 모두들 마냥 즐거워했다. 그러나 시중의 가격보다 배는 비싼 가격으로 식당, 상점 등을 안내받아 얄팍한 목사 주머니는 금세 빈털터리가 되어야 했기 때문에 여기저기서 불평의 소리가 나오기 시작했다. 비행기도 직항이 아니고 우회 편을 이용해 불편했던 일이며, 토요일이면 또 다른 호텔로 옮겨야 하는 일 등 주최 측이 잘못한 것인지 얄팍한 여행사 상술이 개입된 것인지 어쨌든 성령이니 능력이니 하는 것들과는 어울리지 않는 분위기라 묘한 불쾌감을 느낀 것은 사실이었다.

빈야드에서는 빈야드 찬양이라(?)

일행은 주최 측이 마련한 세미나 - 그들은 이 모임을 세미나라 불렀다 - 장소에 모였다. 이미 그곳에는 주최 측 멤버로 보이는 젊은 사람들 몇몇이 방송 시설과 악기를 점검하고 있었다. 세미나 장소에 책상은 없고 의자들만 달랑 놓여있어 조금 이상하게 생각되었다. 잠시 후 찬양이 시작되었고, 기타, 하모니카, 키보드 등으로 무장한 젊은 사역자들 - 이들은 멤버를 사역자로 부름 - 은 들어 보지도 못한 찬양 곡으로 우리를 인도하기 시작했다.
이때 우리는 괴상한(?) 광경을 목격해야 했다. 하모니카를 부는 청년이 맨발에 반바지 차림으로 때로는 껌을 씹어 가며 하모니카를 불고 있었다. 음색은 감미로웠지만 영 마음이 불편했다. 눈치를 채었는지 후에 책임자인 P 목사는 그가 어두운 시절을 보내다가 예수님께 돌아온 사람이라는 납득이 안 가는 말로 우리들의 마음을 돌려놓으려

이 글은 구미의 한 목사님께서 직접 토론토에 다녀와서 보고 느낀 점을 정리한 글이다. 목사님께서는 "교계 신문이나 잡지 등에서 이런 현상을 추천하는 글을 쓰는 지도자들이 많은데 과연 그들이 이런 현상을 직접 보고 그런 글을 쓰는지 알 수가 없다."고 말씀하신다. 목사님의 용기에 다시 한 번 찬사를 보낸다.

했다.
　그러기를 약 1시간 P 목사가 등단하였고 간단한 인사가 있은 후 각자의 교회 연고지를 물었다. 호남, 영남, 강원, 미국, 캐나다…그리고 재등록한 사람까지 일일이 물었다. 48명 중 능력 받아 능력 목회를 하겠다는 목사들이 대부분이었는데 여기에서 특히 주목해야 할 사실은 개척한지 얼마 안 된 목사, 개척하다 낙심하여 교회의 문을 닫고 쉬는 목사 그리고 성도들에게 시달리는 목사들이 주류를 이루고 있었다는 사실이다. 후일에 안 일이지만 이 세미나에 참석하기 위하여 어떤 사람은 빚을 내고 신용 카드로 현금을 마련하여 어렵게 여기까지 왔다고 한다. 그러면서 여기에서 실패하면 빚 갚을 일이 막막하다고 하소연하는 사람도 있었다.
　P 목사의 말은 계속되었다. 그런데 그의 말 중에 도저히 이해할 수 없는 말 한 마디가 들어 있었다. "빈야드에서는 빈야드의 찬양을 해야 합니다. 한얼산에서는 한얼산에 맞는 찬양을, 오산리에서는 오산리 성격에 맞는 찬양을 해야 성령을 받고 빈야드 집회에서는 빈야드의 찬양을 해야 은혜를 받습니다."라는 열변이었다. '이게 도대체 무슨 말인가?' 하는 의구심이 생겼지만 그대로 넘어가기로 했다. 그런데 그다음 말이 나를 매우 불쾌하게 만들었다. 빈야드 집회에서는 빈야드 찬양을 하여야 성령의 임재를 경험하며 치유가 가능하며 하나님의 영광이 채워진다는 주장이었다. 성령도 찬양에 따라서 임재하시는가?

모든 것은 성령의 인도하심에 따라

　첫 강의는 스콧(Scott)이라는 젊은 청년이 맡았다. 소개자의 말을 빌리자면 그는 명문 대학을 졸업했고 하나님의 부름에 응답하여 복음 사역에 나섰다고 한다. 그런데 내 머리를 혼란시키는 일이 이 청년에게서 또 일어났다. 자신은 오늘 '믿음'이라는 제목으로 첫 시간의 강의를 하려 했으나 문에 들어오는 순간 성령께서 '겸손'을 강의하라고 하셔서 겸손을 강의해야겠다며 겸손에 대하여 강의하기 시작하였다. 후에 깨달은 일이지만 그곳에서의 모든 것은 '성령의 인도하심'이라는 이름 아래 즉흥적이었다. 설교의 본문도 내용도 즉석에서 자유롭게 바꿀 수 있는 것이 빈야드 예배였다. 그래서 그 세미나의 끝에 가서는 많은 목사들이 "이제는 설교에 대하여 고민하지 않게 되었다."라는 말을 절로 하게 되었다. 이유인즉 성령의 인도하심에 따라 그때그때 하면 되지 않느냐는 괴상한 논리였다.
　청년은 원고도 없이 즉흥적으로 – '성령의 인도하심'에 따라 – 한 시간 정도 강의를 했다. 그들의 강의(설교)는 특색 있는 것도 아니었고 폐부를 찌르는 날카로움도 없었다. 그저 평범한 논리의 전개였을 뿐이다. 세미나 강의치고는 너무나 허술한 졸속 강의였다. 오후에도 마찬가지로 찬양 그리고 강의가 진행되었다. 오후에는 믿음에 대하여 강의하였지만 알맹이 없는 껍데기 강의가 평신도에 의하여 지루하게 계속되었다. 왜 이런 반복된 순서가 계속되는지 처음에는 몰랐다.
　세미나 일정 중 빈야드 교회에 집회가 없는 월요일 하루만을 제외하고는 매일 저녁 빈야드 교회에 참석하는 것이 일정의 한 부분이었다. 그러나 빈야드 교회의 집회도 역시 호텔에서의 세미나와 다를 바 없었다. 비로소 나는 빈야드 능력 집회가 천편일률적이라는 것을 깨닫게 되었고, 소위 능력 세미나라는 것도 빈야드 교회 집회의 축소판이라는 사실을 알게 되었다.

이튿날 제2진과 합류하게 되었다. 약 110명이 왔다고 했는데 그들도 역시 어제는 나이아가라 폭포 관광을 했겠고 바가지도 썼을 것이다. 개중에는 나의 얼굴을 알아보는 선배도 있었고 후배들도 있었다. 같은 교단의 동역자들도 있었다. 광주의 어느 교회에서는 청년들이 단체로 와 참석했다. 등에는 'H선교회'라고 새겨진 유니폼까지 입고 등장했다. 신학생들도 있었고 직장인도 있었다. "학교에 가지 않고 어떻게 여기 왔느냐?"는 질문에 선교 차원에서 왔다는 아리송한 대답을 했다. 이제는 제법 규모가 큰 세미나 그룹으로 변모하였고 능력을 배우겠다는 우리들은 하나의 공동체를 이루게 되었다.

이 날 강의는 바세리(Vasarie)라는 여인이 인도를 했다. 그녀 역시 신학적인 토대가 없는 평범한 교인으로서 거룩한 권세, 성령의 권세에 대하여 논했는데 역시 원고도 없었다. 그래서인지 앞뒤도 맞지 않는 궤변 일색이었다. 'P 목사 저 양반은 강사도 즉흥적으로 청했나?'하는 생각이 들기까지 했다. 강의는 계속되었고 시차를 못 이겨 조는 사람, 커피를 마시려고 일어나는 사람 등 어수선한 분위기가 연출되었다. 그런데 우리를 혼란스럽게 하는 이상한 말이 갑자기 그녀에게서 튀어 나왔다.

자신이 어느 날 성령의 능력을 체험하게 되었는데 자기도 모르는 사이에 자신의 입에서 '으르렁'거리는 소리가 나더라는 것이다. 그녀는 그 소리를 거룩한 권세(성령의 권세)라고 믿게 되었고 감사를 했다는 말이었다. 이에 대해 밑에 있던 청중들은 "아멘!"하고 화답했다. '세상에 이런 일도 있구나!'하는 절규와 함께 내 머리는 어지럽게 흔들렸다. '으르렁거렸다. 그러면 사자가 아닌가? 사자라면 이리인데, 성경에서 이리라면 사탄으로 정의하지 않았나? 그런데 그 말을 듣고 목사들이 아멘을 해?' 이제는 더 이상 듣고 싶은 생각이 들지 않았다. 그러나 '이왕 왔으니 참석해야지.'라는 마음에 인내하기로 했다.

그러나 그 날의 실망은 더 커져만 갔다. 사역하는 시간(강의가 끝나고 능력 받는 순서)이 되자 몇몇 목사와 어떤 기도원 원장은 바닥에 쭈그리거나 누워서 개 흉내를 내기 시작했다. '끙끙'거리는 모습은 완연한 개의 모습이었다. 세상에 어느 성령이 점잖은 목사를 데려다가 개로 만든단 말인가? 목사를 개 흉내 내도록 하는 것이 과연 성령의 권세인가?

전 날 토론토 공항 빈야드 교회에서의 일이 생각났다. 찬양이 있은 뒤 몇몇 사람들의 간증이 있었다. 스코틀랜드 출신 여자의 간증이 있은 후 콧수염을 기른 남자 한 사람이 등단하였다. 그는 괴상한 몸짓을 해 보였다. 마치 권투를 할 때 훅을 맞아 앞으로 꼬꾸라지는 몸짓이었는데 몇 마디 이야기를 하다가는 꼬꾸라지고 또 꼬꾸라지는 모습을 연출하였다. 계속적인 반복의 몸짓이 많은 사람들의 웃음을 자아내기 시작했다. 그리고 그날 이후 속칭 성령 받은 사람의 몸짓은 하나같이 똑같았다. 심지어 P 목사까지 같았다. P 목사는 이튿날도 똑같은 몸짓으로 일관했다. 그것도 멀쩡하다가 강단에 올라와 이야기만 하려 하면 그런 모습을 반복했다.

바로 그 모습이 그 순간 다시 재연된 것이었다. "주님! 목사를 개로 만들어야 합니까?

라는 질문을 하며 나는 쓴웃음을 지어야만 했다.
　주일에는 빈야드 교회 주일 예배에 참석하기로 일정이 짜여 있었다. 빈야드 물결이 한국에 소용돌이친다기에 무척이나 기대했는데 나는 역시 실망하고 말았다. 그곳에서도 지난 며칠 동안의 세미나 일정과 똑같은 것이 진행되었고 혹시나 하던 나의 기대를 여지없이 짓밟았다.
　이 예배에서도 기도는 없다. 대중 기도도 없었고 목사의 기도와 축도도 없었다. 죄의 고백과 사도신경의 고백도 없었다. 오직 빈야드 찬양, 광고 그리고 설교뿐이었다. 이 날의 광고는 지난달에 옆 건물을 매입했다는 이야기 그리고 또 다음 달에는 다른 건물을 매입하겠다는 이야기 등이었다.
　교회의 중간 자리는 빈야드 교회 교인들을 위해 비워져 있었다. 외국인들 관람객들이 상당수 자리를 잡았다. 역시 이 날 광고 시간에도 한국 목사들은 환호의 박수를 받았다. 그들은 매 설교 전에 다른 나라에서 온 사람이 있느냐고 물었는데 항상 한국인이 최우선이었고 또 제일 많았다. 그들은 이미 한국 목사 3,000명이 그곳을 다녀갔다고 자랑했다(P 목사의 말). 그래서인지 집회가 있을 때마다 한국인은 특별하게 소개되었고 가장 많이 박수를 받았다. 어떤 목사들은 손을 흔들며 답례하기도 했다.
　이 날의 다른 점이란 담임 목사가 설교를 맡았다는 것과 사역 시간에 본 교회 교인들만을 위해 안수했다는 것뿐이었다. 계속되는 강의는 비슷한 내용이었다. 세미나 일정도 틀에 박힌 그대로였고 그들의 강의 내용은 대부분 겸손과 믿음이었다. 심지어 빈야드 교회의 집회에서도 같은 내용이었고 특히 겸손에 대한 강의는 다윗과 사울의 비교가 계속 반복되는 인상을 받았다.

빈야드 예배에는 형식이 없다(?)

　빈야드 예배에는 형식이 없다고 그들은 말했다. 그러나 이미 그들 나름대로 형식이 갖추어져 있었고 교회의 직분이 없다고 했지만 그들은 직책의 중요성을 강조하고 있었다. 빈야드의 능력 세미나(빈야드 주일 예배도 마찬가지)는 항상 같은 방법으로 진행되었다. 먼저 모두 일어나 빈야드 찬양을 약 1시간 정도 부르는데 성령의 임재를 구하는 찬양이라고 했다. 이때 앉아 있을 수도 있지만 보통 배짱 가지고는 앉아 있을 수 없는 그런 분위기였다.
　찬양 곡의 대부분은 생소한 것들이었고 찬양을 하다가 어느 정도 분위기가 고조되면 리더가 무엇인가 간절한 어조로 읊어 대기 시작했다(narration). 전체적으로 무언가 거룩한 분위기를 연출하려는 인위적 노력이 엿보였다. 찬양이 끝나면 광고와 간증이 있었다. 이때의 간증자는 미리 준비되어 있었으며 간증이 끝나면 항상 기도하여 쓰러지게 했다.
　이어 설교가 진행되었는데 집회의 설교는 목사가 할 때도 있었으나 세미나 기간 중의 설교(강의)는 주로 평신도가 맡았다. 이 설교는 한 시간 가량 계속되었고 이때마다 항상 자신의 경험담을 쏟아 놓았다. 빈야드 집회에서는 설교가 중요한 것이 아니라 그다음이 더 중요했다. 바로 그들이 말하는 사역이 있기 때문이었다.
　설교가 끝나면 빈야드에서 가장 중요시하는 사역이 시작되었다. 사역이란 은사를 체험하는(?) 시간인데 속칭 능력 받는 시간이라고들 했다. 빈야드 교회에서는 희망자들을 나오라고 한 후 선을 그어 놓은 뒷자리로 (세미나 기간 중에는 앉았던 의자들을 좌우로 밀어 놓고 중앙에) 열을 지어 서게 했다. 그리고는 능력을 받기 위하여 손을 앞으로 내밀고 조용히 눈을 감고 기다리게 한다. 그러면 그다음 능력자(사역자)가 와서 기도를 했다.

이들은 무조건 넘어져야 한다고 생각하는 것 같았다. 넘어지지 않으면 30분이고 40분이고 기도한다. 그래도 안 되면 "믿음이 없다. 나무막대기 같다."며 비꼬고 지나간다. 더 재미있는 것은 이때 능력자는 껌을 짝짝 씹으며 능력 준다고 손을 갖다 놓는 경우도 있다는 사실이었다.

넘어뜨리기 위한 기도의 방법도 거의 대동소이했다. 손을 얹고 주문을 외우듯 기도하고, 안 넘어지면 손가락을 모아 이마에 가져가고, 그것이 안 되면 귀 뒷부분을 살며시 누른다. 이쯤 되면 거의 다 넘어지게 된다. 그래도 안 넘어지는 간 큰(?) 사람에게는 가슴에 손을 갖다 대기도 하고 이때 여자 사역자는 약 10센티 떨어져 흔들기도 한다. 마치 장풍을 일으키듯 그런 모습이었다. 그래서 어떤 목사는 무당이 강신한다고까지 비꼬기도 했다. 최종적인 방법으로 두 발로 양쪽 엄지발가락을 살며시 밟는데 이것이 반복되면 대부분의 사람은 넘어지게 된다.

세미나(빈야드 교회 집회)에서는 이렇게 반복하는 것을 사역이라고 한다. 이 행위를 반복하게 되면 능력을 받는다고 그들은 말한다. 만약 이때에 넘어지지 않으면 의도적으로라도 넘어지라고 한다. 그러면 무엇이 온다고 하는데 그래서 세미나 당시 좌파로 분류된 J 목사가 넘어져 보았다. 그러나 그는 아무것도 받지 못하고 실패하고 돌아왔다.

어떤 목사는 넘어져 사지를 바르르 떨기도 했다. 특히 심하게 떠는 사람에게는 사역자가 손을 그에게 갖다 대고 "더욱 더, 더욱 더!"라고 말하며 이것을 반복했다. 그러면 그 사람은 사지를 더 떨게 되는데 마치 감전된 것 같은 모습이 연상되어 혐오스럽기까지 했다. 도중에 어떤 목사는 종아리를 비비면 팔딱팔딱 뛰게 되었는데 한 사역자가 다가가 이상야릇한 웃음을 지으며 "더욱 더, 더욱 더!"를 반복하며 손을 갖다 대었다. 그러자 그는 더 높이 빨리 뛰게 되었고, 둘레에 서 있던 사람들은 웃으며 물끄러미 그를 바라보기도 했다.

성령의 현상들

세미나가 며칠 째로 접어들면서 갖가지 현상이 나타나기 시작했다. 찬양 시간에 알코올중독자처럼 손을 떠는 사람, 강의 도중에 바닥에 누워 잠자는 사람(평안의 수면), 사역 시간에 큰 소리로 깔깔대며 웃는 사람(거룩한 웃음), 억억거리는 사람들. 이제 우리는 '누가 비정상인가?'하는 의문까지 갖게 되었다. 성령을 운운하며 어떻게 이렇게 불경스러운 짓을 할 수 있단 말인가? 나는 의문에 사로잡혀 그들에게 접근하였다.

그들은 그 자리에서 웃는 웃음을 '거룩한 웃음'이라고 했다. 그래서 간증 도중에도 사역 도중에도 웃기를 잘했다. 여기서는 그렇게 웃어도 누구 하나 탓하지 않았다. 성령께서 역사 하시는 '거룩한 웃음'인데 누가 감히 그것을 비판하랴? 얼마 후에는 웃는 것을 보고 웃는 사람도 있었다.

그때 나는 한 사람에게 물어 보기로 했다. "왜 웃음이 나옵니까?" 그의 대답은 간단했다. "그냥 웃음이 나옵니다." 그래서 "그냥 실없이 웃는 것은 미친놈이나 하는 짓 아니냐?"라고 슬쩍 떠 물었다. 그러자 그는 버럭 화를 내기 시작했다. 그래서 "성령 받아서 웃는다면 무슨 화를 그리 내느냐?"고 반문했더니 그는 슬며시 자리를 떴다.

그때 후배인 J 목사가 지난봄에 전주 한일 신학교에서 일어난 사건을 현장에서 귀띔해 주었다. 이처럼 마구잡이로 웃는 사람에게 어떤 목사님이 다가가 "사기 치지 마!"라고 말하며 뺨을 때렸다. 그랬더니 그 사람은 벌떡 일어나 화를 내며 달려들었다. 그래서 그 목사는 성령 받은 사람이 왜 화를 내느냐고 따지자 그 장면을 목격한 주최자는 슬며시 사라지고 말았다.

나는 넘어지는 사람들을 면밀히 검토하며 물어보았다. "넘어질 때 어떤 현상이 있었습니까? 넘어지고 난 다음은 어떠했습니까?" 이렇게 물으며, 나는 입신을 했다거나 혹은 하늘에서 불이 떨어진 느낌을 받았다는 대답이 나올 줄 알았는데 그렇게 대답하는 사람은 아무도 없었다. 다만 누워 있으면 편하다고만 했다. 그래서 "방에 가서 침대에 누우면 더 편하지 않습니까?"라고 하자, "하긴 그래요. 등이 시려 혼났어요."라고 대답하기도 했다. 사실 대다수의 사람들은 아무런 현상도 느끼지 않았다. 능력이 임하여 마귀를 쫓아내었다든지 혹은 병이 나았다는 말을 하는 사람도 별로 없었다.

그런데 여기서 가장 심각한 문제가 생긴다. 넘어지는 횟수가 더할수록 계속 넘어져야 한다는 사실이다. 반복된 행위로 인하여 능력을 받는다니 안 넘어질 수가 있겠는가? 한 마디로 고급 마귀론과 전혀 다를 것이 없는 행동이 거침없이 행해지고 있었다. 또 하나의 문제는 사역의 시간이 끝나면 모든 것이 없었던 것처럼 그전 상태로 돌아갔다는 점이다. 능력도 사라지고, 웃음도 사라지고, 떠는 것도 사라졌다. 다시 짜증스러운 얼굴에 따지는 사람들이 나타나 항의하기가 일쑤였다.

열매들

그들의 열매는 간증 시간에 잘 나타난다. 언젠가는 미국에 있는 한인 교회의 S 목사가 간증을 했다. 자신이 이 능력을 받아 교회에서 사역하였는데 교회의 반응은 의외로 나타났다고 한다. 찬성파와 반대파. 결국 반대파는 교회를 떠나게 되었고 교회가 갈라지는 비극이 생겨서 목사가 기도를 했다고 한다. 그랬더니 성령께서 그들의 영혼을 걱정하지 말라고 했다는 것이다. 이 말을 듣고 왠지 '당연하겠지.'라는 생각이 들었다.

어찌 나뉘는 것이 성령의 열매란 말인가? "교회의 분열은 사탄의 장난이다."라고 키프리안(Cyprian)이 말했는데, 교회를 나누어 놓고 뭘 잘했다고 뻔뻔스럽게 자랑을 하는가? 그리고 교회가 나뉘는 것이 어떻게 성령의 열매란 말인가?

캐나다 한인 교회에서 어떤 목사가 이 능력을 실천했다고 한다. 그 날 집사는 넘어지고 믿음이 없는(?) 장로님은 넘어지지 않았는데 넘어지지 않는 장로님이 그 집사에게 어떻게 해서 넘어질 수 있었냐고 물었다. 그랬더니 그 집사는 "목사님이 넘어지라고 해서 넘어졌습니다."라고 말했다. 결국 그 목사는 쫓겨났다고, O 목사님이 전해 주었다. 그것이 그들이 말하는 열매인 모양이다. 그 목사님의 말을 빌리자면, 캐나다 한인 교회에서도 이단시하고 심지어 H측 캐나다 노회에서는 거기에 참석만 하면 제명 처분 시킨다는데 한국 목사들이 우르르 몰려오는 것이 이상하다는 것이었다.

악하고 음란한 세대가 표적을 구하고

떠나올 때 동역자들에게 진실을 밝히러 가겠다고 장담은 했지만 속 모르는 성도들은 이런 현장에 목사를 보내 놓고 우리 목사님 능력 받아서 돌아오라고 기도할 일을 생각하니 너무나 민망스러웠다. 또 능력 받았다고 사기를 칠(모두는 아니지만) 목사가 있을 것을 생각하니 목사로서 너무나 부끄러운 생각이 떠나지 않았다.

우리는 언제까지 악하고 음란한 세대가 되어 표적을 따라 방황해야 하겠는가? 언제부터 교회에서 교인들에게 무엇인가 보여 주어 교회를 성장시키겠다는 상술적인 목사로 전락했는가? 마지막으로 목사들의 양심을 묻고 싶다.

"능력이 어디에서 배워서 얻는 것입니까?"
"반복된 훈련으로 능력을 소유할 수 있습니까?"

부록 11
프란시스 맥너트 신부

국내에서 「성령의 권능이 임할 때」(*Overcome by the Spirit*)라는 책으로 프로테스탄트들에게 소개되고 있는 프란시스 맥너트(Francis Scott MacNutt)는 천주교 도미니칸 파의 신부이다. 소위 프로테스탄트 지도자들이라 불리는 인사들이 종교개혁을 일으킨 마르틴 루터의 믿음의 외침을 저버리고 로마 카톨릭 책자를 번역하고 추천한다는 일 자체가 이미 에큐메니컬 일치의 한 장면을 보여 주는 것이다.

프란시스 맥너트는 천주교 신부로서 믿음으로 '병을 고치는 인물'(faith healer)이다. 1925년에 미주리 주 세인트루이스에서 태어난 맥너트는 하버드 대학에서 학사 학위를, 미국 카톨릭 대학에서 석사 학위를 그리고 아퀴나스 신학대학에서 박사학위를 받았다. 그 뒤 그는 1956년에 카톨릭 사제로 임명을 받았고 카톨릭 설교 학회의 회장이 되었고, 후에는 그 학회에서 발행하는 「Preaching」이라는 잡지의 편집자가 되었다.

1967년에 그는 테네시 주에서 있었던 피정에서 성령 침례(세례)를 받았고 그 뒤 로마 카톨릭 교회뿐만 아니라 은사주의 그룹 내에 그리스도의 병 고치는 능력에 관한 메시지를 다시 소개하는 일에 주력했다. 그는 특히 라틴 아메리카에서 신부들과 교회의 다른 지도자들에게 은사주의 부흥을 외쳤던 선구자이다.

1980년에 맥너트는 1975년도에 만난 주디스 시웰(Judith Sewell)이라는 여성과 결혼했다. 이 사건은 미국 카톨릭 은사 운동을 위한 봉사 위원회와 그가 속한 카톨릭 도미니칸 파에 큰 파문을 일으켰다. 결국 그는 제명되었지만, 지금은 다시 복원되었다. 그는 현재 플로리다 주 잭슨빌에 있는 성공회 교구에서 크리스천 신유 센터를 이끌고 있다. 그는 1974년도에 「신유」(*Healing*), 1977년도에 「병 고침을 위한 능력」(*Power to Heal*) 그리고 1981년도에 「병을 고치는 기도」(*The Prayer that Heals*)라는 책을 썼다.

이 글은 「오순절 은사 운동 백과사전」에 기록된 맥너트 신부에 관한 기사이다. 역자는 그 사전 568쪽에 있는 그대로 맥너트 신부에 관한 기록을 옮겨 적었다.

부록 12

엉터리 베니 힌

「안녕하십니까? 성령님」의 저자로 전 세계에 널리 알려진 베니 힌(Benny Hinn)은 1952년도에 이스라엘에서 태어났다. 그의 부모는 그리스 이민자로 알려져 있다. 그는 성경 밖에 있는 소위 '계시의 지식'이라는 것을 강조하며, 브랜함(William Branham), 케인(Paul Cain), 하긴(Kenneth Hagin) 등과 같은 신비주의 크리스천 운동가들의 주장과 똑같은 것들을 내세우고 있다. 그는 자신이 다음과 같은 것들을 경험했다고 한다.

1. 열한 살에 예수께서 자신을 방문함
2. 천사들이 보여 주는 꿈과 이상을 봄
3. 성령님과 일대일 대화를 함
4. 천사들의 전쟁 등이 수반된 공중 투시(유체이탈)를 경험함

그는 스스로 자신의 계시들에 큰 확신을 둘 뿐만 아니라 다른 이들도 그렇게 하기를 원한다. 그는 자신의 계시들이 단순한 사람의 의견이 아니고 하나님의 말씀 그 자체라고 주장한다.

계시의 지식이란 무엇인가? 이 지식은 당신을 영원한 실체로 이끌어 갈 것이다. 우리는 오늘 어떤 사상이나 철학을 논의하려는 것이 아니다. 우리는 지금 영원한 실체를 이야기하고 있다.

다른 신비주의 크리스천 교사들처럼, 베니 힌도 자신이 주장하는 영원한 실체가 성경과 부합되게 만들려고 애를 쓴다.

만일 내가 성경에 없는 말을 한다면, 나를 믿지 말고 성경을 믿으십시오. 그러나 만일 그것이 성경에 있다면 그것에 주의를 기울이기 바랍니다. 내기를 하십시다. 만일 내가 성경에 없는 무엇인가를 이야기한다면 무시해 버리십시오. 제가 이미 말했듯이, 나는 이렇게 말하는데 성경은 그와 달리 말한다면 성경을 믿으십시오. 그리고 '성경은 언제나 옳다'고 말하십시오.

이 글은 최근의 오순절주의자들 가운데 가장 큰 인기를 끌고 있는 베니 힌(Benny Hinn)의 정체를 보여 주는 글로서 미국 Personal Freedom Outreach 출판사에서 출간한 리처드 피셔(Richard Fisher)저「베니 힌의 혼동의 세계」(*The Confusing World of Benny Hinn*)에서 발췌한 것이다.

베니 힌의 아프리카 집회

자, 과연 그가 자신이 말한 대로 성경을 믿고 있는지 몇 가지만 살펴보자. 그는 다른 신비주의 교사들과 마찬가지로, 누가 성경을 들고 그의 신학의 잘못된 점을 지적하는 것을 매우 싫어한다. 1990년 11월 9일에 방영된 '트리니티 브로드캐스트 네트워크'의 '주님 찬양 쇼'에서 베니 힌은 자신을 하나님의 사람이라고 주장하며, 자신을 반대하는 이들을 죽여 버리겠다고 위협한다.

나는 이스라엘 출신으로 보통 사람이 아닙니다. 종종 나는 하나님께서 내게 성령 기관총(Holy Ghost Machine Gun)을 주셨으면 하고 기도했습니다. 나는 그들(자기를 반대하는 자들)의 머리를 박살 낼 것입니다.

자, 이제 그의 엉터리 신학을 살펴보자.

아버지 하나님은 인격체이시며 그분께서는 아드님과 성령님으로 분리되어 스스로 삼위를 갖고 계십니다. 아버지 하나님은 인격체이시며, 아들 하나님도 인격체이시고, 성령 하나님도 인격체이십니다. 그런데 이 세 분은 스스로 삼위를 갖고 있습니다. 당신들이 놀랄지도 모르겠지만 하나님은 구위 즉 아홉 개의 신으로 구성되어 있습니다. 아버지 하나님은 인격체로서 자기 스스로의 영을 갖고 있으며 스스로의 혼과 스스로의 영체를 갖고 있습니다.

아버지 하나님은 성령님으로부터 완전히 분리된 인격체입니다. 당신들은 성령님께서 예수 그리스도나 아버지와는 다른 스스로의 혼과 몸을 갖고 있다는 사실을 아십니까? 아버지 하나님은 삼위일체의 영체 안에서 행하며 머리털, 눈, 입, 손 등을 갖고 있습니다.

이런 엉터리 신학에 대해 이단 연구가들은 한결같이 베니 힌의 메시지에 담긴 하나님관이 이단 교리라고 규정한다. 교회사 교수인 존슨(Gary Johnson)은 이렇게 말한다.

베니 힌은 삼위일체가 아홉 명으로 구성되어 있다고 말하는데 이런 주장은 이단이다. 사실 그가 주장하는 바는 코플랜드가 자신의 책「속임수의 고통」에서 주장한 것과 거의 똑같다."

교리 학자인 고스(Glen Goss)교수는 이렇게 말한다.

베니 힌은 도대체 신학이 무엇인지조차도 모르고 있다. 어쨌든 그의 주장은 이단이다. 삼위일체의 각 인격체가 또 삼위일체란 말인가? 이것은 빗나가도 한참 빗나간 것이며, 그는 자신이 주장하는 것에 대한 신학적 배경도 갖고 있지 않다.

사실 "성령 하나님께서 눈도 갖고 있고 귀도 갖고 있고 머리카락도 갖고 있다."는 그의 주장은 기독교의 교리가 아니고 몰몬교의 교리이다. 그는 또한 "나는 베니 힌이 아니고 베니 여호와다."라고 주장한다. 다시 말해 그는 거듭난 사람은 실제로 지상에서 하나님이 된다고 주장하고 있다. 이것은 예전에 케년이 주장했던 '새 창조물의 실체'라는 것과 일맥상통하는 것으로 거듭난 사람에게 신성을 부여하는 것이다.

베니 힌에 따르면, 어떤 이가 거듭나서 성령님께서 그 사람의 영 안에 거주하면, 그 사람은 실제로 신성을 갖게 되어 문자 그대로 사람 - 하나님이 된다고 한다. 그래서 그는 이렇게 주장한다.

그분의 영과 우리의 영은 하나가 되어 분리될 수 없습니다. 새 사람은 하나님을 따라서 하나님 같으며 예수 그리스도 안에서 완전합니다. 나는 이것을 이렇게 표현하고 싶습니다. '당신은 이 땅에서 행보하는 작은 신(A little god)이다.'

자 나를 따라 하세요. '내 안에는 하나님 - 사람이 있다.' 다시 한 번 따라 하세요. '내 안에는 하나님-사람이 있다.' [회중들이 이 말을 따라 한다.] 자, 이제 그보다 더 확실하게 말해 봅시다. '나는 하나님-사람이다.' 내 속에 있는 사람은 하나님-사람입니다. 그러므로 '나는 하늘로부터 태어난 하나님-사람이다.'라고 말하십시오. '나는 예수님의 샘플이며 초월적 존재이다.'라고 외치십시오.

당신은 하나님의 자녀입니까? 그렇다면 당신은 신성을 갖고 있습니다! 당신은 과연 하나님의 자녀입니까? 그렇다면 당신은 더 이상 사람이 아닙니다!

사실 당신이 '나는 크리스천입니다.'라고 말한다면, 당신은 히브리말로 '나는 메시아입니다.'라고 말하는 것입니다. 다시 말해 나는 지금 이 땅에서 행보하는 작은 메시아인 것입니다. 이 얼마나 놀라운 계시입니까?

당신들 가운데 있는 새 사람은 마치 예수님처럼 하나님의 성을 갖고 있습니다. 지금까지 여러분들은 내가 말한 바를 깨닫지 못했습니다. 새 사람은 하나님의 성을 갖고 있습니다. 왜냐하면 이사야서 45장 4절에 하나님께서 '내가 네게 성(혹은 이름)을 주었노라.'(I have surnamed thee)라고 말씀하셨기 때문입니다. 그러므로 여러분은 모두 성이 같습니다. 아직도 모르시겠습니까? 이제 당신은 당신의 성이 무엇인지 아시겠지요? 여호와입니다. 그러므로 나는 '베니 여호와'이고, 당신은 '딕 여호와'로서 우리는 같은 아버지를 갖고 있습니다.

사실 성경에서 내가 네게 성(혹은 이름)을 주었다고 기록한 곳은 그곳뿐이다. 그런데 문제는 그 구절이 여호와 하나님께서 이스라엘 자손에게 이름을 주신다는 것이 아니라는 데 있다. 물론 이것은 신약시대의 성도들과 아무런 상관도 없다.
이사야 45장 4절을 살펴보자.

내가 나의 종 야곱 곧 나의 선택한 자 이스라엘을 위하여 네 이름으로 너를 불렀나니 너는 나를 알지 못하였을지라도 나는 네게 이름을 주었노라.

그런데 여기에서 나오는 '너'(Thee)는 유대인이 아니라 페르시아 왕 고레스를 말한다. 이사야서 45장 1절은 "주(여호와)가 자신의 기름 부음 받은 자, 고레스에게 이같이 말하노라."로 시작하고 있으며, 이로써 우리는 45장 4절의 '너'가 고레스 왕이라는 사실을 쉽게 알 수 있다. 이 구절의 문맥은 하나님께서 이스라엘 백성을 속박에서 놓으시려고 고레스 왕에게 기름을 부어 주실 것이라는 것이다.

그런데 베니 힌은, 다른 신비주의 교사들처럼, 전혀 문맥에 상관없이 성경에서 어떤 구절을 떼어 내어 자신의 주장을 확립하기 위해 이용한다. 그런데 더욱 슬픈 사실은 수많은 크리스천들이, 그것도 교계의 지도자들이라는 이들이 이런 엉터리들의 말을 청종하며 교회 성장과 성령 충만이라면 무엇이나 하려 한다는 것이다.

현재 베니 힌은 미국 플로리다 주 올랜도에서 '올랜도 크리스천 센터'를 설립해 운영하고 있으며 그의 은사주의 교회에는 7,000명의 신도들이 등록한 상태이다. TV를 통해 전 세계로 방영되는 그의 예배는 매주 1,500만 명이 넘는 이들이 시청하고 있다. 그 예배는 감정주의와 히스테리 현상을 요약해서 보여 주며 예수 그리스도의 복음을 부끄럽게 만들고 있다.[1)]

자, 이제 마지막으로 이 사람이 얼마나 그럴듯한 거짓말을 많이 하는지 살펴보자. 베니 힌은 자신이 성령의 기름 부음을 받아 자유를 만끽하고 있다고 주장한다. 그는 이렇게 말한다.

내 경우를 보면, 이 세상과 관계된 모든 것에 대한 욕심이 모두 다 사라졌다. 다시 말해 세상 욕망이 모두 없어졌다는 것이다.

그런데 사실 이런 주장은 1991년 11월 24일자 「플로리다 매거진」에 발표된 베니 힌의 사치 행각과 비교해 볼 때, 참으로 말이 안 되는 얘기다.

이 사람은 최근에 독일제 벤츠를 갖다 주고 영국제 최고급 차인 재규어(Jaguar)를 샀으며, 현재 685,000달러짜리 초호화 주택에 살고 있다. 그는 항상 맞춤 양복을 해 입으며, 이탈리아제 고급 구두를 신고, 그의 팔목과 손가락에는 금붙이와 다이아몬드가 주렁주렁 달려 있다. 그는 다이아몬드 롤렉스시계, 다이아몬드 반지, 금팔찌만을 찬다. 그는 재규어를 몰고 그의 아내는 캐딜락을 몰고 다닌다. 그는 골프장이 내다보이는 저택에 앉아 있고, 수영장 청소부는 수영장을 청소하며, 가정부는 아이에게 우유를 주고 있다. 이것이 바로 그가 주장하는 검소한 생활이다. 그는 다른 사람들이 다 그렇게 사는 줄로 알고 있다.

우리는 이제 이런 거짓말쟁이, 엉터리 교사들로부터 돌아서야겠다. 이들이 저술한

---

1) 유튜브(http://www.youtube.com)에서 'BENNY HINN: Let The Bodies Hit The Floor'를 치면 장풍의 사자 베니 힌의 집회 모습을 볼 수 있다. 시끄러운 음악과 함께 난장판이 벌어진다. 사람을 쓰러뜨리는 일은 마귀의 일이다.

책, 사상, 그릇된 신학 등을 모두 갖다 버리고 오직 하나님의 영원하신 진리의 말씀으로 돌아가야 할 것이다.

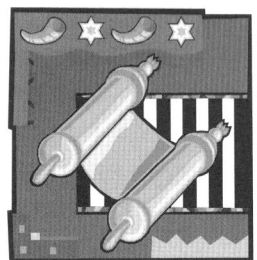

부록 13

웰빙 목사의 혼동의 세계

또한 이것을 알라. 즉 마지막 날들에 위험한 때가 이르리라. 사람들이 자기를 사랑하며 탐욕을 부리며 자랑하며 교만하며 신성모독하며 부모에게 불순종하며 감사하지 아니하며 거룩하지 아니하며 본성의 애정이 없으며 협정을 어기며 거짓 고소하며 절제하지 못하며 사나우며 선한 자들을 멸시하며 배신하며 고집이 세며 높은 마음을 품으며 하나님을 사랑하기보다는 쾌락들을 더 사랑하며하나님의 성품의 모양은 있으나 그것의 능력은 부인하리니 이런 자들에게서 돌아서라(딤후3:1-5).

서 론

지난 20여 년간 전 세계적인 뉴에이지 운동의 발전을 보면서, 여러 곳에서 뉴에이지 운동의 실체에 관하여 강연을 하고 자료를 수집하면서 참으로 말세가 가까이 왔다고 느끼고 있다. 특히 예수님을 믿는 사람으로서 뉴에이지 운동의 종교통합 움직임을 주시하면서 빌리 그래함, 로버트 슐러, 교황 바오로 2세, 마더 테레사, 달라이 라마 등의 발언과 회합 등으로 인해 놀라움을 금치 못하던 차에 이번에는 국내에서 가장 영향력 있는 목사를 통한 종교통합/일치 움직임을 보고 경고의 메시지를 전할 필요를 느꼈다.

조용기 목사는 전 세계에서 가장 큰 교회의 목사이고 국내에서는 성도의 수에서 또 대중매체를 가지고 있다는 점에서 교회와 세상에 가장 크게 영향을 미칠 수 있는 인물이다. 물론 과거에도 그는 3박자 축복 구원, 4차원의 세계 같은 신비주의, 비성경적인 은사주의 - 예를 들어 "방언하지 못하면 성령 세례 받지 못한 것이다."라는 등 - 로 인해 이미 외국의 근본주의 목사들에게는 비성경적인 인물로 널리 알려져 있었지만 국내에서는 어느 정도 자신의 정체를 감추고 잠복해 있었다.

우리 주 예수님은 이미 종교인들의 타락을 예고하셨으므로(마24:11-2) 사실 우리 성도들은 이런 일로 인해 크게 놀랄 필요가 없으며 또 이런 일이 생기면서 성도들의 휴거가 있으므로 주님의 재림이 가까이 이르렀음을 더욱 확신할 뿐이다. 다만 우리 자녀들과 믿음이 약한 지체들 그리고 예수 믿고 구원받으려는 사람들을 위해 경고의 메시지를 전해야 한다고 믿는다. 본인은 이런 차원에서 간단하게 조용기 목사의 발언을

이 글은 2004년 5월 1일 동국대학교 불교대학원 최고위 과정 학생들을 대상으로 조용기 목사의 다원주의 발언 이후 역자가 소책자로 쓴 글이다.

비판하고자 한다.

본 론

　2004년 5월 1일 동국대학교 불교대학원 최고위 과정 학생들을 대상으로 조용기 목사는 자신의 종교관을 밝혔다. 이 모임에서는 2004년 4월 28일 김수환 추기경이 강연했으며 6월 2일에는 종교통합을 주장하는 것으로 잘 알려진 강원용 목사가 강연한 것으로 알려져 있다. 자, 이들과 하나가 되어 예수 그리스도의 복음을 부끄럽게 만든 조 목사의 발언을 살펴보자.

　아버지께서 늘 저보고 하신 말씀은 이렇습니다. '심신불(마음과 정신이 부처)이다. 부처는 다른데 있는 것이 아니고 마음속에 있는 것이니까 직지인심(마음을 지도하여 불과를 이루게 하는 일), 견성성불(자기 본성을 깨달으면 부처가 되는 것)하라. 그냥 깨닫고 나면 부처가 바로 여기 있는 것이다. 아버님께서는 늘 저보고 계유불성(중생이 부처로 될 성질)이기 때문에 벌레 한 마리 속에도 불성이 있다. 그러므로 살생 하지 마라.' 이런 말씀을 늘 듣고 교육을 받으면서 제가 자라났습니다.

　힌두교, 불교, 뉴에이지는 모두 사람 안에 그리스도 혹은 부처가 있으며 영성 훈련 즉 요가, 명상, 만트라(방언), 참선, 방언, 입신 등을 통해 영성을 개발하면 '신이 된다.' 혹은 '부처가 된다.' 혹은 '그리스도를 인식한다.'고 가르친다. 또 천주교회에서는 나중에 모두가 그리스도가 된다고 가르친다. 그런데 조 목사는 바로 그와 같은 배경 하에서 자라서 여전히 몇 십년간 예수 믿고도 이런 사상을 벗어나지 못한 인상을 준다. 목사가 불교 신자들 앞에서 그리스도와 부처의 차이를 가르치지 않고 그 둘이 서로 비슷함을 강조하려고 애를 써서 얻는 것이 무엇인가?

　기독교 복음의 핵심은 사람이 죄인임을 보여 주고 사망의 길에서 돌아서게 하는 것이다. 물론 이 일로 인해 대부분 박해와 조롱과 멸시를 당하지만 진실을 바로 가르쳐 주는 것 없이 어떻게 사람을 지옥 불 속에서 끄집어 낼 수 있단 말인가? 하나님의 바른 목자라면 진실을 말해야 한다. 그가 진정으로 사람을 사랑하는 목자이다. 우리 믿음의 선조들이 이 일을 하다가 죽어 갔으며 히브리서 11장의 믿음의 영웅들이 세상과 짝하지 않고, 사람의 수에 상관하지 않고 바른 것을 보여 주고 하늘의 본향에 목표를 두고 이 세상을 나그네와 순례자로 살아갔다.

　그런데 제가 17살 될 때에 1953년도 6.25전쟁이 막 끝났을 때에 폐병 3기에 걸려서 피를 많이 토하고 쓰러졌습니다. 서울대학교 X-ray과 과장 선생님이 저를 보시더니만 너 많이 살면 6개월 밖에 못 살겠다 했습니다. 그런데 저는 17살 먹은 소년으로써 도저히 그 선적인 초월을 할 수가 없었습니다. 그래서 제가 부르짖었습니다. 하루는 부처님이든 예수님이든 마리아든 누구든지 날 살려만 주면 평생을 바쳐서 일하겠습니다. 날 살려 주십시오. 그때까지 교회에 나가 본 적도 없고 목사님의 설교도 들어 본 적이 없고 또 성경을 읽어 본 적도 없는데 그때 성경을 읽으니까 만약 그리스도가 오늘날 살아 계시다면 내가 살 수 있겠구나 그래서 제가 혼자서 엎드려 기도를 드렸습니다. 저를 살려 주시면 예수님을 위한 출가승이 되겠으니 나를 살려 주십시오. 그리고 아버님이 겁이 나니까 아버님 몰래 기도를 드렸는데 제가 예수님과 인연이 닿은 거 같아요. 저는 그때까지 찬송가

한 마디 모르고 아무 것도 몰랐습니다. 그러나 마음이 평안하고 기뻤기 때문에 절망상태에 있던 내가 노래가 부르고 싶었습니다. 그래서 일어나서 '아 신라의 달밤이여 불국사의 종소리 들려온다.' 이 노래를 집안이 떠나가도록 크게 불렀는데 점점 열이 떨어지고 피를 토하던 것이 없어지고 그다음에 음식이 당기고 6개월 만에 숨 쉬는 것이 편안하게 되더니만 1년 만에 살아났습니다. 완전히 병상을 털고 일어나게 되었습니다.

조 목사는 부처, 예수, 마리아 등을 부르며 알지 못하는 신에게 기도하고 '신라의 달밤'을 부른 뒤 병상에서 일어났다고 한다. 이것이 과연 기독교의 믿음인가? 예수 믿는다고 하는 사람이 독자의 교회에 와서 혹은 독자에게 이런 간증을 하면 어떻게 생각할 것인가? 당장에 그 사람이 성경의 예수 그리스도를 믿지 않는다고 말하고 성경을 펴서 바른 그리스도를 보여 주지 않겠는가? 목사라고 해서 예외가 아니다. 하나님은 목사나 장로 혹은 집사라는 타이틀을 보지 않는다. 예수 그리스도로 인해 구원받은 사람들 가운데 이런 간증을 지닌 사람은 단 한 사람도 없다. 그는 기독교의 복음을 크게 혼동하고 있다. 믿음은 들음에서 오며 들음은 하나님의 말씀에서 온다(롬 10:17). 그런데 한 번도 복음을 접하지 않고 어떻게 기도로 구원을 받을 수 있단 말인가? 하나님은 찬양으로, 기도로 사람을 구원한 적이 없다. 사람은 반드시 그리스도의 복음의 말씀을 들어야 성령님으로 인해 다시 태어날 수 있다(롬1:16; 벧전 1:23-25).

지혜로운 자가 어디 있느냐? 서기관이 어디 있느냐? 이 세상의 변론가가 어디 있느냐? 하나님께서 이 세상의 지혜를 어리석게 만들지 아니하셨느냐? 하나님의 지혜에 있어서는 세상이 지혜로 하나님을 알지 못하였으므로 하나님께서 복음 선포의 어리석은 것으로 믿는 자들 구원하시는 것을 기뻐하셨도다(고전1:20-21).

종교 타협 혹은 종교통합이 사람을 구원하지 않으며 그리스도의 복음만이 사람을 구원하는데 이 복음은 대부분의 사람들에게 어리석게 보인다. 그러나 바로 이 복음 안에 사람을 구원하는 하나님의 권능이 있다. 그러므로 불교도도, 모슬렘도, 천주교인도 이 복음을 듣고 예수 그리스도를 개인의 구원자요 주님으로 받아들여야 구원받는다. 다른 사람 안에는 구원이 없나니 하늘 아래에서 우리를 구원할 다른 이름을 사람들 가운데 주지 아니하셨느니라(행4:12).

그 어마어마한 마음의 신념, 그것은 도저히 인간으로서 만들어낼 수 없는 그런 확신이 저를 변화시킨 것입니다. 눈에 아무 증거 안보이고 귀엔 아무소리 안 들리고 손에 아무 잡히는 것 없고 내 앞길 칠흑 같이 어두워도 내 마음 속에 큰 평안이 다가오는 것입니다.

더욱이 그는 마음의 신념과 그리스도의 믿음을 완전히 혼동하고 있다. 이것이 바로 노만 빈센트 필과 로버트 슐러가 주창하는 긍정적 사고이다. 복음도 듣지 못한 상태에서 병이 나아 어마어마한 신념을 갖게 되었다니 이것이 과연 기독교의 믿음인가? 성경은 병에서 나음으로 구원받은 사례를 기록하지 않는다. 물론 돈 많이 벌게 되어 구원받는 일도 없다. 500만원 헌금하고 하나님이 5억으로 채워 주실 줄 확신하는 것은 기독교의 믿음이 아니요, 조 목사가 말하는바 엄청난 자기 확신이다. 베니 힌 같은 자들이 "부자가 되는 것은 하나님의 뜻입니다."라고 외치면서 자기 확신에 차서 많은 사람을 미혹에 빠뜨리지만 이것은 기독교의 믿음이 아니다. 성경의 사람들은 어느 누구도 이러한 자기 확신 가지고 살지 않았다. 구원은 하나님 아버지와 그분께서 보내신 그분의 아들 그리스도를 아는 것이다(요17:3). 죄인임을 철저히 자각하고 회개하고 돌아서는 것 없이 병이 나아, 재산이 늘고 오복(五福)을 받아 구원받은 것은 헛된 구원이요 착각 구원이다.

> 종교는 불교나 기독교나 마호메트교나 평등합니다. 저는 불교 집안에서 태어나 기독교 목사로 있으니까, 선불교랑 같은 것이 너무 많아요. 내 마음이 부처라는 것도 예수님이 여기 있다 저기 있다 하지 마라 예수님은 네 마음에 있다 저 죽어서 서방정토세계가 아니라 지금 내 마음 속에 천당이 이루어져야지 죽고 난 다음에 천당을 바라지 마라 또 계율과 율법을 가지고 하면 전부 죄밖에 드러나지 않는데 믿음으로 예수를 믿고 구원을 받고 난 다음엔 그다음엔 자동적으로 믿음에 따라서 마음이 뜨거워지면 율법과 계율을 지키게 되는 것입니다. 그러므로 제가 원효 사상을 좋아하는 것은 나무아미타불 네 글자를 외움으로 말미암아 믿음으로 구원을 받았으니 그다음에 계율을 지켰으니 계율도 지키고 신앙생활 할 수 있다, 그런 점에서 통하는 점이 많아요.

그는 모든 종교가 평등하다고 한다. 과연 사도 바울이 아테네(아덴)에 가서 거기 모인 모든 이방신 숭배자들에게 모든 종교가 평등하다고 외쳤을까? 그 결과 많은 박수갈채를 받으면서 다른 곳으로 향했을까? 사람은 하나님 앞에서 죄인이라는 점에서, 예수 그리스도를 구원자로 받아들여야 한다는 점에서 평등할 뿐이다.

대부분의 인본주의자들은 다음과 같은 구절을 악용하여 천국이 장소가 아니라 마음의 상태라고 주장한다.

> 바리새인들이 하나님의 나라가 어느 때에 임하나이까 묻거늘 예수께서 대답하여 가라사대 하나님의 나라는 볼 수 있게 임하는 것이 아니요 하나님의 나라는 너희 안에 있느니라(개역성경 눅17:20).

여기서 문맥을 보면 "너희 안에 있다."의 '너희'는 예수님께서 독사의 자식들이라고 저주하신 바리새인들이다. 예수님은 결코 바리새인들 안에 천국이 있다고 말씀하시지 않았다. 기존 우리말 성경의 '나라'는 원래 왕국이다. 왕국이 성립되려면 무엇보다도 먼저 왕이 있어야 하며 그래서 예수님은 이런 질문을 하는 바리새인들에게 "내가 왕으로 너희 가운데 와서 거하므로 하나님의 심판이 이르렀다."고 말씀하신 것이다. 교회마다 이런 인본주의 사상을 가르치기에 예수 그리스도의 복음이 바르게 들어갈 여지가 없다. 성경은 분명하게 천국과 지옥이 사람의 생각이나 상태가 아니라 장소라고 가르친다. 마귀와 그의 천사들과 믿지 않는 자들과 거짓 대언자들은 펄펄 끓는 유황 불 호수에서 영원토록 밤낮으로 고통을 받는다고 성경은 기록한다(막9:43-48; 계19:20; 20:10).

> 저는 불교 TV를 굉장히 좋아해요. 왜냐하면 불교를 내 친정집같이 생각하기 때문에 그 강의를 들으면 굉장히 마음속에 유익을 많이 얻어요. 저는 정병조 교수님의 전 시리즈를 다 들었습니다. 책으로, 텔레비전으로 다 들었는데 그분 강의를 내가 왜 좋아하냐면 쉽게 해요, 제가 왜 불교 강의를 열심히 듣냐 하면 불교 강의를 들음으로 비추어볼 때 내가

믿는 기독교 신앙의 깊이를 더 깨달을 수 있어요. 그런 점에서 종교 간의 대화가 필요하겠구나 생각했습니다. 고맙습니다. (박수).

그는 불교 강의를 통해 기독교 신앙을 깊이 깨닫는다고 한다. 사도 바울이 제우스, 다이아나 신을 섬기는 자들로부터 한 수 배운 적이 있는가? 모든 사람에게 영광을 받는 것은 하나님 보시기에 가증한 것이다. 사도 바울은 예수 믿기 전에 자기에게 이득이던 모든 것을 똥으로 여겼다고 간증한다.

그러나 무엇이든지 내게 이득이던 것들을 곧 그것들을 내가 그리스도를 위하여 손실로 여겼으며 참으로 확실히 모든 것을 손실로 여김은 그리스도 예수 내 주를 아는 지식이 뛰어나기 때문이라. 내가 그분을 위하여 모든 것의 손실을 입고 그것들을 단지 배설물(dung)로 여김은 내가 그리스도를 얻고 율법에서 난 내 자신의 의가 아니라 그리스도의 믿음을 통한 의 곧 믿음으로 말미암아 하나님에게서 난 의를 소유한 채 그분 안에서 발견되려 함이라(빌3:7-9).

세상의 철학과 이교도 사상이 모두 똥이라고 간증해야 할 목사가 오히려 그들에게 아부하고 그들을 기쁘게 해서 무엇을 얻으려 하는가? 이 모든 것이 명예 때문인데 이에 대해 우리 주님은 이같이 경고하신다.

모든 사람이 너희에 대해 좋게 말할 때에 너희에게 화가 있을지어다! 그들의 조상들이 거짓 대언자들에게 그렇게 행하였느니라(눅6:26).

그렇습니다. 불교가 한국의 전통적인 종교로서 장자 종교입니다. 불교가 만약에 차별성을 인정하지 않고 독선주의로 나갔다면 어떻게 되었을까요? 목사님들이 그 종교의 특수성과 그 차별성을 인정하지 않고 유아독존적으로 생각하므로 많은 분쟁이 생길 요인이 있기 때문에 제가 은퇴를 하고 나서는 더 많은 대화를 통해서 이해와 화해의 길을 모색해야 되어야겠다고 생각하는 이유가 바로 거기에 있습니다. 종교는 평등합니다[참석자들 박수].

그는 빌리 그래함, 로버트 슐러, 바오로 교황 등이 하는 것처럼 이제 종교통합의 대사가 되려는 야무진 꿈을 피력했다. 도대체 종교 간의 대화가 왜 필요한가? 모든 사람이 죄인으로 지옥 불 속에 들어갈 수밖에 없다는 것과 함께 그리스도의 단번 속죄 희생을 통한 하나님의 공의와 사랑을 선포해야 할 목사가 사람들의 영광을 구하며 인생을 마감하겠다고 하니 참으로 안타까움을 금할 수 없다. 이것이 기독교라면 로마의 콜로세움에서 사자들의 밥이 되면서 죽어 간 믿음의 선조들은 헛되이 죽은 것이다. 천주교는 기독교가 아님을 외친 마르틴 루터 역시 헛되이 죽은 것이다. 히브리서 11장의 믿음의 영웅들 역시 모두 헛된 삶을 산 것이다.

아마도 그는 '종교계의 노벨상'이라고 하는 템플턴(Templeton) 상을 받으려는 야심이 있는 것 같다. 국내에서는 잘 알려져 있지 않지만 템플턴 상은 훌륭한 목사에게 주는 상이 아니라 종교통합/영성 개발을 위해 애쓴 여러 종교의 지도자에게 주는 인본주의 상이며 그래서 모슬렘, 무신론자, 마더 테레사, 빌 브라이트 등 종교에 관계없이 이 상의 정신에 맞는 사람이 받는 상이다. 따라서 미국의 크리스천들은 이것을 템테이션(Temptation) 상 - 즉 유혹의 상 - 이라고 부른다. 이런 상 받으면 하나님 앞에 서서 무한히 부끄러움을 당할 것이다.

'그리스도 외에는 구원을 받을 수 없다는 것으로 알고 있습니다. 오늘 목사님의 말을 기독교 외에도 예수님, 하나님 외에도 구원을 받을 수 있다는 말로 생각해도 되겠는가?'라는 질문에 대한 조 목사의 답변

저는 그 차별성이라고 말하는 것은 불교는 불교의 구원의 메시지가 있습니다. 기독교는 기독교의 메시지가 있습니다. 그 한계를 불교도 뛰어 넘을 수 없고 기독교도 뛰어 넘을 수 없기 때문에 그 차별성을 인정을 하고 대화를 하자는 것입니다. 그리고 우리가 불교가 주장하는 것을 비판할 수 없습니다. 그런 권한이 없어요. 불교는 불교대로 존중을 하고, 인정을 하고, 기독교는 기독교대로의 구원의 방식을 존중하고 인정해야 합니다. 종교라는 평등한 공통분모에서 차별성을 인정하고 함께 살아 가자라는 것입니다. 저는 우리 집안에서도 우리 집안 식구들 중에도 아직도 불교를 믿는 가족들이 있습니다. 그래도 서로 아무런 저항감을 느끼지 않습니다. 서로 차별성을 인정하고 있기 때문입니다. 우리 동생은 불교를 통해서 구원을 받겠다고 확신을 믿기 때문에 존중하고 인정하고, 나는 기독교 목사니까 기독교를 통해서 구원을 받는 것을 인정하고 내 것만 절대 진리라고 인정할 수 없습니다. 너는 죽이고 나는 살겠다. 그렇게 되면 상생의 의미가 없어집니다. 그것은 부처님도 예수님도 원하지 않을 것입니다. 그것은 자비와 사랑의 원리에 어긋난다고 생각합니다.

종교의 차별성을 인정하고 그대로 두는 것은 목사의 책임 회피요 직무 유기이다. 정말로 부처를 믿는 사람이 지옥 불 속으로 들어가는 것이 확실하다면 어떻게 인정하는 것으로 끝을 낼 수 있을까? 불교의 구원은 기독교의 지옥이다. 이것이 사람에게는 과격하게 들릴지 모르지만 하나님 편에서는 너무나 확실한 진리이다.

결코 그럴 수 없느니라. 참으로 하나님은 진실하시되 사람은 다 거짓말쟁이라 할지어다. 이것은 기록된바, 이로써 주께서 주의 말씀하신 것에서 의롭게 되시고 판단 받으실 때에 이기시리이다, 함과 같으니라(롬3:4).

진리는 배타적이다. 만일 예수님과 사도 바울과 베드로가 조 목사처럼 다른 종교를 인정했다면 죽을 필요도 고난 받을 필요도 없었을 것이다. 과연 하나님이 돌덩어리, 쇠 덩어리, 나무 조각을 깎거나 다듬어서 만든 우상을 숭배하는 자들을 심판하지 않겠는가?

복음에는 하나님의 의가 믿음에서 믿음까지 계시되어 있나니 이것은 기록된바, 의인은 믿음으로 살리라, 함과 같으니라. 하나님의 진노가 불의 안에서 진리를 붙잡아 두는 사람들의 모든 경건치 아니한 것과 불의를 대적하여 하늘로부터 계시되었나니 이는 하나님을 알 만한 것이 그들 속에 분명히 드러나 있기 때문이라. 하나님께서 그것을 그들에게 보이셨느니라. 그분의 보이지 아니하는 것들 곧 그분의 영원하신 권능과 신격은 세상의 창조 이후로 분명히 보이며 만들어진 것들을 통해 깨달아 알 수 있나니 그러므로 그들이 변명할 수 없느니라. 그들이 하나님을 알되 그분을 하나님으로 영화롭게 하지도 아니하고 감사하지도 아니하며 오히려 자기들의 상상 속에서 허망해지고 또 그들의 어리석은 마음이 어두워졌나니 그들은 스스로 지혜롭다고 선언하나 어리석은 자가 되어 썩지 아니할 하나님의 영광을 썩을 사람이나 새나 네 발 달린 짐승이나 기어 다니는 것들과 같은 형상으로 바꾸었느니라. 그러므로 하나님께서도 그들을 그들 마음의 정욕을 통해 부정함에 내주사 그들이 자기들의 몸을 서로 욕되게 하셨으니 그들은 하나님의

진리를 거짓으로 바꾸고 창조자보다 창조물을 더 경배하고 섬겼느니라. 그분은 영원히 찬송 받으실 분이시로다. 아멘(롬1:17-25).

예수님은 처음부터 이런 무리가 있을 것을 아시고 다음과 같은 경고를 주셨다.

거짓 대언자들을 조심하라. 그들은 양의 옷을 입고 너희에게 나아오나 속은 약탈하는 이리니라. 너희가 그들의 열매로 그들을 알리니 사람들이 가시나무에서 포도를 또는 엉겅퀴에서 무화과를 거두겠느냐? 이와 같이 좋은 나무마다 좋은 열매를 맺고 변질된 나무는 나쁜 열매를 맺나니 좋은 나무가 나쁜 열매를 맺지 못하고 또 변질된 나무가 좋은 열매를 맺지 못하느니라. 좋은 열매를 맺지 아니하는 나무마다 찍혀 불 속에 던져지나니 20 그러므로 너희가 그들의 열매로 그들을 알리라.내게, 주여, 주여, 하는 자가 다 하늘의 왕국에 들어가지는 아니하고 오직 하늘에 계신 내 아버지의 뜻을 행하는 자라야 들어가리라. 그 날에 많은 사람들이 내게 이르기를, 주여, 주여, 우리가 주의 이름으로 대언하지 아니하였나이까? 주의 이름으로 마귀들을 내쫓지 아니하였나이까? 주의 이름으로 많은 놀라운 일을 행하지 아니하였나이까? 하리니 그때에 내가 그들에게 밝히 말하되, 내가 너희를 결코 알지 못하였노라. 불법을 행하는 자들아, 너희는 내게서 떠나라, 하리라 (마7:15-23).

그리스도인들은 예수님의 재림이 가까이 와서 이런 일이 있음을 깨닫고 결코 놀라지 말아야 한다. 마귀는 유명한 인물을 통해 역사한다. 사람을 보지 말고 그의 말이, 열매가 그리스도에게 속한 것인가 판단해야 한다. 또한 영을 판단하고 분별해야 한다. 사도 바울의 말씀이 얼마나 적절한가!

주께서 받으실 만한 것이 무엇인지 입증하라. 열매 없는 어둠의 일들에 참여하지 말고 도리어 그것들을 책망하라. 그들이 은밀한 가운데 행하는 그것들은 말하는 것조차 수치니라 (엡5:10-12).

끝으로 이런 기괴한 일을 보고도 입을 다물고 있는 목사들을 향해 하나님은 이렇게 말씀하신다.

들에 있는 너희 모든 짐승들아, 숲에 있는 너희 모든 짐승들아, 참으로 삼키러 올지어다. 그의 파수꾼들은 눈먼 자들이요, 그들은 다 무지한 자들이며 다 말 못하는 개들이므로 짖지 못하는도다. 그들은 잠자고 눕고 졸기를 좋아하니 참으로 그들은 탐욕이 심하여 결코 만족할 줄 모르는 개들이요, 깨닫지 못하는 목자들이라. 그들이 다 자기 길만 바라보고 저마다 자기 구역에서 떠나 자기 이익만 추구하며 말하기를, 너희는 오라. 내가 포도주를 가져오리니 우리가 독주로 우리 몸을 가득 채우자. 내일도 이 날과 같고 또 더욱 풍성하리라, 하느니라(사56:9-12).

결 론

온 세상이 혼동에 빠져 들고 있다. 참으로 위험한 때이다. 이제는 정치, 경제, 종교가 하나가 되어 기독교와 유대인을 말살하려 하고 있다. 그런데 성경은 온 세상이 추구하는 평화, 진리를 버리면서까지 추구하려는 이 평화를 빌미로 적그리스도가 자신의 뉴에이지를 가져오며 이로 인해 수많은 사람이 죽을 것이라고 경고한다.

그[적그리스도]가 또 자기의 정책을 통하여 자기 손에서 속임수가 형통하게 하고 자기 마음속에서 자신을 높이며 평화를 빌미로 많은 사람을 멸할 것이요, 또 그가 일어서서 통치자들의 통치자를 대적할 터이나 그가 손으로 말미암지 아니하고 무너지리라(단8:25).

주님 바라보며 휴거의 소망을 가진 크리스천들에게 하늘의 하나님께서 하늘의 복으로 충만히 채워 주시길 원한다.

부가 설명

사람의 친구를 보면 그 사람을 알 수 있다는 말이 있다. 2006년 2월 14일 조용기 목사의 70회 생일 축하 예배가 500여 명의 교계 인사 및 성도들이 참석한 가운데 서울 홍은동 그랜드 힐튼 호텔에서 열렸다. 다음은 국민일보에 난 기사이다.

여의도 순복음교회 이호선 부목사의 사회로 진행된 예배에서 명성교회 김삼환 목사는 '큰 구원 큰 은혜'라는 설교를 통해 "다윗의 삶은 눈물과 기쁨, 찬양으로 점철됐으며 삶의 길목마다 고난이 있었으나 하나님이 막아주셨다"면서 "이처럼 조 목사님의 인생에도 많은 고난이 있었으나 하나님께서 늘 함께 해 주셨다"고 말했다. 또 김 목사는 "그동안 조 목사님이 국민일보 기독교 TV 기독교 교도소 등 한국 교회가 져야할 짐을 많이 져왔다"면서 "이제 한국 교회는 서로 힘을 모아 그 모든 짐들을 함께 져야 한다"고 강조했다.

이날 예배에는 <u>오랄 로버츠 목사</u>, 로버트 슐러 목사, 피터 와그너 박사, 팻 로버트슨 목사, <u>베니 힌 목사</u>[1] 등 해외 저명한 목회자들이 축하 메시지를 보내왔으며 조 목사 목회 48년을 회고하는 영상 스크린이 방영돼 참석자들에게 뭉클한 감동을 안겨 주었다. 로버트 슐러 목사는 "어떤 기독교 지도자보다도 큰 존경과 애정으로 조 목사의 사역을 감탄하고 있으며 그를 위해 자주 기도하고 있다"고 전했다. <u>오랄 로버츠</u> 목사는 "내 삶에 큰 영향을 준 조 목사에게 감사하고 있으며 앞으로 조 목사 사역에 성령의 기름 부음이 더욱 넘치길 바란다"고 축하했다……중략[2]

조 목사의 목회와 가장 관련이 깊은 그의 외국 친구들은 한결같이 오순절 은사주의자들이다. 이들의 사역이 어떠함 같이 조 목사의 사역도 그러하다. 참과 거짓이 공존하는 이 혼탁한 시대에 주님께서 성도들에게 진리의 영을 따를 수 있는 눈과 귀를 열어 주시기를 기도한다.

---

1) 조용기 목사의 절친한 친구인 베닌 힌 목사의 순복음 교회 집회는 다음에서 볼 수 있다. http://blog.daum.net/song3294221/10444968

2) 네이버에서 '조용기 목사 70회 생신 슐러'라고 치면 기사가 나온다.

제4부

성경과 역사의 가르침

"사랑하는 자들아, 영을 다 믿지 말고 오직
그 영들이 하나님께 속하였는지 그것들을 시험하라.
이는 많은 거짓 대언자들이 나와서 세상에
들어왔기 때문이라."(요일4:1)

"Beloved, believe not every spirit,
but try the spirits whether they are of God:
because many false prophets are gone out
into the world."(1 John 4:1)

부록 14

은사에 대한 답변

우리 삶을 돌아보면 질문이 재미있는 경우가 많습니다(물론 답을 안다면). 그래서 "너희 속에 있는 소망의 이유를 묻는 모든 사람에게 대답할 것을 항상 예비하라."(벧전3:15)는 말씀은 매우 고무적이며 도전이 됩니다. 여기서 소망은 '칭의의 교리'를 포함한 성경의 모든 가르침을 포함합니다(골1:23).

물론 베드로의 이 명령은 일차적으로 교회의 목사나 집사 혹은 교회 학교 교사들에게 적용됩니다. 하지만 이것은 이들뿐 아니라 예수 그리스도를 구원자로 영접한 모든 사람에게 적용되는 명령이기도 합니다.

베드로전서는 종이나 아내나 남편에게 주는 지침을 담고 있습니다. 그리고 3장 8절과 그 이후의 내용은 모든 그리스도인을 대상으로 합니다. 묻는 이들에게 대답할 것을 예비하라는 지침도 여기에 속합니다. 그리스도의 몸 된 교회의 모든 지체는 주님의 은혜와 주님을 아는 것에서 자라야 합니다(벧후3:18).

어떤 그리스도인은 목사를 구실로 삼아 이런 의무에서 벗어나려고 합니다. 물론 목사는 목양 사역의 일부로 각종 질문에 대해 답변을 합니다. 누구든지 모르는 것이 있으면 자유롭게 목사를 찾아가 물을 수 있으며 그렇게 할 필요가 있습니다. 그렇다고 성도들이 스스로 성경을 공부하지 않고 목사만 찾아가서는 안 됩니다. 우리는 계속해서 진리의 말씀을 바르게 나누는 훈련을 스스로 해야 합니다(딤후2:15). 곁에 성경을 잘 아는 목사가 있다고 해서 거기에 안주해서는 결코 안 됩니다.

한번은 어떤 부인이 논쟁이 되는 교리 하나를 갖고 목사를 찾아왔습니다. 그때에 그 목사는 그 교리에 대해 근본주의자들이 제시한 몇 가지 견해를 정리해 놓은 건전한 책을 추천했습니다. 그러자 부인은 이렇게 말했습니다. "목사님, 제가 원하는 건 여러 견해가 아닙니다. 그냥 정답을 말해 주세요. 그럼 믿겠어요!" 그 부인의 이런 태도는 사도행전에 나오는 베레아 사람들의 칭찬받을 만한 태도와 비교가 됩니다. 사실 그들은 사도 바울의 가르침도 성경을 통해 비추어 보고 상고했습니다.

에베소서 4장 11절과 요한1서 2장 27절 말씀은 멋진 균형을 이룹니다.

그분께서 더러는 사도로 더러는 대언자로 더러는 복음 전도자로 더러는 목사 겸 교사로 주셨으니(엡4:11)

이 글은 '비은사주의 크리스천이 은사주의에 대해 묻는 12가지 질문'에 대해 가우어(David M. Gower)가 답변한 것으로 미국 'Regular Baptist Press'에서 나온 소책자를 저자의 허가를 받아 번역한 것이다. 참고로 이 책자에서 '은사'란 단순히 '선물'(gift)을 뜻한다.

그러나 너희가 그분에게서 받은 기름 부음이 너희 속에 거하므로 아무도 너희를 가르칠 필요가 없고 바로 그 기름 부음이 너희에게 모든 것을 가르치며 또 그것이 진리요 거짓이 아닌즉 그것이 너희를 가르친 대로 너희는 그분 안에 거할지니라(요일2:27).

하나님께서는 교회에 목사와 교사를 주셔서 성도들을 가르치고 양육하게 하셨습니다. 또 하나님께서는 영적 제사장인 모든 그리스도인에게 성령님을 주셨는데 이 성령님께서는 성도들이 성경을 읽고 공부할 때 그들의 마음에 빛을 비추셔서 말씀을 깨닫게 하십니다. 그러므로 우리는 다 일 년 전보다 우리의 믿음에 대해 더 잘 대답할 수 있어야 합니다.

가끔 우리는 매우 어려운 질문에 봉착하게 됩니다. 이런 질문들 중 어떤 것들은 성경을 잘 알며 성경대로 가르친다는 사람들에게서 나옵니다. 오순절 신비주의에 빠진 분들 역시 평범한 그리스도인들을 놀라게 하는 질문을 던지곤 합니다. 은사주의자들은 타언어(방언)와 병 고침. 기적 같은 표적 선물들(은사들)이 오늘날에도 유효하며 그리스도인이라면 누구나 마땅히 이런 것들을 행해야 한다고 말합니다.

1960년 캘리포니아 주의 밴누이스(Van Nuys)에서 시작된 은사 운동(Charismatic movement)은 불길처럼 번져나갔고, 최근의 갤럽 조사에 따르면 미국 성인 그리스도인의 19%가량(2,900만 명)이 자신을 은사주의자 혹은 오순절주의자로 여기고 있다고 하니 이것은 가히 놀랄 만한 성장이라 하지 않을 수 없습니다. 그리고 이 조사에 따르면 이런 은사주의자들의 21%가 뱁티스트 즉 침례 성도라고 합니다.

은사 운동은 주요 프로테스탄트 진영뿐 아니라 카톨릭 교회에서도 일어나고 있는 초교파 운동입니다. 여기에는 복잡한 교리 설명이 없습니다. 단지 사람들은 표적이나 이적을 중심으로 모이며 각자가 믿는 것 – 정통이든 비정통이든 – 에 대해서는 크게 개의치 않습니다. 공식 회원 명부도 없습니다. 단지 이들은 은사만을 강조하면서 같이 모여 기도하고 공부하며 자신들의 주장을 뒷받침할 만한 것들을 찾습니다. 종종 은사주의자들은 자신들이 기존에 다니던 교회 – 근본주의, 복음주의, 자유주의 교회 등 – 에 머물러 있으면서 그 안에 있는 사람들도 자신들과 같은 체험을 하도록 부추깁니다.

자, 여기 여러 은사주의자들이 던지는 질문들이 있습니다. 우리 그리스도인들은 이 같은 질문들에 대해 성경대로 답할 준비가 되어 있어야 합니다. 이제 우리는 은사주의자들이 '비은사주의자들에게 묻는 12가지 질문'을 다루고자 합니다. 이 책자는 여러분 안에 있는 소망의 이유를 묻는 모든 사람에게 여러분이 대답할 것을 항상 예비하는 데 분명히 도움이 될 것입니다.

> 질문 1: 베드로전서 2장 24절은 분명히 그리스도께서 채찍에 맞음으로 우리가 고침을 받았다고 말합니다. 그런데 왜 당신은 속죄의 한 부분인 병 고침을 인정하지 않습니까?

이것은 참으로 도전적인 성격의 질문입니다. '비은사주의 그리스도인들'이 먼저 채찍에 맞아야겠군요. 이 구절에서 '그리스도께서 채찍에 맞았다'는 말은 분명히 그분께서 십자가 처형을 당하시면서 맞은 채찍질을 말합니다. 이 구절은 그리스도께서 우리가 고침을 받도록 채찍을 맞으셨다고 말합니다. 그래서 은사주의자들은 그리스도의 죽음이 이처럼 병 고침을 가져왔다면 하나님의 인도를 따라 사는 그리스도인들은 모두 건강해야 하지 않겠느냐고 결론을 내립니다.

자, 베드로전서 2장 24절 말씀으로 가서 살펴봅시다.

[그분께서] 친히 나무에 달려 자신의 몸으로 우리의 죄들을 지셨으니 이것은 죄들에 대하여 죽은 우리가 살아서 의에 이르게 하려 하심이라. 그분께서 채찍에 맞음으로 너희가 고침을 받았나니

여기에 나오는 '고침'은 현대적 의미에서 신체의 치유를 연상하게 합니다. 그러나 문제는 과연 이것이 성령님께서 육체적 치료를 두고 하신 말씀이었느냐 하는 것입니다. 이 구절을 바르게 이해하는 데 필요한 몇 가지 단서가 여기 있습니다.

1. 성경 전체에서 '고침'(healing)이란 단어는 여러 종류의 고침을 나타내는 데 쓰였습니다. 이 말은 주로 육체적인 치유를 나타내었지만 상심한 마음을 달래는 데도 쓰였고(눅4:18), 마귀의 억압을 제거한다는 의미로도 쓰였으며(행10:38), 죄로 물든 행실을 버리는 것을 뜻할 때도(히12:13) 쓰였습니다. 또한 하나님께서 한 영혼을 구할 때에도 '고침'이라는 단어가 쓰였습니다. 이런 의미에 대한 또 다른 단서는 벧전 2:24에서 발견할 수 있습니다.

2. 여러분이 잘 아는 'stick'이란 단어를 생각해 보기 바랍니다. 이 단어의 뜻도 여러 가지입니다: 빗자루, 성냥개비, 접착제 등. 그런데 'stick'이라는 단어가 여러 의미 중에서 정확히 무엇을 뜻하는지는 오직 문맥을 통해 알 수 있습니다. 베드로전서의 '고침'이라는 단어의 뜻도 이런 식으로 결정할 수 있습니다. 분명히 말씀드릴 수 있는 것은 벧전2:24의 전체 내용이나 또 전후 문맥에 육체적 치료를 연상하게 하는 단서가 없다는 사실입니다. 대신 죄가 여러 번 언급된 것으로 보아 이 '고침'이 영적 치료임을 알 수 있습니다. 이렇게 보면 전체의 흐름이 자연스럽게 이어지는 것을 알 수 있습니다. 베드로의 메시지는 이렇게 요약될 수 있습니다.

구원받은 우리는 죄를 짓지 않으신(벧전2:22-23) 그리스도의 본을 따라야 합니다 (2:21). 이러한 높은 수준의 행실이 가능한 것은 그리스도께서 우리의 죄들을 짊어지심으로써 우리가 죄들에 대해 죽고 의에 대해 살게 되었기 때문입니다(2:24). 우리는 습관적인 죄들에서 고침을 받았습니다. 왜냐하면, 우리가 길 잃은(구원받지 못한) 양처럼 방황하지 않고 우리 영혼의 목자에게 돌아왔기 때문입니다(2:25).

이처럼 여기의 '고침'(healing)은 영적 치료를 의미합니다. 여기의 '고침'을 단순히 육적 치료로 본다면 글의 흐름과 전혀 맞지 않게 됩니다.

3. 베드로전서 2장 24절의 마지막 구 즉 '그분께서 채찍에 맞으심으로 너희가 고침을 받았나니'와 25절 말씀은 분명히 예수 그리스도의 십자가 처형에 대한 유명한 예언인 이사야서 53장 5-6절에서 나왔습니다.

그러나 그는 우리의 범법들로 인해 부상을 당하고 우리의 불법들로 인해 상하였노라.

그가 징벌을 받음으로 우리가 화평을 누리고 그가 채찍에 맞음으로 우리가 고침을 받았도다. 우리는 다 양 같아서 길을 잃고 각각 자기 길로 갔거늘 **주**께서는 우리 모두의 불법을 그에게 담당시키셨도다.

여기의 '고침'은 분명히 영적 의미를 갖습니다. 그분의 죽음에 의해 우리의 범법과 불법 그리고 하나님과 우리 사이의 적대 관계가 고쳐졌습니다. 이러한 죄의 치유는 환자에 대한 하나님의 처방입니다(이사야서 1장). 대언자 이사야가 다룬 환자인 이스라엘 민족은 죄가 많고 불법에 싸여 있었으며 주님께서 버리신 악인들로 가득했습니다(1:4). 하나님은 그 환자에게 이렇게 말씀하십니다.

너희가 어찌하여 더 많이 맞으려 하느냐? 너희가 더욱더 반역하려 하는도다. 온 머리는 병들었고 온 마음은 기진하였으며 발바닥에서부터 머리까지 그 안에 성한 곳이 없이 상처와 멍과 곪은 종기뿐이거늘 그것들을 꿰매고 싸매고 향유를 발라 아픔을 달래지 못하였도다(사1:5-6).

비록 환자의 병세가 신체 부위별로 묘사되고 있지만 사실 이 구절은 그 환자의 영적 상태를 나타냅니다.

그리스도께서는 위대한 의사로, 그것도 영적인 병을 고쳐주시는 의사로 이 땅에 오셨습니다. 바리새인들이 죄인들과 함께 먹는 주님을 꾸짖자 주님은 자신이 왕진 나온 의사라고 말씀하셨습니다. 주님께서 왕진 나오신 궁극적인 목적이 무엇이었을까요? 그것은 곧 죄인들을 불러 회개시키는 것입니다(마9:10-30). 이 위대한 의사께서는 정확한 때에 영적 치료를 끝내시며 갈보리 언덕으로 오르사 자신의 생명을 내놓으셨습니다. 즉 손수 내리신 처방에 필요한 값을 치르셨습니다. 그리스도께서 채찍에 맞고 죽으심으로써 그분을 믿는 자는 누구든지 죄들에서 고침을 받게 되었습니다.

질문 2: '성령 침례'와 '성령 충만'은 어떤 차이가 있습니까?

은사주의자들은 보통 이 두 용어를 번갈아 사용하며 이 둘을 성령님의 단일 사역으로 봅니다. 반면에 우리 성경 신자들은 이 둘을 분명히 구분하기 때문에 은사주의자들은 늘 그 차이를 묻습니다. 성령 침례와 성령 충만을 공부해 보면 이 둘이 단순히 구분되는 정도가 아니라 전혀 다른 것임을 알 수 있습니다. 우선 각각을 살펴보고 나중에 둘을 비교해 보면 성경이 가르치는 바가 무엇인지 분명히 알 수 있을 것입니다.

성령 침례에 대한 구절은 신약성경에 11번 나옵니다(마3:11; 막1:8; 눅3:16; 요1:33; 행1:5; 11:16; 롬6:1-7; 고전12:13; 갈3:26-28; 엡4:5; 골2:12). 이 중의 다섯 구절은 예언의 말씀으로 복음서와 사도행전에 나와 있습니다. 이 다섯 구절은 다 성령 침례를 미래 시제로 다루고 있는데 이 사실은 성령 침례가 당시에는 아직 이루어지지 않은 하나님의 역사임을 보여 줍니다. 과거 시제도 한번 있는데(행 11:16) 이 경우는 오순절 사건을 되돌아보며 하나님께서 그 날 이루신 성령 침례에 대해 언급하고 있습니다. 나머지 다섯 구절은 서신서에 있으며 모두 성령 침례의 본질에 대해 서술하고 있습니다.

이러한 신약성경 말씀들을 구체적으로 살펴보면서 우리는 다음과 같은 사실을 발견할 수 있습니다.

1. 성령 침례란 무엇인가?

'침례'(밥티스마)라는 단어는 원래 '잠그다' 혹은 '담그다'라는 뜻을 가집니다. 즉, 이 말은 '하나의 사물을 다른 데로 옮겨놓다'는 의미를 가집니다. 성령 침례는 이 일이 영적 차원에서 이루어지는 것입니다. 성령 침례는 두 가지 측면에서 일어납니다. 첫째, 그리스도께서 믿는 자를 성령님 안으로 '잠기게'(baptize) 하십니다. 여기서도 침례라는 단어가 쓰이며 이는 곧 그분께서 그를 성령님의 세계로 옮기심을 뜻합니다. 둘째, 성령님께서 믿는 자를 그리스도의 몸으로 '잠기게'(baptize) 하십니다. 이것은 그분께서 그를 '예수님의 교회'라는 새로운 세계로 옮기심을 뜻합니다(마16:18). 이 두 측면을 보여 주는 구절이 바로 요한복음 1장 33절과 고린도전서 12장 13절입니다. 비교해 보십시오.

> 나는 그분을 알지 못하였으나 나를 보내어 물로 침례를 주게 하신 분 바로 그분께서 내게 이르시되, *성령*이 누구에게 내려와 그 위에 머무는 것을 네가 보거든 바로 그가 곧 성령으로 침례를 주는 분이니라, 하셨기에(요1:33)

> 우리가 유대인이나 이방인이나 매인 자나 자유로운 자나 모두 한 *성령*에 의해 침례를 받아 한 몸 안으로 들어왔으며 모두가 마시게 되어 한 *성령* 안으로 들어왔느니라(고전 12:13).

2. 성령 침례는 언제 일어나는가?

신약성경은 성령 침례가 성도가 처음 구원받았을 때 일어나는 경험의 일부라고 가르칩니다. 성령 침례는 한 사람이 그리스도를 마음에 받아들임으로써 다시 태어날 때 일어납니다. 따라서 성령 침례는 그리스도를 믿는 믿음과 필수불가결 관계에 있습니다. 이 같은 관계는 갈라디아서 3장에서도 볼 수 있는데 여기의 핵심 내용은 우리가 그리스도를 믿는 믿음을 통한 하나님의 아이들이고 [성령] 침례를 받았으며 그리스도에 속한 자로서 그리스도 안에서 하나라는 것입니다(갈3:26-29).

3. 성령 침례는 누가 받는가?

성경은 모든 그리스도인이 성령 침례를 받았다고 가르칩니다. 성령 침례가 구원받을 때 이루어지는 것이라면 당연히 모든 그리스도인은 성령 침례를 받았습니다. 성경도 이를 명확히 말하고 있습니다. "모두 한 성령에 의해 침례를 받아 한 몸 안으로 들어왔으며"(고전12:13). 즉 어떤 사람이 구원받았다면 그는 그리스도 안으로 침례를 받았습니다. 그러므로 그리스도 안으로 침례를 받지 못한 자는 구원받지 못한 자입니다. 따라서 성령 침례를 받지 못한 신자라는 말은 있을 수 없습니다. 고린도에 있던 몇몇 그리스도인들의 육적인 모습이 공공연히 기록되어 있지만 그렇다고 해서 그들이 성령 침례를 받지 않은 것은 아닙니다.

4. 성령 침례를 사모해야 하는가?

성경에는 성령 침례를 추구하라는 명령도 없고 심지어 그 같은 언질도 발견할 수 없습니다. 성경은 왜 성령 침례에 대해 이리 조용한 걸까요? 그 이유는 다름이 아니라 그리스도인이라면 누구나 다 이미 성령 침례를 받은 상태에 있기 때문입니다. 성령 침례가 구원받는 순간 이루어지며 따라서 그리스도인이라면 누구나 다 가지고 있는 복된 소유라면 굳이 그것을 따로 추구할 필요가 없습니다.

한편 성령 충만은 신약성경에 15번 등장합니다(눅1:15, 41, 67; 4:1; 행2:4; 4:8, 31; 6:3, 5; 7:55; 9:17; 11:24; 13:9, 52; 엡5:18). 이 중의 14구절은 누가복음과 사도행전에 나오는데 이런 경우에는 단순히 어떤 개인이나 모임이 성령님으로 충만했다는 사실을 말해 줍니다. 그리고 에베소서 말씀에서만 성령 충만이 명령으로 나와 있습니다.

에베소서 5장 18절은 성령 충만을 가장 잘 말해 주는 구절입니다.

술 취하지 말라. 거기에는 과도함이 있나니 오직 성령으로 충만하라.

첫째로, 이 말씀은 '충만'이 무엇인지 잘 설명해 주고 있습니다. 충만하게 되는 것은 '무엇의 통치하에 있거나' 혹은 '무엇에 의해 지배당하는 것'을 상징적으로 표현한 것입니다. 이 진리는 술에 취하는 것(술에 지배당하는 것)과 성령님으로 충만하게 되는 것(성령님의 지배를 받는 것)을 비교한 데서 알 수 있습니다.

둘째로, 이 말씀은 성령 충만이 언제 일어나는지 말해 줍니다. '충만하라'는 단어는 현재 시제입니다. 즉 현재 진행되고 있다는 뜻입니다. 이를 다시 쓰자면 '계속해서 충만하라'가 될 수 있습니다. 하나님께서 의도하신 것은 성도들이 계속해서 성령님으로 충만하게 되는 것입니다. 그러나 현재 시제라고 해서 성령 충만이 한 번 이루어지면 영원히 지속되는 것은 아닙니다. 또한 살면서 자동적으로 성령 충만이 이루어지지도 않습니다. 따라서 성령 충만은 유지되어야 하지만 잃어버릴 수도 있으며 그때는 그것을 회복해야 합니다.

셋째로, 이 말씀은 누가 성령 충만을 받아야 하는지 가르쳐 줍니다. '성령으로 충만하라'는 명령은 모든 믿는 이에게 적용됩니다. '충만하라'는 명령은 '술 취하지 말라'는 명령처럼 다수를 향한 것입니다. 따라서 성령 충만 명령은 특정 소수에게만 해당되지 않고 우리 모두에게 해당됩니다. 그러나 실제 이 명령에 순종하지 못하는 사람도 있고 또 모든 성도들이 동시에 충만하게 되지도 못합니다. 성령 충만 명령은 개인적인 성격을 지닙니다. 주님께 순종하고 성령님으로 충만한 사람도 있지만 주님께 불순종하여 충만하게 되지 못하는 사람도 있습니다. 성령 충만은 하나님께 순종하고(롬 6:13; 12:1) 성령님의 권능 안에서 걸을 때(갈5:16) 얻을 수 있습니다.

자, 이제 성령 침례와 성령 충만의 차이점을 요약해 보겠습니다. 성령 침례는 단 한 번 일어납니다. 성령 충만은 여러 번 일어날 수 있습니다. 성령 침례는 다시 태어나는 순간에 일어납니다. 성령 충만은 그리스도인으로 살아가는 가운데 성화 과정을 겪으면서 일어납니다. 모든 성도들은 항상 성령 침례를 받은 상태에 있지만 성령 충만은 믿는 자가 순종할 때에만 이루어집니다. 성령 침례는 명령이 아닌데 그 이유는 그것이 하나님의 책임이기 때문입니다. 반면에 성령 충만은 명령인데 그 이유는 그것이 성도들의 책임이기 때문입니다. 성령 침례는 믿는 자의 신분과 관련이 있고 성령 충만은 믿는 자의 경험과 관련이 있습니다. 성령 침례는 사람을 그리스도 안으로 옮기는 것이고 성령 충만은 사람의 행동을 그리스도와 같이 만드는 것입니다. 신약성경은 이와 같이 성령 침례와 성령 충만을 명확히 구분합니다.

> 질문 3: 성령 침례가 그리스도를 믿은 뒤에 일어나는 둘째 축복이 아니라면 왜 초대 교회 사도들은 구원받은 후 몇 년 뒤에 성령님을 받게 되었을까요?

은사주의자들은 대개 성령 침례가 사람이 주 예수 그리스도를 구원자로 영접한 순간에 일어날 필요가 없다고 믿습니다. 즉 그들은 성령 침례가 그 뒤에 – 기간이 짧을 수도 있고 길 수도 있음 – 일어날 수 있다고 믿고, 이렇게 늦추어진 성령 침례를 '둘째 축복'(Second blessing)이라고 부르며, 이것이야말로 영생의 축복에 버금갈 만큼 놀라운 영적 체험이라고 생각합니다. 이번 질문에 나온 사도들의 예는 소위 '둘째 축복'으로서의 성령 침례를 증명해 준다고 알려진 사례입니다.

성도들께서 다 아시는 바와 같이 사도들은 오순절 사건이 일어나기 전에 구원받았고 심지어 그 전에 이미 예수 그리스도의 사역자로 활동했습니다. 이들이 성령 침례를 경험한 것은 사도행전 2장에 이르러서입니다. 그리고 이를 근거로 대부분의 은사주의자들은 우리 역시 사도들의 이런 예를 따라야 한다고 말합니다.

그러나 이런 식의 추론에는 문제가 있습니다. 그들이 한 가지 간과한 것이 있는데 그것은 바로 오순절을 전후하여 하나님의 치리에 큰 변화가 있었다는 점입니다. 그것은 곧 오순절이 교회가 탄생한 날이고 현재 우리가 살고 있는 교회 시대의 시작점이 된다는 점입니다. 바로 그날에 믿는 자들을 향한 성령님의 사역은 새로운 방식으로 시작되었습니다.

그전에도 성령님의 활동은 이미 지상에 있었고, 성령님은 심지어 창세기 1장 2절의 창조 사역에도 함께 계셨습니다. 구약시대에 그분은 사람들의 마음을 움직이셨습니다. 성령님은 하나님의 진리를 계시하고 어떤 사람에게 특정한 직무를 감당할 수 있는 능력을 주십니다. 또 그분은 각 사람이 하나님과 바른 관계를 맺게 하시며 하나님의 부르심에 순종하는 몇몇 사람 안에 거하셨습니다. 그러나 구약시대에 성령님의 내주는 모든 신자에게 적용되는 것이 아니었으며 또 영속적인 것도 아니었습니다. 성령 침례도 없었습니다. 이러한 역사는 오직 우리가 속한 교회 시대만의 독특한 일이며 바로 오순절에 이런 일이 시작되었습니다.

성령님의 우주적이고 영속적인 내주를 생각해 보십시오. 이전 시대에서 성령님은 성막을 만드는 자나 재판관, 대언자(선지자), 왕과 같은 사람들에게만 임하셨습니다. 이때 성령님의 내주는 그들의 구원을 보여 준다기보다는 단순히 그들이 맡은 직무를 이행할 수 있도록 하는 것과 상관이 있었습니다. 따라서 어떤 이가 맡은바 소임을 마치지 못하거나 불순종으로 인해 자격을 박탈당하면 자연히 성령님도 그를 떠나가셨습니다.

예를 들어 이스라엘의 초대 왕인 사울을 봅시다. 처음에 그가 왕으로 기름 부음을 받았을 때 성령님은 사울 안에 거하셨습니다(삼상10:1-6). 그러나 사울이 하나님의 뜻을 거역하자 주님의 영은 그를 떠났습니다(삼상16:14). 이 때문에 다윗도 밧세바와 간음하는 죄를 지은 뒤에 주님께서 자신의 영을 거두어가지 마시도록 부르짖었던 것입니다(시51:11). 다윗의 기도는 실제 일어날 수 있는 상황을 염두에 두고 이루어진 것입니다. 그러나 오늘날 이런 기도는 전혀 적절하지 않습니다. 성령님께서 믿는 모든 자 안에서 그가 죽을 때까지 거하시기 때문입니다(롬8:9).

예수님께서 지상에서 사역하실 동안에도 성령님은 활동하고 계셨지만 아직 그들에게 '주어지지 않은' 상태였습니다(요7:39). 예수 그리스도께서는 죽기 직전에 성령님의 사역이 곧 바뀌게 되리라고 알려 주셨습니다. 주님은 그때까지만 해도 제자들과 함께 혹은 그들 가운데 계셨던 성령님께서 곧 제자들 안에 임하게 되리라고 말씀하셨습니다(요14:17). 주님은 자신의 죽음과 매장 그리고 부활이 있은 뒤 승천하실 때에 성령님을 보내리라고 말씀하셨습니다(요16:7-14). 그리고 주님께서 예언하신 대로 오순절 날 성령님께서 임하셨습니다(행11:15, 17). 이 사건을 시작으로 성령님께서 모든 신자 안에 영구히 거하게 되셨습니다.

믿는 자에게 주어지는 성령 침례를 생각해 봅시다. 성령님께서 침례를 주신다고 했을 때 그것은 믿는 자를 그리스도의 몸 안으로 옮기는 것을 말합니다(고전12:13). 그리스도의 몸은 '보편적 교회'의 또 다른 명칭입니다(엡1:22-23). 이 신약 교회는 오순절에 시작되었으며 그 이전에는 존재하지 않았습니다. 그렇다면 성령님께서 개개인을 교회 안으로 옮기는 일도 교회가 존재한 후에야 시작되었음이 확실합니다. 즉 성령 침례는 오순절 이전에는 결코 일어나지 않았습니다. 그리스도께서도 승천하실 때 성령 침례를 미래의 사건으로 말씀하신 것을 주목하십시오(행1장). 오순절이 오기 10일 전만 해도 성령 침례는 현실이 아닌 하나의 예언이었습니다.

사도들이 성령 침례를 받은 것은 그들이 구원받은 후 몇 년이 - 혹은 최소한 몇 달이 - 지난 후의 일인데 이는 오순절 이전에는 성령 침례가 없었기 때문입니다. 사도들은 그리스도께서 율법 시대에 태어나신 것처럼 율법 시대에 태어나 그 시대의 다른 사람들처럼 구원받았습니다(갈4:4). 그런데 하나님께서는 그들이 구원받은 후 여러 해가 지난 뒤에야 비로소 성령 침례를 시작하셨습니다. 그리고 이런 성령 침례는 사도들에게 '둘째 축복'으로 주어지게 되었습니다. 하지만 오순절 성령 강림 이후로 성령 침례는 주님의 이름을 부르는 모든 사람이 구원받는 순간 얻게 되는 복이 되었습니다. 사도들의 체험은 독특한 것인데 이는 그들이 두 세대 사이의 과도기(변천기)에 살았기 때문입니다. 따라서 사도들의 예를 오순절 이후의 신약 성도들에게 적용할 수는 없습니다.

> **질문 4:** 고린도전서 14장 39절은 분명히 '타언어(방언)로 말하는 것을 금하지 말라'고 하는데 왜 당신은 교회에서 타언어로 말하는 것을 허락하지 않습니까?

복음주의자들 중에는 본인 스스로 타언어(방언)를 말하지도 않고 심지어 오늘날에는 방언의 선물(은사)이 있다고 믿지도 않지만 교회에서 방언을 하는 것은 괜찮다고 믿는 이들이 있습니다. 그러나 우리는 이런 은사주의 관행을 허용하지 않습니다. 이런 입장 때문에 우리는 옹졸하다거나 사랑이 없다는 말을 듣습니다. 심한 경우에는 우리가 고린도전서 14장 39절을 정면으로 반박한다는 비난을 받기도 합니다.

하지만 성경은 분명히 타언어 선물(방언)이 그칠 것이라고 말합니다.

타언어들도 [방언들도] 있다 해도 그칠 것이며(Whether there be tongues, they shall cease) (고전13:8)

이 구절은 타언어(방언)가 그치는 것은 확실하지만 그것이 언제 그칠 것인지에 대해서는 분명히 이야기하지 않습니다. 그러나 성경은 타언어가 언제 그칠지 알 수 있는 실마리를 제공합니다. 먼저 고전13:8-12를 잘 살펴보십시오. 여기에는 세 가지의 일시적 선물이 나옵니다: 대언, 방언, 지식. 분명히 대언 즉 하나님의 말씀을 받아서 대신 말하는 것도 없어지고 지식도 사라지게 될 것입니다.

'없어지다'(done away)와 '사라지다'(vanish away)라는 두 동사의 성격상 대언과 지식은 외부의 어떤 힘에 의해 끝나게 될 것으로 보입니다. 그 외부의 힘이란 바로 '완전한 것'입니다. 완전한 것이 오면 대언과 지식은 그치게 될 것입니다.

어떤 이들은 이 '완전한 것'을 신약성경의 완성으로 보기도 하며 또 다른 이들은 그것을 그리스도의 재림으로 봅니다. 만일 그 '완전한 것'이 신약성경이라면 대언과 지식은 이미 오래전에 끝났습니다. 9절은 부분적으로 알고 대언하는 것에 대해 말하고 있으며 10절은 완전한 것에 대해 말하고 있습니다. 완전한 것이란 틀림없이 부분적인 것이 완성된 것입니다. 따라서 완전한 것은 지식과 대언의 완성 혹은 완성된 성경에 있는 하나님의 완전한 계시가 될 것입니다.

자, 이제 또 다른 일시적 선물인 타언어(방언)에 대해 살펴봅시다. 타언어를 묘사하는 데 사용된 '그치다'라는 동사의 성격상 우리는 타언어가 앞에 나온 대언이나 지식처럼 외부의 힘에 의해서가 아니라 스스로 끝나게 될 것임을 알 수 있습니다. 게다가 타언어란 단어는 고린도전서 13장 9절과 그 이후로는 찾아볼 수 없습니다. 이를 근거로 타언어는 스스로 그치게 될 것이며, 심지어 완전한 것이 임하므로 대언과 지식이 끝나기도 전에 그리되리라는 것을 짐작해 볼 수 있습니다. 따라서 완전한 것을 신약성경의 완성으로 이해한다면 타언어는 그 이전에 그치게 되었을 것입니다. 완전한 것을 그리스도의 재림으로 이해하는 분들도 타언어가 그분께서 재림하시는 때가 아니라 재림 이전에 그칠 것이라는 사실에 봉착하게 됩니다.

고린도전서 14장 21-22절은 타언어가 종결된 시기를 아는 데 도움을 줍니다. 이 말씀에 따르면 타언어는 믿지 않는 유대인들을 위한 표적이었습니다. 이사야서의 인용구인 고전14:21을 보면 외국어 즉 타언어 표적이 믿지 않는 유대인들에 대한 하나님의 심판과 관련된 것을 알 수 있습니다. 이런 심판의 개념을 고린도전서에도 적용한다면 그 당시의 타언어 역시 믿지 않는 유대인들을 향한 표적이라 할 수 있으며, 이것은 곧 앞으로 있을 이스라엘에 대한 하나님의 심판을 미리 말해 주는 역할을 한 것이라고 볼 수 있습니다.

사실 주후 70년에 하나님께서는 이스라엘 민족에게 진노를 부으셨으며 이때에 로마 군대가 예루살렘을 파괴하였고 이스라엘 민족은 사방으로 뿔뿔이 흩어지게 되었습니다. 이런 식으로 따져 보면 타언어는 주후 70년에, 지식과 대언은 주후 90년에 각각의 목적을 다 이루고 그치게 되었습니다. 교회 역사를 공부해 보면 타언어가 몇몇 극단적 무리들의 모임을 제외하고는 2세기나 그 이후의 정통 교회에 존재하지 않았다는 것을 쉽게 알 수 있습니다.

목사나 집사의 자격에도 타언어(방언)는 없습니다(딤전3장; 딛1장). 만일 타언어가 교회 시대 전체에 필요한 선물이었다면 양 무리에게 본을 보이며 그들을 이끄는 자들은 마땅히 이 선물을 소유해야 할 것입니다. 참으로 흥미로운 것은 현시대에도 타언어가 존재한다고 주장하며 설교하는 목사들의 대부분이 자기 자신은 타언어를 말하지 못한다는 점입니다.

고린도전서 14장 39절은 다음과 같이 말합니다.

타언어들로 [방언들로] 말하는 것을 막지 말라.

이렇게 말한 이유는 타언어가 당시 고린도 사람들에게 유효했고 실제 행해지고 있었기 때문입니다. 그런데 이 선물(은사)을 오용하는 사람들이 있었고 이 때문에 타언어 전부가 금지되는 사태를 막기 위해 이런 경고가 주어졌습니다.

그러나 이 시대에 타언어는 그쳤고 존재하지 않습니다. 오늘날 타언어는 과거 예수님께서 제자들에게 이방인들을 향한 전도를 금하신 명령(마10:5-6) 만큼이나 교회와 무관한 것이 되었습니다. 이처럼 타언어 선물이 그쳤고 그것의 1차 목적 즉 믿지 않는 유대인들을 향한 표적이라는 목적을 대부분의 교회에서 달성할 수 없다는 성경적 이유 때문에 우리는 은사주의 관행을 교회에서 허용하지 않습니다. 또한 타언어를 말하는 사람과 하지 않는 사람이 같은 교회에 있게 되면 늘 불화가 생깁니다. 게다가 오늘날의 방언은 성경이 말하는 실행의 규정을 거의 지키지 않은 채 무질서하게 행해지고 있습니다.

질문 5: 예수 그리스도께서는 어제도 오늘도 영원토록 동일하신데(히13:8) 왜 당신은 예수님의 제자들처럼 방언을 하지 않습니까?

은사주의자들은 보통 이 구절을 예수 그리스도께서는 모든 일을 항상 같은 방식으로 하신다는 것으로 해석합니다. 즉 그분께서 어제(사도시대) 하신 방식을 오늘도 그리고 영원토록 유지하신다는 것이지요. 따라서 예수님께서 사도시대에 타언어 선물을 주셨다면 오늘날에도 동일한 선물을 주실 것이고 이 일은 인류 역사가 지속되는 한 계속된다는 말이 됩니다. 그렇다면 성경을 믿는 그리스도인들이 예수 그리스도께서 결코 변경하지 않으실 이 위대한 진리를 간과한 것일까요?

은사주의자들이 히브리서 13장 8절을 해석하는 방식에는 몇 가지 명백한 문제가 있습니다. 첫째는, 타언어 선물이 그리스도께서 영원하신 것처럼 영원할 수 없다는 점입니다. 하나님께서는 분명히 타언어가 그칠 것이라고 말씀하셨습니다(고전13:8). 타언어가 그치는 정확한 때를 결정하는 데는 하나가 될 수 없지만 타언어가 지속되지 않으리라는 것은 성경이 분명히 말하는 바입니다. 성경이 타언어를 일시적 선물로 말하기에 타언어가 '영원하지 않다'는 것은 누구나 인정해야 합니다.

둘째는, 은사주의자들이 '어제'를 사도시대로만 국한한다는 점입니다. '어제'는 아담이나 노아, 아브라함, 모세, 왕과 대언자(선지자)들이 살았던 시대가 될 수도 있습니다. '어제'가 오순절에 이르러서야 비로소 시작되었다거나 예수님의 지상 사역과 함께 시작되었다고 말하는 것은 억측입니다. 이 구절을 타언어 선물과 연관 지으려는 사람들은 자연히 '어제'에서 구약시대를 제외할 수밖에 없습니다. 왜냐하면, 구약시대 혹은 심지어 그리스도께서 지상에 계실 때에도 타언어는 주어지지 않았기 때문입니다. 성경이 보여 주는 역사를 보더라도 타언어는 오순절 이전에는 하나님께서 허락하신 선물이 아니었습니다.

은사주의자들에게는 그들의 말을 근거로 이렇게 대답해도 될 것입니다. "'어제'가 그렇게 최근에 사도시대에 시작되었다면 '영원'은 이미 오래전에 끝났겠네요." 은사주의자들의 주장에 타당성이 없는 이유는 그들이 어제의 시작을 사도행전으로 보고 그 이전의 인류 역사를 무시하기 때문입니다.

이제 은사주의자들의 질문에 대한 답을 찾아봅시다. 우선 히브리서 13장 8절의 바른 해석이 필요합니다. 이 말씀은 단순히 예수 그리스도께서 결코 변치 않으신다는 것을 말할 뿐이며, 그분과 관련된 어떤 것이 그대로 남아 있는지를 정확히 말하지 않습니다. 그런데 은사주의자들은 그분의 활동이나 일하시는 방식도 변하지 않는다고 말합니다. 이에 기초하여 그들은 타언어(방언)가 지금도 유효하다고 주장합니다.

하지만 하나님의 운행 방식이 변한다는 것은 성경을 보면 곧바로 알 수 있습니다. 그중 어떤 것은 변화 정도가 심해 다른 경영 방식을 나타낼 때도 있습니다. 이렇듯 심각한 차이를 보이는 경영 방식을 우리는 보통 '세대'(dispensation) 혹은 '경륜'이라고 부릅니다. 앞에서 언급한 대로 오순절 이전에는 타언어 선물이 없었습니다. 그러나 경륜/세대가 바뀌면서 하나님께서는 타언어 선물을 주셨고 바로 그때에 역사를 경영하시는 하나님의 방식이 바뀌었습니다. 이를 보아도 하나님께서 사람들을 다루시는 방식이나 인간에게 요구되는 사항들이 늘 똑같다고 말할 수는 없습니다.

그러면 그리스도와 연관되어 항상 동일한 것은 무엇일까요? 히브리서 13장 8절을 앞뒤 문맥에 맞게 살펴보면 알 수 있습니다. 히브리서의 주제는 예수 그리스도께서 구약시대의 레위 제사장들보다 월등하시다는 것입니다. 하나님께서는 레위 제사장 체계를 바꾸셨습니다. 히브리서가 기록될 당시 히브리 성도들은 그리스도를 버리고 유대교의 '레위 제사장 체계'로 되돌아갈 위험에 놓여 있었습니다. 여기서 우리는 변화와 일관성을 모두 발견합니다. 좋은 변화는 하나님께서 '옛 언약'(구약) 대신에 '새롭고 좋은 언약'(신약)을 가져오셨다는 것이고, 나쁜 변화는 유대인 성도들이 그리스도를 버리고 유대교로 돌아가려 한다는 것입니다. 그러나 이런 와중에서도 일관된 것이 있었는데 그것은 곧 예수 그리스도라는 분이십니다.

히브리서 13장 7-9절 말씀은 히브리서 전체의 축소판이라고 할 수 있습니다.

하나님의 말씀을 너희에게 일러 주고 너희를 다스리는 자들을 기억하며 그들의 행실의 결말을 깊이 살펴보고 그들의 믿음을 따르라. 예수 그리스도는 어제도 오늘도 영원토록 동일하시니라. 여러 가지 이상한 교리에 끌려 다니지 말라. 은혜로 마음을 굳게 함이 선한 일이요, 음식으로 할 것이 아니니 음식에 전념하는 자들에게 음식이 유익을 끼치지 못하였느니라(히13:7-9).

7절은 히브리 성도들에게, 그들 이전에 살면서 그리스도를 신실하게 섬겼던 이전 지도자들을 상기시켜 줍니다. 비록 이들은 역사의 무대에서 사라졌지만 다음 세대가 따라야 할 본을 남기고 갔습니다. 8절은 히브리 성도들이 항상 신실해야 하는 이유를 말해 주고 있는데 그것은 바로 변치 않으시는 예수 그리스도입니다. 선배들은 갔지만 그리스도는 여전히 계십니다. 따라서 언제나 동일한 이분은 현시대의 우리들도 계속해서 신실해야 하는 근거와 명분이 되십니다. 우리는 예수 그리스도를 바라보아야 합니다.

9절은 적용입니다. 히브리 성도들은 결코 예수 그리스도를 떠나 유대교로 돌아가서는 안 되었습니다. 율법과 복음을 합하려는 시도가 '여러 가지 이상한 교리'를 통해 이루어졌습니다. 히브리 성도들은 이러한 거짓 교리들을 피하고 참된 은혜의 교리에 붙어 있어야 했습니다. 이 은혜가 그들의 마음에 계신 하나님 앞에서 그들을 견고하게 해 줄 것입니다. 거짓 교사들은 특정 음식(희생으로 성별된 음식물)을 먹는 의식이 히브리 성도들의 마음을 세워줄 것이라고 주장했습니다. 그러나 그런 것들은 아무런 유익을 주지 못했는데 이는 예수 그리스도께서 자신의 경영 방식(경륜/세대)을 바꾸셨기 때문입니다. 즉 성전, 레위 사람들의 의식, 레위의 제사장 체계는 더 이상 신약시대를 운영하시는 하나님의 경영 방식이 아닙니다. 하나님께서 끝내신 것을 지속하는 것에는 아무 유익이 없습니다.

참으로 하나님께서 일하시는 방식이 바뀌었습니다. 히브리서는 이 사실을 보여주는 중요한 예라고 하겠습니다. 그러나 하나님으로서 예수 그리스도의 인격, 본질, 위치는 동일합니다. 또한 하나님이며 사람이신 예수 그리스도는 불변합니다. 성경 신자들은 예수 그리스도께서 결코 변치 않는다는 이 위대한 진리를 잊지 않았습니다. 다만 그 변치 않는다는 것은 그분의 인격과 본질이며 그분의 역사와 경영 방식까지 똑같은 것은 아님에 유의하기 바랍니다. 어쨌든 분명한 것은 히브리서 13장 8절이 타언어 선물이 영구히 지속됨을 보증하는 구절이 아니라는 것입니다.

> 질문 6: 당신은 방언이 하늘의 언어가 아니라 사람의 언어라고 말하는데 그러면 어떻게 그것을 증명해 보이겠습니까?

저명한 언어학자들이 신중하게 연구한 결과, 현시대 은사주의자들이 말하는 타언어(방언)는 인간의 언어가 가지는 논리적인 구조를 거의 가지고 있지 않다는 결론이 나왔습니다. 즉 그들의 타언어는 항상 영문 모를 말이라는 것입니다. 은사주의자들은 타언어 선물이란 화자가 전에 알지 못하던 인간의 언어를 구사하거나 흔히 하늘의 언어 혹은 천사의 언어라 불리는 황홀경의 소리를 말하는 능력이라고 주장합니다.

실제 타언어로 말한 예가 사도행전과 고린도전서에 나옵니다. 은사주의자들은 흔히 사도행전에 나오는 타언어(방언)는 외국어였고 고린도전서의 경우는 하늘의 언어였다고 주장합니다. 또 비은사주의자들은 타언어(방언)가 늘 사람의 언어였고 따라서 은사주의자들의 대부분의 언사(utterance)는 하나님의 선물이 될 수 없다고 주장합니다.

자, 그러면 이 두 가지 상반된 주장을 검토해 보겠습니다.

성경에서 '타언어'(방언: tongues)로 번역된 그리스어는 '글로싸'(glossa)이며 이것은 말 그대로 '사람의 입안에 있는 혀; 사람이 구사라는 언어; 특별한 지역의 사투리, 즉 방언; 이해할 수 없는 말' 등을 뜻합니다. 그런데 이 같은 정의만으로는 문제를 해결할 수 없습니다. '글로싸'(glossa)가 성경에서 어떻게 사용되었는지 그 용례를 살펴보아야 비로소 각각에 대한 바른 뜻을 알 수 있습니다.

타언어로 말한 예가 사도행전에 세 번 나옵니다. 첫째 예는 2장 4-11절의 오순절 사건인데 여기서 4절은 그리스도께서 명령하신 대로 성령님을 기다린 사람들이 성령님이 임하실 때에 '다른 언어들로 말하기 시작한 것'을 보여 줍니다. 6, 8절을 보면 이 다른 언어가 사람의 언어라는 것을 쉽게 알 수 있습니다. 오순절 날 여러 곳에서 예루살렘으로 온 사람들을 포함한 군중들이 놀란 것은 '각 사람이 자기 나라 말로 제자들이 말하는 것을 들었기 때문'입니다. 군중들은 물었습니다. "우리 모두가 우리가 태어난 곳의 언어로 듣는 것은 어찌 된 일이냐?" 바로 이 구절 다음에 그들 각 사람이 태어난 곳의 명단이 등장하며 거기 나오는 각 지역은 곧 그 지역의 언어를 보여 줍니다. 바로 이 사건은 사도행전의 나머지가 어떻게 전개될지 보여 줍니다.

둘째 예는 10장 44-48절에 나오는 이방인 고넬료의 집에서 일어났습니다. 이때 일어난 기적도 사도행전 2장과 동일하게 "타언어로 말하다."로 표현되었습니다. 물론 여기서도 이 단어가 사도행전 2장의 경우처럼 사람의 언어를 가리키는 데 사용된 것으로 보입니다. 더욱이 여기서는 성령님의 선물이 처음으로 '이방인들 위에' 임하였음이 언급되어 있습니다(45절). 베드로는 이때 일어난 일을 보고하면서 그것을 자신이 이미 경험한 오순절 사건과 비교했습니다. 그는 이렇게 말했습니다.

> 내가 말을 시작할 때에 성령님께서 그들 위에 임하시되 마치 처음에 [오순절 날에] 우리 위에 임하신 것같이 하시더라.…하나님께서 우리에게 주신 것과 같은 선물을 그들에게도 주셨으니…(행11:15, 17)

여기서 베드로가 가장 먼저 언급한 것은 성령님이라는 인격체이지 타언어가 아니었습니다. 사실 성령님은 친히 스스로를 나타내지 않는 한 인간의 지각으로는 감지될 수 없습니다. 하지만 베드로는 처음에 즉 사도행전 2장의 오순절 날에 자기를 포함한 제자들에게 나타난 동일한 선물인 타언어를 보았고 그래서 하나님께서 동일한 선물을 이방인들에게도 주셨다고 결론지었습니다.

셋째 예는 사도행전 19장 1-7절에 있습니다. 여기서 일어난 기적도 "그들이 타언어로 말하더라."로 표현되었습니다. 물론 여기서도 그 타언어가 사도행전 2장이나 10장처럼 사람의 언어라는 것을 짐작할 수 있습니다.

한편 고린도전서 12-14장에도 타언어에 대한 내용이 있습니다. 실제적인 논쟁이 여기서부터 시작됩니다. 앞에서 살펴본 대로 사도행전에 나오는 타언어가 그 당시 사람들의 언어라는 데는 모두 동의할 것입니다.

하지만 고린도전서의 타언어는 하늘의 언어나 혹은 천사의 언어라고 주장하는 분들이 있습니다. 고린도전서의 본문은 사도행전처럼 그것이 분명히 타언어임을 보여 주지 않습니다. 하지만 여기 나오는 타언어를 사람의 언어라고 생각하고 전체 본문을 읽어도 전혀 문제 될 것이 없고, 더욱이 고린도전서와 사도행전의 관계를 고려해 본다면 그것이 사람의 언어라는 결론에 쉽게 다다를 수 있을 것입니다.

고린도전서는 사도 바울이 기록했고 사도행전은 의사 누가가 기록했습니다. 바울과 누가는 가까운 동역자요, 친구였습니다. 누가는 바울의 선교 여행 때 두루 그와 동행했습니다. 틀림없이 두 사람은 서로의 글을 잘 알았을 것입니다. 우리가 가지고 있는 성경의 순서에 따르면, 사도행전이 고린도전서보다 앞에 나오며 사도행전 2장의 타언어 사건은 고린도 교회가 세워지기 훨씬 전에 일어났습니다. 그런데 실제로 사도행전은 고린도전서보다 약 5년 늦게 기록되었습니다.

따라서 누가가 사도행전을 기록하면서, 바울이 이미 사용했던 타언어(방언)란 단어를 거기에 사용했을 때 그는 틀림없이 동일한 선물을 가리켰음이 확실합니다. 누가는 사도행전의 독자들에게 타언어라는 말이 생소하여 구체적인 설명이 필요했기에 그 선물이 사람의 언어라는 것을 분명히 했습니다. 한편 바울은 굳이 타언어(방언)가 타 지역 사람들의 말이라는 것을 설명하려 하지 않았는데 그 이유는 그의 독자들이 이미 그 선물을 가지고 있었고 그것이 사람들의 말이라는 것을 알고 있었기 때문입니다.

바울과 누가가 동역자였다는 점, 바울의 기록 시기가 먼저라는 점, 그리고 누가가 '알지 못하는' 혹은 '알려지지 않은' [사람의] 언어(unknown tongue)를 구사하는 초자연적인 능력을 묘사할 때 바울이 쓴 것과 같은 단어를 사용했다는 점은 고린도전서의 타언어가 사람의 말임을 강력히 뒷받침해 줍니다. '분명한 소리'(distinct sounds, 고전14:7-11)라는 개념도 고린도전서 14장 21절의 인용과 14장 22절의 설명을 볼 때 고린도전서의 타언어가 사람의 말임을 보여 줍니다.

그렇습니다. 타언어(방언) 선물이란 자신이 알지 못하는 인간의 언어를 학습 과정 없이도 구사할 수 있는 초자연적인 능력을 일컫습니다. 그래서 킹제임스 성경은 고린도전서의 방언을 '알지 못하는 언어'(unknown tongue)라고 분명히 기록하고 있습니다. 그러나 대부분의 현대 오순절/은사주의자들의 방언은 어떤 종류의 인간의 언어도 아니므로 성경이 말하는 '참된 타언어'라고 할 수 없습니다.

질문 7: 당신이 마귀들을 내쫓을 수 없다면 어떻게 마귀들을 다룹니까?

예수 그리스도와 사도들은 사람들을 사로잡고 있는 마귀들을 강력히 그리고 단호하게 내쫓으셨습니다. 오늘날 미국에서도 사람들이 보는 앞에서 마귀를 내쫓는 일이 비일비재합니다. '엑소시스트'라는 영화에 나오는 '엑소시즘' 즉 '축사'((逐邪)라 불리는 '마귀 쫓아내는 일'이 세인들의 관심을 끈 적도 있었습니다.

성경을 믿는 그리스도인들은 사탄 마귀와 그의 졸병들인 마귀들이 실제로 존재함을 잘 알고 있습니다. 그리고 사탄이 이 세상의 신이며 공중 권세 잡은 자요, 세상의 통치자라고 믿습니다. 또한 타락한 천사들 즉 성경에서 종종 마귀라 불리는 존재들이 하나님의 백성을 대적하고 사탄의 일을 도우며 선한 천사들의 일을 방해하고 사람들을 지배하려 함을 믿습니다. 그리스도인은 진정 '우리가 살과 피와 맞붙어 싸우지 아니하고 정사들과 권능들과 이 세상 어둠의 치리자들과 높은 처소들에 있는 영적 사악함과 맞붙어 싸움'을 믿습니다(엡6:12).

그렇다면 그리스도인들이 이 강력한 악의 세력을 어떻게 다룰 수 있을까요? 우리도 예수님처럼 그들을 내쫓아야 할까요? 아니면 마귀를 쫓는 일은 그리스도와 그분의 사도들이 선포한 말씀을 확증하기 위해 초대 교회에만 주어진 일시적 표적일까요? 우리는 어떻게 마귀를 다루어야 하는가에 관한 지침이 교회 시대에 살고 있는 우리에게 성경을 통해 주어졌다고 확고히 믿습니다. 그런데 이 같은 지침의 중심은 마귀를 쫓아내는 것이 아닙니다.

먼저 신약성경에는 우리가 마귀를 쫓아야 한다는 명령이 없습니다. 심지어 신약성경은 그 일이 우리가 따라야 할 본보기라고 가르치지도 않습니다. 어떤 이가 잘 말한 것처럼, 우리는 사도들의 가르침을 체험해야지 사도들의 체험을 가르쳐서는 안 됩니다. 그러면 마귀들을 쫓는 것과 관련하여 사도들이 가르친 바는 무엇입니까? 에베소서 6장은 신약성경에서 영적인 전쟁을 다루는 구절들 가운데 가장 훌륭한 구절입니다. 여기서 과연 마귀를 쫓아내는 것(축사)을 찾아볼 수 있습니까? 오히려 이 말씀은 마귀의 공격을 무력화시킬 방어용 갑옷과 사탄과 마귀들을 패주시킬 공격용 무기를 자세히 열거하고 있습니다.

마귀들을 다루는 첫째 단계는 하나님께서 절대적 권능을 갖고 계시다는 것을 기억하는 것입니다. 우리 자신은 악한 영들의 적수가 못됩니다. 악한 영적 존재들은 힘과 능력 면에서 사람보다 뛰어납니다. 우리가 스스로의 권위로 마귀를 대적하거나 마귀의 유혹을 거절하려는 것은 마치 장난감 총으로 전함을 침몰시키려는 어린아이의 시도와 같습니다. 그러나 "너희 안에 계신 분이 세상에 있는 그보다 더 크시도다."(요일4:4)라는 말씀을 기억하십시오. 하나님은 전능하십니다. 그분에게 너무 어려운 것은 하나도 없습니다. 그분에게는 모든 것이 가능합니다.

반대로 마귀들은 창조물에 지나지 않습니다. 비록 마귀들이 능력이 크다 해도 그들은 하나님께서 허락하신 한도 내에 머무르며 힘을 행사하는 것도 하나님에 의해 제한을 받습니다(욥의 경우처럼). 따라서 우리는 마귀들이 하나님의 상대가 아니라는 것을 명심해야 합니다. 게다가 하나님은 이 시대의 믿는 자들 모두 안에 내주하십니다. 그러므로 승리하기 위해서는 그분께 돌아가야 합니다.

마귀들을 다루는 둘째 단계는 마귀들의 공격을 경계하는 것입니다. 적의 공격 계획을 미리 아는 전략가는 승리하기 위해 어떻게 방어해야 할지 계획을 세우고 잘 준비할 수 있습니다. 하나님은 사탄의 공격에 대해 "정신을 차리고 깨어 있으라!"고 말씀하십니다(벧전5:8). 성경은 마귀의 공격이 간교하며 속임수로 가득하다고 말하며(엡6:11) 동시에 우리가 사탄의 이런 전략에 대해 무지하지 않다고 말합니다(고후2:11). 그렇다면 이 같은 전략이 무엇일까요?

악한 세력들은 우리가 하나님을 의심하기 원하며 또한 말씀보다 이성을 우위에 놓기를 원합니다(창3장). 그들은 우리의 믿음을 흔들어 놓기 위해 자연적인 질병의 고통과 죽음을 이용합니다(욥기; 히2:14). 악한 세력들은 악한 생각을 사람들에게 불어넣으며(요13:2) 이것을 매우 그럴듯하게 만들어 우리가 거기에 말려들도록 합니다. 그들은 또한 우리의 '육' 혹은 '육신'(flesh)을 사용합니다. 모든 그리스도인은 구원받은 뒤에도 죄의 본성을 여전히 가지고 있습니다. 죄가 우리를 완전히 떠나는 것은 죽을 때나 휴거를 받을 때 이루어질 것입니다. 우리 안에 있는 죄성을 흔히 '육'이라고 부릅니다. '육'은 우리를 유혹하여 하나님께 불순종하게 만들며, 마귀는 이를 이용하여 우리의 삶에 관여하려 합니다. 우리가 '육'에게 자신을 내어줄 때 마귀는 어느 특정한 부분에서 우리를 이용합니다. 하나님은 이렇게 우리의 '육'을 통해 사탄이 우리 안에 발을 들여놓는 것을 원치 않으십니다(고후2:6-11; 엡4:25-29).

주님의 군사라면 마귀가 이런 경로로 자신을 공격하리라는 것을 예상할 수 있습니다. 이런 공격을 경계하며 대항할 준비를 갖출 때 우리는 성공적으로 그 공격을 물리칠 수 있습니다. 그리스도인이 마귀의 영향력을 이겨내기 위한 최선의 길은 날마다 하나님께 순종하며 사는 것입니다.

마귀들을 다루는 마지막 단계는 하나님의 전신갑주를 입고 대항하는 것입니다. 에베소서 6장 10-12절은 바로 이것을 위한 병기고를 보여 줍니다. 사탄과 마귀들의 거짓말에 대항하려면 하나님의 진리를 전장(戰場)에 투입해야 합니다. 이로써 우리는 우리를 속이는 거짓말을 간파하고 물리칠 수 있습니다. 사탄과 마귀들은 사악합니다. 따라서 우리는 그리스도의 의로 무장한 채 전장에 들어가 악을 파악하고 물리쳐야 합니다. 사탄과 마귀들은 두려움을 자아냅니다. 이에 우리는 하나님의 화평을 들고 전장에 들어가 우리를 악으로 이끄는 두려움을 이겨내야 합니다. 사탄과 마귀들은 의심을 심습니다. 따라서 전투에서 승리하기 위해서는 믿음이 필요합니다.

사탄과 마귀들의 공격은 주로 우리의 마음에서 이루어집니다. 따라서 우리는 그리스도의 마음을 가지고 나아가 적을 간파하고 적의 사악한 생각을 거부해야 합니다. 그 뒤에 우리는 사탄을 물리치기 위한 공격 무기인 검 즉 하나님의 말씀을 휘두릅니다. 사탄은 우리의 결단이나 열심에는 흔들리지 않습니다. 그러나 하나님의 말씀 앞에서는 고양이 앞의 쥐처럼 도망갑니다. 물론 말씀을 기억하고 바르게 적용하기 위해서는 말씀을 알아야 합니다. 마지막으로 전신갑주를 원활히 움직이게 하는 윤활제가 바로 기도입니다. 이상이 우리가 마귀를 다루는 방법을 가르쳐 주는 신약성경의 가르침입니다.

질문 8: 왜 기적의 은사가 오늘날에는 맞지 않습니까?

이렇게 말한다고 해서 하나님이 오늘날에는 기적을 행하실 수 없다거나 기적을 행하시지 않는다는 얘기가 절대로 아님을 먼저 분명히 말씀드립니다. 단지 제가 말씀드리려는 것은 하나님께서 오늘날 기적의 선물(은사)을 주시지 않는다는 점입니다. 즉 은사주의자들의 주장과는 달리 하나님께서는 어떤 특정한 사람들에게 기적을 행할 수 있는 능력을 주시지 않는다는 것이지요. 물론 하나님 자신은 기적을 행하실 수 있으며 또 행하십니다. 그럼에도 더 확실히 말씀드리자면, 이 시대에는 특별한 은혜를 받아서 기적을 일으키는 사람이란 없습니다.

하나님은 우주를 치리하기 위해 정상적이고도 자연스러운 양식 혹은 법칙을 사용하십니다. 이러한 양식은 너무도 질서 정연하기 때문에 사람들은 이것을 흔히 자연의 법칙이라 부릅니다. 그러나 때때로 하나님은 천지 만물을 특별한 방법으로도 움직이십니다. 이런 변칙적인 운행 방식은 보통 기적이라 불립니다. 즉 기적이란 하나님께서 흔치 않게 일하시는 방법이라고 볼 수 있습니다.

우리는 기적이 흔히 일어날 거라고 생각하지 않습니다. 만일 그렇다면, 그것은 이미 기적이 아니라 일상사가 될 테니까요. 태양이 매일 아침 떠오른다는 사실은 하나님의 놀라운 권능을 보여 줍니다. 하지만 성경은 태양과 지구 사이의 도는 과정을 기적으로 분류하지 않습니다.

성경은 인류 역사에서 기적들이 크게 일어난 세 시기가 있었음을 보여 줍니다. 첫째 시기는 모세와 여호수아 시대였습니다. 이 시기는 율법이 주어진 때로부터 시작되어 약 100년간 지속되었습니다. 둘째 시기는 엘리야와 초기 대언자(선지자)들의 시대였습니다. 구약성경의 상당 부분이 이때 주어졌으며 이 시기는 약 150년간 지속되었습니다. 마지막 시기는 예수 그리스도께서 지상에서 사역하실 때와 사도들의 활동하던 때였습니다. 이때가 바로 신약성경이 주어진 시기였으며 이것은 약 70년간 지속되었습니다.

'어셔의 연대기'에 따르면 성경은 지금까지의 인류 역사가 약 6,000년임을 보여 주며, 성경대로 믿는 사람이라면 다소 차이가 있기는 하지만 대략 이 같은 역사 기간이 옳다고 믿을 것입니다. 그런데 기적들이 크게 발생한 시기는 그중 5% 정도인 320년에 불과했습니다. 재미있는 것은 예수님께서도 자신의 33년간의 지상 생애 동안에 단 3년만 기적을 행하셨다는 점인데 이는 그분의 전체 생애의 9%에 불과합니다. 어떤 이들은 기적이 하나님의 자녀들의 일상적인 삶이 되어야 한다고 말하지만 성경은 결코 이런 기대에 부응하지 않습니다.

이 말에 동의하는 사람들도 여전히 문제를 제기하곤 하는데 이것의 핵심은 곧 사도시대에 주어진 기적의 선물이 교회 시대 전체에 걸쳐 지속되는 것이 하나님의 뜻이라는 것입니다. 그러나 기적의 목적을 제대로 이해하기만 한다면 이 같은 주장에 타당성이 없음을 쉽게 발견할 수 있습니다. 기적의 본래 목적은 하나님의 말씀을 확증하는 것이었습니다. 물론 기적이 다른 일시적인 목적에 사용되기도 했지만 그것은 어디까지나 부수적인 목적이었습니다. 기적을 말할 때 쓰인 세 단어가 이 사실을 입증해 줍니다.

먼저 기적은 '능력 있는 일들'(mighty works)로 불리는데 이것은 기적 행위 뒤에 숨겨진 하나님의 권능을 강조하기 위한 표현입니다. 때로는 기적이 '이적'(wonders) 즉 '놀라운 일'이라 불리는데 이것은 기적을 목격한 자들의 반응을 강조하기 위한 표현입니다. 뿐만 아니라 기적은 '표적'(signs)으로도 불립니다. 이 말은 기적의 첫째 목적 즉 기적을 행하는 자가 하나님의 말씀을 선포하는 자임을 강조해서 보여 주기 위해 쓰였습니다.

만일 기적이 능력 있는 일이나 이적에만 국한되어 있다면 그것은 단순히 구경거리에 지나지 않을 것입니다. 그러나 기적은 항상 하나님의 일꾼과 그가 선포하는 말씀이 참됨을 보여 주는 표적입니다. 성경에서 기적이 많이 나타난 세 시기가 성경 말씀이 주어진 시기와 비슷한 시기라는 사실에 주의를 기울이기 바랍니다. 다시 말해 하나님께서는 이렇게 말씀하셨던 것입니다. "이들은 나의 대변인이니 그들의 말을 들으라. 내가 표적으로 그들의 말을 확증해 주지 않느냐?"

신약성경은 특히 기적을 표적으로 봅니다. 요한복음 20장 30-31절과 10장 37-38절은, 그리스도께서 기적을 행하심으로써 자신이 메시아임을 보여 주고 이로써 사람들이 자신을 믿고 구원받게 하려 하셨음을 명백하게 확증해 줍니다. 바울은 자신이 사도가 된 것은 실제로 자기가 행한 기적의 권능을 이용하여 입증하려 했습니다(고후 12:11-12). 히브리 그리스도인들이 복음의 진실성을 확신한 것은 그리스도의 가르침을 받고 그분을 목격한 증인들이 기적들로 자신들의 증언이 참됨을 보여 주었기 때문이었습니다(히2:3-4).

대언자나 사도가 선포한 하나님의 계시를 백성이 신뢰하게 하는 것이 기적의 일차 목적이었기에 하나님의 계시가 중단될 때 기적의 은사도 그쳤으리라고 우리는 충분히 짐작해 볼 수 있습니다. 역사적으로도 기적의 은사는 초세기 이후에 찾아볼 수 없는 것으로 알려져 있습니다. 이것은 사실입니다. 은사주의자들은 오늘날 기적이 이루어지지 않는 이유는 교회가 육신적이기 때문이라고 말합니다. 그러나 우리는 기적이 그것의 본래의 목적을 달성했기에 하나님께서 기적의 선물을 거두어들이셨다고 믿습니다. 우리의 이런 논거는 기적의 목적에 근거한 것입니다.

더욱이 신약성경은 우리가 기적의 선물을 추구하거나 그것을 받기 위해 기도하라고 가르치지 않습니다. 하나님께서는 오늘날에도 기적을 행하실 수 있으며 또 행하십니다. 그러나 그 하나님께서는 교회 시대에 두루 지속되는 현상으로서 기적을 행하는 능력 혹은 선물을 몇몇 특정인에게 주지는 않으셨습니다.

질문 9: 왜 병 고침의 은사가 오늘날에는 적용되지 않습니까?

은사주의자들은, 하나님께서 모든 성도가 건강하기를 원하시기 때문에 순종하는 모든 그리스도인들이 탈 없이 잘 지내도록 몇몇 사람에게 치유(병 고침)의 선물을 주셨다고 가르칩니다. 하지만 신약성경을 주의 깊게 공부해 보면 건강하지 못한 것이 때로는 어떤 특정 성도를 향한 하나님의 뜻이 될 수 있음을 발견할 수 있습니다(고후 12:7-10에 나오는 사도 바울의 예).

우리가 먼저 짚고 넘어가야 할 것은 병 고침의 선물과 하나님께서 우리의 기도를 통해 병을 고치시는 일이 서로 다르다는 점입니다. 병 고침(신유)은 어떤 사람이 자기가 원하는 대로 신체적인 병을 치료할 수 있는 초자연적인 능력을 뜻합니다. 주 예수 그리스도, 그분의 사도들 그리고 사도들과 밀접한 관련이 있는 소수만이 이런 능력을 지녔습니다. 이들은 온갖 종류의 병자들에게 다가가 그들을 즉시 그리고 완전하게 치료하였습니다. 심지어 몸 전체를 완전히 고치기도 했습니다(죽은 자를 일으키는 것).

사실 병 고침은 하나님에게 온 것이며 따라서 거기에는 특별한 목적이 있었습니다. 이 선물은 하나님의 대변인으로 새로운 계시를 선포하는 자가 진짜임을 증명하기 위해 하나님께서 친히 주신 기적 능력의 일부입니다(히2:3-4). 그렇습니다. 병 고침을 받은 자는 고통과 불편함을 면했습니다. 그리고 이것은 하나님의 긍휼을 보여 주었습니다. 그러나 병 고침도 다른 기적들처럼 성경 역사의 어느 특정한 때에 일어난 표적이었습니다. '병 고치는 자'(healer)가 이 땅 위에 걸어 다닌 시간은 인류 역사 전체를 통해 극히 짧았습니다. 심지어 그때에도 하나님을 믿는 성도들이 병이 났을 때 찾아가서 즉시 치료받을 수 있는 기회가 많지 않았습니다. '병 고침의 선물을 가진 자'를 찾지 못하는 경우가 대부분이었기 때문입니다. 사실 기적들이 많이 일어난 시대에도 병 고침의 선물을 받은 자는 매우 드물었습니다.

사도 바울은 분명히 병 고침의 선물을 가지고 있었습니다. 그러나 바울은 자기의 '형제요, 동역자요, 동료 군사인' 에바브라를 고칠 수 없었습니다(빌2:25-27). 바울은 선교 여행 때 자기와 동행한 드로비모를 고치지 못하고 아픈 채 밀레도에 남겨 두었습니다(딤후4:20). 바울은 자기의 후계자 디모데를 고칠 수 없었고 대신 일반적인 처방을 디모데에게 권했습니다. 심지어 바울은 자신의 병도 고칠 수 없었습니다(고후 12:7-10). 이런 상황에서 바울은 두 가지 일을 했습니다. 먼저 이런 상황에 대해 하나님께 기도했고 적절한 약을 사용했습니다. 그런데 때로 하나님은 바울이 원하는 것과는 달리 부정적으로 응답하셨습니다. 그 이유는 병 고침 선물의 일차 목적이 하나님의 새로운 계시를 선포하는 사람을 신뢰하도록 하기 위함이지 모든 그리스도인들의 건강을 위한 것이 아니었기 때문입니다.

바울이나 다른 성도들이 처한 상황은 현시대를 사는 우리에게 하나의 본이 됩니다. 그것은 곧 아프면 기도하고 의학의 도움을 구해야 한다는 것입니다. 이런 가르침은 야고보서 5장 14절에서도 볼 수 있는데 이 말씀 역시 아픈 그리스도인은 장로들을 초청하여 기도를 부탁하고 그들은 처방으로 기름을 발라야 함을 말합니다. 이때 기름을 바르는 것은 종교적 의미가 아니라 의학적 처방으로 이해해야 합니다. 왜냐하면, 여기서 '기름을 바르다'는 의미로 쓰인 그리스어가 메시아에게 거룩한 기름을 부을 때 사용한 '크리오'(chrio)가 아니라 몸을 문지르는 것을 뜻하는 '알레이포'(aleipho)이기 때문입니다. 성경은 어디서도 우리가 병 고침의 기적을 구해야 한다고 말하지 않습니다. 만일 병 고침의 선물이 교회 시대에 지속된다면 야고보서 5장 14절 말씀은 무의미하게 될 것입니다.

그리스도인의 몸이 확실하게 고쳐지는 것은 실로 내세에 약속되어 있습니다.

그들뿐 아니라 우리 자신 곧 성령의 첫 열매를 소유한 우리까지도 속으로 신음하며 양자 삼으심 즉 우리 몸의 구속을 기다림은(롬8:23)

하나님은 분명히 우리의 몸을 구속하실 것이며 따라서 우리는 그분께서 영화로운 몸을 주셔서 죄가 육체에 더 이상 영향을 미치지 못하는 때까지 기다려야 합니다.

오늘날 병을 잘 고친다고 크게 소문이 난 소위 크리스천 치유사들이 많습니다. 그런데 이런 엉터리 치유사들이 고친다는 질환들은 실제 병이기는 하지만 대개는 마음에서 생긴 것이거나 영양 부족 등에 의해 악화된 것입니다. 이런 가짜 치유사들에게 희생당하는 사람들은 단지 생각을 달리함으로써 - 가령 치유 받았으므로 모든 것이 잘 될 것이라고 생각함으로써 - 상태가 완화되는 것을 체험합니다. 몇몇 질환은 순전히 상상에서 나온 것인데 이런 것들은 생각만 바꾸면 얼마든지 치료될 수 있습니다. 지금까지 알려진 은사주의자들의 치유 사례를 연구해 보면, 증상은 완화되었으나 실제 상태는 그대로인 경우를 흔히 볼 수 있습니다. 사실 치유사가 귀머거리나 복합골절 환자나 선천성 기형아를 고치거나 죽은 자를 일으키는 경우는 결코 찾아볼 수 없습니다. 이런 것들은 성경이 증언하는 진짜 치유사들 - 예수님과 그분의 제자들 등 - 만이 치료할 수 있는 것들입니다.

설사 오늘날 능력의 치유사가 나타난다 해도 우리는 그런 치유사를 하나님에게서 온 사람으로 자동으로 받아들일 수 없습니다. 마귀의 심령술에 빠졌다가 그리스도께로 돌아온 사람의 증언에 따르면, 악한 세력의 힘으로도 얼마든지 병을 고칠 수 있다고 합니다. 성경도 분명히 사탄이 마지막 7년 환난기에 이러한 기적을 크게 행할 것이라고 예언합니다(살후2:9-10; 계13:11-15). 마귀도 자신을 빛의 천사로 가장할 수 있기에 이것은 결코 놀랄 일이 아닙니다(고후11:14-15).

병 고침은 표적 선물(은사)들 가운데 하나입니다. 하나님의 새로운 계시를 선포하는 자의 정통성을 입증하는 역할을 다하자 병 고침의 선물은 곧 사라지게 되었습니다. 분명한 것은 지금 이 시간에 하나님으로부터 직접 계시를 받아 대언하는 사람이 하나도 없다는 점입니다. 바울의 예나 예수님의 행적과 가르침을 보더라도 병 고침은 이 시대 그리스도인들이 누릴 수 있는 일반적 관행이 아닙니다. 사도행전과 에베소서를 비교해 보더라도 병 고침의 선물은 신약성경이 완성되기 전에 이미 급격히 감소했음을 알 수 있습니다.

교회 시대에는 모든 질병에 대해 기도와 의학적 처방을 의지해야 하며 이것만이 병에 대한 그리스도인들의 기본자세입니다. 그리고 분명한 것은 하나님은 우리의 뜨거운 기도에 응답하사 자신의 뜻 안에서 기적적으로 병을 고치실 수 있으며 지금도 고치신다는 점입니다. 그러므로 특별히 이런 선물(은사)을 받아 손만 대면 병을 낫게 하는 사람은 이 시대에 없습니다.

> **질문 10:** 당신은 성경이 완성되었으므로 오늘날에는 하나님으로부터의 직접적이고 특별한 계시가 없다고 하는데 어떻게 그것을 입증해 보이겠습니까?

많은 은사주의자들이 오순절주의의 전철을 밟고 있습니다. 오순절주의는 성경에 나오는 대언 즉 직접 말씀을 받아 대신 전하는 선물(은사)과 대언자가 오늘날에도 있다고 믿습니다. 성경의 대언자는 본래 하나님의 메시지를 말하는 사람입니다. 때론 그 메시지가 미래의 있을 일을 담고 있는 경우도 있습니다. 하지만 그가 선포하는 것은 항상 하나님께서 이미 말씀하셨던 것입니다. 대언자는 하나님께 직통 계시를 받아 그것을 다른 이들에게 말합니다. 고린도전서 14장 29-30절은 대언이 하나님의 직접 계시와 어떤 관련이 있는지 보여 줍니다.

> 대언자들은 두 사람이나 세 사람이 말하고 다른 사람은 판단할 것이요, 만일 곁에 앉아 있는 다른 사람에게 어떤 것이 계시되면 먼저 하던 사람은 잠잠할지니

하나님께서는 각 사람에게 차례대로 진리를 전하셨습니다. 우리는 하나님께서 지금도 직접 계시를 주신다고 믿지 않습니다. 우리가 믿는 것은 신약성경이 완성되면서 하나님께서 이 세대에 알리고 싶은 모든 일을 알리셨다는 것입니다. 현재 주님은 기록된

말씀을 통해 자신을 계시하십니다. 즉 주님은 기록된 말씀에 빛을 비추셔서 우리가 깨닫게 하시고 말씀을 적용하도록 인도하십니다.

이런 우리의 입장을 어떻게 입증할 수 있을까요? 인간적인 생각이지만 만일 하나님께서 신약성경의 끝 부분에 친히 추신을 다셨다면 일은 간단해질 것입니다. 가령 "이로써 그리스도의 재림까지 직접적인 계시는 끝이 났다!"라든지 아니면 단순히 '끝'이라고 말이지요. 그러나 하나님은 그렇게 하지 않으셨습니다. 대신 주님은 간접적으로 동일한 내용을 말씀하셨습니다.

히브리서 1장 1-2절은 참으로 놀라운 말씀입니다.

지나간 때에는 여러 시대에 다양한 방식으로 대언자들을 통하여 조상들에게 말씀하신 하나님께서 이 마지막 날들에는 자신의 아들을 통하여 우리에게 말씀하셨으며

이 말씀은 마지막 날들에는 그리스도께서 하나님의 계시의 전부가 될 것이라고 가르칩니다. 이 두 절은 하나님께서 진리를 보여 주신 두 방법을 비교하고 있습니다. 지나간 때에 주님께서는 한 방식을 쓰셨고 이 마지막 날들에는 또 다른 방법을 쓰십니다. 먼저 주님은 '여러 시대에 다양한 방식으로' 말씀하셨습니다. 이는 지나간 때에 주님께서 개별적으로 계시와 영감된 기록을 주셨다는 것을 의미합니다. 물론 때마다 하나씩 계시하셨습니다. 따라서 각각의 계시는 단편적이고 불완전했습니다(물론 전체로는 완전함). 이 구절의 그리스어 어순을 보면 하나님께서 지나간 때에 이런 방식으로 말씀하셨으나 지금 마지막 날들에는 전혀 다른 방식으로 말씀하신다는 사실을 강조한 것을 알 수 있습니다.[2]

우리가 새로운 방식을 살펴보기 전에 먼저 한 가지 더 주목해야 할 것이 있습니다. '지나간'(in the past)에 쓰인 그리스어는 '낡은'이란 의미를 갖고 있습니다. 오래되었음을 나타내는 데 쓰이는 그리스어는 두 가지가 있습니다. 하나는 '시간적으로 오래되었다' 혹은 '오래 지속되었다'는 뜻을 지닙니다. 예를 들어 포드사의 썬더버드 자동차는 시간적으로 오래된 모델입니다. 그런데 본문에 쓰인 단어는 '사용하기에 오래되었다', 즉 '낡았다', '닳았다', '바꿀 때가 되었다'는 의미를 가집니다. 가령 경찰차나 택시가 낡은 경우가 이에 해당합니다. 따라서 이 히브리서 1장 1-2절 말씀은 하나님께서 조금씩 계시를 주셨던 기간이 다른 기간 - 계시의 수여 방식이 전혀 다른 기간 - 으로 바뀌려 하고 있음을 보여줍니다.

이 마지막 날들에는 하나님께서 자신의 아들을 통해 말씀하십니다. 더 이상 대언자를 통해 말씀하지 않습니다. 만유의 상속자요, 세상들을 만드신 분, 하나님 자신의 정확한 형상이신 그분 즉 그리스도를 통해 말씀하십니다! 이렇게 월등한 분이 월등한 계시를 가져오십니다. 풍부함과 완전함에 있어 월등한 계시 말입니다. 그리스도는 이 땅의 인간을 향한 하나님의 완전하고도 최종적인 계시가 되십니다. 그리스도는 하나님의 말씀으로도 불리는데 이는 그분이 사람에게 가장 완전한 하나님의 메시지를 가져오시기 때문입니다.

그리스도께서도 친히 자신의 가르침을 기록할 준비를 하셨습니다. 그분이 자신의

---

2) 「성경 바로 보기」(그리스도 예수안에 출판사)를 참조하기 바란다.

가르침을 친히 기록하신 것이 아니라 제자들에게 성령님을 약속하심으로써 그렇게 하셨습니다. 성령님께서는 제자들에게 그리스도의 가르침을 기억나게 하셨고 3년이라는 기간에 미처 제자들이 받지 못한 그리스도의 메시지를 완성하셨습니다(요 16:12-15). 역사를 보면 신약성경은 그리스도께서 죽으신 후 70년 이내에 기록되었다고 합니다. 기록은 사도들과 그들의 측근들이 했습니다. 신약성경은 그리스도의 인격이 담겨 있는 하나님의 완전한 메시지를 기록으로 남긴 것이라고 하겠습니다.

여기에 부수적으로 두 사항을 더할까 합니다. 첫째로, 계시록은 분명히 하나님 말씀의 마지막 장이 되기에 적합합니다. 계시록은 현재와 미래 그리고 영원 세계를 꿰뚫고 있습니다. 계시록을 읽다 보면 "이것이 인류를 향한 하나님의 메시지의 결론이다."라고 말하는 것 같습니다. 둘째로, 마지막 일들의 책(계시록)의 결론 부분을 주목해 보십시오. 거기에는 이 책의 말씀에 그 어떤 것도 더하거나 거기서 빼서는 안 된다는 언급이 있습니다.

물론 이 책이라고 했을 때 그것이 먼저는 성경 전체가 아닌 계시록이라고 말할 수도 있습니다. 하지만 이 구절이 위대한 성경전서의 마지막을 장식하고 있음을 생각해 볼 때 이 책이 마지막 계시를 담고 있음을 알 수 있습니다. 지난 2,000년 역사 동안 그리스도인들이 다른 추가적인 계시가 있다는 것도 알지 못했고 그렇게 믿지도 않았다는 역사적인 사실 자체가 성경이 완성되었음을 분명히 보여 줍니다.

> **질문 11: 신약시대에 방언이 성령 침례를 보여 주는 표적이 아니라면 성령 침례를 받았다는 것을 어떻게 알 수 있습니까?**

은사주의자들이 흔히 묻는 질문이 있습니다. "당신은 성령을 받았습니까?" 그렇다고 대답하면 보통 다음과 같은 질문이 따릅니다. "그럼 방언의 은사를 받으셨겠네요?" 둘째 질문은 방언의 은사가 성령 침례를 보여 주는 확실한 표적이라는 생각에서 나온 것입니다. 만약 어떤 사람이 성령 침례를 받았다면 그는 방언을 해야 한다고 그들은 생각합니다.

이런 생각은 고린도전서만 보아도 곧장 반박할 수 있습니다. 고린도전서의 말씀을 살펴볼 때 고린도 교회는 타언어(방언)의 전문가들만 모인 곳 같습니다. 당시 고린도 교회에는 방언의 은사가 그 어떤 다른 교제보다 더 널리 퍼져 있었던 것으로 보입니다. 고린도 교회에서 방언이 그렇게 널리 퍼진 데에는 그만한 이유가 있었습니다.

사도행전은 타언어(방언)의 근본 목적이 믿지 않는 유대인들에게 전달된 하나님의 새로운 메시지가 참된 것임을 증명하는 데 있다고 분명히 말합니다. 오순절 날 예루살렘에 모인 많은 유대인들은 타언어의 선물을 목격했고 이를 통해 예수님에 관한 메시지가 참된 것임을 알았습니다. 타언어는 고넬료와 그의 집안사람들에게도 임하여 참으로 하나님께서 이방인들도 구원하신다는 인상을 유대인들에게 심어주었습니다. 그때까지만 해도 그리스도를 믿는 유대인들은 하나님께서 이방인들도 자신들과 같이 대하시리라고는 상상도 하지 못했습니다.

그러므로 바울은 이 같은 타언어의 목적을 고린도전서 14장 22절에서 다음과 같이 말했습니다.

그러므로 타언어들은 [방언들은] 믿는 자들을 위한 표적이 아니요, 믿지 않는 자들을 위한 표적이로되

바로 전 구절에서 바울은 이사야서의 말씀을 인용했습니다.

내가 다른 언어들과 다른 입술들을 가진 사람들을 써서 이 백성에게 [유대인에게] 말하리라. 그러나 그 모든 것에도 불구하고 그들이 내 말을 듣지 아니하리라. [불신행위] 주가 말하노라.

따라서 고린도 교회에 타언어(방언)가 널리 행해진 것은 특별히 유대인들에게 표적을 보여 주기 위한 것이었습니다.

고린도 교회는 유대인들을 향하여 독특하게 그리고 널리 복음을 증언했습니다. 아마도 성경 시대에 고린도 교회만큼 이스라엘 사람들의 주목의 대상이 된 교회는 없을 것입니다. 바울은 자신의 사역을 고린도에서, 그것도 유대인들 사이에서 처음 시작했습니다(행18:1-3). 바울은 관례대로 유대인들의 회당에서 먼저 말씀을 선포했습니다(행18:4). 실라와 디모데가 곧 바울과 합류했고 고린도의 유대인들에 대한 특별한 짐을 지게 되었습니다(행18:5).

그런데 마침내 불가피한 상황이 발생했습니다. 믿지 않는 유대인들이 복음 선포에 반대하여 들고 일어났고, 사도들과 믿는 무리들은 회당에서 나오게 되었습니다(행18:6). 이제 그들은 복음 전도의 초점을 이방인들에게 맞추게 되었습니다. 하지만 그런 가운데서도 그때 세워진 고린도 교회는 유대인들의 회당 바로 옆에 있는 유스도의 집에서 모였습니다(행18:7). 따라서 믿지 않는 유대인들은 분명히 고린도 교회를 눈여겨보았을 것입니다. 교회 모임이 바로 자기네 옆집에서 이루어지고 있었으니까요.

그런데 얼마 지나지 않아 회당의 치리자 그리스보가 자기의 온 집안과 함께 주님을 믿었습니다(행18:8). 이에 믿지 않는 유대인들이 충격을 받았습니다. 자기네들의 지도자가 변절하여 교회로 가버린 것이었습니다. 당연히 우리는 그리스보의 뒤를 이은 차기 회당 치리자가 어떻게 하든 유대인들이 회당에서 교회로 가는 것을 막으려 했다고 확신할 수 있습니다. 사실 교회 자체를 금하려 했을 수도 있습니다.

소스데네가 그리스보의 자리를 이을 자로 뽑혔습니다(행18:17). 물론 성경은 소스데네가 복음의 확산을 막으려는 본연의 책임을 어떻게 수행했는지에 대해선 말하고 있지 않습니다. 하지만 우리는 그 최종 결과를 알고 있습니다. 고린도전서에서 바울은 서신의 서두를 이렇게 시작하고 있습니다.

바울과 우리 형제 소스데네는…

하나님은 또 한 명의 유대인 회당 치리자를 구원하셨습니다!

이처럼 고린도 교회는 유대인들의 회당 바로 옆에서 유대인들에 대한 특별한 부담을 안고 태어났습니다. 교회 모임은 바로 회당 옆에서 이루어졌습니다. 교회의 지체들 중에는 전직 유대인 회당 치리자가 두 명이나 있었습니다. 고린도의 믿지 않는 유대인들은 이 교회를 주목했습니다. 그래서 하나님은 특별한 조치로서 이 교회에 타언어의 선물, 즉 믿지 않는 유대인들에게 표적으로 작용할 선물을 주셨던 것입니다.

그렇다고 고린도 교회의 모든 그리스도인들이 타언어를 말한 것은 아니었습니다.

바울은 고린도전서 12장 29-30절에서 일곱 가지 질문을 던집니다. 그중 하나가 "모두 타언어(방언)들로 말하겠느냐?"입니다. 어쨌든 일곱 가지 질문에 대한 공통된 답은 "아니다!"입니다. 모든 고린도 사람들이 타언어를 말하지 않은 이유는, 타언어가 하나의 선물이고 하나님은 '자신의 뜻대로 각 사람에게 개별적으로' 선물들을 나누어주시기 때문입니다(고전12:11). 모든 선물을 다 받은 성도는 하나도 없습니다.

고린도 사람들이 다 타언어를 받지는 않았지만 그들 모두가 받은 것이 있는데 그것은 바로 성령 침례입니다. 우리는 다 한 성령님에 의해 침례를 받아 한 몸 안에 들어왔습니다(고전12:13). 앞에 나온 두 가지 사실이 모두 동일한 장에서 가르쳐지고 있음에 유의하십시오. 성경은 이 신약시대에 타언어가 성령 침례를 보여 주는 확실한 표적이 될 수 없음을 분명히 가르칩니다. 왜냐하면, 성령 침례는 고린도 교회의 모든 성도들이 받았으나 그들 모두가 방언으로 말하지는 않았기 때문입니다.

질문 12: 사도행전의 체험들이 교회 시대에 일반적으로 일어나는 현상이 아니라고 말하는 이유를 말해 주십시오.

이 질문에 대한 답은 이미 앞에 나온 내용에 대개 들어 있습니다. 사도행전은 방언과 기적과 치유의 선물(은사)이 실제 행해졌던 때의 일을 담고 있습니다. 앞서 살펴본 대로 이러한 선물들은 표적의 성격을 지니며 하나님의 새 메시지 곧 신약을 전하는 자가 진짜라는 것을 보여 줍니다. 신약성경이 완성되자 표적 선물들은 그 소임을 다했고 더 이상 나타나지 않게 되었습니다. 따라서 사도행전에서 사도들과 그 동료들이 보여 주었던 기적 선물들은 교회 시대의 일반적인 기준이 될 수 없습니다.

많은 사람들이 과도기의 것을 가지고 현재의 교리로 삼으려 하기 때문에 심각한 문제에 봉착하게 됩니다. 마태복음은 구약에서 신약으로 넘어가는 과도기를 다룹니다. 많은 사람들이 혼동하는 것은 예수님께서 구약의 율법 시대에 태어나서 율법을 완성하셨고 십자가 사건 이후부터 비로소 신약시대가 시작되었다는 것을 깨닫지 못하는 데서 생깁니다. 지상 사역을 하시면서 예수님은 구약의 유대인들을 향해 말씀하십니다.

한편 사도행전은 유대인들의 교회에서 이방인들의 교회로 넘어가는 과도기의 내용을 담고 있습니다. 앞에서 말씀드린 대로 하나님은 이스라엘 백성들 가운데 일하던 모세의 법을 성취하시고 끝내셨습니다. 또 그것 대신 예수 그리스도의 복음을 그 자리에 두셨고 이 복음이 교회 가운데서 일하게 되었습니다. 이 교회는 물론 유대인들이 예루살렘에서 처음 세웠습니다. 그러면서도 그들은 여전히 구약의 성전 예배 등을 행했고 사도행전의 뒷부분에 나오는 사도 바울의 기사에서 볼 수 있듯이 여전히 하나님께 정결례를 드리는 등 율법에 따른 관행들을 그대로 지켰습니다.

다시 말해 유대인 백성들은 하나님의 새로운 방식을 쉽사리 받아들이지 못했습니다. 또 다른 말로 하자면 하나님께서 자동차에서 기어를 바꾸셨는데 백성들은 그 속도에 따라가지 못했다고 볼 수 있지요. 이에 은혜로우신 하나님께서는 사람들이 자신의 새로운 운행 방식을 받아들이도록 일시적이나마 자신을 특별하게 보여 주셨습니다. 바로 여러 가지 선물(은사)을 통해서 말입니다. 기억하시기 바랍니다. 사도행전은 이런 과도기 역사를 보여 주는 책입니다.

그런데 은사주의자들은 사도행전을 교회 시대 전체의 청사진으로 봅니다. 그래서 사도시대의 교회와 똑같은 모습의 교회를 세우려 하고 있습니다. 그러나 이것은 무익한 일입니다.

첫째로, 사도행전에 나타난 하나님의 일들이 서신서에 나타난 일들과 늘 같지는 않다는 점에 유의하시기 바랍니다. 가령 사도행전에서 하나님은 죄지은 자를 쳐서 죽이심으로 교회에 즉각적인 징계를 보여 주셨습니다(행5:1-11). 그러나 서신서에서 하나님은 지역 교회가 겸손하게 기도하면서 죄지은 자를 징계하라고 말씀하십니다(고전 5:1-5; 고후2:5-11; 갈6:2; 살후3:6-14, 15; 딛3:10-11). 오늘날의 지역 교회는, 앞에 나온 두 가지 경우처럼 차이가 있을 때, 과도기의 사도행전의 예를 따를 것이 아니라 이방인 교회를 향해 확정된 모든 것을 보여 주는 에베소서를 따라야 합니다.

둘째로, 사도행전이 오늘날 교회의 청사진이 될 수 없는 것은 하나님의 일들이 사도행전에 기록된 방식대로 일률적으로 이루어지지 않기 때문입니다. 예를 들어, 은사주의자들은 성령 침례의 교리가 사도행전에 나오는 '둘째 축복'이라는 의견을 지지하려고 합니다. 이처럼 성령님의 강림이 늦어진 경우가 사도행전 2장과 8장에 등장합니다. 2장의 경우는 위에서 계속 설명을 했습니다.

제자들이 믿은 지 몇 년 후에 성령 침례를 받은 이유는 그들이 성령 침례와 성령님의 내주가 있기 전에 구원을 받았기 때문입니다. 8장의 사마리아 사람들은 사도들이 예루살렘에서 내려올 때까지 이 복을 받지 못했습니다. 아마도 그때는 이미, 믿는 유대인들과 믿는 이방인들의 두 부류가 있었던 것 같습니다. 왜냐하면, 사도행전 1장 8절에 따라 복음이 '예루살렘과 유대와 사마리아와 땅 끝까지'의 순서로 전파되어야 했기 때문입니다. 그런데 그 이후의 기록을 보면 성령님의 나타나심 즉 타언어(방언)나 표적으로 나타나심이 매번 이루어지지는 않았음을 알 수 있습니다.

다시 말해 사도행전은 오순절주의자들이 주장하는 것처럼 구원받은 후에 타언어(방언) 등과 함께 임하는 둘째 축복 즉 성령 침례에 대해 일관적인 사례를 보여 주지 않습니다. 따라서 우리는 성령 침례를 구원의 일부 즉 구원받는 즉시 신자의 몸을 가득히 채우시고 하나님의 성전으로 삼는 성령님의 일로 보는 에베소서의 가르침을 따라야 합니다.

또한 은사주의자들은 사도행전을 의지하여 성령님을 '기다리는' 교리를 지지하려고 합니다. 사도행전 2, 8, 10, 19장 중 오직 2장만이 믿는 자들이 성령님을 기다린 사건을 싣고 있습니다. 그러나 여기서도 제자들은 성령님을 간청하지 않았고 그리스도께서 예언하신 대로 하나님께서 성령님을 주실 때를 단순히 기다렸습니다(행1:4, 5, 8). 서신서에는 성령님을 받는 것이나 심지어 성령님을 기다리는 것에 대한 지침이 전혀 없습니다. 다시 한 번 말하지만 이방인 교회를 향한 이 시대의 지침서는 서신서입니다.

사도행전은 하나님께서 과도기에 어떻게 일하셨는지를 보여 주는 역사적 기록입니다. 서신서는 교회 시대 전반에 걸쳐 그리스도인에게 주는 교리와 실천을 담고 있습니다. 그리고 우리는 성경의 내용을 바르게 분별하기 위해 신약성경 전체를 주의 깊게 연구할 필요가 있습니다.

서신서에서 말한 것과 같은 지역 교회를 세우는 것이 우리의 의무입니다. 오늘날 하나님은 교회 안에서 일하십니다. 우리는 그분께서 "우리 안에서 일하는 권능에 따라 우리가 구하거나 생각하는 모든 것 이상으로 심히 넘치도록 능히 행하실 수 있다."고 믿습니다(엡3:20). 이 위대한 부활의 권능(엡1:19-21)은 기적 같은 일을 해낼 것입니다. 하나님은 '교회 안에서 그리스도 예수님을 통해 영광'을 드러내실 것입니다(엡3:21). 그러나 성경은 우리가 순종하고 기도하며 움직일 때 하나님이 이 같은 일을 행하시지 사도행전에 나오는 기적의 선물(은사)을 구할 때 행하시지 않음을 분명히 가르칩니다.

> 너는 진리의 말씀을 바르게 나누어 네 자신을 하나님께 인정받은 자로, 부끄러울 것이 없는 일꾼으로 나타내도록 연구하라(딤후2:15).

> 형제들아, 이해하는 일에는 아이가 되지 말라. 너희가 오직 악한 일에는 아이가 될지라도 이해하는 일에는 어른이 될지니라(고전14:20).

> [11]그분께서 더러는 사도로 더러는 대언자로 더러는 복음 전도자로 더러는 목사 겸 교사로 주셨으니 [12]이것은 성도들을 완전하게 하고 섬기는 일을 하게 하며 그리스도의 몸을 세우게 하려 하심이라. [13]마침내 우리가 다 믿음과 하나님의 아들을 아는 것에서 하나가 되어 완전한 사람에 이르고 그리스도의 충만하심의 장성한 분량에까지 이르리니 [14]그 목적은 우리가 이제부터 더 이상 아이가 되지 아니하여 사람들의 속임수와 몰래 숨어서 속이려 하는 자들이 사용하는 간교한 술수로 말미암아 교리의 모든 바람에 이리저리 흔들려 밀려다니지 아니하고 [15]오직 사랑 안에서 진리를 말하며 모든 일에서 그분 안에 이르도록 성장하게 하려 함이라. 그분은 머리시니 곧 그리스도시니라(엡4:11-15).

> 그러나 이제 너희가 하나님을 안 뒤에 혹은 하나님께 알려진 뒤에 어찌 다시 약하고 천한 초등 원리로 돌아가 다시 그것에 속박 당하려 하느냐?(갈4:9)

부록 15

예수 유일주의란 무엇인가?

　예수 유일주의 교리란 한 마디로 삼위일체를 부인하는 것으로 아버지도 예수님이요, 성령님도 예수님이라는 것이다. 그래서 모든 일 즉 기도, 침례, 찬양 등을 다 예수님과 연결시켜 행해야만 유효하다고 주장하는 것인데 알게 모르게 많은 이들이 이 교리를 지지하고 있다. 미국의 경우 오순절 은사주의 진영 교회에서 급속도로 이 교리를 수용하고 있으며, 국내에서도 주로 은사주의를 지향하는 여러 이단 교회들이 묘하게 이것을 가르치고 있으며 여기에 빠진 이들이 엉뚱한 주장을 하고 있다. 한 번 잘못된 길에 빠지면 연쇄 반응에 의해 계속해서 더 큰 잘못에 빠지게 된다.

　사탄은 옛날에 만들어 놓은 이단 교리를 다시 한 번 더 써먹는다. '예수 유일주의'(Jesus Onlyism)라는 것이 그 한 예이다. 이 독특한 교리는 주로 오순절 교회 특히 '연합 오순절 교회'에서 쉽게 볼 수 있는 것이며 이런 부류들에 의해 시작되었다. 오순절 운동의 일환으로 이 교리가 다시 등극한 것은 불과 75년 전의 일이다. 그러나 그 당시 이 운동은 오순절 교단(가령 하나님의 성회 등과 같은)의 새로운 분파로 급속히 알려졌고 교리적인 근거가 없는 관계로 오순절의 운동의 주류에서 거부를 당했으나 오늘날까지 존속하고 있다.

　아주 이상한 이 교리로 인해 수많은 성실한 영혼들이 삼킴을 당하고 있는데, 이 교리의 기초적 내용은 다음과 같다.

1. 가장 중요한 사항으로 이 교리는 성경이 가르치는 삼위일체를 부인한다. 즉, 한 하나님 안에 세 분의 구별된 인격체가 있음을 부인한다는 것이다. 여호와의 증인처럼 그들도 삼위일체가 그리스도의 교회에 첨가된 이교도적 개념(삼신론)이라고 주장한다. 그래서 그들은 삼위일체를 하나의 존재의 세 가지 양상으로 설명한다(일명 양태론으로, 이에 대해서는 후에 좀 더 자세히 살펴볼 것이다).
2. 다음으로 이 교리는 하나님의 이름이 '예수'이고 따라서 모든 믿는 이들은 이 이름으로 침례를 받아야만 한다고 가르친다. 만일 당신이 마태복음 28장 19절에 나타난 식으로 '아버지와 아들과 성령님의 이름으로' 침례를 받으면 당신은 참 그리스도인이 아니며 구원받지 못한 잃어버린 자라는 것이다.
3. 2번과 연관하여 그들은 대개 침례 중생의 교리를 받아들인다. 바꾸어 말해 물 속에 들어가서 침례를 받지 않으면 구원받을 수 없다는 것이다.

　이 글은 미국의 슈너벨린(William J. Shnoebelen)이 작성한 소책자를 번역한 것이다.

4. 그들의 대부분은 구원받기 위해 실제적인 방언을 해야 한다고 가르친다.

실로 그들이 주장하는 구원의 조건은 다음과 같다.

1. 예수님을 믿음
2. 물 침례
3. 오직 예수님의 이름으로 받는 물 침례(그들의 별명이 여기서 나왔다.)
4. 다른 언어로 말하기(방언)

자, 이제 성경을 믿는 그리스도인들은 이것이 바울이 가르친 단순한 복음(고전 15:1-5)과 매우 동 떨어져 있음을 알 수 있을 것이다. 다시 말해 어떠한 형태의 선행과는 무관하게 오로지 믿음만을 말하는 신약성경의 복음 말이다(엡 2:8-9). 예수 유일주의가 주장하는 복음은 '행함이 없어도'라는 말 대신에 최소한 두 가지 '행위'를 포함한다: 1. 예수의 이름으로 받는 물 침례, 2. 방언. 만일 어떤 사람이 이 두 가지 사항을 갖추고 있지 않다면 예수 유일주의자들의 대부분은 그 사람이 구원받지 못했다고 말할 것이다.

우리는 침례 중생이라는 주제를 가지고 다음에 의논을 할 것이고 삼위일체에 대해서도 마찬가지로 자세하게 토의를 할 것이다. 그럼에도 불구하고 그들의 삼위일체에 대한 주장을 반박하기 위해 삼위일체에 대해서 간단하게나마 여기서 잠시 다루어 볼 필요가 있을 것 같다. 이를 통해 믿는 이들이 어떤 식으로 성경에 접근해야 하며 또 예수 유일주의자들의 성경 해석의 문제점이 무엇인지 살펴볼 것이다.

앞에서 언급한 대로 이 교리는 결코 새로운 교리가 아니다. 사실 오늘날의 많은 이단들(몰몬교, 여호와 증인 등)은 이미 신약시대 초기의 사도시대에도 비슷한 형태로 존재하고 있었다.

오늘의 주제인 예수 유일주의 교리는 프락시아스(Praxeas, 주후 190년경)라는 사람이 선구자 역할을 했던 것으로 알려져 있다. 프락시아스는 이상한 교리의 바람에 흔들리는 많은 사람들이 그렇듯이 소위 헌신된 그리스도인이었다. 우리는 이 점에 유념할 필요가 있다. 그는 실로 어려운 교리를 이해하려고 발버둥 쳤을 뿐이었다. ("어떻게 그리스도께서 완전한 하나님인 동시에 완전한 사람이 되실 수 있을까? 또 세 개의 '신들(gods)'이 아니면서 어떻게 아버지와 성령님을 구분할 수 있을까?") 또한 그는 당시 다른 이단들, 가령 영지주의(Gnosticism)나 양자론(Adoptionism: 養子論:예수는 본래 보통 인간이었으나 성령으로 하나님의 아들이 됐다는 주장)과 맞서 경건한 싸움을 하고 있었다. 그러나 그의 결론은 오류로 판명되었다.

프락시아스는 소위 양태론자(Modalist)로 알려지게 되었다. 양태론은 그리스도에 대한 예수 유일주의의 입장을 잘 보여 주는 신학적 용어이다. 양태론은 예수 그리스도께서 아버지(Father)를 완전히 드러내셨을 뿐 아니라 실제 아버지 자신이라고 가르친다. 이것은 마치 하나님이 세 가지 양식으로 존재하는 것과 같다고 주장하는 것이다. 즉 아버지 양식, 아들 양식, 성령님 양식이 있다는 것이다. 예를 들어 물은 평상시에는 액체 상태의 물로 존재하지만 어떤 조건에서는 고체 상태의 얼음으로 또 어떤 때에는 기체 상태의 수증기로 존재한다. 즉, 물이라는 같은 본질이때에 따라 세 가지 다른 양상으로 존재한다는 것이다(국내에서도 수많은 이들이 알게 모르게 이런 식으로 삼위일체를 소개하고 있으나, 이것은 엄연한 이단적 교리이다.).

프락시아스 이후에 사벨리우스(Sabellius)라는 교사가 등장했다(주후 198년경). 그는 이 교리를 더 다듬어 예수 유일주의 운동으로 발전시킨 인물이다. 그는 하나님의 신격(Godhead)의 견고한 연합을 가르쳤다. 사벨리우스는 그 신격이 '한 인격, 세 이름'이라고 했다. 아버지, 아들, 성령님은 단지 한 인격체가 세 가지 계시의 형태로 나타난 것에 불과하다는 것이다. 구약시대에 하나님은 '아버지'로서 존재하셨다. 그분이 땅에 계시고자 하셨을 때는 자신을 예수, 곧 아들로 드러내셨다. 이제 그 아들(the Son)이 하늘에 올라가 계시므로 하나님은 자신을 성령님으로 계시하신다. 이런 것이 그가 주장한 양태론의 골자이다.

이와 같이 양태론자(혹은 예수 유일주의자)들은 하나님이 세 가지 '모자'를 갖고 계신다고 믿는다. 그리스도께서 이 땅에 계셨을 때 하나님은 '예수'라는 모자를 쓰셨다. 그리고 오늘날 그분은 '성령님'이라는 모자를 쓰고 계신다. 사실 이는 매우 미묘한 차이이다. 오늘날 많은 그리스도인들이 이런 식으로 믿고 있는데 이렇게 된 것은 그들이 삼위일체에 대한 성경적 교리에 대해 충분히 배워 본 적이 없기 때문이다.

여러분, 잘 들어 보십시오. 당신이 실수로 이런 가르침을 믿고 있다고 해서 이단이 되지는 않으며 더군다나 구원을 잃어버리지도 않습니다. 하나님은 자신의 자녀들이 모두 신학자나 교회사가가 되라고 말씀하지는 않으셨습니다. 주님을 찬양합시다. 그러한 교리적 궤변은 구원의 필수 조건이 아닙니다. 하지만 성경이 가르치는 삼위일체에 대한 바른 교리를 진정으로 이해하는 것은 당신의 영적 성장에 중요한 사항입니다. 이는 구원의 문제가 아닙니다. 다만 그것을 통해 당신은 예수님께서 우리 모두를 위해 이루어 놓으신 것을 더 잘 알고 감사하게 될 것입니다.

이것은 매우 미묘한 오류이다. 양태론을 믿기 때문에 예수 유일론자들이 이단이 되지는 않는다. 오히려 그들의 이단성은 그들 외에 다른 모든 그리스도인들이 저주를 받았다고 믿는 데 있다. 왜냐하면 그들의 주장에 따르면 (1) 우리는 거짓 신을 경배하고 있고, (2) 오직 예수님의 이름으로 침례를 받지 않았으며, (3) 방언을 할 수 없기 때문이다. 더군다나 "우리만이 참 교회이다."라는 식의 그들의 주장은 일반적인 이단의 특징을 잘 나타내 주고 있다.

이 교리는 심각한 신학상의 위험 요소를 동반하는데 이 교리가 위험한 이유는 다음과 같다.

1. 그들은 예수님을 기껏 한 사람의 연기자 정도로 본다. 나아가 그들은 예수님을 거짓말쟁이로 만든다.
2. 그들은 예수님께서 "나의 하나님, 나의 하나님, 어찌하여 나를 버리셨나이까!"라고 외치실 때 갈보리에서 일어난 일을 공격한다.
3. 그들은 예수님께서 현재 우리를 위해 제사장 직분과 중보자의 직분을 행하고 계심에 대해 문제를 일으킨다.

자, 그럼 이제부터 앞에 제기된 문제들을 자세히 살펴보도록 하겠다.

과연 예수님이 거짓말을 하셨는가?

신약성경을 읽다 보면 우리는 예수님과 아버지가 다른 인격체임을 보여 주는 구절을 여러 번 접할 수 있다. 즉, 보통 사람이라면 누구나 말과 행동에 있어 성경이 두 인격체를 별개로 다루고 있다는 사실을 알 수 있는 것이다. 예를 들어 보자.

> 예수님께서 침례를 받으시고 곧바로 물 속에서 올라오실 때에, 보라, 하늘들이 그분께 열렸으며 또 하나님의 영께서 비둘기같이 내려와 자기 위에 내려앉는 것을 그분께서 보시더라. 보라, 하늘로부터 한 음성이 있어 이르시되, 이 사람은 내 사랑하는 아들이라. 내가 그를 매우 기뻐하노라, 하시니라(마3:16-17).

여기서 우리는 하나님의 신격(Godhead)을 구성하는 세 구성원이 공간적으로 구별되어 나타나 있음을 볼 수 있다. 예수님은 물 속에 있고, 비둘기는 하늘로부터 내려오고 있고, 아버지의 음성은 하늘로부터 울려나오고 있다. 이것은 분명히 서로 다른 세 인격체가 있음을 보여 준다. 이것이 아니라면 왜 이 사건이 일어났겠으며 사복음서 기자들이 이것을 기록했겠는가?

명백히 아버지는 아들 하나님에게 말씀하고 계시며 위에는 성령님이 계신다. 그저 예수님이 요한에게 감동을 주기 위해 복화술사처럼 소리를 내신 것일까? 물론 예수님은 그렇게 하실 수 있으시지만 왜 굳이 그분이 그런 교묘한 속임수를 써야 하겠는가? 그렇다. 예수님은 그런 일을 하지 않으셨을 것이다.

> 오 아버지여, 세상이 있기 전에 내가 아버지와 함께 가졌던 그 영광으로 이제 아버지와 함께 나를 영화롭게 하옵소서(요17:5).

이번에도 마찬가지이다(성령님이 나타나지 않으신 것을 제외하면). 예수님은 앞에서처럼 하늘로부터 내려오는 음성을 내실 수 있다. 그러나 속이려는 의도가 아니라면 어찌 그런 일을 하시겠는가? 이 수수께끼에는 두 가지 답만이 있을 뿐이다. 첫째, 예수님께서는 그분의 제자들에게 거짓말을 하신 것이다. 둘째, 아버지 하나님과 아들 하나님은 서로 다른 인격체이다.

> 그런즉 누구든지 사람들 앞에서 나를 시인하면 나도 하늘에 계신 내 아버지 앞에서 그를 시인할 것이요, 누구든지 사람들 앞에서 나를 부인하면 나도 하늘에 계신 내 아버지 앞에서 그를 부인하리라(마10:32-33).

이 구절은 어떤가? 예수님께서 아버지에게 말씀하는 것이 나오지 않는가? 만일 이 두 분이 동일한 하나의 인격이라면 도저히 일어날 수 없는 일이 아닌가? 늘 자기 자신에게 말하는 사람은 정신 병원 신세를 지게 될 것이다. 분명코 예수님(혹은 하나님)은 정신 분열증 환자가 아니다.

> 내 아버지께서 모든 것을 내게 넘겨주셨사오니 아버지 외에는 아무도 아들을 알지 못하고 아들과 또 아들이 아버지를 드러낼 자 외에는 아무도 아버지를 알지 못하나이다(마11:27).

여기서 예수님은 단순히 아버지께서 자신에게 넘긴 것에 대해 말씀하고 계신다. 아버지와 아들이 동일한 인격체라면 우스꽝스럽고도 엉뚱한 일이지 않겠는가? (마치 소포를 자기 이름 앞으로 부치는 사람과 같다.) 누가 봐도 여기서 아버지는 다른 어떤 곳에 계시며 예수님과는 전적으로 다른 인격체임을 충분히 짐작할 수 있다. 그렇지 않다면 논리적으로 따질 때 예수님은 아버지가 가지고 계신 것을 이미 모두 가지고 계셨다는 얘기가 된다.

예수님께서 그에게 응답하여 이르시되, 바요나 시몬아, 네가 복이 있도다. 그것을 네게 계시한 이는 살과 피가 아니요 하늘에 계신 내 아버지시니라(마16:17).

여기서 우리는 두 가지 사항에 유념해야 한다. 첫째, 살과 피를 가진 모든 존재와 아버지 사이에는 분명한 구분이 있다는 것이다(이런 점에서 그리스도도 이에 포함된다.). 이 구절은 현재 시제인데 이는 결국 아버지께서 그 순간 하늘에 계시고 예수님의 메시아 되심을 베드로에게 나타내셨음을 말한다. 물론 하나님께서는 같은 시간에 두 곳에 존재하실 수 있다(즉, 하늘에 그리고 거기 베드로 앞에). 그러나 예수님이 이런 식으로 말씀하셨다면 우리는 두 가지 결론을 내릴 수밖에 없다. 예수님이 속임수를 써서 베드로로 하여금 착각하게 만든 것이거나 아니면 예수님과 아버지는 다르거나 둘 중 하나이다.

그분께서 그들에게 이르시되, 너희가 참으로 내 잔을 마시고 나를 잠기게 한 그 침례로 침례를 받으려니와 내 오른편과 내 왼편에 앉는 것은 내가 줄 것이 아니니라. 다만 내 아버지께서 누구를 위해 그것을 예비하셨든지 그들이 그것을 받을 것이니라, 하시니라 (마 20:23).

자, 여기 확실한 구절이 나왔다. 여기서 예수님은 자신과 아버지를 엄격히 구분하고 계신다. 예수님은 그들이 자신에게 구한 혜택을 줄 수 있는 권한이 '자신에게' 있지 않고 아버지께 있음을 보여 주신 것이다. 예수님과 아버지가 다른 인격체가 아니라면 누가 그 같은 말을 할 수 있겠는가? 아마 거짓말쟁이나 '다중 인격 장애' 증상이 있는 사람만이 그렇게 말할 것이다.

그러나 예수님께서 그들에게 응답하시되, 내 아버지께서 지금까지 일하시니 나도 일한다, 하시매 (요5:17)

여기서도 분명히 두 개의 서로 다른 인격이 언급되어 있다.

예수님께서 대답하시되, 내가 내게 존귀를 돌리면 내 존귀가 아무것도 아니거니와 내게 존귀를 돌리는 분은 내 아버지시니 곧 너희가 너희 하나님이라고 말하는 그분이시라 (요 8:54).

예수님이 곧 아버지라면 그분은 지금 말도 되지 않는 얘기를 하고 있는 셈이 된다. 예수님이 그 정도로 지혜가 없는 분인가?

내가 너희에게 말한 것 즉, 내가 갔다가 너희에게 다시 오리라, 한 것을 너희가 들었나니 너희가 나를 사랑하였다면, 내가 아버지께로 가노라, 하고 말하였으므로 기뻐하였으리라. 이는 내 아버지께서 나보다 크시기 때문이니라(요14:28).

이 구절은 참으로 예수 유일주의자들을 난처하게 하는 구절이다. 여기서 만일 둘이 한 인격이라면 어떻게 아버지가 예수님보다 크실 수 있겠는가? 이는 곧 '2=1'이라 말하는 것과 같다.

> 내가 아무도 행하지 못한 일들을 그들 가운데서 행하지 아니하였더라면 그들에게 죄가 없었으려니와 지금은 그들이 나와 내 아버지를 다(both me and my Father) 보았고 또 미워하였느니라(요15:24).

'both(둘 다)'라는 단어가 어떻게 쓰이는지 보라. 일반적인 영어 표현에서 'both'는 두 가지 항목을 의미한다. 예수님께서 거짓말을 하셨든지 아니면 삼위일체가 성경적이든지 둘 중 하나뿐이 없다. 이외에도 이 같은 사실을 입증할 수 있는 구절들은 수없이 많다(마24:36; 26:39, 42, 53; 눅10:22; 22:29; 요8:28, 49; 10:29; 14:12, 20-21; 20:17, 21). 적어도 23개의 구절에서 우리는 예수님께서 장소적으로나 인격적으로나 자신을 아버지와 독립된 별개의 존재로 묘사하셨다는 사실을 알 수 있다. 두세 증인의 입으로부터 모든 일들이 확정됨을 기억하자(고후13:1).

문제 구절

이상의 사실에도 불구하고 예수 유일주의자들은 그와는 반대를 가르치는 듯한 몇몇 구절들을 들어 자기들의 입장을 변호하려 든다. 그러나 삼위일체를 지지하는 24개의 구절에 반대되는 듯한 구절은 3개뿐이다. 그러면 이제부터 이 구절들을 공정하게 살펴보자.

> 이에 그들이 그분께 이르되, 네 아버지가 어디 있느냐? 하니 예수님께서 대답하시되, 너희가 나도 알지 못하고 내 아버지도 알지 못하는도다(Ye neither know me, nor my Father). 너희가 나를 알았더라면 내 아버지도 알았으리라, 하시니라(요8:19).

우선 주님께서는 'nor'라는 접속사를 쓰심으로 그분 자신과 아버지 사이에 구분을 두셨음을 알 수 있다. 결국 이것은 두 분이 다르다는 것을 나타낸다. 그러나 또한 이 구절은 "너희가 나를 알았더라면 내 아버지도 알았으리라"라고 말하고 있다. 그런데 후자가 두 분의 인격의 정체성에 대한 결정적인 증거가 되기는 어렵다. 성경은 성경으로 해석해야 하는 법(늘 그래야 하듯)이므로 우리는 히브리서에서 이 구절에 대한 빛을 발견할 수 있다.

> <u>하나님</u>의 영광의 광채시요 그분 자체의 정확한 형상이시며 자신의 권능의 말씀으로 모든 것을 떠받치시는 이 아들께서는 친히 우리의 죄들을 정결하게 하신 뒤에 높은 곳에 계신 존엄하신 분의 오른편에 앉으셨느니라(Who being the brightness of <u>his</u> glory, and the express image of his person, and upholding all things by the word of his power, when he had by himself purged our sins, sat down on the right hand of the Majesty on high)(히1:3).

자, 처음에 나오는 'his(하나님의)'는 아버지를 나타낸다. 또 'Who'는 예수님이다(1, 2절을 보라). 3절은 분명히 예수님이 '하나님의 영광의 광채시요, 그분 자체의 정확한 형상'이라고 말한다. 무슨 얘기냐 하면 거울이 우리 자신의 형상을 그대로 나타내듯이 예수님은 아버지의 인격과 그 영광의 형상 혹은 그 정확한 반영이라는 것이다. 어떤 사람의 형상이 곧 실제적으로 그 사람이라고 믿는 사람이 어디 있겠는가? 나를 반영한 것이 곧 나는 아니다. 그럼에도 불구하고 당신이 내가 비춰진 모습(나의 반영)을 보았다면 당신은 실제 나를 본 것이라 말할 수 있다.

또한 성경 공부에서 가장 중요하다 할 수 있는 이른바 '최초 언급의 법칙'(the Law of First)에 따라 '형상(image)'이라는 단어가 처음 성경에 쓰인 예를 찾아보아도 이 같은 사실을 발견할 수 있다.

> 하나님께서 이르시되, 우리가 우리의 형상으로 우리의 모양에 따라 사람을 만들고 그들이 바다의 물고기와 공중의 날짐승과 가축과 온 땅과 땅에서 기는 모든 기는 것을 지배하게 하자, 하시고 이처럼 하나님께서 자신의 형상으로 사람을 창조하시되 하나님의 형상으로 그를 창조하시고 그들을 남성과 여성으로 창조하시니라(창1:26-27).

이 구절은 우리에게 매우 친숙한 것이며 아담이 하나님의 형상으로 창조되었음을 말하고 있다. 따라서 아담이 하나님이 아닌 것은 너무나 분명하다. 이 구절은 단지 하나님께서 아담에게 자신의 성품의 영적인 요소들을 부여하셨다(다른 것들 가운데 하나님의 삼위적인 성향)는 것을 의미한다. 아무도 (극소수의 몰몬 근본주의자들을 제외하고) 아담이 하나님이었다고 믿지는 않는다. 이 사실이 예수 유일주의자들에게도 마찬가지인 것은 분명하다. 이를 보아도 예수님께서 보여 주고자 하신 것은 자신과 아버지가 구분되지 않는 같은 존재라는 것이 아니라 자신이 (오늘날 흔히 말하는) 아버지의 '복사판'이라는 것이다.

'하나'라는 단어의 정의

또 하나, 좀 더 문제가 되는 구절이 있는데 그것은 요한복음 10장 30절 말씀 즉 "나와 아버지는 하나이니라."는 말씀이다. 이것은 예수 유일주의자들이 사용하는 가장 대표적인 구절이라고 하겠다. 그러나 과연 성경이 그 중심 단어인 '하나(one)'를 어떻게 사용하는지 살펴보자. 성경이 처음으로 이 '하나(one)'라는 단어를 사용했을 때 그것은 서로 다른 인격간의 상호 관계를 설명하기 위해 쓰였다. 그것은 중요한 구절 가운데 있다.

> 그러므로 남자가 자기 아버지와 어머니를 떠나 자기 아내와 연합하여 그들이 한 육체가 될지니라(창2:24).

이 구절이 남자와 그의 아내를 '하나의 육체'가 될 것이라고 말하고 있음에 유의하라. 이 구절이 남녀가 어떤 형태로든 하나로 한 몸이 되어 분간할 수 없는 유기적 덩어리가 되는 것을 의미한다고 믿는 사람이 과연 얼마나 되겠는가? 그렇다. 이것이 의미하는 바는 비록 각자의 독특한 인격을 유지하고 있음에도 두 사람간의 성적 행위를 통해 그들이 육체 안에서 하나가 된다는 것이다.

최초 언급의 법칙을 적용한다면, 우리는 예수님이 "나와 아버지는 하나이니라."고 말씀하셨을 때 그분이 진정 의도하셨던 바가 바로 이것이라는 것을 알 수 있다. 그것은 단지 삼위일체에 관한 것이다(즉, 관계성이다). 어디 구석진 데서 성경 구절 하나를 뽑아 놓고 거기에 기초하여 나름대로 교리를 세운다는 것은 결코 바른 성경 해석이 아니다. 말을 확정하기 위해서는 '두세 증인'이 필요하다는 것을 기억하라(고후13:1).

그러나 우리는 이보다 더 깊이 들어갈 수 있다. 위의 내용을 언급하신 예수님은 앞에서 제시한 성경 해석을 뒷받침해 주는 풍부한 성경적 전통 위에서 그 말씀을 하셨다. 삼위일체를 부정하는 모든 사람이 이에 대해 논박하고자 할지라도 거룩한 계시의 가장 첫 부분에서 발견되는 사실은 분명하다. 즉, 하나님은 세 분 안에 하나로, 하나 안에 세 분으로 제시된다는 것이다.

창세기 2장 24절에 나오는 '하나, one'에 해당하는 히브리 단어는 '에카드, ECHAD'(스트롱 성구 사전 259번)이다. 이는 '하나(one)' 혹은 '연합된(united)'을 의미한다. 그런데 이 동일한 히브리 단어가 지난 수세기 동안 히브리인들의 가장 큰 믿음의 고백으로 자리잡은 구절 안에도 들어있다. 신명기 6장 4절을 보기 바란다.

오 이스라엘아, 들으라. 주 우리 하나님은 한 주(one LORD)시니

여기의 '하나(one)'라는 단어가 바로 'ECHAD'이다. 이는 하나님께서 여기서 자신을 하나의 복합적 연합체(a compound unity)로 즉 '연합된(united) 존재'로 계시하셨음을 의미한다(아담과 이브가 하나의 육체였던 것처럼). 예수님과 유대인들이 이 단어를 어떻게 보았는지는 민수기 13장 23절에서도 알 수 있다.

또 그들이 에스골 시내에 이르러 거기서 포도 한 송이가 달린 가지를 잘라 두 사람이 막대기에 메고 또 석류와 무화과를 가져오니라

포도 한 송이를 나타낼 때 쓰인 단어가 (짐작하시겠지만) 바로 'ECHAD'이다. 따라서 예수님께서 "나와 아버지는 하나이다."라고 말씀하셨을 때 결코 그분은 예부터 있었던 유대인들의 언어적 전통에 따라 말씀하셨던 것이다. 그것은 결코 자신과 아버지가 동일하다(identical)는 의미가 아니다. 단지 아담과 이브가 한 육체였듯이 아버지와 자신이 'ECHAD'(연합체의 한 부분)라는 것이다.

이제 마지막으로 예수 유일주의자들이 자기네들의 거짓 교리를 관철시키기 위해 사용하는 또 하나의 구절을 살펴보자.

그러므로 너희는 가서 모든 민족들을 가르치고 아버지와 아들과 성령의 이름으로 그들에게 침례를 주며(마28:19)

참으로 아이러니컬하게도 예수 유일주의자들은 이 한 구절을 가지고 두 가지 주장을 펼친다. 일단 그들은 이 말씀이 타당한 침례 방식 즉 '아버지와 아들과 성령님의 이름으로 주는 것'을 확실히 보여 준다는 사실을 부인한다. 하지만 그와 동시에 이 구절을 자기들의 교리를 지지해 주는 본문으로 제시한다. 그것은 여기 나오는 '이름(name)'이 단수라는 사실에서 기인한다. 즉, 그들은 아버지와 아들과 성령님의 이름이 바로 '예수'라고 주장하는 것이다. 그러나 이것이 별 설득력을 갖지 못하는 건 성경 다른 어느 곳에서도 성령님이 '예수'라고 불린 적이 없기 때문이다. 또 아버지가 '예수'라고 명명된 곳도 없다. 이 한 구절 때문에 그와 같은 교리가 성립될 수는 없다.

하나님의 이름을 일컬음

사실 마태복음 28장 19절에 나오는 '이름(name)'은 하나님의 신격(Godhead)의 세 인격체를 총괄하는 이름(JHWH-여호와: Jehovah)이다. 이 이름은 영어 성경에서 주로 '주'(LORD)로 표기되었는데, 이는 아마도 불타는 가시덤불에서 모세에게 계시된 신성한 하나님의 이름이기 때문일 것이다. '주'(LORD)라는 단어는 그분의 이름에 불필요한 반복을 피하기 위해 유대인 랍비들이 대체시킨 이름이다.

성경에서 아버지가 '주'(LORD)로 불린 예는 수없이 많다. 여기엔 재론의 여지가 없다. 예수님 역시 여러 번 '주'(Lord)'로 불리셨다(마17:4; 막10:51: 눅5:8,12; 7:6; 23:42; 요 8:11 등). 성령님도 빈도는 덜하지만 역시 '주'(Lord)로 불리셨다(사 40:13; 겔11:5; 눅4:18; 고후3:17 등). 따라서 성경적으로 앞에 언급된 그 '이름'이 여호와(Jehovah)라고 보는 데는 충분한 타당성이 있다. 하지만 아버지나 성령님을 '예수'라고 일컫는 데에는 전혀 성경적 근거가 없다.

이와 관련하여 한 가지 언급할 것이 있다. 어떤 과격주의자들은 아버지도 주요, 예수님도 주요, 성령님도 주이므로 결국 마태복음 28장 19절이 '주의 이름으로' 침례를 주라는 것이라고 자의적인 해석을 취하고 이로 인해 큰 진주를 발견한 것인 양 의기양양해 한다. 과연 이 구절이 그런 가짜 진주를 지지해 주는 구절인가? 정신이 있는 사람이라면 그 구절이 분명히 '아버지와 아들과 성령의 이름으로'로 되어 있지 '주의 이름으로'라고 되어 있지 않음을 알게 될 것이다. 따라서 성경에 적혀 있는 그대로 행하는 사람이 주의 명령대로 따르는 사람이다.

이제 예수 유일주의 교리의 다른 문제점을 살펴보도록 하자. 이 교리는 예수님께서 "나의 하나님, 나의 하나님, 어찌하여 나를 버리셨나이까?"라고 말씀하셨을 때 갈보리에서 일어난 사실을 교묘히 공격한다. 정말 예수님이 하나님의 유일무이한 인격의 나타나심이라 가정한다면 이 구절은 다음과 같은 두 가지 기괴한 교리를 낳게 된다.

1. 하나님의 전인격이 십자가상에서 죽었고 삼 일 동안 죽은 채로 있었다.
2. 예수님께서는 그때 일종의 정신 쇠약 현상을 경험하고 있었다. 그렇지 않다면 어떻게 예수님이 "나의 하나님, 나의 하나님, 어찌하여 나를 버리셨나이까"라고 외칠 수 있겠는가? (예수님이 하나님의 유일한 인격이라는 가정 하에서) 정상적인 상태의 사람이 어떻게 자기 자신에게 버림받았다고 말할 수 있는가? 예수님이 이 같이 외치셨다면 이는 다음 둘 중 하나를 뜻한다. 그분이 거짓말을 하셨거나(불가능한 일을 말했기 때문임. 민23:19), 그렇지 않으면 심각한 정신 착란 증세를 겪고 있었다고 보아야 한다(이 또한 불경스러운 추측이다).

첫째 반대에 대해 예수 유일주의자들은 이 같이 애써 답변할 것이다. 예수님이 죽으셨을 때 하나님 아버지로 되돌아가셨다는 것이다. 하지만 여기엔 어떤 성경적 근거도 없다. 사실 예수님 자신이 이 같은 사실을 부인하셨기 때문이다. 예수님이 막달라 마리아에게 하셨던 말씀을 들어 보자.

예수님께서 그녀에게 이르시되, 내게 손을 대지 말라. 내가 아직 내 아버지께로 올라가지 아니하였노라. 다만 내 형제들에게 가서 그들에게 이르되, 내가 내 아버지 곧 너희 아버지, 내 하나님 곧 너희 하나님께로 올라간다, 하라, 하시니(요20:17)

이 구절은 분명히 아버지와 아들을 구별할 뿐 아니라 예수 유일주의자들의 설명이 허구임을 드러낸다. 일요일 아침 예수님은 마리아에게 그가 아직 하늘에 올라가지 않으셨음을 분명히 말씀하셨다. 무슨 얘기냐 하면 예수 유일주의 교리가 맞는다면 하나님은 3일 동안 완전히 죽으셨다는 것이고 이것은 물론 말도 안 되는 주장이다. 이 우주는 지속적인 하나님의 섭리 없이는 단 일 초도 존재할 수 없다.

둘째로 제기된 문제는 훨씬 더 심각하다. 예수님이 하나님이셨고 그곳 갈보리에 하나님의 전 존재가 있었다면 어떻게 예수님이 자기 자신에게 버림받았다고 느낄 수 있단 말인가? 이것은 하나님께 심각한 정신질환이 있다고 말하는 것과 다름없다. 이건 결코 바르지 못하다.

대제사장이 기도하는 대상은 누구인가?

우리가 다룰 셋째 논제는 대제사장이 기도하는 대상은 누구냐는 것이다. 예수 유일주의 교리에 따르다 보면, 현재 예수님께서 행하고 계시는 대제사장 직분과 중재자적 역할에 문제가 있음을 발견하게 된다. 성경은 명백하게 예수님께서 세 가지 직분(대언자, 제사장, 왕)을 가지고 계신다고 가르친다. 예수님께서 지상에서 사역하실 때 그분은 분명히 대언자이셨다(마21:11; 눅13:33; 요4:44). 이제 예수님은 하늘에 계셔서 우리를 위해 중재하시는 대제사장이 되신다(히7:25; 2:17). 또한 재림 시에 예수님은 왕으로서 오실 것이다. 자, 성경은 무엇이라 말하는지 보라!

이제 우리가 말한 것들에 관한 요점은 이것이니 곧 우리에게 이러한 대제사장이 계시다는 것이라. 그분은 하늘들에서 존엄하신 분의 왕좌 오른편에 앉아 계시며 성소와 참 성막을 섬기시는 분이신데 이 성막은 주께서 치신 것이요 사람이 친 것이 아니니라. 대제사장마다 임명을 받아 예물과 희생물을 드리나니 그러므로 이 사람도 무엇인가 드릴 것이 있어야 함이 마땅하도다. 만일 그분께서 땅에 계셨더라면 제사장이 되지 아니하셨을 터이니 이는 율법에 따라 예물들을 드리는 제사장들이 있기 때문이라. 이 제사장들은 모세가 성막을 만들려 할 때에 하나님께 권고 받은 바와 같이 하늘에 있는 것들의 본보기와 그림자를 섬기나니 그분께서 이르시되, 너는 조심하여 산에서 네게 보여 준 양식에 따라 모든 것을 만들라, 하시느니라. 그러나 이제 그분께서 더욱 뛰어난 섬김의 직무를 얻으셨으며 그것에 의해 또한 그분은 더 나은 약속들 위에 세워진 훨씬 더 나은 언약의 중재자이시니라(히8:1-6).

제사장이라는 개념에서 가장 핵심이 되는 부분은 바로 중보이다. 이것은 하나님 앞에서 다른 이를 위하여 갈라진 틈 사이에 서 있는 사람을 의미한다(겔22:30). 이 중보는 실제 대제사장이 예루살렘 성전에서 실행했던 바이며 동일하게 현재 하늘에서 예수님이 믿는 우리를 위해 행하시는 바이다. 논리적으로 정의를 내리자면 중보자는 두 인격체(여기서는 사람과 하나님) 사이의 교량이다. 즉, 제3자이다. 만일 예수 유일주의 교리가 맞는다면 지금 하늘에는 오직 하나의 거룩한 인격체만이 존재할 뿐이다(성령님과 예수님은 온데간데없고). 그렇다면 어떻게 그분이 중보하실 수 있겠는가?

만일 예수님이 우리를 위해 중보하시지 않는다면 어떻게 속죄(atonement)가 이루어지겠는가? 우리 구원의 보증(빌1:6)은 어떻게 되는가? 대부분의 예수 유일주의자들은 죄를 범함으로써 구원을 잃어버릴 수 있다고 믿는데 이는 크게 놀랄 일이 아니다. 중보자가 없다면 어떻게 되겠는가? 물론 구원받기 위해 예수 그리스도를 믿고 그분의 피가 우리에게 미친다면 우리는 구원을 받는다. 그러나 그 이후 우리는 감히 죄를 지을 수도 지어서도 안 된다(가장 사소한 부분조차도). 만일 그랬다가는 우리는 다시금 영원히 잃어버린 자가 될 것이다.[2]

또 만일 현재 하늘에서 중보가 이루어지고 있다면 과연 누가 그것을 하고 있는가? 예수님도 아버지도 온데간데없는 상태에서 말이다. 성령님께서 위에서 혼잣말로 중얼거리시겠는가? 이것이 바로 예수 유일주의 교리의 무서운 부분이다. 그 교리는 예수님의 중보에 대한 우리의 바람을 앗아가며 사람의 얼굴을 하고 계신 하나님 즉 우리의 변호자 예수님을 우리에게서 앗아가 버린다. 그리고 다음에 나오는 말씀도 웃음거리로 만들어 버린다.

그분은 하나님의 형체로 계시므로 하나님과 동등함을 강탈로 여기지 아니하셨으나 스스로 무명한 자가 되사 자기 위에 종의 형체를 취하시고 사람들의 모습이 되셨으며 사람의 모양으로 나타나사 자기를 낮추시고 죽기까지 순종하셨으니 곧 십자가의 죽음이라. 그러므로 하나님께서도 그분을 높이 올리시고 모든 이름 위에 있는 이름을 그분에게 주사 하늘에 있는 것들과 땅에 있는 것들과 땅 아래 있는 것들의 모든 무릎이 예수라는 이름에 굴복하게 하시고 또 모든 혀가 예수 그리스도는 주시라고 시인하여 하나님 아버지께 영광을 돌리게 하셨느니라(빌2:6-11).

이번에도 이 구절은 두 개의 분리된 인격을 말하고 있다. 둘 중 한 분은 자신의 신성을 벗고 종과 같이 되셨다. 그분의 낮아지심은 사람으로서는 도저히 이해할 수 없는 것이다. 예수님의 겸손으로 인하여 모든 이들이 전적으로 예수 그리스도께서 주님 즉 여호와라고 고백해야 할 것이다. 예수님은 33년 동안 여호와이셨다가 그 이후에 우주 속으로 사라져 버리지 않았다. 그분은 현재도 계시고 앞으로도 영원히 계시기 때문이다. 하나님께 영광을 돌리자!

예수 유일주의 교리가 위험한 것은 바로 여기에 있다. 우리의 중보자를 빼앗고 결국 우리로 하여금 살아 계신 하나님 즉 예수 그리스도 대신 우리 자신의 '죽은 행실'을 의지하게 만든다는 것이다.

하물며 영원하신 *성령*을 통해 자신을 점 없이 하나님께 드린 그리스도의 피는 죽은 행위로부터 너희 양심을 얼마나 더 많이 깨끗하게 하여 살아 계신 하나님을 섬기게

---

[2] 바로 이런 교리들이 국내에서도 지방 교회, 안식교회, 여호와의 증인 등에서 그대로 가르쳐지고 있다. 그래서 그 추종자들은 치리자들의 말에 100% 순종할 수밖에 없다. 그렇지 않으면 구원을 잃어버리기 때문이다. 또한 이 교리에 빠진 이들 중 어떤 이들은 연옥과 비슷한 교리를 가르치며, 제대로 믿지 못한 사람은 천년왕국 동안 다른 곳에서 불로 정화되어 단련을 받고 나중에 천국에 간다고 가르친다. 그들은 그것을 피하기 위해 하루 종일 '오 주 예수', '오 주 예수'를 외쳐야만 한다고 주장한다.

하겠느냐?(히9:14)

부가 설명

아버지의 이름이 예수인가?

　삼위일체 문제는 참으로 중요한 것으로 한국에서도 이로 인해 많은 이단들이 생겨났다. 특별히 한국에서는 양태론을 주장하는 이들이 많으며 심지어 복음적인 교단의 목사나 지도자들도 이런 이론을 가르치고 있다. 예를 들어 누가 삼위일체를 설명하면서 "나는 아이들에게는 아버지요 아내에게는 남편이요 성도들에게는 목사이다."라고 말하면 이것이 곧 양태론이다. 또는 "물은 얼음도 되고 액체도 되고 수증기도 된다."는 주장 역시 양태론에 근접한 진술이다. 이렇듯 양태론의 핵심은 한 하나님이 아버지도 되고 아들도 되고 성령님도 된다는 것이다. 그러나 성경은 이런 것을 분명하게 이단 교리라고 말한다. 한국에는 양태론을 주장하는 이단들이 여럿 있는데 그 중에 한 파는 여기서 더 나아가 아버지의 이름이 예수이고 성령님의 이름이 예수라고 주장하며 그래서 침례를 줄 때도 "아버지와 아들과 성령님의 이름인 예수의 이름으로 준다."고 한다. 이런 이론이 생기게 된 것은 전적으로 개역성경 때문이다. 이들은 요한복음 17장 11절을 근거로 이런 엉터리 주장을 한다.

　개역 성경: 나는 세상에 더 있지 아니하오나 그들은 세상에 있사옵고 나는 아버지께로 가옵나니 거룩하신 아버지여, <u>내게 주신 아버지의 이름으로</u> 그들을 보전하사 우리와 같이 그들도 하나가 되게 하옵소서

　개역성경에는 분명하게 예수라는 이름이 '아버지가 아들에게 주신 아버지의 이름'으로 되어 있으므로 그들이 그런 주장을 하는 것도 당연하다. 그들이 성경대로 그렇게 믿는다고 주장해도 도저히 반박할 수 없다. 그러나 킹제임스 성경은 이와 전혀 다르다.

　흠정역: 이제 나는 세상에 더 있지 아니하오나 이들은 세상에 있사옵고 나는 아버지께로 가옵나니 거룩하신 아버지여, <u>아버지께서 내게 주신 자들을 아버지의 이름으로 지키사</u> 우리와 같이 그들도 하나가 되게 하옵소서.

　흠정역 성경은 "아버지께서 내게 주신 자들을 아버지의 이름으로 지키사"로 되어 있다. 즉 개역성경에는 아버지가 자신의 이름을 아들에게 준 것으로 되어 있는데 반해 킹제임스 성경에서는 아버지가 아들에게 그들을 주신 것으로 되어 있다. 이렇게 성경이 다르면 교리가 변할 수밖에 없다.

　이것은 개역성경의 근간이 된 로마 카톨릭 교회의 사본들이 변개되었기 때문이다. 그래서 NIV 등도 개역성경과 마찬가지로 아버지의 이름이 예수임을 보여 주며 그 결과 예수 유일주의 같은 이단 교리가 발붙일 틈을 주고 있다.

　NIV: I will remain in the world no longer, but they are still in the world, and I am coming to you. Holy Father, protect them by the power of <u>your name--the name you gave me</u>--so that they may be one as we are one.

이름의 용례

히브리 사람들에게 이름은 아주 중요하였다. 그래서 이름은 가족의 특성이나 아이의 출생과 관련된 사건이나 한 사람의 삶에서 후대에 이루어진 어떤 특별한 사건 등을 기념하는 표적이었다. 이스마엘, 에서, 야곱, 모세, 이가봇 등을 비교하기 바란다(창16:16; 25:25-26; 출2:10; 삼상4:21). 또한 복합 이름도 매우 흔하였으며 특히 하나님의 이름인 '야'와 '엘' 그리고 '여호'가 이름에 함께 쓰이기도 하였고 엘리에셀, 사무엘, 요시야, 아도니야 등을 그 예로 들 수 있다. 어떤 경우에는 전체 구절이 이름이 되기도 하였는데 예를 들어 '엘료에내'는 "여호와께서 내 눈이시다."(대상4:36)라는 뜻이다.

신약성경에 나오는 이름들은 대개 고대로부터 내려온 이름 즉 한 가문의 성들이다(눅1:61). 동방 사람들은 조그만 이유로도 이름을 자주 바꾸었으므로 성경에는 이름이 여럿인 사람이 많이 등장한다(룻1:20; 삼하23:8; 요1:42). 왕들도 종종 관원들을 임명하면서 그들의 이름을 바꾸었으므로(단1:6-7) 새 이름에는 종종 명예와 특권 등이 암시되어 있다(계2:17).

같은 히브리말인데도 어미 등이 조금 달라지면 영어나 한국어에서는 크게 다른 것으로 나타난다. 예를 들어 느6:1, 6의 '게셈'과 '가스무'를 보기 바란다. 히브리 이름은 종종 그리스 이름으로 바뀌면서 거의 큰 차이를 보이지 않았다. 그래서 엘리야는 Elijah에서 Elias 혹은 Elie로 바뀌었다. 한편 히브리 이름이 같은 뜻을 지닌 그리스 이름으로 완전히 대체되기도 하였는데 그 예로 도마와 디두모 그리고 다비다와 도르가 등을 들 수 있다. 죽은 자의 이름을 일으켜 세우는 것은 룻4:1-22에 설명되어 있다. 한편 어떤 사람의 이름을 지우는 것은 그의 가족을 멸절시키는 것을 뜻하였다(시9:5).

어떤 경우에는 하나님이나 그분의 완전함을 대신해서 그분의 이름이 사용되기도 하였다. 예를 들어 "아버지와 아들과 성령님의 이름으로 침례를 주라."(마28:19)는 말씀의 '이름'은 삼위일체 하나님의 전 인격과 권능과 존재를 두고 행하라는 뜻이며 이것은 마치 판사가 "내가 법의 이름으로 이러한 선고를 내린다."고 말할 때의 '이름'의 용례와 비슷하다.

따라서 일부 교회에서 '아버지와 아들과 성령님의 이름이 예수'라는 '예수 유일주의'(Jesus Onlyism)를 주장하면서 예수 이름으로만 침례를 주어야 한다고 말하는 것은 성경을 왜곡하는 것이다. "너희가 내 이름으로 무엇이든지 구하라."(요14:14)는 말씀에 나오는 이름 역시 그 용례가 비슷하며 기도를 끝내면서 "예수님의 이름으로 기도합니다."라고 하는 것도 주문처럼 예수님을 언급하라는 것이 아니라 예수님의 존재와 전 인격을 의지하여 기도하라는 것을 뜻한다. 특별히 요한복음에서는 이름이 이런 의미로 많이 사용되었다. 사도행전에서 베드로는 병자를 고친 후 예수 그리스도의 이름으로 그 사람이 온전하게 되었다고 말하는데(행4:10) 이런 것 역시 이름이 한 존재의 전 인격을 뜻함을 잘 보여 준다.

삼위일체

삼위일체야말로 하나님의 속성 중 가장 특이한 것이며 이로 인해 많은 이단이 생겨났다. 많은 교인들은 하나님이 한 분이라고 생각한다.

개역성경: 하나님은 한 분이시요 또 하나님과 사람 사이에 중보도 한 분이시니 곧 사람이신 그리스도 예수라(딤전2:5).

만일 하나님이 한 분이라면 여호와의 증인들 주장대로 하나님은 한 분 즉 아버지 하나님만 있게 된다. 그러나 성경의 하나님은 결코 한 분이 아니며 아버지, 아들, 성령의 세 분으로 존재하시되 이 세 분이 하나이시다. 킹제임스 성경은 이를 명확하게 보여 준다.

한 하나님이 계시고 하나님과 사람들 사이에 한 중재자가 계시니 곧 사람이신 그리스도 예수님이시라.

삼위일체 하나님의 교리야말로 너무 중요한 것으로 이것이 무너지면 기독교의 근간이 무너지게 된다. 이에 하나님께서는 다음과 같이 분명한 말씀을 주셨다.

하늘에 증언하는 세 분이 계시니 곧 아버지와 말씀과 성령님이시라. 또 이 세 분은 하나이시니라(요일5:7).

다음의 구절은 삼위일체를 잘 보여 준다. 마3:16; 28:19; 롬8:9; 고전12:3-6; 고후13:14; 엡4:4-6; 벧전1:2; 유20-21. 또한 출20:2; 요20:28; 행5:3-4는 하나님의 호칭을 통해 삼위일체를 보여 준다. 물론 이 세 분은 창1:1; 욥26:13; 33:4; 시148:5; 요1:3; 골1:16에 있는 것처럼 창조주이시며 그래서 성도들은 새로 태어난 창조물에게 아버지와 아들과 성령님의 이름으로 침례를 주며(마28:19) 그들의 이름으로 축복한다(고후13:14).

끝으로 성경적 삼위일체는 다음과 같이 설명할 수 있다. 뚜렷이 구분되는 서로 다른 세 인격체 즉 아버지와 아들과 성령님이 한 하나님으로서 이 세 인격체 중 하나가 없으면 한 하나님이 되지 않는다. 이에 근접한 예로 시간을 들 수 있다. 시간은 과거, 현재, 미래가 있으며 각각이 다 시간이고 이 셋 중 하나가 없으면 더 이상 시간이 아니다. 이 세상의 모든 물체는 공간을 차지하면서 반드시 길이(x), 너비(y), 높이(z)가 있으며 이 중 하나가 없으면 더 이상 물체가 아니다. 아무리 얇은 것도, 작은 것도 반드시 x, y, z 세 방향의 크기를 가지며 이로써 그 물질이(혹은 공간이) 구성된다. 하나님께서는 이처럼 삼위일체의 증거를 우주에 많이 만들어 두셨다.

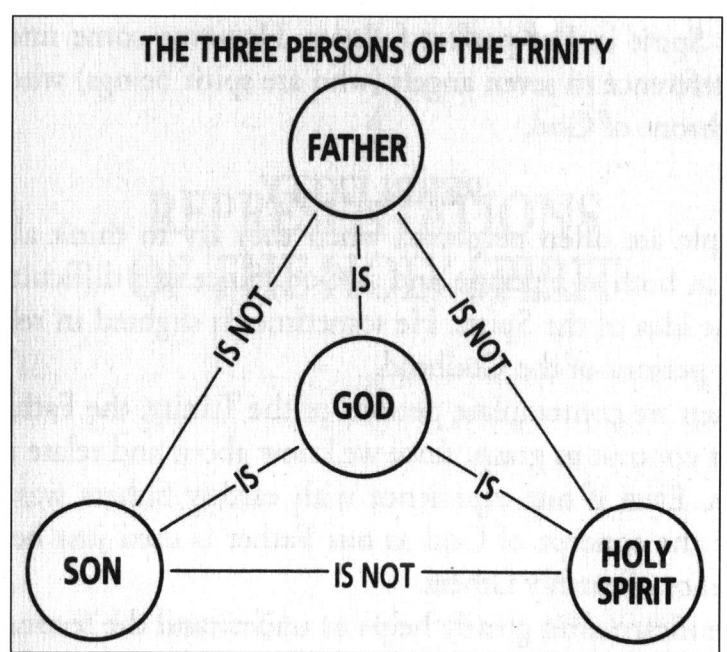

아버지는 하나님이다.
아들은 하나님이다.
성령님은 하나님이다.
아버지는 아들이 아니다.
아들은 성령님이 아니다.
아버지는 성령님이 아니다.

부록 16

구원의 영원한 안전 보장

1. 영원한 생명은 말 그대로 영원한 것이다.

내가 그들에게 영원한 생명을 주노니 그들이 결코 멸망하지 않을 것이요 또 아무도 내 손에서 그들을 빼앗지 못하리라(요10:28).

만약 당신이 하나님으로부터 선물로 받은 영원한 생명이 어떤 이유에서든 중간에 끝을 맞는다면 그것은 애초부터 영원한 생명이 아니다. 영적인 생명이 신자의 죄악된 삶이나 믿음의 변화 혹은 다른 어떤 이유로 인해서 종지부를 찍게 된다고 가르치는 사람들은 처음부터 영생을 얻지 못한 사람들이다. 진정으로 영원한 것이려면 끝없이 지속되어야 한다.

2. 영존하는 생명은 말 그대로 영존하는 것이다.

진실로 진실로 내가 너희에게 이르노니, 내 말을 듣고 또 나를 보내신 분을 믿는 자는 영존하는 생명이 있고 또 정죄에 이르지 아니하리니 사망에서 생명으로 옮겨졌느니라(요5:24).

위에서 언급한 대로 영존하는 생명이 어떠한 이유에서든 중간에 끝을 맞는다면 그것은 그 단어의 분명한 정의에 비추어 볼 때 처음부터 영존하는 것이 아니었다. 하나님께서 신자들에게 주시는 영존하는 생명은 아무리 오랜 후에라도 끝을 맞아서는 안 된다. 그렇지 않다면 그것은 애초부터 영존하는 생명이 아니다.

3. 구원받은 사람이 다시 구원을 잃는 것은 결코 하나님의 뜻이 아니다.

나를 보내신 아버지의 뜻은 이것이니 곧 그분께서 내게 주신 모든 것 중에서 내가 하나도 잃지 아니하고 마지막 날에 그것을 다시 일으키는 것이니라(요6:39).

에베소서 1장 11절에 의하면 하나님은 '모든 일을 자신이 뜻하신 계획대로 이루시는 분'이므로 그분의 뜻은 당신의 구원을 보존함에 있어서도 반드시 이루어질 것이다.

4. 당신은 이미 천국에 예약되어 있다.

[하나님께서] 썩지 않고 더럽지 않으며 사라지지 아니하고 너희를 위해 하늘에 마련된

이 글은 켈리(Kent Kelly)의 글을 번역한 것이다. 원래 제목은 '구원받은 사람이 구원을 잃어버릴 수 없는 50가지 이유'이다.

상속 유업을 받게 하셨나니(벧전1:4)

마태복음 19장 29절에 의하면 이 상속에는 영존하는 생명도 포함되어 있다.

5. 당신이 상속받은 구원은 썩지 않는 것이다.

[하나님께서] 썩지 않고 더럽지 않으며 사라지지 아니하고 너희를 위해 하늘에 마련된 상속 유업을 받게 하셨나니(벧전1:4)

당신이든 사탄이든 그 어느 누구든 하나님께서 부패하지 않는다고 선언하신 것을 부패하게 만들 수 없다.

6. 당신이 상속받은 구원은 더럽혀질 수 없는 것이다.

[하나님께서] 썩지 않고 더럽지 않으며 사라지지 아니하고 너희를 위해 하늘에 마련된 상속 유업을 받게 하셨나니(벧전1:4)

당신이든 사탄이든 그 어느 누구든 하나님께서 더럽혀질 수 없다고 선언하신 것을 더럽힐 수 없다.

7. 구원에 관한 한 당신은 성령님에 의해 봉인되어 있다.

너희도 진리의 말씀 곧 너희의 구원의 복음을 들은 뒤에 그분을 신뢰하였고 너희가 믿은 뒤에 또한 그분 안에서 약속의 저 거룩하신 영으로 봉인되었느니라(엡1:13).

하늘이나 땅에 있는 그 어떤 힘으로도 전능하신 분에 의해 봉인된 것을 깨뜨릴 수 없다.

8. 성령님은 당신이 부활 혹은 휴거될 때까지 당신을 봉인하셨다.

하나님의 거룩한 영을 슬프게 하지 말라. 그분으로 말미암아 너희가 구속의 날까지 봉인되었느니라(엡4:30).

구속의 날이란 신자인 당신이 영광스럽게 된 몸을 입게 되는 부활의 때를 가리킨다.

봉인된 고대의 파피루스: 봉인은 완전히 둘러싸는 것이다.
구원 받으면 성령님께서 우리를 꽁꽁 둘러싸신다.

9. 성령님께서 영원히 당신과 함께 계실 것을 약속하셨다.

내가 아버지께 구할 터인즉 그분께서 다른 위로자를 너희에게 주사 그분께서 영원토록 너희와 함께 거하게 하시리니 곧 진리의 영이시라. 세상은 그분을 받아들이지 못하나니 이는 세상이 그분을 보지도 못하고 알지도 못하기 때문이라. 그러나 너희는 그분을 아나니 이는 그분께서 너희와 함께 거하시며 또 너희 속에 계실 것이기 때문이라(요 14:16-17).

죄인이 구원받을 때 신자 안에 거하기 위해 오시는 성령님의 내주는 영구적인 것이며 영원토록 지속되는 것이다.

10. 당신은 영원히 보존된다.

주께서 판단의 공의를 사랑하시고 자신의 성도들을 버리지 아니하시나니 그들은 영원히 보존되나 사악한 자의 씨는 끊어지리로다(시37:28).

성경은 하나님의 은혜로 구원받은 모든 이들을 '성도'(saints)라고 부른다. 그런데 그분의 성도들은 영원히 보존된다.

11. 당신은 이미 하나님으로부터 태어났기에 태어나지 않은 상태로 되돌아갈 수 없다.

그분을 받아들인 자들 곧 그분의 이름을 믿는 자들에게는 다 하나님의 아들이 되는 권능을 그분께서 주셨으니 이들은 혈통으로나 육신의 뜻으로나 사람의 뜻으로 나지 아니하고 오직 하나님에게서 태어난 자들이니라(요1:12-13).

구원이 무엇인지를 쉽게 이해할 수 있도록 예수님께서는 영원한 생명을 얻는 것을 육적 출생에 비유하셨다. 그리고 그분께서는 그것을 다시 태어나는 것이라고 부르셨다. 만약 하나님으로부터 태어난 어떤 사람이 미래의 어떤 시점에서 태어나지 않은 상태로 되돌아가 버린다면 그분의 이러한 비유는 무의미한 것이 될 것이다.

12. 당신은 하나님에 의해서 창조되었기에 창조되지 않은 상태로 되돌아갈 수 없다.

그런즉 누구든지 그리스도 안에 있으면 그는 새로운 창조물이라. 옛 것들은 지나갔으니, 보라, 모든 것이 새롭게 되었도다(고후5:17).

우리는 그분의 작품이요 그리스도 예수님 안에서 선한 행위를 하도록 창조된 자들이니라. 하나님께서 그 선한 행위를 미리 정하신 것은 우리가 그 행위 가운데서 걷게 하려 하심이니라(엡2:10)

창조주는 오직 한 분이시며 그분께서 이미 창조하신 것이 창조되지 않은 상태가 될 수는 없다.

13. 당신은 우주 정권이 안전한 것보다 두 배는 안전하다.

이는 한 아이가 우리에게 태어났고 한 아들을 우리에게 주셨는데 그의 어깨[단수]에는 정권이 놓이고 그의 이름은 놀라우신 이, 조언자, 강하신 하나님, 영존하는 아버지, 평화의 통치자라 할 것이기 때문이라(사9:6).

또 그가 그것을 찾은즉 기뻐하며 자기 어깨에 메고 집에 돌아와서 자기 친구와 이웃들을 함께 불러 그들에게 이르되, 나와 함께 기뻐하자. 내가 잃어버린 내 양을 찾았노라, 하리라(눅15:5-6).

성경은 주 예수님께서 그분의 '한쪽 어깨'(shoulder)에 전 우주의 정권을 지고 계신 것으로 묘사하는 한편 그분의 '양쪽 어깨'(shoulders)에 구원받은 자를 메고 계신다고 묘사한다. 성경의 계산법에 의해서 당신은 전 우주 정권이 안전한 것보다 두 배는 더 안전하다.

14. 당신은 하늘 왕국에 이르기까지 보존된다.

주께서 나를 모든 악한 일에서 건져 내시고 또 자신의 하늘 왕국에 이르기까지 보존하시리니 그분께 영광이 영원무궁토록 있기를 원하노라. 아멘(딤후4:18).

이것은 성령님의 영감에 의한 사도 바울의 간증이다. 그러나 하나님은 사람을 외모로 취하지 아니하시기에 이것은 또한 우리의 간증이기도 하다. 그분께서 사도 바울을 보존하신다면 당신도 보존하실 것이다.

15. 당신은 하나님의 권능으로 보호를 보고 있다.

너희는 마지막 때에 드러내려고 예비된 구원에 이르도록 믿음을 통해 하나님의 권능으로 보호받고 있느니라(벧전1:5).

당신은 믿음을 통해서 구원받았고 하나님의 권능으로 보호를 받고 있다. 그렇다면 하나님의 권능으로 보호를 받은 사람이 어떻게 구원을 잃을 위험에 처할 수 있단 말인가?

16. 예수님께서 당신의 안전을 위해서 기도하셨기에 당신의 구원은 안전하다.

이제 나는 세상에 더 있지 아니하오나 이들은 세상에 있사옵고 나는 아버지께로 가옵나니 거룩하신 아버지여, 아버지께서 내게 주신 자들을 아버지의 이름으로 지키사 우리와 같이 그들도 하나가 되게 하옵소서(요17:11).

아들 하나님께서 당신이 안전하게 지켜지도록 기도하셨다면 당신은 그분의 기도가 응답되리라고 확신해도 좋을 것이다.

17. 구원은 은혜에 의한 것이기에 행위가 그것에 영향을 미칠 수 없다.

만일 은혜로 된 것이면 그것이 더 이상 행위에서 난 것이 아니니 그렇지 않으면 은혜가 더 이상 은혜가 아니니라. 그러나 만일 그것이 행위에서 난 것이면 더 이상 은혜가 아니니 그렇지 않으면 행위가 더 이상 행위가 아니니라(롬11:6).

그러므로 우리가 결론을 내리노니 사람은 율법의 행위와 상관없이 믿음으로 의롭게 되느니라(롬3:28).

미래에 어떤 일을 저지르는 것에 의해서 구원을 잃을 수 없다. 왜냐하면 성경에 의하면 행위는 구원에 영향을 미칠 수 없기 때문이다. 행위는 구원을 획득할 수 없다.

행위는 구원을 유지할 수도 없다. 만일 은혜로 된 것이면 더 이상 행위에서 난 것이 아니다.

18. 당신은 당신의 일들을 이미 그친 상태이다.

그분의 안식에 이미 들어간 자는 또한 하나님께서 자신의 일들을 그치신 것 같이 이미 자기 일들을 그쳤느니라(히4:10).

구원의 안식에 들어가서 그리스도께서 끝마치신 사역을 의지할 때 당신은 구원을 위한 혹은 그 구원을 유지하기 위한 '스스로의 모든 노력'에 의지하는 행위를 이미 그쳤다.

19. 아무것도 그리스도의 사랑에서 당신을 떼어놓을 수 없다.

내가 확신하노니 사망이나 생명이나 천사들이나 정사들이나 권능들이나 현재 있는 것들이나 장래 있을 것들이나 높음이나 깊음이나 다른 어떤 창조물이라도 능히 우리를 그리스도 예수 우리 주 안에 있는 하나님의 사랑에서 떼어 놓지 못하리라(롬8:38-39).

이 구절에서 '하나님의 사랑'은 구원을 묘사한다. 그것은 사도 요한이 말한 바로 그 사랑이다.

우리를 향해 하나님이 가지고 계신 사랑을 우리가 알았고 또 믿었나니 하나님은 사랑이시므로 사랑 안에 거하는 자는 하나님 안에 거하고 하나님도 그 안에 거하시느니라(요일4:16).

미래에 지을 어떤 죄로 인해서 구원을 잃게 될까 봐 걱정이 되는가? 사도 바울을 통해서 성령님께서는 '장래 있을 것들' 곧 미래의 어떤 일이 당신을 그리스도의 사랑에서 끊을 수 없다고 하신다. 사탄 혹은 심지어 당신 스스로가 그리스도의 사랑에서 당신을 끊을까 봐 걱정이 되는가? 성경이 어떤 창조물이라도 당신을 그리스도의 사랑에서 끊을 수 없다고 말씀하실 때 그것은 마귀와 더불어 당신 자신도 포함하고 있다. 이 구절에서 언급된 것은 모든 것을 포함한다. 육적인 것이든 영적인 것이든, 생각이든 행동이든 우주에 있는 어떤 것도 우리가 한번 얻은 하나님의 구원의 사랑에서 우리를 떼어놓을 수 없다.

20. 구원은 주님으로부터 오는 것이다.

나는 감사의 목소리로 주께 희생물을 드리며 내가 서원한 것을 갚겠나이다. 구원은 주께 속하나이다, 하니라(욘2:9).

내가 알거니와 무엇이든지 하나님께서 행하시는 것은 영원하리라. 그것에 무엇을 더하거나 그것에서 무엇을 뺄 수 없나니 하나님께서 그것을 행하시는 것은 사람들이 자신 앞에서 두려워하게 하려 하심이라(전3:14).

구원이 주님으로부터 오는 것이고 당신을 구원한 분이 바로 그 주님이시라면 무엇이든지 하나님께서 행하시는 것은 영원할 것이다.

21. 당신의 구원은 오직 하나님의 능력에 달려 있다.

이런 까닭에 나도 이 일들로 고난을 당하되 그럼에도 불구하고 부끄러워하지 아니하노니 나는 내가 믿어 온 분을 알며 또 내가 그 날을 대비하여 그분께 맡긴 것을 그분께서 능히 지키실 줄 확신하노라(딤후1:12).

당신의 영원한 혼을 주님께 맡길 경우 그분께서는 당신이 하늘에서 그분과 함께 있게 될 그날까지 당신을 능히 지키실 수 있다고 성경은 말씀하신다.

22. 하나님은 당신이 정죄에 이르지 않을 것이라고 약속하신다.

진실로 진실로 내가 너희에게 이르노니, 내 말을 듣고 또 나를 보내신 분을 믿는 자는 영존하는 생명이 있고 또 정죄에 이르지 아니하나니 사망에서 생명으로 옮겨졌느니라(요 5:24).

만일 구원받은 어떤 사람이 어떤 이유에서건 다시 정죄에 이른다면 이 약속은 거짓이다.

23. 예수님께서는 당신이 결코 멸망하지 않을 것이라고 약속하신다.

진실로 진실로 내가 너희에게 이르노니, 내 말을 듣고 또 나를 보내신 분을 믿는 자는 영존하는 생명이 있고 또 정죄에 이르지 아니하리니 사망에서 생명으로 옮겨졌느니라(요 10:27-28).

그분께서는 당신이 어떤 삶을 살지를 조건으로 해서 위와 같이 약속하지 않았음에 주목하라. 분명히 그분께서는 아무런 전제조건 없이 "내가 그들에게 영원한 생명을 주노니 그들이 결코 멸망하지 않을 것이다."라고 말씀하셨다.

24. 당신은 결코 쫓겨나지 않을 것이다.

아버지께서 내게 주시는 모든 자는 내게로 올 것이요, 내게 오는 자는 내가 결코 내쫓지 아니하리라(요6:37).

예수님께서는 아버지 하나님께서 그분께 주셔서 돌보도록 하신 이들 중 어떤 사람도 어떤 이유에서든 결코 쫓아버리지 않으신다고 약속하신다.

25. 구원을 잃게 된다면 그것은 당신을 위해서 선을 이룬 것이 될 수 없다.

우리가 알거니와 하나님을 사랑하는 자들 곧 그분의 목적에 따라 부르심을 받은 자들에게는 모든 것이 합력하여 선을 이루느니라(롬8:28).

이 구절은 오직 신자들에게만 해당된다. 잃어버려진 자들은 하나님을 사랑하지 않는다(요일4:7). 당신이 구원을 잃게 된다면 그것이 당신에게 선을 이룬 것이 될 수 있는가? 하나님께서는 한번 그분의 영원한 생명을 선물로 받은 자에게는 모든 것이 그를 위해 협력하여 선을 이룰 것이라고 약속하시지 않았는가? 당신이 구원을 잃는다면 그것은 당신에게 있어서 선을 이루는 것이 아니다.

26. 당신은 그리스도의 손 안에 감싸여 있다.

내가 그들에게 영원한 생명을 주노니 그들이 결코 멸망하지 않을 것이요 또 아무도 내 손에서 그들을 빼앗지 못하리라(요10:28).

어떤 이들은 구원받기 위해서는 끝까지 붙들고 버텨야 한다고 주장한다. 그러나 성경 말씀에 의하면 당신의 구원을 붙들고 계신 분은 주님이시다.

27. 당신은 아버지 하나님의 손 안에 감싸여 있다.

그들을 내게 주신 내 아버지는 모든 것보다 크시매 아무도 내 아버지 손에서 능히 그들을 빼앗지 못하느니라. 나와 내 아버지는 하나이니라, 하시니라(요10:29-30).

이것은 이중 안전보장이다. 당신은 아버지 하나님의 손과 아들 예수님의 손 안에 이중으로 싸여 있다. '아무도'에는 당신 자신도 포함된다. 따라서 당신 스스로도 하나님의 손과 예수 그리스도의 손으로부터 미끄러져 나갈 수 없다.

28. 당신은 예수님께 속한 양이고 언제까지나 그분의 양으로 남아 있을 것이다.

내 양들은 내 음성을 들으며 나는 그들을 알고 그들은 나를 따르느니라. 내가 그들에게 영원한 생명을 주노니 그들이 결코 멸망하지 않을 것이요 또 아무도 내 손에서 그들을 빼앗지 못하리라(요10:27-28).

성경은 일관되게 구원받지 못한 이방인은 개로, 구원받지 못한 유대인은 돼지로 묘사한다. 구원받은 신자들은 이방인과 유대인에 상관없이 '새로운 창조물'이 되고(고후 5:17) 그들은 양으로 묘사된다. 개가 양으로 변했다는 이야기는 들어 본 적이 없다. 오직 하나님의 기적만이 그렇게 하실 수 있다. 바꾸어 말해서 양 즉 구원받은 사람이 개 즉 구원받지 못한 이방인으로 바뀔 수 없다. 이것은 당신의 경우에도 마찬가지이다.

29. 구원의 은혜는 결코 다함이 없다.

그분께서 우리를 구원하시되 우리가 행한 의로운 행위로 하지 아니하시고 오직 자신의 긍휼에 따라 다시 태어남의 씻음과 성령님의 새롭게 하심으로 하셨고(딛3:5)

시편 136편은 26회에 걸쳐서 '그분의 긍휼이 영원하도다.'라고 기록한다. 당신의 구원은 그분의 긍휼히 여기심으로 말미암은 것이고 그 긍휼은 일정 기간 지속되다가 그치는 것이 아니다. 그것은 영원히 지속된다.

30. 하나님이 무엇을 약속하셨다면 그것은 반드시 성취된다.

하나님은 사람이 아니시니 거짓말하지 아니하시고 사람의 아들이 아니시니 뜻을 돌이키지 아니하시는도다. 그분께서 말씀하셨은즉 그것을 행하지 아니하시리요? 그분께서 이르셨은즉 그것을 실행하지 아니하시리요?(민23:19)

아들 하나님께서는 '나를 믿는 자는 영존하는 생명을 가졌다.'고 약속하셨다(요 6:47). 그분의 말씀은 신실하시므로 그분께서 약속을 지키시리라는 것은 확실하다.

31. 당신의 모든 죄들은 영원히 사라져 버렸다.

동이 서에서 먼 것 같이 그분께서 우리의 범법들을 우리에게서 멀리 옮기셨으며(시103:12)

그분께서 다시 돌이키시고 우리를 불쌍히 여기시며 우리의 불법들을 누르시리니 주께서 그들의 모든 죄를 바다 깊은 곳에 던지시리이다(미7:19).

내가 네 범법들을 빽빽한 구름을 지우듯 지웠고 네 죄들을 구름같이 지웠으니 내게로 돌아오라. 내가 너를 구속하였느니라(사44:22).

보옵소서, 평안을 얻으려고 내가 큰 쓰라림을 받았거니와 주께서 내 혼을 사랑하사 부패의 구덩이에서 건져 내셨으니 주께서 내 모든 죄를 주의 등 뒤로 던지셨나이다(사38:17).

또, 내가 그들의 죄들과 불법들을 다시는 기억하지 아니하리라, 하셨느니라(히10:17).

'동이 서에서 먼 것 같이', '바다 깊은 곳에 던지시리이다', '네 죄들을 구름같이 지워버렸으니', '모든 죄를 주의 등 뒤로 던지셨나이다', '다시는 기억하지 아니하리라' 등과 같은 이 모든 표현은 당신의 모든 죄가 영원히 사라져 버렸음을 증언한다.

32. 성경은 당신이 궁극적으로 그리스도처럼 될 것이라고 약속하신다.

사랑하는 자들아, 이제 우리는 하나님의 아들들이니라. 우리가 앞으로 어떻게 될지는 아직 나타나지 아니하였으되 그분께서 나타나시면 우리가 그분과 같게 될 줄 아노니 이는 우리가 그분을 그분께서 계신 그대로 볼 것이기 때문이라(요일3:2).

'우리가 그분과 같게 되리라.'는 말은 그렇게 될 가능성에 대해서 말하는 것이 아니다. 그것은 절대적으로 확실한 것에 대한 진술이다.

33. 하나님께서는 당신이 이미 영화롭게 된 것으로 치신다.

뿐만 아니라 그분께서는 자신이 예정하신 그들을 또한 부르시고 자신이 부르신 그들을 또한 의롭다 하시고 자신이 의롭다 하신 그들을 또한 영화롭게 하셨느니라(롬8:30),

어떻게 이미 영화롭게 된 사람이 구원을 잃을 수 있는가?

34. 당신은 썩지 아니할 씨로 태어났다.

너희가 다시 태어난 것은 썩을 씨에서 난 것이 아니요 썩지 아니할 씨에서 난 것이니 살아 있고 영원히 거하는 하나님의 말씀으로 된 것이니라(벧전1:23).

당신의 새로운 출생은 썩지 않을 씨에 의한 것이기에 사탄이나 그 누구도 하나님께서 썩지 않으리라고 선언하신 출생을 썩게 만들 수 없다.

35. 당신은 그리스도와 함께 영광 가운데 나타나도록 되어 있다.

우리의 생명이신 그리스도께서 나타나실 때에 그때에 너희도 그분과 함께 영광 가운데 나타나리라(골3:4).

오직 전능하신 하나님 곧 당신의 미래를 모두 아심에도 불구하고 당신을 있는 그대로 받아주신 그분만이 위의 성경 말씀이 성취되리라는 것을 미리 약속할 수 있으셨다. 그분은 모든 신자들에게 '너희도 그분과 함께 영광 가운데 나타나리라.'고 말씀하셨다.

36. 당신은 주 예수 그리스도 안에 감추어져 있다.

너희는 죽었고 너희 생명은 그리스도와 함께 하나님 안에 감추어져 있느니라(골3:3).

하나님의 평가에 의하면 당신의 자연적 생명은 죽었다. 이제 당신에게 있는 유일한 생명은 하나님께서 주신 영원한 생명이다. 그리고 그 생명은 사탄이 찾아낼 수 없는 방법으로 숨겨져 있다.

37. 당신은 죄에 대해서 죽어 있다.

결코 그럴 수 없느니라. 죄에 대하여 죽은 우리가 어찌 그 가운데서 더 살리요?(롬6:2)

죽은 자는 죄로부터 해방되었느니라(롬6:7).

분명히 당신은 죄를 지을 가능성으로부터 벗어나지는 않았다. 위의 구절은 신자와 그리스도가 하나라는 사실에 대해서 언급한다. 우리는 그리스도 안에서 죽었으므로 죄가 미치는 영원한 효력으로부터 죽었다. 따라서 우리의 그 어떤 죄도 우리의 영원한 안전보장에 영향을 미칠 수 없다.

38. 주님께서 현재 당신을 위해 기도하고 계시므로 당신은 안전하다.

그러므로 그분께서 항상 살아 계셔서 그들을 위해 중보하심을 보건대 그분은 또한 자기를 통하여 하나님께 나아오는 자들을 끝까지 구원하실 수 있느니라(히7:25).

주 예수님께서 신자들을 위해서 끊임없이 중재하고 계시므로 당신의 구원은 끝까지 즉 그리스어의 의미대로 '완전히 끝까지' 이른다.

39. 하나님은 자신이 시작한 것을 끝마치실 것이다.

너희 안에서 선한 일을 시작하신 분께서 예수 그리스도의 날까지 그 일을 이루실 것 바로 이것을 나는 확신하노라(빌1:6).

당신의 삶에서 구원의 일을 시작하신 그 하나님께서 그것이 완전히 이루어질 때까지 계속해서 그 일을 이루어 가신다.

40. 당신의 구원은 주님께서 얻어 당신에게 주신 것이다.

[그분께서] 염소와 송아지의 피가 아니라 자기 피를 힘입어 단 한 번 거룩한 곳에 들어가사 우리를 위하여 영원한 구속을 얻으셨느니라(히9:12).

예수 그리스도께서 그분 자신의 피로 한 번 영원한 대속을 이루셨다. 우리는 단지 그분께서 우리를 위해 획득하신 대속을 받았을 뿐이다. 그분께서 한 번 그것을 획득하셨으므로 그것을 영원히 얻으셨다.

41. 당신의 생명과 주님의 생명은 하나이다.

우리의 생명이신 그리스도께서 나타나실 때에 너희도 그분과 함께 영광 가운데 나타나리라(골3:4).

'우리의 생명이신 그리스도'에 주목하라. 예수 그리스도께서 그분의 생명을 다시 잃지 않는 한 어떻게 우리가 우리 생명을 잃을 수 있는가? 주 예수님께서 결코 죽지 않으시고 그분께서 우리의 생명이시라면 당연히 우리는 결코 종말을 고하지 않을 생명을 가지고 있다.

42. 하나님께서 당신과 맺으신 언약은 영원히 지속된다.

이제 양들의 큰 목자이신 우리 주 예수님을 영존하는 언약의 피를 통해 죽은 자들로부터 다시 이끌어 내신 평강의 하나님께서 예수 그리스도를 통해 모든 선한 일에서 너희를 완전하게 하사 자신의 뜻을 행하게 하시고 자신의 눈앞에서 매우 기쁜 것을 너희 안에서 이루시기를 원하노라. 영광이 그분께 영원무궁토록 있기를 원하노라. 아멘(히13:20-21)

언약은 상호 간의 약속이다. 하나님께서 신자들과 맺으신 약속은 바로 그리스도의 피를 통해서 당신에게 영존하는 생명을 주시는 것이다.

43. 주 예수님께서는 당신이 넘어지지 않도록 보호하실 수 있다.

이제 능히 너희를 보호하사 넘어지지 아니하게 하시고 넘치는 기쁨으로 자신의 영광이 있는 곳 앞에 흠 없이 너희를 제시하시는 분(유24)

주님께서는 당신이 넘어지는 것으로부터 당신을 보호하실 수 있을 뿐 아니라 아무도 멸망하지 아니하고 모두 다 회개에 이르기를 원하신다(벧후3:9). 이것이야말로 '은혜에서 떨어지면 구원을 잃게 된다.'고 넌지시 주장하는 이들에 대한 답변이다.

44. 주님께서 당신을 위해서 죽으셨을 때 당신의 모든 죄들은 미래의 죄였다.

또 이 우리에 속하지 않은 다른 양들이 내게 있으므로 그들도 내가 반드시 데려오리니 그들이 내 음성을 듣겠고 이로써 한 우리와 한 목자가 있으리라(요10:16).

주님께서는 여기서 당신의 구원에 대해서 말씀하신다. 그분께서는 미래에 속한 어느 날 구원받을 이방인에 대해서 말씀하시면서 유대인의 양무리가 아닌 다른 양들을 자신이 소유하고 계시다고 하신다. 당신이 구원받은 이후에 짓는 죄들이 당신의 구원을 잃게 만들 수는 없다. 왜냐하면 당신이 평생 사는 동안 지을 죄들은 이천 년 전 주 예수님께서 당신을 위해 죽으신 시점에서는 모두 미래의 죄였기 때문이다. 그때에 당신은 아직 태어나지도 않은 상태였다.

45. 하나님은 거짓말하실 수 없다.

[바울은] 영원한 생명의 소망 안에서 사도가 되었는데 이 생명은 거짓말하실 수 없는 하나님께서 세상이 시작되기 전에 약속하셨으나(딛1:2)

하나님은 절대로 거짓말하실 수 없다. 그분은 모든 신자들이 결코 멸망하지 않을 것이며(요10:28), 아들을 믿는 자에게는 영존하는 생명이 있다고 하셨다(요3:36).

46. 구원은 취소될 수 없는 선물이다.

죄의 삯은 사망이나 하나님의 선물은 예수 그리스도 우리 주를 통해 얻는 영원한 생명이니라(롬6:23).

너희가 믿음을 통해 은혜로 구원을 받았나니 그것은 너희 자신에게서 난 것이 아니요 하나님의 선물이니라. 행위에서 난 것이 아니니 이것은 아무도 자랑하지 못하게 하려 함이라(엡2:8-9).

하나님의 선물들과 부르심에는 뜻을 돌이키는 일이 없느니라(롬11:29).

'뜻을 돌이키는 일이 없다'(without repentance)는 것은 그리스어로 '취소할 수 없다'는 것을 의미한다. 하나님께서 누군가에게 영원한 생명을 한 번 선물로 주신다면 그것은 다시 무를 수 없는 것이다.

47. 당신은 전가된 의를 소유하고 있다.

이것은 또한 다윗이 행위가 없어도 하나님께서 의를 인정하시는 사람의 복된 일을 묘사하여 이르되, 자기 불법들을 용서받고 자기 죄들이 가려진 자들은 복이 있으며(롬4:6-7)

여기서 의를 '인정한다'는 말은 '전가한다'는 것인데 이것은 하나님의 간주에 의해 의가 증여된다는 말이다. 당신의 의가 당신 스스로 번 것이라면 당신이 행하는 불의한 행위에 의해서 그 구원을 잃어버릴 수 있다. 그러나 당신의 의는 그리스도의 공로를 바탕으로 해서 당신에게 전가된 것이기 때문에 예수님께서 불의하게 되실 경우에만 당신의 의를 잃을 수 있다.

48. 당신은 그리스도의 신체의 일부분이 되었다.

우리는 그분의 몸과 그분의 살과 그분의 뼈들에 속한 지체들이니라(엡5:30).

구원받는 순간 우리는 하늘에 계신 신랑 예수 그리스도와 한 몸이 된다. 이것은 영적인 면으로 사실이며 성경적으로도 글자 그대로도 그 사실을 부인할 근거가 없다. 그리고 '우리가 그분 안에서 살며 움직이며 존재한다.'(행17:28)는 성경의 진리는 '그리스도 안에' 있는(고후5:17) 이들에게는 좀 더 깊은 의미가 있다. 그러므로 그리스도의 살과 뼈는 그들의 구원을 잃어버리는 사람들로 인해서 끊임없이 찢어질 수 없다.

49. 주 예수님께서 당신의 구원의 창시자이며 완성자이시다.

우리의 믿음의 창시자요 또 완성자이신 예수님을 바라보자. 그분께서는 자기 앞에 놓인 기쁨으로 인해 십자가를 견디사 그 수치를 멸시하시더니 이제 하나님의 왕좌 오른편에 앉으셨느니라(히12:2).

주 예수님께서는 당신의 믿음을 시작하신 믿음의 창시자이실 뿐 아니라 그 믿음을 끝맺으시는 완성자이시다. 만일 당신이 중도에 어디선가 당신의 구원을 잃어버릴 수 있다면 당신의 삶에서 그분은 성경이 말씀하시는 분이 될 수 없다.

50. 성경의 권위

내가 하나님의 아들의 이름을 믿는 너희에게 이것들을 쓴 것은 너희에게 영원한 생명이 있음을 너희가 알게 하고 또 하나님의 아들의 이름을 너희가 믿게 하려 함이라(요일5:13).

주를 찬송할지로다. 그분께서 친히 약속하신 모든 것에 따라 자신의 백성 이스라엘에게 안식을 주셨으니 그분께서 자신의 종 모세의 손으로 약속하신바 자신의 모든 선한 약속 중 한 말씀도 이루지 아니하신 것이 없도다(왕상8:56).

풀은 마르고 꽃은 시드나 우리 하나님의 말씀은 영원토록 서리라(사40:8).

앞에서 제시한 이유들 즉 구원받은 사람이 절대로 구원을 잃을 수 없는 49가지 이유는 지금 말하는 50째 이유 곧 성경의 권위에 대한 증거들이다. 성령님께서는 영감으로 "이것들을 쓴 것은 너희에게 영원한 생명이 있음을 너희가 알게 하려 함이라."라고 말씀하셨다. 하나님께서는 우리가 그리스도 안에서 '멈추지 않을 영원한 생명'을 가지고 있는 것을 기록된 말씀을 통해서 '알 수 있다'고 하신다.

성경은 그 자체가 스스로의 권위이다. 위의 50가지 성경적인 이유로 인해서 구원받은 사람은 결코 구원을 잃을 수 없다. "우리 하나님의 말씀은 영원히 선다."

부록 17

기적들을 요구하라

현재 기독교 내에서 급속도로 일어나고 있는 위험한 일들 중 하나는 많은 성도들이 눈에 보이는 현상을 추구하는 것이다. 사람들이 유물론에 대해 환멸을 느낌에 따라, 그들은 기드온의 시대 즉 이스라엘이 영적 기근을 당했던 시대에 그 민족의 지도자였던 기드온이 갖고 있었던 태도를 취하게 된다. 그는 다음과 같이 하나님께 항의했다.

기드온이 그에게 이르되, 오 내 주여, **주**께서 우리와 함께 계시면 어찌하여 이 모든 일이 우리에게 닥쳤나이까? 또 우리 조상들이 우리에게 말해 준 그분의 모든 기적들은 어디 있나이까? 그들이 말하기를, **주**께서 우리를 이집트에서 데리고 올라오지 아니하셨느냐? 하였나이다. 그러나 이제 **주**께서 우리를 버리사 미디안 족속의 손에 넘겨주셨나이다, 하거늘 (삿6:13)

"그분의 모든 기적들은 도대체 어디에 있단 말인가?"

이것은 자신들이 하나님의 백성들이라고 생각하는 사람들이 영적 기근을 만났을 때 종종 묻는 질문이다. 이 같은 영적인 필요성에 대한 반응으로서 많은 종교지도자들과 그들을 따르는 추종자들은 기적의 시대가 우리에게 새로운 방식으로 열리고 있다고 주장한다. 그래서 지금 기적(miracle)이라는 단어가 성도들 간에 늘 언급되며 화젯거리가 되고 있다.

그들은 기적에 대해 노래하며 많은 이들이 하나님께서 기적을 일으키시는 것을 보았다고 주장한다. 이외에도 우리 주변에는 「기적 잡지」, 「기적 손수건」, 「기적 소금」, 「기적 출판사」, 「기적의 계곡」, 「기적 설교」, 「기적 집회」 등이 널려 있으며 많은 이들이 공공연히 혹은 은연중에 자신들이 기적을 일으키는 은사를 갖고 있다고 주장한다. 사실 이 같은 것들은 지금까지는 종교적 광신자들이 주장하던 것들이었는데 지금은 합법적으로 기독교 안으로 침투해 들어오고 있다. 이런 시점에서 우리는 과연 하나님께서 우리가 요구할 때마다 기적을 행하시는 마술사이신 가에 관한 성경적 가르침들을 살펴보아야 할 것이다. 이 같은 사탄의 교리는 마태복음에 기록된 예수님의 시험에 관한 기사에 잘 나타나 있다.

그때에 예수님께서 성령의 인도를 받아 마귀에게 시험을 받으러 광야로 들어가사 밤낮으로

이 글과 다음 부록 '약속들을 이용하라'는 브리스 박사(Dr. Dave Breese)의 「Satans Ten Most Believable Lies」에서 번역하였다.

사십 일 동안 금식하시고 그 뒤에 주리시니라. 그 시험하는 자가 그분께 나아와 이르되, 네가 만일 하나님의 아들이거든 명령하여 이 돌들이 빵이 되게 하라, 하거늘 그분께서 응답하여 이르시되, 기록된바, 사람이 빵으로만 살 것이 아니요, 하나님의 입에서 나오는 모든 말씀으로 살 것이라, 하였느니라, 하시더라(마4:1-4).

위의 성경 말씀 속에는 두 명의 대화 이상의 것들이 담겨져 있다. 이 사건 안에는 커다란 윤리의 시험이 있었으며 인류의 운명이 결정 나게 될 선과 악의 대결이 있었다. 여기에서 사탄은 그리스도 앞에 공공연히 나타나서 그 당시 그리스도께서 갖고 계셨던 가장 큰 취약점 즉 극도의 육신적 굶주림에 대한 자신의 첫째 공세를 취한다. 지난 40일간 주님께서는 아무것도 드시지 않았고 그곳에 음식이라곤 아무것도 없었다. 이것을 알고 이 대적자는 그리스도에 대한 첫째 윤리적 시험 공세를 취한다. 그는 사실상 "네가 하나님의 아들이거든, 이 같은 육적인 굶주림 정도는 네게 전혀 문제가 되지 않을 것이다. 그러므로 마술사가 되어 이 돌들로 빵이 되게 하라"고 말하고 있다.

이것은 필요할 때마다 기적을 행하는 것이 개인의 문제 해결과 육적인 필요를 만족시키는 데 사용되어도 좋다는 마귀의 교리이다. 다시 말해 마귀의 교리는 하나님은 마술사이며, 기적이란 갑작스러운 사건으로 인간의 육적인 만족감을 가져다주는 도구라는 것이다. 그런데 이 같은 마귀의 주장에 대한 예수님의 반응은 우리에게 참으로 큰 교훈을 준다. "사람이 빵으로만 살지 않고 하나님의 입에서 나오는 모든 말씀으로 살리라."

여기서 예수님은 육적인 혹은 자연적인 사건은 그 자체가 어떤 의미를 갖고 있지 않다고 말씀하신다. 모든 현상의 참된 의미는 오직 "하나님의 입에서 나오는 모든 말씀"에 의해서만 이해될 수 있다. 그러므로 실재(혹은 현실)란 물질적인 빵 즉 분자나 원자에 의해 구성되어 있지 않고 하나님의 말씀 그 자체가 바로 실재이다. 그분의 말씀만이 최종적 진리이다. 그러므로 어떠한 기적을 동반하는 사건들은 스스로 어떤 의미를 부여하지 못하며, 성도들에게 있어서 삶의 참된 의미는 항상 하나님의 진리를 아는 것과 그것을 이해하는 데 있다.

이런 관점에서 볼 때 초자연적이며 기적적인 사건들에 대한 많은 주장들은 다시 한 번 면밀히 검토되어야만 한다. 또한 기적에 대한 기초적인 질문들은 가장 믿을 만한 책인 성경책에 의거하여 대답되어야만 한다. 수많은 경험들이 보고되었고 간증들이 이루어졌으며 기적에 관한 노래들이 불렸고 병자용 수레들이 쓸모가 없게 된 지금 우리는 이러한 초자연적인 이야기들이 말하는 것이 무엇인가를 알아보기 위해 하나님의 말씀을 연구해 보아야만 한다. 무엇보다 먼저 우리는 지금 논하는 것의 중심이 되는 기적이라는 낱말이 무엇인가 생각해 보아야겠다.

기적이란 무엇인가? 기적이란 사람들이 경험하는 초자연적인 현상으로 자연의 법칙과는 모순된 채 일어나는 것이다. 이 같은 정의 하에서 볼 때 일어나는 모든 것 그리고 특히 이상한 것이 다 기적은 아니다. 참된 기적은 단순히 일치되는 것 이상의 것이어야만 하며 또한 우리가 늘 자연에서 접하는 것과는 구별된 것이어야만 한다. 수많은 놀라운 사건들이 우리 삶 속에서 일어날 수 있으며 우리는 이런 것들이 우리의 기도에 대한 하나님의 응답이라고 말할 수 있다. 그러나 우리는 이것들을 모두 기적이라고 부를 수는 없으며 이런 점에서 우리는 사용하는 말에 대해 조심해야만 한다.

자, 그러면 둘째 질문으로 가 보자. 기적에 대한 증명은 무엇인가? 성경은 분명히 우리에게 "모든 것을 시험해 보고 선한 것을 굳게 붙잡으라."고 경고한다(살전5:21). 사실 이러한 기적에 대한 증명이 없기 때문에 순진하고 감수성이 예민한 성도들이 교묘한 사기꾼들에게 이용을 당해 오고 있다. 신자들이라면 종교적인 색채를 띠고 우리에게 다가오는 특별한 것들에 대한 주장을 모두 믿어야만 한다는 사상이 크리스천들의 사고 영역을 침범해 들어오고 있다. 이것은 진실과는 너무나 거리가 먼 것이다.

성경은 우리에게 분명히 이 세상에 가짜 선생들이 있을 것이며(벧후2:1) 특히 말세가 됨에 따라 거짓말쟁이들, 속이는 자들, 신성모독자들이 더욱 더 극성을 피울 것임을 보여 준다(딤후3:13). 기만으로 가득 찬 이 시대에 우리는 더욱 더 모든 것을 시험해 보아야만 할 것이다(살후2:11; 살전5:21).

우리는 성경 안에 있는 법칙들을 사용하여 이런 자들의 주장을 검토해 볼 수 있다. 성경의 여러 구절들은 이런 것들을 증명하는 데 필요한 절차들을 자세히 보여 준다. 첫째 원리는 한 사람의 증인이나 하나의 증거는 그것 자체로 증명이 될 수 없다는 것이다. 율법은 분명히 다음과 같이 말한다.

> 어떤 사람이 죄를 짓는 때에 한 증인이 일어나서 어떤 불법이나 죄에 대해 그 사람을 대적하지 말며 두 증인의 입의 증언으로나 세 증인의 입의 증언으로 그 문제를 확정할 것이니라(신19:15).

이 같은 두세 명의 증인들의 원리는 구약성경의 다른 여러 곳에서도 반복된다(민35:30; 신17:6). 또한 특별한 사건들을 확증하기 위한 이 법칙은 예수님에 의해서 재확인되었다. "그러나 만일 그가 네 말을 들으려 하지 아니하거든 너와 함께 한두 사람을 더 데리고 가서 두세 증인의 입으로 모든 말을 확증하라"(마18:16). 이 같은 원리를 따라 어떤 주장이나 사건, 고소하는 것 등은 반드시 두세 사람의 믿을 만한 증인들에 의해 확증되어야만 한다. 또한 이들의 증거는 반드시 참되어야만 하는데 그 이유는 성경이 거짓 증언의 위험에 대해 경고해 주고 있기 때문이다.

이 같은 것을 염두에 두고 셋째 질문을 살펴보자. 기적의 목적은 무엇인가? 분명히 기적의 목적은 어떤 흥미로운 일을 행하는 것이 아니며 어떤 개인의 삶에서 병 고침과 같은 것을 일으키는 것도 아니다. 만일 예수님께서 한 사람에게는 병 고침이라는 단 하나의 목적을 이루기 위한 기적을 일으켜 주시고 다른 이들에게는 이 같은 기적을 주시지 않는다면 그것은 참으로 잔인한 일일 것이다. 그러나 다행히도 성경은 예수님께서 기적을 일으키시는 목적에 대해 잘 보여 주고 있다.

예수 그리스도께서 베푸신 기적들의 가장 큰 목적은 계시의 진리에 대한 증거를 하게 하기 위함이다. 주 예수 그리스도 안에서 우리가 갖고 있는 큰 구원에 대해 성경은 다음과 같이 말한다.

> 우리가 이렇게 큰 구원을 소홀히 여기면 어찌 피할 수 있으리요? 이 구원은 처음에 주께서 말씀하기 시작하신 것이요 그분의 말씀을 들은 자들이 우리에게 확증한 것인데

하나님께서도 자신의 뜻에 따라 표적들과 이적들과 다양한 기적들과 성령님의 선물들로 그들에 대하여 증언하셨느니라(히2:3-4).

그러므로 분명히 기적들의 목적은 그들이 예수님의 증인이 되게 하는 것이다. 하나님은 그곳에 있던 사람들에게 예수 그리스도께서 하나님의 아들이시며, 사도들이 전하는 말씀이 하나님으로부터 왔음을 보여 주시기 위해 어떤 특이한 현상을 일으키셨다. 그러므로 기적들은 하나님으로부터 난 주 예수님 혹은 그분의 사도들이 옳다는 것을 현장에서 직접 보여 주는 것이었다.

만일 기적들의 목적이 계시의 진리에 대한 증거가 되는 것이 확실하다면, 제3자나 다른 인물들에 의해 기적들이 보고 되는 것은 별 의미가 없게 된다. 왜냐하면 이러한 기적들은 우리가 위에서 세워 놓았던 증거의 법칙에 의거하여 신빙성을 세울 수 없는 사람들에 의해 전달되기 때문이다. 기적을 일으키는 것 혹은 기적이 일어나는 것은 실제로 그것을 본 사람에게는 큰 의미를 부여할 수 있다. 하지만 실제로 본 사람의 확증 없이 다른 이들에게 전해진 기적에 대한 증거는 아무런 가치가 없다. 더구나 그 같은 이야기는 혼동되고 과장되기 쉽고 또한 그것을 듣는 사람은 원래의 기적에 의해 증명된 하나님의 말씀을 받기보다는 그와 비슷한 기적들만을 갈망하게 된다.

오늘날 희미한 구석으로부터 수많은 기적들이 보고되고 있는 것은 너무나 불행한 일이다. 비록 이처럼 놀랄 만한 사건들이 실제의 일이라 해도 이런 사건들이 책자나 팸플릿 등을 통해 기독교 내로 자꾸 퍼져 나가는 것은 좋지 못한데 그 이유는 우리가 그것들의 진위 여부를 증명할 수 없기 때문이다. 그런 소식을 접한 나나 여러분은 사건을 목격한 두세 명의 증인들을 모이도록 할 수 없다. 그러므로 우리는 그 같은 사실들을 믿을 필요가 없음을 기억해야만 한다. "모든 것을 시험해 보라."는 성경의 권고를 이룰 수가 없으므로 나는 이러한 초자연적인 현상들에 의해 내 마음이 동요되지 않도록 주의를 기울인다.

그 외에도 비록 이런 것들이 사실이라 해도 그것들은 기적들의 목적을 이루지 못한다. 신약성경 안에 있는 기적들의 목적은 자신의 말씀 계시에 대한 하나님의 증거이다. 그런데 하나님의 말씀이라는 계시는 이미 완성되었고 우리는 이렇게 기록된 하나님의 거룩하신 말씀으로부터 무엇을 빼거나 그것에 무엇을 더해서는 안 된다. 따라서 기적들에 관한 성경적인 기능은 모두 끝났는데 그 이유는 기록된 하나님의 말씀은 이미 표적들, 이적들, 기적들 그리고 성령님의 은사들에 의해서 확실하게 증명되었기 때문이다.

따라서 초자연적이라고 주장되는 사건들을 출판하는 것은 아무런 의미도 없을 뿐 아니라 심지어 아주 위험하기도 하다. 그 이유는 순진한 독자들이 "만일 하나님께서 다른 곳에서는 이런 일들을 행하시는데 왜 이곳에서는 이런 일들을 일으키지 않을까?"라는 질문을 하기 때문이다. 이 같은 사람은 어떤 곳에서 하나님께서 특별히 일으키셨으며 그 뒤에는 반복되지 않는 것으로부터 일반적인 교리를 만들어 내려 한다. 그러므로 우리가 온 세상에 두루 다니며 전파해야 될 말씀은 시험해 볼 수도 없는 기적들에 관한 것이 아니고 그런 기적들을 직접 본 저자들에 의해 확증된 성경 말씀 그 자체여야 한다. 이 성경이 말하고 있는 가장 큰 기적의 사건은 바로 우리 주님 예수 그리스도의 죽음과 매장과 부활이다.

기적에 대하여 논할 때 성경에 여러 가지 경고들이 있으므로 우리는 필연적으로 다음의 질문을 생각해 보아야만 할 것이다.

누가 기적을 일으킬 수 있는가?

우리가 성경을 통해 기적들은 하나님, 그리스도, 하나님의 명령을 수행하는 종들, 예언자들, 사도들 그리고 하나님의 일을 대표하는 사람들에 의해서 이루어졌다는 것을 기억할 때 위의 질문은 아주 인상적인 것이다. 하나님으로부터 특별히 선택받고 성경에 의해 확증된 사람들에 의해 이루어진 기적들의 유효성에 대해서는 의심의 여지가 없다. 그러나 우리는 어두운 면도 동시에 보아야만 한다. 기적들은 사탄과 그의 종들에 의해서도 이루어진다. 표적들과 기이한 일들은 마술사들과 부정한 영들에 의해서도 이루어졌다.(출7:11; 8:7; 마24:24).

성경에 따르면 사탄 자신도 기적을 일으킬 수 있고 또 장차 일으킬 것이다(계13:14; 16:14; 19:20). 사탄의 역사를 따라 적그리스도 또한 능력과 표적들 그리고 속이는 이적 등을 일으킬 것이다(살후2:9). 그 외에도 많은 거짓 사역자들이 기적을 일으킨다고 주장할 것이다. 언젠가 천국에 들어가려는 자들이 주님께 "주님, 주님의 이름으로 우리가 마귀를 내쫓지 않았습니까? 주님의 이름으로 많은 놀라운 일들을 하지 않았습니까?"(마7:22)라고 말할 것이다. 이들에 대한 예수 그리스도의 대답으로 미루어 볼 때, 비록 그들이 큰 능력을 행했어도 그들은 그리스도인이거나 혹은 하나님의 종들이 아니었다. 바로 이런 연유로 성경은 우리에게 '모든 영을 시험하라'고 권고한다(요일4:1).

모든 영적인 활동이 반드시 하늘의 아버지에 의해 이루어지는 것이 아니라는 사실은 아무리 강조해도 끝이 없다. 사탄도 참으로 기적을 일으킨다. 이렇게 함으로써 그는 자신의 교리에 신빙성을 더할 수 있게 된다. 이 같은 대적자의 교묘한 활동 때문에 우리는 여기저기에서 튀어나오는 기적 이야기들을 너무 쉽게 믿거나 기뻐해서는 안 되며 늘 정신을 차리고 있어야만 한다.

"그러나 크리스천들의 활동 안에서 기적이 일어나도록 하나님을 믿는 것이 도대체 무슨 잘못이란 말인가?"라고 물을 수도 있다. 이것은 기적에 대한 넷째 질문을 일으킨다. 믿음은 기적들을 일으키는가? 많은 이들이 그리스도의 약속을 의지하며 적절한 믿음은 하나님의 기적적인 역사를 일으킬 수 있다고 주장한다. 많은 현대의 적극적 사고를 외치는 설교자들은 큰 믿음은 큰 기적을 작은 믿음은 작은 기적을 일으킨다고 외친다. 그러나 어쨌든지 그들은 한결같이 기적들은 믿음의 결과로서 오게 된다고 가르친다. 이 점에 대해 신약성경의 믿음 장은 우리에게 많은 가르침을 준다.

히브리서 11장은 믿음이 여러 사람들의 삶에서 이루어 놓은 놀랄 만한 결과들을 보여 준다. 그런데 우리가 이곳을 자세히 읽어 보면 이 결과들의 대부분이 하나님의 기적적인 역사와는 대조적인 속사람의 변화임을 보게 된다. 그래서 히브리서 11장에서 믿음은 이해심을 일으켜 주고(3절), 더 좋은 희생을 드릴 능력을 만들어 주고(4절), 배를 만들기 위한 근면함을 일깨워 주고(7절), 복종(8절), 강건함(11절) 등을 일으켜 준다. 믿음은 이삭으로 하여금 야곱을 축복하게 하는 능력을 부여했으며(20절), 야곱이

요셉의 아들들을 축복하며 하나님을 섬기도록 능력을 부여했다(21절). 믿음에 의해 요셉은 이스라엘 자손들이 떠날 것을 언급했다(22절). 믿음에 의해 모세는 옮겨졌고(23절) 또한 그는 믿음으로 이집트를 거절했고(24절) 버렸으며(27절) 유월절을 지켰다(28절). 믿음에 의해 이스라엘 자손은 홍해를 건넜다(29절).

히브리서 11장에 있는 수많은 사건들 중 단지 몇 가지만이 소위 기적이라는 초자연적인 역사의 범주에 포함될 것이다. 또한 믿음에 의해 생긴 결과들의 대부분은 각 개인에게 일어났던 내적인 결심들로서 이런 것들 때문에 그들은 하나님을 믿었고 그분을 위해 꾸준히 수고를 했다. 32-40절 사이의 영웅들 중 단지 몇 명만이 기적을 일으켰고 대부분의 경우 믿음 때문에 그들은 잔인무도한 박해를 받았고 믿음의 결과를 보지도 못하고 혹은 약속하신 것을 받지도 못한 채 죽어야만 했다.

그러므로 히브리서 11장이 주는 명백한 교훈은 믿음을 갖고 있던 사람들은 큰 소망을 갖고 아픈 일들을 헤치고 나갈 수 있었으며 생존하기 위해 기적을 필요로 하지 않았다는 것이다. 이것은 이유 없이 그토록 고난을 당했던 욥이 결론 내린 믿음에 관한 선언과도 일치한다. 자신의 하나님을 바라보며 그는 "그분께서 나를 죽이신다 해도 나는 그분을 신뢰하리라."고 말했다(욥13:15).

이와 관련된 질문은 다음과 같다. 기적들은 믿음을 만들어 내지 않는가? 그러나 이 질문에 대한 복음서들의 결론은 '아니다'이다. 수많은 사람들이 예수 그리스도의 기적들을 직접 보았고 그분의 신성과 그로 인한 초자연적인 현상들을 일으킬 수 있는 능력을 놀란 눈으로 보았다. 그러나 그분의 지상사역 말기에 그들은 모두 자신들의 메시아로서 그분을 거부했고 더욱이 그분의 그런 능력 때문에 그분을 증오했다.

그러므로 예수 그리스도의 기적들은 그것들을 본 대부분의 사람들에게 어떤 영구한 인상을 남겨 놓지 못했다. 그분의 기적들조차도 그들이 그분을 따르도록 만들 '살아 있는 믿음'을 만들어 내지 못했다. 기적들이 믿음을 만들어 내지 못함을 단적으로 보여 주는 기사는 마태복음 16장 8-10절에 기록되어 있다.

> 예수님께서 그것을 아시고 그들에게 이르시되, 오 믿음이 적은 자들아, 너희가 어찌하여 빵을 가져오지 아니하였으므로 너희끼리 의논하느냐? 너희가 아직도 깨닫지 못하느냐? 빵 다섯 개로 오천 명이 먹고 너희가 몇 바구니를 거두었으며 빵 일곱 개로 사천 명이 먹고 너희가 몇 바구니를 거두었는지 기억하지 못하느냐?

여기에서 예수님께서는 자신의 제자들을 꾸짖고 계신데, 그 이유는 그들이 기적들을 보았음에도 불구하고 그분이나 그분의 사역을 믿지도 이해하지도 않았기 때문이었다. 믿음은 기적에 의해서 생기지 않고 성경을 아는 것에 의해서 생겨난다. "믿음은 들음에 의해 오며 들음은 하나님의 말씀에 의해 온다"(롬10:17). 크리스천 교리를 즉 무엇을 믿는가를 이해하는 것이 마음속에 믿음이 생기게 하며 이 같은 이해를 떠나서는 어떤 외적인 현상도 우리를 믿게 만들 수 없다.

기적에 관한 또 다른 질문은 다음과 같다. 신실하고 영적인 사람들은 참으로 어떤 표적이나 기적을 볼 필요가 있는가? 예수님의 지상 사역의 역사를 통해서 보면 계속해서 기적과 표적을 요구했던 사람들이야말로 마음으로는 그분을 가장 싫어했던 사람들이었다. 그들은 믿지도 않았고 종종 비평이나 하고 야유나 퍼부었다. 반면에 예수 그리스도께서 하나님의 아들이심을 조용히 믿으며 산 사람들은 그분의 말씀과 그들을 위한 교훈을 수긍하며 듣기를 좋아했다. 예수 그리스도나 그분께서 주시는 참된 구원 등에는 관심이 없었던 다른 무리들은 예수님으로부터 다음과 같은 책망을 받았다.

> 악하고 음란한 세대가 표적을 구하나 대언자 요나의 표적 외에는 아무 표적도 그 세대에게 주지 아니하리라, 하시고 그들을 남겨 둔 채 떠나가시니라(마16:4).

이같이 강력한 우리 주님의 말씀은 우리로 하여금 늘 기적을 찾고 표적을 요구하며 주님을 거부하고 다른 모양으로 하나님을 욕되게 하는 이들을 더 잘 이해하도록 만들어 준다. 그러므로 기적을 요구하는 것은 영적인 것이 아니고 육적이며 믿지 아니함을 보여 주는 것이다. 이 다음에 오게 될 질문은 아래와 같다.

하나님께서는 기도에 대한 응답으로 기적을 일으키시지 않는가?

이 질문에 대답하기에 앞서 먼저 성경적 기도는 어떤 특징을 갖고 있는지 살펴보자. 다음은 우리를 성경적으로 기도하도록 만들어 주는 기도의 요소들을 대략 요약해 놓은 것이다.

1. 우리는 예수 그리스도의 이름으로 기도해야만 한다. "너희가 내 이름으로 무엇을 구하든지 내가 그것을 행하리니 이것은 아버지께서 아들 안에서 영광을 받게 하려 함이라"(요14:13).
2. 우리는 믿음 안에서 간구 해야만 한다. "그러나 그는 믿음으로 구하고 조금도 흔들리지 말지니라. 흔들리는 자는 마치 바람에 밀려 요동하는 바다 물결 같나니"(약1:6).
3. 우리는 그리스도 안에 거해야만 한다. "너희가 내 안에 거하고 내 말들이 너희 안에 거하면 너희가 원하는 바를 구하라. 그러면 그것이 너희에게 이루어지리라"(요15:7).
4. 우리는 그분의 말씀이 우리 안에 거하도록 해야 한다.
5. 우리는 이기적으로 기도해서는 안 된다. "너희가 구하여도 받지 못함은 그것을 너희의 정욕에 쓰려고 잘못 구하기 때문이라"(약4:3).
6. 우리는 믿음 안에서 흔들리지 말아야 한다. "그러나 그는 믿음으로 구하고 조금도 흔들리지 말지니라. 흔들리는 자는 마치 바람에 밀려 요동하는 바다 물결 같나니 그 사람은 자기가 무엇을 주께 받을 줄로 생각하지 말라"(약1:6-7).
7. 우리는 고의적인 죄를 지어서는 안 된다. "내가 마음속으로 불법에 관심을 두면 주께서 내 말을 듣지 아니하시리라"(시66:18).
8. 우리는 아버지께서 영광을 받으시도록 기도해야만 한다(요14:13).
9. 우리는 기도할 때에 계속해야만 한다. "항상 기도하고 기도 중에 감사를 드리며 깨어 있으라"(골4:2).
10. 우리는 일들이 합하여 선을 이루도록 기다려야만 한다. "우리가 알거니와 하나님을 사랑하는 자들 곧 그분의 목적에 따라 부르심을 받은 자들에게는 모든 것이 합력하여 선을 이루느니라"(롬8:28).
11. 우리는 또한 모든 것들이 적당한 때에 거두어짐을 기억해야만 한다. "우리가

잘 행하는 가운데 지치지 말지니 우리가 기진하지 아니하면 정하신 때에 거두리라"(갈6:9).
12. 우리는 우리 자신을 하나님의 뜻에 순종하도록 내어 맡겨야만 한다. "그러나 내 뜻대로 하지 마옵시고 아버지의 뜻대로 하옵소서"(마26:39).
13. 마지막으로 우리는 하나님의 뜻이 항상 우리에게 알려지지는 않음을 기억해야만 한다. "하늘들이 땅보다 높음같이 내 길들은 너희 길들보다 높으며 내 생각들은 너희 생각들보다 높으니라"(사55:9).

승리하는 기도에 관한 이런 특징들을 기록한 것은 우리를 실망시키게 하기 위함이 아니고, 기적을 주장하는 자들의 영적인 억측에 대해 우리를 깨우쳐 주기 위함이다. 하나님께서는 이러한 기도의 특징들을 우리에게 주셔서 우리가 응답을 얻기 위해 주님께 간구 하다가 혹시라도 잘못되어 깊은 수렁으로 빠지지 않도록 하셨다. 또한 이 같은 영적인 원리들은 우리로 하여금 기적적인 응답을 얻기 위해서 어떤 인간적인 공식들이 필요하다는 생각을 갖지 못하게 한다. 많은 이들이 기도의 응답을 얻기 위해서는 어떤 공식대로 해야만 한다고 주장한다. 그러한 공식은 여러 가지 형태가 있지만 대부분이 다음의 세 가지 단계로 요약되어질 수 있다.

첫째로, 믿음을 가져라.
둘째로, 내게 기도 제목을 보내고 내 기도를 믿으라.
셋째로, 내 사역을 위해 기부금을 보내라.

이 같은 종교적 허풍쟁이들은 영적이며 이성적인 사람들에 의해서 수치를 당해야만 한다.
그렇다면 우리는 어떻게 기도하여야 할까?
이 질문에 대한 답은 사도 바울의 삶과 경험으로부터 나온다. 바울은 육체 안에 가시가 있어서 굉장히 고통을 당했다. 물론 그는 이것이 없어질 것을 위해 기도했다. 더구나 한 번만 기도한 것이 아니고 세 번씩이나 기도했다. 주님께서 그에게 주신 대답은 우리에게 큰 영적 교훈을 주고 있다. 그를 사랑하시는 주님께서는 그의 기도에 대해 다음과 같이 대답하셨다.

그분께서 내게 이르시되, 내 은혜가 네게 족하도다. 나의 강한 능력은 약한 데서 완전해지느니라, 하셨느니라(고후12:9).

그의 하늘 아버지께서 이처럼 은혜로운 말씀으로 대답해 주시자 바울은 감사함으로 다음과 같이 선포했다.

그러므로 내가 오히려 크게 기뻐하며 나의 연약한 것들을 자랑하리니 이것은 그리스도의 권능이 내 위에 머무르게 하려 함이라. 그러므로 내가 그리스도로 인하여 연약한 것들과 치욕과 궁핍과 핍박과 고난당하는 것을 기뻐하노니 내가 약할 그때에 내가 강하니라(고후12:9-10).

그렇다면 우리는 어떻게 기도할 것인가? 우리는 결과를 하나님께 맡기고 그 결과가 어떻든지 그것들로 말미암아 기뻐하리라는 태도로 기도해야만 한다. 왜냐하면 우리 믿는 이들에게 있어서 충만한 은혜보다 더 좋은 것이 이 세상에 없기 때문이다.

그렇다면 우리는 기적들을 어떻게 이해해야만 할 것인가? 하나님으로부터 오는 기적은 정상적인 자연의 법칙과는 상치되는 하나님의 일로서, 그것이 일어나느냐 안 일어나느냐는 온전히 하나님께 달려 있다. 그분께서는 우리에게 기도하라고 하시며 그분을 믿으라고 하시고 그분께서 최상의 것을 주심을 믿으라고 하신다. 그 같은 믿음과 신뢰에 대해 하나님께서 반응하시는 방법은 오직 그분 자신에게 달려 있다. 살 때가 있고, 죽을 때가 있으며, 아플 때가 있고, 건강할 때가 있다. 그런데 이런 모든 상태들이 하나님의 영광을 위해서 우리 안에 존재할 수 있다.

그러면 마지막으로 다음의 질문을 살펴보자. 기적이란 하나님께서 늘 행하시는 것인가? 다시 말해 기적이란 하나님께서 우리와 함께 일하실 때마다 일어나는 정상적인 방법이며 우리가 좀 더 큰 믿음만 있다면 늘 그런 기적들을 접할 수 있단 말인가? 이 질문에 대한 대답은 분명히 '아니오'이다. 다음에 이에 대한 이유가 있다. 마귀가 예수님께 그 돌들이 빵으로 변하도록 명령하라고 했을 때 사실상 그는 "기적을 위해 자연의 법칙들을 무시하라!"고 말하고 있다.

우리가 어떻게 빵을 얻는가 생각해 보자. 정상적인 방법은 밀이 들에서 재배되어 제분소로 옮겨져서 가루로 만들어진 뒤 구워져서 빵이 된다. 이 같은 과정 속에서 많은 이들이 소득을 얻게 되고 마지막으로 소비자는 하나님의 축복과 사람들의 노고에 감사하게 된다. 그러므로 하나님께서 일을 진행하는 방식은 기적이 아니고 정상적인 자연의 법칙을 따르는 것이다.

만일 하나님께서 기적을 일으키신다면 그런 것은 아주 가끔씩 일어난다. 왜냐하면 만일 하나님께서 만드신 우주의 작동원리에 상반되는 일을 스스로 하신다면 그것은 자연의 균형 상태를 회복시킬 수 없을 정도로 망가뜨릴 것이기 때문이다. 하나님께서는 가끔씩 비를 기적적으로 주실 수 있다. 하지만 너무나 많이 그렇게 하실 수는 없는데 그 이유는 하나님께서 이미 홍수로 지구를 멸망시키지 않겠다고 말씀하셨기 때문이다.

하나님께서 기적적인 방법으로 어떤 이들의 필요를 채워 주셨다는 것은 사실이나 그분은 아주 종종 이런 일들을 행하실 수 없다. 왜냐하면 심지어 크리스천들마저도 데살로니가 교인들처럼 영적으로 무책임하게 되기 때문이다. 그들 중 몇몇은 수다쟁이가 되어 전혀 일을 하지 않았고(살후3:11) 결국 교회 복지 프로그램의 혜택을 받아야만 했다. 그러므로 하나님의 법칙은 "만일 누구든지 일하지 아니하면 먹지도 말아야 한다."(살후 3:10)는 것이다. 다시 말해 그들은 기적에 의해서가 아니고 자신들이 피땀 흘린 수고의 대가로 배불리 먹어야만 했다.

그렇다면 우리는 기적들을 기대해도 좋은가? 성경은 분명히 우리가 그리하지 말 것을 말해 주고 있다. 그러므로 우리는 항상 다음의 말씀을 기억해야만 한다.

속지 말라. 하나님은 조롱당하지 아니하시나니 사람이 무엇을 심든지 또한 그것을 거두리라. 자기 육신에게 심는 자는 육신으로부터 썩는 것을 거두되 성령에게 심는 자는 성령으로부터 영존하는 생명을 거두리라(갈6:7-8).

이것이 바로 영적 책임과 성숙에 이르는 길이다. 많은 성도들이 하나님을 향해 큰 수고를 하며 고난과 굶주림을 당하며 박해를 받은 일이 전 세계적으로 이루어져 왔다. 또한 많은 이들이 하나님을 위하여 우리가 할 수 있는 모든 것들을 경주한다. 하나님은 자신의 사랑 때문에 모든 일을 스스로 하시지 않는데 그 이유는 우리가 하나님과 함께 일하는 일꾼들이기 때문이다(고전3:9).

　하나님은 우리에게 마술사로 오시지 않았으며, 우리의 영혼과 권리들을 구속하신 구원자로 오셨다. 유능하며 영적인 성도들은 하나님의 말씀을 따라 그분을 섬길 것이며 그분과 함께 일하는 훌륭한 일꾼들이 되려고 노력할 것이다. 따라서 그들은 하나님께서 우리가 요구만 하면 우리를 위해 기적을 베푸실 것이라는 마귀의 거짓말을 절대로 수용하지 않을 것이다.

부록 18

약속들을 이용하라

인류 역사에 나타났던 것 중 가장 놀랄 만한 책은 성경이다. 40여명의 저자들에 의해 1500년이 넘는 기간에 기록된 이 책은 이것이 웅변가들의 말들 이상의 것임을 스스로 주장하며 증명하고 있다. 이것은 사실 살아 계신 하나님의 말씀이다. 만일 성도가 '나는 당신의 말씀 하나만 의지합니다.'라고 고백한다면 그것은 곧 이렇게 불확실한 세상에서 인간이 알고 있는 가장 확실한 기초에 의지하고 있다고 주장하는 것이다. 다시 말해 그는 깨어질 수 없는 성경 기록을 믿음으로써 흔들릴 수 없는 바위 위에 올라선 것이다. 슬픔을 당할 때나 지쳐서 낙심이 될 때 성경이 우리의 위로가 되는 이유는 그 안에 확실한 약속들이 있기 때문이다. 그래서 베드로는 다음과 같이 말했다.

> 우리를 부르사 영광과 덕에 이르게 하신 분을 아는 것을 통해 그분의 신성한 권능이 생명과 하나님의 성품에 속한 모든 것을 우리에게 주셨도다. 그것들로 말미암아 지극히 크고 보배로운 약속들이 우리에게 주어졌나니 이것은 너희가 이 약속들을 힘입어 정욕으로 인해 세상에 있게 된 썩을 것을 피하여 하나님의 본성에 참여하는 자가 되게 하려 함이니라 (벧후1:3-4).

넘치도록 크며 고귀한 약속들! 사실 하나님께서 역사의 수많은 시대 속에서 수많은 이들에게 많은 약속들을 하셨고 이 약속들 중 어느 것도 이루어지지 않은 것이 없다. 시대를 통해 하나님의 사람들은 놀랄 만한 일들을 행했는데 그 이유는 그들이 하나님의 말씀을 믿었고 그분의 약속들이 모두 절대적으로 신뢰할 수 있는 것이라고 확신했기 때문이다. 이런 사람들 중 하나가 아브라함이었다.

> 믿지 아니함으로써 하나님의 약속에 관하여 흔들리지 아니하고 오히려 믿음이 강해져서 하나님께 영광을 돌리며 그분께서 약속하신 것을 그분께서 또한 능히 이행하실 줄로 온전히 확신하였으니 그러므로 그분께서 그것을 그에게 의로 인정하셨느니라(로마서 4:20-22).

아브라함은 하나님을 믿었고(말 그대로 '아멘' 했음), 이것이 바로 그가 주님으로부터 얻은 의로움이라는 선물의 기초가 되었다. 아브라함이나 다른 믿음의 위인들의 이야기들은 단순히 흥미 있는 이야기들을 우리에게 전해 주려 함이 아니고, 우리가 그것들을 읽고 믿는 중에 격려를 받게 하기 위함이다. 그래서 사도 바울은 아브라함에 대해 다음과 같이 기록한다.

그것을 그에게 의로 인정하셨다고 기록된 것은 이제 그만을 위한 것이 아니요, 우리가 예수 우리 주를 죽은 자들로부터 살리신 분을 믿을진대 그것을 의로 인정받을 우리도 위한 것이니라. 그분께서는 우리의 범죄로 인하여 넘겨지셨으며 우리의 칭의를 위하여 다시 일으켜지셨느니라(롬4:23-25).

크리스천인 우리들은 솔로몬 대왕과 함께 하나님께서 그분의 약속 중 단 한 글자라도 저버리지 않으셨음에 대해 담대하게 증언할 수 있다.

주를 찬송할지로다. 그분께서 친히 약속하신 모든 것에 따라 자신의 백성 이스라엘에게 안식을 주셨으니 그분께서 자신의 종 모세의 손으로 약속하신바 자신의 모든 선한 약속 중 한 말씀도 이루지 아니하신 것이 없도다(왕상8:56).

만일 어떤 크리스천이 하나님의 말씀을 연구하며 자신의 영혼의 만족을 위해 하나님의 약속들을 나열해 본다면 참으로 큰 위로를 받게 될 것이다. 그러나 여기에도 위험이 있다. 왜냐하면 지금부터 연구하게 될 마귀의 교리는 하나님의 약속들과 깊은 관계가 있기 때문이다. 그 교리는 "약속들을 이용하라!"는 것이다.

우리는 예수님께서 시험을 받으셨을 때 마귀가 말한 것에서 이 교리를 찾아볼 수 있다. 그 시험은 참으로 놀랄 만한 것이었다. 그때에 마귀가 그분을 거룩한 도시 안으로 데리고 가서 그분을 성전의 꼭대기 위에 놓았다(마4:5). 자, 이제 사탄과 그리스도는 예배를 위해 성전 뜰 안으로 모여드는 군중들을 내려다보고 있었다. 아마도 수천 명의 군중들이 그곳에 있었을 것이다. 더구나 그들은 어떤 종교적 행사를 치르기 위한 마음의 준비를 했었을 터이고 따라서 만일 그들의 눈앞에서 어떤 큰 기적이 일어난다면 그들은 참으로 큰 감명을 받았을 것이다. 또한 이 같은 기적을 행한 사람은 그 군중들을 감동시켜서 자신의 능력을 믿게 하고 궁극적으로 자신을 따라오도록 할 수 있었을는지도 모른다. 종교적인 선동자는 이같이 좋은 기회를 어떻게 이용할까 노심초사할 것이다.

이것을 염두에 두고 이제 사탄이 그리스도께 한 말을 들어보라.

그분께 이르되, 네가 만일 하나님의 아들이거든 뛰어내리라. 기록된바, 그분께서 자신의 천사들에게 너에 관한 책무를 주시리니 그들이 자기 손으로 너를 받들어 언제라도 네 발이 돌에 부딪히지 아니하게 하리로다, 하였느니라, 하매(마4:6)

여기에서 우리는 다시 한 번 우리의 대적자가 정말 교묘하게 움직이며 높은 영적 차원에서 예수님을 유혹하고 있음을 보게 된다. 그는 예수님께서 영적으로 놀랄 만한 일을 하도록 유도하고 있으며, 그렇게 유혹하기 위해 심지어 하나님의 말씀을 인용하고 있다. 다시 말해 그는 예수님께 하나님의 약속들을 이용하라고 부추기고 있다.

그러면 이 약속은 무엇인가? 그것은 유효한가? 물론 그렇다. 시편 91편은 가장 많은 축복을 받은 시편 중의 하나로서 이 안에서 다윗은 거의 불가능한 외적 환경에도 불구하고 하나님의 보호와 도움을 자신에게 약속하고 있다. 이 놀라운 시편은 지난 시대를 통해서 수많은 성도들에게 위안이 되어 왔다. 이 같은 보호와 도움에 관한 약속들이 충만하게 이루어지는 그런 상황에서 기뻐하지 않을 사람이 어디 있단 말인가? 그런데 마귀는 우리 주님의 영적 생명을 부패시키려 했을 때 바로 이 구절을 택해서 그분을 유혹했다.

그는 사실 어떤 철학적인 논리가 아닌 유효한 하나님의 약속을 인용한다. 사탄은 주님에게 성전으로 뛰어 내렸으나 그 아래 길에 안전하게 내려앉는 기적과 그로 인한 굉장한 장면들을 연상해 보라고 하며 내심 웃음을 짓고 있었다. 그러면 분명히 수많은 사람들이 이 같은 기적에 대해 큰 감명을 받고 시시한 일을 집어치우고는 그분을 따라나서게 될 것이다.

이와 같은 방법으로 마귀는 세상의 소위 종교적 지도자들이라는 자들에게 호소하고 있으며 어떤 극적인 것을 일으키는 방향으로 나아가라고 그들을 유혹하고 있다. 마치 그때 그가 예수님께 슈퍼스타가 되도록 유혹했듯이 지금도 그는 종교 지도자들에게 어떤 마술이나 기적 등에 의존하라고 가르친다. 그는 또한 이것이 성공에 이르는 길이라고 말한다. 그는 어떤 극적인 것이 비록 성공한다 할지라도 사람들에게 피상적인 감명만을 주며 그에 대한 반응도 다른 흥미로운 것들이 주는 것보다 오래가지도 못하고, 곧 사람들은 좀 더 멋있고 그럴듯한 것들을 보여 달라고 마술사들을 조른다는 사실을 망각한 채, 종교적 지도자들에게 큰 감명을 끼칠 수 있는 기적 같은 것을 행하라고 말한다.

이런 면에서 볼 때 사탄은 이 같은 영적인 억측들을 주장하는 데 있어서 성공하지 않았는가? 얼마나 많은 종교지도자들이 자신들의 대외관계를 원활히 유지하기 위해 경건함을 저버렸는가? 심지어 주님의 사역에서도 진급되는 것 혹은 겉으로 드러나는 것이 가장 큰 일이 되고 말았다. 그래서 어떻게 하면 감독이나 지도자가 되어 볼까 하고 많은 돈을 뿌리며 노력하는 이들도 많이 생겨났다. 많은 교회들이 승리하는 기도의 능력을 믿는 것은 소홀히 여기며 어떤 숨겨진 기적들 같은 것만을 좇고 있다. 우리가 분명히 알고 있듯이 수많은 교단의 지도자들이 대부분 광고회사들을 기용해서 신문이나 TV 등에 나타나는 자신들의 이미지를 향상시켜서 군중들에게 그럴듯한 인상을 주려고 노력하고 있다.

물론 진급되는 것이 하나님의 계획 속에서 어떤 영적 각성 등을 일으키기 위해 필요하다. 하지만 누가 큰 지위를 차지한다고 해서 그것이 그의 영적인 성공을 의미하지는 않는다. 우리에게 먼저 영적으로 하나님과의 관계가 올바르게 성립되고, 그 바탕 위에 정직하고 신실한 사람의 삶 안에 하나님의 축복이 이루어지는 것이 올바른 것이 아니겠는가? 그러나 지금은 교회 안에서도 직분을 얻으려면 돈을 많이 내야만 하는 슬픈 시대가 되었다. 겉으로만 나타나는 지위는 결국 실패로 끝날 것이며 먼저 속사람이 활성화된 뒤에 겉으로 나타나는 것만이 참된 성공이다. 그래서 성경은 이렇게 기록한다.

> 높이는 일은 동쪽에서나 서쪽에서나 남쪽에서 나오지 아니하며 오직 하나님께서 재판장이 되시나니 그분께서 한 사람을 낮추시고 다른 사람을 높이시느니라(시75:6-7).

오늘날 예수 그리스도의 이름은 저 북방 얼음산으로부터 오대양 육대주 어느 곳에서나 잘 알려져 있다. 그런데 예수 그리스도의 이 같은 명성은 그분께서 마귀의 권고를 따라 성전 꼭대기에서 뛰어내림으로써 수많은 군중들을 감명시켰기 때문에 생긴 것이 아니고, 그 같은 미친 짓을 피하고 하나님의 목적을 이루기 위해 십자가로 가셔서 세상의 죄를 위해 죽으셨기 때문에 생긴 것이다. 어떤 인기 전술을 위해 하나님의 약속들을 이용하라는 마귀의 제안에 대해 예수님께서 취하신 대답은 건전한 크리스천 교리의 중요한 점이다. 마귀의 제안에 대해 예수님께서는 "주 네 하나님을 시험하지 말라."고 명령하셨다(마4:7).

지금도 마귀는 우리에게 하나님의 약속들을 이용하라고 권하고 있다. 그러나 이와 반대로 예수 그리스도께서는 하나님을 시험하지 말라고 경고하고 계시다. 하나님을 시험하는 것은 마귀의 일이다. 그것은 하나님의 역사가 일어나는 성경에 약속된 방법과 상치되는 것이다. 우리는 하나님을 고소할 수 없다. 우리는 우리 생각에 그분께서 약속한 것이라고 생각되는 것들을 얻어내기 위해 그분을 법정으로 모시고 갈 수 없다. 약속을 이행하지 않은 하나님을 피고석으로 모시고 가서 마치 참패를 당한 그분에게 우리의 권리만을 요구하는 것은 큰 죄이다.

이 같은 것은 여러 가지 방법으로 이루어질 수 있고, 이 중 몇몇은 신약성경 안에 잘 설명되어 있다. 빌립보서 4장 19절은 "오직 내 하나님께서 그리스도 예수님을 통해 영광 가운데서 자신의 부요하심에 따라 너희의 모든 필요를 공급하시리라."라고 말한다. 어떤 이들은 이런 구절을 취해서는 자기들이 게으르고 무책임하고 전혀 일을 하지 않아도 하나님께서 그들의 필요를 채워주실 것이라고 주장한다.

위의 약속을 기록한 사도 바울조차도 자기 자신의 필요를 채우기 위해 천막을 만드는 일을 했는데, 그 이유는 자신이 말씀을 전하는 교회에 누를 끼치지 않기 위함이었다. 그래서 그는 참으로 너희가 알거니와 이 손으로 나의 필요한 것들을 마련하고 또 나와 함께한 자들을 섬겼노라."고 말했다(행20:34). 신약성경은 성도들에게 근면하며 주의 깊게 모든 일을 하라고 권면 하는데 그 이유는 혹시라도 크리스천들이 성경을 잘못 해석해서 세상 사람들에게 어리석은 자라고 불리지 않도록 하기 위함이다. 그래서 우리는 하나님을 시험해서는 안 된다.

사도 바울은 로마서 1장 17절에서 "의인은 믿음으로 살 것이다."라는 크리스천 삶의 기초를 보여 준다. 물론 여기 있는 믿음은 구원을 위한 그리스도를 믿는 믿음이다. 그리고 구원받은 후에 우리는 성경의 교훈들과 명령들을 따라 행하여야 하며 절도 있고 생산적인 크리스천 삶을 영위해야만 한다. 그러므로 믿음으로 산다는 것은 하나님의 모든 권고를 따라 사는 삶을 개발하는 것을 의미한다.

그런데 많은 사람들이 믿음으로 산다고 하며 스스로 일하지도 않고 예수 그리스도의 사역도 이루지 않고 있다. 그래서 그들은 사회복지연금에 의존하며 영적 어리석음 때문에 교회가 이미 갖고 있는 나쁜 소문만 더 나쁘게 만든다. 그 같은 경우에 믿음으로 산다는 것은 게으름과 근면하지 못한 것에 대한 변명이 되어 버렸다. 그들은 자신들이 게으르거나 혹은 무책임해도 하나님께서 자신들의 필요를 채워 주신다고 생각한다. 그러나 우리는 하나님을 시험해서는 안 된다.

그런데 우리로 하여금 이 같은 무서운 "믿음의 행동"을 하라고 부추기며 그래서 하나님께서 어쩔 수 없이 약속을 이행하시기 위해 기적을 행해야만 한다고 주장하는 자가 바로 사탄이다. 이 같은 주장에 대한 단 하나의 답은 "네 주 하나님을 시험하지 말라!"는 것이다. 이같이 하나님을 시험하지 말라는 것은 성경의 여러 곳에서 발견된다.

이스라엘 백성은 광야에서 하나님을 시험하여 죄를 범했다(출17:2). 그래서 고린도 교회의 성도들은 사도 바울로부터 이런 어리석음을 좇지 말라는 권고를 받았다(고전 10:9). 이것은 아주 중요한 일인데, 왜냐하면 고린도 교회야 말로 믿음은 스스로 그것을 증명하기 위해 어떤 굉장한 기적 같은 것을 만들어 내야만 한다고 믿는 선정주의자들이 많던 곳이기 때문이다. 이처럼 하나님의 말씀을 저버린 육적이며 부패한 교회는 성숙한 믿음의 개발을 하기보다는 눈에 보이는 현상만을 추구했다.

우리가 하나님의 약속 안에 서 있다고 고백할 때 도대체 무엇을 의미하고 있는지를 다시 한 번 생각해 보아야만 한다. 우리가 이 같은 고백을 할 때 우리는 우리의 최종적인 신뢰의 원천이 되시는 주님 안에 서 있음을 확신해야 하며, 우리가 하나님의 뜻을 보든지 아니 보든지 오직 그분의 뜻만이 최종적으로 우리 안에서 이루어져야만 함을 확신해야 한다. 그러나 만일 "더 큰 믿음은 큰 기적을 일으킨다!"는 생각에 하나님의 약속들을 이용하려 한다면 우리는 우리 자신의 영혼을 망가뜨리며 우리를 모범으로 보고 있는 다른 사람의 믿음에 상처를 주는 마귀의 일을 하게 된다.

하나님께서 자연의 법칙들을 세워 놓으셨고 그분께서 우리 안에서 행하시는 정상적인 방법은 바로 이 같은 자연의 법칙을 통해서 이루어짐을 우리는 이미 살펴보았다. 우리가 기적을 보느냐 안 보느냐 하는 것은 전적으로 하나님의 소관이다. 또한 하나님의 사역을 하는 가운데 그 일을 이루기 위한 방법으로서 우리가 기적을 요구하는 것은 절대로 우리에게 허용되지 않았다. 오직 하나님만이 주권자이시다.

그러므로 이런 마귀의 교리에 속아서 실수를 범하지 말라. 만일 당신이 다른 나라 말을 유창하게 하려면 그것을 공부해야만 한다. 만일 예배당을 원한다면 우리가 그것을 지어야만 한다. 또한 하나님의 말씀을 잘 전파하고 가르치기 위해서는 하나님의 말씀을 연구하고 배워야만 한다. 성경을 기록하신 바로 그 하나님께서 모든 정상적인 경우에 중력이 작용하도록 명하셨다. 그러므로 아무리 영적이라 하더라도 어떤 크리스천이 하나님께서 자신의 요구에 따라 이런 법칙들을 깨뜨리실 것이라고 생각한다면 이것은 참으로 어리석은 일일 것이다.

그렇다면 왜 하나님께서는 우리에게 그분을 시험하지 말라고 명하셨을까? 그 이유는 아주 명백하다. 첫째 이유는 우리가 그 같은 약속을 잘못 알고 있을 수도 있기 때문이다. 예를 들어 "내 하나님께서 너의 모든 필요들을 채워주실 것이다!"라는 구절을 읽을 때 우리는 참으로 우리의 모든 필요가 무엇인지 알지 못할 수도 있다. 실제로 혹독한 훈련을 필요로 하는데도 우리의 필요는 부자가 되는 것이라고 우리 자신에게 말한다. 이미 우리의 육적 필요를 마음에 그려 놓고는 '나는 이 남자를 혹은 저 여자를 배우자로 원한다.' 혹은 '저것을 갖고 싶다.'고 우리의 필요를 하나님 앞에 나열한다. 우리 자신과 하나님께 대한 우리의 이해라는 것이 굉장히 한정되어 있으므로 우리는 하나님께 그분의 약속을 이행하라고 주문하는 데 있어서 조심해야만 한다. 왜냐하면 오직 전지전능하신 그분만이 참으로 우리의 필요를 아시기 때문이다.

우리가 하나님을 시험해서는 안 되는 둘째 이유는 우리에게 해당되지 않는 약속을 하나님께 이행해 달라고 간청할 수 있기 때문이다. 예를 들어, 우리는 교회에서 역대기하 7장 14절을 많이 읽었다.

내 이름으로 불리는 내 백성이 자기를 낮추고 기도하여 내 얼굴을 구하고 자기들의 악한 길들에서 떠나면 그때에 내가 하늘에서부터 듣고 그들의 죄를 용서하며 그들의 땅을 고치리라.

여러 국가의 그리스도인들이 이 구절을 인용하면서 자신의 땅이 용서받고 구원받기를 기도했다. 그런데 사실상 이 약속의 구절은 이스라엘 백성에게 주어진 것이며 영국인, 미국인, 혹은 한국인을 위해서 반복되지 않았다. 물론 하나님께서는 신실한 크리스천들이 사역하고 있는 나라에 복을 주실 것이다. 그러나 역대기하 7장 14절의 약속은 처음에 그것이 유대인들에게 주어졌던 것과 같은 의미로 현대 국가에 또다시 주어질 수 없다.

또한 교회에 가면 대부분의 목사들이 말라기서 3장 10절을 인용하며 성도들에게 십일조를 드리라고 반 강제적으로 요구한다.

만군의 주가 말하노라. 너희는 모든 십일조를 창고로 가져와 내 집에 먹을 것이 있게 하고 이제 그것으로 나를 시험하여 내가 너희를 위해 하늘의 창들을 열고 받을 곳이 없도록 너희에게 복을 쏟아 붓지 아니하나 보라(말3:10).

다시 한 번 말하지만, 이 구절은 이스라엘 국가에게 주어졌던 놀라운 하나님의 약속이었고 하나님의 백성들이 십일조를 드리는 것은 그 대가로 하나님께서 그들에게 주시려는 번영을 위한 원인이 되었다. 그래서 그분께서는 그들이 받을 수 없을 정도의 많은 복을 그들에게 주시겠다고 하셨다.

그렇다면 이 약속들이 우리 신약시대 그리스도인들에게 해당되는가? 사도행전 15장을 보면 안디옥 교회 안의 크리스천들도 율법을 준수해야만 한다는 유대인들의 사상이 들어와서 온 교회를 어지럽혔다. 그래서 안디옥 교회는 바울과 바나바와 몇 명을 예루살렘 교회에 보내어 사도들의 판결을 듣기로 했다. 먼저 사도 베드로는 이렇게 선포했다..

그런데 이제 너희가 어찌하여 하나님을 시험하여 우리 조상들이나 우리나 능히 메지 못하던 멍에를 제자들의 목에 두려 하느냐? 오직 우리는 그들과 마찬가지로 주 예수 그리스도의 은혜로 구원받을 줄로 믿노라, 하니라(행15:10-11).

그리고 나서 바나바와 바울의 선교 보고가 있은 뒤 사도 야고보가 이 문제에 대해 판결을 내렸다.

그러므로 내 판결은 이러하니 곧 우리가 이방인들 가운데서 하나님께 돌아온 자들을 괴롭게 하지 말고 다만 그들에게 글을 써서 그들이 우상들의 더러운 것과 음행과 목매어 죽인 것과 피를 멀리하게 하자는 것이라(행15:19-20).

분명히 보았는가? 당신과 나처럼 이방인 중에서 하나님께로 돌아온 사람들은 위에 적은 것 이외의 다른 의무를 지지 않는다. 이것이 야고보의 판결이 아니고 하나님의 판결임을 보여 주기 위해 성경은 더욱 더 분명하게 "이 필요한 것들보다 더 큰 짐을 너희 위에 올려놓지 않는 것이 우리에게와 성령님에게 좋게 보였다."(28절)고 기록하고 있다. 물론 이 같은 판결에 대해 예루살렘 교회(유대인들)와 안디옥 교회(유대인과 이방인들)가 모두 기뻐했다.

그렇다면 율법의 십일조 등을 하지 말라고 해서 우리가 하나님께 드릴 의무가 전혀 없는가? 절대로 아니다. 각각의 크리스천들은 하나님께서 자신들을 번창하게 해 주심에 감사해서 자원하는 마음으로 하나님께 '풍성하게 드린다.' 그래서 이것은 헌금이라는 'offering'이 아니고 자원해서 드려 남을 돕는다는 차원의 'liberality'이다(고전 16:3; 고후 8:2). 사도행전 15장 이후의 이방인들을 위한 사도 바울의 전도 여행과 서신서들을 읽어 보라. 어디 한번 이방인들에게 율법의 십일조를 내라고 한 적이 있는가? 물론 어떤 이들은 아브라함이 멜기세덱에게 십일조를 드린 것을 꺼내서 그것을 드려야만 한다고 앞뒤 문맥에 맞지 않는 주장을 할 것이다(이 사건은 히브리서와 연결해서 보아야 함).

그렇다면 이런 풍성한 헌금의 목적은 무엇인가? 고린도전후서를 읽어 보면 가난한 교회를 돕고 교역자들의 사례를 지급하며 고아들과 과부들을 돕기 위한 것이다. 오늘날의 교회들은 십일조를 내라고 각종 유대인들의 절기를 따른 헌금은 강요하지만 실제로 풍성하게 헌금이 쓰일 곳에 헌금을 쓰는 데는 너무 인색하다.

율법 아래에서 십일조를 했으므로 율법보다 더 큰 은혜 안에서 더 많이 드려야만 한다는 데는 전혀 문제가 없다. 더구나 성숙한 크리스천이라면 누구나 그리할 것이다. 그러나 십일조를 드리는 것이 구약시대 유대인들에게 주어졌던 것과 같은 방식으로 우리의 삶 안에 하나님의 축복이 임하게 하는 기초가 된다고 주장하는 것은 하나님의 약속을 잘못 이해하는 것이다.

모든 그리스도인은 예수 그리스도 안에서 하늘에 있는 모든 영적 축복들로 복을 받았다(엡1:3). 그런데 이런 복을 받은 이유는 십일조나 어떤 선한 행위를 해서가 아니다. 그 이유는 오직 예수 그리스도의 값없이 주신 은혜 때문이며 우리가 충성스럽게 봉사하는 것이 하나님의 축복을 가져올 수 있는 요인은 되지 못한다. 이런 것은 단지 우리가 이미 그리스도 예수 안에서 받은 영적 복들에 대한 우리의 감사로부터 나오는 것이다. 그래서 잘못 해석되면 약속이 영적인 격려를 일으키는 원천이 아니고 축복의 한계를 만들어 내는 요인이 될 수도 있다.

우리가 하나님으로부터 받아야만 하는 것은 믿음과 억측의 차이를 구분해 내는 능력이다. 믿음이란 믿는 이들의 삶에서 하나님께서 놀랄 만한 일들을 일으키신 기반이 되어 왔다. 그러나 억측은 단지 영적 불행만을 일으켜 왔다. 그런데 많은 이들이 믿음과 억측 간의 구분을 못하고 있다. 그 이유는 하나님의 말씀이 부족하기 때문이며 이로 인해 영적 분별이 제대로 이루어지지 않고 있다. 믿음은 하나님으로부터 오는 멋진 선물이지만 억측은 사탄이 뿌려 놓은 산물중의 하나이다. 그렇다면 필연적으로 우리는 다음과 같이 질문하게 된다. 하나님의 약속이란 무엇인가? 어떻게 하면 그런 약속들이 올바로 해석되어서 우리의 삶에 합당하게 기여될 것인가? 다음은 위의 질문에 대한 간단한 대답들이다.

1. 하나님의 약속은 신실함에 대한 대체품이 될 수 없다. '모든 것이 너희 것이다'(고전 3:22) 혹은 '하나님께서 우리에게 모든 것을 주실 것이다'(롬8:32)라는 약속

때문에 우리가 모든 것을 소유하므로 도둑질을 해도 좋다고 생각해서는 안 된다. 비록 하나님께서 온 세상이 우리에게 속했다고 약속하셨지만 그리스도인들은 자신과 가족들을 위해 열심히 일해야만 하며 하나님의 사역을 위해 드려야 하고 말씀을 연구하고 여러 면에서 부지런해야만 한다.

2. 어떤 약속을 해석할 때 우리는 항상 성경 전체를 보아야만 한다. 시편 91편에는 "내가 그를 장수함으로 만족시켜 줄 것이다."라는 약속이 있다. 그러나 성경은 또한 정상적인 사람들의 수명은 70-80세라고 말하고 있다(시90:10). 그러므로 우리는 장수하리라는 약속이 있지만 200세까지 살게 해 달라고 기도할 수 없다.

3. 우리의 믿음이 도덕적 법칙들을 깨뜨려서는 안 된다. 하나님께서는 "어떤 이가 무엇을 심든지 그것을 거둘 것이다."라고 말씀하셨다(갈6:7). 그러므로 30년간 술 담배를 피워서 니코틴 중독자가 된 사람이 단 한 번의 기적에 의해 회복되기를 기도할 수는 없다. 여러 면에서 하나님께서는 우리를 구해 내시리라고 약속하셨다. 그러나 사도 바울은 분명히 "내가 죽을 만한 일을 했으면 죽는 것을 거부하지 않겠다."라고 말했다(행25:11). 그는 스스로 온 세상을 지배하는 도덕적 인과응보의 법칙을 깨뜨려서는 안 됨을 알고 있었다.

4. 우리는 하나님께서 더 큰 계획을 갖고 계실는지 모른다는 것을 기억해야만 한다. 빌립보에서 선한 일을 하고도 억울하게 채찍을 맞고 감옥에 갇혔을 때 바울은 하나님께 즉시 자신을 그 감옥으로부터 구해 내 달라고 기도했었을 수도 있었다. 그러나 그는 자신이 처한 상황에서 실라와 함께 기뻐했다(행16:25). 왜냐하면 그는 자신이 아픔을 당하는 그 순간으로부터 벗어나는 것보다 더 중요한 하나님의 일이 그 사건 안에 있음을 감지했기 때문이었다. 사실 하나님의 계획은 바울의 믿음의 결과로 빌립보 감옥의 간수를 회심시키는 것이었다. 이를 위해 사도 바울은 감옥을 벗어나려 하지 않았다.

만일 우리가 고통을 당할 때, 그 안에서 우리가 벗어나는 것보다 더 큰 하나님의 역사와 계획이 있음을 잊는다면, 그것은 참으로 애석한 일일 것이다. 하나님은 비록 우리가 그 상황 하에서 죽는다 해도 우리의 죽음보다 더 큰 계획을 갖고 계실 수 있다. 그 예가 바로 스데반의 순교이다. 그는 죽음으로부터 구원받지 못했지만 그의 동료 크리스천들에게 큰 모범을 보여 주었고 그의 죽음은 결국 사도 바울이 회심하는 일이 일어나는 원동력이 되었다.

이런 기록에도 불구하고, 현대판 종교주의자들은 "그리스도 예수 안에서 하나님의 뜻대로 살고자 하는 모든 사람들은 핍박을 당할 것이다."(딤후3:12)라는 '크리스천들을 향한 명백한 약속'을 쉬 잊어버리고 오직 육체의 축복만을 외쳐 대고 있다. 바울은 "그리스도를 대신하여 그분을 믿는 것뿐만 아니고 그분을 위해 고난을 당하는 것도 너희에게 주어졌다"(빌1:29)고 말한다. "그들이 너희를 회당들에서 내쫓을 것이요 참으로 때가 이르면 너희를 죽이는 자마다 자기가 하나님을 섬긴다고 생각하리라(요한16:2). 이것들이 바로 예수님께서 우리에게 주신 약속들이다. 이러한 약속들을 기뻐하는 자들이 바로 참 크리스천들이다. 그러므로 하나님의 뜻은 우리의 욕구를 채워 주며 우리를 기쁘게 해 주는 것이라고 믿거나 가르치는 것은 무책임하며 어리석은 것이다.

5. 우리는 하나님의 약속 때문에 하나님 바로 그분을 잊어서는 안 된다. 예수님께서 우리에게 주신 가장 큰 약속은 "내가 너희를 떠나거나 버리지 않을 것이다."(히 13:5)는 것이다. 따라서 이렇게 좋으신 주님이 내 삶의 모든 영역에서 나와 함께 계신다면 도대체 무엇이 문제란 말인가? 기도를 통한 어떤 응답이나 기쁨도 주님께서 지금 나와 함께 있다는 그 사실과는 비교될 수 없다. 우리는 욥의 기사를 통해서 마귀가 우리로 하여금 복을 주시는 하나님 그분보다 하나님의 복을 더 사랑하게끔 만든다는 것을 깨닫는다. 그러므로 우리의 눈이 복으로만 가득 차서 하나님 그분을 보지 못하게 되면, 우리는 마귀의 종이 되어 버린다. 대부분의 경우 성숙하지 못한 믿음은 하나님의 것들을 요구하나 성숙한 믿음은 주님 바로 그분 한 분만 구하게 된다.

이제 마지막 질문이 하나 더 남아 있다. 그렇다면 하나님의 약속들은 무엇인가? 이에 대한 대답은 다음의 예로써 잘 설명될 수 있다. 현대 도시를 벗어나면 굴곡된 부분도 있고 다리도 있고 절벽 등도 있는 고속도로가 많이 있다. 고속도로 담당국에서는 이런 곳에 충격 보호 울타리를 쳐 놓는데 이것은 다음의 의미한다. "자, 여기 약속이 있습니다. 여기 급경사가 진 곳에서 당신이 만나게 될지도 모를 위험으로부터 당신은 보호를 받고 있습니다."

그렇다면 그 약속에 대해 우리가 어떻게 해야만 하는가? 큰 트럭을 구해서 무거운 것으로 가득 채우고는 최고 속력으로 그 울타리를 향해 돌진해야만 하겠는가? 그 울타리가 정말 믿을 만한가 아닌가를 시험해 보기 위해 이 같은 시도를 해야만 하는가? 이에 대한 답은 분명히 '아니오'이다.

이 보호 울타리가 그곳에 세워진 데는 목적이 있다. 그 목적은 어떤 특별한 위기 상황으로부터 우리를 보호해 주는 것이다. 만일 어떤 이가 급경사 길을 내려가는데 갑자기 타이어에 바람이 빠진다면 그는 큰 위험을 당할 것이다. 그러나 다행히 그 차는 그 보호 울타리에 부딪힐 것이고 튕겨 나와서 다시 길로 돌아옴으로 큰 피해를 피할 수 있을 것이다. 그러나 만일 그 보호 울타리가 없었다면 그 차와 운전자는 큰 피해를 당하게 될 것이다. 그러므로 그 울타리와 그 울타리 안에 감추어진 약속은 이들을 구출시키는 요인이 된다.

이것이 바로 하나님의 약속에 대한 올바른 해석이다. 우리 삶에서 일어나는 사건들의 정상적인 과정은 다음과 같다. 우리의 모든 필요는 노동을 통해서 채워지며, 건강은 먹는 것과 운동 그리고 의사의 도움(사도 바울처럼)에 의해서 유지된다. 우리의 삶에서 어떤 극적인 상황이란 자주 일어나지 않는다. 그러나 바로 그 같은 상황 하에서 인간의 극적 상황은 하나님께서 일하실 수 있는 기회가 된다.

이때 주님께서 그런 상황에 개입하셔서 기적을 일으키실 수 있다. 그러나 그분께서 그렇게 하느냐 안하느냐 하는 것은 그분을 신뢰하는 사람의 관점에서는 별 큰 의미를 주지 못한다. 그러므로 우리는 항상 "의인은 믿음으로 살리라!"는 긴요한 신앙 원칙을 다시 한 번 기억해야 할 것이다.

부록 19

성령님의 인도와 마귀의 인도

나는 신비주의로부터 벗어난 사람들이 그들의 삶 속에 성령님께서 어떻게 일하시는지를 바르게 아는 것이 매우 중요하다고 생각한다. 그들은 한 번 혹은 그 이상 마귀의 인도를 받았었다. 그들이 예수 그리스도를 그들의 주님이시요 구원자로 받아들인 즉시 그들은 성령님께서 자신들을 도우시도록 맡겼다.

성령님의 인도는 마귀의 인도와는 매우 다르다. 신비주의에 연루되지 않았던 크리스천들도 마귀들이 어떻게 성령님의 인도하심처럼 작용하는지 알 필요가 있다. 왜냐하면 오늘날 많은 크리스천들이 마귀의 인도를 성령님의 인도처럼 착각하여 잘못 받아들이기 때문이다. 크리스천들이 그들의 삶 속에서 이루어지는 성령님의 역사에 대해 성경이 어떻게 설명하는지 제대로 이해만 한다면 이런 실수들 중 대부분은 쉽게 피해질 수 있다.

다음은 성령님의 인도와 마귀의 인도간의 차이점들을 비교해서 보여 준다.

1. 성령님은 무한한 능력과 지식을 가지신 전능하신 하나님이시며 따라서 하나님의 속성들을 모두 갖고 계신다.

- 마귀들은 제한된 창조물이다. 그들은 하나님의 속성들을 갖고 있지 않으며 그들의 지식과 지능이 인간에 비하면 훨씬 우수하다 할지라도 역시 제한적이다.

2. 성령님은 우리의 개성을 존중하셔서 어떤 식으로든 우리 개인의 인격을 침해하려 하지 않으신다.

- 마귀들은 인간을 미워한다! 그들은 개인의 인격을 강탈하여 자기 것으로 바꿔치려 한다.

3. 성령님은 우리가 스스로 행동을 관리하고 그것에 대해 책임지길 원하신다. 그분은 항상 '우리가 하나님의 뜻을 행하도록' 일하신다(빌2:13).

- 마귀들은 완전한 통제를 원한다. 그들은 자주 인간의 무의식을 두드려서 자기들이 원하는 방식으로 그들을 이용한다.

4. 성령님은 부드러우시다. 그분께서 한 개인 안에 들어오시면 너무나 온화하시기

이 글은 의사 브라운(R. Brown, MD)이 사탄주의에 빠진 자들을 돕는 일을 하면서 경험한 것을 기록한 책에서 인용하였다.

때문에 당신이 스스로 안을 들여다보아도 어떤 것이 성령님이고 어떤 것이 당신인지 구분할 수 없을 정도이다.

- 마귀들은 매우 거칠다. 자신들이 점거한 사람들의 모든 것을 탈취하려는 마귀들의 욕망 때문에 누구나 마귀들과 그들 자신과의 차이점을 항상 지각할 수 있다. 비록 그들이 마귀들이 자신들의 잠재의식 일부의 상담자라고 생각할지라도 위의 진술은 사실이다. 마귀는 항상 그들의 의식과 분리된 하나의 '실체'이다.

5. 성령님은 거룩하시고 정결하시다. 그분께서는 우리의 삶 속에 정결함을 가져오시며 우리에게 죄를 극복할 수 있는 능력을 주신다.

- 마귀들은 완전히 부정하며 항상 인간들을 죄 속으로 깊이 더 깊이 이끌어간다. 뉴에이지 운동의 마귀들이 스스로를 선한 존재로서 제시하려 할지라도 그들은 여전히 인간들을 죄 가운데로 빠르게 인도해 간다. 뉴에이지 운동 안에 있는 죄의 영역들은 성적 부도덕과 신비한 것에 깊이 빠져들고자 하는 욕망 그리고 영계와의 접촉 등이다.

6. 성령님은 항상 예수님을 높이고 찬미하여 그분께서 거하시는 사람의 삶속에 겸손을 가져온다.

- 마귀들은 예수님을 싫어한다! 그들은 항상 사람들로 하여금 그들의 관심을 예수님께 돌리게 하지 않고 기적 등을 행하는 당사자에게로 돌리게 해서 자신들이 거주하고 있는 사람들을 찬미토록 한다. 교만은 마귀들과 그들이 거주하는 사람들의 특성이다.

7. 성령님은 절대로 우리가 우리의 의식을 잃도록 하지 않으신다. 그분께서는 그분의 생각들을 우리의 마음속에 넣어주시지만 결코 우리의 마음을 흐릿하게 하지 않으신다. 그분께서는 우리가 항상 '모든 생각을 사로잡고'(고후10:5), '하나님의 뜻을 행하기'(빌2:13)를 원하신다. 그분께서는 또한 우리가 적극적으로 그분과 협력하기를 원하신다. 우리는 성령님께서 우리에게 말씀하시도록 우리의 마음을 비울 필요가 없다(즉 정신을 잃을 필요가 없다). 그분께서는 능력이 있으시므로 어느 때이고 활발한 우리의 의식을 누르실 수 있지만 그때에도 깨끗하고 질서 있게 행하신다. 많은 크리스천들이 성령님께서 그들에게 말씀하시거나 운행하시도록 하기 위해 정신을 잃어야만 한다는 잘못된 속임수에 빠지거나 실수를 저지른다.

- 마귀들은 자주 사람의 의식을 잃게 한다. 그들은 인간이 수동적으로 되어 자기들에 의해 쉽게 점령되도록 될 때 최고의 기능을 발휘한다. 이것이 바로 동양적이며 신비주의적인 명상이 항상 마음을 비우기 위해 긴장 이완의 기법을 도입하는 까닭이다. 마귀들이 사람들의 능동적인 강력한 의식을 무효화시키기는 어렵다. 그래서 그들은 항상 사람들로 하여금 심적으로 수동적 상태에 있으라고 격려한다.

8. 성령님은 우리에게 죄를 깨닫게 하신다. 그러나 그분께서 죄를 자각하게 하심은 절대로 파괴적인 것이 아니며 그분은 항상 사람들을 회개, 용서, 구속 그리고 평화 가운데로 인도하신다.

- 마귀들은 두 가지 일 중 하나를 한다. 그들은 사람들에게 자신들의 죄악을 정당화시키도록 하거나 그렇지 않으면 용서나 구속에 대한 소망이 없는 파괴적이고 무서운 죄의식을 가져온

다. 마귀의 죄의식은 항상 "너는 용서받을 수 없다."는 전갈을 수반한다.

9. 성령님은 우리에게 하나님의 말씀과 모순되는 것을 전달하시지 않는다.
- 마귀들은 하나님의 말씀을 뒤틀고 변경하여 전후 관계없이 죄를 정당화시킨다.

10. 우리는 성령님을 통제할 수 없다! 그분께서는 자신이 원하실 때 자신이 원하는 방식으로 일하신다. 우리는 그분의 종이며 그분은 우리의 주인이시다. 예를 들어 우리는 성령님께서 우리에게 말씀하실 때, 우리에게 하나님의 임재를 알게 하실 때, 우리를 고치시거나 통찰력을 주실 때 성령님을 제어할 수 없다. 성령님께서는 같은 일을 두 번 하지 않으신다. 그분께서는 우리가 어떤 틀에 박힌 일 혹은 의식에 의존하는 것을 인정치 않으신다.

> 활동은 여러 가지나 모든 것 안에서 모든 것을 행하시는 같은 하나님이 계시되 각 사람에게 성령의 나타나심을 주신 것은 그것으로 말미암아 모두가 유익을 얻게 하려 하심이라. 어떤 사람에게는 성령을 통하여 지혜의 말씀을, 다른 사람에게는 같은 성령을 통하여 지식의 말씀을, 다른 사람에게는 같은 성령을 통하여 믿음을, 다른 사람에게는 같은 성령을 통하여 병 고치는 선물들을, 다른 사람에게는 기적들 행함을, 다른 사람에게는 대언함을, 다른 사람에게는 영들 분별함을, 다른 사람에게는 여러 종류의 타언어들을, 다른 사람에게는 타언어들 통역함을 주셨으나 이 모든 것은 같은 그 한 성령께서 행하사 자신의 뜻대로 각 사람에게 개별적으로 나누어 주시는 것이니라(고전12:6-11).
>
> 하나님께서도 자신의 뜻에 따라 표적들과 이적들과 다양한 기적들과 성령님의 선물들로 그들에 대하여 증언하셨느니라(히2:4).

- 마귀들은 자기들이 거주하는 사람들을 속여 그들이 스스로를 통제할 수 있다고 생각하게 한다. 그들은 그 사람이 부를 때마다 와서 그 사람이 원할 때 치료하는 일 등을 행한다. 그들은 의식과 관례들을 사랑한다. 그들은 사람이 영계를 더 더욱 많이 보게 한다. 성령님의 은사에 대한 마귀의 모방은 대개 인간의 통제 하에 이루어진다. 다시 말해 그는 그가 원할 때마다 병 고치고 예언하고 지식의 말씀을 갖는 것과 같은 일을 할 수 있다.

11. 성령님은 우리가 믿음으로 – 보거나 감정에 의해서가 아닌 – 살기를 요구하신다. 그래서 그분께서는 우리에게 '환상'이나 '감정들'을 일상적으로 혹은 자주 주시지 않는다. 성령님께서는 감정적인 보상들을 위해 육적인 욕망을 충족시키려 하지 않으신다. 왜냐하면 우리는 '보는 것'(sight)이 아니고 '보지 않고 믿는 것'(insight)으로 걸어야 하기 때문이다. 성령님은 우리에게 영계를 보도록 하지 않으시며 따라서 우리가 원할 때 아무 때나 우리가 원하는 것들이 이루어질 수 없다.

- 마귀들은 인간의 감정들을 교묘하게 다루기를 좋아한다. 그들은 많은 사람들에게 감정적인 극치들 혹은 보상들을 줌으로써 그들을 통제한다. 마귀들은 또한 사람에게 감정의 극단적인 상태를 주기를 좋아한다. 마귀들은 빈번히 사람들로 하여금 영계를 보도록 도와서 믿음에 대한 필요를 감소시킨다(보게 되면 자연히 믿음이 필요 없게 됨). 마귀의 인도를 받는 사람들은 자주 환상을 보거나 초자연적인 경험을 한다.

12. 우리가 성령님께 불복종하므로 성령님을 탄식하게 할 수 있다. 우리가 그분에게

복종하지 않을 때 그분께서는 조용히 물러나셔서 우리의 삶 속에서 일하시지 않는다. 성령님은 우리의 자유의지를 반대하지 않으신다. 하나님께서는 인형극에서 손가락으로 놀리는 인형이나 로봇을 원하지 않으신다.

- 마귀들은 그들에게 복종하지 않는 자를 재빨리 징계한다. 그들은 항상 개인의 자유의지를 빼앗으려고 힘쓰며 그것을 점령하고 통제하기에 민첩하다. 마귀들은 인형이나 로봇들을 좋아한다.

13. 성령님은 우리를 사랑하시고 우리를 하나님 앞의 영생으로 인도하신다.

- 마귀들은 우리를 싫어하고 영원히 하나님과 분리되는 파멸로 사람들로 인도한다.

14. 예수님은 죄로부터 우리를 정화시키시기 위한 값을 지불하사 우리를 위해 자기 자신의 피를 흘리시고 우리를 대신해 죽으실 만큼 우리를 사랑하셨다.

- 마귀들은 사람들을 위해 그들의 피 한 방울도 흘리지 않았다. 그들은 항상 사람들이 그들을 위해 피 흘리기를 요구해 왔으며 사탄과 마귀들이 그들을 축복할 수 있도록 그들의 정화됨을 위해 이 일을 해야만 한다고 가르쳐 왔다. 크리스천들의 경우에 마귀들은 하나님께서 자신들을 축복하실 수 있도록 신자들 스스로 부과한 모든 종류의 징계와 엄격한 형식에 구애되는 율법적 규칙들을 - 마치 이것들이 하나님으로부터 온 것인 양 속여서 - 가져다준다. 다시 말해 "성수주일, 십일조 등을 하지 않으면 큰 죄를 짓는 것이거나 심지어 구원받지 못한다."라는 가르침들을 신자들에게 불어넣어 그들이 항상 위기의식이나 죄의식 등을 느끼게 만든다.

15. 예수님은 모든 사람을 위해 단번에 우리 죄의 대가를 지불하셨다(벧전 3:18).

- 마귀들은 항상 점점 더 많은 희생을 요구한다. 그들은 결코 만족하는 법이 없다.

16. 성령님은 우리에게 성경을 읽고자 하는 갈망을 주신다.

- 마귀들은 사람들이 성경을 읽지 못하도록 방해하려 든다.

17. 성령님은 우리가 성경을 이해할 수 있도록 도우신다(요14:26).

- 마귀들은 혼란을 가져온다. 그들은 사람들이 성경을 이해하지 못하도록 방해한다. 하나님은 혼동의 하나님이 아니시다(고전14:33).

18. 성령님은 우리가 기도하도록 이끄신다.

- 마귀들은 모든 진실된 기도를 방해한다.

19. 성령님은 절대로 과시하지 않는다.

- 마귀들은 항상 자랑하길 좋아한다.

20 성령님께서 크리스천을 '영 안으로'(in the spirit) 옮기신 경우 그 사람의 육체를 잘 돌보아 주신다(계4:1-2; 고후12:2-3 등 참조).

- 그러나 믿지 않는 어떤 사람이 공중투시(유체 이탈)를 하게 되면 그 육체에 남아 있는 마귀들은 그 사람의 몸을 거의 돌보지 않는다. 그래서 사람이 공중투시를 하는 동안 심한

육체적 소모가 생기게 된다. 따라서 공중투시를 하는 대부분의 사람들의 머리카락은 곧 희게 된다.

21. 성령님은 진리의 영이시며 절대로 거짓말하지 않는다.
- 모든 마귀들은 거짓말쟁이이며 그들이 거주하는 사람들 또한 마찬가지이다.

22. 성령님은 배우는 데 있어서 우리가 우리의 마음을 능동적으로 활용하길 원하신다. 그분은 우리의 마음과 상관없이 단지 우리의 정보은행으로서 봉사하길 원하지 않는다.
- 마귀들은 자기들이 거주하는 사람들이 그들의 의지대로 정보를 실제적으로 익힐 필요가 없도록 자신들이 스스로 정보은행으로서의 역할을 기꺼이 담당한다. 이것을 쉽게 풀이하면 이와 같다. 즉 예수님을 영접했어도 공부하지 않으면 좋은 점수를 얻을 수 없는데도 마귀들은 기도만 하면 좋은 점수를 얻을 수 있다고 가르친다. 오늘날 많은 크리스천들이 노력하지 않고도 성령님께서 도와주시기만 하면 무슨 일이든지 다 잘될 수 있다는 착각을 하고 있다. 물론 마귀에게 사로잡히면 점 같은 것은 잘 칠 수 있을 것이다. 그래서 수많은 사람들이 예언 기도, 축복 성회 등에 참석해서 자기 욕심을 채우려 한다.

23. 너무나도 많은 크리스천들이 성령님께서 들어오시면 자신들이 하는 일을 하지 못하도록 하시거나 혹은 그들 스스로를 통제할 수 없도록 하실 것이라는 크게 잘못된 생각을 하고 있다. 오직 마귀들만이 이런 일을 한다. 성령님은 항상 우리의 능동적인 의식과 그분의 뜻이 연합되어서 선한 일들이 일어나길 원하신다. 그런데 우리가 우리 스스로 통제하기를 포기하면 그것은 곧 마귀가 들어와 우리를 다스릴 수 있는 문을 열어 주는 것이다.
- 마귀들은 그들이 거하는 사람들을 점령하고 통제하기를 좋아한다.

24. 성령님은 절대로 점쟁이가 아니다. 그분께서는 우리에게 예견력을 주지 않는다 (마6:34).
- 마귀들의 가장 일반적인 속임수 중 하나는 사람들에게 실제로 간단한 예견에 지나지 않는 거짓된 '지식의 말들'을 주는 것이다. 마귀들은 또한 참으로 운수를 점치는 것에 불과한 많은 개인적인 '예언들'을 말해 준다. 성경에 있어서의 예언은 대개 예수 그리스도에 관한 것이며 개인들의 신상에 대한 것은 매우 드물다. 따라서 대학진학, 배우자 선택, 직업 선택 등을 위해 소위 용하다는 예언 기도를 받으러 가는 것은 하나님을 신뢰하지 못하는 큰 죄를 범하는 것이다. 이런 예언 기도를 하는 사람 100%가 모두 하나님의 종들처럼 보이나 실제로는 마귀에게 사로잡혀 그의 종노릇을 하고 있다.

부록 20

사도행전 바로 이해하기

　지금까지 우리는 성령님의 여러 가지 사역 즉 성령님이 오시는 것, 성령님이 내주하시는 것, 성령님이 채우시는 것, 성령님의 침례 등을 공부했다. 그런데 성령님에 대해 이야기하기만 하면 곧바로 성령 침례 문제가 나오고 성령 침례의 증거로 방언이 있어야 한다는 주장이 나온다. 오순절 은사주의자들은 사도행전 2장에서 일어난 일이 지금 그대로 다시 반복되어 일어나야 한다고 주장한다. 이 글의 목적은 사도행전에서 정말로 무슨 일이 일어났는지 객관적으로 보여 주려는 것이다.

교리 문제의 핵심: 사도행전 이해

　입신과 방언이 있어야 성령 침례(세례)를 받은 것이라는 주장에 따라 우리나라에서도 방언 열풍이 이삼십 년 전부터 순복음 교회를 통해서 불었다. 지금 전 세계적으로 이렇게 성숙하지 못한 그리스도인들과 또 믿지 않는 사람들이 방언을 하고 있다. 방언은 힌두교도도 하고 불교도도 하고 다른 이교도들도 다 한다. 입신 역시 이교도들의 종교에서는 흔한 일이며 이슬람교도들 가운데서도 빈번히 일어난다.

　현재 마귀는 모든 이교도들의 종교에 거의 공통적으로 존재하는 방언을 종교통합의 도구로 사용하려 한다. "우리가 다 방언을 하니 같은 하나님을 믿는 것 아니냐?"는 말로 그는 사람들을 유혹하고 있다.

　그런데 이런 일들이 어떻게 정당성을 갖느냐고 물으면 그들은 사도행전 2장을 가리킨다. 사도행전의 역사를 가져다 대면서 그들은 "하나님이 그때 이 일을 하셨기 때문에 그래서 우리도 지금 그 일을 한다."라고 말한다. 그러면서 잊지 않고 히브리서 13장 말씀 즉 "예수 그리스도는 어제나 오늘이나 동일하시다."는 말씀도 문맥을 전혀 고려하지 않고 인용한다.

　그래서 사도행전을 잘 이해하지 못하면 바르게 믿는다고 하는 성도들도 이들의 궤변에 넘어갈 수가 있으므로 사도행전을 잘 이해해야 한다. 그래야 현재 산불처럼 번지고 있는 오순절 은사주의의 혼동에서 벗어날 수 있다.

　교회의 교리 문제는 대부분 변천기를 다루는 책에서 생긴다. 신약성경에서 변천기 혹은 과도기를 다루는 책은 마태복음과 사도행전이다. 마태복음은 구약에서 신약으로 변천되는 과정을 기술하고 사도행전은 유대인 중심의 기독교에서 이방인 중심의 기독교

이 글은 역자가 사랑침례교회에서 가르친 내용이다. 이에 대한 동영상을 보기 원하는 분은 http://cbck.org에서 특별방송을 보기 바란다.

로 변천되는 과정을 그린다. 그래서 변천기에 이루어지는 이 과정들을 잘 이해하지 못한 채 변천기에 이루어진 어떠한 절차나 일들을 완전히 모든 것이 확립된 이후에 가져다 적용하면 안 맞는 경우가 많다.

사도행전은 AD 30년부터 70년 사이의 일을 기록하고 있다. 사도행전의 골자는 오순절 날에 성령님이 강림하신 뒤에 유대인들 가운데 교회가 형성되고 유대인 중심에서 이방인 중심으로 교회가 변천되며 확고히 교리적으로 정립되는 역사를 보여 주는 것이다.

사도행전의 내용을 분해해 보면 먼저 1장에서 7장에 성령님의 강림과 유대인들 가운데 기독교가 확고히 세워진 것이 기록되어 있다. 사도행전은 28장까지 있는데 1장에서 7장에는 이방인 이야기가 단 한 마디도 나오지 않는다. 이것을 반드시 기억해야 한다. 그다음 8장부터 28장 사이에 사마리아와 땅의 맨 끝 지역까지 복음이 선포된 것이 기록되어 있다.

사도행전 1장 8절에 가서 보면 "성령님께서 임하신 뒤에 너희가 권능을 받고 예루살렘과 온 유대와 사마리아에서 그리고 땅의 맨 끝 지역까지 이르러 나를 위한 증인이 되리라."고 기록되어 있다. 이 말씀대로 사도행전의 맨 앞의 7장은 100% 유대인들을 다루고 그다음에 8장은 반 유대인 사마리아 사람들과 에티오피아 내시를 다루며 9장 이후는 바울이 회심을 하면서 이방인들을 향한 교회의 사역을 기술한다.

복음서에서는 예수 그리스도의 삶에서 드러난 그분의 생명이 제시되어 있고 사도행전에는 그리스도의 제자들의 삶에서 역사하시는 그분의 생명이 제시되어 있다.

사도행전 1장

사도행전은 의사 누가가 기록한 역사서이다. 누가복음이 끝난 다음에 누가는 연이어서 사도행전이라는 둘째 보고서를 썼다. 성경을 읽을 때 주의할 것이 있다. 그것은 편견을 버려야 한다는 것이다. 사도행전을 펴고는 "아, 지금부터 이방인 교회가 시작되었구나!"라고 생각하는 것이 바로 큰 문제요, 편견이다.

성경 말씀이 무어라 말하는지 거기에 집중해야 한다. 즉 성경에 기록된 그대로 그 당시 주인공들이 처한 상황 속으로 들어가 객관적으로 보는 것이 중요하다. 모든 편견을 버리고 성경 속의 사람들이 하고 있는 그 일들 속으로 직접 들어가 보면 그 시대 그 사람들이 느끼고 있는 그 일들을 바로 느낄 수 있다. 바로 그것을 느끼도록 지금 누가가 기록을 하고 있다.

자, 예수님이 이제 부활했다. 열두 제자들이 그 사실을 눈으로 봤다. 그런데 그 열두 제자는 다 이방인인가? 유대인인가? 모두 유대인이다. 5절에서 예수님은 "요한은 물로 침례를 주었으되 너희는 이제부터 많은 날이 지나지 아니하여 성령님으로 침례를 받으리라."고 말씀하신다. 이 말은 아직도 성령 침례가 이루어지지 않았음을 뜻한다. 더 이상 다른 해석은 필요치 않다. 아직 성령님의 강림이 이루어지지 않았고 교회가 형성되지 않았다.

6절이 중요하다. 이때에 유대인 제자들은 함께 모여서 "주여, 주께서 이때에 그 왕국을 이스라엘에게 다시 회복시켜 주고자 하시나이까?"라고 그분께 물었다. 그들이 말한 '그 왕국'은 무슨 왕국인가? 3절에 있는 대로 그것은 하나님의 왕국이다. 여기 이 유대인 제자들은 예수님의 부활 후 40일 동안 여전히 하늘의 하나님이 이 땅에서 통치하시는 왕국에만 관심을 두고 있었다. 즉 그들의 질문은 다음과 같다.

이제는 예수님이 부활하셨으니까 유대인들로 구성된 이스라엘에게 문자 그대로 그 왕국을 회복시켜 주셔야 하지 않습니까?

자, 여기에 교회가 나오는가? 그들은 예수님에게 교회를 세워 달라고 하지 않았다. 그들은 메시아 왕국 즉 하늘의 하나님께서 이 땅의 예루살렘에 세우시는 하나님의 왕국에만 관심이 있었다. 다른 이야기로 하면 이 유대인 제자들은 교회가 아니라 여전히 이스라엘을 향한 프로그램을 원하고 있었다. 그들은 유대인이든 이방인이든 예수님으로 말미암아 십자가 사건을 통해서 한 몸을 이루는 것 즉 교회 프로그램에는 관심이 없었다.

그 당시 땅에 있던 이 유대인 제자들은 아직 교회라는 걸 알지 못하고 있다. 그래서 우리는 성경을 있는 그대로 편견 없이 읽어야 한다. 그들은 이렇게 말하였다.

예수님이 삼 년 반 동안의 공생애에서 계속해서 세우고자 했던 그 왕국, 이젠 주님이 부활했으니 이스라엘을 위해 그것을 세워 주셔야 되는 것 아닙니까?

그때에 예수님은 그들에게 "이스라엘에게 왕국을 회복시켜 주는 때나 시기는 너희가 알 바 아니고 하나님께서 자신의 권능 안에 그것을 두셨다."고 하셨다. 그분은 왕국을 이스라엘에 세우는 그 일을 부인하지 않았고 다만 하나님께서 그분의 때에 그것을 이룰 것이라고 대답하셨다.

그리고 예수님은 8절의 유명한 말씀을 주신다.

오직 성령님께서 너희에게 임하신 뒤에 너희가 권능을 받고 예루살렘과 온 유대와 사마리아 에서 그리고 땅의 맨 끝 지역까지 이르러 나를 위한 증인이 되리라.

그런데 제자들은 아직도 이 내용이 뭔지 모르고 있다. 그리고 그들은 1장 9절부터 예수님이 기다리라고 하므로 마가의 다락방에 들어가서 가룟 유다 대신 맛디아를 뽑아 사도직을 계승하게 한다. 이런 상태에서 2장으로 넘어간다.

사도행전 2장

2장을 열자마자 오순절이 나온다. 오순절은 누구를 위한 명절인가? 지금뿐만 아니라 과거에 오순절을 지킨 이방인들이 있는가? 그것은 유대인들의 명절이다. 그들이 하나님의 약속을 기다리는 가운데 충만한 때가 차자 드디어 그 오순절에 성령님께서 강림하셨다. 4절에 보면 그들은 다 성령님으로 충만하여 성령께서 그들에게 말하게 하시는 대로 다른 나라의 타언어들로 말하기 시작했다.

5절은 그때에 거기에 독실한 자들 곧 유대인들이 하늘 아래 모든 민족으로부터 나아와 예루살렘에 거하고 있었다고 말한다. 이때에도 여전히 100% 유대인들과 유대인 개종자들만 나온다. 하나님은 세계 방방곡곡에서 여러 민족들 가운데 거하다가 자기들의 3대 명절 중 하나인 오순절을 지키러 온 유대인들이 이 명절을 지키면서 거기서 보고 들은 일들을 자기 나라로 가지고 돌아가 증언하기를 원하셨다.

유대인 제자들이 외국말을 하자 거기 모인 유대인들은 놀라서 그들의 말을 경청하고 어떤 사람들은 그들을 비꼬기도 했다. 이때에 베드로와 열한 사도와 함께 서서 소리를 높여 "유대 사람들과 예루살렘에 거하는 모든 사람들아, 내 말에 귀를 기울이라."고 말한다. 그 당시 베드로의 선포 대상은 본토에 사는 유대인들과 명절을 맞이해서 전 세계 사방 각지에서 모인 유대인들과 유대교 개종자들이었다.

그리고 베드로는 자기 형제들이 외국말로 말하는 것을 보고는 구약성경 기록들을 처음부터 기억하다가 하나님의 영이 임하여 이와 같은 엄청난 일들이 일어날 것을 기록한 요엘서를 생각해 내었다. 그래서 그는 16절에서 "대언자 요엘을 통하여 말씀하신 것이 이것이니라."라고 말하며 요엘서를 낭독한다.

요엘서를 읽으면 알겠지만 그 안에는 교회에 대한 말씀이 단 하나도 없다. 놀라지 말라. 요엘서 안에는 교회가 나오지 않는다. 요엘서는 누구에게 주신 말씀인가? 이스라엘 백성에게 주신 말씀이다. 이스라엘의 대언자 요엘은 마지막 날들에 **주** 곧 여호와의 날이 임하는 때 즉 메시아 왕국이 오기 바로 전에 **주**의 날에 심판이 임할 때 이스라엘 백성에게 이루어질 일들에 대해서 예언했다. 요엘서는 이방인들이 주축이 되는 교회와 전혀 상관이 없으며 교회 시대가 끝나고 이 땅에 이루어질 **주**의 날의 심판에 대해 말한다.

자, 확신하지 못하는 분들이 있으므로 요엘서를 조금 살펴보자.

요엘서 2장은 크고 무서운 **주**의 날을 다룬다. 1-17절은 그때에 시온에서 이스라엘 백성이 금식을 선포하고 회개하는 일을 기록한다. 18-27절은 **주**께서 뜻을 돌이키시고 이스라엘 백성을 불쌍히 여기시며 친히 그들의 하나님인 것을 보여 주는 내용을 담고 있다. 이때에는 천년왕국이 이루어질 터이므로 자연계에 변화가 생겨서 들짐승들도 무서워하지 않고 광야의 초장이 싹을 내며 나무가 열매를 맺고 무화과나무와 포도나무가 힘을 내게 된다(22절; 사11, 40장 참조).

또한 **주**께서 그들에게 실제로 이른 비와 첫째 달의 늦은 비를 내려 주셔서 그들의 타작마당에는 밀이 가득하고 독에는 포도즙과 기름이 넘쳐나게 된다(23-24절). 그때에 다음과 같은 일이 생긴다.

그런즉 내가 이스라엘의 한가운데 있으며 내가 **주** 너희 하나님이고 다른 이가 없는 줄을 너희가 알리라. 내 백성이 결코 부끄러움을 당하지 아니하리라(27절).

27절은 역시 **주**의 날을 다룬 스바냐서 3장 14-20절 말씀과 동일하다. 이 말씀 다음에 유명한 28-32절이 나온다.

그 뒤에 내가 내 영을 모든 육체 위에 부어 주리니 너희의 아들딸들은 대언하며 너희의 늙은이들은 꿈을 꾸고 너희의 젊은이들은 환상들을 보리라. 또 그 날들에 내가 내 영을 남종과 여종들 위에 부어 주며 하늘들과 땅에서 이적들을 보이리니 곧 피와 불과 연기 기둥들이로다. 크고 두려운 **주**의 날이 이르기 전에 해가 변하여 어둠이 되고 달이 변하여 피가 되려니와 누구든지 **주**의 이름을 부르는 자는 구출을 받으리니 **주**가 말한 대로 시온 산과 예루살렘에 구출이 있으며 또 **주**가 부를 남은 자들에게도 구출이 있으리라.

여기서 28절의 첫 두 단어를 살펴보아야 한다. 그것은 '그 뒤에'로 되어 있다. 즉 2장 1절부터 27절이 이루어진 뒤에 이스라엘에서 하나님의 영이 모든 육체 위에 부어지는 일이 생긴다고 성경은 말한다. 이것을 베드로는 사도행전 2장에서 다음과 같이 기록했다.

> 하나님께서 말씀하시기를, <u>마지막 날들에</u> 내가 내 영을 모든 육체 위에 부어 주리니 <u>너희</u>의 아들딸들은 대언하며 <u>너희</u>의 젊은이들은 환상들을 보고 <u>너희</u>의 늙은이들은 꿈을 꾸리라. 그 날들에 내가 내 영을 내 남종과 여종들 위에 부어 주리니 그들이 대언하리라. 또 내가 위로 하늘에서는 이적들을 보이며 아래로 땅에서는 표적들을 보이리니 곧 피와 불과 연기로다. 저 크고 주목할 만한 주의 날이 이르기 전에 해가 변하여 어둠이 되고 달이 변하여 피가 되려니와 누구든지 주의 이름을 부르는 자는 구원을 받으리라, 하였느니라(행2:17-21).

베드로는 '그 뒤에'를 '마지막 날들에'라고 기록한다. 문맥에서 벗어나지 않고 요엘서를 읽으면 누구라도 그것이 교회를 향한 말씀이 아님을 알 수 있다. 요엘서에서 요엘이 말하는 대상인 '너희'는 누구인가? 유대인이다. 그러면 여기 나오는 아들딸, 젊은이, 늙은이, 남종, 여종은 다 누구인가? 100% 유대인이다. 요엘서에서 대언하고 환상을 보고 꿈을 꾸는 사람들은 다 마지막 때에 **주**의 날이 임할 때 즉 예수님께서 재림할 때 유대 땅에 살게 될 유대인들이다. 바로 그때에 유대인들이 자기 땅에서 외국말을 할 것이다. 대언을 할 것이다.

베드로는 자기 동료들이 방언과 대언을 하는 것을 보고는 이제 요엘서의 예언이 성취되는 것으로 생각해서 요엘서 말씀을 이스라엘 백성에게 낭독하였다. 이스라엘 백성을 향한 구약성경의 예언을 따르면 **주**의 날이 임한 뒤 그다음에 메시아 왕국이 임한다. 메시아 왕국 즉 하나님의 왕국이 임한다. 이것은 요엘서 3장에 자세히 기록되어 있다. 그때에는 여호사밧 골짜기에서 민족들에 대한 심판이 있다. 이것은 예수님께서 마태복음 25장에서 양과 염소 민족들의 비유로 설명해 주신 것과 같은 내용이다. 이렇게 민족들을 심판해서 마귀와 함께 지옥 불에 들어갈 자들을 다 구분해서 소멸시킨 뒤에(마25:41) 드디어 믿음으로 구원받은 유대인과 이방인이 천년왕국에 육신을 입은 채 들어간다(마25:34). 이들은 거기에 들어가서 자손을 낳으며 마귀의 유혹이 없는 가운데 문자 그대로 1000년 동안 살게 된다(계20장). 이것이 구약성경이 말하는 천년왕국의 핵심 내용이다.

여기서 베드로는 요엘서의 내용을 많이 인용했지만 사실 19-20절의 '위로 하늘에서의 이적들과 아래로 땅에서의 표적들 곧 피와 불과 연기와 해가 변하여 어둠이 되고 달이 변하여 피가 되는 일'은 그 오순절에 전혀 이루어지지 않았다. 사실 베드로는 유대인들에게 21절 말씀 즉 "누구든지 **주**의 이름을 부르는 자는 구원을 받으리라."는 말씀을 유대인들에게 전달해 주려고 요엘의 글을 인용했다.

그러나 17-18절뿐만 아니라 19-20절이 문자 그대로 이루어지는 때가 온다. 그때는 바로 예수님의 재림의 때다. 말세에 7년 환난기에 들어갈 때 이스라엘 백성에게는 이와 같이 크고 주목할 만한 **주**의 날의 심판이 임해서 유대인들은 이적들과 표적들, 피와 불과 연기와 해가 변하여 어둠이 되고 달이 변하여 피가 되는 것을 보고 젊은이들은 환상들을 보고 늙은이들은 꿈을 꾸고 남종과 여종은 영으로 충만하게 된다.
자, 그래서 22절에서 사도 베드로는 이 모든 일의 요점을 이야기한다.

<u>너희 이스라엘 사람들아, 이 말들을 들으라. 너희 자신도 아는 바와 같이 하나님께서 나사렛 예수님을 통하여 기적들과 이적들과 표적들을 너희 한가운데서 행하사 그분을 너희 가운데서 하나님의 인정받은 사람으로 삼으셨느니라.</u>

지금 베드로는 누구에게 말하는가? 이스라엘 사람들에게 말한다. 그는 "이제 너희가 **주**의 이름을 불러야 구원을 얻는데 **주**가 누구냐, 그걸 내가 너희에게 가르쳐 주겠다."고 말한다. 그리고 나서 그는 "너희가 아는 바와 같이 나사렛 예수님을 통해 하나님이 기적들과 이적들을 일으켜서 메시아 표적들을 보여 주시고 이분이 너희의 주님이라는 것을 다 보여 주셨는데 너희가 본디오 빌라도와 합작해서 이 영광의 메시아를 잡아서 죽이고 십자가 처형을 받도록 했다."고 말하며 유대인들의 죄를 지적한다.

그리고는 "그럼에도 불구하고 하나님께서 그대로 두지 아니하시고 이분을 부활시켜서 산 자와 죽은 자의 **주**가 되게 하셨다."고 그는 말한다. 연이어서 36절에서 그는 "그런즉 이스라엘의 온 집은 확실히 알지니 너희가 십자가에 못 박은 그 동일한 예수님을 하나님께서 **주**와 그리스도로 삼으셨느니라."고 설교의 쐐기를 박는다.

그는 분명히 "이스라엘의 온 집은 확실히 알라."고 말한다. 교회가 아니다. 이스라엘의 온 집 즉 유대인들이다. 무엇을 알라고 하는가? "너희가 십자가에 못 박은 그 동일한 예수님을 하나님께서 주와 그리스도로 삼으셨다."는 사실을 알라고 한다.

그러니까 요엘서에 나와 있는 말씀에 따라 "**주**의 이름을 부르는 자는 구원을 받는다."고 했으면 누구를 불러야 할까? 예수님을 불러야 한다. 즉 예수님을 배반하고 처형시킨 그 유대인들은 이제 "그 예수님이 우리의 구원자시요, 주님이십니다."라고 외쳐야 했다. 왜 그런가? 마태복음 23장에서 주님께서 그렇게 말씀하셨기 때문이다.

오 예루살렘아, 예루살렘아, 대언자들을 죽이고 네게 보낸 자들을 돌로 치는 자여, 암탉이 자기 병아리들을 자기 날개 아래 모음같이 내가 얼마나 자주 네 자녀들을 함께 모으려 하였더냐! 그러나 너희가 원치 아니하였도다. 보라, 너희 집이 버림받아 너희에게 황폐하게 되었느니라. 내가 너희에게 이르노니, <u>너희가 말하기를, 찬송하리로다. 주의 이름으로 오시는 이여, 할 때까지</u> 이제부터 너희가 나를 보지 못하리라, 하시니라(마23:37-39).

여기서 주님께서는 유대인들의 불순종으로 인해 자신의 재림이 이루어질 때까지 그들이 황폐하게 될 것을 예언하시고 39절에서 분명히 그들이 "주의 이름으로 오시는 이여!"하고 자기를 부를 때에 그들이 구원을 받고 메시아 왕국이 이루어질 것을 보여 주셨다.

그래서 베드로는 유대인 백성들에게 "너희가 회개해야 구원받는다."고 설교하고 있다. 지금 사도행전 2장은 분명히 초대 교회의 일을 기록한다. 그러나 여기의 초대 교회는 100% 유대인 교회이다. 이방인은 하나도 없다. 아직 이방인들에 대한 교회의 프로그램은 시작되지 않았다. 지금 사도 베드로의 마음속에는 이방인에 대한 생각이 추호도 없다. 그는 교회 프로그램에 대해 전혀 모른다.

하나님은 친히 자신의 계획에 따라 착착 일을 진척시켜서 나중에 사도 바울을 회심시키는 일까지 끌고 나가는데 이 땅에서 지금 사도 베드로를 포함한 유대인들에게는 하나님의 이런 계획이 전혀 마음에 없다. 그들은 지금 예수님을 온 유다 민족들이 받아들이기만 하면 주의 날이 임하고 그러면 예수님이 다시 오신다는 것에만 관심을 가지고 있다.

이렇게 해서 37절로 넘어가니 이 사람들이 드디어 "이제 우리는 어떻게 해야 좋을꼬?"라고 이야기한다. 그랬더니 베드로가 회개하고 예수님을 구원자로 받아들이라고 말하며 그러면 성령님의 선물을 받는다고 이야기한다. 그래서 41절에 보니 그의 말을 기쁘게 받아들인 사람들이 침례를 받으매 바로 그 날에 삼천 혼 가량이 그들에게 즉 유대인 제자들에게 더해졌다. 교회가 아니라 백이십 명의 그 제자들에게 더해졌다.

그렇게 더해지고 난 다음에 어떤 일이 생겼는가? 그들이 흔들리지 아니하며 사도들의 가르침과 교제 안에 머물면서 빵을 떼고 기도하는 가운데 백성들 중에서 믿는 자들이 생겨났다. 그렇게 생겨난 사람들이 47절에서 보듯이 하나님을 찬양하며 온 백성에게서 호감을 얻으므로 주님께서 구원받아야 될 자들을 교회에 더하셨다. 드디어 교회가 형성되었다. 이게 초대 교회이다. 그런데 이렇게 형성된 초대 교회는 100% 유대인으로만 구성되어 있다.

자, 이렇게 하나님은 교회를 시작하셨지만 여기 땅에 있는 이 유대인들은 무엇을 하고 있는가? 그들은 여전히 주의 날을 기다리고 있다. 땅에 있는 유대인들은 하나님의 교회 프로그램에 관심이 없고 왕국을 빨리 받아들여서 주의 날이 임하면 메시아가 임하고 그러면 모든 것이 끝이 난다고 생각하고 있다. 이것은 내 해석이 아니다. 이제 3장으로 가면 모든 것이 명확하게 드러난다.

사도행전 3장

3장이 시작되니 베드로와 요한이 앉은뱅이를 고친다. 이렇게 해서 11절에 걷지 못하던 자가 고침을 받고 베드로와 요한을 붙드니 백성이 놀랐다. 이에 12절에서 베드로가 "너희 이스라엘 사람들아, 어찌하여 이 일에 놀라냐?"고 말한다. 그는 "교회야!"라고 말하지 않는다. 아직도 이스라엘이다. 그리고 그는 2장의 방언과 3장의 병 고침의 표적이 생긴 이유를 설명한다.

13절에서 그는 동일한 주제를 설명한다. 즉 "너희가 예수님을 거부하고 죽였으나 아브라함과 이삭과 야곱의 하나님 곧 우리 조상들의 하나님 – 유대인들의 하나님 – 께서 자신의 아들 예수님을 영화롭게 하시고 그분을 주님으로 삼으셨다."는 것이 그의 설교의 핵심 주제이다.

그렇게 얘기한 다음에 18절에 가서 그는 "그러나 하나님께서 자신의 모든 대언자들의 입을 통하여 미리 보여 주신 그 일들 곧 그리스도께서 고난당하실 일들을 이같이 성취하셨다."고 말한다.

자, 이제부터 매우 중요한 구절이 나온다. 19-21절을 보라.

그런즉 너희는 회개하고 회심하라. 그리하면 새롭게 하는 때가 주의 앞으로부터 이를 때에 너희 죄들이 말소될 것이요, 또 그분께서 예수 그리스도 곧 너희에게 미리 선포된 분을 보내시리라. 하나님께서 세상이 시작된 이래로 자신의 모든 거룩한 대언자들의 입을 통하여 말씀하신 때 곧 모든 것을 회복하시는 때까지는 하늘이 반드시 그분을 받아들여야 하느니라.

19절의 '너희는' 누구인가? 이스라엘 백성 즉 유대인이다. 문맥에 맞게 이 구절들을 읽어 보면 다른 해석이 나올 수 없다. 지금 베드로와 사도들 그리고 회심한 유대인들은 유다 백성이 회개하기만을 기다리고 있다. 그 이유는 그들이 회개해야만 예수님께서 하늘에서 다시 오시게 되고 그러면 온 민족이 "주의 이름으로 오시는 이여!" 하면서 그분을 받아들일 수 있기 때문이다.

베드로의 초점은 "우리 온 민족이 회개하고 회심만 하면 하나님이 하늘에서 예수님을 다시 보내실 것이고 그러면 **주**의 날이 임하고 메시아 왕국이 임하며 그러면 모든 프로그램이 끝난다."라는 것이다.[2]

그 이유는 21절에 있는 것과 같다. 하나님께서 세상이 시작된 이래로 자신의 모든 거룩한 대언자들의 입을 통하여 말씀하신 때 곧 <u>모든 것을 회복하시는</u> 때까지는 하늘이 반드시 그분을 받아들여야 하기 때문이다. 베드로의 말은 다음과 같다.

그러니까 주의 날이 임하면 모든 것이 회복된다. 그때까지는 예수님이 하늘에 계셔야 된다. 지금 너희가 그분을 받아들이면 회복하는 때가 임하니까 하나님이 예수님을 보낸다.

그래서 베드로는 22절부터 구약의 신명기를 보라고 하면서 "하나님께서 모세를 통해서 나 같은 대언자 하나를 너희를 위해 일으키시리니 너희는 말을 들으라."고 한 것을 상기시킨다. 그 대언자가 바로 예수님이시다.

그러면서 그는 25절에서 "너희가 바로 구약성경에 나와 있는 하나님의 언약의 자손 즉 대언자들의 자손이요 하나님께서 우리 조상들과 맺으신 언약의 자손이다."라고 말한다. 그리고는 26절에서 온 유다 민족이 회개할 것을 촉구한다.

자, 지금 열심히 설교하고 있는 베드로의 마음속에 교회가 있는가? 이방인이 있는가? 없다. 하나님은 그들이 예수님의 복음과 교회를 선포하기를 원하시는데 여기 땅에 있는 사도 베드로와 유대인 제자들은 아직 교회에 대해 알지 못하고 있다. 베드로는 이때로부터 약 10년이 흐른 뒤에 즉 사도행전 10장에 가서야 비로소 이방인들이 구원받는 것을 알게 되었다. 하나님은 교회 시대를 열어서 사람들을 교회 프로그램으로 끌고 가시는데 땅에 있는 이 제자들은 그것을 모른 채 메시아 왕국의 도래만을 생각하고 있다. 한편 이스라엘 백성은 예수님 때와 같이 여전히 하나님의 권고를 듣지 않는다.

사도행전 4-5장

자, 이런 상황에서 4장에 가면 베드로와 요한이 체포되고 공회 앞에 서는 장면이 나온다. 그렇게 돼서 초창기 유대인 성도들은 엄청난 핍박을 받는다. 사도들은 풀려나서 다시 기도하며 "병을 낫게 하는 기적과 또 표적들과 이적들이 주의 거룩한 아이 예수님의

---

[2] 19절은 매우 중요한 절이다. 그러나 개역성경은 여기서 또 오역을 해서 독자들이 제대로 말씀을 보지 못하게 한다. "그러므로 너희가 회개하고 돌이켜 너희 죄 없이 함을 받으라 이같이 하면 <u>유쾌하게 되는 날이</u> 주 앞으로부터 이를 것이요" 킹제임스 성경은 분명히 '새롭게 하는 때'가 임한다고 되어 있으나 개역성경은 이를 '유쾌하게 되는 날'로 번역해서 회개하면 사람이 유쾌하게 되는 것으로 설교하고 그렇게 이해할 수밖에 없게 만들었다.

이름으로 이루어지게 허락하옵소서."라고 하나님께 간구한다(30절). 2장부터 여기까지 계속해서 표적과 이적이 나오는 것은 유대인들이 표적을 요구하기 때문이다.

유대인들은 표적을 요구하고 그리스인들은 지혜를 추구하나(고전1:22)

유대인들은 이집트 탈출 사건 이후 국가를 형성하면서 하나님으로부터 표적을 요구했다. 그들은 대언자가 오면 반드시 표적을 요구했다. 그래서 모세에게도 같은 것을 요구했다(출4:1-17). 예수님에게도 표적을 요구했다(마12:38). 따라서 그들은 사도들에게서도 표적을 요구했다. 이것은 그들에게 너무나 당연한 것이었으며 하나님은 이들의 요구를 들어주셨다.

우리가 이렇게 큰 구원을 소홀히 여기면 어찌 피할 수 있으리요? 이 구원은 처음에 주께서 말씀하기 시작하신 것이요 그분의 말씀을 들은 자들이 우리에게 확증한 것인데 하나님께서도 자신의 뜻에 따라 표적들과 이적들과 다양한 기적들과 성령님의 선물들로 그들에 대하여 증언하셨느니라(히2:3-4).

히브리서는 히브리 사람들에게 보낸 사도 바울의 서신이다. 바울은 분명히 하나님께서 유대인들에게 표적들과 기적들을 보여 주셔서 사도들이 말한 것을 확증해 주었다고 기록한다.

사도행전 4장 32-37절에 보면 유대인 성도들이 자기들의 소유를 전부 팔아 사도들의 발 앞에 가져다 놓은 것을 알 수 있다. 왜 이런 일이 발생했을까? 그때에 그들은 예수님이 언제라도 올 수 있다고 확신하고 있었다. 온 민족이 회개하기만 하면 예수님이 언제라도 오실 수 있기 때문에 세상의 것에 신경을 쓰지 않았다.

또한 그들은 성전을 떠날 수도 없었다. 왜냐하면, 말라기 3장 1절에 따라 예수님이 갑자기 성전에 임하실 줄로 믿고 있었기 때문이다. 이런 상황을 무시한 채 초대 교회처럼 교회에 모든 재산을 바쳐야 한다고 주장한다거나 공산주의처럼 물건을 모두 공동으로 소유해야 한다고 주장하는 것은 어불성설이다. 이것은 그 당시 유대인 제자들에게만 해당되는 일이다.

이렇게 해서 5장으로 넘어가면 아나니아와 삽비라가 성령님을 속이는 일이 발생한다. 이걸 그대로 두면 안 되니까 하나님께서 이 두 사람을 죽인다. 그러나 여전히 문맥은 예루살렘에 모여 있는 유대인 성도들에 대한 것이다.

사도행전 6-7장

6장에 들어가면 본토 유대인들과 외국에서 태어나 그리스말만 쓰는 유대인들 사이에 양식 배급 문제로 다툼이 일어난다. 여전히 히브리 사람들 이야기이다. 다시 한 번 말하지만 하나님 편에서는 교회가 시작되었다. 그런데 아직까지는 교회가 다 유대인으로만 구성되어 있다. 하늘에서는 교회의 프로그램이 돌아가고 있는데 여기 있는 이 사람들은 아직도 왕국이 빨리 임하는 것을 기다리고 있다. 이들은 이방인이 구원받아 교회를 이루는 것 등을 전혀 알지 못한다.

히브리 사람들 간의 다툼을 해결하기 위해 일곱 사람을 뽑았는데 그중에 한 명이 스데반이었다. 스데반이 성령님으로 충만해서 이스라엘 백성에게 너희가 잡아 죽인 그분 예수님, 바로 그분이 메시아라고 설명해도 그들은 듣지 않는다. 그리고는 오히려 거짓 증인을 세우고 그를 공회 앞에 데려다가 법정 심판을 받게 한다.

이에 사도행전 7장에서 스데반은 공회 앞에서 백성의 지도자들과 대제사장 앞에서 '그들이 어떻게 하나님의 백성이 되었는가'를 설명해 준다. 그는 유대인들의 조상인 아브라함부터 시작해서 유대인들의 반역과 불신앙의 역사를 하나하나 설명한다. 그리고는 맨 마지막에 가서 과거에 모세 시대로부터 약 1500년 동안, 아브라함 때로부터는 약 2000년 동안 하나님이 계속해서 말씀을 주시고 대언자들을 보내시고 경고를 주셨는데 너희가 그들 중 한 사람에게라도 귀를 기울인 적이 있느냐고 묻는다.

그렇게 그가 유다 민족의 자존심을 구기는 발언을 하며 회개를 촉구하니까 이 사람들은 마음이 강퍅해져서 귀를 꽉 틀어막고는 스데반에게 달려들었다(57절). 바로 이 사건을 통해 대제사장을 비롯한 온 유다 백성은 조직적으로 예수님을 거부하였다.

이것은 마치 예수님 당시에 하나님의 경륜을 이해하지 못하고 그분을 십자가에 처형시킨 것과 비슷하다. 그때에도 예수님은 참다 참다 못해 십자가 사건 전에 모든 것을 마무리하면서 마태복음 23장에서 유대인들의 치리자들에게 정죄의 말씀을 퍼부었다.

여기까지의 것을 정리하면 이렇다.

하나님은 예수님의 승천 이후에도 계속해서 은혜를 베푸셔서 이스라엘 백성이 회개하고 회심할 기회를 여러 차례 주셨다. 여기까지 오면 약 7년을 참아 주신 것이다. 또한 그분은 표적들과 이적들을 동원하여 유대인 사도들의 말씀 선포가 하나님 자신에게서 왔음을 증명해 주었다. 이처럼 계속해서 하나님께서 기회를 주시는데도 그들은 듣지 않았다.

이에 하나님께서는 더 이상 유대인들과 상관하지 않으시고 사도행전 1장 8절에 있는 것을 시행하셨다. 즉 유대인 제자들은 예루살렘과 온 유대와 사마리아와 땅의 맨 끝 지역까지 예수님의 증인이 되어야 하는데 이들은 하나님의 교회 계획을 충분히 이해하지 못한 채 계속해서 예루살렘에만 머물러 있으려 했다. 그들은 오직 메시아 왕국에만 관심이 있었다.

그리고 하나님께서 스데반을 통해 또 한 번 기회를 주었으나 그들은 대제사장의 주도 하에 민족적으로 하나님의 계획을 거부하고 그를 돌로 쳐서 죽였다. 이로써 유대인들을 향한 하나님의 오래 참으심은 한계에 이르게 되었고 그들은 교회 시대 동안 잠시 옆으로 치워진 상태로 지내게 되었다. 그래서 드디어 8장에 가서는 사도행전 1장 8절 말씀을 실행하는 일이 생긴다.

사도행전 8장

8장 1절은 스데반의 죽음에 동의하는 사울에 대해 간략히 언급한 뒤 곧바로 그때 예루살렘에 있던 교회에 큰 핍박이 있어서 사도들 외에는 그들이 다 유대와 사마리아 지역들로 흩어졌음을 보여 준다. 유대인 제자들은 모두 흩어지고 사도들만 예루살렘에 남았다. 그 이유는 예수님이 갑자기 성전에 나타나면 안 되기 때문이다. 그래서 그들은 사도들만 남겨둔 채 다 유대와 사마리아의 지역들로 널리 흩어졌다. 이렇게 되면서 메시아 왕국의 도래 즉 주의 날의 도래는 점점 더 그 시대에 이루어질 일이 아니라 미래에 이루어질 일이 되고 말았다.

5-25절은 유대인들의 피를 반쯤만 가지고 있던 사마리아 사람들에게 복음이 선포된 것을 기록한다. 그리고 26-40절은 역시 유대인들의 피를 받고 있는 에티오피아의 유대인 내시가 회심한 것을 기록한다. 이로써 사도행전 1장 8절의 말씀 중 예루살렘과 유대와 사마리아에까지 이르러 그들이 증언하는 것이 성취되었다.

사도행전 9-11장

자, 이제 남은 것은 그들이 땅의 맨 끝 지역까지 가서 증언하는 것이다. 즉 이방인들에게 가야 하는 일이 남았다. 그래서 그 일을 위해 9장에 사도 바울의 회심이 기록되어 있다. 15절에 이 내용이 정확히 기록되어 있다.

주께서 그에게 [아나니아에게] 이르시되, 네 길로 가라. 그는 이방인들과 왕들과 이스라엘 자손 앞에 내 이름을 전하기 위해 내가 택한 그릇이니라.

그래서 이제 드디어 이방인 사역으로 하나님이 길을 여신다. 그런데 아직도 문제가 남아 있다. 유대인들이 문제이다. 유대인들의 마음속에는 여전히 자기들 외에는 구원받을 사람이 없다는 생각이 남아 있었다. 이것을 해결하지 않으면 이방인들을 구원하는 일이 진행될 수 없었다.

그래서 하나님은 사도 바울이 아니라 사도 베드로를 택해서 이 일을 이루셨다. 하나님은 그에게 환상을 통해서 속된 것과 부정한 것을 먹으라고 말씀하시면서 그가 거부하자 자신이 친히 그것을 깨끗하게 하셨다고 말씀하신다(10장 14-15절). 베드로가 이것을 이해하지 못하자 그분은 이 일을 자그마치 세 번이나 보여 주셨다.

그 뒤에야 비로소 베드로는 고넬료의 집에 가서 복음을 선포하였다. 그리고는 난생 처음 이방인도 구원을 받는다는 것을 그때에 알게 되었다(10장 34-35절). 사도행전 2장의 오순절 성령 강림 이후 그가 이것을 깨닫기까지는 무려 10년이라는 세월이 흘렀다.

그런데 여전히 이 일을 알지 못하는 유대인들은 여전히 하나님의 계획을 거부하려 했지만 결국에는 그것을 용인하는 내용이 11장에 기록되어 있다. 자기들이 개처럼 취급하던 이방인들이 성령님의 선물을 받아 교회의 중심이 된다는 것을 이해하지 못한 유대인들은 베드로를 불러 그가 고넬료에게 간 경위를 따져 물었다. 이에 베드로는 그들에게 처음부터 끝까지 그 사건의 경위를 설명하니 할 수 없이 그들은 굴복하고 다음과 같이 선언하였다.

그들이 이것들을 듣고는 잠잠하고 하나님께 영광을 돌리며 이르되, 그러면 하나님께서 이방인들에게도 생명에 이르는 회개를 주셨도다, 하니라(행11:18).

다시 한 번 말하지만 이렇게 되기까지 10년이란 세월이 흘렀다. 이 사건 이후로 드디어 사도행전 11장 26절에 가서 이방인 제자들이 그리스도인이라 불리게 되었다. 이 말은 결코 교회가 그때부터 시작되었다는 뜻이 아니다. 교회는 분명히 사도행전 2장에서 시작되었지만 교회에서 유대인과 이방인의 역학 관계가 완성되는 데 약 10년의 세월이 필요했다는 것이다.
　이렇게 해서 이방인 중심의 교회가 형성된 이후로 12장에서는 유대인 제자들에 대한 핍박이 한 번 기록되었고 13장 이후로 베드로의 이름은 사도행전에서 전혀 나오지 않게 되었다. 바울과 바나바만 나오는데 그나마 바나바도 15장까지만 나오고 16장부터 28장에는 100% 이방인들의 사도인 사도 바울의 사역만 나온다.
　사도행전 7장에서 모든 유대인들은 대제사장과 공회와 더불어 예수님을 거부한 뒤에도 계속해서 주님을 거부하다가 결국 AD 70년에 예루살렘이 완전히 훼파됨으로 온 세상으로 디아스포라가 되어 흩어지게 되었다.
　그리고 1948년 5월에 다시 가나안 땅으로 돌아온 이들은 결국 세상의 창건 이후로 없었던 극심한 환난기를 겪으면서(마24:21; 단12:1) 주님께서 재림하실 때에 회개하고 회심하여 "주의 이름으로 오시는 이여!"하며 예수님을 메시아로 받아들일 것이다(롬11:25-26). 바로 이때에 요엘서 2장의 모든 말씀이 성취되며 그들이 방언을 하고 대언을 하고 하나님의 영으로 채워지게 될 것이다.

> 내가 다윗의 집과 예루살렘 거주민들 위에 은혜의 영과 간구하는 영을 부어 주리니 그들이 나 곧 자기들이 찌른 나를 바라보고 사람이 자기 외아들을 위하여 애곡하듯 그를 위하여 애곡하며 사람이 자기의 처음 난 자를 위하여 쓰라리게 슬퍼하듯 그를 위하여 쓰라리게 슬퍼하리로다(슥12:10).

결　론

　오순절 은사주의자들은 툭하면 초대 교회로 돌아가야 한다고 주장한다. 그런데 위에서 살펴본 대로 사도행전 2장의 오순절 사건부터 8장까지의 기록은 그 당시의 모든 표적과 기적이 유대인들에게만 해당됨을 보여 준다. 특별히 방언과 대언 등의 은사는 때가 되어 역할을 다하면 사라질 것이라고 바울은 기록한다.

> 사랑은 결코 없어지지 아니하되 대언은 있다 해도 없어질 것이요, 타언어들도 있다 해도 그칠 것이며 지식도 있다 해도 사라지리라. 우리가 부분적으로 알고 부분적으로 대언하나 완전한 것이 오면 그때에는 부분적인 것이 없어지리라(고전13:8-10).

　그래서 병 고치는 자, 능력을 보이는 자, 사도, 대언자 등은 모두 성경 기록의 계시가 완성된 AD 90년경 이후에는 완전히 사라졌다. 이것은 교회 역사가 증명한다. 그러므로 초대 교회로 돌아가자고 할 때 우리는 어떤 초대 교회인지 물어야 한다.
　하나님의 계시는 점진적으로 주어졌다. 교회에 관한 계시 역시 예수님 승천 이후에 이런 과정을 겪으면서 점진적으로 주어져서 AD 70년경에 사도 바울에 의해 완성되었고 그 뒤 AD 90년경에 사도 요한은 예수님의 사역과 그 이후에 드러난 모든 것을 정리한 것과 또 앞날에 대한 계시를 요한복음과 요한서신 그리고 요한계시록에 기록하였다. 이로써 하나님의 모든 계시는 완성되었다. 그러므로 지금 우리는 교회에 관한 계시가 확고히 정립된 때의 초대 교회들에게 주신 서신들에 있는 규범들을 따라야 한다.
　변천기에는 여러 가지가 변한다. 예를 들어 구원받는 모습도 여러 군데서 다르다. 2장에서는 유대인들이 구원받으며 방언을 한다. 8장에서는 사마리아 사람들이 구원을 받지만 방언은 하지 않는다. 또 에티오피아 내시가 구원을 받지만 역시 방언을 하지 않는다. 9장에서는 바울이 구원을 받지만 방언을 하지 않는다. 10장에서는 고넬료와 가족들이 구원을 받고 방언을 한다. 11장 이후로 28장까지는 19장의 아볼로의 제자들을 빼고는 모든 사람이 구원을 받지만 방언을 하지 않는다.

사도행전 시대에는 예수님 이전에 살던 사람들 즉 구약시대 사람들 중에 이미 구약식으로 구원받은 사람 - 아브라함, 다윗, 침례자 요한 등과 같은 방식으로 오직 하나님의 은혜로 그분의 말씀을 믿어서 - 도 있었다. 예를 들어 사도행전 18장과 19장에 나오는 아볼로와 그의 제자들이 그런 사람들이다. 이런 사람들은 이미 구원받았지만 유대인이므로 침례자 요한의 침례만 알았다. 그래서 그들은 예수님을 알고 나서 다시 물 침례를 받았고 또 19장의 제자들은 성령 침례와 함께 방언도 했다.

그러므로 이렇게 여러 가지가 뒤섞여 있는 변천기의 상황 중에서 어느 것 하나를 취해서 근본적인 교리로 삼으면 꼭 문제가 생긴다. 오순절 은사주의자들은 성령 침례 받으면 반드시 방언을 해야 한다고 주장한다. 사도행전 2장과 10장 그리고 19장을 보면 그렇게 되어 있다. 그런데 이 세 사례 외에는 어느 누구도 방언을 하지 않았다. 즉 성령 침례를 받으면서 방언을 하지 않은 사례와 사람이 대다수였다.

어느 누구라도 자기가 믿는 바를 성경으로 입증하고자 하면 다 할 수 있다. 그러나 성경의 문맥이 그것을 지지하느냐가 중요하다.

그러면 우리는 어디서 교리를 찾아야 할까? 성령 침례 교리를 포함한 신약성경의 교회와 관련된 교리는 모든 것이 완전히 확립돼서 더 이상 변하지 않는 데서 찾아야 한다. 하나님은 분명히 고린도전서 12장 13절에서 구원받은 사람이 다 성령 침례를 받아 한 몸 안으로 들어온다고 하신다.

> 우리가 유대인이나 이방인이나 매인 자나 자유로운 자나 모두 한 *성*령에 의해 침례를 받아 한 몸 안으로 들어왔으며 모두가 마시게 되어 한 *성*령 안으로 들어왔느니라.

그러므로 변천기 이후에 구원받은 사람은 누구나 다 이미 성령 침례를 받았다. 그렇지 않은 사람은 그리스도인이 아니다. 그래서 성경에는 성령 침례를 받으라는 명령이 없다. 다만 성령님으로 충만해서 그분의 지배하에 살라는 명령이 있을 뿐이다(엡 5:18).

다시 한 번 이야기하지만 대부분의 이단 교리는 변천기를 다루는 책들에 근거를 둔다. 그러나 우리는 하나님의 계시가 확립된 상태에서 주어진 기록에서 교리를 찾아야 한다. 사도행전 2장의 표적들은 유대인들을 회심시키기 위해 하나님께서 유대인들에게 주신 표적들이다. 방언을 하는 사람도 유대인이고 그것을 보고 돌이킬 사람도 유대인이다. 하나님의 계시가 완전히 주어진 이 시점에서 이런 것들을 구하고 찾는 것은 불신앙의 행위이다.

(우리는 믿음으로 걷고 보는 것으로 걷지 아니하노라.)(고후5:7).

우리 주님은 이런 것들을 구하는 자들에게 "악하고 음란한 세대가 표적을 구한다."고 분명한 답을 주셨다(마12:39).

부록 21

방언 논쟁

얼마 전, 한 모임에서 만나 안면이 있는 분이 내게 다짜고짜 이렇게 말했다.
"제가 선생님 책을 봤는데, 한 가지는 잘못 쓰신 것 같더라고요."
아마도 내가 지은 〈1318 신앙질문 A to Z〉을 보신 모양이었다. 성경에 입각해 쓰고, 감수까지 받아 수천 권이 팔린 책인데 잘못 됐다고 잘라 말하니 무슨 이야기인가 싶었다.
"왜요? 어떤 부분에서요?"
"방언에 대해서요."

다음은 그분과 나눈 대화 내용이다.

나 : 방언의 어떤 부분이 잘못됐다는 거죠?
그 : 지금은 방언이 필요 없다고 한 부분요.

나 : 방언은 타언어로 다른 나라 말에 불과한데 그 목적이 뭔지 모르세요? 성경이 완성되기 전의 과도기에 다른 말을 하는 사람들이 듣고 보도록 전한 것 아닙니까.
그 : 다른 나라 말이라고요?

나 : 그렇죠. 지금 방언하는 분들이 하는 말이 대체 어느 나라 말입니까? 그리고 알아듣는 사람도 없는데 왜 하는 거죠?
그 : 바벨탑 사건 때 언어가 흩어졌지만 그 이전에 어떤 언어가 있었을 테니까 그런 말일 수도 있죠.

나 : 그럼 왜 그 태초의 언어는 방언하는 사람마다 다른가요? 언어가 바벨탑 이전에도 여러 개였다는 이야기인가요?
그 : 그건 아니지만… 아무튼 다른 나라 말이라는 의미 외에도 또 다른 언어가 있겠지요.

나 : 무슨 말이 또 있나요? 하늘의 언어 말인가요? 그건 별도로 있는 게 아닙니다.

이 글은 우리나라에서 유행하는 오순절/은사주의의 문제점을 보여 주기 위해 김재욱 형제님이 적은 글이다. 김 형제님의 이 글과 다음 글을 읽고 나서 그 뒤의 글들을 읽으면 이러한 신비주의의 문제가 무엇인지 확실히 할 수 있을 것이다.

천사의 말이 있다는 것은 가정법으로 사도 바울이 말한 겁니다. 사랑의 중요성을 강조하기 위해 설령 그런 것을 할 수 있다 해도 아무 소용없다고 한 거죠. 바울이 자기가 '지옥에 갈지언정…'이라고 하면 정말 지옥에 갈 수 있다는 겁니까? 구원 받은 사람은 지옥에 가고 싶어도 못 갑니다.

그 : 아무튼 방언이라고 하면 타언어라는 의미 외에도 특별한 의미가 또 있지요.

나 : 무슨 의미요? 몇 단어 안 되는 반복적인 낯선 말의 중얼중얼 되풀이는 기독교뿐 아니라 힌두교, 이슬람 등 다른 사람들도 다 합니다. 그건 누가 준 방언인가요?

그 : 음…그래도 우리가 하는 방언은 하나님이 주신 거죠.

나 : 그럼 통역할 사람이 없으면 하지 말라고 했는데 왜 자꾸 하는 건가요? 지금은 성경이 있고, 그냥 해도 복음을 전할 수 있는데 혼자 왜 타언어를 하죠? 타언어는 성경이 없거나 복음을 모르는 지역이라면 지금도 하나님께서 주실 수 있지만 그 외에는 불필요하죠.

그 : 꼭 그런 목적뿐 아니라 기도할 때 쓸 수 있지요.

나 : 기도할 때 왜요? 그런 말 아니면 하나님이 못 알아들으시나요?

그 : 그건 아니지만… 하나님과 깊은 대화를 할 수 있죠.

나 : 방언을 못하면 하나님과 깊은 대화를 나눌 수 없다고 했나요?

그 : 그렇진 않겠지만 아무튼, 꼭 타언어만은 아닌 것 같아요. 제가 지금 정확히 기억이 안 나는데 성경에도…

나 : 성경에 다른 의미의 방언도 있나요? 어디에 나오죠?

그 : 하여간 제가 성경을 다시 찾아보고…

방언을 버리기 힘든 심정은 조금 알 것도 같다. 그러나 아닌 것을 억지로 우기면 참으로 곤란하다. 방언 즉 타언어는 마가의 다락방에 모인 다른 언어를 쓰는 사람들을 위해 처음 시작된 것이고, 그런 목적 이외에 불필요하게 할 필요도 이유도 없는 행동이다. 성령님을 받으면 방언을 한다고도 하는데, 성령님은 예수님을 영접할 때 딱 한 번 받는 것이며, 받고 또 받는 게 아니다.

타언어를 왜 해야 하는가? 믿는 사람들끼리 모여서 왜 방언을 하는가? 기도할 때 왜 굳이 방언으로 하는가? 당시에 타언어를 주신 이유를 성경은 이렇게 말씀한다. 한마디로, 불신자들을 위해서는 타언어, 믿는 자들을 위해서는 말씀 대언을 하라는 것이다.

그러므로 타언어들은 믿는 자들을 위한 표적이 아니요, 믿지 않는 자들을 위한 표적이로되 대언은 믿지 않는 자들을 위한 것이 아니요, 믿는 자들을 위한 것이니라(고전14:22).

타언어로 이루어야 할 결실은 다음 말씀이 보여 준다. 사도 바울은 (아직 성경이 없던 시기이므로) 타언어도 좋지만, 그것으로 교회를 세워나가지 못한다면 그냥 말씀을 전하는 '대언'이 낫다고 한다. 외부인을 위한 전도보다 교회를 세우는 것이 중요하다는 뜻으로 받아들일 수도 있다.

나는 너희가 다 타언어들로 말하기를 원하되 특별히 대언하기를 원하노니 타언어들로 말하는 자가 통역하여 교회가 세움을 받게 하지 아니하면 대언하는 자가 그보다 더 크니라(고전14:5).

모두 방언을 받으라고 하거나, 방언을 받아야만 구원받은 것이라고 가르치거나, 방언도 못 받으면 부실한 그리스도인이라고 하면서 전부 다 방언을 받으라고 가르치는 은사주의 교회도 있는데, 다음 말씀은 어떻게 해석하는지 모르겠다.

그러므로 온 교회가 다 같이 한 곳에 모여 모두 타언어들로 말하면 배우지 못한 자들이나 믿지 않는 자들이 들어와서 너희가 미쳤다고 하지 아니하겠느냐?(고전14:23).

믿지 않는 자들이 미쳤다고 하는 일이 바울 때도 그랬고, 지금도 마찬가지다. 그런데도 그것을 하늘의 은사라고 부르며 모두가 그것을 사모하라고 가르치고 있다.

또한 타언어를 하는 자세에 대해서도 말씀한다. 물론 그때는 타언어가 필요한 때라서 나오는 말씀이다. 지금과 다르다.

형제들아, 그런즉 어찌하리요? 너희가 다 같이 모일 때에 너희 각 사람에게 찬송시도 있고 교리도 있으며 타언어도 있고 계시도 있으며 통역도 있나니 모든 것을 남을 세우기 위하여 할지니라(고전14:26).

모든 것을 남을 세우기 위해 해야 하는데, 방언이 잘못됐다는 것은 방언하는 사람의 높아지는 마음이 증명한다. 방언을 하면 남을 세워주기는커녕 우쭐한 마음을 지니게 되며, 그것을 못하는 사람들을 업신여기게 된다. 그리고 자기는 무엇이나 된 줄로 생각한다. 내가 아는 분은 방언을 하게 되었는데, 자기가 자꾸만 자만하게 되고, 다른 교인들을 보면서 방언 하나 못하느냐는 생각이 자꾸 들어서 "이러면 안 되는데…" 하면서 자제했더니 그런 현상이 멈추더라고 했다. 이처럼 사람을 교만하게 하고, 교회 안에서 권력으로 변질된 것이 방언이자 은사들이다.

우리 집안에서 유일하게 고등학교 때 수련회에 갔다가 방언을 받은 우리 형님은, 역시 유일하게 혼자만 하나님을 떠나 탕자로 오래 살다가 최근에야 겨우 겨우 힘들게 돌아오고 있는 중이다. 방언이 우리 삶에 어떤 것을 가져다주는지 알려주는 단면이다. 멋모를 때는 형님이 부러웠던 적도 있는 게 사실이었다.

또한 몇 음절의 단어로 되풀이되는 방언(?)은 대체 어느 나라 말인지 궁금하다. 내가 청년 때 다니던 교회의 한 중년 여자 분은 방언기도로 "캐디락, 캐디락, 캐디락!!"이 전부였다. 무슨 외제 차량 원수가 졌는지, 했다 하면 한 시간 내내 "캐디락"만 외치고 있으니, 그게 하늘의 언어라서 그 한마디가 온갖 단어로 통역될 수 있다는 말인지 뭔지… 이런 코미디를 그저 은사로 알고 부러워 침을 흘리는 사람들이 많다.

그러므로 알지 못하는 언어로 말하는 자는 통역할 수 있도록 기도할지니(고전14:13).

만일 통역하는 자가 없으면 그는 교회 안에서 잠잠하고 자기와 하나님께 말할 것이니라(고전14:28).

타언어로 기도하는 것은 좋다고 친다 해도, 그 이후로는 통역을 할 수 있도록 기도해야 한다고 했는데 통역하는 사람은 많이 못 보았다. 그런 사람을 봤다면 아마도 그놈의 "캐디락"이 얼마나 많은 표현으로 통역되는지 꼭 물었을 텐데 말이다.

앞의 글들을 보면 방언에 대해 충분하고도 확실히 알 수 있다. 난 짧지만 내 책을 이런 논리에 입각해 성경적으로 썼는데, 수긍할 수 없다면 어쩔 수 없다. 그래서 내가 그분에게 마지막에 한 말도 이런 것이었다.

그렇게 생각되시면 강요할 수는 없습니다. 그냥 양심에 따라 믿고 싶은 것을 믿으세요. 하지만 그것이 성경적이라고 말씀하시면 안 됩니다. 그것을 성경적이라고 남들에게 이야기하시려면, 어디에 그런 이야기가 나오는지 보여 주실 수 있어야지요.

그런데도 사람들은 고개를 절레절레 가로저으며 곧잘 이렇게 말한다.

그래도…

제가 듣기론…

그게 아닌 것 같던데…

그렇게 단정 짓지 마시고…

이는 기독교의 교리가 바로 서지 못한 때문이기도 하지만, 궁극적으로는 모두가 인정하는 하나의 텍스트로서 확정된 하나님의 말씀이 없어서 생기는 일이기도 하다. 마귀가 노리는 일이 바로 이런 것이다.

도무지 이 시대에 방언이 교회와 개인의 신앙, 그리고 구원에 어떤 도움을 주었다는 것인가? 그걸로 하나님과 무슨 대화를 했다는 것인가? 한국 교회에서 특히 유행하는 이런 무속적인 종교심 위에 선 행위들이 그리스도인들을 괴롭혀 열등감과 스트레스에 빠지게 만든다. 방언, 새벽기도, 신유, 축사 등등… 열심은 가상하나 삶과 교회를 세우지 못하는 일들이다.

이제는 한국의 그리스도인들이 신앙의 자유는 바른 것을 알 때에만 가능함을 깨달아, 굳이 속박과 멍에를 메려 들지 말고 하나님이 주시는 자유 속에 안전하게 거하기를 바랄 뿐이다.

부록 22

마가의 다락방에 없었던 것들

안 읽었거나 파악이 안 되거나

가끔 멀쩡한(?) 목사로부터 듣는 설교에서 안타까움을 느낄 때가 있다. 솔직히 말하면 화가 난다. 누구나 모르는 게 있는 마당에, 완벽함을 바라는 것이 아니다.

신학적 이해가 부족하거나 각 시대와 말씀의 수신자를 몰라서 벌어지는 이야기들, 또 구약을 오해하는 데서 벌어지는 일들은 그렇다 치는데, 전혀 국어를 이해 못 하거나 성경을 읽지 않아서 잘못 말하는 것은 매우 아쉽다. 물론 잘 모를 수도 있고, 실수를 할 수도 있지만 아주 간단한 문제를 전혀 확인하지 않고 늘 들은 대로 말하는 것은 말씀에 대한 무관심이므로 참으로 안타깝다는 것이다.

그중 한 가지는 사도행전 2장의 불과 바람, 다른 언어에 관한 것이다. 마가의 다락방에 불이 임했고, 바람이 있었다는 것이다. 또 알 수 없는 방언이 있었다고도 한다. 이 문제는 잘못 알고 있는 이들도 많지만 제대로 알고 있는 사람도 많다. 심지어 모 교단의 성경학교 교재를 만들다 보니 어린이용 교재에도 '불과 바람'이 아니었다고 바르게 적고 있다. 왜냐하면 글자를 아는 사람이면 누구나 이해할 수 있는 부분이기 때문이다.

다행히 이 대목은 개역개정도 킹제임스 흠정역과 거의 비슷하다.

> 오순절 날이 충만히 임하였을 때에 그들이 다 한마음이 되어 한 곳에 있더라. 갑자기 하늘로부터 급하고 강한 바람 소리 같은 소리가 나고 그들이 앉아 있던 온 집안에 그것이 가득하며 또 불의 혀같이 갈라진 것들이 그들에게 나타나 그들 각 사람 위에 앉더라. 그들이 다 성령님으로 충만하여 성령께서 그들에게 말하게 하시는 대로 다른 언어들로 말하기 시작하더라(행2:1-4, 흠정역).

> 오순절 날이 이미 이르매 그들이 다같이 한 곳에 모였더니 홀연히 하늘로부터 급하고 강한 바람 같은 소리가 있어 그들이 앉은 온 집에 가득하며 마치 불의 혀처럼 갈라지는 것들이 그들에게 보여 각 사람 위에 하나씩 임하여 있더니 그들이 다 성령의 충만함을 받고 성령이 말하게 하심을 따라 다른 언어들로 말하기를 시작하니라(행2:1-4, 개역개정).

그런데도 이처럼 명백한 구절들을 보면서도 선택적으로 자기가 원하는 부분만 골라 '불', '바람', '방언'이라고 전하는 이들이 아직도 많다는 것이 문제다. 은사주의에서는 불을 받아야 성령을 체험하는 것처럼 말하고 자꾸 "뜨겁게, 뜨겁게, 불로, 불로…"를 강조한다. 또 장풍을 쏘며 바람을 일으켜 사람들을 넘어뜨리기도 한다.

그러나 (그들이 개역성경을 보았다 해도) '바람 같은 소리'는 바람이 아니라 바람 소리 같은 소리이며 '불의 혀처럼 갈라지는 것'은 불이나 불의 혀가 아니라 어떤 것, 즉 어떤 모양이다.

은사주의자들은 자기가 아는 불, 바람, 방언 등에 목숨을 걸고, 다른 것은 생각하지도 않는다. 심지어 어떤 목사가 만든 어린이용 성가를 보면 바로 이 사도행전 2장이 가사로 되어 있는데, 맞춤법도 허술한 이 노래의 가사는 이렇다.

홀연히 급하고 강한 바람 같은 소리 있었어
마가에 다락방에 백 이십 명에게
불의 혀 같이 갈라지는 것이 저희에게 임하였었어
저희가 성령충만 방언으로 기도했어요
하나님 하나님 기도하고 찬양하고 말씀 보는 우리에게
홀연히 임하소서 불로 불로 불로

바람 같은 소리, 불의 혀 같이 갈라진 것이라고 분명히 써 놓고도 끝에 가서는 "불로 불로…" 이렇게 끝이 난다. 이것은 한국말을 모르는 것이거나 주의력 결핍이 아니라면, 자기가 알던 것 외에는 도무지 알고 싶지도, 알려고도 하지 않는 태도라고 하겠다.

확실히 종교심에는 뜨거운 불이 어울리긴 한다. 냉철한 이성이나 차분한 판단으로 믿는 것은 왠지 싱겁고 성에 안 차는 모양이다. 방언은 모든 목사들이 강조하지는 않는다. 그것은 그들의 희망사항일지 몰라도 모두가 할 수는 없기 때문이다. 그러니 성도들에게 방언 받으라고 하면 "목사님도 못 하면서…"라고 하지 않겠는가. 이래저래 만만한 게 불이다.

불 하면 떨기나무를 태우지 않는 불이나 광야의 길잡이가 된 불기둥을 떠올려 좋은 것으로 여기는 경우도 있지만, 떨기나무의 불은 하나님의 임재를 보여주기 위한 것이고, 광야의 불기둥은 캄캄한 밤에 빛을 주시기 위한 것이다. 불로 금을 연단한다는 이야기로 성도의 연단을 말하는 것도 비유로 사용할 수 있지만, 실제 불을 받아야 하는 것은 물론 아니다. 엘리야의 불이나 제단의 불은 모두 태우고 심판하기 위한 것이다. 지옥의 불은 말할 것도 없다. 모든 불 중에 성도가 받아야 할 불은 어떤 것도 없으며 그나마 사람에게 임하는 불이라곤 심판의 불 뿐이다.

한 번 받은 성령님을 받고 또 받고?

또한 '다른 언어'는 언어이며 아무도 알 수 없는 반복적 입놀림이 아니다. 바울이 고린도전서 13장에서 말한 '천사들의 언어(천사의 말)'도 그런 말이 있다는 것을 직접적으로 표현한 것이 아니며, 엄청난 것을 행한다 해도, 즉 "방언 할애비를 해도" 사랑이 없으면 아무 소용없다는, 사랑의 중요성을 강조하기 위해 쓴 말로 보아야 할 것이다. 더구나 천사의 언어가 있다 해도 몇 개의 단어를 반복하는 학습 방언과 같은 형태는 아닐 것이다.

오래전 많이 불리던 '사랑의 송가'라는 복음 성가는 아예 "천사의 말을 하는 사람도 사랑 없으면 소용이 없고~" 이렇게 나가기 때문에 천사의 말(방언)을 하는 사람이 있는 것처럼 인식하게 만들지만, 방언은 명백히 사람의 말이며 사용할 목적이 있는 다른 언어이다. 또한 방언 즉 타언어는 해당 언어를 사용하는 사람도 없는 데서 뜻 없이 중얼대는 것이 아니라 '분명한 소리'이다.

이제 형제들아, 내가 너희에게 나아가 타언어들로 말하고 계시나 지식이나 대언이나 교리로 너희에게 말하지 아니하면 너희에게 무슨 유익을 끼치리요?(고전14:6)

방언 운동의 새 물결(?)을 주도하고 있는 김OO씨의 간증이나 집회를 본의 아니게 몇 번 들은 적이 있다. 그는 집회의 목적은 전혀 고려하지 않고, 내가 뭘 체험했다든지 무슨 놀라운 일이 있었는데 하나님의 뜻인 것 같다든지 하는 식의 자기 감상으로 시간을 다 채운다.

이런 사람들은 늘 성령님을 체험해야 한다고 강조하는데, 알다시피 성령님은 주 예수 그리스도를 믿고 구원받은 즉시 그 사람 안에 거하시는 것이므로 이후로는 성령님이 충만하거나 근심하실 수는 있지만 떠나시지는 않는다. 그분은 그를 성전 삼고 영원토록 그 안에 사신다. 그런데 한 번은 김 씨가 성령 체험에 대해 이야기를 하다가 이런 말을 했다.

성령 체험을 해야 됩니다. 아…물론 성령님은 예수님을 믿으면 받는 것이죠…

의외로 구원받으면 성령님을 받는다는 사실은 그가 이미 알고 있었다. 그런데 왜 다니면서 성령님을 으라고 하는 걸까? 말하자면 그는 이야기를 하다가 자신도 모순에 빠진 것이다. 그는 이렇게 말을 이어갔다.

이미 받은 것이지만…받고 또 받고…

성령님을 받고 또 받는다? 그 "받고 또 받고"가 성령 충만이라면 이야기가 다르지만, 그가 늘 주장하는 것은 방언을 통해 성령님을 받는 것이기 때문에 스스로 모순에 빠지는 것이다. 그와 같이 광화문의 N교회 청년부를 다녔던 한 지인은, 도무지 그의 행동이나 발언이 이해가 안 가고, 그간 교회에서 배운 것과 어쩌면 그리 다른 행보를 걷는지 알 수 없다고 했다.

방언에 관한 그의 베스트셀러에는 수백 개의 서평이 있는데, 대개 찬사와 공감이지만 열 몇 개에 하나씩은 비난이나 비성경적인 지적이 올라온다. 그들의 이야기만 들어도 제대로 된 이해력과 실수를 인정하는 용기만 있다면 그는 계속 실수를 하지 않을 텐데, 비성경적인 일에 여전히 애를 쓰는 그를 보면 참으로 답답하다.

교만과 열등감을 부르는 그들만의 상품

종교라는 틀에서의 권력은 신비적 체험과 보통사람이 경험하지 못할 만한 기적이다. 1%만이 살아남고 대우받는 세상의 1등 선호 사상이 종교라는 형식을 타고 기독교에까지 들어와 권력화되는 것이다. 그래서 뭔가 체험을 했다는 사람들은 겸손해지기보다 교만해지고, 그런 체험도 못해본 사람은 영적 하수로 내려다본다. 성도들은 열등감을 안은 채 불을 받고 방언을 받기 위해, 그리고 장풍에 한 번 쓰러져 보기 위해 헤매

다닌다. 말씀을 통해, 믿음을 통해 성령님을 받는 것이 아니라 불과 바람과 방언과 치유와 기적을 통해 성령을 받으려고 애쓰는 것이다.

지금도 필요하면 은사를 주실 수 있지만 아무 때나 받고 그것을 신앙 수준의 척도로 삼는 것은 미신적인 행동이며, 구원의 기준이나 표적으로 삼는 것은 매우 위험한 일이다. 구원을 받으면 은사나 치유가 따라와야 진짜배기라고 속이는 무리가 많은데, 이는 마태복음과 사도행전을 크게 오해하고 지금 적용하려 들기 때문에 벌어지는 일이다.

믿는 자들에게는 이런 표적들이 따르리니 곧 내 이름으로 그들이 마귀들을 내쫓으며 새 언어들로 말하며 뱀들을 집어 올리며 어떤 치명적인 것을 마실지라도 해를 받지 아니하며 병든 사람들에게 안수하면 그들이 나으리라 (막16:18).

뱀은 어떻게 집어 올린다 치고…과연 이 시대에 어떤 치명적인 것을 마셔도 괜찮은 사람이 있는가? 그런 사람이 없다면 이 시대에 '믿는 자'란 전혀 없다는 의미인가? 개역개정에는 "무슨 독을 마실지라도"라고 되어 있다. 불 받으라고 남의 머리를 때리고 장풍을 쏘아 넘어뜨리는 사람은 봤어도 독을 마시는 은사(?)를 보여주는 사람은 본 적이 없다.

시대를 구분해야 한다. 사도 바울은 죽은 사람도 살렸던 사람이지만 시대가 바뀌자 자기 몸의 질병이나 제자의 질병도 고치지 못했다. 그럼 그에게서 성령님이 떠나신 건가? 하나님의 선물(은사)은 아무 목적 없이 아무 때나 주어지는 것이 아니며 하나님의 프로그램은 아무 이유 없이 아무렇게나 남발되는 것이 아니다. 은사주의는 하나님의 선물을 상품으로 만들어 팔고 있지만 그 상품들은 마가의 다락방에는 없었던 것들이다.

그런데도 여전히 구분하고 나누고 분별하려는 노력보다는 한 방에 속 시원히 뭔가 해결하려는 이들 때문에 은사주의는 오늘도 성업 중이다.

품위라고는 찾아볼 수 없는 어느 기도원의 원장이라는 목사의 설교 영상을 얼핏 보니 이렇게 말하는 것이었다.

성령도 못 받았어? 아니, 성령도 못 받고 뭐하고 있어? 성령 못 받았다는 사람 있으면 나한테 데리구 와. 이 큰 손으로 뒤통수를 그냥…

윽…손발이 오그라들고 얼굴이 화끈거리는 것을 보니, 이 양반들이 불을 내리긴 내리다 보다.

부록 23

오순절 운동의 역사적 고찰

우리는 참으로 중대한 시대에 살고 있다. 한때는 과학적이라고 칭송을 받던 '어리석은 유물론'(materialism)은 유심론 혹은 강신술(spiritualism)등에 의해 타파되기도 했지만 아직도 많은 과학자들에 의해 지지를 받고 있다. 또한 과거의 맹목적인 불신앙은 보이지 않는 세계의 실체들과 접촉해 보려는 열망을 낳게 했다. 이러한 퇴폐적인 것들은 마침내 종교적인 사고와 삶의 영역까지 영향을 미치고 있으며 심지어 영적인 크리스천들도 이런 것들에 의해 부패되고 있다.

이 일로 인해 기독교인들은, 기독교라는 성스러운 계시에 관한 위대한 사실들과 진리들을 주관적인 영적 현상들과 이런 영적 현상들이 만들어 내는 감정이나 경험 밑에 두려 하고 있다. 이 같은 운동의 여러 측면들 가운데 아마도 가장 두드러진 특징을 갖고 있는 것은 다름 아닌 '방언의 선물'(은사)이다.

영국을 비롯해서 전 세계에는 이러한 선물의 즐거움에 푹 빠져 있는 진지한 크리스천들의 모임들이 있다. 전적으로 초인간적인 능력의 강권적인 영향 속에서 많은 남녀들이 자신들이 알지 못하는 말로 자신들의 생각이 아닌 생각들을 말하고 있다. 이것은 논쟁의 여지가 없는 사실이며 우리는 그런 것들이 우리에게 어떤 의미를 주는가에 관해 관심을 갖고 있다.

사려 깊은 사람들에게 생길 수 있는 첫째 의문은 과거에 있었던 비슷한 종교부흥 운동의 역사로부터 과연 우리가 이 같은 현상에 대한 실마리를 찾아낼 수 있는가 하는 것이다. 우리는 우리의 동시대인으로서 비슷한 삶을 살아왔던 사람들에 의해서 기록된 사건들 속에서 우리가 알고자 하는 바를 찾아낼 수 있을 것이다.

영국의 경우 1830년대 초반은 종교적 부흥이 일어나던 때였다. 어떤 곳에서는 이 같은 부흥 운동이 지성과 진지함으로 충만한 가운데 성경 연구의 형태로 이루어졌고, 또 다른 곳에서는 성령님의 능력과 임재에 의해 나타나는 표적들을 구하기 위한 연합 기도 집회의 형태로 이루어졌다.

후자의 연합 기도 형태의 부흥 운동은 에드워드 어빙(Edward Irving)이라는 눈길을 끄는 저명한 인사를 중심으로 해서 이루어졌다. 탁월한 재능을 갖고 있었던

로버트 앤더슨 경(Sir Robert Anderson)은 1800년대 말기에 사역을 하셨던 분으로서 1800년대 초반에 영국에서 시작된 어빙주의(근대 오순절 은사운동의 시초)의 모순들을 날카롭게 지적하였다. 그는 다니엘서의 예언 해석에 기초가 된 「다가오는 통치자」(*The Coming Prince*) 등의 명저를 남긴 훌륭한 그리스도인이다.

그는 27세라는 젊은 나이에 촐머스 박사의 글래스고우 교구의 보조 목사가 되었고 그때로부터 7년 뒤에는 런던에 있는 스코틀랜드의 주교회를 맡게 되었다. 그의 설교는 전 런던을 휩쓸었고 그의 인기는 전례 없이 대단했으며 런던 시내의 교양 있는 계층의 사람들이 그의 교회로 몰려들었다.

그러나 이 같은 인기도 그의 영성(spirituality)을 식히지 못했다. 스코틀랜드 서부에 사는 크리스천들 가운데 어떤 영적인 것들이 출현했다는 소식을 접하자 그는 자신의 회중 가운데도 '오순절 축복'과 같은 것이 나타났으면 좋겠다고 갈망하기 시작했다. 그의 주변에는 그와 같은 생각을 하고 있으면서 하나님을 두려워하고 헌신하려 하는 많은 남녀들이 있었고 그와 같은 이유들로 기도 집회들이 자주 열렸으며 그 집회들은 점점 길어졌다.

그들이 원했던 것은 사도행전 2장에 있는 은사들 즉 초대 교회의 오순절에 이루어졌던 성령님의 선물들이 다시 한 번 그들 가운데 이루어지는 것이었다. 얼마 지나지 않아서 그들 중 한두 명이 갑자기 초자연적인 능력을 입게 되었고 그 영향 아래 그들은 대개는 영어였지만 가끔씩 자신들이 전혀 알지 이해하지 못하는 말들로 어떤 영(spirit)이 주는 말들을 했다. 다음은 그 당시 그 운동을 주도했던 사람들 중의 한 사람이 직접 서술한 것에서 발췌한 것이다.

그때 나는 업무 관계로 런던에 갔고 능력 안에서 말하며 성령님의 선물들을 간구하는 사람들에 의해 비밀리에 이루어진 기도 모임에 참가하려는 욕망을 가지고 있었다. 결국 소개를 받아서 나는 그 모임에 참석했다. 나는 그 능력이 하나님으로부터 옴을 확신했고 그들이 말하는 것을 듣고자 갖은 준비를 했다. 한두 형제가 읽고 기도를 한 뒤 T씨가 아주 확연하게 두세 마디의 말을 했는데 그 말에는 힘이 있었고 내게는 정말로 비상하게 느껴지는 음의 고저가 있었다.

내게는 그것이 초자연적인 말들로 들려 왔고 물론 나는 그것이 하나님으로부터 온다고 생각했다. 그가 한 말들은 내가 이해하지 못하는 말들이었다. 몇 분 뒤에 E. C 여사가 영어로 말하기 시작했는데 그 말의 형태나 행해진 방법 그리고 내게 미친 영향 등을 고려해 볼 때 나는 그것이 하나님의 영께서 말씀하시는 것으로 생각했고 따라서 무릎을 꿇었다.

이같이 능력 있고 당당하게 말하는 것을 들어 본 사람들에게는 더 이상 그것에 대한 설명이 필요 없었다. 그러나 그런 것들을 전혀 들어 본 적이 없는 사람들은 이렇게 전에 들어보지도 못한 이상한 목소리로 말하는 것이 도대체 하나님의 영의 목소리를 듣기 위해 기대를 갖고 모인 나 같은 사람들에게 무슨 효과를 가져다줄 것인가 하고 의아해 할 것이다. 그런데 사실상 그들이 말하는 것에는 모든 사람들을 단호하게 책망하는 것이 있었고 특히 내게 해당되는 부분이 많이 있었다.

이 같은 소리 지름 속에서 하나님께 대한 두려움과 존경심으로 꽉 차 있을 때 나 역시 갑자기 그 능력에 사로잡혔고 그것에게 많은 저항을 했음에도 불구하고 큰 소리를 지르게 되었으며 우리가 책망을 받았던 문제에 대한 나의 죄를 고백하지 않을 수 없었다. 그 뒤 나는 주님의 사자들이 하나님의 강력한 능력을 힘입어 세상 끝까지 가서 주 예수님의 오심이 가까이 왔다는 사실을 전파해야만 한다는 예언을 했다.

이 사건 뒤로 거의 다섯 달 동안 나는 한 번도 공적으로 말을 하지는 않았다. 그러나 홀로 기도할 때는 그 능력이 나를 사로잡았고 나로 하여금 교회의 현실에 대해 울며 탄식하는 기도를 하게 했다. 내가 그 같은 능력을 받은 지 약 한 달이 지난 후 서재에서 기도하는 가운데 나는 내 영혼을 하나님께 들어 올리려고 했다. 그런데 내 마음속에 세상의 근심들이 가득 차게 되었고 내 생각은 계속해서 흩어지기 시작했다.

나는 자꾸만 기도하려고 했지만 일 분도 지나지 않아서 세상의 근심들이 나를 억누르기 시작했고 결국 이 유혹 때문에 지쳐서 주저앉고는 이 유혹으로부터 나를 건져내 달라고 짧게 그러나 큰 소리로 하나님께 외쳤다. 그러자 갑자기 그 능력이 내게 임했고 나는 내 영혼이 하나님께로 들려져 있음을 깨닫게 되었으며, 집중이 안 되고 왔다 갔다 하던 생각들이 고정이 되었고 마음의 평안이 찾아왔다. 나는 내가 표현할 수 없는 어떤 강제적인 힘에 의해서 말을 하기 시작했고 동시에 그것을 자제해 보려고도 했지만 내 자신은 이미 그것을 즐거워하고 있었다.

내가 한 말은 주님께서 내게 긍휼을 베푸셔서 육신의 약함으로부터 나를 구출해 주시고, '지혜의 선물, 지식의 선물, 믿음의 선물, 기적들을 일으키는 것, 병을 고치는 선물, 예언의 선물, 방언의 선물, 방언을 해석하는 것' 등의 성령님의 선물(은사)들을 내게 내려 주시며, 내 입을 여시고 능력을 주셔서 그분의 영광을 선포하도록 간구하는 기도였다. 이 기도는 비록 위에 적은 것처럼 간단했지만 내 안에 역사했던 어떤 능력의 강제적인 힘에 의해서 이루어졌다. 그러나 너무나 큰 소리로 외쳤기 때문에 집에 있는 다른 사람들을 놀라게 할까 봐 나는 소리를 죽이기 위해 손수건으로 내 입을 막아야만 했다.

기도를 끝마칠 때쯤 되자 그 능력은 사라졌고 내게 행해진 일들 때문에 놀란 것을 제외하고는 나는 다시 예전 상태로 돌아오게 되었으며 내게 보여 주신 그분의 그 큰 사랑에 대해 감사함으로 충만하게 되었다. 그 능력과 함께 내게는, '이것은 하나님의 영이시다. 네가 지금 기도하는 것은 하나님의 영을 따라 행하는 것이며 따라서 하나님의 뜻을 따라 행하는 것이다. 그러므로 네가 간구하는 것은 모두 이루어질 것이다.'라는 확신이 생겼다.

이 사건은 1831년에 일어났다. 그다음 해 1월에 그는 다시 런던을 방문했다. 지금 같으면 추운 겨울 아침 6시 30분에 10여 명의 크리스천들이 기도회에 참석하려 하겠는가? 그러나 그곳에는 도시의 수많은 상인들과 전문직에 종사하는 사람들이 오순절 축복을 간구하기 위해 그 시간에 모였다. 그가 런던에 도착한 다음날 아침의 한 모임에서 어빙은 그에게 말씀을 읽고 기도하라고 했다. 그는 자신이 미가서 4장을 읽을 때 자신에게 일어났던 일들을 다음과 같이 적고 있다.

그 능력이 내게 임했고 나는 그 능력 속에서 성경을 읽었다. 내 목소리는 낼 수 있는 한계를 넘어서서 크게 되었고 어떤 부분들은 강제적으로 반복되었으며 내가 늘 경험해 왔던 것 즉 내 안에서 일어나는 흥분감 혹은 감정이 고조되는 것도 여전했다. 무릎을 꿇고 기도했을 때 나는 교회 위에 하나님의 임재와 축복이 임하도록 그 능력 안에서 간구했다. 이 모든 것을 행하는 동안 전에 이 같은 일이 있었을 때 내게 생겼던 갈등은 한 점도 없이 다 사라지고 기쁨과 평안이 나를 가득 채웠다.

그는 어빙과 그의 동료들과 함께 자신의 친구 집에서 하룻밤을 지냈을 때의 일을 다음과 같이 적고 있다.

기도 후에 J. C. 여사는 지금이야말로 우리 가운데 사탄의 능력이 크게 역사 할 때이므로 우리가 하나님의 전신갑주를 취해서 그에게 대항해야만 하는데 그 이유는 그의 능력이 아주 크며 그가 마치 홍수처럼 교회에 임하기 때문이라고 간증했다. 그러자 목사님은 그녀가 한 말은 우리의 의무가 무엇인가를 보여 주기 위함이었고 우리는 사탄에 대항하여 교회 안에서 싸워야 한다고 말했다.

그분께서 다른 질문을 하려 했을 때 그 능력이 다시 나를 사로잡았고 말을 하도록 했다. 약 두 시간 동안 그 능력이 계속해서 내게 임했고 나는 교회와 나라에 관하여 우리가 소위 예언이라고 간주하는 것들을 말했다. 이러한 예언들은 우리가 보기에 정말 영광스럽고 은혜로운 것들과 함께 나타났으며 성령님께서 충만하게 부어져서 신실하고 위대한 사람들이 이 땅 위에 모여야만 한다는 것이었다.

그날 내 위에 임했던 능력은 다른 날보다 훨씬 강했고 나의 마음과 육신을 완전히 사로잡았으며 어떤 흥분감이나 혼동 없이 나를 주관했다. 곁에 있던 사람들은 흥분했을지 모르지만 나는 단지 고요함과 평안함만 느낄 수 있었다. 예전까지는 그 능력이 내게 임했던 시간이 상당히 짧았지만 이번에는 아주 오래 지속되었고 그날 저녁 내내 나를 떠나지 않았다. 내가 그 영에 사로잡혀 한 말들은 미리 생각하거나 기대하거나 혹은 계획했던 것들이 전혀 아니었다. 모든 것들은 순간순간 일어났고 나는 단지 나를 사용하는 그 능력에 의해 조절되는 수동적인 도구에 지나지 않았다.

이와 같은 경험들을 나열한 뒤 그는 다음과 같이 적고 있다.

자기 마음의 움직임을 늘 살펴보는 사람들이나 단순히 흥분된 일시적 기분을 넘어선 능력에 의해 사로잡힌 적이 없는 사람들에게는 이 사람들이 자신의 판단력을 잃어버리고 어떤 충동이나 혹은 그들 가운데 역사 하는 능력을 따라 그 능력이 무엇인지도 모른 채 수동적으로 행동한다는 것이 잘 이해되지 않을 것이다. 그러나 그 과정은 아주 단순하며 그것을 보충해 주는 이유들도 그럴듯해 보이고 논리적인 것처럼 보인다.

내 경우를 예로 들어보겠다. 나는 공적 자리에서나 사적 자리에서 업무를 볼 때나 혹은 종교적 모임에서 말하거나 기도할 때 또는 이성적으로 생각해 보거나 설명할 때 늘 내 자신의 마음의 약함을 살펴보며 어떤 능력들을 계속해서 시험해 보곤 했다.

그런데 늘 이런 생활을 해 오던 내게 갑자기 전혀 새로우며 초자연적인 능력이 임하게 되었다. 그리고 그때마다 대부분 아주 두려운 말들이 내 입을 통해 나오게 되었다. 그러나 내가 전혀 생각해 본 적도 없었던 능력에 사로잡혀서 내가 한 말들의 대부분은 한참이 지난 뒤에야 겨우 이해할 수 있는 것들이었다. 또한 이것들은 진리의 형태는 있었지만 내게 진리로 보이지 않았던 것들과 함께 섞여서 하나님의 진리에 대한 요약 점들을 확대시켜서 깨끗하게 보여 주었고 동시에 그리스도의 위대한 사역, 기도하는 중에 얻는 큰 기쁨과 자유, 하나님과 아주 친밀하게 갖는 교제 등을 능력의 역사 가운데 보여 주었다.

그리고 그 능력의 역사는 어떤 흥분감과는 전혀 다른 모습이었다. 내게 임한 그 능력은 확실히 초자연적인 것이었으며 그것은 분명히 어떤 영(spirit)이었다. 그 영은 그리스도에 대해 증언하는 듯했고 하나님의 영의 열매들을 맺도록 하는 것 같았다. 결론은 간단했다. 그 영은 분명히 하나님의 영이었고 따라서 나는 그분이 원하는 대로 모든 것을 따라야만 했다.

비록 내가 말한 것을 스스로 이해하지 못한다 하더라도 그것은 내게 큰 문제가 안 되었다.

성령님께서 깊고 신비한 것을 말씀하셨기 때문에 내가 그것들을 이해하지 못하는 것이 당연했다. 비록 내가 전에 해 보지 않던 일을 하라고 명령을 받아도 그것이 하나님의 명령이므로 나는 전혀 다른 생각을 할 수 없었다. 사실 만일 내게 명령으로 주어진 것들이 하나님의 진리와 상반되는 것들이었다면 하나님께서 내게 말씀하신 것이 아님이 확실할 것이다. 그러나 그것이 별 차이가 없는 것이라면 나는 하나님께 복종해야만 한다고 생각했다.

만일 어떤 사람이 자신 안에 하나님의 영에서 어떤 특정한 방법이나 말씀 등을 통해 역사하신다고 확신한다면, 그는 그 같은 말씀에 대한 자신의 감정이나 충격 등이 잘못되지 않도록 조심해야만 한다. 왜냐하면 그러한 말씀이 하나님으로부터 온 것이 확실할 때 우리는 하나님께 충성스럽게 행해야 하며 모든 크리스천들이 믿음을 통해 소유하고 있는 믿음과 사랑 그리고 그분을 단순히 신뢰함 등이 그 명령을 수행하기 위해 역사되어야만 한다.

그러므로 만일 유혹하는 영이 여호와 하나님의 영으로 오인된다면 그것은 정말 무서운 결과를 초래할 것이다. 신실한 크리스천이 유혹될 때 그 유혹하는 영에게 잠재적으로 더 많이 복종하게 되는데 그 이유는 그가 그 영을 성령님으로 착각하고 있기 때문이다.

인간의 본성이나 종교적 부흥 운동에 대해 잘 알고 있으며 늘 경계심을 늦추지 않는 사람들은 위에 적어 놓은 것과 같은 진술문을 다 믿지 않을 것이다. 그러나 위의 진술문을 적은 장본인인 백스터(Mr. Robert Baxter)를 잘 아는 사람들은 그것의 중요성을 인식할 것이다. 교회법상 그는 스코틀랜드 교파가 아니고 국교회파에 속했고 또 그 당시에 그는 국교회파에서도 의식만을 중요시하는 파에 속했다. 그는 자신이 살고 있었던 교구에서 가난한 이들을 가르치고 있었다. 그는 또한 자신이 공적 모임에서 기도하는 것을 자제했는데 그 이유는 오직 안수를 받은 목사들만이 공중기도를 이끌어 나갈 수 있는 특권을 갖고 있다고 믿었기 때문이다.

나는 지난 수년 동안 그와 잘 알고 지내 왔고 크리스천 사역을 통해서 그를 만나곤 했다. 또한 나는 그가 어빙주의와 깊은 관련을 맺고 있다는 것도 알게 되었다. 1833년에 니스벳 회사에 의해서 출판된 그의 책 「사실들을 기술한다」는 오랫동안 절판되었고 겨우 몇 주 전에 내 손에 들어왔다.

내가 알고 있는 한 그는 전형적인 영국 국회의 변호사로서 수줍어하며 말을 느리게 하고 올바른 판단을 하는 사람이었다. 그가 전혀 생각해 보지도 않았던 말들을 한 번에 두 시간 이상씩 하며 개인 기도를 할 때 자신이 감동을 받아서 큰 소리를 지르는 것이 자신의 가족들을 방해할까 봐 손수건으로 자기 입을 막았다는 것을 읽으며 나의 고뇌와 놀라움은 너무 컸고 과연 그에게 능력을 준 영이 성령님이신가 하고 의아해하지 않을 수 없었다.

나는 같은 기간에 그가 출석했던 교회의 주일 낮 예배를 묘사해 주는 부분을 그의 책으로부터 직접 발췌해 보려 한다.

그 능력이 내게 임했다. 그 영은 모여 있던 사람들에게 그들의 책들을 모두 옆으로 치워놓고 주님께 엎드려서 영 안에서 그리고 진리 안에서 주님께 경배를 드리라고 했으며 또한 주님께서 오실 날이 가깝다고 말했다. 그 영은 또한 자신의 백성들에 대한 증인으로서 하나님께서 제사장들을 보내실 터인데 그들은 육체 안에서가 아니고 성령님 안에서 사역할 것이며 또 성령님의 말하게 하심을 따라서 말하고 가르치며 때가 차면 성령님의 강력한 능력을 입게 될 것이라고 말했다.

이런 일들 후에 거기 모인 사람들은 기도하라는 명령을 받았고 그 뒤 그들은 무릎을 꿇고 기도했다. 또 나로 하여금 말을 하게 한 그 능력은 약 한 시간 동안 내게 임했고 나는 교회와 국가, 왕, 목사들 그리고 국민들을 위해 기도와 간구를 했다. 또한 성령님의 쏟아 부어짐, 마음과 삶이 변화되는 것, 땅에서 하나님을 높이 찬양하는 것 등도 간구했다.

그 능력이 내게서 사라진 뒤 그들이 계속해서 노래하는 동안 나는 성경을 찾기 위해 성구실에 갔다. 이때에 나는 완전히 무기력해졌고 다른 사람들을 권면할 힘조차 없는 것처럼 보였다. 그 순간 하나님께 대한 나의 모든 신뢰가 달아나 버린 듯 했으며 나는 내 입이 영원토록 열리지 않을 것 같은 느낌을 가졌다. 그러나 그것은 아주 순간적이었고 그 능력이 다시 내게 임했다. 나는 큰 능력으로 이사야서 61장을 읽었고 그 능력 안에서 거의 한 시간 동안 설교했으며 설교가 끝 난 후에 축도를 하고 모인 사람들이 돌아가도록 했다.

오후 예배 시간에도 나는 같은 일정대로 예배를 진행했는데 그 능력은 아침과 마찬가지로 기도할 때나 가르칠 때 계속 내 위에 임했다. 이때 느낀 한 가지 사실은 나를 아주 당황하게 만들었는데 그것은 다음과 같은 것이었다. 그 같은 능력 속에서 아주 명확하게 예수 그리스도가 선포되었으며 회개하라는 권면 또한 정열에 차 있었고 고무적이었기에 그렇게 전하는 사람이 사탄의 영향 아래 있다고 믿는 것은 거의 불가능했다.

그러나 하나님의 진리를 향한 더 큰 열정이라는 가면 속에 가장 두려운 잘못들이 제시될는지도 모른다는 사실이 우리 앞에 증거로 서 있었다. '빛의 천사'인 사탄은 자신의 꿈들을 유지하며 이루기 위해 사실상 자신이 취해도 되는 진리나 성결함 혹은 사랑 등으로 가장하고 있다. 그렇게 발설된 진리가 오늘 이 말을 듣는 많은 사람들의 가슴속에 전달되었고 오늘의 예배가 그들을 깨울 수 있는 방편들이 되어서 그날로부터 그들의 행동이 변하고…

'빛의 천사'란 말은 그의 진술문에서 마치 찬송가의 후렴처럼 많이 반복된다. 많은 이들이 다음과 같이 물을 것이다. "마귀와 그의 일들을 비난하고 그리스도를 존경하며 경건함을 조장시키는 운동이 어떻게 마귀에 의한 운동이 될 수 있겠는가?"

그러나 이 같은 질문은 우리 주님께서 주신 엄숙한 경고를 무시하는 데서 나온다. "거짓 그리스도들과 거짓 대언자들이 일어나 큰 표적들과 이적들을 보여 할 수만 있으면 바로 그 선택 받은 자들을 속이리라"(마24:24). <u>가짜가 참된 것의 모든 속성들 – 그리스도를 영화롭게 함, 어떤 영성을 부르짖음 그리고 윤리적으로 깨끗해야 함을 강조함 – 을 흉내 내지 않는다면 절대로 선택받은 자들을 속일 수 없다는 사실을 우리는 늘 기억해야만 한다.</u>

마귀의 존재는 이 세상 사람들에게는 농담의 주제뿐이 되지 못한다. 종교가 가르치는 마귀는 성경의 사탄과 매우 다르다. 마귀에 대한 모든 것은 성경으로부터 이해되어야만 한다.

구약성경에서는 마귀에 대한 언급이 몇 번 밖에 되진 않지만 그것들은 아주 명료하며 중요하다. 성경의 첫 장부터 마지막 장까지 마귀는 '속이는 자'로 나타난다. 에덴동산에서의 타락은 보통 다음과 같이 잘못 해석되고 있다.

딤전2:14를 보면 이브는 완전히 속임을 당했다. 그녀는 기만을 당해서 그가 그녀 안에 집어넣어 준 것을 받아들였는데 그 이유는 그것이 마치 하나님의 목적과 병행하는 듯했기 때문이다. 그녀는 하나님의 성스러운 명령과 경고의 말들을 문자 그대로 받아들임으로써 크게 오해했다. 사실상 선악을 알게 하는 나무는 사람으로 하여금 더 높은 자아를 이루게 할 수 있게 하기 위해 주어진 것이다. 하나님께서는 결코 자신의 자녀들이 이성적으로 판단하여 옳다고 생각하는 것을 했다고 해서 그들을 저주하지 않으실 것이다.

바로 이 같은 것이 사탄의 가르침이며 사실상 오늘날의 많은 교회에서 이처럼 가르치고 있다. 마귀는 아담과 이브의 도덕성을 공격하지 않았고 그들의 믿음을 파괴하고 부패시켰다.

욥기에 나타난 그의 행적도 비슷하다. 마귀가 노력한 것은 욥으로 하여금 하나님의 선하심을 의심하게 하여 그를 하나님으로부터 떼어놓으려는 것이었다. 누가복음 22장 31절에 있는 우리 주님의 말씀은 이처럼 이해하기 어려운 구절을 설명할 수 있는 실마리를 제공한다. "사탄이 너희를 밀 까부르듯 하려고 너희를 갖기 원하였으나…"

예수님의 제자들은 욥의 경우처럼 사악한 자에게 넘겨져서 유혹 받게 되어 있었으나 주님의 중보와 은혜는 그들을 보호했고 회복시켰다. 사탄이 대제사장의 의무를 행하는 것을 방해하는 것을 기록하고 있는 스가랴 3장과 같은 구약성경 말씀 역시 주의 깊게 살펴볼 가치가 있다. 그러나 이 모든 경우에 대해서 한 가지 확실한 것은 사탄이 인간을 유혹하는 영역이 도덕적인 영역이 아니고 소위 종교라고 불리는 영역이라는 사실이다.

우리가 신약성경을 살펴보면 요한복음 8장이 두드러지게 보인다. 유대인들이 예수님의 가르침을 배척하며 배도자들이 늘 주장하듯이 하나님께서 자신들의 아버지 되심을 외칠 때 예수님께서는 "너희는 너희 아비 마귀로부터 났다."고 유대인들을 혹평했다.

너희는 너희 아비 마귀에게서 났으므로 너희 아비의 욕망들을 행하려 하느니라. 그는 처음부터 살인자요 자기 속에 진리가 없으므로 진리 안에 거하지 아니하고 거짓말을 할 때에 자기의 것으로 말하나니 이는 그가 거짓말쟁이요 거짓의 아비이기 때문이라(요한 8:44).

'처음부터 살인자요'라는 구절에 있는 처음은 무엇의 처음을 나타낼까? 그가 완전함과 아름다움 안에서 창조되었으므로 그 처음은 그의 존재의 시작을 의미하지 않는다. 또한 이 처음은 인류의 존재의 시작도 의미하지 않는데 그 이유는 에덴동산에서의 아담과 이브의 타락 이전에 그가 이미 다른 존재들을 자신이 처한 타락의 위치로 끌고 갔기 때문이다. 그가 살인자라는 사실은 그가 배척하는 진리와 자신이 아버지가 되는 거짓말과 관련을 맺고 있다.

골로새서 2장 2절에 있는 하나님의 큰 신비 - 지금까지의 모든 세대를 통한 하나님의 목적으로서 예수님께서 세상에 드러나셔서 모든 것 가운데 그분께서 존귀하게 되시는 것(골1:18) - 이 알려졌을 때 위에 언급된 우리 주님의 말씀들은 영원 전 과거에 있었던 하늘의 영적인 존재들에 관한 사실들을 우리에게 언뜻 보여 준다.

이같이 하늘에 존재했던 것들 중 가장 위대한 존재 - 우리는 그를 사탄이라고 부른다 - 는 그 하늘이 자신의 것이라고 주장했고 하나님의 뜻에 대항하여 반항했으며 그때부터 하나님의 일들을 훼방하기 시작했다. 사탄은 또한 우리 인류의 파멸을 계획했다. 그가 이브에게 준 약속들을 고려해 볼 때 그는 가인이나 아벨이 자신의 경쟁자라고 생각한 것 같다. 그래서 그는 가인을 유혹해 자신의 편으로 만들었고 아벨을 죽일 계획을 세웠다.

그러나 사탄과 그의 거짓말이 확실히 드러난 때는 그가 예수 그리스도를 유혹한 때였다. 그는 자신이 주님보다 더 우월한 입장에 있다고 주장했다.

많은 크리스천들이 주님과 사탄의 대화 속에 담겨 있는 중요한 사실들에 대해 무지하다. 그분을 이끌고 가서 신비한 세상의 왕국들에 대한 이상을 보여 준 뒤 마귀는 그분에게 "내가 너에게 이 권능(power)과 그것들(왕국들, kingdoms)의 영광(glory)을 주겠다. 왜냐하면 그것은 내게 넘겨졌고 내가 주려고 하는 사람에게 내가 그것을 줄 것이다."라고 말했다. 예수님께서 제자들에게 가르쳐 주신 기도를 보면 맨 마지막에 "왕국(kingdom)과 권능(power)과 영광(glory)이 아버지의 것입니다."(마6:13)라는 구절이 나온다. 이 구절과 위에서 마귀가 주장하는 것을 비교해 보라. 이 두 구절 모두 권능, 왕국(왕국들), 영광을 언급하는데 마귀는 그것들이 자신의 것이라고 주장하며, 예수님은 왕국이 이루어질 때 그것이 아버지의 것이 됨을 보여 주고 있다.

위에서 마귀가 주장한 것은 절대로 신성모독의 헛소리가 아니다. 그것은 논쟁거리가 된 권리에 대한 마귀의 담대한 주장이었다. 사탄은 자신이 모든 창조물의 합법적 상속자이고 참 메시아임을 주장하며 따라서 인간들에게 숭배 받기를 원한다. 사람들은 대개 마귀가 뿔을 갖고 있는 무서운 괴물로서 타락한 자들을 유혹해서 포악한 일이나 수치스러운 일을 하게 만드는 존재로 생각한다.

그런데 사실 성경이 가르쳐 주는 사탄은 "자신을 빛의 천사로 가장한다"(고후 11:14-15). 빛의 천사나 의의 일꾼들이 사람들의 도덕이나 윤리들을 부패시키는가? 아니면 그들을 자극해서 범죄를 저지르게 만드는가?

이같이 빛의 천사로 자신을 가장하는 자가 바로 성경이 보여 주는 사탄인데 이 자는 기독교인들이 신비적인 존재로만 생각하는 사탄과는 전혀 다르다. 그는 어른이나 아이를 막론하고 모든 사람 곁에 있으면서 자신의 능력의 대부분을 사용하여 자녀들이 그들의 부모에게 순종하지 않게 하며 어른들은 악하게 만든다.

우리와 관계를 맺고 있는 사탄은 바로 에덴동산의 옛 뱀이며 하나님의 아들을 배반하고 십자가에 못 박은 어둠의 능력이고 아주 무서운 존재로서 성경은 그를 이 세상의 신이라고 부른다. 그는 어떤 범죄나 죄악들을 조장하는 존재일 뿐만 아니라 세상의 종교를 조정하는 존재이다. 왜냐하면 그는 숭배 받기를 원하기 때문이다.

이 모든 것들에 대해 무지하기 때문에 사람들은 어떤 '영적 능력'을 나타내며 '의의 일꾼'처럼 보이는 사람은 모두 예수님의 일꾼이라고 가정하는 잘못을 저지른다.

교회 시대가 끝나려 함을 믿는다고 주장하는 교회들이 예정된 대로 배도의 길로 들어서려는 이 중요한 시기에 사탄은 예수님의 성육신을 위장하여 사람들을 기만하려고 자신의 방법을 준비하고 있는 중이다. 왜냐하면 '죄의 아들'이 마귀에 의해 힘을 받아 모든 능력과 표적들과 거짓 이적들을 보이며 예수 그리스도를 흉내 내며 따라서 인간들로부터 경배를 받으려고 할 것이기 때문이다(살후2장). 만일 그가 그리스도를 높이려

하며 그분의 재림에 대해 증언하는 체 한다면 그것은 얼마나 놀라운 일일까?

대부분의 크리스천들처럼 백스터(Mr. Baxter)는 모든 영적 능력이 하나님으로부터 나지 않으면 사탄에게서 난다고 생각한다. 다시 말해 그는 마귀들(devils)은 전혀 고려하지 않는다. 그러나 복음서들은 예수님께서 지상 사역을 하셨을 때 존재했던 마귀들의 활동을 기록하고 있고 서신서들도 예수님께서 다시 오시기 전에 있을 마귀들의 활동에 대해 경고해 주고 있다.

모든 성경 기록은 하나님의 영감에 의해 우리에게 주어졌는데 다음의 구절은 더욱더 명확하게 말세에 이루어질 일들을 보여 준다.

> 이제 성령께서 분명히 말씀하시기를 마지막 때에 어떤 사람들이 믿음에서 떠나 유혹하는 영들과 마귀들의 교리들에 주의를 기울이리라 하시는데(딤전4:1)

이 구절이 보여 주는 것은 말세에 이 세상에 어떤 도덕적인 사악함이 전개된다는 것이 아니고, 믿는다고 주장하는 교회 안에서 어떤 고차원의 영성을 갖고 있는 '유혹하는 영들'이 일으키는 새로운 배도이다. 이런 '유혹하는 영들'은 자신들의 목적을 이루기 위해 기독교에서 인정하는 것 이상의 아주 까다로운 도덕성과 윤리 등을 주장할 것이다.

복음서들을 보면 어떤 마귀들은 저질이며 더러운 영들로서 자기들의 희생물들을 잔인하게 이용한다. 주님께서는 이런 마귀들을 '이 같은 종류'(막9:29)라고 분류하셨다. 그들은 모두 '부정한 영들'이었으며 이것은 어떤 영적인 타락을 나타낸다. 이들이 어떤 도덕적 타락을 유발하지 않았다는 것은 마귀에 사로잡힌 자들이 회당에 출입하도록 허용되었다는 사실에 의해 입증된다. 그리고 위의 사실을 증명해 주는 가장 큰 사실은 비록 예수님을 가장 많이 대적한 원수들조차도 그분의 도덕적 타락에 대해서는 단 한 번도 그분을 비난하지 않았고 단지 주 예수님께서 마귀에게 사로잡혔다고 비난했다는 점이다.

더러운 마귀들은 기도와 금식에 의해서 내쫓길 수 있었다. 종교적 모습을 한 마귀들은 예수님을 인정했고 예수님의 제자들이 그분의 이름으로 그들을 내쫓았을 때 쫓겨났다. 그런데 이런 종교적인 마귀들에게서 발견되는 가장 신비한 점은 그들이 주님을 금방 인정하고 그분께 존경심을 나타냈다는 것이다.

> 마귀들도 많은 사람에게서 나가며 소리 질러 이르되, 당신은 하나님의 아들 그리스도시니이다, 하매 그분께서 그들을 꾸짖으사 그들이 말하는 것을 허락하지 아니하시니 이는 그분께서 그리스도인 줄을 그들이 알았기 때문이더라(눅4:41).

유대인들이 그분을 배척하고 그분의 제자들마저도 그분에 대해 고백하는 것을 머뭇거렸을 때, 어떤 이상한 힘에 의해 이 마귀들이 예수님의 인격과 사역에 대해 이처럼 명확하고 담대하게 증언했다는 것은 참으로 신기한 일이다. 이것은 단 한 번만 일어나지 않았다.

> 부정한 영들도 그분을 보면 그분 앞에 엎드려 소리 질러 이르되, 당신은 하나님의 아들이시니이다, 하니(막3:11)

위의 구절들과 요한일서 4장 2-3절 말씀들을 비교해 보면 신비감은 더욱더 깊어진다. 백스터의 기록은 기만에 빠져 있던 에드워드 어빙과 그의 추종자들을 확신시키는 영을 시험해 보는 일이 그곳에 없었음을 보여 주고 있다.

성경은 "그분께서 그들에게 그분을 알리지 말라고 단단히 명령했다."고 말한다. 주님께서는 마귀들의 경의를 거부했고 이때에 마귀가 그들로 하여금 그분께 경의를 표시하라고 명령했다고는 볼 수 없다. 이 같은 사실은 마귀들이 사탄의 꼭두각시들로서 그의 명령에만 복종한다는 잘못된 가르침을 반박한다. 이들은 하늘에 존재하는 영적 존재들 중 타락한 존재들로서(타락한 천사라고 주장하는 것이 아님) 역량 면에서 그리고 특징 면에서 다른 존재들과는 다르다.

<u>만일 어떤 영성 운동, 크리스천 사이언스, 뉴에이지 혹은 새로운 신학이 참 기독교보다 더 많은 신자들을 만든다면 이것은 이들에게 영감을 불어넣는 마귀들이 사실상 아주 종교적이며 어떤 좋은 것을 주기 때문이다.</u>

무조건 의심하는 사람을 제외하고는 어느 누구도 영성주의자들이 보이지 않는 세계를 다루고 있다는 사실을 의심하지 않을 것이다. 그러나 지성 있는 크리스천이라면 그들에게 나타나는 것이 죽은 사람들이 아니고 그 죽은 사람을 흉내 내는 마귀들임을 깨닫게 될 것이다.

이 같은 사실들과 관련해서 프린스(H. J. Prince)의 경력은 살펴볼 가치가 있다. 프린스의 친척으로서 올바른 판단력을 갖고 있었고 참된 크리스천 일꾼이었던 썬더랜드의 리스(Rees)가 기록한 글을 나는 갖고 있다. 그는 내가 개인적으로 잘 알고 있는 인물이다. 그들은 램페터 대학에서 5년 동안 아주 절친하게 지냈다. 그의 글은 다음과 같다.

그 기간에 나(리스)는 그(프린스)보다 더 하나님께 헌신한 사람을 보거나 들어 본 적이 없다. 내가 직접 내 눈으로 본 그의 사생활은 그의 대외적 활동과 조화를 잘 이루었다. 그는 성도들에게 덕을 세우는 것과 죄인들을 구원시키는 데 있어서 많은 축복을 받았다. 그는 기도하는 사람이었고 자신을 부인하는 사람이었다. 그보다 성경에 대해 더 많이 아는 사람은 드물었다.

그리고 그는 이렇게 경건한 프린스의 타락에 대해 적고 있다.

성령님의 사역에 관한 어떤 책을 읽은 뒤 그는 아무런 생각도 없이 영의 인도 안으로 자신을 넣었다. 그 이후에 그는 모든 일에서 하나님의 뜻을 이루려고 더욱 더 노력했다. 어떤 영적인 인도자에게 절대적으로 자신을 내어 맡김에 따라 그는 점점 더 성경을 등한히 하게 되었고 삶의 모든 영역에서 더 이상 성경 말씀을 필요로 하지 않게 되었다. 그는 자신의 판단은 100% 부인하고 영적 인도에만 의지하게 되었다. 자신이 성령님이라고 믿었던 그것에 자신의 모든 것을 맡겨 버린 뒤 그는 참으로 무서운 속임수 안에 빨려 들어가 그것의 희생물이 되고 말았다.

우리는 다음과 같은 성경의 경고들을 잘 받아들여야만 한다.

그런즉 너희는 주의하여 어리석은 자가 아니라 지혜로운 자로서 조심스럽게 걸어 시간을 되찾으라. 날들이 악하니라. 그러므로 너희는 지혜 없는 자가 되지 말고 오직 주의 뜻이 무엇인지 이해하라 (엡5:15-17).

우리가 다루는 것들은 능력과 힘에 있어서 우리보다 우월하므로 하나님으로부터 오는 지혜만이 우리를 이롭게 만든다.

어빙을 중심으로 했던 어빙주의의 가장 큰 특징은 그 구성원들에 있었다. 그 운동의 지도자들은 전에 그 같은 운동을 이끌었던 사람들과는 전혀 다른 성격을 소유하고 있었다. 비록 어빙 자신은 판단력에 있어서 부족했지만 그를 둘러싸고 있는 사람들-영국의 변호사들, 은행가들, 상인들 - 은 모든 면에서 신뢰할 만했다. 그들은 인간적으로나 기독교인이란 측면에서 모두 탁월했다. 그럼에도 불구하고 <u>그들의 육적인 민첩함이나 영적으로 성취한 것 등은 그들이 유혹하는 영들에게 속아 넘어가는 것을 막지 못했다</u>.

우리가 지금 어빙주의의 실체가 어떤지를 보면서 어빙주의 운동을 판단하는 것은 옳은 일이다. 그러나 이 운동의 기원은 아주 엄숙했으며 극단적인 경우에 심지어 그것은 아주 감상적이었다.

이렇게 훌륭하고 위대했던 사람들이 사도행전의 오순절 축복을 얻기 위해 간절히 기도하면서 마음을 쏟았던 놀라운 집회들에 대해 읽거나 혹은 '어떤 능력'이 그들 위에 내렸을 때 큰 이적들과 기적들, 방언의 은사, 예언의 은사, 병 고침의 은사 등이 내려지며 그들이 경험했던 깊은 평안이나 기쁨의 환희 등에 대해 읽게 될 때, 우리는 그들이 동경했던 바를 나누며 그들의 믿음을 본받으려 하고 또 그런 경험들을 갈구하게 된다. 그런데 얼마 후 그때에는 하늘로부터 온 것으로 생각했던 이 모든 은사들이 모조품들이었음을 발견하면 우리는 제자로서의 길을 저버리고 하나님의 신실하심을 의심하려 하는 충동을 갖게 된다.

그런데 이런 생각들은 악한 것이다. 우리는 에베소서를 펴서 대부분의 사람들이 별로 읽지 않았던 결론 부분의 권고를 읽어야만 한다.

끝으로 내 형제들아, 주 안에서와 그분의 강력한 권능 안에서 강건한 자가 되라. 너희가 마귀의 간계들을 능히 대적하며 서기 위해 하나님의 전신갑주를 입으라. 우리는 살과 피와 맞붙어 싸우지 아니하고 정사들과 권능들과 이 세상 어둠의 치리자들과 높은 처소들에 있는 영적 사악함과 맞붙어 싸우느니라. 그러므로 너희가 악한 날에 능히 버티어 내고 모든 일을 행한 뒤에 서기 위해 하나님의 전신갑주를 취하라(엡6:10-13).

많은 이들이 우리 안에 있는 감정 같은 것들을 조절하는 것이야 말로 크리스천들이 살아가는 동안 행해야 될 것이라고 생각한다. 그러나 이런 것들은 살과 피에 관한 것이며 우리의 싸움은 위에 있는 대로 살과 피에 관한 것이 아니다. 살과 피를 벗어버리라는 것이 이 구절에서 우리가 얻는 권고의 말씀이며 우리는 더 이상 이런 것들과 상관해서는 안 된다. 이렇게 함으로써 믿음의 삶을 이루는 데서 오는 갈등을 없애기 위한 기초가 마련이 된다.

<u>우리는 깨끗하고 정직한 삶을 이루기 위해 하나님의 갑옷을 필요로 하지 않는다. 이런 것들을 위해서는 동방의 불교나 어떤 새로운 신학 같은 것이면 충분하다.</u> 사실 참 제자의 길은 지나온 세대들을 통해 있어 왔던 큰 갈등의 전쟁터에 놓여 있다. 하나님의 가장 큰 목적은 예수 그리스도를 높이는 것이며 루터는 "마귀가 가장 신경을 많이 쓰는 일은 예수 그리스도를 박해하고 괴롭히는 것이다."라고 말했다.

마귀의 목적은 사람들의 권위를 격하시키는 것이 아니고 그들을 그리스도로부터 떼어놓는 것이며, 그들의 도덕을 타락시키는 것이 아니고 그리스도의 복음의 빛에 대해 그들의 마음을 어둡게 만드는 것이다(고후4:4). 평야의 개들이 흩어져 있는 양들을 피난처로 모으듯이, 구원받은 수많은 사람들은 도덕적인 잘못에 대한 유혹들로부터 벗어나기 위해 십자가로 모였다. 반면에 사이비 종교의 함정들은 수없이 많은 사람들을 영원한 파멸 속으로 집어넣었다.

하나님의 지고하신 목적은 그리스도를 높여서 모든 것 가운데 그분을 가장 존귀하게 만드는 것이다. 그런데 훌륭한 사람들이 성령님에 관한 잘못된 교리를 취하게 될 때 그들 위에 내리는 불행은 이것이 하나님의 목적으로부터 벗어났기 때문에 생기는 것만은 아닐 것이다.

성령님은 왕좌 뒤에 있는 능력이시며, 주님께서 말씀하셨듯이 그분은 스스로 말씀하시지 않는다. 그분의 사역은 예수 그리스도를 드러내는 것이다. 우리의 마음이 얼마나 그리스도에게 집중되냐에 따라 우리는 성령님의 임재와 능력을 깨닫게 될 것이다. 그러나 만일 우리가 성령님을 우리의 예배와 동경의 대상으로 삼는다면 어떤 거짓된 영이 진리를 모방하여 우리를 희생물로 만드는지 모른다.

우리는 또한 "그리스도의 말씀이 모든 지혜 안에서 너희 안에 풍성히 거하게 하라."는 권면의 말씀을 잊어서는 안 될 것이다. 오직 성령님만을 찾는 사람들은 성경을 단순한 교과서 정도의 책으로 간주한다. 우리는 마귀가 예수님을 시험했을 때 얼마나 교묘하게 성경 구절을 사용했는가를 살펴보아야만 한다.

샬롯 엘리자베스라는 여인은 어떻게 자신이 어빙주의로부터 빠져 나왔는지를 잘 말해 준다. 그녀도 그 운동의 굉장한 영적인 능력에 거의 사로잡혔지만 자신을 제어하여 신약성경을 처음부터 끝까지 읽었고 결국은 그 마술과 같은 것에서 벗어날 수 있었다.

그렇다면 성경은 우리가 제2의 오순절을 기다려야만 한다고 말하는가? 우리는 과거에 행하셨던 하나님의 역사들을 통해서 하나님의 방법들을 배워야만 하지 않겠는가? 모세에 의한 율법시대도 마치 교회시대처럼 공적인 기적들 가운데 하나님의 능력이 크게 나타나면서 시작되었다. 그러나 이스라엘은 두 번 다시 그 무섭고 두려웠던 시내 산에서의 경험을 체험하지 않았고 심지어 만나와 구름기둥도 그 목적들이 성취된 이후에 모두 거두어졌으며 그 이후에는 단 한 번도 다시 주어지지 않았다.

그러므로 우리는 교회시대가 시작될 때 있었던 오순절의 기적들 역시 중단되리라는 것을 기대할 수 있다. 이것에 대한 증명은 아주 많으며 확실하다. 그 기적들은 믿지 않는 이들을 끌어들이기 위한 미끼로 주어진 것이 아니고 진리를 찾는 사람들을 인도하기 위한 횃불로 주어졌다.

이 기적들의 목적은 "예수님이 바로 그리스도이시다."라는 것을 증명하기 위함이었다. 그러므로 그것들은 이미 그전에 있었던 계시 즉 그분께서 오심을 말씀해 주는 성경을 갖고 있었던 사람들을 위해 특별히 있었던 것이다. 또한 그것들은 가짜 표적이 무엇인지를 알고 있었던 사람들을 위한 표적이었다.

복음이 언약의 백성들(유대인들)에게 전파되는 동안에 많은 기적들이 일어났다. 왜냐하면 그것들은 주로 예수님께서 오신 언약 백성들을 위함이었기 때문이다. 주님은

'구원이 유대인으로 나며' 또한 '나는 이스라엘 집의 잃어버린 양들에게만 보내어졌다'고 선언하셨다. 그래서 로마서 15 장 8절은 "그리스도께서는 조상들과 맺은 약속을 확인하시기 위하여 할례자들을 위한 사역자가 되셨다."고 기록한다. 그러므로 그분의 사역은 그분에 대해 증언하고 있는 성경 기록들과 상응하여야만 하며 그분의 사명은 그것을 완수해 내는 것이었다.

남편의 사랑을 받아 오던 여인이 잘못함으로써 쫓겨나게 될 때의 비극은 아브라함의 하나님께서 자신이 택한 백성을 내쫓으셨을 때의 비극적 상황을 조금이나마 보여 주는 예가 될 것이다. 예루살렘의 멸망은 그들이 쫓겨났음을 보여 주는 공적인 사실이다. 하지만 이 같은 비극적 상황에 대한 역사는 사람들의 역사가 아닌 사도들의 행전 안에 드러나 있다.

신약성경은 결코 어떤 이들이 생각하는 것 같이 제자들의 선전구 등을 적당히 모아 놓은 것이 아니다. 영적으로 지혜로운 자들에게는 성경의 유일성이 돋보이게 되는데 그 유일성은 책 전체로서의 유일성뿐만 아니고 각 부분이 기록되었을 때의 목적도 포함한다.

사도행전의 목적은 아주 명백하다. 그것은 언약 백성들을 향한 메시아의 지상 사역의 기록과 이방인들을 향한 사도들의 편지들 사이의 공백을 메워 주는 것이다. 그 책은 오순절 세대의 역사를 기록하고 있으며 만일 이 책이 없다면, 우리는 복음서로부터 서신서들로 이어지는 전환과정이 어떠했는지를 전혀 알 수 없게 된다.

오순절 은사와 확연했던 기적들이 사도행전과 또한 역사적으로 볼 때 사도행전과 비슷한 시기에 기록된 서신서들의 가르침 안에 많이 언급되고 있음에 반해, 그 뒤에 기록된 서신서들은 그것들에 대해 전혀 언급도 하고 있지 않다는 것은 나의 사사로운 의견이 아니고 사실이다.

이것들을 감안해 볼 때 우리는 이런 기적들과 은사들이 그쳤음을 생각해 볼 수 있으며, 사도 바울이 마지막에 로마 감옥에 갇혀서 기록했던 서신서들은 그 같은 견해가 옳음을 보여 준다. 그의 사역의 중반기에 고린도교회에 보낸 편지에서 그는 자신의 사역의 외적인 신빙성이었던 '표적들과 이적들과 능력 있는 행위들'을 언급하면서 "내가 어떤 것에서도 가장 큰 사도들보다 떨어지지 않는다."고 선언했다. 사도행전 19장 11-12절은 "하나님께서 바울의 손으로 특별한 기적들을 행하셨는데 심지어 그의 몸으로부터 나간 손수건들이 병자들의 병을 낫게 했다."고 기록한다.

이렇게 능력이 있었던 사도 바울이 생의 말기에 로마에 갇혔을 때 그 곁에 있던 에바브로디도가 죽음에 이를 정도로 아팠을 때 왜 그를 고치지 못했을까? 그 뒤에 그는 왜 밀레도에서 앓아 누워있던 드로비모를 그냥 두고 떠나야만 했는가?(빌2:27; 딤후4:20) 만일 그가 로마의 황제 네로의 법정 안에서 기적을 일으켰다면 그것은 온 세상을 흔들어 놓았을 것이다. 만일 기적에 대한 믿음과 이론이 참되다면 네로의 법정에서보다 더 큰 기적이 요구된 적이 언제란 말인가? 그러나 어떤 기적도 일어나지 않았다.

만일 마음 문을 열고 사도행전을 읽고 디모데후서에 오게 되면 우리는 이 같은 놀라운 변화에 대한 증거들을 발견하게 될 것이다. 빌립보에 있던 권력자들이 그를 감옥에 넣었을 때 큰 지진이 일어나 감옥의 기초를 흔들었으며 하늘이 그를 도와 그곳에서 구출했고 그를 박해하던 자들이 그의 발 앞에 꿇어앉았다. 그러나 결국 믿게 될 자들에 대한 어떤 틀로서의 지진과 '큰 표적과 이적'이 일어나던 시대는 지나갔고 로마에서 외롭게 되고 사람들에게 멸시를 받게 된 죄수 바울은 조용한 하늘 아래에서 믿음의 삶의 더 큰 비밀들을 배워야만 했다. 사실 하나님의 비밀들을 가장 많이 보여 주는 서신서들은 모두 감옥에서 기록되었다.

마가복음 16장의 마지막 구절들은 지금 우리가 논의하고 있는 주제가 언급될 때마다 인용된다. 그러나 영적으로 지혜로운 자들은 이 구절들을 서신서들의 관점에서 읽을 것이다. 이와 반대로 읽고 확대해석하는 것은 쓸모없는 일이다.

그렇다면 요엘의 예언은 어떠한가? 이 성경 말씀은 아주 잘못 해석되고 있는 대표적인 구절이다. 많은 이들이 요엘서 2장을 읽고는 그것이 이루어지기 위해서는 이스라엘이 국가로서 회복되어야만 함을 깨닫지 못한다. 요엘서는 처음부터 끝까지 '크고 무서운 주님의 날' 즉 예수님의 재림에 대해 이야기하며, 언약의 백성들과 이 백성들의 땅에 대해 말하고 있다. "내가 다시는 너희(이스라엘)를 민족들 가운데 책망거리로 만들지 않겠다." "너희는 내가 이스라엘 가운데 거함을 알게 될 것이다." "이 후에 내가 내 영을 모든 육체에게 부어 줄 것이다." 등등.

과거에도 그러했듯이 지금도 그러하다. 즉, 새로운 세계는 땅 위에 하나님의 능력이 공적으로 나타남과 함께 시작될 것이다. 미신을 믿는 자들을 제외하고는 어느 누구도 주님께서 이렇게 배도의 길로 내닫고 있는 교회 즉 지금 말로만 믿는다고 하는 교회를 인정하시리라고 상상하지 못할 것이다. "내가 내 입으로부터 너를 뱉어 내려고 한다."는 말씀이 바로 이 세대를 향한 주님의 예언이다.

배도하는 때에 그분께서는 개인의 신실함을 보신다. 어떤 이의 믿음에 대해 주님께서 어떻게 보답하실지 알 수 없다. 하지만 모두가 단체로 축복을 받는다는 것은 거짓말이다.

우리가 지금까지 살펴본 것은 확연한 기적들에 관한 것이다. 기적이란 어떤 초자연적인 것(혹은 인격체)이 일하는 것을 증명하는 사건이다. 물론 어떤 영적인 것만을 강조하는 영성 운동가나 크리스천 사이언스 신도들은 자신들이 참 기적들을 일으키고 있다고 자랑할 것이다. 그래서 이 같은 이단 종파들이 우리 세대에 늘어나고 있다.

그들이 독실한 사람들 가운데서 추종자들을 얻는 것은 그들을 더럽히는 사기 행위 때문이 아니고 그것들을 믿도록 만드는 어떤 영적 능력 때문이다. 어릴 때부터 우리의 마음속에 꽉 차 있는 이런 것들에 대한 무지와 오류 때문에 사람들은 기적이란 항상 하나님으로부터 온다고 가정을 하게 된다.

마태복음 4장 5, 8절에 기록되어 있는 기적들 즉 예수님을 시험할 때 마귀가 행했던 놀라운 기적들은 우리 가운데 있는 이 같은 잘못을 단번에 고쳐 줄 것이다. 만일 사람들이 사탄에 대한 성경의 가르침을 받아들이지 않는다면 크리스천 사이언스나 강신술 등을 가르치는 교과서들이 그들을 깨워 줄 것이다.

마귀의 시험들은 순전하고 올바른 사람들을 물리쳐 버리려는 것이 아니고 그들을 속이려고 하는 것이다. 마르틴 루터가 말했듯이 "마귀는 자신의 말과 행위를 진리의 색깔과 하나님의 이름으로 멋있게 장식한다." 그래서 성경은 "그가 자신을 빛의 천사로 가장한다."고 경고하고 있다. 그는 자신의 목적을 이루기 위해 자신에게 치명적인 것들만 제외하고는 기독교 내의 모든 것들을 그대로 내버려둔다. 그러므로 우리는 영을 분별하여 기독교 같은데 아닌 것 즉 마귀의 것을 찾아내야만 한다.

성경은 마귀가 죽음의 권세를 갖고 있다고 한다. 하지만 그렇다고 해서 그 같은 사실이 그가 삶의 권세 또한 갖고 있음을 의미하지는 않는다. 그러나 우리는 그가 병을 일으키는 능력을 갖고 있으므로, 그것을 고치는 능력 또한 갖고 있음을 의심할 필요는 없다. 이것은 또한 대부분의 경우 마귀들이 일으키는 기적들이 당사자에게 좋은 영향을 끼친다는 사실을 설명하는지도 모른다.

흄(Hume)이라는 무신론자는, 얀센주의자들의 기적에 대한 증거들이 복음서에 있는 기적들에 대한 증거들에 적용된 시금석들을 모두 통과했음에도 불구하고 자신은 그것을 받아들일 것을 거부했는데, 그 이유는 자신이 이미 기적들이란 불가능하다고 선포했기 때문이었다. 이것이 바로 잘난 체 하는 사람들이 우리 시대에도 기적들이 일어난다는 사실을 배격하는 이유이다.

그러나 이 시대에도 확실히 기적들이 일어나며 우리가 염려해야 할 일은 이것들에 의해 속임을 당하지 않도록 우리 자신을 보호하는 것이다. 왜냐하면 그것들은 앞으로 오게 될 '거짓 기적들과 표적들'에 대한 전조일지도 모르기 때문이다.

나는 지금 일어나고 있는 기적들이 모두 사악한 종류라고 말하지 않는다. 내가 말하려는 것은 소위 오순절 기적들이라고 불리는 것이 지금의 은혜 시대에 적용이 되지 않는다는 것이다. 기도라고 하는 아주 간단한 문제를 생각해 본 사람이라면 누구나 예수 그리스도께서 오시기 전에 하나님의 백성들이 어떻게 그리고 왜 그분의 임재와 능력에 대한 증거들을 간구했는가를 이해해야만 한다.

그러나 주 예수 그리스도의 사역과 죽음 그리고 부활 안에서 하나님은 공공연히 그분의 능력뿐만 아니라 사람들에 대한 그분의 선하심과 사랑을 나타내셨다. 그러므로 지금 또다시 그 같은 기적들을 요구하는 것은 이미 확립된 문제들을 다시 여는 것이나 다름이 없다.

어느 누구도 믿음에 대한 반응으로서 하나님께서 어떤 일을 우리에게 하실는지 알 수 없다. 그러나 우리가 하나님께서 예수 그리스도 안에서 자신을 드러내신 계시를 고려해 볼 때, 그분께서 불신앙이 요구하는 것들에 대해 아무 반응도 보이지 않으실 것을 확신한다.

자, 이제 방언으로 말하는 것에 대한 어렵고 또한 미묘한 문제에 대한 결론을 내려야겠다. 이 글 안에 포함된 사실들과 또 다른 진실들을 고려해 볼 때 우리는 몇 가지 예비적인 결론들을 내릴 수 있다. 우리가 살펴보았듯이, 정말 축복인 것처럼 보였던 감정적 기쁨이나 정말로 초자연적인 능력을 소유하는 것이 성령님의 임재와 사역에 대한 증거는 결코 될 수 없다.

그리스도인은 어떤 감정이나 경험을 혹은 성령님을 믿는 사람이 아니다. 그리스도인은 주 예수 그리스도를 믿는 사람이다. 또한 그리스도에 대한 지식으로 우리를 이끌어 가는 것은 복음의 진리의 말씀이다. 한때 사람들은 자기들의 눈으로 직접 그분을 보았고 자신들의 손으로 직접 그분을 만져 보았다.

그러나 우리의 축복은 그분을 보지 않고도 믿는 것이다. 왜냐하면 그분께서는 지금 '휘장 안에' 계시기 때문이다. 만일 우리의 닻이 확실하고 견고하다면 그것은 바로 그 닻이 휘장 안에 있기 때문이다. 그런데 하나님의 말씀은 유일한, 단 하나의 닻줄이다. 그러므로 어떤 영적인 은사들이나 영적 계시 등을 통해서 그 휘장 안으로 들어가려고 애쓰는 것은 믿음이 아닌 불신앙으로부터 오는 것이며 화를 불러일으킬 수도 있다. 우리는 주님께서 우리에게 주신 엄숙한 경고를 항상 기억해야만 한다.

그 날에 많은 사람들이 내게 이르기를, 주여, 주여, 우리가 주의 이름으로 대언하지 아니하였나이까? 주의 이름으로 마귀들을 내쫓지 아니하였나이까? 주의 이름으로 많은 놀라운 일을 행하지 아니하였나이까? 하리니 그때에 내가 그들에게 밝히 말하되, 내가 너희를 결코 알지 못하였노라. 불법을 행하는 자들아, 너희는 내게서 떠나라, 하리라(마 7:22-23).

우리는 여기에서 다음의 문제를 확실히 짚고 넘어가야만 한다. 실제의 문제는 '하나님께서 믿음에 대한 대답으로서 우리에게 무엇을 하실 수 있거나 하실 것이다.'가 아니라 '성경이 우리가 그분께 무엇을 구할 수 있다고 말하고 있느냐?'이다.

그렇다면 성경이 지금 이 시간 우리가 또다시 오순절 은사들을 구해야 한다고 말하는가? 이 같은 오순절 은사 운동을 하는 이들이 그렇게 자랑스러워하는 것이 방언의 은사이다. 이런 운동을 하는 곳에서 방언은 있었지만 그것은 대언이라는 더 큰 은사에 의해 어둠 속으로 던져졌다. 그들이 방언으로 말할 때의 그 초자연적인 모습과 그리스도에 대한 증언의 열정 그리고 그 능력이 내린 사람들이 경험했던 평화와 기쁨은 이 모든 것들이 하나님으로부터 왔다는 증거로 보였다.

그러나 사실 이것들은 아래로부터 왔다. 이것은 오늘날 일어나고 있는 비슷한 현상들이 모조품임을 증명하지는 않는다. 그러나 그것은 우리로 하여금 그런 것들을 자세히 살펴보고 경계하도록 만든다. 우리가 성경적 관점에서 이것들을 자세히 살펴보면 볼수록 우리의 의심은 점점 더 깊어진다.

이런 것들이 일으키는 물리적 현상들은 불신을 일으키기에 아주 적합하다. 이 같은 집회에서 늘 볼 수 있는 육체적 격정을 단순히 히스테리아(병적 흥분)라고 하는 것은 그들을 너무 곱게 봐 주는 것이다. 더구나 성령님은 그 같은 히스테리아를 일으키시지 않는다. 그들이 기도할 때 꽥 소리를 지르며 이웃들을 방해하는 것과 말할 수 없는 탄식으로 간구하시는 성령님의 기도를 비교하여 생각해 보라(롬8:26). 이 같은 운동은 고린도전서 14장의 견지에서 판단되어야만 한다.

다음의 사실들은 확실하다.

첫째로, 영적 은사들은 나누어졌고 방언의 은사는 성도들 중 몇몇에게만 주어졌지 모두에게 주어지지 않았다.

둘째로, 방언의 은사는 그 위엄 면에서나 실질적 가치 면에서 다른 은사들만 못했다: 이 점은 마치 방언이 성령님의 침례를 대표하며 따라서 이 은사를 소유하는 사람들을 어떤 특권이나 영광을 갖는 사람으로 만드는 운동이 잘못됨을 보여 준다.

셋째로, 하나님으로부터 온 영적 선물들을 사용하는 것이 질서 있게 이루어졌다.

그것은 개인을 영화롭게 하는 것이 아니고 교회의 덕을 세우기 위함이었다. 따라서 이것들을 사용하는 데 대한 사도적인 규칙들은 어떤 공적 모임의 지도자가 세우는 그런 규칙처럼 실제적이었다. 또한 각종 은사는 그 은사가 주어진 단 하나의 목적 즉 교회의 덕을 세우는 데 사용되어야만 했다. 따라서 이 같은 은사들을 적절히 행하며 질서를 유지하는 것이 필요했다.

그런데 이와 상반되게 오늘날의 방언 부흥 운동의 대부분은 마치 이교도들의 미신에서 마귀들에게 사로잡힌 것과 비슷하게 보이는데 바로 그것이 고린도전서 14장 2절에 숨겨져 있는 내용이다. 우리가 듣는 이야기들은 이사야가 기록한 것과 같다.

그들이 너희에게 말하기를, 부리는 영들을 지닌 자들과 슬쩍 엿보고 중얼거리는 마술사들에게 구하라, 할 때에 백성이 마땅히 자기들의 하나님께 구하여야 하지 아니하겠느냐? 산 자를 위하여 죽은 자에게 구하겠느냐? 그들이 율법과 증언에게 구할지니 만일 그들이 이 말씀에 따라 말하지 아니하면 그 까닭은 그들 안에 빛이 없기 때문이니라(사8:19-20).

더구나 이 같은 견해는 이런 집회에서 나타나는 은사들이 하나님으로부터 난 집회 속에 있는 불길한 요소들이라고 결론짓는 많은 사람들에 의해서도 증명된다. 그리고 사실 어빙주의 운동이나 오순절 은사 운동이 바로 이 같은 경우이다.

어빙과 그를 따르는 경건한 크리스천들은 살아 있고 기록되어 있는 하나님의 말씀을 단순히 믿는 것을 버리고 소위 성령 운동이라고 하는 잘못된 운동 속에 빠져들었다. 아가페몬(Agapemone)운동 역시 같은 경우이다. 또한 아일랜드에서 일어났던 부흥 운동 역시 비슷하다.

1859년의 얼스터(Ulster)운동에 나타났던 현상들은 그 당시에는 하나님으로부터 난 것으로 간주되었다. 그러나 그것을 의심한 사람들이 있었고 특히 사려 깊은 크리스천들 가운데는 의견을 달리하는 이들이 많았다. 그런데 1860년대의 더욱더 일반화된 운동에서는 이 같은 요소들이 모두 사라졌다. 그 부흥 운동은 현대사에 기록된 어떤 다른 부흥 운동들보다 오랫동안 지속되는 결과들을 낳았다. 사실 그 운동의 성공과 능력의 비밀은 기록된 하나님의 말씀을 가장 높게 여긴 것이었다. 그리고 그것은 아마도 그보다 30년 전에 있었던 부흥 운동의 전통 때문이었다.

초기의 영국과 아일랜드에서 일어났던 부흥 운동의 가장 큰 차이점은 영국에서는 크리스천들이 기도와 성경을 취했고(즉 감정 중심) 아일랜드에서는 그들이 성경과 기도를 취했다는 점이다(즉 말씀 중심). 이것이 바로 사악한 마귀의 미묘한 작전이다. 따라서 부흥이 일어날 때 어떤 영적인 흥분감이 올바른 교리에 의해 조절되지 못하면 기도회 자체가 위험이 된다.

한 마디로 방언 운동의 신학은 성경에 대한 무지와 왜곡을 보여 준다. 위에서 밝힌 대로 이러한 신학은 크리스천들이 갖고 있는 위대한 진리와 사실들을 크리스천의 삶 속에서 일어나는 어떤 개인적인 감정 밑으로 종속되게 만든다. 더욱이 심각한 것은 성령님에 관한 가르침에서 이 신학은 오순절에 있었던 '중요하며 없어서는 안 되는 요소들'을 부차적인 현상들 밑으로 집어넣는다는 것이다.

오순절에 있었던 것 중 가장 중요한 것은 '아버지의 약속'이 성취되는 것이었고 이것이 사실 그대로 이루어졌다. '급하게 달려오는 강한 바람'이나 '불의 혀같이 갈라진 것' 그리고 거기에서 일어난 은사들은 단지 그분의 임재를 보여 주는 외적인 현상에 불과했다. 또한 이것들은 잠시 있었다가 없어졌다.

참으로 중요한 사실은 모두가 받은 축복이었다. 다시 말해 성령님의 침례는 교회를 만들어 냈다. 그리고 이것은 모두를 위한 것이었다. 그래서 이단 사상들과 죄악들 때문에 경고와 책망을 들은 고린도 교회의 성도들에게 조차도 사도 바울은 이렇게 말했다.

우리가 유대인이나 이방인이나 매인 자나 자유로운 자나 모두 한 성령에 의해 침례를 받아 한 몸 안으로 들어왔으며 모두가 마시게 되어 한 성령 안으로 들어왔느니라(고전 12:13).

성령님의 오심은 하나님의 아들의 오심만큼이나 믿음의 문제이다. 따라서 그것을 믿기 위한 조건으로서 성령님의 침례에 대한 주관적인 경험들을 구하는 것은 아마도 '둘째 오순절을 구하는 것'으로 표현될 수 있으며 결국 이것은 불신앙이다. 왜냐하면 그것은 첫 번째 일어났으며 새로운 세대를 열기 위해 단 한 번만 필요했던 그 오순절에 대한 불신을 일으키며 동시에 '아버지의 약속'의 성취를 의심하게 만들기 때문이다.

(우리는 믿음으로 걷고 보는 것으로 걷지 아니하노라.)(고후5:7).

부록 24

카톨릭 영성에 중독 된 한국 교회

성 베드로 성당 시노드 미사에서 전통의상을 입은 신도들에게 미사하는 교황

한국 교회에 침투한 '카톨릭 영성'의 문제와 위험

지성사적으로 보아, 미국의 히피 그룹을 위시해 프랑스, 독일, 영국, 일본 등 주요 선진국에서 기성의 이데올로기와 체제에 도전하는 젊은이들의 반(反)문화운동이 잇달아 격렬하게 전개된 것은 지난 1960년대 중반이었다.

당시 세계적 수준에서 권위주의적 정치체제를 대표한 거대 관료 조직으로서 카톨릭 교회는 자연스럽게 안팎의 비판에 직면하게 됐다. 세계의 보편적 교회를 표방하는 카톨릭 교회로서는 그 같은 비판적인 저항의 시대 조류에 어쩔 수 없이 부응해 모종의 신학적 대타협을 시도할 수밖에 없었다.

그때로부터 카톨릭 교회는 1962년부터 1965년까지 무려 3년간에 걸쳐 제2차

이 글은 서원대 교수이시고 미션뉴스(www.newsmission.com)의 논설위원이신 김성건 교수님께서 실어도 좋다고 허락해 주신 글이다. 이것은 「기독교와 사회학의 접점」(프리칭아카데미, 2009)의 제10장(95-103쪽)에 '카톨릭의 신비적 영성에 중독된 한국교회'란 제목으로 실려 있다. 게재를 허락해 주신 김 교수님께 진심으로 감사를 드린다.

바티칸 공의회를 개최해 타종교에 대한 종전의 권위주의적, 배타적 태도를 바꾸어 종교 간에 대화를 앞장서서 추구하는 에큐메니즘(Ecumenism, 초교파주의)의 선봉에 서는 등 이른바 종교다원주의 쪽으로 일대 신학적 전환을 이루어 오늘에 이르게 된 것이 사실이다. 그 결과 로마 카톨릭 교회의 가르침(교리)과 개신교회의 가르침 양자 사이에 종래 존재했던 뚜렷한 간격이 시간이 흐르며 점차 흐려지게 됐다.

한국 카톨릭 교회의 경우는 지난 18세기 말 조선에서 포교가 처음 시작된 이래 수많은 종교적 희생자 곧, 순교자를 내는 등 줄곧 강하게 이단시하고 금지했던 유교적 조상제사가 제2차 바티칸 공의회를 계기로 이제는 한국의 전통문화의 한 부분으로 돌연 인정되는 일이 벌어졌다.

역사적으로 보아, 지난 1세기에 오순절 성령운동의 결과로 초대 교회가 출현한 이후 기독교가 핍박을 받던 중 3세기에 들어와서 로마 제국의 정치권력을 장악한 콘스탄티누스 대제에 의해서 국교로 공인됐다. 그렇지만 그 당시 카톨릭 교회는 초대 교회의 전통보다는 오히려 그 주위에 있었던 이방 종교들의 주술적 요소를 상당 부분 수용한 전통이 오늘까지도 면면히 계속 이어져 내려오고 있는 것이 주지의 사실이다.

한편, 1960년대의 히피문화로 대표되는 반문화 운동을 배경으로 지난 1980년대에 출현한 '탈근대', '다원주의', '개인주의', '감성' 등으로 표상되는 포스트모던의 시대적 흐름과 비교적 최근인 1990년대에 나타난 세계화와 정보화의 영향 아래 세계 종교들 중에서도 기독교 전반 특히 한국 개신교 내에서 약 10년 전부터 '제도 종교'와 구별되는 주관적 '경험'에 바탕을 둔 이른바 '영성'(Spirituality)에 대한 관심이 갑작스럽게 크게 고조됐다.

여기서 우리의 주목을 특별히 끄는 측면은 바로 2006년 말 오늘에 이르러서는 본질적으로 다분히 주술적 요소를 많이 갖고 있는 '카톨릭 영성'이 16세기 말 당시 카톨릭 교회의 면죄부 등 각종 주술 타파를 목표로 이루어진 종교개혁의 전통을 이어받았다고 자처하는 보수적인 한국 개신교회에 마저도 조금씩 미묘하게 침투해 이제는 사실상 거의 지배하게 된 새롭고도 자못 흥미 있는 현상이다.

필자는 종교를 사회과학적으로 연구하는 종교사회학자로서 뿐만 아니라 개인적으로 평소에 종교개혁의 유산을 이어받은 복음주의 신앙은 마땅히 카톨릭과는 본질적으로 구별돼야 한다고 믿는 한 사람의 개신교 신자로서 최근에 한국 교회에 침투한 '카톨릭 영성'의 문제와 이것의 위험을 제대로 밝히는 일이야말로 현재 침체 상태에 빠져있는 한국 교회의 이노베이션을 위해 여러모로 매우 중요하면서도 시급한 과제라고 본다.

오늘날 수많은 복음주의자들이 '로마 카톨릭 스타일의 영성' 혹은 달리 말해서 '종교개혁 이전의 영성'으로 돌아오고 있는 것이 사실이다. 앞에서 언급했듯이, 이런 영성은 많은 경우 이방 종교들로부터 차용된 것으로서, 예를 들자면 의례적인 기도 혹은 지루한 되풀이 기도, 영창, 곧 시편 따위의 글귀를 단조롭게 읊는 일, (선불교에서 강조하는) 명상(meditation), 집중기도(centering prayer), 곧 아무 것도 하지 않은 채 하나님의 존재를 느끼며 단순히 안식을 취하는 명상적 행위 등이다.

그래서 약 120년 전 미국의 선교사들에 의해 복음이 전해진 이래 현재까지도 미국의 문화적 영향권 아래 놓여 있다고 볼 수 있는 한국 복음주의 개신교 진영에 커다란 영향력을 미치고 있는 북미의 주요 신학교중 거의 가장 대표적 기관인 초교파적 풀러 신학교의 '영성' 코스 관련 주요 필독 도서 목록에는 물론 한국의 대표적 신학교들의 각종 '영성' 과목의 경우도 저자의 상당수가 「그리스도를 본받아」를 쓴 토마스 아 켐퍼스(Thomas A. Kempis) 등 로마 카톨릭 신자인 것을 새삼 주목할 수 있다.

한편, 금년 여름 한국을 잠시 방문해 연일 개최한 집회를 통해 국내의 수많은 성도들에게 대단한 감동을 불러일으킨 바 있는 미국 남가주 소재 새들백교회의 릭 워렌 목사는 베스트셀러 「목적이 이끄는 삶」으로도 세계적으로 유명한 데, 이 릭 워렌 목사 역시 명상, 집중기도 및 여타 카톨릭의 이교도적 영성 형태를 증진시키기 위해서 로마 카톨릭 저자들의 주장을 자신의 저작이나 설교에서 빈번하게 인용하고 있는 것을 지적하지 않을 수 없다.

구체적 예로서, 「목적이 이끄는 교회」와 「목적이 이끄는 삶」에서 워렌 목사는 존 메인(John Main)을 인용하고 있는데, 메인은 베네딕트 수도사로서 그리스도가 나사렛 예수에게만 제한되는 것이 아니라 수도원의 지도자들, 병든 자들, 가난한 자들 같은 우리들 속에 남아있다고 믿는 사람이다.

또한 워렌 목사는 북미 기독교계에서 현재 상당한 논쟁을 불러일으키고 있는 사람으로서 최근 한국을 방문해 당시 국내 기독교계 언론으로부터 비판을 받기보다는 오히려 커다란 주목을 받은 바도 있는 「영적 훈련과 성장」과 「기도」의 저자인 퀘이커 출신의 신비주의자 리처드 포스터(Richard Foster)가 강조하는 '명상'을 실천할 것을 주문하고 있다.

한국에서 이 시대의 영성신학자를 대표하는 목사로 이미 잘 알려진 포스터가 창시한 이른바 '레노바레'(Renovare) 운동은 오늘날 미국의 유명한 윌로우크릭 교회를 위시해 한국 기독교계에서도 잘 알려져 있다. 명상의 각종 테크닉에 바탕을 둔 레노바레 운동은 본래 평화주의를 지향하는 퀘이커 전통으로부터 나온 것으로서 진보적인 세계교회협의회(WCC)의 초교파주의(ecumenism)의 배경에 자리 잡고 있는 운동이다. 주지하듯이 교파 간 일치와 연합을 추구하는 에큐메니즘은 기본적으로 교리(doctrine)에 대해서는 크게 상관하지 않는 전략을 갖고 있다.

이로써, 필자는 오늘날 자신을 복음주의자라고 고백하는 사람들 가운데 적지 않은 수가 '종교적(카톨릭) 신비주의'와 '성서적 영성' 양자 사이에 존재하는 '차이'를 제대로 이해하는 데 실패하고 있다고 본다.

그런데 여기서 제기할 수 있는 중요한 문제는 교회사를 통해서 볼 때 교회 내의 '신비주의의 발전'과 '성령운동의 번성' 양자 사이에 매우 흥미 있는 관련이 존재하고 있다는 사실이다. 오순절 성령운동(Pentecostalism)과 카리스마 운동들은 놀랍게도 많은 측면에서 로마 카톨릭 교회 속에서 발전한 신비주의의 표현이라고 볼 수도 있다. 이는 빈야드 운동의 창시자인 존 윔버(John Wimber) 같은 이가 그의 책 「파워 이반젤리즘」(*Power Evangelism*)에서 아빌라의 테레사(Teresa of Avila)와 이그나티우스 로욜라(Ignatius Loyola)를 아무런 문제없이 추천하고 있는 데서도 잘 나타난다.

이런 측면에서 오늘날 로마 카톨릭 진영 속에서 수용되고 있는 관점은 바로 제2차 바티칸 공의회가 카리스마적 부흥을 위한 예언자적 충동(자극)을 마련했다는 것이다. '성령세례' 경험, 비전(환상), 내적 목소리, 황홀감과 엑스터시, 진위가 의심스러운 예언하기, 모종의 힘 아래로 떨어지는 것, 각종 방언 따위 같은 카리스마 운동과 오순절 성령운동의 주요한 표현들은 전적으로 로마 카톨릭 신비주의와 일치한다.

오늘날 자신을 복음주의자라고 고백하는 사람들의 대다수가 오순절 성령운동 및 카리스마운동 추종자들에 의해서 구성되고 있기 때문에, 일부에서는 카톨릭신앙과 새로운 복음주의가 기묘하게도 동일한 방향으로 나아가고 있다고까지 주장한다.

왜 수많은 개신교인들이 카톨릭 신비주의에 매력을 느끼게 될까? '교리'(doctrine, 신조)와 '헌신/신앙심'(devotion) 사이에는 종종 긴장이 있기 마련이지만, 중요한 것은 올바른 교리는 자연적으로 올바른 헌신/신앙심을 갖다 준다는 점이다. 결론적으로, 한국 개신교회는 차제에 '개인주의'를 강조하는 포스트모던 문화와 밀접한 관련을 갖는 '종교적 감정주의'(religious emotionalism)를 '기독교 영성'과 잘못 동일시하는 오류를 더 이상 저질러서는 안 될 것이다.

이런 맥락에서 최근 한국 교회 내에서 유명한 간증자들 가운데 적지 않은 사람들이 자신의 드라마틱한 중생 체험과는 뚜렷이 모순되는 치명적인 문제를 개인 차원에서 일으킴으로써 기독교의 공신력이 크게 추락하는 일이 종종 있음을 지적하지 않을 수 없다(구굿닷컴 이영주 기자의 2006년 12월 25일자 글 '드라마틱한 간증의 함정' 참조). 이는 한국 교회의 평신도들에 대한 강단의 가르침(설교)과 기독교계 언론의 수준 양자 모두가 아직 매우 낮은 데 머물러 있다는 것을 잘 방증한다.

끝으로, 필자는 신비적 경험에 대한 우리 개신교 크리스천의 사고를 기본적으로 틀 지우는 데 중심이 될 수 있는 두 개의 성경 구절을 제시하고자 한다. 하나님께 대한 겸손한 신뢰가 나타나 있는 시편 131편과 천사숭배와 금욕주의의 위험에 대한 경고가 나타나 있는 골로새서 2장 18절에서 23절까지의 말씀이다.

역자 추천 참고 도서

〈킹제임스 흠정역 성경〉

1. 「킹제임스 흠정역 성경」(한영대역, 스터디, 큰글자, 박사, 신약성경 등), 그리스도예수안에(www.KeepBible.com).
2. 「킹제임스 성경의 역사」, S. 깁 저, 정동수 역, 그리스도예수안에.
3. 「킹제임스 성경 답변서」(구 '킹제임스 성경에 관한 100가지 질문과 대답'), S. 깁 저, 정동수 역, 그리스도예수안에.
4. 「킹제임스 성경 입문서」(구 '킹제임스 성경 길라잡이'), B. 버튼 저, 정동수 역, 그리스도예수안에.
5. 「킹제임스 성경 변호」, E. 힐즈 저, 정동수 역, 그리스도예수안에.
6. 「킹제임스 성경의 4중 우수성」, D. 웨이트 저, 정동수 역, 그리스도예수안에.
7. 「킹제임스 성경의 영광」, T. 홀랜드 저, 정동수 역, 그리스도예수안에.
8. 「바르게 읽는 성경」, 김문수, 그리스도예수안에.
9. 「신약분석성경」(한/헬/영 대역판), 송종섭 저, 신약원어연구소.
10. 「뉴바이블」, 송종섭 저, 신약원어연구소.
11. 「우리말 성경 연구」, 나채운 저, 기독교문사.
12. 「New Age Bible Versions」, Gail Riplinger(www.Chick.com 혹은 www.amazon.com).
13. 「Final Authority」, William P. Grady (www.Chick.com 혹은 www.amazon.com).
14. 「Did the Catholic Church Give Us the Bible?」, David W. Daniels(www.Chick. com 혹은 www.amazon.com).

〈천주교〉

1. 「천주교는 기독교와 완전히 다릅니다」 R. 존스 저, 정동수, 박노찬 역, 그리스도예수안에.
2. 「천주교의 유래」 R. 우드로우 저, 정동수 역, 그리스도예수안에.
3. 「마틴로이드존스의 천주교 사상 평가」 M. 로이드 존스 외, 정동수 역, 그리스도예수안에.
4. 「무엇이 다른가?」, F. 리데나워 저, 생명의말씀사.
5. 「교황 대신 예수를 선택한 49인의 신부들」 R. 베넷, M. 버킹엄 저, 이길상 역, 아가페.
6. 「종교에 매이지 않은 그리스도인」, F. 리데나워 저, 정창영 역, 생명의말씀사.
7. 「무모한 신앙과 영적 분별력」, 맥아더 저, 안보헌 역, 생명의말씀사.

8. 「로마 카톨릭 사상평가」, 로레인 뵈트너 저, 이송훈 역, 기독교문서선교회.
9. 「천주교도 기독교인가?」 유선호 저, 하늘기획.
10. 「A Woman Rides the Beast」, Dave Hunt(www.Chick.com 혹은 www.amazon.com).
11. 「Babylon Religion」, David W. Daniels(www.Chick.com 혹은 www.amazon.com).
12. 「Queen of All」, Jim Tetlow(www.Chick.com 혹은 www.amazon.com).

〈뉴에이지 운동〉

1. 「천사와 UFO 바로 알기」(구 '천사는 있다', 'UFO는 있다'), 정동수 편역, 그리스도예수안에.
2. 「뉴에이지 신비주의 - 이교주의와 뉴에이지 운동의 현재」, 김태한 저, 라이트하우스.
3. 「뉴에이지 운동 평가」, 박영호 저, 기독교문서선교회.
4. 「뉴에이지 운동(IVP소책자57)」, D. 그릇하이스 저, 김기영 역, 한국기독학생회출판부(IVP).
5. 「뉴에이지 운동(비교종교시리즈7)」, 론 로우즈 저, 은성.
6. 「뉴에이지에 대한 연구와 대책(울타리 문화교재시리즈6)」, 낮은울타리.

〈창조와 진화〉

1. 「1318 창조과학 A to Z」, 김재욱, 생명의말씀사.
2. 「창세기연구(상,하)」, 헨리 M. 모리스 저, 전도출판사.
3. 「기원 과학」, 한국창조과학회, 두란노.
4. 「놀라운 창조 이야기」, 듀안 기쉬 저, 국민일보.
5. 「밝혀진 만물 기원과 창조 신비(창조과학시리즈1)」, 데니스 피터슨, 나침반.
6. 「숨겨진 공룡의 비밀」, 듀안 기쉬, 서용연 역, 꿈을이루는사람들.
7. 「자연과학과 기원」, 이웅상 외 저, 한국창조과학회.
8. 「한 손에 잡히는 창조 과학」, 이은일 저, 두란노.
9. 「가자! 신비한 공룡의 세계로」, 폴 테일러 저, 송지윤 역, 꿈을이루는사람들.
10. 「고대 한자 속에 감추어진 창세기 이야기」, 에델 R. 넬슨 외 저, 전광호, 우제태 역, 기독교출판공동체.
11. 「심판대의 다윈 제2판 : 지적설계논쟁」, 필립 E. 존슨 저, 이승엽, 이수현 역, 까치.
12. 「젊은 지구」, J. 모리스 저, 홍기범, 조정일 역, 한국창조과학회.
13. 「창세기에 답이 있다 구 '신앙 대 신념'」, 켄 함, 폴 테일러 저, 한국창조과학회.

〈오순절 은사 운동〉

1. 「오순절 은사 운동 바로 알기」, W. 유인 외, 정동수 역, 그리스도예수안에.
2. 「무질서한 은사주의」, 존 맥아더 저, 이용중 역, 부흥과개혁사.
3. 「사단은 성도를 어떻게 속이는가?」, 제시 펜 루이스 저, 전의우 역, 기독교문서선교회.
4. 「방언 정말 하늘의 언어인가?」, 옥성호 저, 부흥과개혁사.
5. 「성령님을 오해해서는 안 됩니다」, 윤명길 저, 로고스 서원.
6. 「방언의 실체」, 윤명길 저, 로고스 서원.
7. 「일그러진 성령의 얼굴」, 박영돈 저, 한국기독학생회 출판부(IVP).

〈기타〉

1. 「성경 바로 보기」, C. 라킨 외, 정동수 외 역, 그리스도예수안에.
2. 「요한 계시록 바로 알기」, 김재욱 저, 그리스도예수안에.
3. 「예수님의 피 바로 알기」, A. 레이시 외, 정동수 역, 그리스도예수안에.
4. 「설교와 설교자」, 마틴 로이드 존스 저, 정근두 역, 복있는사람.
5. 「설교자는 불꽃처럼 타올라야 한다」, 김남준 저, 생명의말씀사.
6. 「청중을 하나님 앞에 세우는 설교자」, 김남준 저, 생명의말씀사.
7. 「영혼을 인도하는 이들에게 주는 글」, 호라티우스 보나 저, 생명의말씀사.
8. 「윌밍턴 종합성경연구 1,2,3」, H. L. 윌밍턴 저, 박광철 역, 생명의 말씀사.
9. 「하나님이 주신 보장된 삶」, 빌 길햄 저, 유상훈 역, 도서출판NCD엔시디.
10. 「하나님이 원하시는 크리스천」, 빌 길햄 저, 도서출판NCD엔시디.
11. 「합리적 그리스도인으로 살기」, 김재욱 저, 그리스도예수안에.
12. 「천국과 지옥 바로 알기」, A. 레이시, 정동수 외 역, 그리스도예수안에.
13. 「성경은 해답을 가지고 있다」, 헨리 모리스 저, 전도출판사.
14. 「마케팅에 물든 부족한 기독교」, 옥성호 저, 부흥과개혁사.
15. 「심리학에 물든 부족한 기독교」, 옥성호 저, 부흥과개혁사.
16. 「엔터테인먼트에 물든 부족한 기독교」, 옥성호 저, 부흥과개혁사.
17. 「내가 왜 믿어야 하죠?」, 김재욱 저, 생명의 말씀사.
18. 「성경 신자들의 글 모음」, 김재욱 저, 그리스도예수안에.
19. 「에스라 성경 사전」, 정동수 편역, 그리스도예수안에.

구원의 원리

필요성
모든 물건에는 그것들을 만든 존재 즉 메이커가 있습니다. 주변을 보십시오, 펜, 의자, 자동차, 책 등이 모두 메이커에 의해 만들어졌습니다. 그런데 모든 메이커는 자기가 원하는 대로 만들어지지 않은 물건을 판단하여 폐기 처분합니다. 이와 마찬 가지로 사람에게도 메이커가 있습니다. 물건도 메이커가 있는데 하물며 물건을 설계하는 고등 존재인 사람이 흙에서 그냥 생길 수 있겠습니까? 그러므로 사람을 만든 메이커가 그 사람이 자신의 목적에 부합되는 삶을 살았는지 여부를 판단하는 때가 있습니다(행17:31; 히9:27). 이 같은 심판에서 부적격자로 드러난 사람은 메이커가 폐기시킵니다. 성경은 이 같은 메이커를 "창조주 하나님"이라고 말하며 폐기 처분되는 것을 '유황 불 지옥에서 영원히 사는 것'이라고 말합니다(계20:10). 그러므로 구원받기 원하는 사람은 먼저 "내게 메이커가 있는가, 없는가?"를 곰곰이 생각해 보아야 합니다.

방해물
사람과 물건의 차이는 사람에게 자유 의지가 있다는 점입니다. 성경은 하나님이 어떤 사람을 부적격자로 판정내리는 근거가 죄라고 말하는데 근본적으로 죄란 '목표에서 벗어난 것'을 뜻합니다. 하나님은 처음에 사람을 만드시며 사람이 자신의 영광에 이르기를 원했습니다. 그러나 사람은 자유 의지를 이용하여 고의로 하나님의 명령을 거부하고 그분의 목적에서 벗어나 그분의 영광에 이르지 못하는 죄를 짓게 되었습니다(롬3:23). 첫 사람 아담에서 시작된 이 죄라는 독은 사람의 핏줄을 타고 전 인류에게 퍼졌습니다(창5:3; 롬3:10). 죄의 삯은 사망이라는 하나님의 준엄한 심판에 따라 그 이후 모든 사람에게 육체적인 사망이 임했고(롬6:23) 하나님의 영광에 이르지 못한 모든 사람은 영원히 하나님과 떨어져서 지옥 불속에서 지낼 수밖에 없게 되었습니다. 왜냐하면 하나님은 눈이 정결하셔서 티끌만큼의 죄도 차마 보지 못하기 때문입니다(합1:13). 그러므로 구원받기 원하는 사람은 "과연 나는 죄인인가, 아닌가?"를 곰곰이 생각해 보아야 합니다.

계획
설사 펜 공장에서 나오는 펜이 자기가 잘못되었음을 알았다 해도 자기 자신이 혹은 그 옆의 펜이 그 펜을 고칠 수 없습니다. 마찬가지로 사람의 죄의 병은 똑같은 상태에 있는 사람 즉 공자, 석가모니, 마호메트, 소크라테스, 마리아, 마더 테레사 등이 고칠 수 없습니다. 펜을 설계한 메이커가 펜을 고칠 수 있듯이 사람의 설계자인 하나님 즉 사람과 차원이 다른 외부의 존재만이 사람의 죄의 독을 제거할 수 있습니다(행4:12).

방법
사람의 죄의 병을 고치기 위해 하나님은 직접 사람의 몸을 입고 처녀 탄생을 통해 죄 없이 이 땅에 내려와서 죄 없는 삶을 사시고 온 인류를 위해 십자가에서 완전한 희생 예물이 되어 단 한 번에 하나님의 공의를 만족시키셨습니다(마1:23; 고후5:21; 히9:26). 즉 예수 그리스도께서 스스로 죄가 되셔서 하나님의 뜨거운 지옥 불의 심판을 다 담당한 뒤 사람들이 무서워하는 사망의 권세를 이기고 몸으로 부활하셔서 자신을 믿는 모든 사람에게 하나님의 영광에 이르는 길을 열어 주셨습니다. 하나님은 공기나 햇빛같이 사람에게 필수불가결한 모든 것을 거저 주십니다. 이런 것은 너무 귀하기 때문에 사람이 자기 선행이나 노력으로 구할 수 없습니다. 마찬가지로 영원한 생명 역시 오직 하나님의 선물로, 은혜로 주어집니다(롬5:15). 그러므로 누구든지 예수 그리스도의 대신 속죄 사역을 믿기만 하면 행위와 상관없이 은혜로, 선물로 구원을 받습니다(엡2:8-9).

확신
우리는 어떻게 다른 사람의 말을 믿습니까? 그 사람의 신실함에 근거해서 믿지 않습니까? 그런데 거짓말하실 수 없는 하나님 곧 온 천하 만물을 만드신 분께서 분명히 이렇게 말씀하셨습니다. "하나님께서 세상을 이처럼 사랑하사 자신의 독생자를 주셨으니 이것은 누구든지 그를 믿는 자는 멸망하지 않고 영존하는 생명을 얻게 하려 하심이라"(요3:16). 사람의 말을 신뢰하지 말기 바랍니다. 구원을 주시는 분은 하나님뿐입니다. 창조 주이신 그분께서 영원한 생명을 약속하기에 우리는 그분의 말씀이 진리임을 믿습니다(요14:6). "죄의 삯은 사망이나 하나님의 선물은 예수 그리스도 우리 주를 통해 얻는 영원한 생명이니라"(롬6:23).

초청
인생은 마치 달리는 기차역을 향해 달리는 사람과 같습니다. 많은 사람이 단 몇 시간을 아끼려고 열차 시간에 늦지 않으려고 부지런히 역으로 달리고 있습니다. 그렇지만 영원이라는 무궁한 시간을 아끼려 하는 사람은 많지 않습니다. 지혜로운 사람이 되십시오. 하나님의 심판의 시간은 언제 닥쳐올지 모릅니다(히3:13). 나이와 직업과 성별과 지위 고하에 상관없이 오늘 그 시간이 닥칠 수 있습니다. 그러므로 사람을 만드신 창조주 하나님을 기억하고 그분이 베푸시는 방법을 그대로 믿고 수용하십시오. 그러면 우리에게 다시 태어나는 기적이 일어납니다(벧전1:23). 그분의 말씀을 신뢰하십시오. 그분께서 약속하신 대로 누구나 그분을 신뢰하는 사람은 값 없이 구원의 기쁨을 누릴 수 있습니다. 더 이상 미루지 마십시오. 오늘 주님께 나오기 바랍니다!

하나님께서 말씀하신

거룩한 사람들이 기록함

**원래의 기록
(자필원본)**

בְּרֵאשִׁית בָּרָא אֱלֹהִים אֵת
הַשָּׁמַיִם וְאֵת הָאָרֶץ׃ וְהָאָרֶץ
הָיְתָה תֹהוּ וָבֹהוּ וְחֹשֶׁךְ עַל
תְּהוֹם וְרוּחַ אֱלֹהִים מְרַחֶפֶת

히브리어 구약성경

BIBΛOΣ γενέσεως
Ἰησοῦ χριστοῦ, υἱοῦ
Δαβίδ, υἱοῦ Ἀβραάμ.
Ἀβραὰμ ἐγέννησεν

그리스어 신약성경

**히브리어/그리스어 전통본문
모든 사본 중 가장 신실한 것들**

번역본들

번역자들
오직 경건하고
신실한 사람들

번역기술
단어 대 단어의
'축자 번역'
'동적 일치 배제'

**프로테스탄트
종교개혁 성경**

종교개혁의 정신과
함께 중요 교리들과
하나님의 말씀의 권
위가 완전히 보존됨

킹제임스 성경의 선구자들

위클리프 성경	1382
틴데일 성경	1525
커버데일 성경	1535
매튜 성경	1537
그레이트 성경	1539
제네바 성경	1560

**1611년 킹제임스
흠정역 성경**